HELDER ANDRADE
SYLVIO BEHRING

INTELIGÊNCIA EMOCIONAL COMO AUTODEFESA E SEGURANÇA PESSOAL

2ª Edição Revista e Ampliada

EDITORA CIÊNCIA MODERNA

GPCI - Inteligência Emocional como Autodefesa e Segurança Pessoal - 2ª edição Revista e Ampliada

Editor: Paulo André P. Marques
Produção Editorial: Dilene Sandes Pessanha
Capa: José Renato
Diagramação: Daniel Jara
Copidesque: Equipe Ciência Moderna

FICHA CATALOGRAFICA

ANDRADE, José Helder de Souza; BEHRING, Sylvio da Matta.

GPCI - Inteligência Emocional como Autodefesa e Segurança Pessoal - 2ª edição Revista e Ampliada

Rio de Janeiro: Editora Ciência Moderna Ltda., 2023.

1. Segurança Pessoal

I — Título

ISBN: 978-65-5842-299-0
CDD 323.43

Editora Ciência Moderna Ltda.
R. Alice Figueiredo, 46 – Riachuelo
Rio de Janeiro, RJ – Brasil CEP: 20.950-150
Tel: (21) 2201-6662/ Fax: (21) 2201-6896
E-MAIL: LCM@LCM.COM.BR
WWW.LCM.COM.BR

09/23

Apresentação

Neste livro, GPCI – Inteligência Emocional como Autodefesa e Segurança Pessoal, você encontrará muito conhecimento para melhorar o seu relacionamento interpessoal, especialmente com pessoas difíceis. Estaremos conectados e empenhados em ajudar você a adquirir uma base consistente e habilidades especiais para se defender de pessoas inconvenientes nas batalhas do dia a dia, sempre usando a força com sabedoria e elegância. Vamos lhe ajudar a lidar com a sua adrenalina e com a dos outros, usando a inteligência emocional aliada a estratégias de segurança, como autodefesa. Também contribuiremos para a melhoria da sua presença física e comunicação assertiva, e em breve esperamos que você se surpreenda com o ganho de força de presença e exercício de autoridade. Tudo isso está perfeitamente conectado e correlacionado com o uso da força dentro da legalidade.

GPCI é um curso exclusivo, com metodologia própria, no qual você aprenderá a usar a inteligência emocional como autodefesa e segurança pessoal; você terá a oportunidade de aperfeiçoar o seu relacionamento com seres humanos, aprendendo a se defender e a defender terceiros com eficiência e eficácia. Estamos falando de autodefesa com ênfase em segurança preventiva e pessoal. Esperamos que todo esse conteúdo seja uma novidade, algo diferente de tudo que você conhece, já viu, leu ou assistiu. Trata-se de uma autodefesa baseada em prevenção que prioriza a sabedoria e valoriza a elegância. Segundo Paul Valéry, "*elegância é a arte de não se fazer notar, aliada ao cuidado sutil de se deixar distinguir*". Esperamos que este material se torne uma importante ferramenta para o aprimoramento da sua condição técnica e física de autodefesa, e sobretudo, da sua relação interpessoal, seja no meio profissional, pessoal ou familiar.

Gerenciar pessoas cruéis, agressivas, violentas e estressadas, que se comportam de maneira inconveniente, sem uma boa base de inteligência emocional e segurança pessoal é muito arriscado. Por isso, com base legal dentro de um modelo internacional – ONU, para o uso proporcional da força, apresentaremos a você um conhecimento básico e avançado GPCI – inteligência emocional como autodefesa, liderança e segurança pessoal, usando estratégias de segurança, comunicação verbal, não verbal e paraverbal, além dos fartos recursos da autodefesa do jiu-jitsu brasileiro, para preservar a sua integridade física e a de terceiros.

O Mestre Sylvio Behring é referência mundial em autodefesa, e você poderá acompanhar toda a evolução prática através dos sites: **gpci.online, ou através da Sylvio Behring Association – sbajj.com – SBA**. Esperamos que você dê início ao seu treinamento, começando com uma excelente leitura.
Osu.

Introdução

Nossos sentimentos feridos geram os mais variados tipos de comportamento. Assim, se o seu comportamento ou o comportamento inconveniente dos outros está deixando você constrangido, triste ou estressado devido às atitudes impulsivas, às vezes agressivas e violentas, outras vezes perigosas e até infantis, talvez esteja na hora de estudar e refletir sobre as técnicas de GPCI - Inteligência Emocional como Autodefesa e Segurança Pessoal.

Queremos que você descubra o poder da inteligência emocional como uma ferramenta de autodefesa, liderança e segurança pessoal nesta obra exclusiva. Neste livro você terá acesso a um conjunto abrangente de técnicas de comunicação verbal, não verbal e paraverbal baseadas na inteligência emocional e qualidade comportamental. Vamos além, integrando estratégias de segurança e autodefesa do jiu-jitsu brasileiro para oferecer a você uma abordagem única e eficaz.

Ao longo deste livro, exploraremos como a inteligência emocional pode fortalecer suas habilidades de autodefesa, liderança e relacionamento humano. Combinando técnicas avançadas de comunicação, estratégias de segurança e autodefesa do jiu-jitsu brasileiro, você estará preparado para enfrentar desafios em qualquer contexto, mesmo em situações adversas.

Você será guiado por um caminho de autodesenvolvimento e segurança pessoal, onde aprenderá a fazer a projeção futura de possíveis confrontos, conflitos, problemas, crises e escândalos, com suas respectivas análises e avaliações de riscos, até a formulação de frases técnicas para o gerenciamento de comportamentos inconvenientes.

Durante a leitura deste livro, você será imerso em situações reais por meio de exemplos e cenários, permitindo que você compreenda na prática como aplicar as técnicas apresentadas. Os conceitos serão explicados de forma clara e didática, facilitando a assimilação e permitindo que você os coloque em prática de imediato. Este livro foi elaborado com o objetivo de oferecer a você ferramentas eficazes para lidar com desafios e adversidades, mantendo a calma, a assertividade e a confiança. Ao longo das páginas, você encontrará dicas valiosas, exercícios práticos e reflexões que o ajudarão a aprimorar suas habilidades de relacionamento humano e inteligência emocional como autodefesa.

Esteja preparado para explorar um novo caminho em direção ao autodesenvolvimento, liderança e à segurança pessoal. Invista em si mesmo, adquira habilidades essenciais e alcance novos patamares de qualidade comportamental. Junte-se a nós nesta jornada de descoberta e transformação.

Todos os pensamentos, ideias, pontos de vista e opiniões apresentados neste livro são simples, comuns e do conhecimento de todos. Não se trata da descoberta de nenhum segredo, mas sim um consistente resumo dos nossos resultados positivos e negativos obtidos nas nossas caminhadas, e das conquistas e fracassos que observamos na vida de dezenas de milhares de alunos, dentro e fora do país.

Esperamos que você não use este livro apenas para preencher os espaços vazios da sua estante. Durante a leitura, use e abuse da empatia, procure ser o protagonista das diversas situações e exemplos usados neste livro. Procure ler os capítulos com calma, observando e avaliando a construção de cada frase, releia e reflita sobre os conceitos, treine as técnicas e, em seguida, aplique-as. Procure transformar toda essa teoria em ação, fazendo a sua própria experiência com todos os conceitos que serão passados.

Acreditamos que ninguém é bom naquilo que não pratica. Durante a leitura deste livro, você verá esta frase inúmeras vezes. Acreditamos também que a disciplina é uma questão de atitude e que tudo começa na nossa cabeça. Nossa mente precisa ser treinada, preparada e condicionada para trabalhar duro e diariamente. Para alcançarmos o sucesso no gerenciamento de um comportamento inconveniente, precisamos reconhecer de forma consciente e equilibrada um problema bastante comum nas pessoas, que é a procrastinação. Todas estas questões são, nada mais nada menos, que falhas de programação mental. Ao percebermos que estamos sempre deixando tudo para segunda-feira, para o dia primeiro ou ainda para o ano que vem, estamos passando pelo que eu e Sylvio chamamos carinhosamente de «síndrome da procrastinação».

No GPCI é fundamental trabalhar de forma intensa e comprometida essa falha de programação mental, e é exatamente isso que nós faremos juntos. Assim, com todas as forças, buscaremos o entusiasmo; trata-se de uma palavra-chave, neste caso precisamos tomar uma atitude, precisamos de disciplina para dar início a uma reprogramação mental. Napoleon Hill, em seu livro A Lei do Triunfo da Editora José Olympio, nos ensina que:

"O entusiasmo é um estado de espírito que inspira e incita o indivíduo à ação para cumprir uma determinada tarefa. Mais ainda, o entusiasmo é contagiante e afeta de maneira vital, não somente o entusiasta, como também aqueles que entram em contato com ele."

Por isso, é imprescindível que busquemos o entusiasmo. Trata-se de uma palavra de origem grega que significa "Deus dentro de nós". É o entusiasmo que nos conduz ao sucesso e não o contrário. Muitas pessoas ficam esperando o sucesso para depois se entusiasmarem, mas isso não faz sentido. O sucesso tem tudo a ver com insistência, persistência e exaustão no treinamento, que por sua vez tem tudo a ver com dedicação, esforço e, muitas vezes, superação de obstáculos. Parece uma frase clichê, mas definitivamente não é. Falaremos mais sobre isso adiante. Sun Tzu nos ensina que o fato de conhecermos o segredo do sucesso não significa que teremos sucesso na vida. Da mesma forma, saber como gerenciar um comportamento inconveniente não é suficiente para garantir o êxito no gerenciamento. Acreditamos que a leitura deste livro pode preencher essa lacuna, esse vácuo existente entre o desejo e a conquista do sucesso.

Reconhecemos e acreditamos na mudança, mas infelizmente, aqui no Brasil, ainda não somos estimulados a fazer cursos técnicos e muitas vezes não desenvolvemos o hábito da leitura, o que contribui para o analfabetismo funcional. Apesar desse quadro, acreditamos que você já tenha lido muitos livros, participado de muitos cursos e estudado bastante. No entanto, na prática, qual foi o resultado obtido? Esperamos que tenha sido considerável e produtivo em termos de crescimento, mas infelizmente, para uma grande maioria, o resultado é desprezível. Durante um curso ou após receber um conselho, as pessoas, na sua maioria otimistas, acham que vão alcançar seus objetivos, mas em pouco tempo a síndrome da procrastinação retorna e tudo volta a ser como antes. No entanto, queremos que o resultado seja significativo e de fácil compreensão em relação ao tema em questão.

Para fechar essa introdução, no gerenciamento de um comportamento inconveniente precisamos reconhecer o inconveniente como alguém importante e, ao mesmo tempo usando de empatia, reconhecer-se no inconveniente. Sabemos que não é uma tarefa fácil, mas sem disciplina, educação, respeito e autoridade, não existe gerenciamento. Quando usamos tecnicamente o GPCI, somos incapazes de humilhar o inconveniente. GPCI é o resumo de todo o respeito aplicado à inconveniência. É a diferença que demonstra através da conduta e atitude, o melhor do profissional.

COMO TUDO COMEÇOU?

Eram aproximadamente 03:00 da manhã quando o telefone tocou. Com um sentimento bastante ruim, Sylvio Behring atendeu com a certeza de que algo desagradável havia acontecido. Não deu outra, tratava-se de um amigo, Fábio Coruja, avisando que o Maurição estava muito mal em uma clínica na Barra da Tijuca.

"Sylvio, o Maurição acabou de levar dois tiros."

Sylvio arrumou-se rapidamente e foi em direção à clínica. Ao chegar, deparou-se com uma cena lamentável, triste e muito impactante: Maurição havia levado um tiro e estava morto. Ainda chocado, com as pernas bambas, buscou mais informações e soube que Maurição, em um processo de surto bastante alterado, foi à casa de sua ex-namorada para resgatar uma televisão que lhe pertencia. Ao receber a televisão das mãos da ex-namorada, soube que ela estava com um novo namorado. Completamente descompensado, ergueu a televisão bem alto e jogou-a com toda a força no chão. Nesse momento, preocupado com a segurança da sua filha, seu ex-futuro sogro, com uma pistola empunhada, efetuou dois disparos, sendo que um dos disparos atingiu Maurição em um ponto vital, levando-o à óbito. A legítima defesa foi caracterizada em razão de um histórico de brigas e violência com a ex-namorada. Havia, portanto, um antecedente com agravante, pois tratava-se de um faixa preta quinto grau de jiu-jitsu.

Diante desse fato, vivendo um terrível momento de angústia e depressão, Silvio começou a se questionar em diversos sentidos, mas sobretudo, questionar o seu comportamento nos momentos de estresse aliado ao seu conhecimento sobre as leis:

"Sendo eu um lutador, até que ponto a lei me protege?"
"Por ser faixa preta, estarei sempre errado?"

Sua cabeça estava confusa. Ele precisava ler mais a respeito desse tema, precisava estudar mais, entender mais sobre legítima defesa. Não precisou de muito tempo para concluir que, como profissional de segurança, lutador e especialista em defesa pessoal, precisava desenvolver qualidade comportamental e inteligência emocional diante de qualquer tentativa de intimidação. Não foi difícil perceber que, havendo chances de verbalizar, deveria conduzir a situação com firmeza de atitude, autoridade, mas sobretudo, com extrema educação e inteligência.

Em pouco tempo, percebeu que uma intimidação não pode ser motivo suficiente para causar entorses ou fraturas em alguém que esteja se comportando de maneira inconveniente.

Ele aprendeu em pouco tempo que suas atitudes não poderiam ser desproporcionais ao nível de submissão daquele indivíduo. Ele precisava usar um nível de força proporcional ao nível de resistência oferecido. Naquele momento, percebeu suas limitações e começou a desenvolver um trabalho de verbalização e inteligência emocional. Gradativamente, a submissão ganhava uma posição de destaque especial. As técnicas de traumatização continuavam sendo importantes, mas, definitivamente, verbalizar, conectar e dominar o agressor com segurança passou a ser prioridade, passou a ser uma necessidade.

Coincidentemente, nessa mesma época, diante de todos os questionamentos, surgiu um seminário do mestre Rickson Gracie. Especificamente neste seminário, Rickson focou no jiu-jitsu invisível e, com grande destaque, nas técnicas de conexão. Super focado, Sylvio percebeu rapidamente que as técnicas de conexão passaram a ter uma importância muito maior do que ele havia imaginado inicialmente. Aprender a se conectar com excelência dava a Sylvio Behring o tempo necessário para que, usando uma verbalização eficiente e eficaz, prevenisse um possível confronto. Assim, foi preciso derramar muito sangue, suor e lágrimas em uma longa e árdua capacitação; comprometimento e foco no treinamento eram palavras-chave. Hoje em dia, obviamente, devido à insistência, persistência e exaustão no treinamento, todas essas técnicas de conexão são executadas pelo Sylvio Behring com bastante naturalidade. O mais interessante é que foram essas técnicas que me convenceram a abraçar com todas as forças o projeto GPCI - Inteligência Emocional como Autodefesa e Segurança Pessoal.

COMO NOS CONHECEMOS?

Como sócio-diretor de uma conceituada escola de formação de profissionais de segurança, eu periodicamente recebia representantes de diferentes estilos de artes marciais que propunham parcerias de diversos tipos. No entanto, nossa filosofia sempre foi bem definida. Eu sinceramente não acreditava que fosse ético e racional passar determinados conhecimentos técnicos de artes marciais durante um rápido curso de formação de vigilante, por questões óbvias, para alunos que nunca praticaram qualquer atividade física. Além disso, é importante destacar que alguns alunos podem enfrentar desafios adicionais, como problemas de saúde e comportamentos de risco. Por exemplo, alguns alunos podem lidar com questões relacionadas à obesidade, doenças autoimunes ou envolvimento com substâncias como álcool e tabaco, que podem impactar negativamente sua saúde e bem-estar. É fundamental abordar essas questões de forma sensível e fornecer suporte adequado para que esses alunos também possam se desenvolver plenamente, acadêmica e emocionalmente, todavia, não cabia o aprendizado de autodefesa em algumas horas. É importante enfatizar que um curso de formação de vigilantes tem apenas 220 horas/aula de carga horária total, sendo que apenas algumas poucas horas são dedicadas ao aprendizado de conceitos básicos de defesa pessoal previstos em portaria ministerial, o que definitivamente não é suficiente para que um leigo aprenda autodefesa.

Assim, no final de 2010, recebi a visita do presidente da Federação de Jiu-Jitsu Desportivo do Rio de Janeiro, o professor Rogério Gavazza, acompanhado do mestre Sylvio Behring, com o objetivo de apresentar uma proposta de parceria. Durante a conversa, expus meus motivos para não estar interessado naquela parceria. Foi nesse momento que o mestre Sylvio Behring, que ainda não havia se pronunciado, levantou-se e pediu que eu também me levantasse. Após isso, ele disse o seguinte:

"Por gentileza Helder, coloque a mão no meu ombro"

Disse isso, posicionando-se de forma diplomática, mas adotando uma postura de abordagem. Imediatamente, atendi ao seu pedido, colocando minha mão sobre o seu ombro. Ao que ele disse de maneira bastante educada:

"O senhor poderia, por gentileza, retirar a sua mão do meu ombro?"

Ele falou com diplomacia, mas exercendo autoridade. Olhei para ele e pensei: "Esse cara é doido?" No entanto, enquanto retirava a mão, percebi que havia algo muito especial por trás daquela solicitação esdrúxula. E assim, novamente, ele pediu-me que recolocasse a mão no seu ombro, mas que só a retirasse se ele conseguisse me convencer. E mais uma vez, ele verbalizou:

"Senhor, eu estou lhe pedindo com toda a gentileza que o senhor tire a mão do meu ombro. Não é justo que o senhor seja tão cruel com alguém que esteja sendo tão gentil. Por favor, atenda ao meu pedido."

Tendo me convencido, eu retirei a mão, mas novamente ele me pediu que a colocasse no seu ombro. Só que dessa vez, quando ele me pedisse para retirar, eu deveria empurrá-lo com toda a força. Mais uma vez, ele verbalizou diplomaticamente, com toda a educação:

"Senhor, eu estou lhe pedindo com toda a educação que o senhor tire a mão do meu ombro."

Quando eu o empurrei, ele estava tecnicamente conectado e quem foi para trás fui eu. Como resultado, caí sentado na minha própria cadeira. Imediatamente, ele me pediu desculpas e me perguntou por que eu o empurrei já que ele estava sendo gentil.

"Senhor, perceba que eu estou apenas cumprindo a minha função. Caso o senhor insista, eu serei obrigado a me defender e, como consequência, nós iremos para uma delegacia policial."

"Nós perderemos horas com depoimentos intermináveis. Perceba as câmeras! O som e a imagem estão sendo gravados, e com altíssima resolução."

Ele avançou um pouquinho mais na demonstração usando técnicas de conexão. Após me submeter com uma chave de punho, de braço e, simultaneamente, com uma verbalização bastante diplomática, o suficiente para que eu percebesse que não se tratava de mais uma venda de técnicas de defesa pessoal, mas sim, de um upgrade do uso progressivo da força. Assim, olhei para ele e disse:

"Mestre Sylvio Behring, isso realmente me interessa. Vamos conversar."

O que ao longo de todos esses anos, devido a um trabalho duro e perseverante, evoluiu para o que apresentamos neste livro.

COMO SURGIU A IDEIA?

Ao longo dos anos, trabalhamos muito para chegar onde estamos hoje. Derramamos sangue, suor e lágrimas, enfrentando obstáculos desconhecidos no início da jornada. Compartilhávamos nossas experiências e conhecimentos, fazíamos cursos de especialização e aperfeiçoamento, tudo para transformar a teoria em ação. Logo percebemos a necessidade de preparar todos os instrutores nos conceitos técnicos que estavam sendo desenvolvidos, especialmente na defesa pessoal avançada. Sabíamos que não seria fácil, mas acreditávamos que o treinamento era fundamental. Tínhamos coragem e perseverança, nunca desistindo dos nossos objetivos.

Com base nos ensinamentos de Sun Tzu, construímos uma filosofia sólida para quebrar a resistência do inimigo sem lutar. Unimos nossas expertises e experiências em diversas áreas, incluindo segurança pública e privada, artes marciais, academias e universidades, além de viagens pelo Brasil e pelo mundo. Essas vivências nos levaram à criação do GPCI - Inteligência Emocional como Autodefesa e Segurança Pessoal.

Os instrutores estavam sendo devidamente treinados pelo Sylvio, pois havia um enorme equívoco na aplicação da defesa pessoal. Anteriormente, utilizávamos apenas técnicas de traumatização, já que a minha base era o karatê Shotokan, formado pelo Sensei Jean Monnier e Sensei Sadamu Uriu, através do saudoso Cel José Aurélio Valporto de Sá, meu mestre e comandante, e o Uru-Can, formado pelo Grande Mestre Paulo César da Silva Lopes, o que contrariava, devido as técnicas de traumatização próprias do karatê, as normas internacionais no uso progressivo da força, e, obviamente, tudo aquilo que acreditávamos e estávamos construindo. Precisávamos, portanto, das técnicas clássicas de submissão de defesa pessoal, eficientes e eficazes, específicas do jiu-jitsu brasileiro, principalmente na contenção de um indivíduo com comportamento inconveniente, onde houvesse a necessidade de submetê-lo. Finalizamos o curso após meses de treinamento; todos estavam afiados e bem treinados dentro das técnicas de defesa pessoal, com exceção de um instrutor, Aluízio, que, devido à sua postura menos formal, incomodava sobremaneira o Mestre Sylvio Behring.

Certamente, ele seria reprovado, pois havia faltado a todas as instruções de defesa de bastão. Tratava-se de uma prova final prática de defesa pessoal, e estávamos na minha casa, onde tenho uma área particular de treinamento. Sylvio pediu-me que conseguisse um bastão para a realização da prova. Lembrei-me do bastão de comando do saudoso General Aloysio Guedes Pereira, um tio-avô da minha esposa Lucila, de pau-brasil torneado; ele servia perfeitamente bem para o que pretendíamos. Entreguei-o a Sylvio, e juntos, numa troca de olhares, percebemos que se saísse de suas mãos, poderia causar um grave acidente. Um a um, todos executaram as técnicas de defesa de bastão com excelência, até que chegou a vez do instrutor Aluízio. Todos sabiam que ele não havia treinado, e o Mestre Sylvio Behring estava predisposto a reprová-lo. Assim, chamou-o e perguntou-lhe se ele estava pronto, ao que prontamente respondeu que sim.

Sylvio se preparou, levantou o bastão e quando partiu em direção a Aluízio, ele surpreendeu a todos nós falando alto, claro e em bom tom:

"Mestre Sylvio Behring, por favor, coloque esse bastão no chão! O senhor não quer fazer isso! Perceba que o senhor vai me machucar e, certamente, nós perderemos horas num hospital."

"Mestre, reconheço o meu erro, e lhe peço além das desculpas, mais uma oportunidade. Por favor, coloque o bastão no chão, faça o que estou lhe pedindo."

Aluízio falou com autoridade, mas de maneira respeitosa. Assim, Sylvio olhou-o por alguns segundos, avaliou o pedido e atendeu-o na íntegra, colocando o bastão sobre o tatame. Em seguida, pediu uma salva de palmas para Aluízio. Era exatamente o que precisávamos para fechar o projeto.

Prefácio

Em linha com o pensamento do filósofo Blaise Pascal (1623-1662), que afirmou *"A justiça sem a força é impotente, a força sem justiça é tirana"*, nesta brilhante obra, os professores Helder Andrade e Sylvio Behring nos conduzem a refletir sobre a importância de ser forte, de se aprimorar, sem se esquecer de ser justo ao lidar com outras pessoas. Tal conceito vai ao encontro da importância da sociedade se esclarecer e utilizar mais as palavras ao invés do emprego prematuro da força.

De maneira prazerosa e direta, os mestres Sylvio Behring e Helder Andrade divulgam o curso de GPCI - Inteligência Emocional como Autodefesa e Segurança Pessoal, como ferramenta de conhecimentos necessários para que o leitor, usando de sua inteligência emocional, possa se relacionar com outras pessoas de forma apropriada, possibilitando realizar sua autodefesa e a de terceiros em situações rotineiras ou que poderiam se tornar fora de controle.

A estrutura do livro antevê um alinhamento de assuntos que apresentam experiências pessoais, avançam para a importância do autoconhecimento e a sabedoria do relacionamento interpessoal, e contemplam estratégias para promover uma transformação interior que permitirá o trato correto com outros indivíduos.

A forma como os capítulos estão organizados reflete a preocupação em sistematizar e sedimentar as temáticas em análise/discussão, por meio de uma articulação simples de ideias que facilitam a compreensão por parte do leitor, trazendo referências de pensadores de diferentes culturas e épocas, que possibilitam uma reflexão da psique humana e diversas formas de entender a importância e a necessidade da mudança interior e evolução pessoal.

Em relação aos conteúdos abordados, é importante destacar a preocupação em dar as bases necessárias ao leitor, contribuindo para que este identifique suas vulnerabilidades, saiba superá-las e reforce seus pontos fortes, de forma a quebrar barreiras e exercer sua autoridade pelo convencimento das palavras. A força física, então, se torna o último nível de força a ser empregado.

Ao abordar sobre mudanças pessoais, os autores trazem à tona cinco linhas de ação, que objetivam especificamente identificar e treinar o comportamento, usando a inteligência emocional, de modo a evitar que a indignação e a raiva nos conduzam em direção ao erro. Deve-se buscar reconhecer as próprias limitações, controlar os impulsos pessoais, entender a raiz dos sentimentos e transformar a teoria em ação.

Os autores apresentam, ainda, os quatro pilares fundamentais do GPCI, quais sejam: a coluna intelectual, aprimorada por meio de estudos e relacionamentos saudáveis; a coluna física, relativa à saúde física e mental; coluna técnica, busca do domínio do conhecimento por meio da prática contínua; e a coluna espiritual, ou seja, o aprimoramento do espírito e a ligação com Deus.

Ao final da leitura, o leitor terá realizado uma mudança pessoal. A gama de conhecimentos adquiridos possibilitará a transformação daquele que lê o livro em um líder, com expertise em segurança pessoal e na forma de se relacionar com outras pessoas, usando a sua inteligência emocional como autodefesa. O leitor estará preparado para gerenciar conflitos e problemas do dia a dia com medidas e atitudes preventivas.

Gen. de Brigada Ricardo de Castro Trovizo.

Sumário

Capítulo 1

Prepara-te para a guerra

Neste primeiro capítulo, temos como objetivo específico proporcionar uma visão estratégica do estar preparado.

No mundo, as forças armadas treinam para a guerra com o objetivo de matar ou, dependendo da estratégia, ferir o inimigo e tirar pelo menos 2 soldados do combate para transportá-los. Já a polícia tem como propósito proteger a vida e usar a força letal apenas como último recurso para cessar uma grave ameaça ou agressão letal. A polícia realiza diversas atividades delicadas, como diligências, prisões, buscas e apreensões. Dependendo do comportamento do suspeito, a polícia é obrigada a usar a força em diversos níveis. Como especialistas em GPCI, usamos os mesmos níveis de força, mas de forma diferenciada. Utilizamos dois níveis de verbalização: a verbalização diplomática e a que faz uso da força da lei como ameaça. Falaremos mais sobre isso mais adiante.

Segurança é prevenção! Não podemos esperar que conflitos e problemas aconteçam em nossas vidas para depois termos ideias geniais, brilhantes e inteligentes para resolvê-los. Com frequência, as pessoas evitam falar sobre determinados assuntos por medo, acreditando que se falarem muito sobre o problema, conflito, crise ou escândalo, eles serão atraídos - pura superstição! Segurança é uma filosofia interessante e, sobretudo, um bom negócio. É necessário que nós, que lidamos com o público de uma maneira geral, não tratemos dos possíveis conflitos e problemas apenas nos nossos momentos de oração e intimidade com Deus. É preciso que estejamos prontos para enfrentar os desafios, dedicando nosso tempo, esforço e paixão na busca da segurança e conquista dos resultados desejados. É preciso que façamos a nossa parte, que arregacemos as mangas e derramemos nosso sangue, suor e lágrimas na conquista dos nossos objetivos.

Há mais de 25 séculos, um estrategista de guerra chamado Sun Tzu escreveu o livro "A Arte da Guerra". O livro, composto por treze capítulos escritos em tiras de bambu, é um best-seller até hoje. Ele é leitura obrigatória para militares das forças armadas de todo o mundo e para estudantes de administração em universidades, MBAs, doutorados e mestrados ao redor do globo. Sun Tzu era um filósofo, bem como um estrategista de guerra. Em seu livro, ele afirmava que:

"A arte da guerra é uma questão de vida ou morte, um caminho tanto para a segurança como para a ruína; e que em nenhuma circunstância deve ser negligenciada".

Um provérbio em latim do escritor romano do século IV, Publius Flavius Vegetius Renatus, diz o seguinte: *"Si vis pacem, para bellum"*. "Bellum" significa guerra, e com o passar dos anos, o substantivo deu origem à palavra "bélico". A frase significa:

"Se queres a paz, prepara-te para a guerra".

Embora muitos acreditem que essa frase pertença a Sun Tzu, na verdade, o crédito é de Vegetius. Se quisermos a paz, é necessário que nos preparemos para a guerra. A palavra-chave é "prepara-te", e é importante entender seu significado completo dentro deste contexto.

Em março de 2003, durante o conflito entre os EUA e o Iraque/Afeganistão, a mídia apresentou a imagem de uma criança de aproximadamente 8 ou 9 anos, vestindo um uniforme camuflado, coturno, capacete de aço e fibra, com a cara pintada e segurando uma submetralhadora. Você seria capaz de responder qual é a chance de sobrevivência dessa criança numa guerra? Pois bem, ela é de ZERO! Essa criança não teria a menor chance de sobrevivência. Quero chamar sua atenção para um problema óbvio, mas que muitas pessoas, por algum motivo, não conseguem enxergar; é que uma criança despreparada, mas armada, pode causar estragos incalculáveis antes de sua inevitável morte. Perceba que não basta estar uniformizado, é imprescindível que você se prepare para entrar naquele uniforme, é fundamental ter alguém «preparado» dentro do uniforme. Os guerreiros antigos usavam o que conhecemos como armadura; um artefato feito de ferro, de aço, que é algo muito pesado. Uma pessoa «despreparada», dentro de uma armadura, morreria ali dentro, não conseguiria andar. Aquilo que deveria salvar sua vida, salvá-lo das flechas e das lanças do inimigo, o mataria; não é verdade? Raciocine comigo, é preciso que dentro da armadura tenha alguém «preparado».

Eu quero chamar sua atenção para o seguinte: se eu vestir uma roupa branca, sapatos brancos, um jaleco branco com um estetoscópio ou um esfigmomanômetro pendurado no pescoço, as pessoas vão achar que eu sou médico. O problema é que eu não sou médico, não tenho o conhecimento técnico de medicina, não tenho o preparo. Dentro do uniforme existe uma pessoa despreparada. Perceba que o uniforme simplesmente deixa de ser um uniforme e se transforma em uma desprezível e insignificante fantasia. Eu quero que você perceba a importância de estar preparado. Portanto, *"se queres a paz, prepara-te para a guerra."*

Referências:

- HistoryofInformation.com – livro De Re Militari – Concerning Military Affairs.
- A Arte da Guerra – Sun Tzu.

Capítulo 2

Planejamento preventivo de segurança

Neste segundo capítulo, temos como objetivo apresentar o planejamento preventivo de segurança no GPCI.

George Santayana, em "Solilóquios na Inglaterra" de 1922, disse que *"Somente os mortos verão o final da guerra"*. De fato, a vida pode ser comparada a uma guerra constante em que estamos sempre lutando. Mesmo assim, sabemos que não há paz sem sofrimento. A história mundial guarda a jornada dolorosa de grandes personalidades que derramaram sangue, suor e lágrimas antes de alcançar a vitória tão desejada. Provavelmente, mesmo os mais jovens, se refletirem sobre suas vidas, serão capazes de lembrar de situações em que enfrentaram dificuldades antes de alcançar algo.

Em um exercício de analogia, podemos comparar a vida ao treinamento de um esporte. Às vezes, sabemos que o sofrimento é inevitável se quisermos atingir nossos objetivos, mas ainda assim seguimos em frente. Não fugimos do sofrimento, caminhamos em direção a ele. Embora tenhamos medo, a coragem nos faz avançar apesar do medo. E, apesar do desconforto, a sensação de dever cumprido e a perspectiva de evolução nos motivam.

Portanto, é preciso passar pelo "bom sofrimento" para alcançar a vitória. Desistir não pode ser uma opção fácil. Se escolhermos evitar o sofrimento, as consequências de uma escolha equivocada serão inevitáveis e não será nada agradável. Precisamos estar dispostos a sofrer para fazer o que é certo, como resistir ao cigarro, álcool, cocaína ou outras situações complicadas. E, após passar pelo sofrimento, vem a vitória. É necessário refletir sobre isso.

Não é apenas filosófico ou teológico; é fundamental que o plano de prevenção seja a base para o GPCI, o plano de prevenção de conflitos, problemas e crises de qualquer profissional que lida com pessoas. Não podemos nos enganar pensando que é fácil, ou que será fácil, porque definitivamente não é; aliás, nunca foi e jamais será. É necessário que você perceba que é de sua responsabilidade pensar em todas as hipóteses, possíveis e imaginárias, que podem acontecer com você, com a sua família, no seu ambiente de trabalho, no seu esporte, no seu lazer, dentro do ônibus, no metrô, durante a direção do seu automóvel. Perceba que não é só um plano para resolver essas hipóteses complicadas e difíceis, mas principalmente um plano para impedir que elas aconteçam.

Sabemos que segurança é prevenção, o que politicamente é péssimo. Sabe por quê? Trabalhar preventivamente é algo extremamente difícil, desgastante e cruel. Quando investimos em prevenção, gastamos aquilo que poderia ser considerado lucro, gastamos recursos em algo que simplesmente "não rolou, não aconteceu", normalmente não conseguimos medir aquele investimento. Inevitavelmente, tendemos a questionar a importância daquela despesa ou mesmo o tempo gasto vigiando, estudando ou praticando. Por que gastamos tanto dinheiro em nada? Treino esses movimentos de autodefesa há anos e nunca precisei usar; há cinco anos tenho esse seguro e nunca usei. Sabe aquele profissional de segurança arrependido, pensando? Caramba! Perdi muitas noites de sono e nunca aconteceu nada; perdi muitas horas treinando essas técnicas de tiro e nunca precisei usar.

É importante que entendamos que o planejamento preventivo de segurança é o recurso que todos nós devemos esperar gastar ou praticar, mas nunca desejamos precisar usar. Que recursos seriam esses? Dinheiro e tempo – a gente deve esperar gastar; estratégia e técnica – a gente deve esperar praticar. Portanto, é o recurso que todos nós devemos esperar gastar ou praticar, mas nunca desejamos precisar usar, certo? Claro que não é uma tarefa fácil, mas é gratificante e necessária, inclusive para nós evoluirmos profissionalmente.

Referências:

- A Arte da Guerra – Sun Tzu
- George Santayana – Solilóquios na Inglaterra – 1922
- Segurança é Prevenção – Editora Ciência Moderna

Capítulo 3

Base é tudo!

Neste terceiro capítulo, temos como objetivo conscientizar e sensibilizar você, com relação a sua base, para que ela se torne realmente forte.

Nós vamos avançar um pouco mais, estudando essa afirmativa de Sun Tzu:

"Aquele que se empenha em resolver as dificuldades, resolve-as, antes que elas surjam... Aquele que se ultrapassa a vencer os inimigos, triunfa antes que as suas ameaças se concretizem."

Perceba que Sun Tzu, como um bom general, nos orienta a projetar conflitos e problemas, que ainda não aconteceram e, sobretudo, a adotar as medidas e atitudes preventivas, para que eles não aconteçam. Sun Tzu, como um excelente estrategista de guerra, nos induz a usar a inteligência emocional, a ouvir o inaudível e a enxergar o invisível. Na verdade, estamos falando de prevenção, você precisa ter sempre em mente que segurança é prevenção, estamos falando de visão de futuro. Sun Tzu nos ensina que, antes de nós travarmos uma luta com uma determinada pessoa, devemos primeiro travá-la contra nós mesmos. É o que Sun Tzu nos ensina, no livro a Arte da Guerra. Além do mais, ele enfatiza o espírito de corpo, o espírito de liderança, e a capacidade de planejamento, como base, como fundamento para as nossas batalhas diárias.

Antes de nós entrarmos no conceito de GPCI, é necessário que nós falemos um pouco mais de base, de fundamento. Base é tudo! Existe uma base do karate, Shotokan e Uru-Can, chamada heiko dachi e boa base respectivamente; os pés ficam afastados, um pouco mais que a largura dos ombros, e as bordas externas ficam paralelas. Nós usamos muito essa base no GPCI, em razão da força de presença que ela transmite. Quando nós ficamos de pé, permanecemos em pé em razão de uma boa base. Caso essa minha base seja comprometida, eu corro o perigo de cair. Minha base pode ser comprometida direta ou indiretamente. O comprometimento direto da minha base, seria por exemplo devido a uma fratura de um osso de membros inferiores como o fêmur, a tíbia, a fíbula – antigamente chamada de perônio, ou mesmo uma lesão muscular, articular, ligamentar, neurovascular, obviamente de membros inferiores. Nesse caso, minha base estaria diretamente comprometida. Já o comprometimento indireto da minha base, seria por exemplo num ambiente onde o piso esteja com óleo ou molhado com sabão, ou ainda em razão de irregularidades no solo como buracos, obstáculos, depressões, enfim, com a base comprometida, a tendência é cair.

Uma casa precisa de uma boa base para ser construída; por exemplo os fundamentos, os alicerces, sobre os quais se apoiam as estruturas externas de uma construção. Sem base, ela corre o perigo de cair. Perceba que não é por acaso, que na EDUCAÇÃO chamamos de ensino básico ou ensino fundamental. Uma criança que não recebe a devida atenção, a devida orientação e acompanhamento dos pais, dos responsáveis, ou mesmo dos professores nessa importante fase, certamente fará um ensino médio fraco por DEFICIÊNCIA NA BASE, e com um ensino médio fraco ela corre o perigo de desistir, inclusive, do ensino técnico; corre o perigo de jamais chegar ao ensino superior, pela falta da base.

Perceba que a mesma analogia vale para qualquer esporte. Vamos pegar como exemplo o jiu-jitsu? Um faixa branca que não recebe a devida atenção, a devida orientação e acompanhamento do seu professor, nessa importante fase, muito provavelmente apresentará deficiências técnicas devido ao comprometimento da base, e certamente correrá o perigo de desistir do jiu-jitsu, desistir do esporte. Voltando a educação, talvez por isso, observamos tantos analfabetos funcionais; o indivíduo até sabe ler o texto, mas não sabe interpretá-lo. O objetivo é que você seja conscientizado e sensibilizado agora, no início dessa leitura, para que você também conscientize e sensibilize o seu filho, o seu aluno, ou aqueles que você ama, com relação a base, para que ela se torne realmente forte. Essa base é que vai possibilitá-lo! Essa base vai dar ao seu filho, ao seu aluno, ou a você, a condição de usar plenamente, o potencial que existe dentro de cada um de nós. Com essa base nós podemos avançar um pouco mais. Agora nós veremos a importância de nós nos conhecermos e conhecermos o inimigo.

Referências:

- A Arte da Guerra – Sun Tzu
- Segurança é Prevenção – Editora Ciência Moderna

Capítulo 4

Conhecer-se e conhecer o inimigo

Neste quarto capítulo, temos como objetivo específico proporcionar uma visão estratégica de autognose e conhecer o inimigo.

Cabe nesse momento algumas perguntas para a sua reflexão:

1. Na sua opinião, o que leva as pessoas a um comportamento inconveniente?
2. O que leva você a um comportamento inconveniente?
3. Com qual frequência, você observa um comportamento inconveniente?
4. Com qual frequência você é questionado ou contrariado?
5. Com que frequência você questiona e contraria as pessoas?
6. Com qual frequência você se ofende?
7. Com qual frequência você ofende as pessoas?

Com relação a pergunta número 3, faça a reflexão com base em você e nos outros; certo? Feita a reflexão, nós vamos analisar mais uma das estratégias de Sun Tzu. São três afirmativas que ele faz, em uma das suas clássicas colocações estratégicas. Eu peço que você leia com bastante atenção:

"Se você se conhece e conhece o inimigo, não precisas temer o resultado de cem batalhas; se você se conhece, mas não conhece o inimigo, para cada vitória haverá uma derrota; mas, se você não se conhece e não conhece o inimigo, perecerás em todas as batalhas."

Pergunta: Em qual dessas três afirmativas de Sun Tzu, você se enquadra? Pense um pouquinho, e se for o caso, leia mais uma vez. Na verdade, todos nós ao longo da vida estaremos sempre enquadrados em uma das três afirmativas. Vamos analisar juntos, a primeira afirmativa?

"Se você se conhece e conhece o inimigo, não precisas temer o resultado de cem batalhas".

Isso quer dizer que você vai se dar bem em todas as batalhas! Certo? Resposta: Não! Claro que não! Vamos analisar juntos e detalhadamente – Primeiro, que essa palavrinha INIMIGO, precisa ser bem entendida. Quando Sun Tzu fala inimigo, não necessariamente ele está falando daquele inimigo tradicional que nós conhecemos. Perceba o seguinte: se eu me conheço e conheço o meu chefe, eu saberei, exatamente o que fazer, e o que não fazer para preservar o meu emprego. Não quer dizer, que eu vou poder fazer e acontecer, que vai estar tudo certo. Não, não vai rolar assim! Se eu me conheço e conheço a minha esposa, eu saberei muito bem, o que fazer e o que não fazer, para manter a paz e a harmonia no meu casamento. Se você se conhece e conhece o seu cliente, você sabe exatamente como proceder, como agir, como e o que exigir do seu funcionário, do seu fornecedor, para deixar o seu cliente feliz, satisfeito.

Se você não se preocupar em superar as expectativas do seu cliente, além dos detalhes do tipo: respeito, credibilidade, agilidade, presteza e qualidade no atendimento, certamente você perderá o cliente. Acredite, é assim que funciona. Cliente é cliente! Cliente quer ser tratado como rei! Aprenda duas regras rapidamente: Regra número 1: Cliente tem sempre razão! Regra número 2: Caso o cliente não tenha razão, retorne a regra número 1; simples assim. Qualquer outro detalhe, você deve resolver usando o bom senso e a inteligência emocional, mas veremos esse tema com mais profundidade mais adiante.

"Se você se conhece, mas não conhece o inimigo; para cada vitória haverá uma derrota".

Estamos falando de cinquenta por cento, eu posso me dar bem, mas também posso me dar mal; verdadeiramente estamos lidando com 50%. Nesse caso, é preciso que nós sejamos inteligentes; não é prudente agir na impulsividade, e jamais devemos subestimar o inimigo. Finalmente,

"Se você não se conheçe, e não conhece o inimigo, perecerás em todas as batalhas".

É inevitável! Muitas vezes isso acontece conosco. Diante de uma determinada situação, a gente fala: Como foi que eu fiz isso? Como eu pude ter falado aquilo? Como eu pude ter me comportado daquela maneira? Como eu fui capaz de tratar aquela pessoa, daquele jeito? Ou seja, naquela situação, ou naquele momento, por algum motivo, eu não me reconheci, tampouco reconheci o inimigo.

Referências:

- A Arte da Guerra – Sun Tzu
- Segurança é Prevenção – Editora Ciência Moderna

Capítulo 5

Admitir o eu não sei

Neste quinto capítulo, temos como objetivo específico conscientizar que reconhecer que não sabe, é a maneira mais inteligente de encontrar soluções.

Existe uma célebre frase de Charles Darwin que diz:

"A ignorância gera mais frequentemente confiança do que o conhecimento: são os que sabem pouco, e não aqueles que sabem muito, que afirmam de uma forma tão categórica que este ou aquele problema nunca será resolvido pela ciência."

Existe um fenômeno chamado *Dunning-Kruger Effect,* que leva pessoas que têm pouco conhecimento sobre um determinado assunto, normalmente adquirido numa tela de computador através de uma simples teclada, a acreditar que sabem mais do que aqueles que têm total domínio sobre aquele mesmo tema. O estudo da Ilusão de Superioridade foi demonstrado através de muitas experiências realizadas por *Justin Kruger e David Dunning,* na época eles eram investigadores da *Universidade de Cornell.* Os trabalhos foram publicados no *Journal of Personality and Social Psychology* em dezembro de 1999. Essa loucura faz com que essas pessoas tomem decisões erradas, mas de forma convicta. Na verdade, é a própria incompetência que as impedem de reconhecer o próprio erro. Na psicanálise esse comportamento inconveniente é conhecido como superioridade ilusória ou efeito acima da média, a pessoa superestima suas próprias habilidades e qualidades em relação as mesmas qualidades e habilidades de outras pessoas. Muitos estudiosos acreditam que esse comportamento é fruto de uma cultura e da educação recebida. *David Dunning* traçou uma analogia muito interessante e que vale a pena refletir a respeito. ***"Se você é incompetente, você não consegue saber que é incompetente. As habilidades necessárias para fornecer uma resposta correta são exatamente as habilidades que você precisa ter para ser capaz de reconhecer o que é uma resposta correta. No raciocínio lógico, na educação dos filhos, na administração, na resolução de problemas, as habilidades que você usa para obter a resposta correta são exatamente as mesmas habilidades que você usa para avaliar a resposta. Portanto, nós demos continuidade as investigações para apurar se a mesma conclusão poderia ser verdadeira noutras áreas. E para nossa surpresa, era bem verdadeira."*** David Dunning

Quando analisamos, avaliamos e estudamos nossos pontos fortes e fracos, projetamos todos os conflitos e problemas que possam surgir e adotamos todas as medidas e atitudes preventivas necessárias, estamos, na verdade, fazendo uma análise e avaliação dos riscos do ambiente em que entraremos, a fim de gerenciar um determinado comportamento inadequado. Conhecer-se e conhecer o inimigo são fatores críticos de sucesso de qualquer planejamento estratégico, sobretudo, para lidar com pessoas que estejam se comportando de maneira inconveniente. Perceba que o que era básico, fundamental para Sun Tzu, não era o que ele sabia, mas exatamente o que ele não sabia. Autoconhecimento é o mesmo que autognose, significa conhecer-se. Reconhecer que não sabe, é a maneira mais inteligente de encontrar soluções em um panorama de incertezas, não é verdade? O orgulho e a vaidade acabam impedindo que muitas pessoas admitam o eu não sei, por um motivo bastante simples, por medo de serem julgadas como incompetentes, esse é o real problema. Quando você estiver vivendo um momento crítico, difícil, de crise, a atitude mais inteligente é: reconheça; abandone imediatamente sua falsa sabedoria e mergulhe na sinceridade do eu não sei.

Nós sempre enfrentaremos mudanças ao longo da vida; elas são inevitáveis. O problema é que, nesses momentos de transição, geralmente entramos no chamado "vale do desespero", estando ou não no pico da ignorância. É preciso que saibamos sair desse vale com sabedoria e velocidade, para continuarmos tocando nossos negócios. Quando saímos do vale do desespero, saímos ainda mais fortalecidos e preparados. As pessoas que mais sofrem, as que têm mais dificuldade para sair do vale do desespero, são aquelas que passam pelo fenômeno chamado de "Efeito Dunning-Kruger". Essas pessoas estavam no pico da ignorância e despencaram lá de cima, se esborrachando no vale. É compreensível que tenham mais dificuldade para sair daquele lugar. Sair do vale do desespero significa que a ficha caiu, que a pessoa evoluiu e que aquele problema foi superado.

As mudanças pelas quais geralmente passamos compreendem basicamente dois elementos: mudança organizacional e mudança comportamental. Essas mudanças geralmente são precedidas por medo, estresse, incredulidade, dúvida e, obviamente, desespero. Quanto mais emocionalmente preparados estivermos, mais facilmente sairemos desse vale.

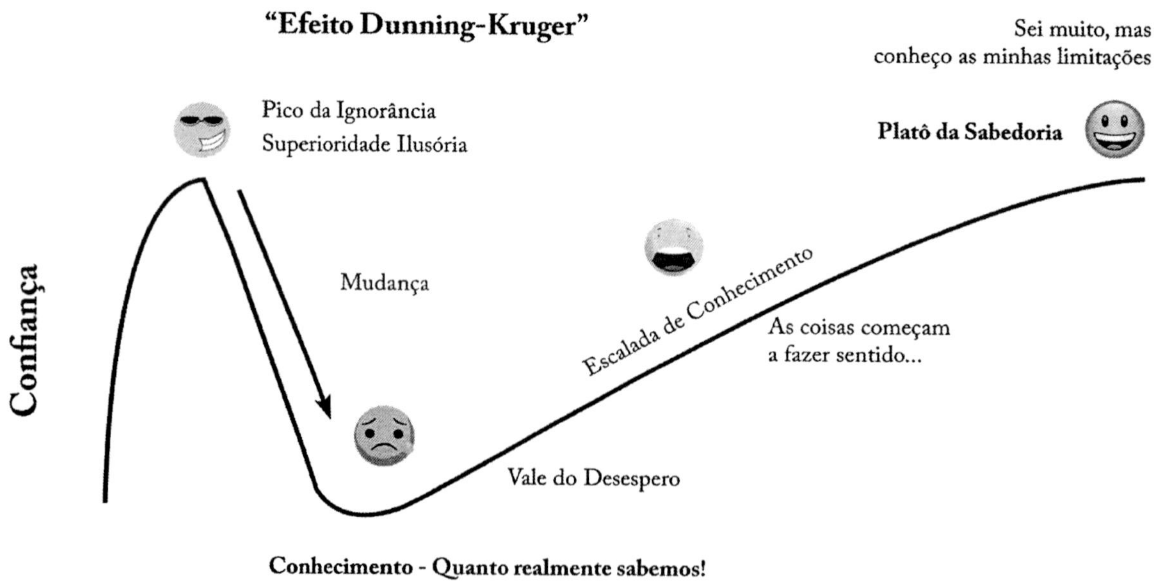

Como vimos, muitos se dizem especialistas, que sabem de tudo, mas grande parte com uma incrível superficialidade. Saber que sabe é saber, mas saber que não sabe também é saber. Devemos eliminar esses padrões mentais limitadores que nos impedem de resolver determinados problemas, especialmente os problemas maiores e mais complexos, como as crises de alta complexidade. Devemos treinar duro sempre, mas normalmente só descobrimos que possuímos determinadas competências quando somos colocados sob pressão em situações de alto estresse e risco. É exatamente nesses momentos de extrema pressão que acabamos descobrindo soluções incríveis. Quando reconhecemos nossa fragilidade, essas "forças incríveis" simplesmente surgem do nada e nos permitem enfrentar com sucesso todas as ameaças que estão sempre à espreita.

Normalmente, nos estressamos muito nos momentos de transição e de transformação, mas ao longo da vida, vamos viver muitos momentos semelhantes, incluindo crises inevitáveis como a pandemia. Assim não se abata, não tenha medo, esteja preparado, certamente outras crises virão. Resistir a uma transformação implacável com estratégias inteligentes é uma batalha perdida. A melhor estratégia é nos adaptarmos à transformação, quebrando a resistência do inimigo sem lutar, fazendo com que as coisas aconteçam, fazendo dar certo. Aí sim, nós vamos tentar influenciar o caminho, a trajetória da mudança, a fim de obter vantagens sobre ela – e claro que sob pressão, e sob pressão, em situações de alto estresse, é que nós normalmente descobrimos que possuímos determinadas competências. Aliás, esse é o treinamento de alta performance, alto rendimento. Portanto mantenha o equilíbrio, acredite firmemente nisso e esteja preparado, simplesmente porque é um fato.

Referências:

- A Arte da Guerra – Sun Tzu
- Segurança é Prevenção – Editora Ciência Moderna
- Britannica – www.britannica.com – Dunning-Kruger effect
- Psychology Today – psychologytoday.com

Capítulo 6

Uma arma para os bravos

Neste sexto capítulo, temos como objetivo específico conscientizar que a não violência é uma arma para os bravos.

Uma frase memorável de Mahatma Gandhi diz:

"A não violência nunca deve ser usada como um escudo para a covardia; é uma arma para os bravos".

O que Gandhi quer nos ensinar? Com clareza, Gandhi diz que *"a não violência é uma arma para os bravos."* Isso significa que quem deve pregar a não violência são os bravos, e que você deve pregar essa filosofia para os seus filhos e alunos, sensibilizando e conscientizando-os sobre isso. Os fracos, medrosos, medíocres e despreparados devem, simplesmente, se calar.

Uma vez eu li que a expectativa é a mãe da frustração. No entanto, não devemos usar isso como um escudo para encobrir nossa inocência, ingenuidade ou despreparo. A frustração é uma das emoções humanas mais comuns e precisamos aprender a lidar e dominá-la. Quando subestimamos e não trabalhamos essa emoção, o resultado é estresse e depressão. Eu e Sylvio temos uma grande expectativa, mas sabemos que é preciso dedicação e empenho da sua parte. Esperamos que este livro ajude você a adquirir um preparo técnico e uma condição emocional saudável, mas não é algo mágico! É preciso que você queira aprender e esteja predisposto a treinar, pois ninguém é bom naquilo que não pratica.

Retomando Gandhi, quando se tem plena consciência do próprio potencial e preparo emocional, somos capazes de absorver agressões verbais e psicológicas. Vamos fazer um exercício como exemplo? Empatia é sentir o que se sentiria, caso estivesse no lugar ou circunstância experimentada por outra pessoa, ou seja, colocar-se no lugar do outro. Assim, usando de empatia, eu peço que você se coloque na posição de um pai com um filho de aproximadamente 1 ano e meio. Perceba que uma criança nessa faixa etária, acabou de aprender a andar e fala pouquíssimas palavras. Você está com um furúnculo muito inflamado na perna. O tecido da calça ao encostar na sua pele lhe causa muita dor. Você está distraído e o seu filho te dá um chute exatamente no furúnculo! Você vai nas nuvens de tanta dor. O que você faz? Daria um soco no seu filho e o colocaria sentado sobre uma mesa bem alta e leria a bíblia de gêneses a apocalipse? Depois leria Sócrates, Platão e Aristóteles, após ter lido Tristão e Isolda? Seria essa a sua atitude? Claro que não. Perceba que, mesmo que aquela pessoa tenha feito mal a você, é possível perdoá-la e amá-la incondicionalmente. Pois você tem certeza de que ela não teve a menor noção do que fez. Você tem certeza da sua superioridade, do seu preparo, da sua posição sobre ela. Quando nós temos essa certeza, quando nós temos esse preparo emocional, somos capazes de agir exatamente assim, da mesma forma nas mais diversas situações.

Acredite, um lutador preparado emocionalmente é capaz de lidar com agressões verbais, agressões morais, e até mesmo físicas, e administrar com competência aquilo que aparentemente parece impossível de ser administrado. E após as implacáveis e inevitáveis reflexões, é aplaudido. Todos sempre respeitam essas pessoas em razão da sua autoridade, equilíbrio e personalidade. Assim, com este pensamento filosófico, uma arma para os bravos, é que desenvolvemos o GPCI.

Referências:

- A Arte da Guerra – Sun Tzu
- Quem disse – quemdisse.com.br
- IPPB – ippb.org.br

Capítulo 7

Coragem não é ausência de medo

Neste sétimo capítulo, temos como objetivo específico conscientizar que coragem não é ausência de medo, mas um atributo que nos faz vencer o medo.

Diz uma antiga fábula que um rato vivia angustiado com medo do gato. Uma fada teve pena dele e o transformou em um gato. Mas aí ele ficou com medo do cão, e a fada o transformou em um forte Pitbull. Então, ele ficou com muito medo da onça e a fada o transformou em um enorme leão. Foi quando ele se encheu de medo do caçador. A fada, já irritada, o transformou em um homem, mas aí ele ficou com medo do camundongo. Desta vez, de "saco cheio", irada, estressada e furiosa, a fada desistiu e transformou-o em um camundongo, dizendo:

"Nada que eu faça por você vai ajudá-lo, porque você tem a coragem de um camundongo".

Aristóteles dizia que *"**a coragem é a primeira das qualidades humanas, porque garante todas as outras.**"* Essa é uma analogia, é óbvio que estamos falando de comportamento humano. Conheço pessoas que tiveram os melhores mestres, orientadores e líderes, mas mesmo assim fracassaram por medo. Portanto, o problema não foi de liderança. Não estou falando de fama, tampouco de dinheiro ou fortuna. Estou falando de algo muito maior. É por isso que não devemos culpar as religiões. As nossas atitudes é que precisam mudar, nosso caráter precisa ser transformado. Coragem é fundamental! Caso contrário, não evoluímos. Continuaremos, como dizem os paraquedistas, no solo, sem jamais enxergar o infinito, ciscando como galinhas. Mas vale lembrar que nós somos águias, não galinhas.

Bruce Lee dizia que *"**esperar que a vida te trate bem porque você é uma boa pessoa é como esperar que um tigre não te ataque porque você é vegetariano**".* Em outras palavras, esperar que as pessoas te respeitem, te tratem com educação e carinho, sejam éticas e gentis porque você é um ser humano legal, bacana e bonzinho, é como esperar que um tigre não te devore porque você só come alface, tomate e agrião. Coragem é um atributo necessário para gerenciarmos o comportamento inconveniente de pessoas indignadas, estressadas, com raiva e, enfim, por algum motivo, desequilibradas emocionalmente. Vale reiterar que coragem não é a ausência de medo, mas sim a capacidade de avançar apesar do medo. O medo precisa ser superado através da nossa coragem. Acredite, é preciso coragem, muita coragem para enfrentarmos os desafios existentes nas relações humanas.

Você vai perceber que, gradativamente, nós vamos entendendo a filosofia do GPCI. Eu vou abordar este próximo tema de forma objetiva, com ênfase no uso progressivo da força, também chamado de uso diferenciado da força. Eu, particularmente, prefiro o termo uso proporcional da força, mas também é comum ouvir falar em uso comedido, uso seletivo da força e outras variações, todos corretos em sua essência.

No mundo, as forças armadas treinam para a guerra, com o objetivo de matar ou, preferencialmente, ferir o inimigo. Numa guerra, um soldado ferido torna-se um enorme problema para a tropa, pois é necessário pelo menos dois soldados para transportar o ferido e retirá-lo do combate. Já a polícia tem como propósito e escopo a proteção da vida e a propriedade dos cidadãos, usando a força letal como último recurso, apenas para fazer cessar uma grave ameaça ou agressão letal.

Nós, especialistas em GPCI, usamos os mesmos níveis de força, mas de forma diferenciada. Acreditamos que na grande maioria dos casos é possível administrar os conflitos e problemas através da inteligência emocional aliada às técnicas de comunicação verbal, não verbal e paraverbal. Por isso, utilizamos dois níveis de verbalização, mas este assunto será abordado com mais abrangência posteriormente.

Referências:

- A Arte da Guerra – Sun Tzu
- Quem disse – quemdisse.com.br
- IPPB – ippb.org.br

Capítulo 8

Necessidades estratégicas

Neste oitavo capítulo, temos como objetivo específico conscientizar que inteligência emocional e qualidade comportamental são necessidades estratégicas.

O assunto que vamos abordar merece especial atenção, pois falaremos das necessidades estratégicas do GPCI. Estrategicamente, preciso desenvolver inteligência emocional e aprimorar minhas habilidades comportamentais para me relacionar bem com as pessoas em geral, e especialmente para gerenciar possíveis comportamentos inconvenientes dessas pessoas. Perceba que as emoções, se permitirmos, podem tornar nossa vida pura adrenalina, uma vida de emoções que não nos permite pensar, nem buscar o equilíbrio. Nesse tipo de vida, que é uma escolha, dificilmente seremos lúcidos e equilibrados, pois quando a emoção é muito intensa, a razão se afasta. Essa oscilação de emoções diversas impede que a razão esteja presente, uma vez que vivemos furiosos, indignados, apaixonados, desanimados, eufóricos ou deprimidos, enfim, vivemos com uma mutabilidade emocional exorbitante.

É fundamental que entendamos a diferença entre equilíbrio emocional e inteligência emocional. O equilíbrio emocional é a capacidade mental de nos mantermos estáveis e elegantes diante de conflitos e problemas. Já a inteligência emocional está relacionada à inteligência social, conceito desenvolvido por Daniel Goleman. Além de manter a estabilidade e elegância diante dos conflitos e problemas, a inteligência emocional reconhece e avalia os próprios sentimentos e os dos outros. Recomendo fortemente a leitura do livro «Inteligência Emocional» de Daniel Goleman. Acreditamos que a inteligência emocional está intimamente relacionada ao GPCI. Etimologicamente, a palavra «inteligência» se originou a partir do latim «intelligentia», oriundo de «intelligere», em que o prefixo «inter» significa «entre» e «legere» quer dizer «ler» ou «escolher». Assim, nossa inteligência é a capacidade de fazer uma leitura e escolher dentre as diversas possibilidades ou opções que nos são apresentadas, mas com um agravante, sob o efeito de muita adrenalina. Para isso, precisamos fazer uma análise, uma avaliação e um estudo da situação, considerando todas as vantagens e desvantagens daquela escolha, projetando o resultado futuro dessas possíveis escolhas; necessitando para isso de nossa capacidade de raciocinar, pensar e compreender, ou seja, a base do que forma a inteligência. A inteligência emocional está implícita em todas as técnicas de gerenciamento de comportamento, sobretudo dos comportamentos inconvenientes.

Alteridade é também se colocar no lugar dos outros, reconhecendo as diferenças individuais que existem nos seres humanos e respeitando-as. Empatia é sentir o que se sentiria se estivesse no lugar ou na circunstância experimentada por outra pessoa. Compaixão vem do latim «compassio», que significa o ato de compartilhar o sofrimento de outra pessoa, entendendo a dor dela e sentindo dó do seu sofrimento. Resumindo, é «sofrer junto com» alguém (dicionarioetimologico.com.br). Muitas vezes, alteridade, empatia e compaixão se fundem e confundem com a inteligência emocional. Essa qualidade, essa capacidade de enxergar as mais diversas situações e possibilidades pela perspectiva dos outros é um dos principais elementos da inteligência emocional. A facilidade de conexão com as pessoas é fundamental para o desenvolvimento dessa habilidade.

Eu tive a oportunidade de crescer em Inhaúma, próximo a Nova Brasília, no Complexo do Alemão, um bairro da zona norte, subúrbio do Rio de Janeiro, e de estudar, graças a uma bolsa integral, no Colégio Metropolitano, uma escola tradicional de classe média alta. Particularmente, aprecio muito a harmonia entre o conhecimento da «malandragem» da rua e a sabedoria da escola, aliados a uma educação exemplar dos pais ou responsáveis, no sentido de que as palavras convencem, mas os exemplos arrastam. Acredito que essa combinação, esse cruzamento, por si só, explique uma melhor adaptação e flexibilidade de algumas pessoas na condução de conflitos e problemas, além de uma confiança diferenciada nas tomadas de decisão. Por outro lado, Sylvio conseguiu harmonizar o conhecimento da «malandragem» da rua com a sabedoria da escola em um nível ainda maior, pois integrou também a diversidade cultural dos vários países onde residiu.

Quando usamos e abusamos da inteligência emocional nas atividades do dia a dia, entendemos com mais profundidade e simplicidade a diferença entre aquilo que é importante e aquilo que é necessário. Quando, por falta de inteligência emocional, priorizamos aquilo que é importante ou negligenciamos o que é necessário, destruímos qualquer possibilidade de êxito na elaboração de um plano de segurança na administração de conflitos, tornando nosso planejamento ineficiente. Geralmente, priorizamos as demandas mais urgentes, o que não é necessariamente ruim. No entanto, o problema surge quando subestimamos a orientação de especialistas ou das pessoas envolvidas diretamente ou indiretamente naquela demanda, por orgulho ou vaidade. A decisão final é sempre nossa, mas precisamos fazer uma análise e avaliação criteriosa antes de decidir, o que envolve ouvir e escutar as outras pessoas.

Eu quero que você perceba que aquilo que é IMPORTANTE, eu posso deixar para depois, posso «empurrar com a barriga», mas o que é NECESSÁRIO, não! Só um detalhe: também existem as BOBAGENS. O que é importante eu posso até deixar para depois, ok, mas não posso deixar de fazer, certo? Acho que é importante reiterar: o que é importante EU NÃO POSSO DEIXAR DE FAZER. Em relação às bobagens, são apenas bobagens, às vezes até ajudam a produzir dopamina, aquele hormônio neurotransmissor que nos dá a sensação de prazer e bem-estar.

Vamos fazer um pequeno exercício? Eu vou fazer algumas perguntas, e você vai responder mentalmente, e eu, simultaneamente, vou tentar fundamentar as respostas, ok? O oxigênio é importante? Não; o oxigênio é uma necessidade, não existe nenhum gás que possa substituí-lo; se ele acabar, nós que dependemos dele, morremos, portanto, é uma necessidade. A água é importante? Não; a água é uma necessidade, não existe nenhum líquido que possa substituí-la; se ela acabar, tudo acaba, portanto, é uma necessidade. E o petróleo? É uma necessidade? Não, o petróleo é importante. Ele realmente é o responsável por diversas guerras no mundo, contudo, é apenas importante. Caso acabe essa fonte de energia, podemos substituí-la por inúmeras outras fontes, tais como: energia solar, energia elétrica, energia eólica, energia atômica, álcool, biodiesel, magnética, enfim, existem inúmeras outras fontes de energia.

Através do discernimento, precisamos analisar, avaliar e fazer um estudo de situação dos RISCOS de uma determinada AÇÃO, buscando avaliar o que é importante e o que é necessário para que a ação tenha sucesso. Sempre com simplicidade, precisamos projetar o resultado futuro das nossas possíveis ações, adotando todas as medidas e atitudes preventivas para que elas aconteçam, para que dêem certo. Reiterando, para que a ação tenha sucesso é fundamental que saibamos identificar aquilo que é importante e aquilo que é necessário. Simplicidade é uma palavrinha chave; um bom planejamento exige ausência de complicação.

Referências:

- Sobre a inteligência - UFMG - significados.com.br
- Inteligência Emocional de Daniel Goleman
- Fórum Brasileiro de Ciências Policiais
- Dicionário Etimológico - dicionárioetimológico.com.br

Capítulo 9

Planejamento estratégico e conceitos básicos de GPCI

Neste nono capítulo, temos como objetivo específico desenvolver um olhar ainda mais estratégico na projeção do resultado futuro das nossas possíveis escolhas, além de entender o conceito de eficácia na estruturação.

Há uma frase de Leonard Thiessen que diz: ***"A simplicidade é o último grau de sofisticação"***; portanto, um bom planejamento exige simplicidade. Desenvolver uma visão de futuro através de um treinamento diário e um olhar estratégico na projeção do resultado futuro das escolhas é fundamental para a administração de conflitos e problemas. Existem técnicas simples que podem ajudar nessa tarefa, e elas devem ser simples. Tentar administrar sem uma base estrutural, na impulsividade e sem metodologia e técnicas raramente resulta em um bom resultado. No planejamento, a metodologia entra em cena como os meios para atingir o objetivo. Na estratégia, entra a inteligência emocional, criatividade, estudo de situações, análises e avaliações, atualizações e a decisão final.

Provavelmente, você já ouviu falar da análise SWOT, uma ferramenta de gestão utilizada no planejamento estratégico de empresas e projetos. SWOT é a sigla das palavras inglesas: Strengths (forças), Weaknesses (fraquezas), Opportunities (oportunidades) e Threats (ameaças).

Em português, a análise é conhecida como matriz FOFA, abreviação de Forças, Oportunidades, Fraquezas e Ameaças. Essa matriz é usada para análises e avaliações de diversos cenários a fim de tomar decisões. As forças e fraquezas dizem respeito ao ambiente interno, ou seja, você e sua empresa, enquanto as oportunidades e ameaças são fatores externos que estão fora de seu controle. Na análise SWOT, esses dois cenários são chamados de ambiente interno e externo, respectivamente.

- **As forças são os recursos internos especiais que sua empresa possui para alcançar o resultado almejado.** Por exemplo, sua empresa tem a melhor estrutura, conforto, qualidade, segurança e funcionários mais técnicos.
- **As fraquezas são as partes que atrapalham, impedem ou dificultam o desenvolvimento do resultado pretendido.** Por exemplo, colaboradores intolerantes, antipáticos, arrogantes e sem pontualidade.
- **As oportunidades são os cenários externos que podem surgir e serem utilizados para alcançar o resultado desejado.** Por exemplo, o governo, devido à pandemia, reduziu as taxas e possibilitou um determinado investimento, o que poderia ajudá-lo a alcançar o resultado pretendido.
- **As ameaças são os fatores externos que podem impedir que você alcance o resultado projetado.** Por exemplo, devido à crise econômica, o governo resolveu taxar e cortar investimentos, o que poderia impedir que você alcançasse o resultado esperado.

Considerando o exposto, a partir de um estudo de situação e de uma análise e avaliação bem estruturadas, quatro estratégias podem ser desenvolvidas:

1. É possível utilizar as forças, ou seja, os recursos especiais disponíveis, para criar oportunidades, como o uso inteligente de propaganda e marketing.
2. Utilizar as forças, ou seja, os pontos fortes da empresa, para minimizar as possibilidades de ameaças identificadas. Por exemplo, se há uma previsão de forte calor, a empresa pode utilizar seus melhores aparelhos de refrigeração, equipe de manutenção e fornecimento de água gelada.
3. Analisar e compreender como as fraquezas, ou seja, os pontos fracos da empresa, podem impedir a concretização de oportunidades. Por exemplo, se a verbalização arrogante dos colaboradores resultou em muitos processos com indenizações, isso pode afetar negativamente os lucros e a imagem da empresa.
4. Minimizar perdas e impactos negativos que as fraquezas e ameaças podem causar, projetando resultados futuros com cenários mais críticos e adotando medidas preventivas.

A pergunta seria: ***Como reduzir as chances de uma fraqueza possibilitar uma ameaça?*** Investindo em áreas específicas, capacitando os colaboradores e eliminando fraquezas sempre que possível.

Da mesma forma, é importante destacar que a Matriz SWOT é uma ferramenta de gestão que também pode ser aplicada no gerenciamento de comportamentos inconvenientes. Ao lidar com comportamentos problemáticos em seres humanos, é necessário fazer estudos de situação, análises e avaliações dos cenários para tomada de decisões adequadas.

Quando falamos de forças e fraquezas, estamos nos referindo ao especialista no ambiente interno, que corresponde ao espaço exclusivo do especialista e ao espaço externo controlável, onde as pessoas circulam livremente sob a visão, domínio e controle do especialista. Portanto, precisamos ter consciência desses dois ambientes.

- As forças são os recursos técnicos especiais que possuímos, como habilidades técnicas e conhecimento adquirido, que nos ajudarão a alcançar o resultado desejado.
- As fraquezas são as habilidades e conhecimentos técnicos que não possuímos e que podem dificultar ou impedir o alcance do resultado desejado.
- As oportunidades são os cenários externos que podem surgir e serem usados para alcançar o resultado pretendido.
- As ameaças são os fatores externos que podem nos impedir de alcançar o resultado projetado.

A partir de um estudo de situação e de uma análise e avaliação bem estruturada, quatro estratégias podem ser desenvolvidas:

1. Usar as forças, ou seja, os nossos recursos técnicos especiais, habilidades e todo o conhecimento técnico adquirido, para fazer com que as oportunidades aconteçam.

2. Usar as forças, nossas habilidades e conhecimento técnico adquirido, para reduzir a possibilidade de ameaças identificadas.
3. Examinar e entender como as fraquezas, ou seja, as habilidades e conhecimentos que não possuímos, podem impedir que as oportunidades aconteçam.
4. Minimizar ou mesmo eliminar conflitos, problemas, crises e escândalos que possam surgir, projetando cenários preocupantes com resultados futuros críticos e obtendo, por meio de estudos de situação, soluções virtuais concretas baseadas em possíveis medidas e atitudes preventivas.

A pergunta seria: ***Como reduzir as chances de uma fraqueza possibilitar uma ameaça?*** No que diz respeito ao relacionamento humano, é preciso definir algumas questões antes do planejamento estratégico, como, por exemplo:

1. Qual é o cenário? Ao se referir ao cenário, deve-se levar em conta todos os detalhes, como o ambiente em que se encontra e como será gerenciado.
2. Qual é o objetivo? Qual é o destino pretendido? Qual é a previsão de tempo para o gerenciamento?
3. Quais serão as linhas de ação? Ao se referir às linhas de ação, é importante determinar quais recursos técnicos serão usados. Isso deve ser bem fundamentado e pode incluir diversos recursos técnicos.
4. Qual é a missão? Qual é a razão de ser? O que se propõe a fazer, o que se pretende atingir, resultados esperados e como lidar com a opinião pública. Qual é o propósito no gerenciamento desse comportamento?
5. Qual é a visão? O que se pretende atingir no futuro; perspectivas a longo prazo, o que se espera alcançar com o gerenciamento, metas e objetivos realistas.
6. Quais são os valores? Quais são os princípios que orientam o comportamento? Sociais, éticos, morais, espirituais, econômicos, entre outros.

Nota: Com relação ao cenário, é relevante considerar todos os detalhes e características do ambiente em que se está inserido. Algumas questões que podem ser consideradas são: quais são os recursos disponíveis? Quem são as pessoas envolvidas? Qual é a cultura e os valores predominantes no ambiente? Qual é o histórico de situações semelhantes? Além disso, é importante ter em mente o objetivo que se pretende alcançar e como o cenário pode afetar o sucesso ou fracasso das ações a serem tomadas.

No gerenciamento de um comportamento inconveniente, é relevante considerar alguns aspectos do cenário, tais como:

- **Ambiente:** É importante avaliar o contexto em que o comportamento ocorreu, considerando o local, o momento e as circunstâncias que podem ter influenciado a situação.
- **Público:** É fundamental identificar quem foi afetado pelo comportamento inconveniente, tanto diretamente quanto indiretamente, para poder gerenciar adequadamente as consequências.
- **Consequências:** É importante avaliar as possíveis consequências do comportamento inconveniente, tanto para a pessoa envolvida quanto para a reputação da organização ou instituição envolvida.
- **Histórico:** É relevante considerar o histórico do comportamento, ou seja, se essa é uma ocorrência isolada ou se já ocorreu anteriormente e se existem registros sobre o comportamento passado da pessoa envolvida.
- **Normas e Regras:** É importante avaliar se o comportamento é aceitável dentro das normas e regras da

organização ou instituição envolvida e se há políticas internas para lidar com comportamentos inconvenientes.

CONCEITOS FUNDAMENTAIS DE GPCI

Nós vamos avançar um pouco mais nos conceitos básicos, nos conceitos fundamentais de GPCI. Sun Tzu usa o tempo todo a dicotomia guerra e paz. Porém, a verdadeira paz é algo utópico na sociedade humana – como ele mesmo afirmava: *"Se queres a paz, prepara-te para a guerra."* É por isso que Sun Tzu nos ensina que, conforme vamos administrando os conflitos e problemas, devemos aprimorar a FORÇA. Devemos melhorar as habilidades, a capacidade de análise e avaliação, estudo de situação e, sobretudo, a eficácia na estruturação. Cabe uma pergunta: o que seria **EFICÁCIA NA ESTRUTURAÇÃO?** É a capacidade de elaborar a própria conduta no GPCI, porque não existem regras fixas, apenas devemos seguir fielmente a linha técnica que está sendo ensinada, dominando, submetendo o inimigo, preferencialmente, sem lutar. Individualmente, devemos desenvolver dentro dessa linha técnica o nosso próprio jogo e elaborar a nossa própria conduta no GPCI.

Ao longo da nossa trajetória, sobretudo na segurança privada, muitos foram os profissionais contratados devido à sua presença física e sumariamente demitidos em razão da ineficácia na tomada de decisão. Segurança é Prevenção! Precisamos permitir que o discernimento, essa capacidade instintiva que temos e que é comum a todos os seres humanos, se revele nesse mundo de possibilidades.

Por isso, mais uma vez é pertinente lembrar Sun Tzu quando ele diz que, numa guerra, não existem regras fixas. Vimos ainda há pouco que missão é o mesmo que razão de existir. A nossa missão, ou seja, a razão da nossa existência como profissionais qualificados em GPCI, é administrar conflitos e problemas; logo, somos aqueles que administram conflitos e problemas, jamais criamos. Para nós, ADMINISTRAR significa adotar medidas e atitudes preventivas, e normalmente, esse tema exige um pouco mais de esclarecimento.

Quando administramos uma empresa ou a nossa casa, precisamos adotar medidas e atitudes preventivas o tempo todo, por exemplo: apagar a luz e desligar o ar-condicionado quando saímos do escritório, para que paguemos menos energia no final do mês. O mesmo acontece com a água, telefone e gás. Temos o arroz, o feijão, o açúcar do dia a dia, e quando um item acaba, vamos até a dispensa, não na rua, para repor aquele item. Adotamos medidas e atitudes preventivas quando vamos à praia, viajamos ou fazemos compras com a nossa família. Isso vale para tudo! Precisamos estar sempre analisando, avaliando e adotando medidas e atitudes preventivas. Isso seria administrar para que a casa/empresa funcione bem! Acho que cabe uma pergunta:

Se a minha missão é administrar conflitos e problemas, o que seria um conflito?

Um conflito é algo menor do que um problema. Perceba que o conflito se manifesta quando é preciso optar diante de determinadas situações que podem ser consideradas antagônicas. Todas as situações de conflito, necessariamente, são antagônicas, contraditórias e, de alguma forma, desestabilizam a ação ou a decisão, por parte de uma pessoa ou de um grupo de pessoas. Ok, para o conflito!

O que seria então um problema?

O confronto é um problema. Problema é algo maior do que o conflito, mas menor do que uma crise/escândalo. Problema é aquilo que não se consegue lidar ou tratar com facilidade; definitivamente, não é algo simples. Confronto é a ação de se opor violentamente; pode evoluir para uma crise/escândalo. Os conflitos, problemas e confrontos estão no intramuros. As crises e os escândalos estão no extramuro, ou seja, os clientes externos, a mídia, os meios de comunicação tomaram conhecimento; vazou!

Com essa base, qual seria a essência da nossa missão?

Na verdade, existem três essências na missão. Substituindo a palavra "administrar" pelo conceito dado, que é adotar medidas e atitudes preventivas, chegamos à 1ª ESSÊNCIA DA MISSÃO: adotar medidas e atitudes preventivas para que os conflitos e problemas (projetados) não aconteçam; isso é administrar!

E se eu já estiver diante de um conflito?

A 2ª ESSÊNCIA DA MISSÃO é administrar o conflito. Caso haja dúvidas, reveja o conceito de conflito. Sendo o conflito algo menor, não podemos permitir que ele evolua. Portanto, devemos administrá-lo, ou seja, adotar medidas e atitudes preventivas para que ele não evolua para um problema.

E se eu já estiver diante de um problema?

A 3ª ESSÊNCIA DA MISSÃO é administrar o problema. Caso haja dúvidas, reveja o conceito de problema. Sendo o problema algo menor, não podemos permitir que ele evolua. Portanto, devemos administrá-lo, ou seja, adotar medidas e atitudes preventivas para que ele não evolua para uma crise/escândalo. É necessário agir de forma rápida e eficiente para encontrar uma solução adequada para o problema, levando em conta as circunstâncias e os envolvidos. É importante ressaltar que a solução deve ser justa e equilibrada, de modo a evitar que o problema evolua, saia do intramuros e vá para o extramuros, ou seja, a mídia e o povo tomam conhecimento.

Se nós entendermos e praticarmos esses conceitos, certamente melhoraremos nossas análises e avaliações de riscos, além de aprimorarmos o nosso relacionamento interpessoal. O grande segredo é o treinamento, ninguém é bom naquilo que não pratica.

Referências:

- Ferramenta: A Análise SWOT – Sebrae
- Segurança é Prevenção – Editora Ciência Moderna
- Análise SWOT em quatro etapas – Stefano Callicchio
- Segurança x Sensação de Segurança – Editora Ciência Moderna
- A Arte da Guerra – Sun Tzu

Capítulo 10

Quebrar a resistência do inimigo, sem lutar!

Neste décimo capítulo, temos como objetivo específico conscientizar que o mérito supremo consiste em quebrar a resistência do inimigo sem lutar.

Vamos estudar mais uma estratégia de Sun Tzu? O general sempre nos surpreende com suas estratégias. Dessa vez, ele nos ensina que ***"o mérito supremo consiste em quebrar a resistência do inimigo sem lutar"***, isto é, sem estresse, tiros, brigas, agressões ou bate-boca. Parece utópico? Acredite, não é! Estamos em guerra, claro que uma guerra diferente, uma guerra de valores morais, sociais, éticos, religiosos, culturais e econômicos, uma guerra política e científica – a pandemia foi um fato. Apesar de observarmos um número significativo de pessoas vulneráveis (pessoas suscetíveis de serem magoadas ou ofendidas), existe um número muito maior de pessoas que não desejam ser derrotáveis, são pessoas que jamais desistem, querem o sucesso e buscam o êxito. George Santayana nos ensina que ***"somente os mortos verão o final da guerra."*** Se você está aqui, lendo esse livro, você é um exemplo disso. Não é verdade?

Atualmente, as guerras são bem diferentes. A inteligência emocional é, sem sombra de dúvida, uma arma poderosíssima. As guerras são travadas, sobretudo, no campo da psicologia, e como podemos observar, são travadas nas mais diversas áreas. Os grandes vencedores conseguem *"quebrar a resistência do inimigo sem lutar"*, sem a menor necessidade de acionar a tecla do gatilho. Sun Tzu dizia que:

"A arte da guerra é de importância vital para o Estado e que, em nenhuma circunstância, deve ser negligenciada."

Nós não temos a menor dúvida da necessidade dessa arte, no gerenciamento de pessoas ou grupos de pessoas que, por algum motivo, estejam se comportando de maneira inconveniente, mas:

O mérito supremo consiste em quebrar a resistência do inimigo sem lutar.

Vamos para mais uma reflexão? O que você faz todos os dias, insistentemente? Certamente, você é muito bom nisso. O problema é que é uma faca de dois gumes, pois isso vale tanto para coisas boas quanto para coisas ruins. Se você insiste em fazer algo errado, você também vai ficar muito bom nisso; seja lá o que for que esteja fazendo de forma equivocada. Esse princípio se aplica, inclusive e sobretudo, ao nosso comportamento. Precisamos treinar exaustivamente nossas emoções no dia a dia, já que elas geram os mais variados tipos de comportamento.

Aristóteles nos ensina que ***"Somos o que repetidamente fazemos; a excelência, portanto, não é um feito, mas um hábito"***. Ele também disse que ***"a educação tem raízes amargas, mas os seus frutos são doces"***. É uma verdade e uma questão de educação e treinamento. Se temos o objetivo de gerenciar o comportamento inconveniente de alguém, é fundamental que estejamos preparados e treinados para manter nosso comportamento equilibrado durante o gerenciamento. Caso contrário, seremos dois inconvenientes, e isso não é o que queremos.

Seguindo a linha de Aristóteles, qualquer um pode ficar furioso; isso é fácil demais. Agora, ficar furioso com a pessoa certa, na medida certa, na hora certa, pelo motivo certo e da maneira certa, não é fácil! Mas como isso é possível?

Nós, seres humanos, temos pouco ou nenhum controle sobre nossos feedbacks emocionais e fisiológicos, ou seja, nossos sentimentos. Quando nos confrontamos com algo que acreditamos estar errado ou fatos que nos desagradam profundamente, ficamos indignados e com raiva. O sentimento de indignação, raiva ou ódio é inevitável em razão dessa resposta fisiológica, entretanto, nós não temos qualquer controle sobre nossos sentimentos. No entanto, se treinarmos exaustivamente, aprenderemos a controlar nosso comportamento.

Stephen Covey, autor do livro "Os Sete Hábitos das Pessoas Altamente Eficazes" (esse é um dos livros que recomendamos), diz que 10% da vida estão relacionados com o que nos acontece, e 10% da nossa vida tem relação com nossos sentimentos. Nós não temos controle sobre 10% do que nos sucede, como as pessoas chatas, o pneu que fura, o trânsito congestionado, o sinal vermelho ou um maluco que joga água suja no para-brisa limpinho do nosso carro. No entanto, 90% estão relacionados com a forma como reagimos ao que nos acontece, ou seja, 90% da nossa vida estão relacionados com a forma como nos comportamos devido aos sentimentos. Nosso gerenciamento, nossa reação e nosso comportamento determinarão os outros 90%.

A título de curiosidade, nas glândulas suprarrenais encontramos o córtex e a medula. O córtex produz vários hormônios, entre eles o cortisol e as corticosteronas que controlam o metabolismo do sódio e do potássio, bem como o aproveitamento dos açúcares, lipídios, sais e água. Já a medula produz a adrenalina e a noradrenalina. Quando esses hormônios são lançados na corrente sanguínea, se não estivermos bem treinados, nosso comportamento muda e podemos ficar furiosos e simplesmente surtar, e as consequências podem ser desastrosas. Conhecendo toda essa complexidade no relacionamento humano, é necessário que tenhamos todo o cuidado do mundo e vigiemos nossas atitudes, palavras e ações ininterruptamente, dia após dia. No entanto, o mais interessante é que quando temos o domínio desse conhecimento, fica simples entender Sun Tzu quando ele diz que o mérito supremo consiste em quebrar a resistência do inimigo sem lutar.

Vigiar é se relacionar; relacionar-se é um dom e, todo dom, precisa ser desenvolvido. Quem não se relaciona se isola, e quando nos isolamos ficamos vulneráveis. Vejam que interessante: uma pessoa vulnerável é aquela suscetível de ser magoada, ferida ou ofendida. O sinônimo de vulnerável é derrotável; perceba que ninguém gosta de pessoas com esse perfil e, consequentemente, se afastam e as deixam isoladas. Nós, seres humanos, não somos apenas corpo, também não somos apenas espírito; somos essa dicotomia corpo e alma. Assim, quando trabalhamos nosso corpo comprometidamente, de alguma forma, nosso caráter vai sendo talhado e construído. Nossa personalidade vai sendo forjada; tornamo-nos seres humanos melhores, não melhores do que os outros, mas melhores para os outros. Mais equilibrados emocionalmente e com uma qualidade de comportamento facilmente percebida por todos aqueles que convivem conosco.

Se você tem por objetivo ser o melhor, seja o melhor de verdade. Não basta querer ser o melhor, é necessário que você desenvolva alguns atributos básicos de liderança e esteja sempre fazendo uma limpeza interna, jogando fora aquilo que não dá resultado ou que não agrega valores. Se você quer ser o melhor, deve se comportar como um verdadeiro líder; liderar é conduzir pessoas na busca de seus objetivos. Pitágoras dizia que somos um grande recipiente, por isso, é preciso que estejamos sempre atentos, focados e vigiando o tempo todo e, de vez em quando, devemos nos esvaziar de nós mesmos para podermos nos alimentar mentalmente daquilo que de fato importa e do que realmente tem valor. Pitágoras dizia o seguinte: ***"Purifica o teu coração e a tua mente antes de permitir que o amor entre neles".*** Ele complementava dizendo que ***"até o mel mais puro e mais doce azeda num recipiente sujo".*** Portanto, devemos ser o melhor, mas quando entendemos isso de maneira equivocada, nós passamos a ser um problema. Deixe-me explicar através do exemplo abaixo.

Um pai se aproxima do filho, ou um professor do aluno, e diz: ***"Preste atenção! Eu quero que você seja o melhor."*** Como a nossa natureza humana é inclinada ao erro, é comum que esse pedido seja entendido de maneira equivocada. Como consequência, o filho ou aluno pode começar a querer ser melhor do que Fulano, Ciclano ou Beltrano, tornando-se uma pessoa insuportável, individualista, arrogante e prepotente.

É fundamental que entendamos que ser o melhor não significa ser melhor do que os outros, mas sim ser o melhor para os outros. Se Fulano está passando por um problema, devemos ajudá-lo; se Ciclano não entendeu uma técnica, devemos ensiná-lo; se Beltrano faltou à aula, devemos ligar para ele e passar a matéria. Assim, nos tornamos líderes, gerenciando comportamentos inconvenientes com mais habilidade e simplicidade, e quebramos a resistência do inimigo sem lutar.

No GPCI, precisamos de resiliência e simplicidade, não de teorias complexas. A vida não é fácil, mas é simples. Precisamos apenas vivê-la da melhor forma possível. Às vezes, complicamos as coisas por querer impor algo absolutamente desnecessário ou por querer mais do que realmente necessitamos.

Mas o que é ser resiliente? Resiliência é a capacidade de lidar com conflitos e problemas de forma equilibrada. É a capacidade de nos adaptarmos às mudanças, superar obstáculos e resistir à pressão de situações adversas, como o estresse ou eventos traumáticos.

Referências:

- Stephen Covey, «Os sete hábitos das pessoas altamente eficazes»
- Sun Tzu, «A Arte da Guerra»
- www.todamateria.com.br
- www.endocrino.org.br

Capítulo 11

Exercer autoridade

Neste décimo primeiro capítulo, temos como objetivo específico dar início ao aprendizado do exercício de autoridade, consciente que exercer autoridade é coragem e consequente segurança.

A Declaração Universal dos Direitos Humanos é um dos documentos básicos das Nações Unidas. Legitimado e proclamado pela Assembleia Geral das Nações Unidas. Foi assinada no dia 10 de dezembro de 1948, e nela são enumerados os direitos que todos os seres humanos possuem. O artigo 3º da Declaração, diz que: ***Todo ser humano tem direito à vida, à liberdade e à segurança pessoal.*** Perceba que é um direito fundamental das pessoas e de acentuada importância, pois é o núcleo de todo esse trabalho sobre GPCI. O artigo 5º diz que: ***Ninguém será submetido à tortura nem a tratamento ou castigo cruel, desumano ou degradante.*** Estes artigos nos levam a seguinte reflexão:

1. Que resultados podemos esperar de pessoas despreparadas, desequilibradas emocionalmente e sem qualidade de comportamento?
2. O que fazer diante de uma pessoa com comportamento inconveniente?
3. Como agir se essa pessoa for agressiva, arrogante e prepotente?
4. Quais as consequências de uma abordagem errada?
5. Qual o resultado de um gerenciamento malconduzido?

Nas entrelinhas, está implícito que, de uma maneira geral, seres humanos despreparados e desequilibrados emocionalmente podem causar muito sofrimento às pessoas. Podem submetê-las a castigos absolutamente desnecessários, levando-as inclusive à morte. Você duvida? Certamente, o feedback de compensação também será verdadeiro, ou seja, os despreparados e desequilibrados emocionalmente também sofrerão, de uma forma ou de outra, as consequências de seus atos. É incrível, mas as pessoas que mais apontam o dedo para os erros dos outros geralmente são aquelas que mais cometem erros. Essa postura retrata uma estratégia medíocre que tem por objetivo desviar a atenção de seus próprios erros.

Certa vez, li de um autor desconhecido que ***a quantidade de pedras que você tem na mão é proporcional ao tamanho da máscara que você usa.*** E isso é uma verdade! Nós vamos tratar desse assunto analisando as inúmeras possibilidades de gerenciarmos o comportamento inconveniente de pessoas com raiva, estressadas e indignadas.

Todos nós, se não vigiarmos, podemos ser envolvidos pelas circunstâncias e acabar atuando no palco da vida como um inconveniente ou como alvo de um inconveniente. Conscientes de que somos seres humanos, devemos buscar todo o conhecimento técnico, tendo sempre em mente que nada, absolutamente nada, pode alterar nossa inteligência emocional e nossa qualidade comportamental - necessidades estratégicas para quem lida com seres humanos.

Quero chamar sua atenção para o seguinte: exercer autoridade é coragem e segurança consequente, porém, antes de entrarmos no tema do exercício de autoridade, é preciso que avancemos um pouco mais nas qualidades comportamentais. Quando falamos de qualidade comportamental, vale lembrar que todos nós temos inúmeras qualidades de comportamento, como elegância, pontualidade, educação, comprometimento, serenidade, assertividade, meticulosidade, tolerância, presteza de atitude e exação no cumprimento do dever. Todos nós temos muitas qualidades de comportamento e também não temos muitas. Ninguém possui todas as qualidades de comportamento e ninguém não possui nenhuma qualidade de comportamento. Todos possuímos muitas e não possuímos muitas também. Certo? Entretanto, vale ressaltar que o mesmo conceito vale também para as deficiências comportamentais. Todos nós possuímos muitas e não possuímos muitas também.

O detalhe é que, quando avaliamos pessoas, quando avaliamos profissionais que lidam com o público de uma maneira geral, existem três qualidades de comportamento que não podem faltar: iniciativa, bom senso e discernimento. Sem essas qualidades de comportamento, é impossível, na verdade, passa a ser um desastre, lidar com as pessoas.

Você pode imaginar alguém sem iniciativa lidando com as pessoas? Iniciativa tem a ver com proatividade, com fazer acontecer. Aliás, eu diria que vai além de fazer com que as coisas aconteçam, seria fazer dar certo, fazer com que as coisas deem certo.

O que eu preciso fazer, para que isso que eu quero, aconteça?
O que eu preciso fazer para isso dar certo?

Portanto, aquelas pessoas "quase parando", sem iniciativa, geralmente têm sérios problemas de relacionamento. Já o bom senso e o discernimento estão muito próximos. Discernir significa distinguir, avaliar bem, saber a diferença entre o que é certo e o que é errado. Para que eu consiga usar o bom senso, primeiro eu tenho que discernir. Um exemplo clássico é o seguinte: Você foi convidado para um almoço ou jantar na casa de uma determinada família. Após a refeição, é certo você arrotar? Resposta, não sei! Talvez sim, talvez não! Veja! Existem países que você demonstra sua satisfação, através desse gesto. Se você não arrotar, você será considerado uma pessoa estranha e sem educação. Portanto, use sempre o discernimento para saber se é certo ou errado, e em seguida, através do bom senso, proceda da melhor forma. Quando nós gerenciamos um comportamento inconveniente, nós devemos usar o discernimento para saber se aquela abordagem é certa ou errada e, após, usamos o bom senso para conduzir aquele gerenciamento. Portanto, iniciativa, bom senso e discernimento são as principais qualidades de comportamento, as principais características das pessoas que lidam com o público de uma maneira geral.

Gradativamente, você vai perceber que todos esses assuntos são imprescindíveis para um gerenciamento técnico eficiente e eficaz. Agora, vamos procurar sensibilizar e conscientizá-lo, de forma que você entenda a importância de exercer autoridade no GPCI. Exercer autoridade é coragem e consequente segurança. É muito importante que você repita isso: exercer autoridade é coragem e segurança consequente. Mas não é possível exercer autoridade sem uma boa base. Se nós não estivermos fundamentados, nossa autoridade fica debilitada e nos sentimos inseguros. A insegurança é um sentimento ruim de vulnerabilidade geral, de indisposição, de nervosismo. Geralmente, esse sentimento é estimulado pela falta de treinamento. O treinamento é o grande segredo!

Você já assistiu ou pelo menos já ouviu falar de um filme clássico - na verdade, bem antigo - com Michael Douglas, "Um dia de fúria"? Vamos lá, mais uma vez, use de empatia. Imagine-se como uma pessoa com um sentimento muito intenso de raiva, ódio, rancor, indignação, que se manifesta através de ofensa, injúria, atentado físico e moral, e ainda que o leva ao desejo de vingança, expressado por cólera e fúria. Talvez um pouco menos, mas todos nós já nos comportamos inconvenientemente em algum momento da nossa vida e, certamente, nos comportaremos de maneira inconveniente em um futuro, talvez não muito distante. Raríssimas pessoas são capazes de admitir seus comportamentos inconvenientes, mas com certeza enxergam com facilidade os comportamentos inconvenientes dos outros.

Há alguns anos, talvez você se lembre, um indivíduo no sul do Brasil, mais especificamente em Porto Alegre, indignado com um protesto liderado por ciclistas, avançou sobre eles em um surto, atropelando dezenas de ciclistas que protestavam por uma determinada causa. Por sorte, ninguém morreu, mas essa atitude impensada e violenta nos faz refletir sobre o motivo que o levou a agir daquela forma. Certamente, aquela pessoa se sentiu injustiçada, e esse sentimento fez com que ela produzisse hormônios em grande quantidade. Uma quantidade enorme de adrenalina, cortisol e noradrenalina, lançados na sua corrente sanguínea, levou-o àquela loucura. Talvez aquele protesto fosse prejudicar um novo negócio, poderia atrasá-lo para uma reunião importante ou levá-lo a ser alvo de chacota por mais um atraso corriqueiro.

Todas as hipóteses podem e devem ser levadas em consideração, inclusive a de loucura, mas nada justifica aquele comportamento insano. Eu gostaria que você fizesse uma reflexão acompanhada de um pequeno exercício. Talvez seja difícil ou cause algum desconforto em você, mas é fundamental que você busque forças e encare esse desafio de frente. Tudo bem? Reflita e pense a respeito!

Todos nós, sem exceção, já fizemos muitas coisas erradas, não é mesmo? Se você tivesse uma nova chance de mudar uma escolha equivocada na sua vida, o que você mudaria?

Muito bem! Perceba que, pelo simples fato de nós estarmos aqui analisando essa ocorrência, essa do indivíduo que atropelou os ciclistas, provavelmente, caso venhamos a enfrentar situações semelhantes no futuro, nossas chances de não cometer esse mesmo erro aumentam de forma significativa. Ou seja, nós também aprendemos com os erros dos outros; se tivermos sensibilidade, não é preciso errar para aprender. Assim como esse sujeito, às vezes ficamos entediados, sem entender e sem saber por que estamos daquele jeito. São muitas coisas na nossa cabeça, ideias novas, reuniões importantes, projetos e cobranças diversas. Não adianta ficar estressado, é bobagem. Nada acontece nem antes nem depois. O tempo sempre estará com a razão, às vezes é preciso dar tempo ao tempo. No momento certo, as coisas acabam acontecendo. Apenas dê o seu máximo; é simples assim! Portanto, é desnecessária a preocupação excessiva. O tempo é implacável, mas também é soberano!

Referências:

- Stephen Covey – Os sete hábitos das pessoas altamente eficazes
- A Arte da Guerra – Sun Tzu
- Segurança é Prevenção
- Declaração Universal dos Direitos Humanos.

Capítulo 12

Reconhecimento e arrependimento

Neste décimo segundo capítulo, temos como objetivo específico dar continuidade ao aprendizado do exercício de autoridade mostrando que as pessoas só fazem conosco aquilo que nós permitimos.

A experiência nos mostra que a maioria das pessoas que se destacam no GPCI, que entendem e transformam toda essa teoria em ação, são aquelas que naturalmente reconhecem seus erros. Elas aprendem com seus próprios comportamentos inconvenientes e também com os comportamentos inconvenientes dos outros, mas não só com os erros, também aprendem com os comportamentos exemplares dos outros.

Dependendo de como reagimos ao sofrimento resultante de nossos erros, ele pode se tornar nosso aliado. Nossos erros sempre geram muito sofrimento, mas o reconhecimento e o arrependimento do erro nos dão autoridade e experiência, o que nos conduz à vitória. Exercer autoridade é coragem e consequente segurança. Perceba que o sofrimento nos permite reconhecer nossos erros; uma vez reconhecido o erro, somos levados ao arrependimento. O arrependimento está num nível acima do reconhecimento, pois nos faz dobrar os joelhos e pedir perdão. É como se a ficha tivesse caído, ficamos livres daquilo que nos aprisionava e escravizava; diante de tudo isso, ganhamos autoridade sobre nossos próprios erros. Ganhamos autoridade porque, definitivamente, vencemos e eliminamos aquele erro.

Reconhecer é o primeiro passo, mas muitas vezes a pessoa reconhece o erro e continua no erro. Por exemplo: "Eu sei que fumar faz mal, mas não consigo parar." É importante que o arrependimento seja real e que o erro seja eliminado de uma vez por todas, e isso vale para tudo. Não queremos incentivar ninguém a errar para conseguir essa autoridade; devemos aprender com os erros e também com os acertos dos outros, o que é ser inteligente. Não devemos ficar nos culpando ou carregar sentimentos de culpa e fracasso pelos erros do passado. Devemos apenas aprender com os erros e exercer a autoridade que recebemos com sensibilidade e comprometimento, impedindo que aqueles ao nosso redor caiam no mesmo erro; isso é exercer autoridade. Todos nós conhecemos histórias de pessoas que, após cometerem erros gravíssimos, usam sua experiência para ajudar centenas de milhares de pessoas. Não é verdade?

Certa vez ouvi que os erros são inevitáveis ao longo da vida; o que conta é a resposta ao erro. Talvez o remédio mais eficaz para o erro seja reconhecê-lo. O comportamento ideal é simples: apenas reconheça e, se puder, peça perdão. Um comportamento bastante inconveniente é ficar inventando desculpas. Por exemplo, se você não se comportou bem com alguém, apenas reconheça que o seu comportamento foi inconveniente. Simplesmente peça desculpas, não invente desculpas! Por exemplo: "É que eu não dormi direito, o cachorro latiu a noite toda" ou "É que um cara me deu uma fechada e ainda me xingou". Quando ficamos inventando desculpas, jamais nos livramos daquele erro, seremos eternos prisioneiros dele. Apenas aprenda a pedir desculpas e reflita sobre o seu comportamento inconveniente. No entanto, é óbvio que, se o seu comportamento causou algum dano, é preciso que você encontre uma maneira concreta de corrigir aquele prejuízo. Às vezes, não basta pedir desculpas pelo erro, é preciso que se pague pelo erro, principalmente quando se trata de prejuízo financeiro; são as consequências.

Confúcio disse certa vez que *"**a única maneira de não cometer erros é fazendo nada, e que esse, no entanto, é certamente um dos maiores erros que se poderia cometer em toda uma existência**"*. Por outro lado, não fazer nada já é uma escolha, não há como fugir dessa realidade. Ao tomarmos uma decisão, concomitantemente estamos fazendo uma escolha. Ao fazermos uma escolha, inevitavelmente corremos o perigo de errar naquela escolha. Nem sempre acertamos nas nossas escolhas, não é verdade? As consequências das nossas escolhas são erros ou acertos; essa é a nossa condição humana, Deus nos deu o livre-arbítrio. A gente só não pode se esquecer que a nossa natureza humana é inclinada ao erro. Portanto, sabedores dessa verdade, cabe a nós vigiar.

Tudo isso serve para que nós percebamos a enorme responsabilidade que pesa sobre os nossos ombros. Nossa família, alunos, amigos e colegas de trabalho precisam receber de nós todo o conhecimento que, de alguma forma, adquirimos. Vale enfatizar que existem erros que não devem ser colocados no mesmo pacote, como por exemplo, o abate equivocado com mísseis de uma aeronave comercial, erros médicos com consequentes óbitos ou amputações equivocadas, disparo acidental de arma de fogo com morte de inocentes, erro de um controlador de voo causando um desastre aéreo, erro no cálculo estrutural de um edifício ou ainda erro no manuseio de material genético com altas concentrações de vírus potencialmente letais. Enfim, poderíamos enumerar centenas de erros inadmissíveis que não se encaixam na filosofia do "errar é humano". Não é verdade?

Antes de entrarmos no exercício de autoridade, quero falar sobre um assunto bastante polêmico, mas que é fundamental que compreendamos. Todos conhecemos pessoas que tiveram uma vida cheia de erros, talvez gravíssimos, como crimes, drogas e prostituição.

De repente, elas aparecem com uma nova imagem: usando camisa social, frequentando uma determinada igreja e tentando seguir em frente. O problema é que as pessoas que as conheceram naquela vida passada desconfiam, ficam desconfiadas e cochicham entre si:

"Olha só quem está de camisa social falando que mudou? Irmão, você acredita nesse sujeito?"

E dão risadas! Pergunta: O que você acha disso? Eu quero que você entenda que não concordo com as risadas, elas são absolutamente desnecessárias, mas precisamos entender que as pessoas têm o direito de duvidar dessa mudança. Quem precisa provar que mudou somos nós, os que tiveram uma vida complicada. Precisamos provar que mudamos de verdade, e isso pode levar bastante tempo, pode haver sofrimento, sarcasmo, ironia e deboche de todos os tipos, até que um dia as pessoas comecem a falar:

"Caramba! Eu acho que esse sujeito realmente mudou; e olha que eu não acreditava!"

É fundamental entender que somos nós que precisamos provar que mudamos. As pessoas não são obrigadas a acreditar na nossa mudança miraculosa. O tempo é implacável, mas também é soberano. As coisas se acertam com o tempo, através de nossas atitudes e linhas de ação, até que ganhamos autoridade. No GPCI, é fundamental que entendamos o que é autoridade para exercê-la com eficiência e eficácia. Falamos até agora de uma autoridade sobre os erros do passado, que podemos chamar de autoridade espiritual. Trata-se de uma autoridade conquistada através do reconhecimento e do arrependimento. No entanto, existe outro tipo de autoridade, dada pelos homens, que podemos chamar de autoridade humana.

Assim, podemos definir autoridade como sendo um poder delegado a alguém, por alguém; obviamente, alguém que tem autoridade. A pessoa que recebe a autoridade precisa ter autoridade prévia para poder concedê-la. Afinal, não podemos dar algo que não possuímos, não é mesmo?

Todavia vale enfatizar, que a nossa autoridade é limitada, e deve ser exercida. O limite da nossa autoridade varia de acordo com quem nos concede tal poder. Por exemplo, a autoridade de um pai é válida somente dentro da sua família, e ele não tem autoridade sobre outras famílias. Da mesma forma, a autoridade de um professor é limitada à sua turma ou sala de aula, enquanto a de um vigilante é limitada ao posto de serviço onde ele atua. Se um prefeito concede autoridade, ela será restrita ao município, enquanto a autoridade concedida por um governador valerá para todo o estado. Se um presidente da república nos conceder autoridade, ela será válida para todo o país.

Até agora nós falamos do limite, nossa autoridade é limitada. Mas, nossa autoridade também deve ser exercida. A falta de exercício da autoridade pode trazer resultados negativos. Se um pai não exerce sua autoridade dentro da família, pode haver desmandos e desregramento moral, levando à desintegração da família. Se um prefeito não exerce sua autoridade, a cidade pode se tornar um caos. O mesmo vale para um governador e um presidente da república. Assim, é necessário que nós saibamos que as pessoas só fazem conosco aquilo que nós permitimos. Nós precisamos nos posicionar, falar não, enfim, exercer autoridade. Existe uma poesia bastante interessante chamada "No caminho com Maiakóvski", escrita pelo poeta brasileiro Eduardo Alves da Costa. Ela traz uma mensagem importante sobre a necessidade de exercermos nossa autoridade e não permitirmos que as coisas saiam do nosso controle. Na poesia, um indivíduo permite pequenos abusos em seu jardim, até que tudo se torna um caos e sua família é destruída. É um alerta sobre a importância de agir antes que seja tarde demais.

Eu não vou recitar a poesia, mas ela diz mais ou menos o seguinte: Roubaram as flores do meu jardim; e eu não falei nada! Depois, entraram no meu jardim sem flores e pisotearam a grama; e eu não falei nada! Depois entraram no meu jardim sem flores, com a grama pisoteada, foram até a varanda e sujaram tudo; e eu não falei nada! Depois entraram no meu jardim sem flores, com a grama pisoteada e com a varanda suja, foram até a sala e quebraram tudo; e eu não falei nada! Depois entraram no meu jardim sem flores, com a grama pisoteada e com a varanda suja, foram até a sala e quebraram tudo; e eu não falei nada! Finalmente, entraram no meu jardim sem flores, com a grama pisoteada, com a varanda suja, com a sala toda destruída e foram até a cozinha. Lá, estupraram! Mataram nossos pais, filhos, irmãos... Agora, mais do que nunca, eu não posso falar absolutamente nada; nunca falei!

Nós vamos permitindo uma coisinha aqui, uma outra ali, e quando nos damos conta perdemos nossa autoridade. Ela nos foi roubada por falta de iniciativa, por falta de bom senso e discernimento.

Referências:

- A Bíblia Sagrada
- No caminho com Maiakóvski – Eduardo Alves da Costa.
- O Mínimo que você precisa saber para não ser um Idiota – Professor Olavo de Carvalho

Capítulo 13

Sinceramente equivocado

Neste décimo terceiro capítulo, temos como objetivo específico aprender a ser menos impulsivo e preconceituoso para desenvolver uma compreensão mais precisa.

Gradualmente, como você pode perceber, estamos avançando e entendendo a filosofia e as técnicas de GPCI. Logo no início da construção deste livro, uma amiga psicóloga chamada Danusa Garcia, uma "casca grossa", e faixa preta em taekwondo, me pediu para ler um livro intitulado "The Other Side of Love", ou seja, "O Outro Lado do Amor", escrito pelo Dr. Gary Chapman. Neste livro, o Dr. Chapman explica que a ira é, na verdade, o outro lado do amor. Ele argumenta que, enquanto o amor nos aproxima dos outros, a ira nos afasta deles. No entanto, o autor explica que a ira pode ter propósitos positivos e que pode e deve ser canalizada para resultados construtivos.

Quando somos confrontados com algo que acreditamos estar errado, ou com fatos que nos desagradam por algum motivo, geralmente ficamos indignados e com raiva, não é verdade? O verdadeiro objetivo da ira é nos motivar e nos levar a responder às injustiças da vida com atitudes construtivas e amorosas, fazendo tudo o que for necessário para que a justiça prevaleça.

O Dr. Chapman argumenta que a ira é algo positivo e útil para nos motivar a tomar atitudes amorosas e a corrigir erros e injustiças. No entanto, é preciso ter cuidado, pois a ira pode se tornar contraproducente se não soubermos lidar com ela. Por exemplo, podemos acabar tomando atitudes impulsivas que não nos beneficiam ou prejudicam outras pessoas. É importante aprendermos a controlar a ira e a usá-la de maneira positiva para corrigir problemas e injustiças, sem nos deixar levar por impulsos negativos.

Aprender a lidar com a ira é uma habilidade importante para a vida, que pode nos ajudar a manter relacionamentos saudáveis, tomar decisões conscientes e nos proteger de situações prejudiciais. Então, vamos juntos aprender a lidar com a ira e usá-la de forma positiva em nossas vidas!

É interessante lembrar que o personagem do Incrível Hulk só se transforma quando o Dr. Banner fica extremamente irado, despertando assim o seu lado mais selvagem e assustador. Esta analogia é perfeita para compreendermos como podemos gerenciar um comportamento inconveniente. Precisamos tomar todo o cuidado para não estimular sentimentos como raiva, ódio e rancor em outras pessoas. Para isso, é importante entender como o sentimento de raiva surge. Acredite, não é nada interessante despertar esses sentimentos em determinadas pessoas que produzem transformações. Quando nos deparamos com algo que acreditamos estar errado, muitas vezes sentimos indignação e raiva. A intensidade desses sentimentos varia de acordo com a importância que damos ao que está acontecendo. No entanto, é preciso ter cuidado para não tomar decisões erradas em momentos de raiva. Às vezes, quando algo nos contraria ou nos deixa com raiva, corremos o perigo de tomar decisões equivocadas. Por isso, é importante aprender a controlar a raiva e a indignação e usar a inteligência emocional antes de tomar uma decisão. Isso pode nos ajudar a decidir com mais acerto e evitar conflitos desnecessários. Aprender a lidar com a raiva e a indignação é uma habilidade importante que pode nos ajudar a manter relacionamentos saudáveis e lidar com situações difíceis de forma mais eficaz. Juntos, aprenderemos a controlar a raiva e a tomar decisões mais conscientes!

Marco Aurélio disse que: ***"As consequências da raiva são muito mais dolorosas do que suas causas."*** Ou seja, o que causou a raiva geralmente é uma bobagem se comparado com as consequências. Você consegue perceber isso?

Certa vez, ouvi o relato de um policial militar que realmente me chamou a atenção. Segundo o policial, um amigo fazia sua ronda quando foi acionado por um grupo de pessoas. Elas disseram que havia um enorme tumulto e barulho de pratos quebrados no interior de um restaurante e que parecia uma briga, mas que também poderia ser um assalto. O policial rapidamente informou o fato à central de operações e, cheio de adrenalina, partiu em direção ao local indicado por elas. Chegando lá, percebeu alguns curiosos que também tentavam identificar o que estava acontecendo. Ao entrar, tomando todo o cuidado no caso de um assalto, viu duas pessoas no chão, ensanguentadas e se atracando. A pessoa que estava por cima empunhava algo, talvez um metal, e ele pensou que pudesse ser uma faca. Neste momento, já com sua pistola empunhada, precisava tomar uma decisão: atirar ou não? Foi quando decidiu exercer sua autoridade, verbalizando através de um comando alto e claro. Talvez tenha sido a melhor decisão de sua vida. Na verdade, era uma tentativa de prestação de socorro a uma pessoa com crise convulsiva. O sujeito apavorado tentava proteger o amigo garçom, que era epilético, para que ele não se machucasse. E com uma colher, equivocadamente tentava desenrolar sua língua.

A cena era terrível, pois no momento da crise, o garçom derrubou uma pilha de pratos, resultando em pratos estilhaçados por todos os lados e ferimentos em ambos os envolvidos. É importante destacar que, mesmo que sejamos sinceros em nossas crenças, isso não significa que detemos a verdade absoluta; podemos estar sinceramente equivocados. A sinceridade é a segunda qualidade de liderança, segundo Sun Tzu. Como bons líderes, precisamos desenvolver essa qualidade. No entanto, pessoas sinceras correm o risco de achar que detêm a verdade, o que é um equívoco. Além disso, é importante não confundir sinceridade com grosseria, pois a falta de educação não é uma virtude. Devemos estar atentos para não ultrapassar os limites da sinceridade e nos comportar de maneira inconveniente, prejudicando nossas relações pessoais e profissionais. Se notarmos esse comportamento em outras pessoas, devemos tentar ajudá-las, usando nossa inteligência emocional e sugerindo que busquem apoio com um terapeuta, se necessário.

Embora muitos acreditem que uma pessoa educada é aquela que mantém a boca fechada, essa não é uma verdade absoluta. O discernimento e o bom senso são fundamentais para controlar a língua e dizer coisas agradáveis ou fazer críticas construtivas quando necessário. Devemos ser capazes de apontar algo negativo com relação a alguém, mas sempre cuidando da nossa presença física, da nossa verbalização e do tom de voz, para não ferir ou magoar o interlocutor. É importante lembrar que críticas sinceras e honestas, quando feitas com inteligência emocional, ajudam a melhorar não só aquela pessoa, mas também todas as outras que convivem com ela. O excesso de sinceridade pode significar falta de inteligência emocional, e devemos sempre evitar ultrapassar os limites da sinceridade, evitando magoar as pessoas. Vamos para um exemplo clássico:

Use a empatia, imagine o cônjuge triste, sorumbático devido um conflito, um problema que acabou de acontecer com o síndico do edifício. Por exemplo, ela(e) chega em casa e conta como agiu diante de uma determinada situação, e você na hora, percebe que ela(e) errou feio. E aí? O que é que você fala? O que é que você faz? Você atinge o ponto fraco? Coloca o "dedo na ferida" com sal, vinagre e limão? É aí que entra a inteligência emocional, para nós não detonarmos, para nós não destruirmos ainda mais o emocional do outro. Assim, administre aquela situação, usando uma verbalização diplomática:

> *"Puxa! Entendo perfeitamente bem como você está se sentindo; relaxa! Amanhã as coisas estarão mais claras. Vamos sair, vamos fazer algo diferente! Fique na paz, essas coisas se resolvem com o tempo"*

Essas linhas de ação, essas estratégias são eficazes. O problema é quando na impulsividade, nós alfinetamos com observações do tipo:

> *"Porra! Você errou feio! Você jamais deveria ter falado isso! Você não tem jeito né! Com esse seu comportamento inconveniente, você sempre afasta as pessoas! Você mereceu o que ouviu; tomara que você aprenda dessa vez. Você é muito sem noção! Eu não acredito que você falou isso."*

Portanto, desenvolver essa sensibilidade é crucial. Todo cuidado é pouco! É importante refletirmos sobre isso. Dando continuidade, imagine a seguinte cena: crianças com idades entre nove e doze anos estão brincando na rua com uma bola. Você está observando a brincadeira e a alegria daquelas crianças a uma determinada distância. De repente, um grupo de jovens adolescentes, alguns praticantes de jiu-jitsu, com a orelha estourada, fazendo a maior algazarra, interrompe a brincadeira das crianças. Um deles, de forma agressiva, pega a bola e grita: 'Cala a boca!' Em seguida, eles saem rapidamente levando a bola e deixando as crianças tristes e desoladas. Como você se sentiria diante dessa situação? Causaria indignação em você? Qual seria a sua reação se estivesse por perto? Reflita!

Em primeiro lugar, é importante manter o equilíbrio usando a inteligência emocional e as qualidades de comportamento, conforme discutimos anteriormente. Somente assim podemos raciocinar e agir com competência diante de momentos críticos e difíceis, como esse que inevitavelmente nos deixa indignados e com muita raiva. No entanto, ao se aproximar das crianças, você ouve o relato completo e percebe o que realmente aconteceu. Uma das crianças era o irmão mais novo do adolescente que gritou e tinha a orelha estourada, lembrando-se agora? Esse adolescente ficou furioso ao ver sua bola oficial de couro, pela qual ele havia pago com muito sacrifício e cuidava com tanto zelo e carinho, sendo usada pelas crianças no asfalto sem a sua autorização. Enfurecido, ele pegou o que era seu por direito, deu uma bronca em seu irmão e em seguida partiu com seus amigos para o campo de futebol gramado.

Você consegue imaginar os danos que podem ser causados quando agimos impulsivamente? Gandhi dizia que ***'A raiva e a intolerância são inimigas gêmeas da compreensão correta'.*** Existem pessoas que, talvez por patologia ou por questões educacionais, criam enormes problemas e se envolvem em situações altamente constrangedoras devido às suposições malucas que fazem. A nossa natureza humana é preconceituosa e inclinada ao erro, isso é um fato. Suposições primárias nos levam a suposições secundárias, e assim por diante. Vamos lá, usando mais uma vez a empatia, imagine-se sentado em um trem ou metrô com alguns lugares vagos na composição, inclusive ao seu lado. De repente, você percebe um sujeito bastante magro, com cabelos bem ralos, olhos vermelhos, olheiras e um lenço nas mãos tossindo. O que você pensaria? Como você agiria? Que tal algumas prováveis hipóteses?

"Caramba, tomara que esse sujeito não venha para perto de mim. Será que ele está doente? Será que é Covid? Será que essa doença é contagiosa? Está parecendo AIDS ou talvez seja tuberculose. Caramba! Sou novo na empresa, se eu ficar doente, serei demitido. Se eu for demitido, terei problemas em casa. Sem dinheiro, certamente será o fim do meu casamento."

Observe que, em poucos segundos, criamos um estardalhaço absolutamente desnecessário, e assim corremos o risco de, dominados pelo preconceito, nos comportarmos de forma inadequada. Perceba que, em pouco tempo, uma semente minúscula de mostarda vira um carvalho centenário, apenas com base em suposições. Além disso, o preconceito existe em nós, como falamos antes, faz parte da nossa natureza humana. No entanto, precisamos dominá-lo para que não sejamos dominados por ele. Essa é, de fato, uma questão que devemos refletir bastante. A empatia é a palavra-chave; ao percebermos que a pessoa inconveniente acredita de verdade naquela posição, é necessário que sejamos habilidosos na argumentação e tentemos perceber qual o nível de importância dado àquela verdade. Somente assim teremos mais chances de êxito no gerenciamento daquele comportamento inconveniente.

Vamos falar um pouco mais sobre sentimentos e comportamentos. Há algum tempo, li um livro muito interessante chamado "Comunicação Não Violenta", escrito por Marshall B. Rosenberg. As técnicas de comunicação ensinadas pelo autor têm como objetivo evitar conflitos e promover uma comunicação serena. Ele ensina ferramentas simples para desarmar argumentos perigosos e criar conexões baseadas na compaixão. O objetivo é transformar possíveis conflitos em conversas pacíficas e produtivas. As técnicas ensinadas pelo autor são simples e eficazes e podem ajudar a melhorar a comunicação em diversas situações, tanto pessoais quanto profissionais. Com essas ferramentas, é possível evitar conflitos desnecessários e criar conexões mais positivas com as pessoas ao nosso redor. Aprender essas técnicas é uma habilidade importante para a vida e pode nos ajudar a manter relacionamentos mais saudáveis e produtivos. Precisamos aprender juntos a aplicar essas técnicas em nossas conversas e promover uma comunicação mais serena e positiva!

No início do livro, um poema de Ruth Bebermeyer faz com que entendamos o poder das palavras e a importância da empatia na construção de frases que causam impacto emocional. O título, "Palavras são janelas ou são paredes", nos diz que as palavras podem nos libertar ou nos condenar. Quando falamos e ouvimos, devemos deixar a luz do amor brilhar através de nós. Há coisas que precisamos dizer, coisas que significam muito para nós. Se nossas palavras não forem claras, devemos pedir ajuda para nos libertar. Se parecermos menosprezar alguém, ou se a pessoa sentir que não nos importamos, devemos tentar escutar seus sentimentos por entre as nossas palavras.

No GPCI, aprendemos a importância das palavras e da construção de frases impactantes, além da importância de uma boa comunicação verbal quando estamos frente a frente com alguém. No entanto, devemos lembrar que, simultaneamente à força das palavras, nossa presença física deve ser impecável. A coerência das nossas atitudes, a grandeza dos nossos gestos e a elegância da nossa comunicação não verbal vão definir se o resultado será favorável ou não. Com base no chavão *"Palavras convencem, exemplos arrastam"*, faço três perguntas:

1. ***"Será que conseguimos alinhar nossas palavras com nossas ações, de modo a garantir uma coerência íntegra e consistente em todas as nossas interações?"***

2. ***"Será que o poder do nosso silêncio é capaz de cativar e encantar, transmitindo uma mensagem que vai além das palavras?"***

3. ***"Estamos empregando os meios adequados para nos fazer compreender, buscando uma comunicação clara, assertiva e eficaz em todos os nossos relacionamentos?"***

Referências:

- The other side of love, O outro lado do amor – Dr. Gary Chapman.
- Comunicação Não Violenta – Marshall B. Rosenberg.
- A Arte da Guerra – Sun Tzu.

Capítulo 14

Sentimento x Comportamento

Neste décimo quarto capítulo, temos como objetivo específico aprender a escolher bem os comportamentos diante dos sentimentos.

Você certamente percebeu a importância do exercício da autoridade, dos cuidados com a elegância e com o poder de convencimento. Agora, vamos fazer um breve resumo do que aprendemos até aqui sobre o GPCI, para continuarmos avançando sem perder o entendimento conquistado e nos familiarizando um pouco mais com toda essa linguagem e termos técnicos. Vamos reiterar algumas perguntas que já foram feitas, ok? Elas devem ser respondidas silenciosamente, para nós mesmos.

1. ***O que leva as pessoas a se comportarem de maneira inconveniente?***
2. ***Às vezes nos comportamos de maneira inadequada; o que leva você a se comportar de maneira inconveniente?***
3. ***Com qual frequência você observa um comportamento inconveniente em si mesmo e nos outros?***
4. ***Você presta atenção ao comportamento das pessoas? Acredita que as pessoas prestam atenção em seu comportamento?***
5. ***Com que frequência você é questionado ou contrariado?***
6. ***Com que frequência você questiona e contraria os outros? Sente-se bem contrariando os outros? Sempre quer ter razão? É importante para você ter razão?***
7. ***Com que frequência você se ofende?***
8. ***Você se magoa facilmente? Com que frequência você magoa as pessoas? Lembra-se da última vez que magoou alguém?***

Você se lembra como acontece aquele sentimento de raiva? Nós, seres humanos, temos pouco ou nenhum controle sobre nossos feedbacks emocionais e fisiológicos, ou seja, nossos sentimentos. Perceba que quando somos confrontados com algo que acreditamos estar errado ou com fatos que nos desagradam profundamente, ficamos indignados, com raiva, ódio, ira. O sentimento de indignação, raiva ou ódio é inevitável devido a essa resposta fisiológica. Entretanto, não temos controle sobre nossos sentimentos, mas se treinarmos exaustivamente, com certeza aprenderemos a controlar nosso comportamento.

Stephen Covey, autor do livro *"Os sete hábitos das pessoas altamente eficazes"*, nos ensina que apenas 10% da vida está relacionada ao que nos acontece, enquanto os outros 90% estão relacionados à forma como reagimos aos acontecimentos. Assim, apenas uma pequena parcela da nossa vida está relacionada aos nossos sentimentos, sobre os quais não temos controle total.

Não podemos evitar situações como congestionamentos, acidentes de trânsito, clima, problemas com o carro, entre outros. Mas 90% dos conflitos, problemas, crises e escândalos que enfrentamos no nosso dia a dia têm relação direta com a forma como nos comportamos em resposta aos nossos sentimentos. Nosso gerenciamento emocional, nossa reação e nosso comportamento determinam esses 90%.

Há muitos anos, li uma história semelhante à que vou contar, com algumas adaptações. Gostaria que você se colocasse no lugar de um pai empresário que está saindo para uma importante reunião de negócios depois de tomar um rápido café da manhã com sua esposa e filhos. Para adiantar as coisas, você pede a seu filho que tire o carro da garagem. No entanto, seu filho, distraído e preocupado com o horário, coloca a chave do carro no bolso e vai para a faculdade de metrô. Você não tem controle sobre seus sentimentos, e o que acontece em seguida é determinado pelo seu comportamento. Hormônios como adrenalina, noradrenalina e cortisol são produzidos em grande quantidade e lançados em sua corrente sanguínea, fazendo você ficar furioso. Irritado, você pega o telefone e liga para seu filho, mas ele está dentro do metrô e não ouve a chamada. Você continua tentando e nada acontece, até que, quase explodindo de raiva, seu filho atende. Pelo telefone, você o chama de moleque irresponsável! Seu filho fica chateado e bravo com você.

Totalmente descompensado, você acusa a sua esposa de não ter lhe dado uma boa educação. Nesse momento, você mexeu com quem não devia e o tempo fechou. Vespas, cobras e escorpiões surgiram do nada. Indignado, estressado e resmungando, você vai procurar a chave reserva. Contudo, ao levantar-se, esbarra na xícara de café e se suja todo, desde a camisa social branca até a calça, cueca e até a meia ficam molhadas de café. Algum tempo depois, você retorna com outra roupa, mas ainda mais estressado, pois tudo deu errado e você está quinze minutos atrasado. Sua esposa vai para o trabalho também contrariada. Você ainda tem como responsabilidade levar a sua filha de carro para a escola. Como está atrasado, dirige em alta velocidade e é multado. Só então percebe que esqueceu a CNH e todos os documentos do automóvel. Depois de uma hora de atraso, uma séria discussão com o guarda de trânsito, uma multa e o carro rebocado, vocês chegam à escola de Uber, onde a sua filha entra, sem se despedir de você.

Tendo chegado atrasado na empresa, você percebe que também esqueceu o seu notebook dentro do carro. O seu dia começou mal, você perdeu um grande negócio e tem a sensação de que ficará ainda pior. Você fica estressado o dia inteiro, ansioso para o dia acabar, e quando chega em casa, a sua esposa e filhos estão aborrecidos, em silêncio e frios com você. Você tem ideia do porquê de tudo isso ter acontecido?

a. Por causa da xícara de café?
b. Por causa dos seus filhos?
c. Por causa da sua esposa?
d. Por causa da multa de trânsito?
e. Por sua causa.

Imagino que você saiba que a resposta correta é a letra "E". Como nós não temos controle sobre os nossos sentimentos, você não teve controle sobre os seus sentimentos durante o café da manhã. Mas, perceba que o seu dia foi destruído não em razão dos seus sentimentos, mas devido à forma como você se comportou naqueles cinco minutos.

Mais à frente, vamos falar com mais detalhes das cinco linhas de ação para lidarmos com pessoas que, por algum motivo, estejam se comportando de maneira inconveniente. Mas os cinco primeiros passos são:

1. ***Reconheça; admita, de forma consciente e equilibrada, a sua indignação.***
2. ***Não reaja pelo impulso; não siga os seus sentimentos feridos.***
3. ***Procure entender; tente localizar o foco da sua indignação.***

Ao perceber que o seu filho, distraído, levou as chaves do carro, você inspiraria e expiraria profundamente cinco vezes consecutivas. Após isso, inspiraria o ar profundamente e o liberaria bem lentamente três vezes consecutivas e só então diria, com toda a gentileza e da maneira mais elegante possível: ***"Filho, não se preocupe, está tudo bem; buscarei a chave reserva. Boa aula para você, filhão, fique com Deus!".***

4. ***Analise suas opções; projete o resultado futuro das suas possíveis escolhas.*** Em seguida, você ligaria para a sua empresa e projetaria um possível atraso. Levaria, equilibradamente, sua filha ao colégio, e ela certamente retribuiria com um sorriso e um beijo de despedida.
5. ***Transforme toda essa teoria em ação; faça a escolha certa.*** Você conseguiu perceber a diferença?

Perceba que são duas situações iguais, mas com resultados completamente distintos. Essa diferença no desenlace, no cômputo final, se deve ao fato de que aqueles 90% são determinados pelo seu comportamento. Precisamos aprender a escolher bem nossos comportamentos diante dos nossos sentimentos para não sofrermos de forma absolutamente desnecessária.

É claro que precisamos corrigir, educar e disciplinar nossos filhos, alunos e, quem sabe, uma equipe de trabalho, para que eles se tornem motivo de orgulho e nos representem superbem. Todavia, não podemos nos esquecer de que os maiores conflitos e problemas geralmente são resultados do nosso despreparo. Nosso comportamento precisa ser treinado dia após dia. Perceba que estamos falando de 90%, e isso não pode ser desprezado de jeito nenhum.

Referências:

- Stephen Covey – Os sete hábitos das pessoas altamente eficazes.
- The other side of love – O outro lado do amor – Dr. Gary Chapman.

Capítulo 15

Estresse x Cortisol

Neste décimo quinto capítulo, temos como objetivo específico identificar e usar os sentimentos feridos, com destaque para a raiva, a seu favor.

Nós sabemos que existem regras ocultas de convívio e equilíbrio social, por exemplo: Quando chegamos ou saímos de um determinado local, devemos cumprimentar as pessoas. Se cometemos um erro ou um insulto, mesmo que seja sem querer, devemos pedir desculpas imediatamente. Devemos agradecer quando alguém nos faz um favor e quando alguém fala conosco, devemos olhar para a pessoa e demonstrar que estamos ouvindo. Se pedimos algo emprestado, precisamos devolver o mais rápido possível e agradecer. Essas regras veladas precisam ser treinadas e ensinadas desde cedo, de forma insistente, com o objetivo de desenvolver a inteligência emocional e a qualidade comportamental daquela pessoa. Esse treinamento vai nos ajudar a desenvolver o discernimento, pois é impossível usar o bom senso sem ele. Quando não aprendemos e, portanto, não cumprimos essas regras, nos tornamos inconvenientes e acabamos incomodando, de uma maneira até cruel, aqueles que convivem conosco. Sempre conhecemos alguém completamente sem noção: pessoas mal-educadas, deselegantes e insensíveis que não conseguem parar de falar e, pior, não conseguem prestar atenção naqueles que estão falando, deixando-nos bastante irritados, desconfortáveis e estressados. Não é verdade?

Outro dia recebi um texto de um autor desconhecido que trata exatamente dessas regras veladas, que considero da maior importância. O texto dizia que: *"É em casa que as crianças devem aprender a dizer bom dia, boa tarde, boa noite, por favor, com licença, me desculpe, me perdoe, muito obrigado, grato e errei. Também é em casa que as crianças aprendem a ser honestas, pontuais, a não xingar, a ser solidárias, a respeitar todos os amigos, colegas, idosos, professores e autoridades de uma maneira geral. Também é em casa que as crianças aprendem a comer de tudo, a não falar com a boca cheia, a ter higiene pessoal, a não jogar lixo no chão, a ajudar os pais nas tarefas diárias e a não pegar o que não é seu. Também é em casa que a criança aprende a ser organizada, a cuidar das suas coisas, a não mexer nas coisas dos outros, a respeitar as regras, usos e costumes e amar a Deus sobre todas as coisas. Agora, na escola, os professores devem ensinar matemática, português, história, geografia, língua estrangeira, ciências, química, física, biologia, filosofia, sociologia, educação física e artes. Obviamente, também devem reforçar aquilo que a criança aprendeu em casa. Com o que se aprendeu em casa, reforçado pelos professores, as crianças passam a controlar aquilo que conheceram, conseguem dominar o que aprenderam e, como consequência, respeitam tudo e todos."*

Acredito que pais e professores, também devem reforçar a questão ética – ***obediência àquilo que não é obrigatório, mas é bom, é justo e sempre coloca o coletivo sobre o individual.***

Nós só conseguimos controlar, aquilo que nós conhecemos e dominamos, por isso focar nos nossos pensamentos é bem legal. Harv Eker, autor de um livro que eu super indico, ***"Os segredos da mente milionária"***, nos ensina que: ***"pensamentos nos conduzem a sentimentos"***, por sua vez: ***"sentimentos nos conduzem a ações"***, e ***"ações nos conduzem a resultados"***.

Reiterando, já que didaticamente funciona, quando há uma oposição veemente contra algo que acreditamos estar errado, ou fatos que nos desagradam ou contrariam, ficamos indignados e com raiva. Nesse momento, hormônios são produzidos e lançados na corrente sanguínea, como um estímulo para a raiva, tornando ainda mais difícil lidar com as pessoas de maneira adequada e conveniente. No entanto, é importante lembrar que a responsabilidade é exclusivamente nossa.

Em situações de conflito, precisamos estar preparados para lidar com elas de forma pacífica. A comunicação não é apenas aquilo que falamos, mas também o que as pessoas entendem. Como todos nós temos limitações e individualidades biológicas, é fundamental entendermos desde o início que existem duas possibilidades:

- A primeira é que podemos estar sinceramente indignados com toda a razão;
- A segunda é que podemos estar sinceramente indignados, mas sem razão, ou seja, equivocados.

Em resumo, é importante que saibamos controlar nossas emoções em situações de conflito, para que possamos nos comunicar de maneira adequada e entender que nem sempre estamos certos em nossas indignações. Como seres humanos, precisamos discernir o tempo todo para evitar pagar mico ou cometer injustiças gratuitas.

Já mencionamos bastante sobre esse tema, mas didaticamente funciona. Mais adiante, estudaremos o sistema límbico e a região mesolímbica, onde discutiremos uma alegria maliciosa chamada "Schadenfreude". Portanto, dominar e entender a fisiologia que envolve o GPCI é muito importante, e acredite, não tem mistério nenhum. Aprendemos conversando e repetindo.

Nas glândulas suprarrenais, encontramos o córtex e a medula. A medula produz adrenalina, também conhecida como epinefrina, que atua no mecanismo de defesa. A medula também produz noradrenalina, também conhecida como norepinefrina, que está relacionada ao raciocínio e às emoções. O córtex produz vários hormônios, incluindo as corticosteronas e o hormônio cortisol. O cortisol controla o biorritmo, reduz inflamações e estimula a imunidade. No entanto, o excesso de cortisol pode levar à síndrome de Cushing. O estresse e o uso excessivo de corticoides também podem aumentar a produção de cortisol. Os sinais e sintomas da síndrome de Cushing variam de pessoa para pessoa e podem incluir obesidade, alterações cutâneas (estrias na pele), fadiga, fraqueza muscular e perda do equilíbrio emocional.

Mais uma vez, tudo aquilo que nos agride em demasia, tudo aquilo que nos causa uma sobrecarga ou de alguma forma nos perturba, leva a uma profunda irritação acompanhada de estresse. O estresse é uma espécie de mecanismo de defesa, uma resposta física do nosso organismo a um estímulo. Quando o nosso corpo é muito pressionado, ele acaba reagindo, considerando que está sendo atacado e, como resposta, muda para o modo combate ou fuga, liberando uma quantidade enorme e complexa de hormônios e substâncias químicas, como o cortisol, adrenalina e noradrenalina, para preparar o corpo para a luta. Quando falamos tudo, estamos incluindo, sobretudo, aquelas coisinhas aparentemente inofensivas que normalmente desprezamos, equivocadamente. Todos nós nos estressamos, isso é um fato; todavia, existem pessoas que vivem estressadas. Quando fazer parte da rotina de alguém viver sob estresse, isso realmente não é legal; o estresse pode estar se tornando crônico. Assim, atividade física regular e uma boa alimentação sempre ajudam muito.

Em uma ocasião, li um texto que trazia alguns dados estatísticos muito interessantes. O texto dizia que búfalos matam aproximadamente sete pessoas por ano. Imediatamente, calculei que a cada dez anos, setenta pessoas morrem por ataque de búfalos, e pensei: “Esse bicho com cara de bobo é complicado, hein!” Mas, logo em seguida, li que os leões matam quinhentas pessoas por ano, e pensei: “Uau!” Só que os hipopótamos matam ainda mais, matando oitocentas pessoas por ano; 8.000 a cada dez anos. Claro que é um número assustador, mas depois, aprendi que as aranhas matam 5.000 pessoas por ano, os escorpiões matam 7.000, e as cobras matam 10.000 pessoas todos os anos. Diante desses dados, surpreendentemente, aprendi que os mosquitos - sim, aqueles insetos minúsculos - matam 2,7 milhões de pessoas todos os anos. Não é incrível? O menor é o mais mortal!

Perceba que da mesma forma, essas bobagens do dia a dia que desprezamos por ignorância, falta de preparo ou por não saber administrar, é que promovem o maior índice de estresse e a consequente perda do equilíbrio emocional. A maneira como conduzimos nossa vida no dia a dia está diretamente relacionada à nossa saúde; isso me parece óbvio.

A pandemia provocou uma aceleração e uma mudança radical no modo de vida das pessoas, o que aumenta significativamente as chances das pessoas adoecerem. Isso não se deve apenas às comorbidades, mas também à exigência de adaptação ao que alguns chamam de “novo normal”. Embora a individualidade seja uma verdade absoluta, todos estamos sujeitos às pressões impostas pelas mudanças radicais e, como resultado, estamos sujeitos a nos tornarmos inconvenientes.

A raiva pode levar ao estresse, é verdade. No entanto, se for bem administrada e conduzida, pode se tornar útil e até gerar criatividade. Claro que podemos usá-la a nosso favor, mas para que isso aconteça, precisamos trabalhar nossa mente para que ela não se torne uma patologia. Precisamos “arregaçar as mangas” e treinar, assumir um compromisso. Por exemplo, outro dia minha esposa me pediu para fazer compras no supermercado. Ao entrar no carro, estabeleci uma meta: “Nada, absolutamente nada irá me aborrecer até o meu retorno”. Na verdade, eu estava projetando possíveis conflitos e problemas pertinentes ao trânsito, como abalroamentos, fechadas, pessoas ansiosas buzinando e engarrafamentos.

Ao chegar no supermercado, vi que todas as vagas estavam ocupadas. No entanto, percebi que um casal havia acionado o destravamento automático de um carro, e uma vaga um pouco mais distante seria liberada. Mesmo assim, aproximei-me e pacientemente liguei o alerta e aguardei. Lentamente, o casal colocou as compras no porta-malas e saiu sem pressa. Mal liberei o freio de mão, não tive a menor chance. Um outro veículo entrou direto na vaga. Percebi que era um casal, talvez pai e filha. Imediatamente, buzinei e fiz sinal de que estava aguardando àquela vaga. Fui completamente ignorado, e pior, o motorista ao sair do carro levantou os braços e balançou os ombros como se dissesse: “Fui mais rápido, seu otário! Espere outra vaga!” Lembro-me de que meu sangue ferveu de raiva, e automaticamente abri a porta. No entanto, ao sair do carro, meu gatilho mental foi acionado: “Nada, absolutamente nada irá me aborrecer até o meu retorno”.

Por coincidência, o guardador que se encontrava um pouco distante estava atento ao que estava acontecendo. Era um ex-aluno que me reconheceu e gritou: "Cara sem noção, Sr. Helder! Arria o pneu!" O casal olhou assustado, e o motorista veio na minha direção sem graça. Eu disse: "Pode ir, meu amigo, está tudo certo". Ficaram indecisos, olharam, e mais uma vez eu repeti: "Tá tudo certo, podem ir!". Agradeci o apoio ao guardador e disse-lhe que não estava com pressa e que muito provavelmente eles estavam com alguma urgência. O interessante foi que, logo em seguida, surgiu uma vaga bem melhor, bem em frente a entrada do supermercado.

O objetivo deste relato é fazer com que você entenda a importância do treinamento para a conscientização. Observe que eu havia estabelecido uma meta e assumido um compromisso comigo mesmo; não podia falhar. Tratava-se de um treinamento e eu havia estabelecido uma meta: "Nada, absolutamente nada irá me aborrecer até o meu retorno". Parece loucura, mas é assim que funciona. É fácil? Definitivamente não é fácil, mas você se lembra de Lao Tsé?

"Um homem que vence outro homem é forte; mas um homem que vence a si próprio é poderoso".

Confúcio dizia que:

"A virtude do cavalheiro é como o vento; a virtude do homem comum é como a grama. Que o vento sopre sobre a grama, e ela com certeza se dobrará".

Referências:

1. A Arte da Guerra – Sun Tzu
2. O outro lado do amor – The other side of love – Dr. Gary Chapman.
3. Toda a matéria – wwwtodamateria.com.br
4. SBEM – www.endocrino.org.br
5. Mundoeducação.uol.com.br
6. Os Segredos da Mente Milionária – Harv Eker
7. Stephen Covey – Os sete hábitos das pessoas altamente eficazes.

Capítulo 16

1ª Linha de ação – Reconheça; admita de forma consciente e equilibrada a sua raiva

Neste décimo sexto capítulo, temos como objetivo específico identificar e treinar o comportamento, usando a inteligência emocional para não permitir que a indignação e a raiva nos conduza em direção ao erro.

Falhas e ruídos na comunicação são temas de extrema importância. Lembro-me do meu antigo comandante, coronel José Aurélio Valporto de Sá, que costumava dizer: ***"A missão só é concluída quando aquele que a deu apaga a chama da vela"***. Mas o que isso significa? Quando recebemos uma missão, estamos recebendo virtualmente uma vela acesa. Sim, uma vela virtual. Enquanto não retornarmos àquele que nos deu a missão, a vela permanece acesa, ou seja, a missão ainda não foi cumprida. Somente aquele que deu a ordem tem o poder de apagar a chama. Essa chama pode ser apagada até mesmo à distância, por e-mail ou telefone, pela pessoa que deu a ordem. É importante entendermos que, sem esse retorno, a missão ainda não foi cumprida e permanece em aberto.

Vamos utilizar a empatia e nos colocarmos no lugar de um pai que faz um pedido ou dá uma ordem ao filho. Não importa se é ordem ou pedido, o importante é entender o conceito.

"Filho, preciso que você vá até a casa da Dona Maria e entregue este envelope diretamente a ela. Se ela não estiver em casa, traga o envelope de volta e não o entregue a mais ninguém. Depois, vá até a casa do seu tio Daniel e pegue a encomenda que ele irá lhe entregar. Em seguida, vá ao escritório e traga todas as correspondências que chegaram durante a semana, pois elas são muito importantes."

Observe que a vela, responsabilidade, está agora nas mãos do seu filho e que somente você pode apagá-la. É natural sentir-se preocupado, e essa preocupação só cessará quando receber o feedback do seu filho. Agora, imagine a seguinte situação: seu filho fez tudo o que você pediu, mas depois de cumprir a missão, resolveu ir ao cinema com a namorada. Observe que a responsabilidade ainda está com o seu filho, e sua ansiedade aumenta a cada minuto, enquanto a angústia assume o controle da situação. É evidente que não dar feedback é um comportamento muito inconveniente. Seu filho pode até argumentar:

"Pai, você está se estressando à toa! Fiz tudo o que você me pediu com toda a atenção, está tudo aqui, olha! Certinho! Pode conferir! Afinal, tenho o direito de me divertir um pouquinho" – a título de observação, é importante lembrar que, ao dar uma ordem ou uma missão, é preciso ter clareza na comunicação e estabelecer prazos para que a responsabilidade seja transferida e a missão considerada cumprida. Do mesmo modo, ao receber uma ordem ou uma missão, é necessário ter comprometimento e responsabilidade em cumprir o que foi solicitado, dando feedback ao finalizar a tarefa.

Retomando, perceba que ele está sendo sincero, mas está sinceramente equivocado, sem nenhuma razão. Ele simplesmente precisa ser treinado, e isso caracteriza deficiência no treinamento ou falha no treinamento. E, aqui entre nós, UM ERRO SEU! Bom, claro que essa analogia pode e deve ser aplicada para tudo!»

Dando continuidade ao assunto "falhas na comunicação", observamos muitas dúvidas com relação às linhas de ação que devemos adotar quando, por exemplo: O diretor presidente de uma grande empresa multinacional dá uma ordem direta para um determinado colaborador subordinado à área de segurança. No caminho, ele é chamado pelo diretor de logística que lhe dá outra missão; ainda pensando sobre as ordens recebidas, é surpreendido pelo seu líder direto, o gerente de segurança, que lhe dá uma terceira missão. O que fazer? Pense a respeito! Na verdade, as coisas não são tão complicadas como parecem. Normalmente, por questões éticas, acredito que o diretor presidente informaria o fato ao gerente de segurança no caso de uma ordem direta a um colaborador de outra área. Contudo, isso aqui é apenas um exemplo de como o colaborador deveria se comportar numa situação como essa; vamos chamar de situação inconveniente. Primeiro, o colaborador precisa discernir; ele deve avaliar se é possível cumprir todas as missões sem prejuízo. Às vezes, são missões muito simples; se forem, cumpra-as e pronto. Não precisa se vitimizar. Caso não seja possível, existem várias outras hipóteses. Observe: quando o diretor de logística aborda o colaborador e lhe dá a segunda missão, bastava uma simples resposta do tipo:

"Desculpe-me, diretor, mas estou com uma missão do presidente; avaliei sua missão para saber se eu conseguiria cumprir as duas; infelizmente, não é possível. Diretor, posso cumprir sua missão após cumprir a do presidente?"

O diretor de logística certamente entenderia. Ainda nesta mesma linha de raciocínio, poderíamos criar outra hipótese. O diretor de logística, após ouvir que o colaborador está no cumprimento de uma missão do diretor presidente, diz:

"Colaborador, esqueça essa missão e cumpra essa nova ordem."

É importante entendermos com simplicidade que o diretor de logística não é maluco; portanto, para que ele tenha dado tal ordem, para ele proceder dessa forma, ele sabe exatamente o que está fazendo. Evidentemente, assim que o colaborador partir para o cumprimento da nova ordem, o diretor de logística fará contato com o diretor presidente e o posicionará sobre o ocorrido, explicando-lhe o motivo. Talvez o presidente diga o seguinte:

"Caramba, muito obrigado pela ajuda; ainda bem que você estava atento!".

É óbvio que a vela ainda está acesa, portanto, na primeira oportunidade, o retorno ao diretor presidente é imprescindível. Exemplo:

"Presidente, gostaria de lhe dar feedback da missão."

E o presidente falaria:

"Ok, muito obrigado, eu já estou ciente; o diretor de logística já me informou! Me disse que abortou a missão. Obrigado pelo retorno!"

Estas linhas de ação valem para todas as situações similares. Nós, profissionais qualificados em GPCI, pensamos, raciocinamos, avaliamos, realizamos estudos de situação e tomamos decisões! Você se lembra das principais qualidades comportamentais? Iniciativa, bom senso e discernimento? Sim? Então, responda-me a seguinte pergunta: *os protocolos podem ser quebrados?*

Claro que podem! Contudo, para que quebremos um protocolo, é imprescindível termos toda a base e todo o fundamento necessários para essa quebra. Caso contrário, assinaremos nosso próprio atestado de óbito.

Outro assunto que precisamos entender com simplicidade é o seguinte: quando recebemos uma missão, temos a obrigação de avaliar a tarefa e, como profissionais qualificados em GPCI, devemos solicitar os meios necessários para o seu devido cumprimento. Quem sabe o que é necessário para cumprir a missão é o profissional da área. Se investimos e contratamos um bom profissional, e temos que explicar e ensinar como e o que ele deve fazer, não faz sentido algum, não é verdade? Lembro-me bem de um exemplo bastante utilizado pelo coronel Valporto. Ele dizia: o general abre uma carta (mapa) e aponta para uma determinada região na carta e dá a seguinte ordem ao capitão: *"Capitão, exatamente aqui, nesta área, existe um grupo terrorista que precisa ser eliminado. A missão é sua; cumpra-a!"*.

O capitão, imediatamente em posição de sentido (respeito), responde: *"Sim senhor, meu general!"* e parte para cumprir a missão. Alguns dias depois, o capitão retorna numa situação deplorável. *"O que houve, capitão? Cumpriu a missão?"* - pergunta o general. E o capitão responde: *"Não senhor, general, o suprimento foi insuficiente, havia um curso d'água e não tínhamos equipamentos para transpô-lo, muitos soldados foram picados por cobras venenosas e não tínhamos soro antiofídico..."*.

Perceba que isso seria o cúmulo da incompetência, não é verdade? O que deveria ter sido feito? Após a ordem do general, o capitão deveria ter feito uma análise e avaliação dos riscos, um estudo de situação, o levantamento e o planejamento da missão. De posse das necessidades, deveria ter solicitado os meios necessários para o cumprimento da missão (soldados especializados, armamento e munição, suprimentos, equipamentos, equipes de apoio logístico, transposição de curso d'água, enfim, tudo o que fosse necessário) e a missão seria, sem dúvida, cumprida com êxito. Somos nós, os profissionais! É necessário que tenhamos iniciativa, bom senso e discernimento, competência suficiente para saber exatamente o que é necessário para que a missão seja cumprida.

Sabemos que nossa natureza humana é inclinada ao erro e que existem inúmeras doenças espirituais em nós. Também é preciso que as dominemos para que não sejamos dominados por elas. Se vacilarmos, elas nos dominam e transformam-se em doenças. Quando isso acontece, em pouco tempo, aquela semente minúscula de mostarda vira um carvalho centenário baseado apenas em suposições. Isso vale para tudo, inclusive o orgulho, a vaidade e a inveja. Falando em inveja, podemos perceber através do caso a seguir o comportamento inconve-

niente que a inveja descontrolada, ou seja, aquela que nos domina, pode causar.
Certa vez, durante o intervalo de uma aula, fui até o bar do Chico tomar um cafezinho. Chegando lá, encontrei alguns instrutores e um aluno falando alto e gesticulando bastante. Quando cheguei, ele já estava chamando a mulher dele de "dona encrenca", depois disse que os filhos eram desobedientes, censurou a sogra e fez severas críticas à empresa onde trabalhava. Disse que ainda não havia recebido o vale-transporte e que o vale-refeição sempre atrasava. Eu estava ali com eles ouvindo aquele murmúrio, e de repente, algo me chamou a atenção na orelha dele. Eu fiz o gesto de retirar aquilo, ao que imediatamente ele pulou, tirou minha mão e disse: *"Não, seu Helder! É arruda!"*. Eu disse: *"Opa! Desculpe-me!"* Aí ele me disse que era para afastar a inveja, em seguida me mostrou seu cordão que tinha uma figa pendurada, o chaveiro que era um pé de coelho e ainda tirou da carteira um trevo de quatro folhas plastificado. Perceba que todo aquele comportamento inconveniente era por medo da inveja. Você percebeu a patologia do negócio? Deixe-me confessar um segredo aqui para você: sabe que eu fiquei com inveja do sujeito? Sim, eu acabei ficando com inveja da autoestima dele! Perceba que ele não se dava bem com a esposa, não se relacionava bem com os filhos, dizia que eram desobedientes, tinha problemas com a sogra, com a empresa e, com todo aquele "problemão", com aquela vida completamente do avesso, ele ainda achava que as pessoas tinham inveja dele! E aí eu pensei, inveja do quê? É ou não é uma autoestima digna de inveja? Quero que você perceba que a inveja que nos causa problema não é aquela que vem de fora para dentro, mas aquela que sai de dentro para fora. Essa sim nos causa muitos problemas e muitos comportamentos inconvenientes. Agora que vimos os conceitos técnicos e as questões emocionais e fisiológicas, é necessário conhecermos a aplicabilidade do GPCI. A partir de agora, estudaremos as 5 linhas de ação para lidar com pessoas que, por algum motivo, estejam se comportando de maneira inconveniente.

1ª Linha de Ação - Reconheça; admita de forma consciente e equilibrada a sua indignação, limitação, doença, erro, fraqueza ou qualquer outra forma de miséria humana que possa estar presente. Nesta etapa, precisamos exercitar os nossos sentidos, principalmente a visão e a audição, para aprender a enxergar o invisível e ouvir o inaudível, ou seja, usar a percepção para compreender o que está dentro do coração e da mente das pessoas. Devemos avaliar, analisar e observar o que está acontecendo com todo o cuidado para evitar achismos e utilizar nossa sensibilidade para perceber os fatos e ouvir verdadeiramente o que está sendo dito.

É fundamental que nos despojemos de qualquer doença espiritual, como vaidade e orgulho, que possa impedir nosso discernimento, avaliação, distinção e conclusão sobre o que é certo ou errado, procede ou não, agrada ou não, compromete ou aumenta a segurança, ou causa riscos. Reconhecer nossos próprios erros é difícil, mas é essencial para o crescimento pessoal e profissional.

Para ajudar alguém a reconhecer seu erro, é importante usar a empatia e se colocar no lugar do outro, para falar o que a pessoa precisa ouvir e admitir sua própria conclusão sobre o erro, indignação, raiva ou limitação. Não devemos apontar ou lembrar a pessoa do erro, mas sim fazê-la perceber que todos temos o direito de nos indignarmos, mas não temos o direito de errar com base nisso, já que podemos estar equivocados. É essencial ser sensível e falar de forma curta, mas educada e clara para evitar possíveis gafes e consequências imprevisíveis. O ideal é que nesses momentos, com toda a sensibilidade, de forma curta, mas extremamente educada, falemos claro e em bom tom:

"O senhor(a) tem toda a razão de estar indignado(a); mas por favor, não permita que a sua indignação venha prejudicá-lo(a)".

"O senhor(a) tem toda a razão de indignar-se; mas suas atitudes podem tirar toda a sua razão; deixe-me ajudá-lo(a) senhor(a). Eu estou lhe pedindo com toda a gentileza".

Devemos, de alguma forma, fazê-la entender que não é pecado nós nos indignarmos, é um direito que nós temos. Todos nós temos esse direito, todavia, nós não podemos permitir que a indignação, nos leve em direção ao erro. William Shakespeare dizia que:

"Nós temos o direito de ficar com raiva, mas isso não nos dá o direito de sermos cruéis".

Mostre que não deixá-la errar, é uma preocupação sua para com ela. Deixe bastante claro que o seu objetivo é ajudá-la; única e exclusivamente, ajudá-la. Vamos aos exemplos:

"O senhor(a) tem toda a razão de indignar-se; mas, suas atitudes podem tirar toda a sua razão".

"A senhora tem todo o direito de ficar indignada; mas, isso não lhe dá o direito de ofender as pessoas. Perceba que eu estou sendo gentil com a senhora".

"O senhor(a) tem toda a razão; eu lhe entendo, mas o senhor precisa permitir que eu lhe ajude. Esse é o meu objetivo, deixe-me ajudá-lo(a) por favor".

Reconhecer é o primeiro passo - é bíblico. Quando admito minha fraqueza, inicio um processo para superá-la. O processo de cura de uma doença só começa quando reconheço que estou doente. O pior doente é aquele que considera a doença como saúde, como uma pessoa vaidosa. A vaidade, a inveja, o orgulho e o preconceito são doenças espirituais. Se alguém acha que sua vaidade é positiva, isso pode levar a consequências negativas no futuro. Vale enfatizar que reconhecer é importante, mas definitivamente não é suficiente. Algumas pessoas reconhecem seus erros, mas persistem neles. Sabem que fumar causa doenças, mas não conseguem parar. É necessário avançar além do reconhecimento e chegar ao arrependimento. O arrependimento elimina o erro de uma vez por todas. Quando nos arrependemos, nos libertamos do que nos escravizava. Portanto, reconhecer e admitir de forma consciente e equilibrada a nossa miséria humana, é o primeiro passo para lidar com pessoas que por algum motivo, estejam se comportando de maneira inconveniente. Santo Agostinho afirmava que:

"Não há doente mais incurável do que aquele que não reconhece a sua própria doença."

Referências:

- A Arte da Guerra – Sun Tzu
- O outro lado do amor – *The other side of love* – Dr. Gary Chapman.
- Toda a matéria – wwwtodamateria.com.br
- SBEM – www.endocrino.org.br
- Mundoeducação.uol.com.br
- Os Segredos da Mente Milionária – Harv Eker
- Stephen Covey – Os sete hábitos das pessoas altamente eficazes.

Capítulo 17

2ª Linha de ação – Não reaja pelo impulso; não siga os seus sentimentos feridos

Neste décimo sétimo capítulo, temos como objetivo específico identificar e administrar as suas atitudes impulsivas e as suas respostas impensadas.

Agora vamos estudar a segunda linha de ação: não reagir por impulso e não seguir os sentimentos feridos. Na primeira etapa, reconhecemos algo, certo? Nesta etapa, precisamos identificar nossos próprios sentimentos, ou seja, como nos sentimos ao reconhecer algo. Não é nada complicado, apenas precisamos estar focados e predispostos a identificar os sentimentos. Quando estivermos vivendo um momento crítico, precisamos acionar o gatilho mental. Como eu disse, é treinamento! Ninguém é bom em algo que não pratica.

Reiterando, ao reconhecer algo, quais foram os sentimentos que prevaleceram? Quais estão nos incomodando? E quais sentimentos podem estar influenciando o comportamento inadequado? Não reagir de forma impulsiva e não seguir os sentimentos feridos é o segundo passo para termos sucesso no GPCI. Claro que não é fácil, mas é perfeitamente possível. O interessante é que, com insistência e persistência, conseguimos uma pequena vitória sobre a impulsividade, o que funciona como um fator motivacional. Daqui para frente, serão vitórias sucessivas e não podemos desistir. Se precisarmos desistir de algo, que seja de ser fraco, nunca desistir.

Com toda a sensibilidade, precisamos mostrar às pessoas que agir por impulso é normalmente uma atitude negativa. Agir impulsivamente nos leva a tomar decisões erradas, equivocadas e pode ter consequências desastrosas. Todos conhecemos alguém impulsivo, que age sem pensar, e talvez até sejamos o protagonista dessa história. Se for o caso, temos consciência de quanto isso pode nos causar problemas. Normalmente, as pessoas impulsivas vivem num processo constante de arrependimento e remoem as coisas que fizeram ou falaram no passado, talvez não muito distante. Então, como devemos administrar esse problema? Uma pessoa com comportamento inconveniente de impulsividade age sem pensar nas consequências de suas ações, não projeta o resultado futuro das suas possíveis escolhas e não reconsidera suas opções. Geralmente, essas ações impulsivas prejudicam também aqueles que estão ao redor, não apenas a pessoa impulsiva. Como já vimos, esse comportamento inconveniente geralmente vem acompanhado de sentimentos de arrependimento e culpa. Vimos que a sinceridade é o segundo atributo da liderança, segundo Sun Tzu. Ser sincero não é um problema. No entanto, pessoas impulsivas acabam desenvolvendo uma sinceridade patológica e sempre são obrigadas a arcar com as consequências.

O primeiro passo para lidarmos com a impulsividade é compreender e perceber sua aproximação. Algumas perguntas básicas devem ser feitas: em que momento você deixa de raciocinar antes de agir? Onde a impulsividade afeta você com mais impacto e onde não afeta? Tente perceber se a impulsividade é resultado do estresse, medo, ansiedade ou de não saber lidar com uma determinada escolha. É fundamental que você descubra a origem da impulsividade e entenda que lutar contra os impulsos é um exercício diário. Ninguém é bom naquilo que não pratica. Lutar contra os impulsos é uma questão de treinamento. Você não vai deixar de ser impulsivo num passe de mágica. Identificando a origem da impulsividade, passo a passo, você vai melhorar e se tornar mais disciplinado, criterioso e consciente. E, claro, sempre recomendamos buscar a ajuda de um psicoterapeuta ou outro profissional especializado.

Portanto, não reaja por impulso e não siga seus sentimentos feridos. Como vimos, é preciso identificar nossos sentimentos, ou seja, como estamos nos sentindo. Algumas perguntas são relevantes: ao reconhecer algo, quais sentimentos prevaleceram? Quais os sentimentos que podem estar influenciando aquele comportamento inadequado?

O problema é: como fazer para que a pessoa com comportamento inadequado não tenha uma atitude impulsiva? Complicado, né? Precisamos cuidar de nós mesmos em relação à impulsividade, mas não podemos esquecer do indivíduo inconveniente. Não podemos nos esquecer da impulsividade do indivíduo inconveniente, afinal de contas, ele é o inconveniente! Se vacilarmos, seremos dois inconvenientes, e isso não é o que queremos. Precisamos sempre ter em mente a fisiologia do problema. Precisamos entender que aquela resposta impulsiva é fruto de uma explosão hormonal lançada na corrente sanguínea. Assim, é necessário que façamos uma abordagem altamente diplomática, mas recheada de autoridade.

"Senhor, perdoe-me por tê-lo contrariado, mas estou dentro da lei, cumprindo ordens";

"Senhor, desculpe-me, não é minha intenção causar problemas, mas são normas e diretrizes, apenas preciso cumpri-las".

"Senhor, espero que o senhor me ajude a cumprir o que a lei determina".

Muitos de nós, ainda quando crianças, aprendemos com nossos pais a não reprimir a raiva. Ouvimos muitas vezes os adultos falarem: "De vez em quando, é bom colocarmos para fora nossa raiva; senão, podemos infartar". Repressão significa retenção, e realmente não seria uma boa decisão. Administrar, talvez seja o termo mais correto. Administrar nossas atitudes impulsivas e nossas respostas impensadas é fundamental, pois sentimento é uma coisa e comportamento é outra. Administrar comportamentos descontrolados não significa armazenar a raiva. É um equívoco acharmos que, se segurarmos a onda, a ira, a raiva e a indignação serão rapidamente retidas num cantinho estratégico do nosso organismo e, a qualquer momento, Bum! O Big Bang surge!

Quero que você entenda que não estou afirmando categoricamente que a indignação não pode ser armazenada. A indignação realmente pode ser acumulada, mas apenas se não a administrarmos, se não soubermos lidar com ela. Segurar a onda seria ter consciência do sentimento ferido, mas administrar completamente o comportamento. Isso funciona muito bem. Quando você compreende isso por completo e cumpre essa missão, acaba sentindo uma espécie de orgulho de si mesmo, e isso vai te fazer bem. Você produzirá hormônios que vão te deixar em paz com a vida, como a serotonina, dopamina, endorfina e oxitocina – também chamada de ocitocina, que é produzida pelo hipotálamo e liberada a partir da neuro-hipófise na corrente sanguínea. Assim, o objetivo é fazer com que você tenha consciência, entenda e não permita que a indignação fique mal resolvida.

A indignação, a raiva, a ira e o ódio são reações compensatórias. Trata-se de uma resposta imediata a um sentimento de frustração, desconforto ou injustiça. Por isso, é fundamental administrarmos as atitudes impulsivas e as respostas impensadas. É necessário que consigamos evoluir nesse sentido. É uma questão de treinamento comportamental. Você precisa querer mudar sua reação comportamental. A gente só aprende aquilo que queremos aprender! A gente só muda aquilo que realmente queremos mudar! Não pode ser algo do tipo: "É! Acho que eu vou mudar sim!" Dessa forma, não vai funcionar! Você precisa tomar uma decisão e iniciar uma batalha consigo mesmo, consciente de que haverá muito sofrimento até a mudança efetiva. Sentimento é uma coisa, e comportamento é outra. É uma questão de aprendizagem e treinamento diário. Precisamos aprender a controlar o comportamento, pois o sentimento é algo fisiológico. Se você estiver bem treinado e preparado para o desafio, você se comportará bem e, certamente, será aplaudido. Caso contrário, será criticado e julgado impiedosamente.

"Só se vê bem com o coração; o essencial é invisível aos olhos".

Essa é uma frase de Antoine de Saint-Exupéry, autor do livro "O Pequeno Príncipe". A percepção é uma habilidade cognitiva que precisa ser treinada. Enxergar o invisível e ouvir o inaudível é escutar e ver o que de fato existe dentro da mente e do coração das pessoas. Também é verdade que, assim como podemos explodir de raiva, também podemos implodir. A explosão seria de fora para dentro, enquanto a implosão seria silenciosa e gradual, de dentro para fora.

Estamos quase no final deste capítulo e reitero: ninguém é bom naquilo que não pratica. Apenas ter conhecimento teórico sobre o GPCI (Gerenciamento Progressivo de Comportamento Inconveniente) não significa nada. Lidar com seres humanos em uma situação normal já é uma tarefa difícil, e lidar com pessoas arrogantes, descompensadas e com comportamentos inconvenientes exige um procedimento diferenciado que só se aprende praticando. No GPCI, precisamos reconhecer o inconveniente como alguém importante e, ao mesmo tempo, usar a empatia para nos reconhecermos no inconveniente. Nós nos distinguimos dos animais irracionais exatamente por agir com racionalidade; eles não são capazes de discernir, mas nós somos! A palavra "humano" também é utilizada como adjetivo, e remete a qualidades como generosidade, compreensão, tolerância e bondade. Com tudo isso, fica mais fácil nos reconhecermos no inconveniente.

Certamente, somos experientes e provavelmente já nos comportamos de maneira inconveniente muitas vezes ao longo da vida. Por isso, é mais fácil entender que sem educação, respeito e autoridade, não há GPCI. Quando usamos tecnicamente o GPCI, somos incapazes de ferir o inconveniente. Precisamos ser respeitosos e extremamente educados, mas também firmes e assertivos no exercício da nossa autoridade. Você se lembra? Exercer autoridade requer coragem e consequente segurança. Não é possível exercer autoridade sem uma boa base. Se não estivermos fundamentados, certamente teremos grandes problemas. Se não estivermos bem estruturados, nossa autoridade ficará debilitada e nos sentiremos inseguros. A insegurança é aquele sentimento ruim de vulnerabilidade geral, de indisposição e nervosismo. Normalmente, esse sentimento é estimulado pela falta de treinamento. Treinamento é o grande segredo!

Para fecharmos este capítulo, GPCI é o resumo de todo o respeito aplicado à inconveniência. É a diferença que demonstra, através da conduta, o melhor do profissional. Por isso, é fundamental que saibamos lidar com essa indignação mal resolvida; caso contrário, ela vai se acumulando e acabamos implodindo!

Referências:

- O outro lado do amor – The other side of love – Dr. Gary Chapman.
- Antoine de Saint Exupéry – O Pequeno Príncipe.

Capítulo 18

3ª Linha de ação – Procure entender; tente localizar o foco da sua raiva

Neste décimo oitavo capítulo, temos como objetivo específico aprender a identificar o foco dos conflitos e problemas, para não permitir que a guerra do dia a dia interfira na nossa vida integralmente.

Recapitulando rapidamente a 1ª linha de ação, no que se refere à leitura de expressões faciais, o Dr. Paul Ekman é considerado a maior autoridade mundial nesse assunto. Ele foi professor de psicologia da Universidade da Califórnia e é autor de vários livros sobre o tema. O Dr. Ekman explica que, por meio de treinamento, é possível desenvolver essa percepção de forma simples. Ele afirma que qualquer pessoa, em qualquer lugar do mundo, é capaz de reconhecer as emoções elementares (tristeza, raiva, alegria, nojo, surpresa, angústia e medo) no rosto de outra pessoa. O professor destaca que o rosto é o principal lugar onde as emoções se expressam e que, ao nos especializarmos, podemos ir além das emoções elementares, como identificar quando alguém está mentindo ou tem intenções ilícitas.

Para nos situarmos, estamos recapitulando a 1ª linha de ação: reconhecer e admitir consciente e equilibradamente nossa raiva, fraqueza e erro. Nessa etapa, precisamos trabalhar nossos sentidos, principalmente a visão e a audição, aprendendo a enxergar e ouvir o que está dentro do coração e da mente das pessoas. Existe um especialista no YouTube, chamado Vitor Santos, que tem um canal chamado Metaforando, que trata muito bem desse tema e vale a pena conferir. Não podemos permitir que o preconceito nos domine, especialmente em segurança, pois isso é básico. Deixe-me fazer uma pergunta?

"O criminoso traz escrito na testa que é criminoso?"

O que você acha? Pense a respeito! Normalmente, o leigo afirma que não, mas um profissional de segurança sabe que o criminoso traz escrito na testa, sim, que é criminoso. Muitas vezes, nós não temos a competência para ler, não dominamos aquela leitura, mas está escrito. Se eu te apresentar um texto em mandarim e te perguntar: *"tem alguma mensagem escrita nesse texto?"* Talvez você responda que sim e diga: *"Eu só não sei ler, mas creio que tem!"* Mas será que essa é a melhor resposta? Perceba que para você falar que sim, é necessário que você conheça o idioma; caso contrário, você não pode afirmar. Deixe-me explicar. Caso eu prepare um texto com um conjunto de letras aleatórias, sem nenhum sentido, e te perguntar: tem alguma mensagem escrita nesse texto? É claro que rapidamente você vai perceber que nada faz sentido, mas se eu perguntar para um chinês se tem uma mensagem escrita, muito provavelmente ele falará que sim e dirá: *"Eu só não sei ler, mas creio que tem!"* – e na verdade não tem absolutamente nada, donde se conclui que o mesmo pode acontecer com aquele texto chinês. Não cabe nesse momento complicarmos ainda mais esse assunto falando de codificação e decodificação de mensagens. Apenas para não passar em branco, codificação é o método de alteração de códigos de uma mensagem, mantendo a informação, para uma transmissão segura. A decodificação inverte esse processo para que as informações sejam restauradas.

Para concluirmos esse assunto, um médico especialista em uma determinada patologia olha para um certo paciente, observa os sinais e sintomas, olha os exames laboratoriais e imediatamente adota medidas emergenciais, como antibióticos, manobras técnicas especiais, intervenção cirúrgica, e salva a vida daquela pessoa. Perceba que o médico olhou para o paciente e conseguiu enxergar; conseguiu ler a patologia olhando o paciente. Um outro médico inexperiente, que não tem aquela especialização, simplesmente não enxergaria a patologia. Não conseguiria ler o que o especialista leu através dos sinais e sintomas. Não enxergaria a gravidade, e talvez a pessoa viesse a óbito. Um enxergou, leu e agiu; o outro olhou e não enxergou, não sabia ler. E o pior, não houve o dolo; não foi intencional. A pessoa morreu simplesmente porque o médico não identificou a gravidade do problema; ele não sabia, não conhecia, não era um especialista. Ele acreditava que estivesse tudo em ordem. É assim que funciona!

Um pescador experiente olha para o peixe e identifica sua espécie através de vários sinais, como guelras, escamas, tamanho, formato e cor, conhecendo assim os códigos para distinguir os diferentes tipos de peixe. Essa habilidade é fruto de muito estudo e prática. Da mesma forma, profissionais de outras áreas, como agricultores, policiais, engenheiros, cirurgiões dentistas e pecuaristas, também desenvolvem essa capacidade de percepção aguçada. O mestre de jiu-jitsu olha e enxerga o potencial do atleta, os movimentos, as alavancas, as tomadas de decisão, as oportunidades, os erros, os grupos musculares que precisam ser trabalhados para que o atleta melhore determinado movimento. Enfim, essa visão é resultado de muito estudo e treinamento, é experiência adquirida.

Você já ouviu falar de período de latência? Latência é aquele período durante o qual algo se elabora, antes de assumir existência efetiva; na medicina, é o intervalo entre o começo de um estímulo e o início de uma reação associada a este estímulo; tempo de reação. Assim, também é importante que saibamos que existem percepções, chamadas ciclo de latência, que não podem ser atribuídas aos sentidos. Por exemplo, você sabe que um copo pode cair, quebrar ou rachar, mas não pode voar; ao olhar você simplesmente sabe, percebe tudo isso. Quando você olha para um gato deitado, você sabe que ele pode miar, pode gostar de ser acariciado, mas você também sabe que existe o risco dele te morder ou te arranhar. Você também sabe que ele não voa e não fala. Nós precisamos reconhecer que são percepções, mas que não podem ser atribuídas aos sentidos; elas simplesmente estão ali, presentes. O interessante é que os especialistas, dentro das suas áreas de atuação, desenvolvem especificamente essa percepção num alto nível.

Quando nós somos surpreendidos, dependendo de como e do nível de impacto causado pela emboscada, inúmeras são as reações orgânicas provocadas pela produção de hormônios, lançados em grande quantidade na corrente sanguínea. A ansiedade, sempre acompanhada pelos seus sinais característicos, é uma delas; estes sinais podem ser facilmente percebidos se estivermos atentos. Perceba que como aconteceu um desequilíbrio interno, o nosso organismo responde imediatamente para que o equilíbrio seja retomado. A isso chamamos de homeostase; este é o princípio homeostático. No caso da vergonha, observamos um movimento exagerado das mãos, que se tocam e se esfregam com movimentos rápidos, acompanhado da queda da cabeça. A cabeça baixa, associada a quebra do contato visual e auditivo, surge como resultado de uma espécie de sentimento de culpa.

Quando nós somos surpreendidos por um sujeito inconveniente, com uma ideia descabida, no contra azimute daquilo que nós acreditamos, é bobagem, naquele momento "bater de frente" com aquele sujeito. Talvez uma boa resposta seja: *"É, talvez seja interessante eu pensar um pouco mais a respeito desse tema".*

Durante um momento de descompensação ou crise emocional, algo descrito no livro "Inteligência Emocional" de Daniel Goleman, ocorre o que é conhecido como o sequestro da amígdala. Imagine-se vivenciando uma situação real com alguém que está passando por um surto emocional. Nesses momentos, existem duas regiões no cérebro chamadas amígdalas, localizadas na região temporal, que são estimuladas e excitadas. As amígdalas são estruturas cerebrais que desempenham um papel importante na exposição de reações emocionais e na aprendizagem de conteúdos emocionalmente significativos, como raiva, medo, rancor e ódio. Elas enviam informações ao cérebro, mais especificamente à hipófise, que dispara secreções hormonais e mobiliza os centros dos movimentos.

Quando estamos sob o efeito de grandes emoções, nossa área cognitiva, que inclui a inteligência e a racionalidade, perde o controle. O córtex pré-frontal, a parte racional do cérebro, passa a funcionar com menos poder, como se a área cognitiva fosse absorvida pela resposta emocional, pela resposta amigdalar, que é o que Daniel Goleman chama de sequestro emocional. A pessoa fica sequestrada, e as emoções assumem a consciência e a razão. Nessas situações, o cérebro tem dificuldade em absorver grandes informações, mas a repetitividade e a simplicidade das palavras e frases técnicas podem ajudar a reverter a situação. É importante lembrar que isso pode demorar um pouco, já que não é algo imediato, mas é possível concentrar-se mais facilmente no que é simples.

Portanto, em momentos de crise, não é apropriado filosofar ou dar sermões, mas sim usar técnicas simples e bem formuladas com educação e elegância. A simplicidade é um grande segredo, mas não devemos nos esquecer do silêncio. Silenciar-se nos momentos de confronto e embate é uma grande estratégia, pois evita que digamos coisas das quais nos arrependemos mais tarde. Quando usamos o silêncio nesses momentos de crise, estamos evitando complicar ainda mais a resolução daquele problema.

Muito bem! Com essa base, podemos avançar um pouco mais. Estudaremos a partir de agora a terceira linha de ação: procure entender; tente localizar o foco da sua raiva, fraqueza, limitação e indignação. Essa é a terceira etapa, entretanto, ocorre quando estamos em pleno combate conosco mesmos. É uma etapa realmente difícil, em que precisamos aprender a raciocinar e agir com competência durante um momento altamente crítico e difícil, no qual estamos tentando reprimir nossos impulsos. É exatamente nesse momento que precisamos localizar o foco da indignação ou, melhor ainda, a verdadeira origem dela, assim como da fraqueza e da limitação. Temos que procurar entender a razão da indignação antes de responder.

Porque nessa etapa, realmente não é fácil responder com calma. Lembre-se de que você está travando uma batalha consigo mesmo para não agir por impulso. Sabemos, ou pelo menos já ouvimos falar, que é bíblico: ***"A resposta calma desvia a fúria, mas a palavra ríspida desperta a ira".*** Falar com agressividade só piora a situação, mas a tendência é falar de forma violenta. Falar com agressividade serve para provocar medo, enquanto falar com brutalidade serve para alertar, mostrando sinais de perigo. Exercer autoridade não é isso; exercemos autoridade com base nas necessidades estratégicas. Quem usa a inteligência emocional, mantendo o equilíbrio e verbalizando com serenidade, retoma o controle da situação. Nessas horas, as pessoas falam o que não deveriam falar; falam o que não deviam para fazer com que o outro perca o controle. Esse é o real objetivo. Muito provavelmente, já fizemos isso, dolosa ou culposamente. Você sabe que se falar aquilo, naquele momento, aquela pessoa vai surtar, vai descompensar. Você sabe, mas fala! Quando a pessoa surta, você, na maior cara de pau, pergunta: Caramba! O que houve? Qual o motivo desse estresse? Claro que você sabia que aquilo iria acionar o gatilho do surto. Somos ou não somos complicados?

Quando ignoramos o insulto, demonstramos maturidade e deixamos claro que o outro não pode nos desequilibrar. Trocar farpas com o outro não resolve absolutamente nada, é o mesmo que tentar apagar um incêndio jogando um balde de gasolina. É incrível, mas muitas pessoas tentam persistente e frequentemente apagar incêndios com baldes e baldes de gasolina. Quando o outro se sente respeitado, retoma o equilíbrio. Mais uma vez, como diz o provérbio popular: *'A resposta branda desvia a raiva, mas a palavra dura suscita a ira'.*

Às vezes, nos sentimos sufocados, como se não pudéssemos respirar e não sabemos o porquê, não é mesmo? E acredite, não é a Covid, é pura loucura! Nos estressamos no trânsito, por causa de problemas com colegas de trabalho ou nos descompensamos com nossos filhos por causa de um atrito com um garçom que não nos atendeu bem, não foi gentil e cobrou errado. É algo descabido, não é mesmo? Infelizmente, isso acontece com muita frequência.

Outro dia, recebi em um grupo uma história pertinente ao assunto que estamos desenvolvendo. É a história de um desses profissionais autônomos do tipo «faz tudo» que foi contratado para arrumar algumas coisas em uma determinada casa. O primeiro dia foi bem difícil: a parafusadeira quebrou, o sujeito cortou o dedo e o carro enguiçou. A pessoa que o contratou perguntou se ele queria uma carona para casa. Durante o percurso, o sujeito não falou nada, estava chateado, triste e deprimido. Quando chegaram em sua casa, ele convidou a pessoa que o contratou e lhe deu carona para entrar e conhecer sua família. Quando eles estavam caminhando pelo quintal, pouco antes de entrar na casa, o sujeito parou junto a uma pequena árvore e, gentilmente, tocou as pontas dos galhos com as duas mãos. Ao abrir a porta de sua casa, ele se transformou completamente. Estava alegre, completamente diferente, e demonstrando alegria abraçou seus filhos e beijou sua esposa. Após saborearem um delicioso café, ele agradeceu a carona e acompanhou o cliente até o carro. Assim que eles passaram pela árvore, o cliente perguntou:

– Pude perceber que você mudou seu comportamento ao tocar nesta planta.

– Ah! Essa é minha árvore dos problemas. Eu sei que nem sempre posso evitá-los, mas também sei que esses problemas não devem chegar até meus filhos e, sobretudo, minha esposa. Então, quando isso acontece, eu os deixo aqui fora, nesta árvore. Na manhã seguinte, eu os pego de volta quando saio. E sabe de uma coisa? Quando eu vou buscá-los na manhã seguinte, eles não são nem metade do que eu me lembro de ter deixado na noite anterior.

Assim, nós não podemos permitir que os problemas do dia a dia interfiram na nossa vida integralmente! Eu estou com um problema em casa, chego na empresa e tomo uma justa causa? Eu estou com um problema na empresa, chego em casa e acabo com o meu casamento? Isso é loucura! Por falta de treinamento, por não sabermos localizar o foco da indignação, a gente vai complicando, distorcendo e destruindo tudo.

Referências:

- O outro lado do amor – *The other side of love* – Dr. Gary Chapman.
- A Linguagem das Emoções – Dr. Paul Ekman.
- Inteligência Emocional – Daniel Goleman.
- A Bíblia Sagrada.
- Comunicação Não Violenta – Marshall B. Rosenberg.

Capítulo 19

4ª linha de ação – Analise suas opções; projete o resultado futuro das suas possíveis escolhas

Neste décimo nono capítulo, temos como objetivo específico aprender a projetar para a pessoa que se comporta de maneira inconveniente, o resultado futuro da sua possível escolha.

Estudaremos a partir de agora a 4ª Linha de Ação: analisar todas as opções e projetar o resultado futuro das possíveis escolhas. Antes disso, faremos um pequeno exercício. Mais uma vez, usaremos a empatia, imaginando como nos sentiríamos se estivéssemos no lugar ou nas circunstâncias vivenciadas por outra pessoa.

Vamos supor que você esteja participando de um processo seletivo para uma grande empresa. O ambiente e o salário são ótimos! Trata-se de um cargo de liderança no qual você vai lidar com pessoas de diversos perfis. Eu serei o entrevistador. Então, imagine-se em uma sala, sentado em uma cadeira confortável, sendo entrevistado. Farei algumas perguntas e você responderá em voz alta, de forma clara e confiante, como se estivesse diante de uma grande oportunidade. Está bem?

1. Qual é o seu nome completo?
2. Você tem algum apelido?
3. Você gosta de ser chamado por apelido?
4. Você se considera preparado para assumir esse cargo?
5. Você se considera um bom líder?
6. Em certos momentos da vida, todos nós perdemos o controle, não é verdade? Portanto, o que desequilibra você?

Muito bem! A entrevista acabou, e se você concordou que em alguns momentos da vida todos nós perdemos o controle, e que você fica desequilibrado, então você se reprovou. Agora, se você respondeu que nunca fica desequilibrado, você merece todos os aplausos. Perceba que, como líder e profissional que lida com pessoas, é importante ter equilíbrio emocional e estar atento às armadilhas. Nosso pavio precisa ser longo, quilométrico, e nunca devemos perder o controle. Lembre-se sempre de que inteligência emocional e comportamental são requisitos estratégicos para lidar com seres humanos, e você já aprendeu isso! Perceba que, tecnicamente, sua resposta deveria ter sido a seguinte. Vamos repetir a pergunta:

«Em certos momentos da vida, todos nós ficamos descompensados, não é verdade? Portanto, o que desequilibra você?»

Resposta: «Senhor, aprendi que inteligência emocional e comportamental são requisitos estratégicos para lidar com o público em geral. Portanto, nunca perco o controle. Acredite, nada me desequilibra. Se eu concordar que em certos momentos da vida todos nós ficamos desequilibrados, estaria indo contra o que acredito e treino. Aprendi a transformar meu estômago em um pântano, engolindo inúmeros sapos para promover a paz. E o interessante é que sempre dá certo!»

Claro, você foi induzido a responder sim, mas a vida nos prega peças, nos coloca em situações difíceis o tempo todo, e não temos o direito de errar. Quando você diz que, em certos momentos da vida, você surta, de certa forma, está justificando uma atitude insana, como por exemplo:

"Eu matei o cara porque ele insultou minha mãe, chamou meu pai de corno e minha esposa de vadia. Aí, o sangue subiu, eu surtei e o matei."

Você percebe a loucura disso? Você atirou em um cliente da sua empresa porque ele insultou sua mãe? Portanto, é necessário que desenvolvamos um pavio longo e também sejamos capazes de transformar nosso estômago em um pântano, devido aos inúmeros sapos que provavelmente precisaremos engolir quando lidarmos com comportamentos inconvenientes de pessoas estressadas e furiosas.

Assim, a 4ª Linha de Ação é: analisar todas as opções e projetar o resultado futuro das possíveis escolhas. Devemos analisar todas as opções disponíveis. Sempre temos várias escolhas, mas é preciso projetar as consequências de cada uma delas, ou seja, prever o resultado futuro das nossas possíveis escolhas. Perceba que a segurança está na prevenção! Somos nós que precisamos treinar a previsão do resultado futuro das nossas possíveis escolhas, seja por meio de planejamento ou qualquer outro motivo. É fundamental que aprendamos a fazer previsões, isso é treinamento!

Um rapaz entrou em uma loja muito bonita e viu um senhor atrás do balcão. Encantado com a beleza do lugar, perguntou:

– *Senhor, o que é vendido aqui?* E o senhor, com carinho, respondeu:
– *Aqui são vendidos todos os atributos de liderança que existem.*
– *Uau! Eles são caros?* Perguntou com certo medo da resposta.
– *Não, eles não custam nada; aqui tudo é de graça!*

Ao observar a loja, maravilhado, percebeu que havia muitos vasos de amor, sinceridade, humanidade, coragem e exigência. Também havia muitos frascos de inteligência emocional, pacotes de qualidades de comportamento, caixinhas de exercícios de autoridade, sabedoria em abundância, perdão e tolerância em grande quantidade, pacotes enormes de comprometimento e diversos outros atributos de liderança. Ele, ganhando coragem, pediu:

– *Por favor, eu gostaria do maior vaso de inteligência emocional que o senhor tiver, dez pacotes de sabedoria, um de sinceridade, um frasco grande de humanidade, outro de tolerância, dez de coragem e também de exigência, para mim e para toda a minha família.* Então, o senhor preparou tudo e entregou-lhe um pequeno embrulho que cabia na palma da mão. Incrédulo, ele disse:

– *Mas como pode estar tudo o que pedi aqui dentro?* Sorrindo, o senhor lhe respondeu:
– *Meu filho, na loja de atributos de liderança não vendemos frutos, apenas doamos as sementes; você deve plantá-las!*

É fundamental entendermos que nós somos livres! Nós nascemos livres, mas a nossa liberdade não é uma arvore que nasce pronta, nossa liberdade é uma semente que precisa ser plantada. Se nós deixarmos a semente no bolso, nada vai acontecer. A semente não vai germinar, porque o ambiente não é favorável. Se o grão de trigo não morrer, ele não produz; sabe o que isso quer dizer? É que quando nós plantamos, nós abrimos uma cova e enterramos a semente; é o enterro, é a morte dela. Se a semente não morrer ela não produz. Cabe a nós criar um ambiente favorável para que a semente possa germinar, crescer e dar frutos. O problema é que dá um trabalho enorme. A gente precisa trabalhar a terra, adubar, aguar, eliminar pragas, ervas daninhas, equilibrar a terra, revolver a terra para que ela oxigene, isso tudo no sol, na chuva, com vento e poeira. Nosso corpo é um terreno fértil e nossas escolhas são sementes. Cada escolha, cada opção que fazemos é uma semente que plantamos em nós mesmos. Nós temos o direito de optar, somos livres para plantar o que quisermos, entretanto, somos obrigados a colher os frutos daquilo que escolhemos plantar. Se plantarmos frutos agradáveis aos nossos olhos, ótimo! Agora, se plantarmos frutos que não são agradáveis aos nossos olhos, obrigatoriamente teremos que colhê-los; e, acredite, não é nada legal! Portanto, seremos nós que analisaremos as opções existentes, seremos nós que projetaremos para aquela pessoa que está se comportando de forma inconveniente, o provável resultado daquele comportamento, daquela escolha, ou melhor, os frutos que ela, obrigatoriamente, terá que colher.

Faça uma análise dessas frases técnicas abaixo:

- *"Senhor(a), preciso alertá-lo(a), infelizmente, caso o senhor(a) tome essa decisão, serei obrigado a acionar a polícia".*

- *"Senhor(a), seria bastante desagradável para todos nós, perdermos a noite numa delegacia policial".*

- *"Senhor(a), perdoe-me, mas, sua escolha pode levá-lo(a) a um processo criminal, iria nos custar muitas horas com esclarecimentos e depoimentos intermináveis numa delegacia policial".*

- *"Senhor(a), eu não vou impedi-lo(a) de entrar; mas, perceba que as imagens estão sendo gravadas. O resultado é processo criminal e demissão por justa causa; o senhor(a) realmente quer isso? Deixe-me ajudá-lo(a) senhor(a)."*

Quando projetamos para a pessoa, o resultado futuro daquele comportamento inconveniente, estamos dando a ela uma oportunidade; àquela história pode ser reescrita. É preciso fazer com que ela entenda que vale a pena abortar aquela intenção descabida. Perceba que é algo prático; uma teorização desnecessária do GPCI, pode modificar completamente o seu conceito. Aqui estão mais três frases técnicas:

- *"Senhor(a), é importante ressaltar que agir de forma inadequada pode resultar em consequências legais, incluindo processos judiciais e penalidades financeiras significativas."*

- *"Senhor(a), tenha em mente que suas ações podem afetar diretamente sua reputação profissional e suas oportunidades futuras de carreira."*

- *"Senhor(a), é preciso considerar que a conduta inadequada pode causar danos irreparáveis à imagem e à credibilidade da empresa perante clientes, parceiros e o público em geral."*

Para encerrarmos este capítulo, quando projetamos o resultado futuro, eliminamos a mentalidade de vítima e auxiliamos a pessoa inconveniente a se tornar autora da própria história. Devemos realizar essa abordagem com delicadeza, para que a pessoa não fique amedrontada diante de seus próprios sentimentos. É necessário fornecer a ela coragem e segurança para que possa abandonar de vez essa intenção insensata.

Referências:

- O outro lado do amor – The other side of love – Dr. Gary Chapman.
- A Linguagem das Emoções – Dr. Paul Ekman.
- Inteligência Emocional – Daniel Goleman.
- A Bíblia Sagrada.
- Comunicação Não Violenta – Marshall B. Rosenberg.

Capítulo 20

5ª linha de ação – Faça a escolha certa; transforme a teoria em ação

Neste vigésimo capítulo, temos como objetivo específico aprender a criar ambientes favoráveis na nossa família, no nosso trabalho, com os nossos amigos, enfim, na sociedade.

Perceba que devemos ter muito cuidado ao projetar o resultado futuro daquele comportamento, pois, com medo de lidar com seus próprios sentimentos, a pessoa inconveniente pode agir de maneira indesejada. É crucial estar atento, focado e possuir a sensibilidade necessária para evitar projeções de resultados equivocados para o indivíduo em questão. É possível que, por trás desse comportamento inconveniente, o verdadeiro objetivo seja o suicídio. Ao projetar um resultado futuro como a possibilidade de morte, podemos acionar gatilhos indesejados e fortalecer a determinação dessa pessoa. Infelizmente, há casos em que pessoas utilizam trens e metrôs para cometer suicídio, inclusive tomando posse da arma de um policial ou vigilante distraído. Portanto, é fundamental estarmos atentos, focados e ter esse cuidado e sensibilidade. Aqui estão alguns exemplos de frases técnicas:

- *"Peço-lhe perdão, mas acredito que o senhor é capaz de compreender; caso o senhor siga por esse caminho e mantenha essa atitude, as consequências serão as seguintes..."*

É importante projetar as consequências que, por meio da empatia e sensibilidade, entendemos que poderão ajudá-lo a fazer o que desejamos que ele faça. Precisamos ter cuidado para evitar projeções futuras equivocadas.

- *"Estou aqui como amigo e sei que o senhor não deseja que isso aconteça. Por favor, permita-me ajudá-lo."*

Devemos fornecer coragem e segurança à pessoa para que ela possa abandonar de vez essa intenção insana.

- *" Com essa atitude, agindo dessa forma, você estará prejudicando pessoas que realmente o amam. Por favor, não faça isso."*

É necessário mostrar as consequências destrutivas que aquele comportamento pode causar às pessoas que o amam, buscando dissuadi-lo dessa ação.

Vamos a mais 3 frases técnicas que destacam a importância de refletir sobre as implicações legais, éticas e sociais das ações, incentivando a pessoa a reconsiderar seu comportamento e escolher uma abordagem mais positiva.

- *"Compreendo que a situação possa ser frustrante, mas é importante considerar as implicações legais e éticas de suas ações. Recomendo que repense sua decisão."*

- *"Se persistir nesse comportamento, saiba que estará comprometendo sua reputação e sua relação com as pessoas ao seu redor. É hora de escolher um caminho mais construtivo."*

- *"Lembre-se de que suas atitudes têm um impacto direto na sua carreira e na forma como você é percebido pelos outros. Considere cuidadosamente as consequências antes de prosseguir."*

Agora vamos estudar a 5ª linha de ação: transformar toda essa teoria em ação e fazer a escolha certa é o que buscamos. Diante disso, fazer a escolha correta é o que nos resta. Perceba que, no nosso caso, precisamos usar toda a sensibilidade para ajudar a pessoa com atitude inconveniente a fazer a melhor escolha, a fazer a escolha certa.

Ao longo de nossa jornada, aprendemos que tudo na vida é simples, mas nada é fácil. Sabemos que conhecer o caminho da vitória não garante que seremos vitoriosos; saber o segredo do sucesso não significa que alcançaremos sucesso na vida. Saber que exercícios físicos diários e uma alimentação equilibrada com base em cereais, frutas, legumes e verduras são o grande segredo para ter um corpo saudável não significa que conseguiremos resistir às tentações de feijoadas deliciosas, bifes suculentos com batatas fritas e diversos tipos de doces, pudins de leite condensado e sorvetes, que certamente nos causarão uma complicada crise existencial. Fazer a escolha certa é simples, mas como vimos, não é fácil, pois exige renúncia e sofrimento. Quem está predisposto a sofrer? Quem gosta de sofrer?

Percebemos que tudo o que nos agride em excesso ou nos perturba acaba gerando profunda irritação, seguida de estresse. Quando digo tudo, refiro-me a situações como o suor que escorre pelas nossas costas durante uma cerimônia que não nos permite aliviar aquela situação, ou aquela música que detestamos tocando em volume extremamente alto por um vizinho sem bom senso. Percebemos que tudo o que nos agride em excesso ou nos perturba acaba gerando profunda irritação, seguida de estresse. Quando digo tudo, refiro-me a situações como o suor que escorre pelas nossas costas durante uma cerimônia que não nos permite aliviar aquela situação, ou aquela música que detestamos tocando em volume extremamente alto por um vizinho sem bom senso. Sabe aquele vizinho sem noção que coloca o som no último volume? Internamente, ele quer apenas agradar, acredita que todos estão felizes ouvindo aquela música, mas na verdade, todos estão irritados. Outros fatores que causam estresse são dores persistentes ao longo do tempo, como lombalgia e nervo ciático inflamado, ou ainda viagens desconfortáveis com o trânsito completamente parado, o zumbido insistente de um mosquito em uma noite quente de verão e, é claro, as brigas e desentendimentos familiares, os odores desagradáveis, a síndrome de abstinência de várias formas, a sensação de ter sido enganado, traição, entre outros. Enfim, tudo o que nos agride em excesso causa estresse.

Assim, reitero mais uma vez que o sentimento de indignação e raiva é inevitável devido a essa resposta fisiológica, trata-se de algo químico. Não temos controle total sobre nossos sentimentos, mas se formos comprometidos e treinarmos, certamente aprenderemos a controlar nosso comportamento. Conforme vimos nos capítulos anteriores, podemos sentir vontade de gritar, socar, bater, subjugar e até mesmo matar, mas, apesar desses sentimentos negativos, podemos nos comportar equilibradamente. Minha mãe costumava dizer que vontade é algo passageiro, e é verdade! Quando resistimos às nossas vontades e fazemos o que é correto, logo percebemos o quão equivocada seria a escolha errada, ou seja, agir de acordo com os sentimentos feridos. Estou convencido de que esses sentimentos sempre nos levam em direção à destruição. Quando aprendemos a lidar de forma equilibrada com eles, ou melhor, quando passamos a dominar esses sentimentos e não mais sermos dominados por eles, criamos ambientes favoráveis em nossa família, trabalho, com nossos amigos e, enfim, na sociedade. Nós nos tornamos melhores!

No entanto, como já mencionamos, não nos tornamos melhores do que ninguém, mas melhores para os outros. É o detalhe que faz a diferença, pois, convenhamos, é uma insanidade acharmos que somos superiores aos demais. Esse comportamento nos leva a um estado doentio, é patológico desejar ser superior aos outros. Isso também é uma questão de treinamento, e esse tipo de treinamento começa aos poucos em casa, com a família, parentes, amigos íntimos, vizinhos. No entanto, insistimos em treinar fora, já que dentro de casa é sempre mais desafiador. É mais fácil praticar fora de casa, mas isso não funciona; as palavras convencem as pessoas, mas os exemplos arrastam multidões! É como a história diz: sabemos que todos nós temos o direito de decidir, de escolher nosso próprio destino; no entanto, se escolhermos não decidir, já tomamos uma decisão. Reconhecer é o primeiro passo, mas para aprender, é necessário querer aprender. Sem essa atitude, é impossível evoluir. É inútil tentar ensinar algo a alguém que está convencido de que já sabe tudo.

Sempre que abordamos esse tema, fica claro que muitas pessoas poderiam ter evitado muitas dores de cabeça se, durante sua educação básica, tivessem sido orientadas e conscientizadas a respeito disso. Assim, é impossível não mencionar Lao Tsé, que diz: ***"Um homem que vence outro homem é forte, mas o homem que vence a si mesmo é poderoso".***

Acredito que uma das maiores dificuldades que todos nós enfrentamos é criar expectativas. Estou convencido de que é uma loucura esperar muito dos outros. Esse é um erro terrível e geralmente nos torna inconvenientes. No entanto, devemos abraçar com gratidão tudo o que recebemos. Devemos ser gratos; também é uma questão de treinamento!

Referências:

- O outro lado do amor – *The other side of love* – Dr. Gary Chapman.
- A Linguagem das Emoções – Dr. Paul Ekman.
- Inteligência Emocional – Daniel Goleman.
- A Bíblia Sagrada.
- Comunicação Não Violenta – Marshall B. Rosenberg.

Capítulo 21

Você sabe quem Eu Sou? Como lidar com isso?

Neste vigésimo primeiro capítulo, temos como objetivo específico avaliar, analisar e adotar medidas e atitudes preventivas para que os conflitos e os problemas projetados, não aconteçam ou sejam reduzidos.

Para nós relaxarmos um pouquinho, em razão da pandemia, um voo superlotado de uma grande companhia aérea foi cancelado. Uma única funcionária, linda! atendia todos os passageiros, e, com tranquilidade e tolerância, tentava resolver todos os problemas. Havia uma longa fila! De repente um passageiro surtou, furou a fila, foi até a atendente no balcão, arremessou o bilhete com violência e disse:

- PRESTA ATENÇÃO! Eu preciso embarcar nesse voo, e quero na primeira classe!

A atendente gentilmente disse:

- Senhor perdoe-me, terei todo o prazer em ajudá-lo, mas, primeiro preciso atender todas essas pessoas; já que elas também estão aguardando e, sobretudo, estão na sua frente! Desculpe-me, mas prometo que quando chegar a sua vez farei de tudo para satisfazê-lo.

O passageiro arrogante, prepotente e intransigente gritou de forma que todos na fila ouvissem:

- VOCÊ FAZ ALGUMA IDEIA DE QUEM EU SOU?

Sem hesitar a funcionária sorriu, pediu um instante, pegou o microfone e disse:

Posso ter um minuto da atenção dos senhores, por favor?

A voz ecoou por todo o terminal e ela continuou:

- Senhores e senhoras, nós temos aqui no balcão um passageiro que não sabe quem é, deve estar perdido. Se alguém é responsável por ele, ou é seu parente, ou então se puder ajudá-lo a descobrir a sua identidade, favor comparecer aqui no balcão, urgentemente! Obrigada!

Além das gargalhadas histéricas, a funcionária ainda levou uma calorosa salva de palmas. Com as pessoas atrás dele gargalhando, o sujeito olhou furioso para a funcionária, rangeu os dentes e disse ensandecido:

EU VOU TE COMER!

Sem recuar ela sorriu e, educadamente, disse:

Desculpe-me senhor, mas mesmo para isso, o senhor vai ter de esperar na fila; tem muita gente querendo o mesmo.

Brincadeiras à parte, perceba que o mais interessante é que essa história, como tudo na vida, serve para que aprendamos como não devemos agir. Parece bobagem, mas o mundo está cheio de pessoas com exatamente esse perfil: arrogantes, prepotentes, que se acham superiores aos outros, que se consideram deuses! Aliás, alguns até têm certeza disso! O problema é que todos nós sentimos vontade de aplaudir de pé as pessoas com a mesma atitude daquela funcionária; concorda? No entanto, como profissionais qualificados em GPCI, não podemos, em hipótese alguma, gerenciar seguindo nossos sentimentos feridos, com ironia. Certamente isso nos levaria ao caos, e não é isso que desejamos. Diante de situações de estresse, devemos argumentar não com o objetivo de sair vitoriosos, mas de verdadeiramente ajudar e aprender. Talvez estas teriam sido boas respostas:

- *"- Perdoe-me, não sei quem o senhor é, mas acredito que seja capaz de me desculpar por não poder atendê-lo com a precisão que o senhor requer. Por favor, me perdoe!"*
- *"- Desculpe-me, não sei quem o senhor é, e sinto-me constrangida, mas acredito que seja capaz de relevar minha posição de não poder atendê-lo com a rapidez que o senhor necessita."*
- *"- Desculpe-me, senhor, realmente não sei quem o senhor é, mas perdoe-me por não poder atendê-lo neste momento de acordo com suas necessidades."*
- *"- Perdoe-me por não conhecer o senhor, sinto-me envergonhada, mas acredito que o senhor é capaz de compreender a situação em que me encontro. Sinto muito por não poder atendê-lo com a urgência que o senhor merece."*

"Um único bom argumento vale mais do que muitos argumentos melhores." - Tristan Bernard.

Pessoas estressadas precisam de alguém capaz de ajudá-las; precisam de pessoas habilitadas e capacitadas para compreendê-las. Envolver-se em discussões com pessoas de comportamento inadequado é uma pura perda de tempo, é uma grande bobagem.

Entraremos em breve no tema do uso da força. Vimos a importância de desenvolver uma boa base. Assim, com o objetivo de aprimorar ainda mais nossa base, faremos uma rápida revisão dos assuntos básicos e dos princípios orientadores do GPCI.

Aprendemos que segurança é prevenção! Lembra-se disso? É inaceitável ficarmos esperando que conflitos e problemas ocorram para então apresentarmos soluções incríveis, brilhantes e geniais. Isso definitivamente não é adequado. Também aprendemos que a palavra "missão" significa razão de existir. Nossa missão, a razão de nossa existência, é administrar conflitos e problemas. Somos aqueles que administram conflitos e problemas, nunca criamos. Para nós, "administrar" significa "adotar medidas e atitudes preventivas". Então, quais são as essências de nossa missão? São três as essências da missão. Vamos recordar? Sendo a "missão" administrar conflitos e problemas, se substituirmos a palavra "administrar" pelo conceito dado, que é: adotar medidas e atitudes preventivas, chegaremos à 1ª essência da missão – adotar medidas e atitudes preventivas para evitar que os conflitos e problemas ocorram. Mas e se já estivermos diante de um conflito? A resposta é simples: administramos o conflito! E como administramos um conflito? Adotando medidas e atitudes preventivas para evitar que o conflito se agrave. Trata-se da 2ª essência da missão – adotar medidas e atitudes preventivas para que o conflito não se torne um problema. Muito bem, e se estivermos diante de um problema? A resposta também é simples: administramos o problema. E como administramos um problema? Adotando medidas e atitudes preventivas para evitar que o problema se agrave. Trata-se da 3ª essência da missão – adotar medidas e atitudes preventivas para que o problema não evolua para uma crise, não se transforme em um escândalo. Ficou mais claro?

Aqui estão exemplos para ilustrar cada essência da missão:

1ª Essência da Missão: Adotar medidas e atitudes preventivas para evitar que os conflitos e problemas ocorram. Exemplo 1: Em uma empresa, um departamento de recursos humanos desenvolve programas de treinamento e comunicação eficazes para promover um ambiente de trabalho saudável. Eles investem em sessões de mediação de conflitos, incentivam a comunicação aberta e promovem a resolução pacífica de problemas entre os funcionários. Essas medidas preventivas ajudam a evitar conflitos e problemas antes mesmo de surgirem.

Exemplo 2: Um professor de uma escola percebe que há muitas brigas entre alunos durante o recreio. Em vez de esperar que uma briga aconteça para então intervir, ele cria um programa de mentoria em que alunos mais velhos são treinados para ajudar a resolver conflitos de forma pacífica. Com isso, as brigas no recreio diminuem consideravelmente.

2ª Essência da Missão: Adotar medidas e atitudes preventivas para evitar que o conflito se torne um problema. Exemplo 1: Em uma escola, um professor percebe sinais de tensão entre dois alunos. Ele intervém imediatamente, utilizando técnicas de resolução de conflitos e mediação. Ao ouvir as preocupações de ambos os alunos e ajudá-los a encontrar soluções, o professor impede que o conflito se agrave e se torne um problema, preservando a harmonia e o ambiente de aprendizado na sala de aula.

Exemplo 2: Um gerente de uma empresa percebe que dois funcionários estão tendo um conflito devido a uma discordância em um projeto. Ele chama os dois para uma reunião e, em vez de tomar partido ou tentar resolver o problema por eles, ele os incentiva a encontrar uma solução juntos. Com isso, o conflito é resolvido sem se transformar em um problema.

3ª Essência da Missão: Adotar medidas e atitudes preventivas para evitar que o problema evolua para uma crise, não se transforme em um escândalo.

Exemplo 1: Em uma organização não governamental, os membros da equipe estão cientes de um problema potencialmente sensível que pode prejudicar a reputação da instituição. Eles implementam medidas de controle, como políticas claras, auditorias internas e canais de denúncia confidenciais. Com isso, eles evitam que o problema se torne uma crise e mostram que estão comprometidos em agir de forma ética e transparente.

Exemplo 2: Um político é acusado de corrupção em uma investigação. Ao invés de tentar encobrir o problema ou negá-lo, ele assume publicamente a responsabilidade pelo erro e toma medidas para investigar a fundo o que aconteceu. Com isso, ele evita que o problema se torne uma crise maior e mostra que está comprometido em agir de forma ética e transparente.

Apresentaremos a você linhas de ação, condutas, atitudes e maneiras adequadas de usar a força com eficiência e eficácia, sem renunciar aos princípios essenciais para o uso da força, princípios que estudaremos mais adiante – legalidade, necessidade, proporcionalidade e conveniência.

O GPCI surgiu devido a um erro de procedimento que causou a morte de um grande amigo de Sylvio Behring. Esse amigo levou dois tiros por acreditar que conflitos, problemas, crises e escândalos poderiam ser resolvidos usando a força com violência e habilidade técnica. Sylvio aprendeu com o erro do amigo, e nós queremos sensibilizar e conscientizar você para que aprenda da mesma forma, através dos erros dos outros, usando as técnicas de GPCI, com base na inteligência emocional e na qualidade comportamental, necessidades estratégicas para quem lida com seres humanos. Muito bem, agora podemos avançar um pouco mais. Já temos base suficiente para entrar no uso da força.

Em física clássica, força é tudo aquilo que pode alterar o estado de repouso ou de movimento de um corpo, ou ainda deformá-lo. Em segurança, força é quando somos obrigados a intervir sobre pessoas ou grupos de pessoas, reduzindo ou eliminando sua capacidade de auto decisão.

No gerenciamento progressivo de comportamento inconveniente, força é quando, através de uma intervenção compulsória, impedimos pessoas ou grupos de pessoas de prosseguir com a intenção de se comportar de forma inconveniente ou que, por algum motivo, decidiram contrariar normas/diretrizes de segurança, ou mesmo a própria lei. Reforçando, é quando a simples presença física aborta a intenção de uma atitude inconveniente, ou mesmo, elimina um comportamento inconveniente, ou seja, o provável transgressor desiste da sua intenção de comportar-se de maneira inconveniente em razão da sensação de segurança transmitida; e também quando o provável transgressor melhora o seu comportamento, não insistindo naquela atitude inconveniente.

O nível do uso da força são as opções de força que nós selecionamos em resposta ao nível de submissão da pessoa com comportamento inconveniente; consequentemente, o nível de força a ser utilizado deve ser proporcional ao nível de resistência oferecido. O nível do uso da força é definido na teoria como sendo a modalidade da força por nós utilizada, variando desde a nossa simples presença física, funcionando como inibidora de uma atitude inconveniente, até o uso de armas convencionais letais como último recurso para defesa própria, protegendo nossa incolumidade física, bem como a de terceiros.

Nesse vácuo existente entre o 1º e o 7º nível de força, temos a verbalização 1 ou diplomacia, temos a verbalização 2 ou uso da força da lei como ameaça, temos o controle de contato ou técnicas de mãos livres, temos as técnicas de submissão e ainda as táticas defensivas não letais, onde usamos armas não letais ou menos letais, usamos técnicas de traumatização inclusive com armas brancas; e, em casos extremos, dentro da lei, o uso de armas convencionais letais, como último recurso para proteger a nossa incolumidade física bem como a de terceiros.

Vimos que quando minimizamos ou eliminamos a capacidade de auto decisão de uma pessoa, ou grupo de pessoas através de uma intervenção obrigatória, chamamos de força. Mais adiante nós vamos estudar detalhadamente, cada modalidade da força, cada nível do uso da força utilizada, lembrando que o uso progressivo da força é uma forma de orientar as pessoas a respeito dos mais diversos fatores de autoridade, da sua utilização ou não, do tipo de força, e das possíveis reações com relação às atitudes de um sujeito com comportamento inconveniente.

Referências:

- Forum Brasileiro de Ciências Policiais – cienciaspoliciaisbrasil.com.br
- O outro lado do amor – The other side of love – Dr. Gary Chapman.
- Inteligência Emocional – Daniel Goleman.
- A Bíblia Sagrada.
- Comunicação Não Violenta – Marshall B. Rosenberg.
- Segurança é Prevenção – Editora Ciência Moderna.

Capítulo 22

Princípios essenciais para o uso da força

Neste vigésimo segundo capítulo, temos como objetivo específico identificar e explicar os princípios essenciais para o uso da força.

Sabemos que não estamos livres de vivenciar momentos e situações difíceis com pessoas desequilibradas; a qualquer momento, podemos nos encontrar nesse tipo de situação. Assim, a inteligência emocional e a qualidade comportamental são fatores fundamentais, necessidades estratégicas para lidar com seres humanos. Esse é um assunto pertinente a todos que lidam com pessoas, independentemente da profissão, estilo de vida ou esporte praticado. No entanto, se você é um líder de equipe (diretor, gerente, coordenador, supervisor, professor, instrutor, fiscal) ou um profissional de segurança pública ou privada, é necessário que você cumpra seu dever legal e respeite sua respectiva missão, sem causar danos aos direitos das pessoas, direitos esses garantidos por lei.

Vimos que conhecer a teoria do GPCI não é suficiente para gerenciar pessoas ou grupos com comportamento inconveniente. Lembrando Sun Tzu, ***"o fato de conhecermos o caminho da vitória não é suficiente para sermos vitoriosos."*** Portanto, devemos estar vigilantes o tempo todo, a fim de perceber atitudes inconvenientes que possam gerar conflitos e problemas, e, ao identificarmos a possibilidade, devemos adotar medidas e atitudes preventivas para que eles não ocorram. Essa insistência é puramente didática, e precisamos fazer isso com nossos filhos, alunos, colaboradores, entre outros. Vamos a um rápido exemplo aparentemente simples, mas que pode ser extrapolado para situações maiores. Imagine que você veja uma casca de banana no chão e pense:

"Se alguém pisar nisso, pode escorregar e se machucar, talvez até sofrer uma fratura. No caso de uma pessoa idosa, pode levar à sua morte. Talvez minha empresa acabe sendo processada e tenha que pagar uma indenização alta por danos morais, e então a mídia se envolva e a imagem da minha empresa seja prejudicada, podendo ser seriamente comprometida."

Assim, ao perceber a possibilidade de conflitos e problemas, você pega a casca de banana e a joga no lixo. Ou seja, você adotou uma medida preventiva para evitar os conflitos e problemas previstos. Percebe como é simples? Existe um ditado árabe que diz o seguinte:

"Quem não compreende um olhar, tampouco compreenderá uma longa explicação."

Estou convencido de que no GPCI as coisas não são óbvias. Se eu não consigo enxergar o óbvio, como vou conseguir enxergar o que não é óbvio? Por isso, não podemos subestimar o óbvio, não podemos de forma alguma desprezar as análises, avaliações e estudos de situações óbvias.

Antes de avançarmos nos níveis de força, vamos estudar os princípios essenciais para o uso da força. Princípios que nos autorizam a utilizar a força com base e fundamentação. Vale esclarecer que no Brasil ainda não existe uma lei específica que trate do uso da força de forma rigorosa, com normas, diretrizes e regras a serem seguidas. O que de fato existe é o que está previsto no art. 23 do código penal brasileiro, que trata das excludentes de ilicitude. Vamos então ao primeiro princípio?

PRINCÍPIO DA LEGALIDADE

A palavra legalidade significa qualidade, caráter ou condição do que é legal, ou seja, do que está de acordo com a lei. Existe uma expressão em latim, "nullum crimen... nulla poena sine lege", que significa o seguinte:

"Não há crime, nem pena, sem uma lei anterior que os defina."

Portanto, é um princípio jurídico fundamental que estabelece que não há delito fora da definição da norma escrita na lei, e não se pode impor uma pena que não esteja previamente definida nessa mesma lei; o que está escrito é o que vale. O artigo 5º da Constituição Federal, em seu inciso II, afirma que:

"Ninguém é obrigado a fazer ou deixar de fazer alguma coisa senão em virtude de lei."

Na verdade, há uma liberdade relativa do povo, que pode fazer tudo, exceto o que a lei proíbe. O princípio da legalidade é a garantia vital de que a sociedade não está sujeita às vontades particulares ou pessoais de seus governantes. Sempre devemos buscar um respaldo legal para todas as nossas decisões, atitudes e linhas de ação. Conhecer a lei, as normas e as diretrizes do ambiente em que atuamos é fundamental e imprescindível para termos o respaldo, a credibilidade e, principalmente, o apoio da opinião pública. Não posso cobrar ou exigir algo de alguém que não esteja escrito na lei ou nas normas e diretrizes do estabelecimento, local ou ambiente de trabalho. Quando falamos do apoio da opinião pública, estamos tratando de algo muito mais sério do que podemos imaginar, algo que vai além desse princípio.

Certamente você já assistiu ao filme "Gladiador". Na trama, o gladiador era, na verdade, um general e braço direito do imperador Marcus Aurelius, que foi assassinado por seu próprio filho, Commodus, que também mandou matar o general e toda a sua família. A família do general foi executada, mas o general Maximus Decimus Meridius sobreviveu e se tornou um gladiador.

Sua missão, ou seja, a razão de sua existência, passou a ser matar Commodus, o imperador. Ele percebeu que, como gladiador, teria mais chances de se aproximar do imperador e acabou se tornando um ídolo para o povo romano; era adorado. Um dia, durante uma batalha surreal e suicida, ele se destacou por sua perspicácia e habilidade. O imperador ficou tão impressionado que decidiu ir até a arena cumprimentar o gladiador. Era tudo o que Maximus queria! No entanto, o imperador estava acompanhado de seu sobrinho, um menino com idade entre 9 e 10 anos, neto do imperador assassinado e da mesma idade que seu próprio filho, que também havia sido assassinado. Ao ver o menino, Maximus percebeu que se matasse o imperador, colocaria a vida do menino em risco; momento em que desistiu, abortou a missão. Foi quando o imperador determinou que ele retirasse o capacete. Descoberto, sua vida ficou nas mãos do imperador. Certamente seria sumariamente decapitado. Acontece que ele era o maior dos ídolos; assim, quando o povo percebeu que o imperador iria matá-lo, começaram a gritar:

"VIDA, VIDA, VIDA!", pressionando o imperador de tal forma que este se sentiu ameaçado. Percebendo a real possibilidade de uma revolução, com medo e sem alternativa, recuou.

O que queremos que você perceba com essa história é a força da opinião pública. Nunca devemos desprezar a opinião da maioria, a opinião do povo. Perceba que não basta estarmos dentro da lei. É preciso termos sensibilidade; sensibilidade para perceber a opinião do povo. Caso o povo não esteja do nosso lado, precisamos usar o poder de convencimento, o poder de argumentação, de persuasão para convencer o povo. Primeiro, precisamos convencer a maioria; caso contrário, corremos o perigo de dar um tiro no pé, ou o tiro sairá pela culatra, como queira. Portanto, o primeiro princípio para usarmos a força é o princípio da legalidade.

PRINCÍPIO DA NECESSIDADE

A ação, o uso da força propriamente dito, deve atender aos limites considerados mínimos para que se torne justa e legal nossa intervenção. O princípio da necessidade estabelece que nossas decisões, atitudes e linhas de ação só serão legítimas quando houver um conflito real, ou seja, quando efetivamente não for possível estabelecer um modo de convivência simultânea dos direitos fundamentais em tensão. Perceba que, se houver a menor possibilidade de convivência, não devemos usar a força. A pergunta chave seria:

A aplicação da força é necessária?

A necessidade está relacionada ao fato de que a medida restritiva de direitos é fundamental para preservar o próprio direito que está sendo diminuído ou reduzido a limites mais rígidos, mais rigorosos, visando à sua própria segurança. Perceba! Imagine dois indivíduos com a mesma intenção de te ferir, a mesma vontade de te agredir gravemente, o mesmo motivo, a mesma raiva; contudo, um tem 25 anos, boa compleição física, é saudável, cheio de disposição! O outro tem 95 anos, com dificuldade de locomoção devido a um AVC e visão deficiente. Assim, usando o discernimento, é necessário que você use a força com um, mas não com o outro! Percebeu?

Um outro exemplo interessante é o seguinte: use empatia. Você é funcionário de uma grande empresa. Um eletricista pede para você impedir que as pessoas entrem numa determinada sala, pois devido a um curto-circuito, um problema na alta tensão, quem tocar em algo metálico naquela sala corre risco de morte. Ele está indo em direção à sala de disjuntores, e você está ali tranquilo, mas atento. Nesse ínterim, o diretor presidente da empresa aparece meio agitado, ansioso, desatento e tenta entrar na sala. Qual será a sua atitude? Como você vai abordá-lo? Qual frase você usaria? Faça um exercício agora; imagine-se nessa situação real. Qual seria a sua atitude? O que você falaria? Como você falaria? Vamos complicar um pouco. O presidente está nervoso, você percebeu que ele não está te ouvindo e decidiu que vai entrar. Você aplicaria, ou melhor, controlaria pelo pescoço com um estrangulamento? Vamos lá! A necessidade está relacionada ao fato de ser a medida restritiva de direitos - o controle pelo pescoço não é uma medida restritiva? Mas perceba que essa medida é fundamental à preservação do próprio direito, pois está sendo reduzido a limites mais rígidos, mais rigorosos, para a sua própria segurança. Perceba que nesse caso, se você não fizer o necessário, ou seja, o que precisar ser feito para impedi-lo de entrar e, assim, salvar sua vida, você será responsabilizado; levando em consideração que o presidente, preocupado e nervoso com algo, não está conseguindo compreender o risco de morte existente.

Mudando o cenário, você está ali tranquilo, mas atento. Nesse ínterim, o diretor presidente da empresa se aproxima com naturalidade e tenta entrar na sala. Qual será a sua atitude? Como você vai abordá-lo? Como seria a frase? Perceba que nesse caso, tudo é bem mais simples. A sua função é apenas informar o que está acontecendo.

"Bom dia, sr. presidente! Temos um problema muito grave nessa sala, com risco de morte. Todos os metais estão energizados com alta tensão. O eletricista está resolvendo o problema."

As pessoas subordinadas a você, certamente acatarão o seu pedido sem maiores problemas, todavia os seus chefes, após ouvirem com atenção a sua orientação, é que vão decidir; poderão inclusive falar o seguinte para você:

"Obrigado pela informação; agora é conosco. Por favor, vá agora lá em cima e chame o fulano, o ciclano e o beltrano."

Você entendeu? Uma coisa é uma coisa, outra coisa é outra coisa. Certo?

PRINCÍPIO DA PROPORCIONALIDADE

Nós sempre devemos verificar a proporcionalidade do uso da força. A pergunta seria:

"O nível de força que eu quero usar é proporcional ao nível de resistência oferecida? Ou o nível de força que eu quero usar é proporcional ao nível de submissão daquela pessoa?"

No ano de 1791, num simpósio sobre direito de polícia no sul da França, um jurista chamado Jellinek, disse que *"Não se abatem pardais com tiros de canhão"*; ele palestrava sobre o fim do estado de polícia e o advento do estado de direito. Essa frase ficou famosa, e representa no mundo esse princípio. Eu gostaria de chamar sua atenção para um detalhe.

É proporcional matar um pardal com um canhão? Não! O que seria proporcional? Com pedrada, com atiradeira ou com espingarda de chumbinho?

Perceba que tudo isso, também mata o pardal! Morte é morte! A morte não é maior ou menor. Nós precisamos entender através dessa analogia, que proporcionalidade não tem nada a ver com igualdade ou mesma força. Se eu usar uma força igual, eu certamente não vou conseguir resolver a questão. Portanto, entender esse conceito, entender o princípio da proporcionalidade é importante demais.

Aqui está um exemplo para ilustrar o princípio da proporcionalidade:
Imagine a seguinte situação: Você trabalha como profissional de segurança em uma boate e está encarregado de manter a ordem e garantir a segurança dos frequentadores. Um indivíduo visivelmente embriagado começa a perturbar outros clientes, tornando-se agressivo e ameaçador. Ao abordar essa pessoa, você precisa considerar a proporcionalidade do uso da força. Se você simplesmente reagir com agressividade ou violência excessiva, isso poderia levar a uma escalada desnecessária da situação, colocando em risco a segurança de todos e a imagem do estabelecimento, além de violar o princípio da proporcionalidade.

Ao invés disso, é necessário avaliar a situação e utilizar uma abordagem proporcional para controlar a situação com a menor quantidade de força necessária. O princípio da proporcionalidade nesse exemplo envolve encontrar o equilíbrio adequado entre a proteção dos demais frequentadores da boate e o uso proporcional da força para lidar com a pessoa inconveniente. É fundamental evitar o uso excessivo da força que possa causar danos desnecessários, garantindo assim a segurança de todos de forma proporcional e justa.

Linhas de ação para lidar com a situação, considerando o princípio da proporcionalidade:

1. ***Verificar se a pessoa inconveniente está acompanhada:***

- Ao abordar o indivíduo, observe se ele está acompanhado por amigos ou conhecidos. Caso esteja, você pode solicitar a colaboração dessas pessoas para acalmá-lo e ajudar a controlar a situação de forma mais pacífica.
- Obviamente, pessoas que estejam sóbrias e pareçam confiáveis. Peça a elas que o auxiliem na abordagem e contenção do indivíduo, proporcionando uma presença adicional e reforço de autoridade.

2. ***Utilizar frases técnicas com exercício de autoridade:***

- Ao se comunicar com a pessoa inconveniente, é importante utilizar frases que possuam poder de convencimento, buscando acalmar a situação e persuadi-la a se comportar adequadamente. Aqui estão três exemplos:

Verbalização 1 – Diplomática:

- *"Senhor(a), entendo que possa estar incomodado(a), mas a agressividade não é a solução. Vamos resolver isso de forma pacífica para garantir a segurança de todos."*

- *"Por favor, compreenda que nosso objetivo é manter um ambiente seguro e agradável para todos os presentes. Colabore conosco e evite qualquer comportamento que possa prejudicar essa harmonia."*

- *"Se você cooperar e se acalmar, podemos encontrar uma solução adequada para lidar com sua preocupação. Vamos resolver isso de forma civilizada e evitar conflitos desnecessários."*

Verbalização 2 – Uso da força da lei como ameaça:

- *"Por favor, entenda que de acordo com a legislação, esse seu comportamento pode resultar em consequências legais. É do seu interesse cooperar para evitar possíveis penalidades?"*

- *"Gostaria de lembrar que a segurança e o bem-estar de todos são protegidos por lei. Se você não colaborar, terei que tomar as medidas necessárias. Perderemos horas numa delegacia policial com depoimentos intermináveis."*

- *"Fique ciente de que a infração das leis e regulamentos resultam em consequências graves, como multas significativas, restrições de acesso ou até mesmo medidas judiciais. Peço que reconsidere seu comportamento e siga as diretrizes estabelecidas para evitar problemas legais."*

É importante lembrar que essas frases têm como objetivo persuadir e desencorajar comportamentos inadequados, fazendo uso da autoridade e da força da lei como uma forma de ameaça implícita. No entanto, é fundamental utilizar essas abordagens de maneira adequada, respeitando os direitos e a integridade das pessoas envolvidas.
Lembrando que essas frases são apenas exemplos e devem ser adaptadas de acordo com a situação e o tom de voz – linguagem paraverbal, apropriada para transmitir calma, autoridade e persuasão. O objetivo é influenciar positivamente a pessoa a agir de maneira mais adequada, respeitando os princípios da proporcionalidade e segurança.

PRINCÍPIO DA CONVENIÊNCIA

Ele nos ensina que é essencial que nós tenhamos consciência das nossas atitudes, mas sobretudo, consciência das consequências dos nossos atos. São duas as perguntas fundamentais:

> ***"O uso da força é conveniente, com relação às consequências da minha ação? Ou ainda... O uso da força é conveniente, com relação às consequências da minha omissão?"***

Imagine a seguinte situação: você é o responsável pela segurança de um evento importante, onde estão presentes diversas autoridades e personalidades de destaque. Durante o evento, você percebe um indivíduo suspeito que está agindo de maneira ameaçadora e parece portar uma arma oculta.

Ao analisar a situação, você se questiona: "O uso da força é conveniente, levando em consideração as consequências da minha ação? Ou ainda... O uso da força é conveniente, considerando as consequências da minha omissão?"

Ao avaliar as possíveis consequências, você percebe que se não tomar nenhuma ação e não submeter o indivíduo suspeito, as consequências podem ser desastrosas, colocando em risco a segurança de todas as pessoas presentes no evento. As autoridades presentes, incluindo a família de uma pessoa importante, também ficariam expostas a um possível ataque.

Nesse caso, diante da necessidade de agir para preservar a segurança e evitar consequências mais graves, é conveniente que você utilize a força necessária para neutralizar o indivíduo suspeito e proteger todos os presentes. A conveniência está relacionada ao peso das consequências de uma possível omissão, tornando o uso da força a escolha adequada para garantir a segurança e minimizar os riscos.

É importante ressaltar que cada situação é única, e a análise da conveniência deve considerar os contextos específicos, as leis vigentes e os princípios éticos envolvidos. O objetivo é sempre buscar a melhor solução para proteger a integridade e o bem-estar das pessoas envolvidas.

Tudo indica que naquele ataque ao complexo do World Trade Center em NY, com relação àquele avião que caiu num campo na Pensilvânia, os próprios passageiros teriam reagido, causando a queda da aeronave. No entanto, o princípio da conveniência poderia, perfeitamente, ter sido usado; por exemplo:

> ***"Se eu abater essa aeronave, terei problemas? Sim, senhor presidente, são centenas de cidadãos inocentes; jovens, idosos, mulheres e crianças. E se eu não abater? Se não abater, senhor presidente, o problema poderá ser muito maior."***

Assim, é conveniente que seja abatido.

Referências:

- Jusbrasil.com.br – Princípio da Legalidade.
- UNODC - https://www.unodc.org – Uso da Força
- Constituição Federal de 1988
- https://portal.stf.jus.br/publicacaotematica
- Forum Brasileiro de Ciências Policiais – cienciaspoliciaisbrasil.com.br
- O outro lado do amor – *The other side of love* – Dr. Gary Chapman.
- Inteligência Emocional – Daniel Goleman.
- A Bíblia Sagrada.
- Comunicação Não Violenta – Marshall B. Rosenberg.
- Segurança é Prevenção – Editora Ciência Moderna.

Capítulo 23

Níveis de força - Presença física

Neste vigésimo terceiro capítulo, temos como objetivo específico discernir e explicar o emprego da segurança de baixo impacto e de alto impacto no GPCI, tendo como base o 1º nível de força.

Nós sabemos que o mundo gira e que o avanço tecnológico é um fato. Evoluímos ou não à medida que fazemos escolhas, tomamos decisões e fazemos opções diárias, desde as mais simples até as mais complexas. Reconhecemos que nossas escolhas são sementes que plantamos em nós mesmos, e por sermos um terreno fértil, elas sempre darão frutos e resultados, o que é inevitável. Embora nem sempre esses frutos sejam agradáveis aos nossos olhos, seremos obrigados a colhê-los. Portanto, é fundamental analisar e avaliar bem, fazendo um bom estudo de situação antes de tomar decisões. Devemos evitar agir impulsivamente, pois agir dessa forma demonstra uma baixa inteligência emocional.

NÍVEIS DE FORÇA

Avançando um pouco mais, é importante saber que há 2500 anos, Sun Tzu já utilizava níveis de força. Naquela época, ele aplicava quatro níveis de força com resultados extraordinários:

1. Posicionamento superior,
2. Diplomacia,
3. Uso da força da lei como ameaça,
4. Ataque.

Perceba que o posicionamento superior representa a presença física e a sensação de segurança transmitida por meio de uma imagem forte. Sun Tzu utilizava dois níveis de verbalização: a verbalização 1, que era a diplomacia, e a verbalização 2, que consistia no uso da força da lei como ameaça. Inicialmente, ele empregava uma abordagem diplomática; caso não obtivesse sucesso, recorria ao uso da força da lei como ameaça. Se ainda assim não obtivesse sucesso, partiria para o próximo nível, o ataque, que envolvia medidas letais, como a decapitação. Essas estratégias eram aplicadas de acordo com as circunstâncias e o objetivo pretendido, permitindo a Sun Tzu alcançar resultados notáveis em suas empreitadas.

Passados todos esses anos, a ONU (organização das nações unidas) desenvolveu cinco níveis de força considerados como base de um padrão internacional, conforme o modelo abaixo:

Core Objective
Safety and security of UN military/police and those being protected as well as the rights and well being of the aggressors during a legitimare peacekeeping operations

Use of Force Continuum

Important!
The specific details in this chart are for illustrative purpose only. Military units must tailor the details of their mission-specific requirements, equipment and level of training.

Level of Force	Threat Actions	UN Action/Reaction
DEADLY FORCE	ASSAULTIVE (SERIOUS/FATAL ACTION) • Threat uses weapons, undertakes life threatening weaponless assault, and/or disarms a military/police	LETHAL • Use of firearm and strike to vital areas
NON-DEADLY FORCE	ASSAULTIVE (NON LIFE THREATING) • Threat conducts non-life threatening activities but has the potential to cause physical harm to peacekeepers/civilians, e.g.: stonethrowing, use of incendiary device, sabotage. RESISTANT (ACTIVE) • Threat wrestles/pushes military/police or pulls away RESISTANT (PASSIVE) • Threat is unresponsive (refuse to move dead weight) or exhibits danger cues	DEFENSIVE TACTICS • Use riot control equipment including shields, water cannon, soft kinect projectiles, etc. COMPLIANCE TECHNIQUES • Use chemical irritant application, riot control agents/barricades/cordon/show of forces including aviation. CONTACT CONTROLS • Takedowns, handcuffs, threat of using force.
AUTHORITATIVE PRESENCE	COMPLIANT • Threat shows positive or cooperative behavior	COOPERATIVE CONTROL • Physical appearance, verbal command, search techniques and apprehension tatctis

O VIII Congresso das Nações Unidas sobre a Prevenção do Crime e o Tratamento dos Delinquentes estabeleceu os Princípios Básicos sobre o Uso da Força e Armas de Fogo para os funcionários responsáveis pela aplicação da lei. Dentre os diversos princípios recomendados, destaca-se a orientação para o uso progressivo e proporcional da força necessária para o cumprimento da lei, bem como a utilização de metodologias apropriadas que facilitem o treinamento dos agentes sobre essa questão.

Com base no modelo da ONU, os países desenvolveram seus próprios modelos, como, por exemplo, o modelo Flect, aplicado pelo Centro de Treinamento da Polícia Federal de Glynco, Geórgia, Estados Unidos da América (EUA), que adota 5 níveis de força. Outro modelo é o Gillespie, que define quatro situações: o azul (cooperativo), o amarelo (não cooperativo), o laranja (agente desarmado) e o vermelho (agente armado). Também podemos citar o modelo Remsberg, que utiliza 5 níveis de força e é bastante interessante. Além disso, há o modelo canadense, utilizado pela polícia canadense, e o modelo Nashville, empregado pela Polícia Metropolitana de Nashville, EUA. Por fim, temos o modelo Phoenix, utilizado pelo Departamento de Polícia de Phoenix, EUA.

No Brasil, as forças de segurança pública utilizam o seguinte modelo:

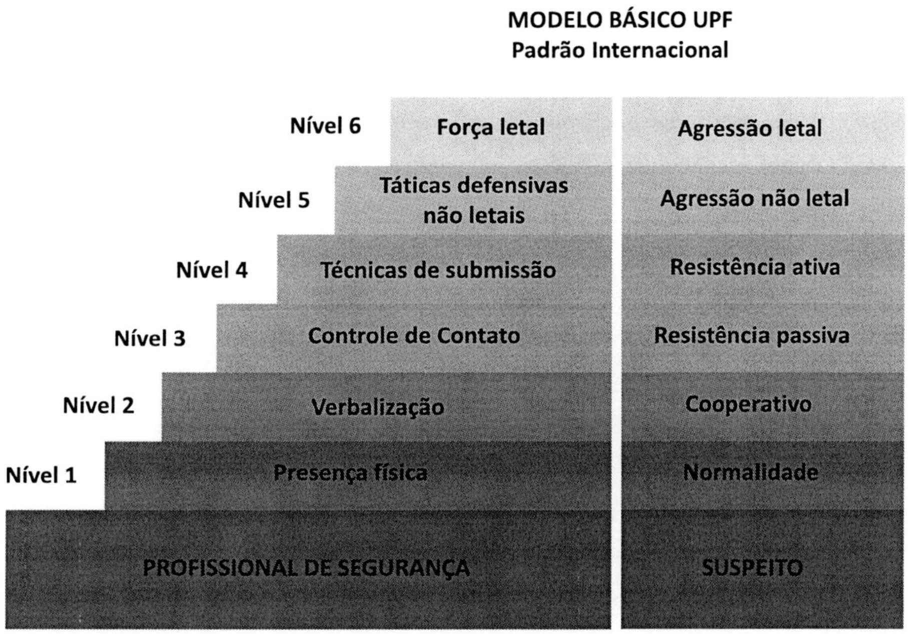

É evidente que, por não sermos policiais e não possuirmos poder de polícia, é aconselhável que sejamos mais elegantes e busquemos ser mais eficientes e eficazes em nossa abordagem e verbalização. Assim, utilizamos sete níveis de força conforme o modelo abaixo. Essa estratégia baseia-se na subdivisão do nível II – verbalização – em dois níveis de força, seguindo o modelo praticado por Sun Tzu há 2500 anos (verbalização I ou diplomacia e verbalização II ou uso da força da lei como ameaça). Esse modelo é comumente utilizado pelas forças de segurança pública e auxiliares. Vamos estudar minuciosamente cada um deles, mas antes é necessário que você saiba o que é segurança de baixo e alto impacto.

SEGURANÇA DE BAIXO IMPACTO – Os três primeiros níveis de força (presença física, verbalização e controle de contato) representam a segurança de baixo impacto, sendo utilizada por profissionais preparados tecnicamente e emocionalmente. Trata-se de uma segurança com alto nível técnico.

SEGURANÇA DE ALTO IMPACTO – Já os três últimos níveis de força (técnicas de submissão, táticas defensivas não letais e força letal) representam a segurança de alto impacto, sendo sempre a primeira opção daqueles despreparados tecnicamente e emocionalmente. Portanto, em relação ao uso diferenciado da força, temos dois níveis de segurança: a segurança de alto impacto e a segurança de baixo impacto.

MODELO GPCI PARA O USO PROGRESSIVO DA FORÇA

Nós, profissionais qualificados em GPCI, estrategicamente, usamos 7 (sete) níveis de força:

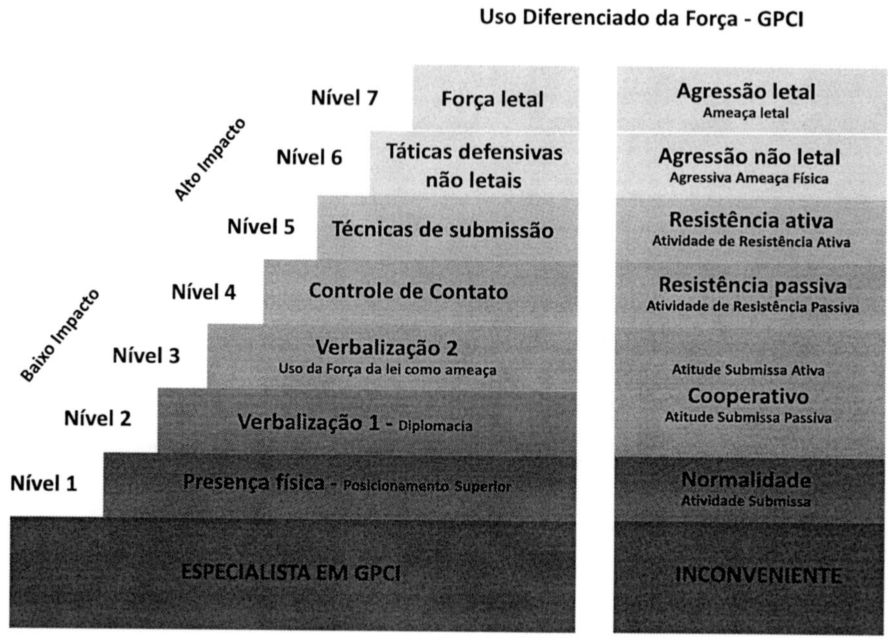

Nós lidamos com seres humanos, por isso temos como necessidades estratégicas a inteligência emocional e a qualidade comportamental. Nossa verbalização precisa ser diferenciada, assertiva, eficiente e eficaz. Sabemos que, para adquirir poder de convencimento, é preciso conquistar o domínio do conhecimento. Se eu não domino um determinado tema, não consigo convencer ninguém sobre ele. Sabemos que o poder de convencimento vai além do entendimento; ter entendido um assunto não significa ter domínio sobre ele. Por isso, nossa verbalização foi dividida em dois níveis de força. Podemos evitar muitos problemas usando uma verbalização técnica de qualidade.

Vamos estudar uma afirmativa bastante polêmica para que possamos refletir com deferência e carinho, algo fundamental no GPCI. Vale esclarecer que essa afirmativa não é uma verdade absoluta, mas sim um princípio didático.

«Se formos obrigados a usar segurança de alto impacto em um gerenciamento de comportamento inconveniente, é porque falhamos ou fomos incompetentes. No entanto, se não usarmos, permitindo assim o agravamento da situação com o comprometimento da segurança, merecemos severas críticas. Mas se formos profissionais qualificados em GPCI, merecemos demissão por justa causa.»

Resumindo, se formos obrigados a usar os últimos níveis do UPF, devemos usar sem tartamudear, sem hesitar. É claro que, se não houver uma perfeita sintonia e entendimento dos conceitos básicos de segurança no GPCI e filosofia de autodefesa, fica difícil aceitar essa aparente incoerência. No entanto, é simples de se entender, pois quando um não quer, dois não brigam. Se estivermos bem-preparados emocionalmente e tecnicamente, certamente conseguiremos administrar usando técnicas de verbalização, estratégias de segurança e inteligência emocional.

NÍVEL 1 – PRESENÇA FÍSICA

Vale lembrar que todo esse preâmbulo é para fortalecer nosso tema principal, níveis de força, e nosso assunto é presença física, ou seja, posicionamento superior. O Nível I significa atitude submissa, estamos dentro da normalidade, nessa fase usaremos nossa força de presença. A primeira estratégia é o posicionamento superior. No GPCI, posicionar-se de forma superior tem relação direta com a sensação de segurança, com a força de presença e com uma imagem forte, estereótipo. Os níveis de força não são substituídos por um nível mais avançado, eles são cumulativos. Perceba que a presença física e a verbalização acompanham e permanecem efetivas em todos os níveis de força posteriores. Segundo Sun Tzu:

"Não devemos jamais confiar na possibilidade de o inimigo não vir, mas sim na nossa competência técnica de recebê-lo, tornando nossa posição invulnerável."

Os guerreiros antigos colocavam-se primeiro fora da possibilidade de derrota; depois esperavam a oportunidade de derrotar o inimigo. Devemos nos posicionar de forma que todos nos vejam diretamente e percebam imediatamente nossa presença forte; é como se estivéssemos sob a luz de um holofote, mas, apesar da imagem marcante, devemos ser profissionalmente discretos. Sensação de segurança e força de presença é mais ou menos igual a um leão; observem que o leão está lá, tranquilo, na dele, calmo, sereno e sossegado; todavia, é um leão. Todos sabem que é um leão. Ninguém se mete a besta com ele, sabem por quê? Porque é um leão. Ele não precisa plantar bananeira, tampouco fazer piruetas ou algo mirabolante. Basta ser o que é; um leão! Acho que é pertinente enfatizar este assunto com algumas perguntas:

Quem é mais forte, o leão ou o elefante?

A resposta é óbvia; é claro que é o elefante. Assim, partimos para a segunda pergunta:

Então por que o leão é o rei dos animais? Por que o rei não é o elefante?

Talvez a resposta mais próxima da verdade seja a seguinte:

Quando o leão olha para o elefante, enxerga comida; ao contrário, o elefante enxerga um predador.

Perceba que se o criminoso olhar para nós e enxergar muita comida; tem algo muito errado. Precisamos, nesse caso, cuidar da nossa presença física; reiterando que não tem nada a ver com arrogância, tampouco prepotência. Sun Tzu também pregava que:

"A garantia de não sermos derrotados está em nossas próprias mãos, porém a oportunidade de derrotar o inimigo é fornecida pelo próprio inimigo." Assim nós podemos saber como proceder, como agir, como fazer, para conquistar a vitória sem, contudo, termos capacidade para tal.

"A garantia contra a derrota implica em táticas defensivas; a capacidade de derrotar o inimigo significa tomar a

ofensiva. Manter-se na defensiva indica força insuficiente; atacar, uma superabundância de força".

O que isso significa? Imagine um jogo de futebol. Eu posso até empatar; mas não posso perder; se eu perder eu estou fora. Assim, qual a minha garantia contra a derrota? Táticas defensivas; vou jogar com o time na defesa, na retranca.

"A capacidade de derrotar o inimigo significa tomar a ofensiva".

Nesse caso eu tenho que vencer; se eu empatar, eu estou fora. Preciso tomar a ofensiva, atacar com todas as forças.

"Manter-se na defensiva indica força insuficiente".

Seria aquela pessoa muito na defensiva - ou está cansada, ou está machucada.

"Atacar, uma superabundância de força".

Aqui está um exemplo baseado nessa estratégia envolvendo um comportamento inconveniente:
Imagine que você trabalha em uma loja e um cliente começa a se comportar de maneira agressiva e desrespeitosa, ameaçando os funcionários e causando tumulto no estabelecimento. Nesse caso, você aplicaria a estratégia de presença física e posicionamento superior para lidar com a situação.

Primeiramente, você se posicionaria de forma a ser visto diretamente pelo cliente, transmitindo uma presença forte e confiante. Sua postura seria calma, serena e tranquila, sem demonstrar arrogância ou prepotência. Você se lembraria do exemplo do leão: um animal que transmite segurança apenas com sua presença, sem a necessidade de realizar ações mirabolantes. Assim, você não se deixaria intimidar pelo comportamento do cliente, mas também não reagiria de forma agressiva.

Utilizando a inteligência emocional e a qualidade comportamental, você manteria o controle das suas emoções e procuraria entender as necessidades e demandas do cliente. Através de uma verbalização diferenciada, assertiva e eficiente, você buscaria acalmar a situação, demonstrando empatia e oferecendo soluções para resolver o problema do cliente.

Caso a situação se torne ainda mais complicada e o cliente continue agindo de maneira ameaçadora, você poderia recorrer aos níveis de força posteriores, de acordo com o protocolo de segurança estabelecido, sempre priorizando a segurança de todos os envolvidos. Lembrando que o objetivo principal é evitar o uso de segurança de alto impacto, mas caso seja necessário, você agiria de forma profissional e de acordo com as medidas adequadas, utilizando técnicas de verbalização, estratégias de segurança e inteligência emocional para resolver a situação de maneira segura e eficaz.

Usamos a força de presença para inibir possíveis atitudes inconvenientes. Estrategicamente, nestes casos, é necessário que sejamos elegantes; curtos, mas, extremamente educados. Sabemos que ***o mérito supremo consiste em quebrar a resistência do inimigo sem lutar;*** assim, quando um indivíduo predisposto a arrumar problemas, percebe a extrema dificuldade de prosseguir com a sua intenção insana, normalmente desiste. Abortar uma ideia maluca é uma boa rota de fuga. Abaixo um exemplo interessante que ilustra a estratégia mencionada:

Imagine que você é um profissional de segurança em uma galeria de arte e nota um indivíduo suspeito que parece estar planejando roubar uma obra de arte valiosa. Você decide abordá-lo usando a força de presença e a verbalização adequada para dissuadi-lo de cometer o crime. Com uma postura firme, exercendo autoridade, porém elegante, você se aproxima do suspeito e diz educadamente:

- *"Boa tarde, senhor. Percebi que está apreciando nossas obras de arte. Posso ajudá-lo com alguma informação sobre elas?"*

Ao agir dessa forma, você utiliza a força de presença para mostrar que está atento e vigilante, ao mesmo tempo em que adota uma abordagem educada e prestativa. Isso pode fazer com que o indivíduo repense suas intenções criminosas, ao perceber que sua presença é notada e que a situação pode se complicar. Nesse exemplo, a estratégia de força de presença aliada à verbalização educada e proativa pode ser eficaz para dissuadir o suspeito e evitar um comportamento inconveniente ou um crime.

Estudamos o 1º nível de força, a presença física. Ela estará sempre presente, de forma natural e constante, em todos os níveis de força que possam sucedê-la. A presença física respalda, ampara e apoia os demais níveis de força que podem surgir. Ao longo deste texto, enfatizamos a importância de uma base sólida, onde o exercício da autoridade esteja sempre respaldado por uma presença física impecável e elegante. Essa é a chave para o sucesso no gerenciamento de comportamentos inconvenientes. Conhecemos os conceitos de presença física, verbalização e autoridade, mas o que significa ser elegante? Paul Valéry nos ensina, por meio de um conceito que considero bastante interessante:

"Elegância é a arte de não se fazer notar, aliada ao cuidado sutil de se deixar distinguir"

Essa definição nos leva a compreender que a elegância está relacionada a agir de forma discreta, sem alarde, mas ao mesmo tempo deixando-se distinguir por meio de cuidados sutis.

Referências:

- Jusbrasil.com.br – Princípio da Legalidade.
- UNODC - https://www.unodc.org – Uso da Força
- Constituição Federal de 1988
- https://portal.stf.jus.br/publicacaotematica
- Forum Brasileiro de Ciências Policiais – cienciaspoliciaisbrasil.com.br
- O outro lado do amor – *The other side of love* – Dr. Gary Chapman.

- Inteligência Emocional – Daniel Goleman.
- A Bíblia Sagrada.
- Comunicação Não Violenta – Marshall B. Rosenberg.
- Segurança é Prevenção – Editora Ciência Moderna.

Capítulo 24

Verbalização diplomática

Neste vigésimo quarto capítulo, temos como objetivo específico criar condições de praticar as técnicas de verbalização, sempre ancorada e respaldada pela presença física, visando a aquisição do poder de convencimento.

Nascemos livres! Portanto, somos livres! No entanto, nossa liberdade precisa ser cultivada. Todos nós temos a capacidade de fazer escolhas, como sorrir com um bom dia ou permanecer calados, emburrados e reclamando da vida; reclamando de tudo e de todos, incapazes de conviver e respeitar a individualidade do outro. Existe alguém que você conhece assim?

Podemos fazer escolhas simples, como acordar cedo para malhar ou ficar na cama aconchegados sob um edredom; podemos escolher assistir aquele documentário ou não; podemos optar por ler um livro ou desperdiçar tempo no WhatsApp, Facebook ou Instagram com conversas triviais; podemos iniciar um programa de treinamento físico ou passar horas em frente à televisão comendo pipoca e bebendo refrigerante; podemos agir de forma empática, pedindo desculpas pelo transtorno ou sacar uma arma; podemos escolher fazer um MBA ou ir a um bar tomar cerveja com os amigos. Enfim, somos livres para decidir.

No entanto, não devemos esquecer que essas escolhas simples e superficiais podem comprometer, e geralmente comprometem, nossas escolhas mais profundas. Permanecer na cama pode resultar na perda do emprego; assistir determinado programa de televisão pode influenciar uma mudança de comportamento, para melhor ou pior; sacar uma arma pode levar à perda da liberdade; tomar aquela cerveja pode significar a perda da família; agir de determinada maneira pode levar à perda de um amigo, e assim por diante.

É importante perceber que nossas escolhas superficiais do dia a dia podem comprometer significativamente nossas escolhas mais profundas. Devemos entender que não devemos fazer apenas o que queremos, o que gostamos ou o que nos dá prazer. Devemos nos esforçar para fazer o que é correto! É claro que isso não é fácil, mas nunca afirmamos que seria. É necessário muita sabedoria para escolher fazer o que nos fará bem, não um bem momentâneo que geralmente buscamos de forma equivocada, mas um bem que nos trará verdadeira paz. Além disso, seguindo nessa busca pela paz, precisaremos de ainda mais sabedoria ao decidir o que e como verbalizar com pessoas ou grupos que estão se comportando de maneira inconveniente.

NÍVEL 2 - VERBALIZAÇÃO 1 OU DIPLOMACIA

O Nível 2 representa uma atitude submissa, passiva e cooperativa. Perceba que ainda estamos no Nível 2, mas avançamos um pouco mais. Agora estamos utilizando comandos verbais. A segunda estratégia é a verbalização 1 ou diplomacia. No GPCI, a diplomacia está diretamente relacionada à argumentação, abordagem, persuasão, fluência verbal e riqueza de vocabulário, ou seja, ao poder de convencimento. Antes de falarmos sobre o poder de convencimento, é importante avançarmos um pouco mais no entendimento da comunicação, que é a ação de transmitir uma mensagem e, eventualmente, receber uma resposta. Compreendo que talvez você considere esse assunto chato, mas é importante quebrar esse paradigma e buscar um pleno entendimento deste tema.

Vivemos em um mundo onde os objetos e elementos culturais se fundem e se confundem com os elementos naturais, que são criados pela natureza e mantêm sua forma original. Muitos desses elementos já existiam antes do surgimento do ser humano, enquanto os elementos culturais evidenciam a presença do homem. A forma como interpretamos esses dois mundos está diretamente relacionada aos signos que utilizamos para nos referir a eles. Por exemplo, uma folha pode ser vista como um objeto natural, mas a folha da bandeira do Canadá – Maple, tem um significado simbólico, é considerada um símbolo do país. Da mesma forma, a vaca é um animal sagrado para pelo menos 80% da população indiana, o que corresponde a mais de 1 bilhão e 400 milhões de pessoas. Outrossim, um objeto criado pelo homem, como um carro, pode ser visto de diferentes formas dependendo do contexto em que é utilizado - pode ser um símbolo de status, um meio de transporte ou uma ferramenta de trabalho.

Os signos que utilizamos para nos comunicar podem ser verbais, não verbais e paraverbais. Embora os termos «signo verbal» e «comunicação verbal» estejam relacionados, eles não significam exatamente a mesma coisa. O signo verbal refere-se especificamente aos elementos linguísticos utilizados na comunicação, ou seja, às palavras e à estrutura da linguagem. É a representação linguística de ideias, conceitos e mensagens por meio de palavras escritas ou faladas. Um signo verbal é um elemento simbólico que possui um significado atribuído a ele dentro de um sistema de linguagem. Um exemplo objetivo de um signo verbal é a palavra «cachorro». Dentro do sistema de linguagem da língua portuguesa, essa palavra representa um animal de estimação com quatro patas, focinho, orelhas e uma cauda. O termo «cachorro» é um símbolo que possui um significado específico atribuído a ele pelos falantes da língua. Quando usamos essa palavra, esperamos que as pessoas entendam que estamos nos referindo a esse animal em particular.

Por outro lado, a comunicação verbal é o processo de troca de informações e significados por meio da linguagem falada ou escrita. Envolve a utilização de signos verbais (palavras), mas também pode incluir outros elementos, como entonação, ritmo, pausas e ênfases, que fazem parte da comunicação paraverbal. A comunicação verbal abrange tanto a produção quanto a compreensão da linguagem verbal.

Um outro exemplo de signo verbal é a palavra «árvore», que é uma representação linguística da ideia de uma árvore. Já os signos não verbais incluem gestos, expressões faciais, cores, imagens e símbolos. Um exemplo de signo não verbal é o semáforo, que utiliza as cores verde, amarelo e vermelho para indicar a situação do tráfego. A cor verde representa o sinal de «prossiga», o amarelo representa o sinal de «atenção» e o vermelho representa o sinal de «pare». Essas cores têm significados universalmente reconhecidos, o que torna o semáforo um signo eficiente de comunicação.

Os signos paraverbais estão presentes tanto nos signos verbais, como nos signos não verbais. São os sons emitidos durante a verbalização, que não estão de modo direto associado a mensagem. Perceba que o ritmo da fala e o tom de voz podem modificar definitivamente uma simples mensagem. Imagine que você está em uma entrevista de emprego e o entrevistador faz a seguinte pergunta: «Você possui experiência em liderança de equipes?» A resposta verbal pode ser simplesmente: «Sim, tenho experiência em liderança de equipes.» No entanto, a forma como você expressa essa resposta paraverbalmente pode influenciar a percepção do entrevistador sobre suas habilidades e atitudes.

O tom de voz, por exemplo, pode transmitir emoções, atitudes e intenções que vão além do significado literal das palavras. A velocidade e o ritmo da fala também podem transmitir informações adicionais, como ênfase, urgência ou calma. Embora seja verdade que a comunicação paraverbal esteja intimamente relacionada à comunicação verbal, o termo «signo paraverbal» é amplamente aceito e usado para descrever esses elementos não verbais da fala.

Mas, perceba que além dos signos não-verbais, também temos os signos verbais, que são utilizados na comunicação linguística. Nesse caso, temos um significante - a palavra ou o som - que remete a um significado - a ideia ou o conceito representado por essa palavra ou som. Imagine que você está em um aeroporto e vê um avião com a marca «Azul» estampada nele. Nesse contexto, a palavra «Azul» é um signo verbal utilizado como nome de uma companhia aérea. Ela representa uma empresa que oferece serviços de transporte aéreo.

Aqui, o signo verbal «Azul» tem um significante, que é a palavra em si, e remete a um significado relacionado à companhia aérea, ao céu e ao mar. Essa palavra evoca a ideia da cor azul, que está associada ao céu e ao mar em nossa percepção comum. Então, quando vemos o avião com a marca «Azul», o signo verbal nos remete à ideia da companhia aérea, mas também nos traz associações simbólicas com a cor azul, que podem transmitir uma sensação de tranquilidade, expansão ou conexão com o ambiente natural.

Vamos criar um exemplo utilizando o signo verbal «elegância» para ajudar no gerenciamento de um comportamento inconveniente durante uma reunião de equipe online, em que alguns participantes estejam desligando a câmera, lanchando ou vestindo roupas inadequadas, mesmo após terem sido alertados com antecedência.

O signo verbal que iremos utilizar é a palavra «Elegância». Essa palavra é o significante, o elemento linguístico que representa o conceito de elegância. O significado atribuído a essa palavra é a postura profissional, respeitosa e adequada esperada durante as interações virtuais em um ambiente de trabalho.

Durante a reunião, ao perceber que alguns participantes estão desligando a câmera, lanchando ou vestindo roupas inadequadas, você pode usar o signo verbal «Elegância» para reforçar a importância de um comportamento apropriado. Por exemplo, você pode dizer: «Pessoal, gostaria de lembrar a todos sobre a importância de mantermos a ‹Elegância› durante nossas reuniões online. Isso inclui manter a câmera ligada para uma melhor interação, evitar comer durante a reunião e vestir-se de forma adequada. Vamos garantir que nossa aparência e comportamento estejam alinhados com os padrões profissionais que esperamos».

Nesse exemplo, o uso do signo verbal «Elegância» como uma ferramenta de comunicação ajuda a transmitir uma mensagem clara sobre o comportamento desejado durante as reuniões online. Ele serve como um lembrete verbal para que todos os participantes sejam respeitosos, profissionais e atentos aos aspectos visuais e comportamentais durante as interações virtuais.

Ao utilizar o signo verbal de forma assertiva, você reforça a importância de um ambiente de trabalho virtual adequado, promovendo uma cultura de respeito, profissionalismo e colaboração entre os membros da equipe.

GPCI é um conjunto de técnicas de comunicação verbal, não verbal e paraverbal aliadas a estratégias de segurança e autodefesa. A comunicação verbal engloba toda a linguagem falada e escrita, transmitida por meio de palavras ou desenhos. Já a comunicação não verbal compreende as mensagens transmitidas sem o uso de palavras ou desenhos, através da linguagem corporal e expressões faciais. Durante a verbalização, é comum o movimento dos braços, mãos, ombros e expressões faciais, que contribuem para a compreensão da mensagem. A comunicação paraverbal se dá pelos sons emitidos durante a verbalização, como o ritmo e o tom de voz, que podem modificar a interpretação da mensagem. Por exemplo, a mesma frase «Por favor, ouça o que eu vou falar!» pode transmitir diferentes emoções, dependendo do tom de voz empregado.

Qual dessas 3 influências da comunicação, tem mais repercussão na mensagem, na correspondência que você recebe? Comunicação verbal, não verbal ou paraverbal?

É comum ocorrer falhas de comunicação, onde as palavras têm um significado, mas a maneira como são pronunciadas pode dar margem a diferentes interpretações. É por isso que é fundamental ter consciência de que apenas 7% da mensagem é impactada pela comunicação verbal, enquanto 38% é impactada pela comunicação paraverbal e 55% pela comunicação não verbal. Essa informação é crucial quando estamos construindo mensagens, especialmente nas redes sociais, onde muitas vezes julgamos ou fazemos conjecturas com base em uma simples mensagem, sem levar em conta as emoções que estão por trás dela.

Portanto, é importante lembrar que as emoções são criadas por nós mesmos e que muitas vezes estamos equivocados em nossa interpretação da mensagem recebida. É preciso ter atenção e cuidado na hora de se comunicar, utilizando técnicas que envolvam todas as formas de comunicação e considerando sempre a importância da expressão corporal e do tom de voz para uma comunicação eficaz.

Agora podemos avançar um pouco mais, mas antes, vamos reiterar o termo técnico do GPCI chamado poder de convencimento. O poder de convencimento vai além do entendimento, é o domínio absoluto do conhecimento. Para conseguir convencer alguém, precisamos ter um conhecimento profundo sobre o assunto que estamos abordando, caso contrário, não teremos argumentos sólidos. Entender uma explicação não é suficiente para ser capaz de falar e convencer as pessoas sobre determinado assunto.

O poder de convencimento é adquirido por meio de treinamento, prática e repetição. Quando temos domínio absoluto de um determinado assunto, temos mais chances de convencer as pessoas sobre aquilo que dominamos. É necessário investir tempo, esforço e repetitividade para aprimorar o poder de convencimento.

Não fique confortável por ter entendido algo, o fato de você ter entendido, não significa "muita coisa", você precisa dominar aquele assunto, saber falar bem sobre aquele tema, e isso só se consegue através de muito adestramento, preparo; enfim, treinamento!

Para alcançar o domínio absoluto do que você entendeu, ou seja, poder de convecimento, é necessário buscar com determinação e comprometimento. Ninguém é bom naquilo que não pratica. Não se preocupe com o tempo, cada pessoa tem seu próprio ritmo. Não se compare com um amigo que aprendeu rapidamente, isso não importa, não tem relevância. Às vezes, até mesmo aqueles que aprenderam com facilidade acabam desistindo. Repito, não se preocupe com o tempo, apenas não desista, jamais desista! Se for desistir de algo, desista de ser fraco, isso vale para tudo! Somente assim você adquirirá o poder de convencimento e terá autoridade sobre o assunto que se propôs a abordar. Com essa autoridade, será capaz de falar sobre temas complexos e polêmicos, mas não se esqueça de desenvolver, ao mesmo tempo, a elegância necessária para ser ouvido.

Existe uma palavra de origem francesa chamada «rapport», que significa criar uma relação ou estabelecer conexão. Esse é um termo bastante utilizado na psicanálise. O rapport ocorre quando, por meio da empatia, estabelecemos uma conexão com a pessoa inconveniente ou qualquer outra pessoa, visando facilitar a comunicação. Para isso, podemos utilizar a técnica de espelhamento, que consiste em imitar os principais elementos da linguagem corporal da pessoa inconveniente. É importante que utilizemos nossa percepção para analisar postura, expressões faciais, gestos e assim reproduzi-los, sempre com bom senso e sensibilidade máxima. Sempre vale reiterar Paul Valéry:

"Elegância é a arte de não se fazer notar, aliada ao cuidado sutil de se deixar distinguir"

Portanto, elegância é a arte de passar despercebido, ao mesmo tempo em que se destaca com sutileza. Parece contraditório, mas está intimamente ligada à humildade. Caso contrário, nos tornamos seres desprezíveis, arrogantes e prepotentes, o que não é desejável. Existe uma parábola muito interessante que pode nos ajudar a compreender essa estratégia de forma mais simples.

Um dia, a Verdade decidiu visitar os homens, sem roupa e sem adornos, tão nua como seu próprio nome. E todos que a viam lhe viravam as costas de vergonha ou de medo, e ninguém lhe dava as boas-vindas. Assim, a Verdade percorria os confins da terra, criticada, rejeitada e desprezada. Um dia, muito triste e deprimida, encontrou a Parábola, que passeava alegremente, trajando um belo vestido, por sinal muito elegante. Perguntou-lhe a Parábola:

- *Verdade, por que você está tão abatida?*
- *Porque devo ser muito feia e antipática, já que os homens me evitam tanto!*
- *Que bobagem! Não é por isso que os homens evitam você. Tome; experimente algumas das minhas roupas e veja o que acontece.*

Então, a Verdade pôs algumas das lindas vestes da Parábola, e, de repente, por onde passava era bem-vinda e festejada.

Nós, seres humanos, nem sempre apreciamos encarar a verdade de forma direta. Muitas vezes preferimos que ela esteja disfarçada. Quando verbalizamos, é essencial que a verdade esteja presente, porém sempre com elegância. Uma abordagem diplomática evita e soluciona muitos problemas. Vale lembrar que palavras são levadas pelo vento. Uma abordagem eficiente é aquela que une autoridade e veracidade, com uma capa de extrema educação e com as belas vestes da parábola.

Sabemos muito bem que a primeira impressão é a que fica e que nunca teremos uma segunda chance de causar uma primeira boa impressão. Portanto, é fundamental que nossa abordagem seja impecável, a ponto de impedir que o inconveniente consiga contra argumentar. Estamos falando de diplomacia; nosso objetivo é fazer você compreender plenamente a importância e a relevância desse assunto, para que tenhamos sucesso no gerenciamento de um comportamento inconveniente, seja qual for. Perceba que ignorar normas, diretrizes, leis, problemas do planeta e pessoas necessitadas é uma forma inconveniente de se comportar. Nesses casos, podemos mudar o comportamento das pessoas usando nossa sensibilidade. Às vezes, nem precisamos emitir sons; sinais, gestos e até mesmo textos são suficientes.

Há um vídeo no YouTube (https://www.youtube.com/watch?v=2DQcacUkWXk) que retrata um velho mendigo cego sentado sobre um pedaço de papelão, ao lado de uma lata velha que silenciosamente implora por algumas míseras moedas. O tilintar do metal se torna cada vez mais raro. As pessoas passam bem perto, alegres e sorridentes, quase o atropelando, mas não o percebem; tampouco enxergam aquele que não vê, mas que as percebe. Há também um cartaz antigo que diz: "Sou cego, ajude-me!" Porém, quase ninguém o ajuda. Finalmente, alguém o percebe; uma mulher para, sente compaixão. Faz uma análise da situação, pega sua caneta e acrescenta algo no velho cartaz. O velho cego não a vê, mas por meio da audição e do olfato, pode percebê-la tocando em seus sapatos. A partir do que ela escreveu, tudo mudou. Inexplicavelmente, todos começaram a enxergá-lo e ajudá-lo. Intrigado, mas feliz, ele tinha esperança de reencontrar a responsável pela mudança. No dia seguinte, no mesmo horário, ele ouve o "toc toc" dos saltos e sente o mesmo perfume, e sem hesitar, toca nos sapatos e reconhece a dona daquele perfume. O velho mendigo pergunta:

- *Que milagre você fez?*
- *Apenas acrescentei algo no seu cartaz*
- *E o que foi?*
- *É um lindo dia, mas infelizmente, não posso ver!*

É incrível o poder das palavras e acredite que, por meio de um bom diálogo, com diplomacia e usando as palavras corretas, podemos sensibilizar e conscientizar as pessoas, evitando assim muitos transtornos em nosso dia a dia. No entanto, quando, por algum motivo, não conseguimos reverter a intenção de alguém predisposto a causar problemas, ou seja, quando nossa presença física não é suficientemente eficiente e eficaz para inibir aquele comportamento inconveniente, devemos imediatamente adotar uma segunda estratégia. É importante ressaltar que a diplomacia deve estar respaldada e ancorada pela presença física. Não devemos esquecer que os níveis de força não se perdem, mas se acumulam.

Referências:

- UNODC - https://www.unodc.org – Uso da Força
- A Arte da Guerra – Sun Tzu
- O Velho Mendigo – https://www.youtube.com/watch?v=2DQcacUkWXk
- Constituição Federal de 1988
- https://portal.stf.jus.br/publicacaotematica
- Forum Brasileiro de Ciências Policiais – cienciaspoliciaisbrasil.com.br
- O outro lado do amor – The other side of love – Dr. Gary Chapman.
- A Bíblia Sagrada.
- Segurança é Prevenção – Editora Ciência Moderna.

Capítulo 25

Levá-lo para o desconhecido

Neste vigésimo quinto capítulo, temos como objetivo específico planejar e formular com mais consistência as frases técnicas relativas ao 2º nível de força, diplomacia.

Devemos sempre crer, didaticamente, que o uso da diplomacia é necessário devido a uma "falha", entre aspas. Precisamos acreditar que houve uma falha na aplicação da primeira estratégia. Por algum motivo, a pessoa inconveniente olhou para nós e concluiu que teria sucesso naquela abordagem insana e maluca. Não importa! Didaticamente, devemos acreditar que houve uma falha em nossa presença física. Vale ressaltar que a diplomacia está diretamente relacionada ao nosso poder de convencimento, ou seja, nossa capacidade de persuadir pessoas.

Ao lidar com pessoas inconvenientes, precisamos abordá-las como verdadeiros diplomatas, sendo cavalheiros e, ao mesmo tempo, tentando entender se há algo que possa fundamentar aquele comportamento inconveniente. É inútil tentar um diálogo consistente com alguém descompensado, não é possível e não faz sentido. Portanto, devemos sempre buscar um diálogo técnico, objetivo e extremamente educado.

Durante a abordagem, é necessário encontrar uma maneira de tirar a pessoa com comportamento inconveniente daquela zona em que ela está confortável e familiarizada, levando-a para o desconhecido. A pergunta seria:

E qual seria o terreno que ele já conhece e domina?

Precisamos desenvolver sensibilidade para perceber o que o indivíduo inconveniente espera que façamos; como normalmente as pessoas reagiriam diante dessa situação? Devemos surpreendê-lo, exercendo autoridade e fazendo exatamente o que ele não espera. Precisamos desestabilizar essa pessoa, mas não através da violência física! É através da gentileza, da educação, mas ao mesmo tempo exercendo autoridade. Repito, devemos fazer exatamente o que ele não espera de nós. A presença física deve estar presente, sustentando nossa comunicação verbal. Além disso, devemos sempre esperar o melhor, mas estar preparados para o pior; se o pior não acontecer, consideramos isso uma vantagem.

É necessário combinar bom senso e discernimento com um domínio completo do conhecimento, ou seja, devemos dominar completamente o assunto sobre o qual nos dispomos a discutir com a pessoa que apresenta um comportamento inconveniente.

Aqui estão três questões técnicas para refletirmos.

1. ***A aplicação da diplomacia como estratégia de abordagem visa a minimizar conflitos e alcançar uma resolução pacífica diante de comportamentos inconvenientes.***

2. ***A habilidade de exercer autoridade de forma gentil e educada é fundamental para desestabilizar o indivíduo inconveniente, surpreendendo-o e direcionando-o para uma postura mais adequada.***
3. ***O domínio do conhecimento sobre o assunto em questão fortalece a capacidade de persuasão e argumentação, contribuindo para uma abordagem mais eficaz diante de pessoas com comportamento inconveniente.***

POSSIBILIDADES ESTRATÉGICAS:

1. ABORDAGEM INESPERADA

Através da adoção de uma Abordagem Inesperada e Desafiadora, a fim de desestabilizar o sujeito descompensado e direcionar sua atenção para um ambiente desconhecido, onde sua sensação de conforto é reduzida e a adrenalina diminui.

Por exemplo:
Em uma situação onde uma pessoa descompensada está agindo de forma agressiva e confrontadora, você poderia adotar uma abordagem de empatia radical. Em vez de responder à agressão com mais agressividade, você escolhe surpreender a pessoa com empatia genuína. Em vez de revidar verbalmente, você expressa compreensão pelas frustrações e dificuldades que ela possa estar enfrentando. Essa abordagem desarma a pessoa, que pode se surpreender com a sua resposta e se sentir mais aberta a uma conversa calma e racional. Ao agir com empatia radical, você quebra o ciclo de agressão e abre espaço para uma resolução mais pacífica e construtiva do conflito.

Outro exemplo:
Imagine que você esteja lidando com uma pessoa descompensada que está agindo de maneira arrogante e autoritária. Em vez de confrontá-la diretamente, você decide adotar uma abordagem de questionamento socrático. Em vez de aceitar suas afirmações de forma passiva, você começa a fazer perguntas provocativas que desafiam suas suposições e o levam a refletir sobre suas próprias atitudes e comportamentos. Isso pode envolver questionar as bases lógicas de suas afirmações ou pedir exemplos concretos para apoiar suas declarações. Essa abordagem desafia o indivíduo a se autoavaliar e a considerar diferentes perspectivas, o que pode levar a uma diminuição da postura autoritária e abrir espaço para uma conversa mais construtiva e respeitosa.

- O questionamento socrático é uma técnica de diálogo baseada na filosofia de Sócrates, que consiste em fazer perguntas cuidadosamente elaboradas para levar uma pessoa a refletir criticamente sobre suas crenças, suposições e ideias. Em vez de fornecer respostas diretas, o questionamento socrático visa estimular o pensamento independente e a busca pela verdade por meio da análise cuidadosa das próprias convicções. Essa abordagem busca identificar contradições, falácias ou falta de fundamentação nas afirmações de uma pessoa, levando-a a repensar seus argumentos e a desenvolver um pensamento mais sólido e coerente. O questionamento socrático pode ser usado como uma ferramenta eficaz para promover o autoconhecimento, a aprendizagem e a resolução de problemas.

2. INTERVENÇÃO DISRUPTIVA

Por meio de uma estratégia de Intervenção Disruptiva, buscamos romper o padrão comportamental do indivíduo descompensado, levando-o a um cenário inesperado, onde sua familiaridade e segurança são comprometidas, o que tende a reduzir a intensidade de suas reações emocionais.

- **Disrupção:** em português, no dicionário, seu significado está associado ao ato de romper, de interromper o curso natural, de gerar uma ruptura.
- **Intervenção disruptiva:** é uma estratégia, trata-se de uma abordagem que busca quebrar a continuidade de um comportamento disfuncional, muitas vezes agressivo ou desestruturado, através da introdução de elementos inesperados, desafiadores ou surpreendentes. A intervenção disruptiva é frequentemente utilizada em contextos de conflito, terapia comportamental, negociações complexas e situações que requerem uma mudança rápida e significativa na dinâmica interpessoal.

Por exemplo:
Imagine que você está lidando com um indivíduo descompensado que está demonstrando agressividade verbal. Em vez de responder com confronto ou tentar acalmá-lo, você decide adotar uma abordagem completamente diferente. Você se aproxima dele e começa a falar com calma, mas de maneira inesperada e não relacionada ao contexto.

Abordagem Disruptiva:

Você: *"Você já se perguntou como as abelhas se comunicam entre si para encontrar néctar?"*

Indivíduo descompensado: Confuso e surpreso com a pergunta, ele pode pausar por um momento e desviar sua atenção da raiva inicial.

Você: *"Você sabia que elas realizam uma dança chamada 'dança das abelhas' para indicar a direção do néctar? É incrível como os animais têm formas diferentes de se comunicar, não é?"*

Ao introduzir um tópico completamente fora do contexto inicial, você pode quebrar o padrão comportamental e desviar a atenção do indivíduo descompensado. Isso pode surpreendê-lo o suficiente para reduzir sua intensidade emocional e abrir uma janela para uma comunicação mais calma e construtiva.

Outro exemplo:
Imagine uma situação em que uma pessoa está demonstrando um comportamento agressivo e hostil em um ambiente de trabalho. Em vez de responder de maneira defensiva ou confrontacional, um colega de equipe decide adotar uma abordagem disruptiva. Ele se aproxima da pessoa e, de forma calma e assertiva, começa a falar de assuntos totalmente desconexos, como filmes, hobbies ou até mesmo fatos curiosos. Essa mudança repentina de tema e direção da conversa desestabiliza a pessoa agressiva, que não esperava ser abordada de forma tão inusitada. A conversa se desvia do conflito inicial e caminha por territórios mais amigáveis e descontraídos.

A abordagem disruptiva cria um novo ambiente de interação, diminuindo a tensão e abrindo espaço para uma comunicação mais construtiva. Essa quebra no padrão comportamental contribui para desarmar a agressividade inicial e permite que as partes envolvidas encontrem uma solução mais pacífica e colaborativa para a situação.

3. ELEMENTOS IMPREVISÍVEIS E DESAFIADORES

Através da introdução de Elementos Imprevisíveis e Desafiadores na interação com o sujeito descompensado, almejamos deslocá-lo de seu contexto habitual para um ambiente desconhecido, onde a falta de familiaridade e o desconforto gerado podem contribuir para a diminuição de sua resposta impulsiva e agressiva.

Por exemplo:

Sujeito descompensado: ***"Você não tem ideia do que está falando! Não entende nada!"***

Abordagem desafiadora: ***"Você está certo, não entendo absolutamente nada. E para provar que você está errado, desafio você a me ensinar tudo o que sabe em apenas 5 minutos. Vamos lá, mostre-me seu conhecimento!"***

Essa abordagem desafiadora coloca o sujeito descompensado em uma posição de protagonismo, desafiando-o a demonstrar e ensinar o que ele acredita saber. Ao desafiar sua perspectiva e convidá-lo a compartilhar seu conhecimento, busca-se deslocá-lo do terreno familiar e confortável para uma situação em que ele pode sentir-se confrontado e menos propenso a reações impulsivas e agressivas. No entanto, é importante avaliar a segurança e a viabilidade dessa abordagem, considerando a personalidade e o contexto específico da situação.

Outro exemplo:

Sujeito descompensado: ***"Você não sabe do que está falando! Não tem autoridade para me dizer o que fazer!"***

Abordagem desafiadora: ***"Você está certo, talvez eu não saiba do que estou falando. Mas acredito que você possa me ensinar algo. Que tal trocarmos de papéis por um momento? Você assume o meu lugar e eu assumo o seu. Você poderá me explicar e mostrar o que eu deveria saber e fazer. Vamos experimentar?"***

O objetivo é desafiar o sujeito descompensado a assumir a posição de autoridade e ensinar o que acredita ser correto. Ao inverter os papéis, a pessoa é convidada a demonstrar seu conhecimento e expertise, o que pode deslocá-la do seu comportamento descompensado para um momento de reflexão e autoavaliação. Essa abordagem busca criar um ambiente de desconforto e questionamento, onde a pessoa pode repensar suas atitudes e abrir espaço para uma interação mais construtiva. Novamente, é fundamental considerar a segurança e a adequação dessa abordagem ao contexto específico da situação.

4. ABORDAGENS TÉCNICAS

Um pai desesperado, com uma postura insana, tenta entrar a qualquer custo na UTI de um hospital. O indivíduo está claramente descompensado e estressado devido a um acidente automobilístico envolvendo seu filho. Nesse momento, ele é abordado por um profissional de segurança despreparado, que adota uma postura arrogante e prepotente. Você consegue imaginar o resultado desastroso desse tipo de abordagem inadequada? As consequências seriam inevitáveis. Por outro lado, mesmo diante de um grande problema, se realizarmos uma abordagem técnica adequada, teremos maiores chances de sucesso. Segurança é prevenção. Portanto, por meio da observação de sinais não verbais, como uma expressão preocupada, a abordagem deveria ocorrer antecipadamente, surpreendendo o pai com uma abordagem técnica e adequada. Por exemplo:

- *"Bom dia, senhor, peço desculpas, não pude deixar de perceber a sua preocupação. Posso ajudá-lo?"*
- *"Bom dia, senhor, peço desculpas, mas é evidente a sua preocupação. Posso ser útil de alguma forma?"*

Uma abordagem com autoridade, porém cautelosa e extremamente educada, é sempre bem-vinda. Sabemos que o comportamento gera comportamento, não é verdade? Contudo, mesmo tomando todo esse cuidado, é fundamental estarmos preparados para uma possível resposta impulsiva e grosseira devido ao estresse. Estar preparado para o pior é essencial, pois nossas chances de êxito aumentam significativamente. Por exemplo:

- *"Olha aqui, seu merda! Meu filho sofreu um acidente e está dentro dessa porcaria! Você pode me ajudar saindo da minha frente e parando de me encher o saco!"*

Lembramos que é ineficaz tentar um diálogo consistente com uma pessoa descompensada, devendo sempre optar por um diálogo técnico, como discutimos anteriormente. Aqui está um bom exemplo:

- *"Senhor, peço desculpas, mas este local é reservado. Entendo perfeitamente sua preocupação, mas seu filho está recebendo todo o apoio da equipe médica."*

Perceba que, ao estarmos preparados para essas respostas agressivas, nossas chances de sucesso no gerenciamento aumentam significativamente. Vamos a mais exemplos?

- *"Senhor, por favor, entenda que este local é esterilizado. Se o senhor entrar desse jeito, pode contaminar seu filho e até mesmo causar a morte dele. Tenho certeza de que o senhor não deseja isso. Peço que compreenda a situação."*

- *"Desculpe-me, senhor, este local é reservado. Compreendo sua preocupação, mas seu filho está recebendo o apoio da melhor equipe médica. Se o senhor entrar dessa forma, poderá prejudicá-lo. Deixe-me ajudá-lo!"*

- *"Senhor, peço desculpas, mas este local é restrito à equipe médica. Sei que o senhor é capaz de me compreender. Seu filho está com os melhores médicos. Entendo sua preocupação, mas acredito que o senhor possa entender a situação."*

- *"Desculpe-me, senhor, mas o ambiente é esterilizado. O senhor precisa se preparar para não contaminar e prejudicar seu próprio filho."*

Como seres humanos, cometemos muitos erros, mas é essencial aprendermos, pelo menos, com nossas próprias falhas. Por exemplo, você se lembra do exemplo que mencionei sobre a casca de banana? Embora possa parecer algo trivial, devemos extrapolar esse exemplo para situações muito mais relevantes. Vamos criar alguns casos:

Caso 1: Você está se exercitando, fazendo uma corridinha (vou continuar com a casca de banana). Então, você vê uma casca de banana, pisa nela, escorrega e cai. Levanta, sacode a poeira, pega a casca de banana e a joga no lixo. No dia seguinte, enquanto se exercita novamente, avista outra casca de banana e pensa: Caramba, ontem pisei nisso e me dei mal, acabei caindo! Então, pega a casca de banana e a joga no lixo.

Caso 2: Outra pessoa está se exercitando, fazendo uma corridinha, e vê uma casca de banana. Ela reflete: Caramba, ontem vi alguém pisando nisso e caindo feio. Então, pega a casca de banana e a joga no lixo.

Caso 3: Outra pessoa está se exercitando, fazendo uma corridinha. Ela se depara com uma casca de banana e pensa: Caramba, ontem vi alguém pisando nisso e caindo. Será que, se eu pisar, também vou cair? Decidida a testar, pisa na casca, escorrega e cai. No dia seguinte, depara-se com outra casca de banana e pensa: Hoje vou pisar de outra forma, mais cuidadosa. Contudo, acaba escorregando e caindo novamente. E assim prossegue nos dias seguintes, repetindo os mesmos erros e caindo.

É incrível, mas existem pessoas assim, de todos os tipos, e todas agem conforme seu perfil. A primeira é a pessoa normal, que aprende com o próprio erro e não repete. A segunda é a pessoa inteligente, que aprende com os erros dos outros, observando o que acontece. A terceira é a pessoa desatenta e tola, que não aprende nem com seus próprios erros e continua cometendo os mesmos equívocos.

É importante ressaltar que, quando se trata de segurança, nem sempre temos a oportunidade de aprender com nossos próprios erros, pois as consequências podem ser fatais. Portanto, devemos ser inteligentes e aprender, principalmente, com os erros e acertos dos outros. De nada adianta armas poderosas se não formos preparados para usá-las.

Para finalizarmos este capítulo, certa vez ouvi que não fazemos a planta crescer; apenas criamos um ambiente favorável para o seu crescimento: solo bom, adubado, com água e livre de pragas. E isso é verdade! A planta cresce por si só, não precisamos fazer um esforço mental ou concentração para que isso aconteça; ela simplesmente cresce. Somente Deus conhece esse segredo, nós apenas devemos cuidar e manter o ambiente propício. Da mesma forma, nossos filhos e alunos também crescem por conta própria. Nós apenas precisamos criar um ambiente favorável em casa, na empresa, no escritório, na sala de aula e mantê-lo assim. Claro que dá trabalho, nunca dissemos que é fácil! Tudo isso para que eles possam crescer fortes e saudáveis. A conclusão é que a responsabilidade de manter um ambiente favorável cabe a nós. Não cuidar nem zelar para que o ambiente se mantenha propício é um comportamento inconveniente.

Observe que uma planta em um ambiente desfavorável, ruim, seco e sem água se torna feia, murcha, com folhas amareladas e secas. Se quisermos arrancá-la à força para levá-la a um ambiente favorável, corremos o risco de matá-la. Portanto, existe uma técnica: regamos abundantemente e, quando a terra estiver macia, cavamos ao redor para não danificar a raiz e a levamos para um ambiente favorável. Assim, ela terá grandes chances de se tornar bonita, exuberante e saudável. Perceba que temos uma enorme vantagem competitiva em relação às plantas: se, com discernimento, concluirmos que um ambiente não é adequado, basta sairmos dali e buscarmos um ambiente favorável ou, até mesmo, transformarmos o ambiente desfavorável em um ambiente propício. No entanto, há um perigo: às vezes, um amigo está em um ambiente desfavorável e queremos tirá-lo de lá. O problema é que, se não estivermos preparados, podemos acabar nos prejudicando também. Vale a pena refletirmos sobre isso.

Referências:

- UNODC - https://www.unodc.org – Uso da Força
- Constituição Federal de 1988
- Avaliação e intervenção psicoterapêutica nos transtornos disruptivos: pepsic.bvsalud.org
- Método Socrático em Filosofia – Sócrates – Descomplica – descomplica.com.br
- O outro lado do amor – *The other side of love* – Dr. Gary Chapman.
- Inteligência Emocional – Daniel Goleman.
- A Bíblia Sagrada.
- Comunicação Não Violenta – Marshall B. Rosenberg.
- Segurança é Prevenção – Editora Ciência Moderna.

Capítulo 26

Verbalização 2 - Uso da força da lei como ameaça

Neste vigésimo sexto capítulo, temos como objetivo específico desenvolver, praticar e empregar as frases técnicas criativas do GPCI, verbalização criativa, usando a inteligência emocional para identificar o momento oportuno do emprego.

Certa vez, perguntaram ao filósofo e escritor Olavo de Carvalho como ele definia a honestidade intelectual. Sem hesitar, ele respondeu:

"É não fingir que sabe o que não sabe, nem ignorar o que sabe perfeitamente bem. Se sei, sei que sei; se não sei, sei que não sei".

Confúcio dizia: ***"Saber que sabe é saber, mas saber que não sabe também é saber".*** A honestidade intelectual é realmente uma palavra-chave. Todos nós, de alguma forma, no fundo, sabemos se somos capazes ou não de cumprir uma determinada missão, executar uma tarefa específica ou realizar um trabalho complexo. Você se lembra do princípio da conveniência? Ele nos ensina que é essencial que tenhamos consciência de nossas atitudes, mas principalmente das consequências de nossos atos. Portanto, se você tem dúvidas sobre fazer algo, e se as consequências de um possível fracasso forem desastrosas, piores do que não fazer nada, é conveniente que você não faça absolutamente nada. No entanto, após avaliar a situação, se você concluir que mesmo se tudo der errado, ainda é melhor do que não fazer nada, é conveniente que você faça. Esse é o princípio; simples assim!

Reiterando, não basta usar um quimono com uma faixa vermelha de grande mestre na cintura; é preciso que haja alguém de fato preparado dentro do quimono. Sabemos que empatia é sentir o que se sentiria caso estivéssemos no lugar ou nas circunstâncias vivenciadas por outra pessoa. Assim, ao nos colocarmos no lugar do outro, seremos capazes de saber o que dizer ou como proceder para obter o que estrategicamente desejamos.

Uma abordagem técnica bem-feita é, sem dúvida, capaz de reduzir o nível de estresse e provocar uma mudança nos planos da pessoa abordada. Einstein dizia: ***"A imaginação é uma visão antecipada das atrações da vida que virão".*** Portanto, podemos, por meio da imaginação, provocar mudanças nos planos das pessoas. Basta que saibamos usar nossa imaginação no processo de verbalização, especialmente ao lidar com situações difíceis. Nesse contexto, existe um texto chamado "A desculpa do ano" que certamente nos ajudará a entender melhor esse tema. Então, para descontrair um pouco...

O indivíduo finalmente conseguiu realizar o seu sonho de comprar um Audi R8 V10 Plus, automático, conversível e blá, blá, blá... Então, numa bela tarde, saiu para uma autoestrada para testar a potência daquela máquina. Quando o velocímetro estava chegando a 120, ele notou que um carro da PRF o perseguia com a sirene e as luzes piscando. "Ah, mas esse carro nunca vai alcançar o Audi; de jeito nenhum!" pensou ele, e pisou fundo no acelerador. O velocímetro subiu para 140, 160, 200, 220, 260... E a polícia continuava atrás. "Que loucura!" pensou. Então, decidiu parar. O policial pediu os documentos, examinou o carro e disse:

"Com o seu carro está tudo certo! Cidadão, meu dia foi insuportável! Um dia muito difícil; já levei uma bronca do meu chefe, meu filho adoeceu, minha sogra vai dormir lá em casa, já passou do meu horário de trabalho e estou muito cansado. Então, se você não for prolixo e me der uma boa desculpa; assertiva, curta, precisa e concisa, que eu nunca tenha ouvido antes, para dirigir dessa maneira insana, eu deixo você ir embora."

E o indivíduo respondeu:
"Sabe o que é, senhor guarda, na semana passada minha esposa fugiu com um PRF (policial rodoviário federal), e eu tive muito, mas muito medo de que fosse ele querendo devolvê-la."

O guarda disse:
"Boa noite! Vá com Deus!
Mais uma coisa, dirija com mais prudência, hein!"

Agora, preste atenção! Essa história pode e deve ser contada também da seguinte forma: Uma bela mulher finalmente conseguiu realizar o seu sonho de comprar um Audi R8 V10 Plus, automático, conversível e blá, blá, blá... Então, numa bela tarde, saiu para uma autoestrada para testar a potência daquela máquina... E no desfecho... E aquela bela mulher acrescentou: *"Sabe o que é, senhor guarda, na semana passada meu marido fugiu com uma PRF (policial rodoviária federal) e eu tive muito, mas muito medo de que fosse ELA querendo DEVOLVÊ-LO..."* Assim, evitamos um viés machista na história.

"As pessoas que vencem neste mundo são as que procuram as circunstâncias de que precisam e, quando não as encontram, as criam." Bernard Shaw

VERBALIZAÇÃO CRIATIVA

Esse tipo de verbalização pode e deve ser utilizado nos três níveis de comunicação. A verbalização criativa está relacionada à inteligência e ao talento. Qualquer pessoa pode ser criativa, os seres humanos podem e devem desenvolver sua criatividade. Essa habilidade se manifesta na comunicação verbal, não verbal e paraverbal. Uma pessoa com esse tipo de inteligência desenvolve a capacidade de se expressar de forma diferenciada, utilizando expressões criativas repletas de bom senso. Além de perceber as emoções do outro, ela cria um ambiente favorável, fazendo uso até mesmo de sua presença física em conjunto com as verbalizações técnicas criativas.

Todos nós precisamos desenvolver expressões criativas no gerenciamento de comportamentos inconvenientes, resultado direto de muito treinamento e de nossa autonomia e liberdade. É importante ressaltar que, se o «bom senso» não estiver plenamente presente, nossa verbalização criativa pode se tornar algo ridículo e nos levar ao caos, seria um «tiro no pé». Portanto, é fundamental cultivar o bom senso em nossas abordagens.

NÍVEL 3 – VERBALIZAÇÃO 2 OU USO DA FORÇA DA LEI COMO AMEAÇA

"Na maioria das vezes, é inoportuno, mas você tem o direito de expressar sua opinião. No entanto, não tem o direito de julgar as pessoas, especialmente aquelas que você não conhece."

Nosso assunto é a verbalização 2, no nível 3, utilizando a força da lei como ameaça. Utilizamos esse nível de força nas "atitudes submissas ativas", e, consequentemente, empregamos uma linguagem mais assertiva, repleta de autoridade. Pode ser considerado uma forma sutil de eufemismo para ameaça, repressão ou submissão. O eufemismo, de acordo com o dicionário, consiste em utilizar uma expressão mais suave ou agradável para minimizar o peso conotativo de outra palavra menos agradável ou mais grosseira. Por exemplo:

Ao invés de dizer: "Ele morreu!", podemos dizer: "Ele faleceu" ou "Ele nos deixou". Em vez de dizer: "Ele é feio!", podemos dizer: "Ele não possui atributos estéticos". Em vez de dizer: "Mentirosa!", podemos dizer: "Ela não foi completamente sincera". Em vez de dizer: "Burro!", podemos dizer: "Ele apresenta limitações de inteligência". E assim por diante... No nosso caso, é uma forma sutil de pressionar alguém a agir de acordo com as normas e diretrizes pré-definidas, de acordo com a lei. Certamente, a consequência de não atender à solicitação é subentendida. Para finalizar os exemplos, vou elaborar uma frase ironicamente exagerada:

- *"Peço-lhe perdão, mas caso persista nessa posição, serei obrigado a promover um encontro seu com Deus. Fui claro?"*

O uso da força da lei como ameaça não implica necessariamente em uma ameaça direta. Não se trata de ser agressivo ou hostil, mas sim de empregar inteligência emocional, psicologia, estratégias e qualidades comportamentais na verbalização. O que vou dizer agora deve ser entendido como um princípio didático: quando não utilizamos a diplomacia com eficiência e eficácia, nos vemos obrigados a recorrer à força da lei como ameaça. Vejamos os exemplos:

- *"Senhor, preciso alertá-lo de que, caso tome essa decisão, infelizmente, serei obrigado a acionar a polícia."*

- *"Senhor, seria extremamente desagradável para todos nós passar a noite em uma delegacia policial."*

- *"Senhor, peço-lhe perdão, mas sua escolha pode levar a um processo criminal que demandaria horas intermináveis de esclarecimentos e depoimentos em uma delegacia policial."*

- *"Senhora, não vou impedi-la de entrar, mas por favor, esteja ciente de que as imagens estão sendo gravadas com áudio de alta resolução."*

- *"Senhor, peço-lhe perdão, mas se tomar essa atitude, resultará em um processo criminal e na demissão por justa causa. O senhor realmente deseja isso?"*

- *"Sei que o senhor é uma pessoa íntegra. Por favor, não permita que uma atitude impensada o prejudique. Deixe-me auxiliá-lo, senhor."*

Existem situações que exigem que nós sejamos apenas professores, contudo, existem situações que exigem que nós sejamos e atuemos como educadores. Em uma escola pública, ocorria uma situação inusitada: uma turma de meninas que usava batom beijava o espelho diariamente para remover o excesso de batom. O diretor estava constantemente aborrecido, pois o zelador tinha um trabalho enorme para limpar o espelho no final do dia. No entanto, mesmo após uma longa palestra do diretor explicando a dificuldade de limpar as marcas, no dia seguinte as marcas de batom reapareciam.

Em determinado momento, o zelador abordou o diretor e ofereceu uma solução para convencer as meninas. Ele pediu ao diretor que reunisse as meninas no banheiro, para que ele pudesse demonstrar a dificuldade do trabalho e sensibilizá-las. O diretor, descrente, atendeu ao pedido. O zelador, de forma humilde, explicou:

- *"Meninas, todos os dias eu faço exatamente assim. Percebam como é cansativo. Espero sensibilizar vocês com essa demonstração."*

Em seguida, o zelador pegou seu velho pano de chão, molhou-o com a água do vaso sanitário, torceu-o e, cuidadosamente, foi limpando as marcas de batom uma a uma no espelho, repetindo o processo algumas vezes enquanto explicava a dificuldade. Incrivelmente, nunca mais apareceram marcas no espelho!

- **Moral da história:** Existem professores e existem educadores. Comunicar é sempre um desafio! Às vezes, precisamos utilizar métodos diferentes e criativos para alcançar determinados resultados.

Nós estamos estudando a terceira estratégia, nível 3, verbalização 2, onde se utiliza a força da lei como ameaça, correto? É importante perceber que esse nível de abordagem é rico em detalhes. Coloque-se no lugar de um criminoso e utilize a empatia. Um simples gesto discreto ao olhar para as câmeras durante uma abordagem, sinalizando que tudo está sob controle, pode ser muito útil. Utilizar o rádio ou telefone para informar de forma clara e audível que a abordagem está sendo realizada é também uma estratégia interessante, pois demonstra que há outras pessoas ou profissionais atentos e prontos para reagir. Mesmo que não seja verdade, provavelmente gerará dúvidas no indivíduo inconveniente, aumentando as suas chances de desistir de qualquer intenção ilícita.

O tempo é um fator crucial que não deve ser desprezado, sendo nosso principal aliado. Portanto, fazer com que o indivíduo inconveniente perceba que o tempo está contra ele e que a lei está do nosso lado, pronta para ser aplicada caso necessário, é uma tática excelente e uma artimanha interessante. Todas essas estratégias são essenciais para o sucesso no gerenciamento desse comportamento inconveniente.

Lembro-me de um fato que me foi relatado sobre uma situação no metrô, onde um homem mais velho, com ares de Don Juan, encostava-se e olhava descaradamente para as pernas de uma jovem. Incomodada com aquela situação, a jovem levantou-se e, com muita educação, simpatia e gentileza, disse:

- *"Perdoe-me, senhor, pela minha falta de educação com os mais velhos. Não havia percebido a sua presença; por favor, sente-se."*

A vergonha foi tanta que na primeira estação ele desembarcou e sumiu no meio da multidão. Talvez tenha aprendido uma lição. É necessário, de alguma forma, tocar e despertar a consciência da pessoa inconveniente. Isso realmente demanda muita habilidade. Estamos finalizando esse capítulo, mas como encerramento, gostaria que você refletisse sobre o seguinte:

- *"Você não apenas tem o direito de estabelecer metas, mas também tem o dever de lutar para conquistar seus sonhos."*

Se o seu objetivo é pequeno, você pode alcançá-lo diretamente, sem grandes problemas. No entanto, se você possui grandes objetivos, muito provavelmente precisará estabelecer metas, talvez várias metas, para se aproximar gradualmente deles até que, um dia, esteja preparado para conquistá-los. Portanto, não desista. Aprenda a estabelecer metas e nunca desista!

Referências:

- Forum Brasileiro de Ciências Policiais – cienciaspoliciaisbrasil.com.br
- O outro lado do amor – *The other side of love* – Dr. Gary Chapman.
- Inteligência Emocional – Daniel Goleman.
- A Bíblia Sagrada.
- Comunicação Não Violenta – Marshall B. Rosenberg.
- Segurança é Prevenção – Editora Ciência Moderna.

Capítulo 27

Como atingir os objetivos?

Neste vigésimo sétimo capítulo, temos como objetivo específico desenvolver e praticar empatia com as pessoas mais próximas, preferencialmente com os familiares, visando administrar possíveis comportamentos inconvenientes.

No fechamento do capítulo anterior, aprendemos que não apenas temos o direito de estabelecer metas, mas também temos o dever de lutar para conquistar nossos sonhos. Agora, avançaremos um pouco mais neste capítulo. Se nosso objetivo for medíocre, pequeno, podemos alcançá-lo diretamente, sem maiores problemas. No entanto, se tivermos grandes objetivos, provavelmente precisaremos estabelecer metas, talvez várias metas, para nos aproximarmos gradativamente deles até que, um dia, preparados, os conquistemos.

Vou dar um exemplo aparentemente irrelevante. Vamos supor que você queira ser cardiologista, esse é o seu objetivo, seu sonho. Para se tornar um cardiologista, será necessário, obrigatoriamente, cursar a faculdade de medicina, não é verdade? Porém, há um detalhe: você ainda não concluiu o ensino fundamental. Perceba que se você quiser ir direto ao seu objetivo, certamente desistirá, pois seria impossível. Portanto, você deve estabelecer sua primeira meta, que é concluir o ensino fundamental com êxito. Ao alcançar essa primeira meta, estabeleça a segunda meta: concluir o ensino médio. Após concluir essa etapa, defina a terceira meta: fazer um bom curso preparatório para obter uma boa pontuação no vestibular de medicina. No entanto, sabemos que esse curso é custoso, então você precisa estabelecer uma submeta: investir em um curso profissionalizante, trabalhar e juntar dinheiro para realizar o curso preparatório. Perceba que, assim, gradualmente, você se aproxima de seu objetivo.

Pode parecer uma coisa insignificante, mas acredite, muitas pessoas desistem de seus objetivos, de seus sonhos, por não saberem estabelecer metas. Temos a obrigação de ensinar "essa coisa insignificante", entre aspas propositalmente, aos nossos filhos, alunos ou àqueles próximos a nós. E isso vale para tudo! Especialmente no gerenciamento de comportamentos inconvenientes.

Existem pessoas que desistem de praticar um determinado esporte por estarem acima do peso; no entanto, basta estabelecer metas. Atue na alimentação, adquira um bom par de tênis e comece caminhando. Enfim, aprenda a estabelecer metas para tudo. Assim, reitero:

"Você não apenas tem o direito de estabelecer metas, mas também tem o dever de lutar para conquistar seus objetivos, seus sonhos."

No fechamento do capítulo anterior, estudamos a verbalização 2, nível 3, mais especificamente o uso da força da lei como ameaça. É importante destacar que esse tema pode e deve ser abordado de diversas maneiras. Vou tentar mostrar para você uma forma interessante de abordá-lo através de uma história que circula na internet. Dizem que aconteceu no Brasil, em uma cidade do interior do Espírito Santo chamada Guaçuí.

Na cidade, havia um senhor conhecido como cabeção devido ao tamanho de sua cabeça. No entanto, apesar desse detalhe físico, ele era uma pessoa emocionalmente equilibrada, tranquila e paciente. Desde a infância, na época em que estudava na escola primária, havia um sujeito inconveniente que não perdoava e sempre lhe dava um tapa na cabeça, perguntando: "Tudo bem, cabeção?". Mesmo com mais de cinquenta anos de idade, o cabeção era alvo constante dessa atitude desrespeitosa.

Um dia, após o milésimo tapa em sua cabeça, o cabeção perdeu a paciência, desferiu uma facada no sujeito inconveniente e o matou instantaneamente. A família da vítima era rica, enquanto a do cabeção era pobre. Não foi possível encontrar um advogado para defendê-lo devido à quantidade de testemunhas do crime. Depois de solicitar ajuda a advogados de Minas Gerais, Rio de Janeiro e São Paulo, sem sucesso, eles decidiram procurar um advogado local conhecido como "Zé da Cana". Embora tivesse uma fama de beber excessivamente, ele era um advogado talentoso. Para surpresa de todos, o "Zé da Cana" aceitou o caso.

Comprometido e sensibilizado com o ocorrido, o advogado passou a semana anterior ao julgamento sem consumir uma gota de bebida alcoólica. No dia do julgamento, ao iniciar sua defesa, ele começou repetindo: *"Meritíssimo juiz, honrado promotor, digníssimos membros do júri."* Após repetir essa frase algumas vezes, foi advertido pelo juiz para prosseguir com a defesa. O "Zé da Cana" fingiu não ouvir e repetiu novamente a mesma frase: *"Meritíssimo juiz, honrado promotor, digníssimos membros do júri."* O promotor considerou que a defesa estava tentando ridicularizar a corte, e o juiz interveio. Zé fingiu não ouvir e repetiu novamente a mesma frase: *"Meritíssimo juiz, honrado promotor, digníssimos membros do júri."* Após uma estressante e descompensada troca de palavras, o juiz ameaçou prender o advogado. Foi então que o "Zé da Cana" disse com clareza e firmeza:

"Senhoras e senhores jurados, essa corte chegou ao ponto que eu queria. Vejam que, ao repetir algumas vezes que o juiz é meritíssimo, que o promotor é honrado e que os membros do júri são dignos, todos perderam a paciência comigo, consideraram-se ofendidos e me ameaçaram de prisão. Pensem então na situação deste pobre homem, que durante mais de cinquenta anos, todos os dias da sua vida, foi chamado de cabeção acompanhado de um tapa na cabeça!"

Cabeção foi absolvido e o Zé voltou a tomar suas cachaças em paz.

Robert Kennedy dizia: *"Somente os que ousam falhar grandemente podem alcançar a grandeza"*. A palavra "ousadia" é bastante especial no GPCI. Ser ousado vai além de ser ou fazer diferente. A ousadia é sempre positiva quando está respaldada pelo bom senso criativo e elegante. Um comportamento ousado tem sempre um toque de elegância. No entanto, é importante não confundir ser ousado com exposição desnecessária.

Quando esses aspectos são desprezados, o ousado corre o risco de perder credibilidade e, quem sabe, cair no ridículo. No gerenciamento de um comportamento inconveniente, muitas vezes é necessário fugir do óbvio, buscando novas abordagens, preparando caminhos diferentes e construindo frases capazes de fazer com que o inconveniente saia daquele mundo, daquele ambiente que ele criou, e acorde para a realidade. No entanto, isso deve ser feito sempre com elegância e criatividade, utilizando as qualidades de comportamento que já conhecemos: iniciativa, bom senso e discernimento, assim como o nosso advogado Zé da Cana nos ensinou.

A história contada tem como objetivo ilustrar a ideia de que é possível abordar um assunto de forma inusitada e, ainda assim, alcançar o objetivo desejado, como no caso da defesa do cabeção no julgamento. O advogado Zé da Cana utilizou a repetição de uma frase para mostrar que o comportamento inconveniente do cabeção tinha origem no constante bullying que ele sofria. A ousadia do advogado, ao fugir do óbvio e adotar um comportamento aparentemente incoerente, resultou na absolvição de seu cliente. Muitas vezes, quando queremos tratar de algo sério e importante, achamos que precisamos fazer isso de maneira solene e tradicional, mas nem sempre é assim. É possível abordar um assunto de forma criativa e inesperada, transmitindo ainda a mensagem desejada. O importante é ter clareza sobre o objetivo que se quer alcançar, buscando uma forma adequada de se expressar, considerando o público-alvo e a situação. A história também ressalta a importância de ser ousado, mas sempre com bom senso e elegância. A ousadia pode ser uma ferramenta útil para lidar com situações difíceis, porém deve ser aplicada com cautela, evitando exposições desnecessárias e o ridículo.

Referências:

- UNODC - *https://www.unodc.org* – Uso da Força
- O outro lado do amor – The other side of love – Dr. Gary Chapman.
- Inteligência Emocional – Daniel Goleman.
- A Bíblia Sagrada.
- Segurança é Prevenção – Editora Ciência Moderna.

Capítulo 28

Visão do caminho a ser percorrido

Neste vigésimo oitavo capítulo, temos como objetivo específico desenvolver e praticar com as pessoas mais próximas, preferencialmente com os familiares, a capacidade de ouvir; estando predisposto a acolher as mensagens e a procurar entender as suas razões e os seus sentimentos.

Deixe-me fazer um pedido: usando empatia, gostaria que você fizesse uma análise da seguinte dinâmica de grupo que vou relatar. A dinâmica consiste no seguinte: em sala de aula, primeiro solicito que os alunos observem o ambiente cuidadosamente. Em seguida, escolho um dos alunos e peço que ele se levante e, simplesmente, abra a porta. É claro que a solicitação é cumprida sem qualquer problema, e peço ao aluno que retorne ao seu lugar. Em seguida, coloco uma venda em seus olhos e faço a mesma solicitação. Mais uma vez, observamos que o aluno, com um pouco mais de dificuldade, atinge seu objetivo. Novamente, peço que o aluno retorne ao seu lugar. Agora, com os olhos ainda vendados, o movimento, girando o aluno várias vezes, a fim de desorientá-lo. Feito isso, faço a mesma solicitação. Podemos observar uma certa dificuldade no início do exercício, mas, em pouco tempo (talvez um pouco mais, um pouco menos, dependendo da individualidade), o aluno acaba se orientando e atingindo sua meta.

Em seguida, faço a crítica do exercício. Explico que, no primeiro momento, o objetivo foi atingido rapidamente, tendo em vista a visão do aluno. Ele conseguia ver o caminho a ser percorrido e bastava desviar-se dos obstáculos que estavam à sua frente para cumprir a missão facilmente. No segundo momento, o aluno não teve grandes problemas porque, apesar de estar com os olhos vendados, já havia registrado na mente o caminho a ser percorrido, o que chamamos de memória fotográfica. Bastava que o aluno tivesse calma para poder usar outro tipo de visão, por meio da inteligência emocional, usando seu sentimento/feeling. No terceiro momento, um complicador foi inserido no contexto do exercício: o aluno foi desorientado. No entanto, apesar da dificuldade inicial, observamos que, de alguma forma, o aluno havia registrado em alguma área cerebral pequenos detalhes, como o barulho do ar-condicionado, que estava no lado oposto à porta. Assim, bastou usar sua percepção para se orientar e cumprir o objetivo.

Terminado o exercício, faço a seguinte pergunta:

"Caso vocês fossem levados, com os olhos vendados, para um lugar onde nunca estiveram antes e nesse lugar houvesse áreas com agulhas contaminadas com veneno, áreas minadas, áreas com poços profundos com escorpiões, outras com cobras e aranhas venenosas, e com apenas uma saída, seria possível sair? Em caso positivo, como sair?"

Você teria uma resposta? Não sei quanto a vocês, mas em sala de aula, sempre observamos que a dúvida e o silêncio imperam no ambiente. Contudo, de vez em quando, alguém fala o seguinte:

"Professor, é só tirar a venda dos olhos."

E é verdade! Basta tirar a venda. No entanto, acontece que tirar a venda dos olhos não é tão fácil quanto parece. Perceba que muitas vezes observamos amigos, parentes, colegas de trabalho, enfim, pessoas da nossa própria família seguindo por um caminho sem volta, entrando em enrascadas, e na ânsia de querer ajudar, nós falamos:

- *"Cara, você está cego?" "Meu irmão, acorda, abre os olhos!" "Você está entrando em uma enrascada! Certamente você vai se dar mal."*

E a resposta é mais ou menos assim:

- *"Aí, deixa de conversa fiada, cara. Eu estou de boa! Eu sei muito bem o que estou fazendo."*

Talvez até mesmo nós já tenhamos sido protagonistas de histórias como essa. Outra resposta bastante comum é:

- *"Professor, é só pedir ajuda!"*

E também é verdade! No entanto, normalmente, quando estamos com os olhos vendados, pedimos ajuda exatamente para quem não deveríamos, ou seja, a outro cego. Cego que pede ajuda a outro cego; sabemos qual é o resultado: os dois caem no buraco. Portanto, vale lembrar que a inteligência emocional é a primeira necessidade estratégica para lidar com pessoas, com gente. Você se lembra?

É necessário que tenhamos visão de futuro, ou seja, que consigamos antecipar todos os conflitos e problemas que ainda não aconteceram, adotando as medidas e atitudes preventivas necessárias para evitá-los ou, pelo menos, reduzi-los. Quando nosso estado emocional é abalado por algum motivo, automaticamente perdemos a capacidade de perceber o que está no ar. Perdemos a capacidade de ouvir o que está dentro do coração e da mente das pessoas. Perdemos a capacidade de enxergar o invisível; perdemos até mesmo a capacidade de enxergar o visível, o óbvio. Enfim, perdemos a capacidade de vigiar.

Algumas pessoas têm muita dificuldade em aceitar as limitações e imperfeições das outras pessoas, principalmente quando se trata da imaturidade que leva à vaidade, arrogância e prepotência. Muitas pessoas são arrogantes e vaidosas devido à imaturidade. No entanto, quando percebemos a imaturidade, basta mudarmos nosso foco. O arrogante com sua arrogância não pode nos abalar, o prepotente com sua prepotência não pode nos desequilibrar. É necessário que sejamos pacientes e tolerantes. Não podemos esperar que as pessoas ajam sempre com maturidade em relação a nós. Muitas pessoas relutam em aceitar o processo natural de evolução das pessoas, ou seja, algumas amadurecem mais cedo, outras não.

Sabe aquele sujeito que, diante de uma atitude imatura, nos momentos críticos, também se torna imaturo e sai esbravejando:

- *"Aí, meu irmão, baixa a bola. Você não vai cantar de galo comigo; fica ligado."*

Você conhece alguém assim? Pois é! Na verdade, esse indivíduo espera que as pessoas sejam simplesmente perfeitas, o que é utópico. Ele espera dos outros uma atitude que ele mesmo não possui, espera uma maturidade que ele mesmo não tem. É bastante comum ouvirmos, após conflitos absolutamente desnecessários, essas pessoas gritarem o seguinte:

- *"O cara berrava e queria que eu falasse baixo?"*
- *"Faça o que eu mando, mas não faça o que eu faço."*
- *"É isso mesmo que você disse?"*
- *"Porra, esse sujeito está ali pra quê? Arrumar encrenca com os outros?"*

Há muitos anos, fiz uma pós-graduação em gestão de pessoas. Nesse curso, aprendi uma estratégia que vale a pena reiterar, já mencionada anteriormente: "O cliente sempre tem razão". Essa é a regra número um, e, caso o cliente não tenha razão, a regra número dois diz o seguinte: "Caso o cliente não tenha razão, retorne à regra número um". Portanto, nas situações descritas acima, quando alguém estiver gritando, com raiva, furioso ou indignado, tente ouvi-lo. Utilize a diplomacia, permita que se expressem; use e abuse da empatia, do seu poder de persuasão e de convencimento. Questione, mas com cautela; tente compreender os motivos que levaram àquela indignação. Quanto mais perguntas fizer de forma equilibrada e com comportamento adequado, melhor; certamente você observará uma redução no volume de voz.

É fundamental que estejamos sempre focados na razão da indignação. Qual é a razão da indignação? A tendência é desprezarmos a razão e nos concentrarmos na forma como ela é expressa; esse é um erro fatal! Se permitirmos que isso aconteça, as chances de também perdermos o equilíbrio são enormes. Já aconteceu algo parecido com você? Portanto, esteja sempre predisposto a acolher a mensagem das pessoas, independentemente da forma como ela tenha sido expressa ou esteja sendo expressa. Tenha paciência, jamais esboce um sorriso, mantenha-se sério e, com extrema educação, aguarde o momento oportuno para abordar a situação. Por exemplo:

- *«Senhor, agradeço por ter compartilhado comigo sua indignação; nem sempre compartilhamos as mesmas opiniões, mas sempre procuro entendê-las; sei que não sou e não quero ser o dono da verdade».*

É fundamental que estejamos predispostos a quebrar paradigmas. Se sua abordagem tem sido sempre discutir com as pessoas, talvez seja o momento de uma profunda reflexão para uma mudança definitiva. Às vezes, há alguém em nossa casa implorando para ser ouvido, e não há ninguém capaz de perceber isso. Quando demonstramos através de nossas ações que estamos ouvindo, ou seja, que estamos dispostos a ouvir, a pessoa inconveniente tem a sensação de estar sendo compreendida, e é exatamente isso que buscamos. Talvez as pessoas com comportamento inconveniente não concordem com a decisão, no entanto, respeitarão a decisão. Sabe por quê? Porque foram tratadas com respeito, ética e dignidade. Acredite, vejo isso o tempo todo em consultorias e nos relatos de alunos que transformam essa teoria em ação.

Recapitulando, quando demonstramos através de nossas ações que estamos realmente ouvindo, a pessoa inconveniente sente-se compreendida. Mesmo que não concorde com a decisão, é provável que respeite essa decisão, pois foi tratada com respeito, ética e dignidade. Devemos sempre procurar entender o que a pessoa considera injusto, uma tremenda sacanagem ou errado. Ela pode estar sinceramente equivocada, portanto, cabe a você convencê-la. Você não é obrigado a concordar com a pessoa, talvez ela tenha uma visão distorcida, mas o propósito é apenas um: ouvi-la.

Se a pessoa acredita que está sendo injustiçada, enganada ou que você não quer ouvi-la, a indignação não desaparecerá até que ela perceba que você lhe deu atenção exclusiva, que a ouviu e compreendeu verdadeiramente seus sentimentos e razões. Nesse momento, você tem autoridade e precisa exercê-la; você sempre terá a última palavra sobre o que deve ser feito. No entanto, reitero que a pessoa precisa ter certeza de que você entendeu suas razões e sentimentos.

Referências:

- O outro lado do amor – The other side of love – Dr. Gary Chapman.
- Inteligência Emocional – Daniel Goleman.
- A Bíblia Sagrada.
- Comunicação Não Violenta – Marshall B. Rosenberg.
- Segurança é Prevenção – Editora Ciência Moderna.

Capítulo 29

Vivemos o tempo todo experiências de fé

Neste vigésimo nono capítulo, temos como objetivo específico desenvolver e praticar o atributo da fé, do acreditar; para enfrentar os desafios que nos são impostos pela vida.

Vimos que é importante estar sempre focado na razão da indignação e predisposto a acolher a mensagem das pessoas, independentemente de como ela seja expressa. Devemos desenvolver paciência, o que também é um treinamento. Portanto, jamais esboce um sorriso; mantenha-se sério e, com extrema educação, aguarde o momento oportuno para fazer a abordagem técnica. Precisamos estar dispostos a quebrar certos modelos, determinados padrões a serem seguidos; precisamos criar paradigmas e ser pioneiros de novos paradigmas. Se nossa maneira de agir sempre envolve discussões, confrontações e querer ter razão com as pessoas, talvez seja o momento de mudar; a decisão é sempre nossa. Novamente, vamos lá:

"Quando demonstramos através de nossas atitudes que estamos ouvindo ou predispostos a ouvir, o inconveniente tem a sensação de que está sendo compreendido."

É assim que funciona em termos emocionais e fisiológicos. Essa é a técnica para reduzir o nível de adrenalina e dar tempo para a homeostase. O inconveniente pode não concordar com a decisão tomada, mas a decisão será respeitada. Sabe por quê? Porque ele foi tratado com respeito, ética e dignidade. Nunca despreze isso!

Numa determinada ocasião, soube que uma psicóloga ficou bastante estressada com um funcionário inconveniente. O sujeito foi para uma entrevista e avaliação psicológica usando óculos escuros, bermuda, paletó e gravata, bota com meia listrada e segurando um maço de cigarro. A psicóloga não se conteve, achou que era deboche e simplesmente surtou; falou algumas verdades, ambos se exaltaram e o resultado foi muito ruim; ambos foram demitidos. Somente alguns anos depois, consegui entender um pouco melhor a reação descompensada da psicóloga. Entendi quando recebi uma solicitação de mão de obra com um salário base bem acima do mercado. Era para uma multinacional com um perfil altamente complexo e exigente. O processo seletivo seria na segunda-feira, então coloquei um anúncio em um jornal de grande circulação para ser publicado no domingo de madrugada; acredite, era assim que funcionava, era exatamente assim que conduzíamos os processos seletivos.

No domingo à tarde, já havia uma grande quantidade de candidatos em frente à empresa, interessados na vaga, que certamente pernoitariam ali, na esperança de uma oportunidade. Na segunda-feira de manhã, reuni-me com os profissionais envolvidos no processo seletivo (profissionais de RH, médico, psicólogas, eu e meu gerente) para darmos início ao trabalho. Como mencionei, havia um número enorme de pessoas, e quando chamei o primeiro candidato para a entrevista, ele estava usando uma camisa com a seguinte frase na altura do peito: «Tem um corno me olhando». Quero chamar sua atenção para o seguinte: perceba que esse candidato certamente passou a noite inteira ao relento, com sede, talvez com fome e com limitações, inclusive para suas necessidades fisiológicas; portanto, com certeza, ele não tinha a intenção de debochar de mim, não é verdade? No entanto, mesmo ciente disso, fiz toda a entrevista olhando para baixo, meio constrangido, evitando olhar para aquele sujeito. A entrevista até correu bem, mas quando ele saiu, fui obrigado a rasgar sua ficha de entrevista. Estava estampado nas costas da camisa a seguinte frase: «...e continua me olhando».

Brincadeiras, ironias e sarcasmos à parte, você conseguiu perceber a falta de bom senso desse candidato? Com essa falta de bom senso, será que ele seria um bom candidato para trabalhar na área de segurança? Lidando com o público de maneira geral? Você arriscaria contratá-lo se a empresa fosse sua? Claro que ele poderia ter usado a inteligência emocional e revertido aquele constrangimento a seu favor, da seguinte forma:

"Senhor, antes de começarmos, peço desculpas pela minha aparência; como preciso muito dessa oportunidade, saí de casa às pressas e acabei usando a camisa do meu filho por distração; por favor, ignore esse deslize, que nunca mais se repetirá."

Pode parecer uma justificativa boba, mas funciona muito bem; demonstra inclusive que ele é capaz de reverter situações delicadas usando inteligência emocional e elegância. Ele teria transformado um erro em seu favor. É preciso entender que, especialmente naquela época, para cada vaga existente, havia 50 candidatos. Quando a oferta é menor que a procura, geralmente conseguimos selecionar com mais qualidade. Também havia outros candidatos sem noção, com piercings na ponta da língua, argolas no nariz, sobrancelha, alargadores de orelha, chinelo de dedo, bermuda, camiseta sem manga, barba por fazer, e por aí vai. Será que o objetivo de todos eles era me sacanear? Justificaria passar a noite ao relento para atingir esse objetivo? Claro que não, é apenas falta de bom senso. Apenas um comportamento inconveniente por descuido; sem intenção. Percebeu? Por piores que sejam os comportamentos inconvenientes, se você ouvir equilibradamente essas pessoas, demonstrando calma e serenidade, mas exercendo a sua autoridade, os hormônios que poderiam ser produzidos e que, também poderiam gerar os mais variados tipos de comportamento, não rolam, não são produzidos.

Nós já falamos sobre isso, mas no caso da pessoa estar apresentando um comportamento inconveniente, em resposta a uma indignação qualquer, você deve se concentrar primeiro na indignação, depois no comportamento. Por exemplo:

"Percebo que o senhor está bastante indignado; gostaria de ouvi-lo, mas preciso da sua ajuda para que eu possa compreendê-lo".

Usando a diplomacia, você demonstra preocupação com o que ele está sentindo, mostra que possui inteligência emocional e, principalmente, que você está consciente de que aquele assunto precisa ser discutido. Agindo assim, faz com que a pessoa inconveniente perceba que você está sendo extremamente educado, mas breve, preciso e conciso. Além disso, perceba que o diálogo será impossível enquanto durar aquele comportamento inconveniente. Não estou dizendo que é fácil agir assim. Na vida, vivemos constantemente experiências de fé. Nada na vida é fácil, mas é simples; basta treinar. Precisamos treinar, treinar e treinar até a exaustão! E acreditar com todas as forças que vai dar certo. Dá muito trabalho, há muito sofrimento, mas precisamos acreditar que dará certo.

Um certo homem estava perdido no deserto, prestes a morrer de sede. De repente, surge à frente uma casinha velha e abandonada, quase desmoronando, sem janelas, sem teto, destruída pelo tempo. O homem entrou e encontrou uma pequena sombra onde se abrigou, fugindo do calor e do sol escaldante do deserto. Olhando ao redor, percebeu a existência de uma velha e enferrujada bomba d'água. Seus olhos brilharam e, com esforço, arrastou-se até a intrigante bomba, agarrou a manivela com toda a força que lhe restava e bombeou sem parar, porém, nada aconteceu. Desapontado, caiu prostrado para trás, exausto! Ao observar a velha bomba, notou que havia uma garrafa ao lado. Olhou atentamente e percebeu que havia algo escrito. Limpou a garrafa, removendo a sujeira e o pó, e só então conseguiu ler o seguinte recado:

- *"Você precisa, primeiramente, preparar a bomba com toda a água desta garrafa, meu amigo! Obs.: Por favor, encha a garrafa novamente antes de partir."*

O homem removeu a rolha da garrafa e, de fato, havia água ali. De repente, ele se viu em um dilema: se bebesse aquela água, talvez suportasse um pouco mais, mas se a despejasse toda na velha bomba enferrujada, poderia obter água fresca, bem fria, do fundo do poço e, assim, sobreviver. Poderia encher seu cantil e ainda deixar a garrafa cheia para outra pessoa, quem sabe! Porém, talvez não desse certo. O que deveria fazer? Despejar a água na velha bomba e esperar pela água fresca e fria ou beber a água velha e morna, e talvez salvar sua vida? Deveria arriscar e perder toda a água que tinha, na esperança daquelas instruções pouco confiáveis, escritas não se sabe quando? Com relutância, o homem despejou toda a água na bomba. Em seguida, agarrou a manivela e começou a bombear. A bomba começou a chiar, mas nada acontecia! O homem continuou bombeando, a bomba rangendo e chiando. Depois de muito esforço, um fiozinho de água surgiu, seguido por um pequeno fluxo, e finalmente a água jorrou com abundância! A bomba velha e enferrujada fez jorrar muita, mas muita água fresca e cristalina. Ele encheu o cantil e bebeu até se saciar. Pegou a garrafa, encheu-a, tampou-a e acrescentou uma pequena nota ao bilhete que estava preso nela:

- *"Creia-me, funciona! Você precisa dar toda a água antes de poder obtê-la de volta!"*

Se quisermos que o milagre aconteça em nossa vida, é necessário derramar todo o nosso sangue, suor e, muitas vezes, lágrimas. Muitas pessoas, devido à educação que receberam, aos valores que adquiriram por diversos motivos, ao desprezo por boas orientações ou até mesmo por imaturidade, não desenvolveram o atributo da fé, da crença. Como resultado, elas se desequilibram emocionalmente e não estão preparadas para enfrentar os desafios impostos pela vida. Lidam de maneira desequilibrada e imatura com a raiva e também com as limitações, fraquezas e doenças, facilmente perdendo o controle diante dos conflitos e problemas do cotidiano. Quando algo foge do planejado, perdem imediatamente o equilíbrio emocional, a capacidade de perceber o que está no ar, de enxergar o óbvio e de discernir.

No nosso caso, estamos no caminho certo! De uma forma ou de outra, fomos e estamos sendo instruídos e educados. Recebemos uma boa orientação e, por isso, estamos sempre pedindo, buscando, recebendo e absorvendo as orientações técnicas para amadurecermos. Essa busca incessante é fundamental. Se ainda não desenvolvemos maturidade suficiente para lidar com a indignação, reitero que é apenas uma questão de tempo e treinamento. Estamos no caminho certo.

Precisamos sempre ter em mente o que Santo Agostinho dizia: ***"O pior doente é aquele que considera saúde a sua própria enfermidade".*** Ou seja, precisamos reconhecer nossas limitações, erros e fraquezas para que, por meio desse reconhecimento, possamos buscar e pedir ajuda.

Para finalizar este capítulo, quero que você entenda que fé não tem conexão exclusiva com religião. Cada um de nós é livre para seguir o seu próprio caminho, mas é fundamental que você acredite verdadeiramente que seu esforço, comprometimento e dedicação farão com que aquilo que você tanto deseja se concretize e dê certo. Isso é fé! Uma pessoa pode ser ateu e ter muita fé, ou seja, acreditar que vai conseguir, que vai dar certo, acreditar em suas ideias, posições e convicções. Sempre falamos que quem não tem fé é naturalmente levado a algum tipo de desequilíbrio emocional, pois quando a pessoa não acredita em suas próprias ideias, posições ou convicções, ela se desequilibra, perde completamente o chão e a base. Não tenho qualquer preconceito religioso, tenho amigos das mais diversas religiões, inclusive muitos ateus, mas todos têm muita fé. Alguns dos ateus têm até mais fé que alguns dos religiosos. A fé precisa ser praticada, treinada e desenvolvida diariamente, todos os dias, para sempre.

Referências:

- O outro lado do amor – The other side of love – Dr. Gary Chapman.
- Inteligência Emocional – Daniel Goleman.
- A Bíblia Sagrada.
- Comunicação Não Violenta – Marshall B. Rosenberg.
- Segurança é Prevenção – Editora Ciência Moderna.

Capítulo 30

Controle de contato ou técnicas de mãos livres

Neste trigésimo capítulo, temos como objetivo específico desenvolver e praticar o controle de contato ou técnicas de mãos livres, com foco nas técnicas de conexão.

Esta é mais uma dessas histórias da internet de autoria desconhecida, que, por ser muito legal e pertinente, eu faço questão de compartilhar.

Um monge estava sendo entrevistado e o jornalista perguntou-lhe: *"Em sua última conferência, o senhor falou sobre o tema contato e conexão; poderia nos explicar um pouco melhor?"* O monge sorriu e respondeu com uma pergunta: *"Você é daqui, dessa cidade?" "Sim"*, respondeu o jornalista. *"E quem está na sua casa agora?"*, perguntou o monge. O jornalista sentiu que o monge estava tentando evitar a questão com perguntas pessoais e injustificadas, mas mesmo assim respondeu: *"Minha mãe morreu, meu pai está lá sozinho. Tenho três irmãos e uma irmã, todos casados."* O monge insistiu: *"Você fala diariamente com seu pai? Quando foi a última vez que falou com ele?"* O jornalista, reprimindo seu aborrecimento, disse: *"Aproximadamente um mês!"* O monge voltou a perguntar: *"E com seus irmãos, vocês se veem com frequência? Quando foi a última vez que se encontrou com um membro da sua família?"* Parecia que o jornalista é quem estava sendo entrevistado. *"No Natal, há dois anos"*, respondeu o jornalista com um suspiro. *"E por quantos dias vocês ficaram juntos?" "Três dias." "E quanto tempo você passou com seu pai, sentado ao lado dele?"* O jornalista, confuso e envergonhado, começou a rabiscar algo em um pedaço de papel, e o monge perguntou: *"Vocês tomaram café da manhã, almoçaram ou jantaram juntos? Seus irmãos perguntaram como ele estava? Ou como você passou os dias após a morte da sua mãe?"* Lágrimas escorriam dos olhos do jornalista. O monge segurou sua mão e disse: *"Não fique constrangido, chateado ou triste. Lamento ter magoado você, mas essa é basicamente a resposta para sua pergunta: contato e conexão. Você tem 'contato' com seu pai, mas não tem nenhuma 'conexão' com ele; você não está 'conectado'* a ele. *A 'conexão' é entre coração e coração: sentar-se juntos, compartilhar refeições, cuidar um do outro, tocar, apertar as mãos, olhar nos olhos um do outro, passar um tempo juntos." Da mesma forma, você, junto com seus irmãos e irmã, tem 'contato' com eles, mas nenhuma 'conexão'.*

O autor conclui dizendo que essa é uma realidade. Ele afirma que, seja em casa ou na sociedade, todos nós temos muitos contatos, mas pouquíssima conexão. O autor diz que todos nós estamos muito ocupados em nosso próprio mundo, portanto cuide, compartilhe e passe um tempo com seus entes queridos, familiares e amigos.

NÍVEL 4 – CONTROLE DE CONTATO OU TÉCNICAS DE MÃOS LIVRES

Esse nível significa "atividade de resistência passiva", em que o indivíduo resistente se opõe de forma passiva. Consequentemente, empregaremos técnicas de mãos livres, podendo chegar às técnicas de conexão. Estamos falando do uso de habilidades técnicas que envolvem uma boa base e controle de contato para dominar determinadas situações. O nível 4, técnicas de mãos livres, está inserido no uso progressivo da força e só deve ser utilizado quando todas as outras possibilidades forem esgotadas. Estamos nos referindo à presença física, à verbalização 1 e à verbalização 2.

Nesse nível, nosso espaço privativo foi invadido e, inevitavelmente, haverá contato físico com o indivíduo predisposto a causar problemas. Em um primeiro momento, devemos priorizar o emprego de técnicas de conexão, técnicas de condução com mãos livres e desvencilhamento. O que isso significa? São habilidades técnicas que nos proporcionam ganhar tempo suficiente para verbalizar. As técnicas mencionadas serão didaticamente apresentadas pelo mestre Sylvio Behring, por meio do site gpci.online. Essas habilidades técnicas podem ser adquiridas em pouco tempo, mas é importante esclarecer que aplicá-las fora da teoria, ou seja, durante uma situação real, exige a aquisição de determinadas qualidades físicas e reflexos condicionados. Isso implica em treinamento de alto rendimento, intensificado. De fato, as técnicas são simples, mas pouco tempo não significa algumas horas; não se adquire uma boa condição reflexa em algumas horas. É necessário estar disposto a treinar para adquirir essa habilidade. Portanto, devemos nos dedicar intensamente em um treinamento árduo e diário. E mais uma vez, somos obrigados a citar Aristóteles:

"Somos o que repetidamente fazemos; a excelência, portanto, não é um feito, mas um hábito".

Certamente, todos nós conhecemos ou já tivemos contato com alguém que se enquadra nesse perfil: *"Xá comigo!"; "Já entendi, já sei!"; "Isso é moleza, não preciso treinar nada!"*; ou ainda, *"Tranquilinho! Entendi tudo!"; "Tá dominado, é nós, moleza!"* Esse comportamento inconveniente é muito comum e precisa ser combatido e trabalhado.

Reiterando, controle de contato ou técnicas de mãos livres são habilidades técnicas simples, mas que exigem um alto nível de reflexo condicionado, o que demanda tempo e muito sacrifício, uma vez que envolve vocação, dedicação técnica e treinamento constante. A constância no treinamento é fundamental! Preocupa-nos, como praticantes de artes marciais, o fato de muitos alunos acreditarem que as técnicas que aprenderam durante algumas horas são mais do que suficientes para agir com eficiência e eficácia em qualquer situação, a partir daquele aprendizado, e isso é ser muito inocente, pois não funciona desse jeito!

Nós vimos no 16º capítulo a importância de reconhecer e considerar nossa vulnerabilidade. Nossa posição é vulnerável, portanto, devemos manter as mãos sempre em posição de negociação, com humildade, mas exercendo autoridade. As mãos devem ser posicionadas tecnicamente para proteger o rosto de forma discreta, sem que o inconveniente perceba essa verdadeira intenção. Devemos esperar o melhor, mas estar preparados para o pior.

Jamais devemos demonstrar agressividade, mas não podemos nos esquecer, de jeito nenhum, da nossa presença física. Esteja sempre em boa base, conectado, mas tome cuidado para não transparecer que está em guarda. Reforço que não devemos demonstrar agressividade, pelo contrário, devemos ser educados e gentis, sempre estimulando a pessoa a se controlar, se afastar ou até mesmo sentar-se. Porém, devemos manter nossa posição firme, no nosso posto, com uma postura impecável.

No primeiro semestre de 2017, em Nova Jersey, EUA, dois jovens de aproximadamente 15 anos brigaram na saída da escola. Nesse momento, um ser humano incrível chamado Ali Miller, um jovem muçulmano de 26 anos, aproximou-se da confusão e, no meio da briga, exercendo autoridade, verbalizou fazendo uso da força da lei:

"Parem com isso agora! Estou aqui para ajudar vocês! Olhem bem para essas pessoas! Todos estão se divertindo! Todos estão rindo de vocês! Vocês não podem permitir isso! Apertem as mãos! Olhem para eles! Eles estão filmando e se divertindo às custas de vocês! Vocês estão envergonhando seus pais! Acabem com isso agora; vamos! Vocês serão amigos! Apertem as mãos! Essa é a única forma de eu ir embora! Vamos, apertem as mãos!"

Parece que Ali Miller recebeu uma merecida homenagem do conselho municipal de New Jersey. Parabéns, Ali Miller! Sua postura e atitude nos emocionam e enchem de orgulho e esperança. Este é o link que mostra todo o fato descrito. Vale a pena assistir:

https://www.youtube.com/watch?v=ycHW9ufHU8Y

Certa vez li que se você passar um dia inteiro com alguém muito rico, nada vai mudar em sua conta bancária; se você passar um dia inteiro com alguém de raríssima beleza, você não ficará mais bonito por isso. No entanto, se você passar um dia inteiro com alguém entusiasmado, feliz, de riso fácil, alegre e positivo, você voltará para casa muito mais feliz. E isso é uma verdade! Por isso, acreditamos que a pessoa que seremos daqui a 5 anos depende das pessoas com as quais nos relacionamos hoje, dos livros que estamos lendo hoje e, principalmente, da mídia que alimenta nossa mente hoje. Por esse motivo, devemos nos aproximar de pessoas positivas e saudáveis, que nos elevem, que nos ensinem através de seus exemplos. É exatamente isso que devemos passar e cobrar de nossos filhos, alunos e das pessoas ao nosso redor. Pode parecer que esse tipo de conselho não tenha nada a ver, mas é um grande engano pensar assim. Muito provavelmente você é admirado por essas pessoas que o cercam, e seus conselhos certamente são levados muito a sério. Se você acha que isso é bobagem, que não tem importância, está perdendo uma grande oportunidade de fazer a diferença na vida dessas pessoas. Portanto, como está o relacionamento de seus filhos, alunos e das pessoas ao seu lado? É sim uma questão importante! Eles estão cercados por pessoas boas? Você precisa se importar sim! É sempre bom indicar bons livros, bons autores e conhecer os livros que eles estão lendo, além de saber sobre a mídia que alimenta diariamente a mente deles. Hemingway dizia que mais importante do que a própria guerra é quem está ao nosso lado nas trincheiras. Quem está ao seu lado nas trincheiras da vida? É extremamente importante que você entenda isso plenamente.

Derramar sangue, suor e lágrimas é necessário, mas precisamos entender a conexão entre a condição intelectual, física, técnica e espiritual. O GPCI exige o desenvolvimento de qualidades físicas e habilidades técnicas, portanto, treinar é fundamental! Não podemos adiar o início de nossa atividade física diária, nem o início do treinamento técnico de GPCI, onde toda essa teoria será transformada em ação. Acredite, não faltarão oportunidades; conflitos e problemas certamente surgirão em nossa família, ambiente de trabalho, com nossos amigos, enfim, eles estarão sempre presentes.

Nos dias de hoje, qualquer profissional, independentemente da área de atuação, precisa saber lidar com pessoas que se comportam de maneira inadequada. Acredite, não faltarão pessoas inconvenientes onde quer que estejamos. Certamente, em todos os cantos do planeta, haverá sempre alguém desagradável testando nossa tolerância.

Sempre aparecerá alguém inconveniente no momento inadequado para dizer coisas que não queremos ouvir. Essas pessoas existem em qualquer lugar do mundo, por isso Sun Tzu diz: *"Se queres a paz prepara-te para a guerra."* Nós precisamos esperar sempre o melhor das pessoas, mas nós devemos estar sempre preparados para o pior; se o pior não acontecer é lucro, não seremos surpreendidos.

Lidar com pessoas despreparadas, sem noção, é verdadeiramente uma guerra. Se não estivermos preparados, nossas chances de perder o equilíbrio aumentam significativamente. Para conseguirmos lidar com pessoas que têm atitudes impróprias ou se comportam de maneira inconveniente, é necessário estarmos preparados para uma guerra. E o segredo para isso é o treinamento, sim, o treinamento: insistência, persistência e exaustão no treinamento.

Uma vez, uma amiga psicóloga me contou sobre uma entrevista para uma vaga na área de segurança, em que ela perguntou ao candidato qual era a sua principal arma. Ele respondeu com toda convicção: «Doutora, papel e caneta». Intrigada com a resposta curiosa, ela perguntou por que papel e caneta eram sua principal arma, pedindo uma explicação. Após alguns segundos de reflexão e algumas expressões faciais, o candidato respondeu:

"Doutora, sabe de uma coisa? Nem eu sei! Na verdade, acho que é meu revólver calibre 38, mas me disseram lá fora que se a senhora me fizesse essa pergunta, eu deveria responder que é papel e caneta".

E é verdade! Casos como esse realmente acontecem! Não basta sabermos apenas a resposta correta. E como avaliadores, também não podemos aceitar simplesmente uma resposta sem a devida justificativa. Seria muita ingenuidade de nossa parte. É necessário demonstrarmos ter embasamento e fundamentação. A resposta correta é, de fato, papel e caneta. Profissionais que lidam diretamente com o público, de maneira geral, precisam ter consciência de que segurança é prevenção e que sua missão, ou seja, a razão de sua existência, é administrar conflitos e problemas, jamais criá-los.

Assim, por meio da percepção, do sentimento (feeling), eles devem antecipar-se aos conflitos e problemas que podem surgir e, em seguida, utilizando os meios disponíveis, como computadores, tablets, celulares, além do tradicional papel e caneta, devem registrá-los, juntamente com as respectivas medidas e atitudes preventivas, elaborando relatórios diários com ideias e sugestões que certamente contribuirão para o aumento da segurança, a redução de riscos, desperdícios e a melhoria da qualidade de vida. Portanto, esse profissional trará lucro para a empresa, não é verdade? Por isso, o conjunto "papel e caneta" é a principal arma.

Não é por acaso que devemos incentivar nossos filhos e alunos a quererem entender o motivo das coisas, a se preocuparem com os detalhes técnicos. Sabe aquela história? Havia um sujeito que trabalhou por 30 anos na rede ferroviária. Sua função era bater em todas as rodas de ferro com um porrete e liberar o maquinista. Ele trabalhou por 30 longos anos. Faltando apenas 1 dia para sua tão esperada aposentadoria, ele conheceu o jovem que o substituiria. Ele disse: «Está vendo esse porrete, meu jovem? Você deve bater com ele em todas as rodas de ferro. É assim que você deve fazer, blá, blá, blá, blá, blá, blá, não se esqueça de nenhuma. Somente depois, libere o maquinista. Você entendeu, meu filho?» E o jovem respondeu: «Entendi sim, senhor, mas por que eu tenho que fazer isso?» E ele respondeu: «Sei lá! Faço isso há trinta anos. O porquê não interessa, é irrelevante! Esse é o trabalho! É só bater e liberar. E outra coisa, não seja chato!»

Não duvide, tem um monte de gente exatamente assim, só que da mesma forma, existem também muitos alunos que querem saber o porquê de fazerem assim ou assado. Seria um comportamento bastante inconveniente se, diante de um questionamento, respondêssemos: «Não seja chato! Não é verdade?»

Uma vez assisti a palestra de um amigo, João Gouveia, na época diretor de operações da Supervia, onde ele, com base em um artigo do Mário Sérgio Cortella, explicava para os colaboradores operacionais que vaca não dá leite. Cortella costumava dizer aos filhos, quando crianças, o seguinte: «Quando vocês completarem doze anos, eu vou contar o segredo da vida para vocês.» Quando o mais velho completou doze anos, acordou o pai ansioso para saber o segredo da vida. O pai disse: «Eu vou te contar, mas é um segredo; você não poderá revelá-lo aos seus irmãos. Ok?» – «Ok, prometo. E qual é o segredo, pai?» – «Presta atenção, o segredo é que vaca não dá leite!» – «Hã? Como assim?» E o pai disse: «Vou repetir, vaca não dá leite, você tem que tirar! Você precisa acordar às 04:00h da manhã, ir ao pasto, entrar no curral cheio de bosta, pegar o animal, amarrar o rabo e as pernas da vaca, sentar-se num banquinho, pegar o balde e, detalhe, fazer o movimento certo! Esse é o segredo da vida! Vaca, búfala, cabra não dão leite! Ou você enfrenta tudo isso e tira, ou não tem leite.»

É incrível! Mas existe um número bastante significativo de pessoas que acreditam, de verdade, que vaca dá leite. É inacreditável, mas é a mais pura verdade! O problema é que, por acreditarem que vaca dá leite, tornaram-se pessoas extremamente inconvenientes e totalmente despreparadas para a vida. Por isso, nossa responsabilidade como profissionais qualificados em GPCI, assim como pais ou responsáveis, é enorme! Com o objetivo de poupar nossos filhos ou alunos do sofrimento, costumamos não contar o segredo da vida: vaca não dá leite!

Estou convencido de que as crianças, por carência de disciplina, imploram por meio de comportamentos inconvenientes para que os pais as sensibilizem e as conscientizem. As crianças, de uma forma ou de outra, imploram por disciplina, querem e adoram ser disciplinadas.

A vida é uma guerra. São os sofrimentos e as aflições que nos fazem evoluir, que nos fazem alçar voos cada vez mais altos, e nós não temos o direito de poupar nossos filhos e alunos dessa verdade, para que eles não se tornem seres humanos inconvenientes, fracos e despreparados para enfrentar os desafios ao longo dessa caminhada. Vamos avançar um pouco mais?

Referências:

- O outro lado do amor – The other side of love – Dr. Gary Chapman.
- Inteligência Emocional – Daniel Goleman.
- A Bíblia Sagrada.
- Comunicação Não Violenta – Marshall B. Rosenberg.
- Segurança é Prevenção – Editora Ciência Moderna.

Capítulo 31

Técnicas de submissão e táticas defensivas não letais

Neste trigésimo primeiro capítulo, temos como objetivo específico desenvolver e praticar as Técnicas de submissão e as táticas defensivas não letais, de acordo com o previsto no UPF.

"Numa determinada ocasião, participei de uma dinâmica de grupo muito interessante. Era um teste com perguntas do tipo. Aliás, tente fazer! Ao ler as perguntas, tente respondê-las:

1. Escreva o nome dos últimos dez ganhadores do Oscar.
2. Escreva o nome de dez ganhadores de medalhas de ouro nas Olimpíadas.
3. Escreva o nome das cinco pessoas mais ricas do mundo.
4. Escreva o nome dos cinco últimos ganhadores do Prêmio Nobel da Paz.

E aí? Como foi com você? Você se lembrou de algum nome? Difícil, né? Pois é! Perceba que são pessoas famosas, não são anônimas! Mas os aplausos morrem, os prêmios envelhecem, e grandes acontecimentos são simplesmente esquecidos.

Logo após, participamos de outra dinâmica, dessa vez muito mais fácil, com perguntas do tipo:

1. Escreva o nome do professor que você mais gostava.
2. Escreva o nome de amigos que ajudaram você em momentos difíceis.
3. Escreva o nome de cinco pessoas que lhe ensinaram algo valioso.
4. Escreva o nome de pessoas que fizeram você se sentir amado e especial.
5. Escreva o nome de pessoas com quem você gosta de estar.

Sabe qual é a moral da história? As pessoas que fazem a diferença em nossa vida definitivamente não são aquelas que têm mais credenciais, dinheiro ou prêmios. São aquelas que se importam conosco! Essa é a razão para você se importar com o inconveniente; use o GPCI de forma que você faça a diferença na vida do inconveniente.

NÍVEL 5 – TÉCNICAS DE SUBMISSÃO

O nível 5 significa atividade de resistência ativa, e seremos forçados a usar técnicas de submissão. Liberdade, em filosofia, caracteriza a ausência de submissão e qualifica a independência do ser humano; liberdade é a autonomia. No nosso caso, as manobras de ataque, de uma maneira abrangente, são normalmente usadas para submeter o oponente, deixá-lo submisso. Devemos tirar a liberdade do oponente. Nessa fase, podemos ir além das técnicas de conexão e condução. Chegou o momento de usarmos técnicas de combate mais eficientes e eficazes, como chaves de mão, chaves de articulação, técnicas de projeção como um caminho para a submissão, aliadas às técnicas de imobilização e controle pelo pescoço, conhecido como 'mata-leão'.

No contexto da autodefesa, seria um ataque com potência aceitável, ou seja, força equilibrada em relação à velocidade, suficiente para suplantar a resistência do inimigo, ou melhor, desbancar a resistência do inimigo. Submissão tem a ver com domínio e não com imobilização. A dor nesse nível de força é um fato, ela existe, o quadro álgico é alto, mas controlado o suficiente para «superar e ofuscar» a intenção de fuga ou ainda do suspeito contra-atacar, por essa razão o nome submissão. Essa medida restritiva de liberdade foi necessária para garantir a segurança daquele que foi submetido.

A medida restritiva de direitos, foi fundamental à preservação do próprio direito, por ele diminuído, ou reduzido a limites mais rígidos, mais rigorosos; para a sua própria segurança. Você se lembra desse princípio?

NÍVEL 6 – TÁTICAS DEFENSIVAS NÃO-LETAIS

Agora, avançaremos para o nível 6, que implica em uma ameaça física agressiva. Como consequência, utilizaremos táticas defensivas não letais. Isso indica que o confronto se tornou inevitável, ou seja, "didaticamente" precisamos acreditar que falhamos em todas as estratégias anteriores. Fomos deficientes na presença física, na diplomacia e no uso da força da lei como ameaça, além de não termos demonstrado competência no uso das técnicas de mãos livres e de submissão. Portanto, somos obrigados a avançar para a penúltima estratégia, que envolve um ataque com técnicas de traumatização.

Embora essa não seja uma verdade absoluta, a chegada ao nível 6 do uso progressivo da força do GPCI indica a existência de falhas na aplicação dos níveis anteriores, bem como falhas nas estratégias de segurança. Para nós, isso é inquestionável. Sendo assim, conscientes dos erros cometidos, adotaremos todas as medidas e atitudes preventivas necessárias para administrar o problema. Nem sempre conseguiremos subjugar o inimigo sem lutar. Agora, se o inimigo partir para a agressão, linhas de ação mais enérgicas, mas ainda adequadas para inibir de imediato a ação inconveniente ou o ato de hostilidade, serão plenamente justificadas.

Nessa fase, serão utilizadas todas as técnicas de traumatização não letais apropriadas para deter e subjugar o agressor. Serão empregadas técnicas de traumatização musculares, articulares, ligamentares e ósseas, bem como técnicas de projeção, controle pelo pescoço e estrangulamentos com domínio e gestão. Também cabe o uso de armas brancas neste nível, desde que eliminemos a possibilidade de ataques em pontos vitais, ou seja, com a intenção letal.

As decisões sobre quais técnicas usar, onde, como, em quem, quando e por que usar são fundamentais e devem estar bem definidas. É essencial ter em mente que iniciativa, bom senso e discernimento são características imprescindíveis para decidir rapidamente e corretamente, e este tipo de decisão precisa ser sempre impecável.

É importante enfatizar que não devemos ser surpreendidos, pois estamos no nível 6. Caso isso aconteça, o confronto se tornará inevitável. O risco da reação deve ser sempre planejado e consciente, dentro do uso proporcional da força. Após obtermos o domínio da situação, utilizaremos todos os recursos apropriados para manter, com autoridade e poder, a submissão do indivíduo.

Você se lembra deste princípio? Embora não seja uma verdade absoluta, trata-se de um princípio didático:

«Se formos obrigados a utilizar segurança de alto impacto para gerenciar um comportamento inconveniente, é porque falhamos ou fomos incompetentes. No entanto, se não utilizarmos, permitindo assim o agravamento da situação com comprometimento da segurança, merecemos severas críticas. Mas se formos profissionais qualificados em GPCI, merecemos demissão por justa causa.»

Resumindo, se nos vemos obrigados a utilizar os últimos níveis do UPF – Uso Proporcional da Força, devemos fazê-lo sem hesitar, sem tartamudear. No que diz respeito aos profissionais de segurança, é necessário que todos os objetivos estejam bem definidos estrategicamente: «acesso restrito», «cumprimento de normas e diretrizes», «separar uma briga», «impedir uma briga», «expulsar arruaceiros», «dominar um indivíduo drogado», «sensibilizar um agitador» e assim por diante. Para cada uma dessas situações, existem linhas de ação bem definidas e técnicas simples de defesa pessoal que precisam ser treinadas exaustivamente. Essas técnicas serão ensinadas didaticamente pelo Mestre Sylvio Behring, tanto no gpci.online como nos seminários presenciais, incluindo «técnica do sanduíche», «técnicas de condução e algemas», «técnicas de imobilização e domínio», «técnicas de projeção», «técnicas de estrangulamento», «técnicas de chaves de articulação» e até mesmo «técnicas de traumatização» em situações extremas.

Linhas de ação que um profissional de segurança pode adotar para prevenir, minimizar ou impedir que pessoas inconvenientes desrespeitem o acesso restrito:

1. **Identificação e controle de acesso:**

- Implementar um sistema de identificação rigoroso, como crachás, cartões de acesso ou biometria, para garantir que apenas pessoas autorizadas tenham permissão de entrada em áreas restritas.

2. **Monitoramento:**

- Utilizar câmeras de vigilância e sistemas de monitoramento para acompanhar as áreas restritas, permitindo uma visão ampla e identificação rápida de comportamentos inadequados.

3. **Fiscalização e força de presença:**

- Realizar rondas regulares nas áreas restritas, demonstrando presença física e inibindo potenciais invasores.

4. **Comunicação efetiva:**

- Estabelecer canais de comunicação claros e eficientes para relatar atividades suspeitas ou violações de acesso, tanto entre a equipe de segurança quanto com outros funcionários.

5. **Treinamento de funcionários:**
- Capacitar os funcionários para que estejam cientes dos procedimentos de segurança, compreendam a importância do acesso restrito e saibam como agir caso identifiquem uma situação suspeita.

6. **Barreiras físicas:**
- Utilizar obstáculos físicos, como cercas, portões com trancas, catracas ou cancelas, para controlar o fluxo de pessoas e dificultar o acesso não autorizado.

7. **Inspeções de bagagens:**
- Realizar verificações de bagagens, mochilas ou pertences pessoais, quando necessário, para garantir que não haja itens proibidos ou perigosos entrando nas áreas restritas.

8. **Acompanhamento e registro de visitantes:**
- Estabelecer um sistema de registro de visitantes, exigindo informações como nome, motivo da visita e horário de entrada e saída, a fim de rastrear quem está presente nas áreas restritas.

9. **Política de tolerância zero:**
- Estabelecer uma política clara de que violações ao acesso restrito serão tratadas com rigor e poderão resultar em medidas disciplinares ou legais, a fim de dissuadir comportamentos inconvenientes.

10. **Análise e aprimoramento contínuo:**
- Realizar avaliações regulares dos procedimentos de segurança, identificando pontos fracos e implementando melhorias constantes para garantir a eficácia do controle de acesso.

Essas linhas de ação podem variar dependendo do ambiente específico e das necessidades de segurança, mas fornecem uma base sólida para prevenir, minimizar ou impedir o acesso não autorizado em áreas restritas.

A revista pessoal é uma prática que envolve a verificação física dos pertences pessoais e, em alguns casos, do próprio indivíduo, com o objetivo de garantir a segurança e prevenir a entrada de itens proibidos ou perigosos em determinados locais. No entanto, é importante ressaltar que a inspeção pessoal deve ser realizada com respeito aos direitos individuais e de acordo com as leis e regulamentos aplicáveis. Abaixo estão algumas diretrizes que podem ser seguidas ao realizar inspeções pessoais:

- **Procedimentos claros e consistentes:** Estabeleça procedimentos bem definidos para a inspeção pessoal, garantindo que sejam seguidos de forma consistente e aplicados a todas as pessoas de maneira imparcial.

- **Treinamento adequado:** Forneça treinamento adequado aos profissionais de segurança sobre como realizar inspeções pessoais de forma eficiente, respeitando os direitos individuais e evitando constrangimentos desnecessários.

- **Consentimento informado:** Sempre que possível, obtenha o consentimento informado da pessoa que será submetida à inspeção pessoal, explicando claramente os motivos e procedimentos envolvidos.

- **Privacidade e dignidade:** Realize as inspeções em um local apropriado, respeitando a privacidade e a dignidade da pessoa. Evite realizar inspeções em público, a menos que seja uma situação de segurança iminente.

- **Sensibilidade cultural e de gênero:** Esteja ciente das diferenças culturais e de gênero e adapte os procedimentos de inspeção pessoal, se necessário, para evitar ofensas ou desconforto desnecessários.

- **Uso de equipamentos e tecnologias:** Utilize equipamentos e tecnologias adequados para auxiliar na inspeção, como detectores de metais, scanners de bagagem ou raios-X, quando apropriado e permitido pelas regulamentações.

- **Registro e documentação:** Mantenha um registro adequado das inspeções realizadas, incluindo detalhes relevantes, como data, hora, motivo, pessoa responsável pela inspeção e quaisquer descobertas relevantes.

- **Comunicação clara:** Explique às pessoas que estão sendo submetidas à inspeção pessoal o motivo da mesma e o que está sendo procurado, promovendo transparência e compreensão.

- **Respeito aos direitos humanos:** Assegure-se de que as inspeções pessoais sejam conduzidas de acordo com os direitos humanos e que não haja discriminação baseada em raça, religião, etnia, gênero, orientação sexual ou qualquer outro motivo protegido por lei.

- **Revisão e aprimoramento:** Regularmente revise os procedimentos de inspeção pessoal, levando em consideração o feedback dos indivíduos inspecionados e buscando aprimoramentos contínuos para garantir a eficácia e o respeito aos direitos individuais.

É importante lembrar que a inspeção pessoal deve ser realizada dentro dos limites legais e em conformidade com as políticas e regulamentos estabelecidos pela organização ou pelas autoridades competentes.

É fundamental que estejamos sempre em busca de novos conhecimentos e aprimorando as técnicas que já aprendemos. Sabemos que o tempo é implacável, é verdade, porém, também é soberano. Quando nos dedicamos verdadeiramente, as coisas acontecem. Por vezes, nos perguntamos: "O que eu fiz para merecer isso?" ou "Por que estou passando por isso?". Há uma analogia que recebi pela internet que nos ajuda a compreender esse tema com mais clareza.

A filha contava para a mãe como tudo estava dando errado. Ela disse que não se saiu bem na prova de matemática, que o namorado resolveu terminar com ela e que sua melhor amiga estava se mudando para outra cidade. Enquanto isso, sua mãe preparava um bolo e perguntou se a filha gostaria de um pedaço, ao que ela respondeu:

- Claro, mãe! Adoro seus bolos! Aqui está, um pouco de óleo de cozinha, filha.
- Credo, mãe! Eu não quero isso. Então, que tal comer uns ovos crus?
- Ovos crus, mãe? Que nojo, você está ficando louca? Filha, você quer um pouco de farinha de trigo ou bicarbonato de sódio?
- O que está acontecendo, mãe? Pare com isso! Nada disso puro presta!
A mãe então respondeu:
- É verdade filha, todas essas coisas parecem ruins sozinhas, mas quando as colocamos juntas, na medida certa, elas se transformam num bolo delicioso. Não é verdade?

Acredito que tudo concorre para o nosso bem; nós precisamos acreditar e fazer sempre o nosso melhor. É gratificante quando começamos a perceber que tudo tem uma correlação, que tudo o que acontece tem um motivo. Se nos esforçamos ao máximo em algo e não deu certo, paciência! Não era para ser! É aquela história: se não fizemos melhor, foi por incompetência (a minha competência é limitada, tem seus limites), não por maldade, por ter feito corpo mole! Isso não seria correto! Portanto, sempre dê o seu máximo! Ele é suficiente!

Referências:

- UNODC - https://www.unodc.org – Uso da Força
- Pena Restritiva de Direitos – TJDFT – tjdft.jus.br
- A Arte da Guerra – Sun Tzu
- Constituição Federal de 1988
- https://portal.stf.jus.br/publicacaotematica
- Forum Brasileiro de Ciências Policiais – cienciaspoliciaisbrasil.com.br
- O outro lado do amor – The other side of love – Dr. Gary Chapman.
- A Bíblia Sagrada.
- Segurança é Prevenção – Editora Ciência Moderna.

Capítulo 32

Triângulo da força letal

Neste trigésimo segundo capítulo, temos como objetivo específico desenvolver e praticar habilidades técnicas e emocionais, para tomada de decisão nos encontros de força.

NÍVEL 7 – FORÇA LETAL

Finalmente, chegamos ao nível 07: força letal. Estamos falando do último recurso para defesa própria e para proteger nossa integridade física, bem como a de terceiros. Para começarmos, é interessante refletirmos sobre uma citação de Lao-Tse:

"A perfeição do líder é ser pacífico; do guerreiro, não ter raiva; do vencedor, não lutar; do que se utiliza dos outros, colocar-se abaixo deles."

TRIÂNGULO DA FORÇA LETAL

O nível 7 representa o fechamento do Triângulo da Força Letal, modelo utilizado para tomar decisões em situações de confronto. Esse triângulo é composto por três fatores: habilidade, oportunidade e risco, os quais precisam estar presentes para justificar o uso da força letal.

HABILIDADE

Habilidade refere-se à capacidade física do suspeito de causar danos ao agente de segurança pública/privada ou a outras pessoas inocentes. É importante ressaltar que essa habilidade não se refere à capacidade física do agente, mas sim do agressor. Essa habilidade pode ser representada pelo agressor que possui uma arma de fogo, uma faca, um gargalo de garrafa, ou ainda por uma habilidade em artes marciais ou por uma compleição física avantajada.

Por exemplo, se um suspeito já foi preso anteriormente por porte ilegal de arma e foi encontrado em sua casa um arsenal de armas e munições, é necessário abordá-lo com cautela, pois ele possui habilidade para usar essas armas de forma letal.

Um outro exemplo, imagine um suspeito que possui uma extensa ficha criminal, incluindo passagens por violência física. Além disso, ele é conhecido por sua destreza em artes marciais e possui um histórico de lutas vitoriosas em competições. Nesse caso, a habilidade desse suspeito em causar danos físicos é evidente, tornando necessária uma abordagem cautelosa por parte dos agentes de segurança.

OPORTUNIDADE

Oportunidade refere-se ao potencial do suspeito em utilizar sua habilidade e qualidades físicas para causar graves danos, seja matando ou ferindo. Trata-se do potencial latente do agressor em utilizar sua habilidade para cometer atos letais contra agentes de segurança pública/privada ou outras pessoas. No entanto, sempre há um risco envolvido.

Um exemplo ilustrativo para esse fator de oportunidade seria o seguinte: imagine que um suspeito esteja em uma festa com uma arma na cintura e com a intenção de atirar em um indivíduo que ele acredita ter roubado algo dele. Embora ele ainda não tenha tido a oportunidade de atirar, sua presença na festa e o fato de estar armado representam uma ameaça latente.

Um outro exemplo, considere um suspeito que é conhecido por carregar uma arma ilegalmente e possui conexões com uma gangue local. Em determinada noite, ele está em um ambiente agitado, como um clube noturno, onde há uma rivalidade entre gangues. Embora ele ainda não tenha realizado nenhuma ação violenta, sua presença no local e o fato de estar armado criam uma ameaça latente, representando uma oportunidade em potencial para ele utilizar sua habilidade e causar danos graves aos outros presentes. Nesse caso, a presença de agentes de segurança é crucial para prevenir conflitos e garantir a segurança das pessoas.

RISCO

Risco é quando o suspeito toma vantagem da sua habilidade e oportunidade, para nos colocar ou colocar outra pessoa inocente em um iminente perigo físico. Perceba! ou imediato risco de morte ou de lesões graves. Uma situação na qual, uma pessoa suspeita de um crime, se recusa a largar a arma quando acuada após uma perseguição. Essa escolha pode eleger um indicativo de risco, ela fecha o triângulo da força letal; exatamente onde entra a legítima defesa!

Imagine que um suspeito está fugindo da polícia em alta velocidade em uma perseguição de carro. Ele entra em uma área residencial movimentada e continua a dirigir perigosamente, colocando em risco a vida de pedestres e outros motoristas. Nesse caso, o risco é iminente e a força letal pode ser justificada para proteger as vidas em risco.

Imagine uma situação em que um suspeito de roubo tenha invadido um estabelecimento comercial, mantendo reféns e ameaçando-os com uma arma. Nesse caso, o risco é evidente, pois há a possibilidade iminente de que o suspeito cause danos físicos graves aos reféns ou aos agentes de segurança que tentam contê-lo. O fator de risco está relacionado à periculosidade da situação e à potencialidade de danos irreversíveis. É fundamental que os agentes de segurança avaliem cuidadosamente o risco envolvido antes de tomar qualquer ação, priorizando a segurança das vítimas e deles próprios. Vamos lá mais uma vez, Sun Tzu nos ensina que:

"Na guerra não existem regras fixas. Ele diz que essas regras que não são fixas, só podem ser talhadas, construídas, de acordo com as circunstâncias. E ele finaliza colocando que: É divino quem altera suas táticas em conformidade com a situação do inimigo".

O artigo 23 do código penal diz que não há crime quando o agente pratica o fato:

- Em estado de necessidade;
- Em legítima defesa;
- No estrito cumprimento do dever legal;
- No exercício regular de direito.

ESTADO DE NECESSIDADE - Art. 24 CP

> *"Considera-se em estado de necessidade quem pratica o fato para salvar de perigo atual, que não provocou por sua vontade, nem podia de outro modo evitar, direito próprio ou alheio, cujo sacrifício, nas circunstâncias, não era razoável exigir-se."*

Há dois bens que precisam ser colocados numa balança, e os dois bens são defendidos pelo nosso ordenamento jurídico. Porém, esses dois bens entram em conflito. Existe uma colisão de bens num determinado momento. Podemos ter no estado de necessidade dois bens iguais ou um mais importante, exemplo: uma vida em detrimento de um patrimônio; a vida é óbvio, é mais importante. Agora, no caso de «duas vidas» em choque, existe aquele exemplo clássico de estado de necessidade:

1. Imagine você dentro de um barco afundando com duas pessoas e apenas um colete, você luta por esse colete para não morrer afogado, luta para garantir a sua sobrevivência; você não cometeu crime e a sua conduta é considerada lícita.

2. Imagine a seguinte situação: você está caminhando em uma rua deserta durante a noite, quando de repente é abordado por um indivíduo armado que exige que você entregue seu celular e carteira. Você percebe que não há ninguém por perto para ajudá-lo e que sua vida está em perigo iminente. Nesse momento, você avista um pedaço de madeira próximo a você. Para se defender e garantir sua integridade física, você decide pegar o pedaço de madeira e acertar o agressor, incapacitando-o temporariamente. Em seguida, você consegue fugir e chamar a polícia.

Nesse caso, sua conduta de utilizar o pedaço de madeira para se defender configura um estado de necessidade. Você agiu para salvar-se de um perigo atual, não provocou a situação de perigo e não havia outra forma razoável de evitar o risco à sua integridade física. Portanto, sua conduta estaria amparada pelo estado de necessidade, caracterizando uma excludente de ilicitude.

Vale ressaltar que, em cada situação, é fundamental avaliar os elementos específicos do estado de necessidade e analisar se todas as condições estão presentes para que essa excludente seja aplicada de acordo com as circunstâncias particulares do caso.

ESTRITO CUMPRIMENTO DO DEVER LEGAL E EXERCÍCIO REGULAR DE DIREITO

O estrito cumprimento do dever legal e o exercício regular de direito são defesas que podem ser utilizadas em casos criminais para justificar a conduta de uma pessoa. O estrito cumprimento do dever legal é aplicável quando um agente da lei está desempenhando uma obrigação legal, como um policial que utiliza a força para prender um criminoso. Nessa situação, o agente não comete um crime, pois está agindo de acordo com a lei.

O exercício regular de direito é semelhante, mas se aplica quando alguém age conforme um direito previsto em lei, como é o caso da prática de esportes de luta, como MMA ou boxe. Nesse contexto, a pessoa não está cometendo um crime, pois está exercendo um direito legalmente permitido.

É importante ressaltar que, em ambas as situações, é necessário que a conduta esteja em conformidade com a lei e que não haja excessos ou abusos. Caso contrário, o agente ou a pessoa pode ser responsabilizado criminalmente. Por exemplo, um policial que utiliza força ao prender um criminoso, está agindo no estrito cumprimento do dever legal. Da mesma forma, um lutador de MMA que participa de uma luta de forma regulamentada e autorizada, está agindo no exercício regular de direito. No entanto, se o policial utilizar força excessiva ou o lutador agir de maneira imprudente, causando danos físicos desnecessários, eles podem ser responsabilizados criminalmente, mesmo que a conduta tenha ocorrido durante o estrito cumprimento do dever legal ou no exercício regular de direito.

LEGÍTIMA DEFESA

O Estado não pode estar em todos os lugares simultaneamente, portanto, permite-se que as pessoas possam agir em sua própria defesa em determinadas situações. No entanto, é importante destacar que a legítima defesa não é algo ilimitado. Ela ocorre quando empregamos, de maneira equilibrada, todos os recursos necessários para impedir uma agressão injusta, atual, iminente e próxima, seja contra nós ou contra terceiros. A legítima defesa ampara qualquer bem juridicamente tutelado e protegido, mas existem exceções.

A primeira exceção é quando é possível buscar auxílio do Estado. Por exemplo, se você foi ameaçado, mas não existe um risco iminente, nesse caso é recomendável buscar ajuda do Estado. A segunda exceção são os bens jurídicos comunitários. Por exemplo, não é legítima defesa agredir o prefeito porque você não concorda com a construção de uma ponte ou um viaduto.

Para que a legítima defesa seja configurada, é necessário haver um equilíbrio entre o bem jurídico em risco e o bem jurídico ofendido por quem alega a legítima defesa. Em termos claros, matar alguém para proteger uma coleção de orquídeas ou selos raros não configura legítima defesa, uma vez que o bem jurídico ofendido (vida) é mais importante do que o bem jurídico ameaçado (propriedade). Nesse caso, não há equilíbrio. Isso é válido mesmo que a vida em questão seja de criminosos.

Existem dois tipos de legítima defesa: autêntica e putativa. A legítima defesa autêntica, ou real, ocorre quando a situação de legítima defesa está de fato acontecendo no mundo concreto, na realidade. Já a legítima defesa putativa, ou imaginária, ocorre quando a causa de justificação existe apenas na mente do agente. Por exemplo, se um suspeito realiza um movimento abrupto, imprevisto e brusco, e era apenas para mostrar sua identidade, mas o agente imaginou que fosse uma arma.

Muitas vezes, estamos no caminho certo, indo muito bem, quando uma palavra descabida, uma colocação indevida, um olhar prepotente ou um sorriso irônico por parte do inconveniente aciona o gatilho que desencadeia um processo de surto. Por isso, é importante o treinamento, pois ele impede que esses gatilhos sejam acionados. Corremos esse risco, acredite, jamais devemos desprezar essa possibilidade. É necessário ter consciência para não responder posteriormente pelo chamado excesso punível. Quem deve ser inteligente e esperto somos nós, não o inconveniente; ele é o que é.

A ação defensiva é caracterizada pelo saque da arma e pelo disparo propriamente dito, que interrompem a «injusta agressão», não importando a quantidade de ações necessárias para isso. As «ações necessárias» referem-se ao número de acionamentos do gatilho. O «excesso» ocorre quando, após a finalização da ação defensiva, desnecessariamente, prossegue-se com a ação. Por exemplo: em um bar, alguém se aproxima de mim com uma faca ou um gargalo de garrafa. Eu saco meu revólver, de posse e porte legal, e realizo apenas um disparo, resultando na queda do indivíduo sem reação. Nesse momento, eu interrompi a «injusta agressão». Se eu decidir aproveitar a situação e, no calor da emoção, realizar outro disparo, o chamado «confere», eu serei responsabilizado por homicídio doloso devido ao excesso. No entanto, na mesma situação descrita, se eu precisar de cinco disparos para interromper a «injusta agressão», ou seja, se forem necessárias cinco ações, estarei respaldado pela legítima defesa. Você consegue perceber a sutil diferença? Portanto, a quantidade de «ações necessárias» não importa.

Outra questão muito importante é tomar cuidado para não causar danos à integridade corporal e à saúde do indivíduo inconveniente durante a aplicação de uma técnica de submissão. Devemos ter cuidado ao utilizar táticas defensivas não letais, para não perder o equilíbrio emocional nem comprometer nossas qualidades comportamentais. Caso isso ocorra, inevitavelmente poderemos cometer excessos. Por isso, é importante aplicar a inteligência emocional, avaliando nossos próprios sentimentos e, ao mesmo tempo, compreendendo os sentimentos dos outros.

Muitas vezes, uma intervenção descontrolada, realizada de forma mais enérgica, pode resultar em incapacidade temporária para atividades habituais, incapacidade permanente para o trabalho, enfermidade incurável, perda ou inutilização de um membro, sentido ou função, e até mesmo deformidade permanente. Não desejamos esses resultados, não assumimos o risco de produzi-los, mas, envolvidos pelas circunstâncias, acabamos vinculados a esses resultados.

É fato que existe o perigo de perdermos a inteligência emocional e a qualidade comportamental. Surge a pergunta: como podemos perder esses aspectos essenciais? De acordo com o código penal, podemos comprometer nossa qualidade comportamental por motivos de relevante valor social ou moral, ou ainda sob o domínio de violenta emoção, imediatamente após uma provocação injusta da vítima. Em tais casos, é fundamental enfrentar as consequências de nossas ações impensadas e jamais deixar de prestar imediato socorro à vítima.

OMISSÃO DE SOCORRO

O art. 135 do nosso código penal estabelece que a "omissão de socorro", entre outras condutas, consiste em deixar de prestar socorro a alguém em grave e iminente perigo. No entanto, isso não significa que você precise ser um herói e colocar em risco a sua própria segurança, ou a segurança de outras pessoas, para ajudar alguém que necessita de socorro. Não seria lógico colocar uma vida em perigo para salvar outra. Nessas circunstâncias, não há crime. Deixe-me fazer um comentário: você conhece o ditado "Quem está na chuva é para se molhar"? Quando tomamos decisões, devemos estar cientes das consequências que advirão daquelas ações. O risco é uma realidade que não podemos negar. Por isso, reiteramos essa afirmação várias vezes ao longo do curso. Ninguém se torna bom em algo que não pratica. Precisamos sempre ter em mente que, quando a cabeça não pensa, o corpo sofre. Para concluir esse tema, vamos refletir profundamente sobre as leis, utilizando mais um desses textos inspiradores da internet, embora seu autor seja desconhecido.

No primeiro dia de aula, o professor da disciplina "Introdução ao Direito" entra na sala, faz uma rápida avaliação visual e se dirige a um aluno sentado na primeira fila mexendo no celular, fazendo a seguinte pergunta:

- Qual é o seu nome?
- Chamo-me Nelson, senhor.
- SAIA AGORA DA MINHA AULA E NÃO VOLTE NUNCA MAIS COM O CELULAR! - Gritou o professor de forma impertinente. Nelson ficou desconcertado, mas tentou explicar que estava colocando o celular no modo silencioso, quando foi novamente interrompido com um sonoro SAIA AGORA! Após se recuperar do susto, ele levantou-se rapidamente, recolheu seus pertences e deixou a sala. Todos ficaram assustados e indignados, e um silêncio tomou conta do ambiente, apenas o zumbido de um mosquito era ouvido.
- Agora sim! Vamos começar.
- Para que servem as leis? - perguntou o professor. Os alunos ainda não haviam se recuperado do susto, mas gradualmente começaram a responder à pergunta.
- Para garantir a ordem em nossa sociedade.
- Não! - respondeu o professor.
- Para obedecê-las!
- Não!
- Para que as pessoas erradas sejam responsabilizadas por suas ações.
- Não! Será que ninguém sabe responder a essa pergunta?
- Para garantir a justiça! - falou timidamente uma garota.
- FINALMENTE! É ISSO! PARA GARANTIR A JUSTIÇA! E PARA QUE SERVE A JUSTIÇA? – Berrou o professor. Todos começaram a ficar muito incomodados com aquela atitude grosseira, arrogante e prepotente do professor, no entanto, continuaram respondendo.
- Para salvaguardar os direitos humanos!
- Ok, mais alguma coisa? – Perguntou o professor.
- Para estabelecer a diferença entre o certo e o errado, e também para premiar aqueles que praticam o bem!
- Ok, não está mal, mas me respondam: AGI CORRETAMENTE AO EXPULSAR O NELSON DA AULA? Todos ficaram calados, ninguém respondeu.
- Quero uma resposta decidida e unânime! Agora, já! JÁ!
- NÃO! Todos responderam de forma unânime.
- Poderíamos dizer que EU cometi uma injustiça?
- SIM!
- E por que ninguém fez nada a respeito? Para que servem as leis e as regras, se não temos a vontade necessária para praticá-las? Cada um de vocês tem a obrigação de reclamar quando presenciarem uma injustiça. Não fiquem calados novamente, nunca mais! ENTENDERAM?

- SIM, SENHOR, ENTENDEMOS!
- Aguardem aqui na sala! Eu vou lá fora buscar o Nelson!
- Falou com firmeza, pegando suas coisas e caminhando em direção a porta.
- Afinal pessoal, ele é o Professor! Eu sou apenas um aluno do último período!

Para reflexão: *Calar-se! Não brigar pelos seus direitos, é um comportamento bastante inconveniente. Quando não defendemos os nossos direitos, perdemos a dignidade; e dignidade não se negocia. Quem não briga pelos seus direitos, não merece direitos.*

Referências:

- UNODC - https://www.unodc.org – Uso da Força
- A Arte da Guerra – Sun Tzu
- Constituição Federal de 1988
- https://portal.stf.jus.br/publicacaotematica
- Forum Brasileiro de Ciências Policiais – cienciaspoliciaisbrasil.com.br
- O outro lado do amor – *The other side of love* – Dr. Gary Chapman.
- Segurança é Prevenção – Editora Ciência Moderna.

Capítulo 33

Não basta que a mulher de César seja honesta

Neste trigésimo terceiro capítulo, temos como objetivo específico desenvolver e praticar estratégias de segurança com foco no ganho de força de presença.

Existe um ditado muito antigo que diz o seguinte: *"Não basta que a mulher de César seja honesta, ou seja, ela tem que parecer honesta."* César era um título dado aos imperadores de Roma. Perceba, não basta que a esposa do imperador de Roma seja honesta, ela precisa "parecer honesta". Ela pode ser honestíssima, mas se tiver um linguajar vulgar, essa linguagem pode comprometer sua imagem. Se ela se veste de forma vulgar, se comporta de maneira equivocada, sorri de forma escandalosa ou maliciosa, ou olha de forma inadequada para as pessoas, tanto ela quanto o imperador terão diversos problemas.

Nossa natureza humana é preconceituosa! Os súditos precisam olhar para a esposa do imperador e enxergar uma verdadeira rainha. Agora, mais uma vez, deixe-me fazer uma observação, isso não tem nada a ver com machismo. Perceba, não basta que o marido de Cleópatra seja honesto, ele precisa parecer honesto. Se ele for honestíssimo, mas tiver aparência, olhar, linguajar e postura de um homem "galinha", tanto ele quanto Cleópatra, a mais famosa rainha do Egito, terão sérios problemas. O mesmo acontece com um profissional de segurança, ele pode ser muito bom tecnicamente, mas se o criminoso olhá-lo, avaliá-lo e ACHAR que ele é bobo, fraco ou despreparado, não importa quão habilidoso ele seja tecnicamente, o criminoso seguirá com sua intenção criminosa. Perceba que não importa se o profissional de segurança é faixa preta, atirador ou possui cursos de comandos e forças especiais, isso é irrelevante. Se o criminoso olhar e achar que ele é fraco, acredite, tentará realizar a ação criminosa.

Perceba que a decisão é do criminoso, com base no que ele acha, e não no que o profissional de segurança acha. Não adianta o sujeito se achar bom, quem precisa ter uma opinião é o criminoso, e se o criminoso achar que o profissional de segurança é fraco, ele tentará, ele decidirá pela ação criminosa. Entenda que se houver troca de tiros, mesmo que o criminoso morra, o risco é uma realidade e NÃO É ISSO QUE NÓS QUEREMOS, tampouco é isso que o cliente quer. O cliente, ao contratar uma empresa de segurança, espera que a empresa forneça alguém treinado e preparado tecnicamente, mas que, acima de tudo, tenha presença forte e transmita sensação de segurança. O provável criminoso, ao olhar para o profissional de segurança, deve pensar imediatamente o seguinte:

"Caramba, esse sujeito não é bobo... Ele está ligado! Se eu tentar alguma coisa, vou me dar mal..."

Aí sim, ele abortará a intenção criminosa. É isso que todos querem, é isso que o cliente quer. O cliente não deseja ter corpos na frente ou dentro de sua empresa, não quer manchetes na mídia envolvendo o nome de sua empresa, não quer trocas de tiros, delegacias policiais, horas perdidas com depoimentos intermináveis, reconhecimento, enfim, o cliente não quer problemas, ele quer paz.

Sun Tzu nos ensina que *"O mérito supremo consiste em quebrar a resistência do inimigo sem lutar."* Ele também nos ensina que, se você deseja que o inimigo venha de boa vontade, basta apresentar suas fraquezas e despreparo. É algo simples, mas muitas pessoas têm extrema dificuldade em entender isso. Estamos enfocando todas essas estratégias de segurança porque o mesmo deve ocorrer com você. Você precisa desenvolver sua presença física, de modo que as pessoas olhem para você e enxerguem alguém inteligente e emocionalmente equilibrado, mas que represente um grande obstáculo para intenções ilícitas. Portanto, exercer autoridade com elegância precisa ser desenvolvido diariamente, por meio de treinamento constante.

Referências:

- A Arte da Guerra – Sun Tzu
- Segurança é Prevenção – Editora Ciência Moderna.

Capítulo 34

Coluna intelectual – Inteligência cognitiva

Neste trigésimo quarto capítulo, temos como objetivo específico desenvolver e explicar a coluna intelectual do GPCI.

COLUNA INTELECTUAL - INTELIGÊNCIA COGNITIVA

Aprendi, na Brigada de Infantaria Paraquedista, uma oração que todo paraquedista conhece muito bem. Nessa oração, pedimos por insegurança, inquietação, luta e tormenta. Pedimos aquilo que os outros não querem, mas, no final, também pedimos coragem, força e fé. Durante muitos anos, fiz esse pedido a Deus sem entender completamente o sentido dessa oração. Na verdade, achava um pouco estranho pedir por insegurança, inquietação, luta e tormenta, mas repetia algo que se tornara uma tradição entre os paraquedistas. Somente trinta anos depois de ter passado para a reserva, compreendi a essência e a profundidade do que apenas repetia.

A primeira coisa que aprendemos no GPCI é que segurança é prevenção. Também aprendemos a pensar em medidas e atitudes preventivas; não podemos permitir que os conflitos e problemas ocorram para depois apresentarmos soluções geniais, isso seria uma desculpa pela incompetência. Aprendemos que nossa missão é administrar conflitos e problemas, nunca criar. É nesse ponto que as coisas começam a ficar complicadas. Para administrarmos os conflitos e problemas dos outros, é necessário que saibamos administrar os nossos primeiros e, entre nós, não são poucos, não é mesmo? Não faltam conflitos e problemas em nossas casas, famílias, trabalhos, com nossos amigos, enfim, em nossa vida. Mas são exatamente eles que nos fazem crescer, evoluir e ficar cada vez mais fortes. Como disse, fiquei muito tempo sem entender o sentido dessa oração, mas hoje entendo.

Até pouco tempo atrás, às vezes me pegava pensando na possibilidade de um dia "chutar o balde", fechar os olhos e não me importar com tudo e todos, deixar o mundo explodir enquanto eu aproveitava minha vida. Certamente, meus conflitos e problemas desapareceriam como num passe de mágica, já que eu não incomodaria mais e também não seria incomodado por ninguém, nem mesmo o maior inimigo me afetaria, uma vez que eu não faria diferença alguma neste mundo. Mas convenhamos, seria egoísmo demais! Covardia demais! Fui abençoado com muitos amigos, Deus me deu uma linda esposa temente a Deus, comprometida e amiga, três filhos incríveis, meu neto Daniel, o amigo, irmão e Mestre Sylvio Behring como sócio, e uma equipe de profissionais e amigos de alto nível. Portanto, embora haja grandes desafios, desistir nunca é uma opção. Apesar das diferenças e individualidade biológica, todos compartilham o mesmo pensamento e a mesma filosofia, e essa é, com certeza, nossa maior vantagem competitiva.

Quando a opção é buscar paz, o segredo é comprar uma casinha branca com portas e janelas azuis lá no alto da montanha. Lá, a gente "planta milho e cria galinha", não é assim? Na verdade, isso seria apenas uma "medíocre beleza de imaginação fértil", sabe por quê? Quando optamos pela paz, sabemos que não existe paz sem luta, sem sacrifícios e, para isso, é necessário que busquemos de forma persistente coragem, força e fé. William Shakespeare nos ensina que:

"Se os nossos sonhos estão lá nas nuvens, eles estão no lugar certo; cabe a nós construir os alicerces."

Existem quatro pilares do GPCI que consideramos necessários construir para manter nossos sonhos firmes lá no alto. Vamos conhecer detalhadamente essas colunas do GPCI. Esses pilares nos darão uma base sólida para avançarmos nos conceitos técnicos e nas estratégias de segurança.

O primeiro pilar é o intelectual, a inteligência cognitiva, que estudaremos a partir de agora. Precisamos trabalhar a memória, a atenção, a linguagem, a percepção e as funções executivas. É necessário que saibamos expressar nossas ideias e sugestões no papel, de forma clara, precisa e concisa, pois isso nos ajudará muito na verbalização. Eu e o Sylvio estamos convencidos de que as pessoas que têm a habilidade de colocar suas ideias e sugestões no papel, de forma clara, precisa e concisa, são aquelas que possuem o hábito da leitura, gostam de ler, se divertem e se colocam como personagens. Sabem se posicionar quando leem, acionando todas as suas capacidades cognitivas e emocionais para agir de acordo com os sentidos que emergem dali.

Caso tenhamos consciência de uma possível limitação nesse sentido, é fundamental que iniciemos imediatamente um programa de treinamento para reverter esse quadro. Obviamente, estamos nos referindo ao hábito de leitura. É pressuposto que só escreve bem quem é leitor. Percebemos facilmente que as pessoas mais próximas dos livros são aquelas que argumentam melhor e também são mais eficientes na arte da verbalização. Inevitavelmente, absorvem as técnicas do GPCI com mais facilidade e competência.

"Se você não tem tempo para ler, é porque ler não é uma prioridade para você."

É notório que as pessoas que não têm o hábito de ler enfrentam mais dificuldades ao verbalizar ou contra-argumentar. Portanto, devemos desenvolver o hábito da leitura para adquirirmos poder de convencimento, como já mencionamos anteriormente. Se temos essa limitação, é importante reconhecê-la e iniciar um trabalho para superá-la. Não é algo difícil de fazer. Perceba que, de maneira geral, aqueles que têm essa dificuldade são normalmente excluídos das decisões e, consequentemente, do poder. Mais do que nunca, o mercado de trabalho necessita de profissionais que, com sabedoria, saibam gerenciar pessoas que se comportam de maneira inconveniente.

O texto abaixo é pertinente e bastante interessante para nossa reflexão: Bill Gates explica por que sua filha não pode se casar com um homem pobre. Há alguns anos, houve uma conferência nos EUA sobre investimento e finanças. Um dos palestrantes foi Bill Gates e, durante a sessão de perguntas e respostas, uma pergunta inusitada foi feita, causando muitas risadas. A pergunta foi a seguinte:

"Bill, você como o homem mais rico do mundo, aceitaria que sua filha se casasse com um homem pobre ou modesto?"

Sua resposta foi realmente incrível; disse ele:

"Primeiro entenda que riqueza não significa ter uma conta bancária bem preenchida; riqueza é primeiramente a capacidade de criar riqueza. Por exemplo: Alguém que ganha na loteria ou em jogos de azar, mesmo ganhando 100 milhões de dólares não é um homem rico, é um homem pobre com muito dinheiro; é por isso que 90 % dos milionários da loteria voltam a ser pobres depois de 5 anos. Agora, existem pessoas ricas que não têm dinheiro, por exemplo, a maioria dos empreendedores; eles já estão no caminho da riqueza, mesmo não tendo dinheiro, porque eles estão desenvolvendo sua inteligência financeira, e isso é riqueza.

Como os ricos e os pobres são diferentes? Para ser simples, o rico pode morrer para ficar rico, enquanto o pobre pode matar para ficar. Se você vir um jovem que decide se formar, aprender coisas novas, tentando melhorar continuamente, saiba que ele é um homem rico. Se você vê um jovem que acha que o problema é o estado, e acha que os ricos são todos ladrões e criticam constantemente, saiba que ele é um homem pobre. Os ricos estão convencidos de que eles só precisam de informação e treinamento para decolar; os pobres acham que os outros devem dar dinheiro para que eles decolem. Concluindo, quando eu digo que minha filha não vai se casar com um homem pobre, eu não estou falando de dinheiro; estou falando da capacidade que esse homem tem de criar riqueza.

Desculpe-me pelo que vou dizer, mas a maioria dos criminosos são pessoas pobres. Quando eles estão na frente de dinheiro, eles perdem a cabeça, é por isso que eles roubam, assaltam etc. Para eles, isso é uma graça, porque eles não sabem como eles mesmos poderiam ganhar dinheiro. Um dia, o vigilante de um banco encontrou um saco cheio de dinheiro, pegou o saco e foi entregar ao gerente do banco. As pessoas chamaram esse senhor de idiota, mas na verdade esse senhor era apenas um homem rico que não tinha dinheiro; 1 ano depois, o banco ofereceu-lhe um cargo de recepcionista, 3 anos depois ele estava encarregado de clientes e 10 anos depois, ele gerencia a direção regional desse banco, ele gerencia centenas de funcionários e seus bônus anuais estão além do valor que ele poderia ter roubado. Riqueza é primeiro um estado de espírito, meu amigo".

Referências:

- A Arte da Guerra – Sun Tzu
- Bill Gates – https://vk.com/wall-46149731_326825?lang=pt
- Segurança é Prevenção – Editora Ciência Moderna.

Capítulo 35

Coluna física – Condicionamento físico

Neste trigésimo quinto capítulo, temos como objetivo específico desenvolver e explicar a coluna física do GPCI.

COLUNA FÍSICA – CONDICIONAMENTO FÍSICO

Agora vamos estudar o 2º pilar do GPCI, a coluna física, mas esse tema exige que façamos antes uma reflexão. Com o objetivo de melhorar nossa percepção em relação às mudanças no ambiente, escolhi um texto interessante que recebi pela internet, porém, o autor é desconhecido.

Certa vez, duas abelhas caíram em um copo de leite. A primeira era forte e valente, assim, logo ao cair, nadou até a borda do copo. No entanto, como a superfície era muito lisa e suas asas estavam molhadas, não conseguiu sair. Desanimada, a abelha parou de nadar, de se debater e afundou. Já sua companheira de tribulação, apesar de não ser tão forte, era obstinada. Continuou a se debater por tanto tempo que, aos poucos, o leite ao seu redor, com toda aquela agitação, foi se transformando e formou um pequeno nódulo de manteiga. Com muito esforço, a abelha tenaz conseguiu subir nele e alçar voo para um lugar seguro.

Durante anos, ouvi essa primeira parte da história como um elogio à persistência, que, sem dúvida, é um atributo que nos leva ao sucesso. No entanto, tempos depois, a abelha tenaz, por descuido ou acidente, caiu novamente em um copo. Já sabendo o que fazer com base em sua experiência anterior, começou a se debater na esperança de se salvar.

Uma outra abelha que voava por ali, vendo a aflição da companheira de espécie, pousou na beira do copo e gritou: "Ei, tem um canudo ali, nade até lá e suba por ele." A abelha obstinada, porém vaidosa, não deu ouvidos. Baseada em sua experiência anterior de sucesso, continuou a se debater até que, exausta, afundou no copo "cheio de água". Quantos de nós, com base em experiências anteriores, adotamos esse comportamento inconveniente?

Desprezamos, subestimamos e deixamos de perceber as mudanças no ambiente, agindo inconvenientemente como loucos, nos esforçando para alcançar os resultados esperados, até que afundamos por nossa própria falta de visão. Fazemos isso quando não ouvimos, quando não damos ouvidos àquele que está de fora, tentando nos alertar aos berros, mas por algum motivo estamos cegos e surdos.

Com essa introdução, vamos estudar o segundo pilar: a coluna física, ou seja, o condicionamento físico. É fundamental estarmos em boa forma física para sermos competentes no GPCI. Não foi por acaso que abordamos a importância de "perceber as mudanças no ambiente" anteriormente. Se nosso objetivo é gerenciar pessoas que se comportam de maneira inconveniente, não podemos negligenciar nossa saúde física e mental.

Sun Tzu inicia seu polêmico, intrigante e famoso livro "A Arte da Guerra" com a seguinte afirmação: "A arte da guerra é de importância vital para o Estado. É uma questão de vida ou morte, um caminho tanto para a segurança quanto para a ruína, e, portanto, não deve ser negligenciada em nenhuma circunstância." Nós "ousamos" parafrasear essa afirmação da seguinte maneira: "A arte da atividade física é de importância vital para o profissional qualificado em GPCI. É uma questão de vida ou morte, um caminho tanto para adquirir presença física e habilidade técnica quanto para o descrédito e a insegurança. Portanto, em nenhuma circunstância deve ser negligenciada."

Nosso principal objetivo é conscientizá-lo e motivá-lo a praticar regularmente atividade física. É óbvio que, além disso, uma alimentação saudável, repouso adequado e, se necessário, orientação de um nutricionista e suplementação vitamínica estão implícitos nesse pilar físico. Sabe qual é o problema? Ninguém muda ninguém, as pessoas mudam a si mesmas! Se você está satisfeito com a vida que está levando, fique tranquilo e continue fazendo exatamente o que tem feito. Acredite! Nada vai mudar. Agora, se você não está satisfeito com sua vida atual, mãos à obra! Quem precisa mudar é você! Ninguém muda ninguém, nós é que mudamos a nós mesmos.

É incrível, mas ao observar meus amigos e os amigos de infância do Sylvio como exemplo, aqueles que verdadeiramente compreenderam a filosofia e deram continuidade ao aprimoramento físico - incluindo alimentação e repouso, que são implícitos - demonstram possuir maior autoestima e capacidade de realização, além de serem mais proativos, apesar de todas as dificuldades. Essa clareza nos permite perceber que eles têm o poder de fazer as coisas acontecerem, de obter sucesso e de gerenciar pessoas que se comportam de maneira inconveniente com eficiência e eficácia. Eles estão em boa forma física, satisfeitos com sua condição e possuem uma autoestima elevada.

Infelizmente, muitos não conseguiram abrir mão do vício do cigarro, do consumo excessivo de bebidas e, principalmente, não conseguiram controlar o tão conhecido sedentarismo. Isso é lamentável. Como consequência, essas pessoas possuem menor inteligência emocional, são intolerantes e geralmente sofrem com níveis elevados de estresse. Portanto, cuide da sua saúde física e mental com todas as suas forças, pois isso é verdadeiramente valioso.

Referências:

- A Arte da Guerra – Sun Tzu
- Segurança x Sensação de Segurança – Editora Ciência Moderna
- Segurança é Prevenção – Editora Ciência Moderna.

Capítulo 36

Coluna técnica - Capacidade técnica

Neste trigésimo sexto capítulo, temos como objetivo específico desenvolver e explicar a coluna técnica do GPCI.

COLUNA TÉCNICA – CAPACIDADE TÉCNICA

Agora vamos estudar o terceiro pilar do GPCI, o técnico - a capacidade técnica. Qualificar-se é a motivação plena para o sucesso. Se não tivermos motivação para buscar o conhecimento técnico, corremos o risco de nos desestimular, esperando que ele caia do céu. Acredite, isso não acontecerá dessa forma! Perceba que ter apenas vocação não é suficiente, pois a vocação é uma herança genética. Por exemplo, você pode ser neto e filho de campeões mundiais de jiu-jitsu e ter muita vocação para esse esporte. No entanto, se por algum motivo você não tiver o conhecimento técnico, ou seja, se nunca tiver treinado jiu-jitsu na vida, e enfrentar um simples desconhecido que treina jiu-jitsu desde pequeno, ou seja, não tem a vocação, mas possui o conhecimento técnico, é óbvio que você será finalizado rapidamente, mesmo tendo vocação. No entanto, se você iniciar um programa de treinamento juntamente com outras pessoas que também nunca treinaram jiu-jitsu, seu aprendizado será muito mais rápido, eficiente e eficaz devido à herança genética que você carrega. Simplificando, a vocação é na verdade um facilitador do aprendizado.

Lembro-me de uma história que se encaixa perfeitamente nesse contexto, pois está relacionada ao conhecimento técnico e à experiência de vida. Em uma pequena cidade do interior, havia um lenhador idoso e experiente. Também havia um jovem lenhador que ficou impressionado com a eficiência e eficácia do lenhador mais velho. O lenhador mais velho era um homem de bom coração, sempre disposto a ajudar, falava pouco e ouvia muito. Era considerado o melhor entre os melhores, caracterizando-se pela humildade e pela forma como lidava com os conflitos e problemas do dia a dia. O jovem lenhador sonhava em se tornar tão bom quanto ou melhor do que o lenhador mais velho. Um dia, decidiu procurá-lo para aprender com o mestre dos mestres e talvez se tornar o melhor da região, quem sabe até superar o melhor dos melhores na arte de cortar madeira. Depois de alguns dias, o jovem lenhador já se sentia muito confiante, achava que já sabia tudo e pensava:

"Aquele velho não é tão bom quanto eu imaginava".

Assim, o jovem lenhador sonhou em desafiar o lenhador idoso, achando que tinha a oportunidade de superá-lo. O jovem foi até o jornal e a rádio daquela pequena cidade, onde fez o desafio. Quando o lenhador mais velho ficou sabendo disso, ficou inicialmente entristecido, mas viu a oportunidade de dar uma grande lição ao jovem arrogante e prepotente. Ele percebeu a chance de ensinar ao jovem e inexperiente lenhador a importância do conhecimento técnico aliado ao treinamento. Assim, ele aceitou o desafio. O objetivo seria, em um dia de trabalho quem cortaria e empilharia mais toras de madeira. A cidade estava dividida, dia e horário, apostas, área delimitada, banda de música, torcida, testemunhas e juízes, enfim motivo de festa na pequena e pacata cidadezinha de interior.

Chegou o grande dia, o momento de decidir quem seria realmente o melhor. A competição teria início às seis horas da manhã e terminaria às dezoito horas em ponto, na primeira badalada dos sinos da igreja local. De um lado o jovem lenhador, forte, musculoso e incansável, com seu corpo atlético mantinha-se firme cortando as árvores. Do outro lado o velho lenhador, experiente, silencioso, tranquilo, mas firme, sem demonstrar cansaço. Por volta das dez horas, o jovem lenhador cansado, procurava saber como andava o velho lenhador. Procurou-o rapidamente e quando o avistou, ficou surpreso ao vê-lo sentado. O jovem riu e aquela cena renovou sua energia, assim sendo prosseguiu com toda a força que possuía. Por volta das treze horas, mais uma vez, o jovem lenhador muito cansado, buscou saber como estava o velho lenhador, e qual não foi a sua surpresa quando o viu novamente sentado. O jovem riu e pensou:

"Além de velho e cansado ele deve estar ficando esclerosado; será que ele não percebeu que nós estamos no meio de uma competição?"

Com o moral elevado sua energia foi completamente recuperada e novamente prosseguiu com o trabalho, ainda com mais força. Por volta das dezesseis horas, exausto, novamente procurou pelo velho lenhador, e mais uma vez o viu sentado. O jovem dessa vez achou que a vitória era certa e indiscutível, e trabalhou incansavelmente até o final da competição. Ao final do tempo estabelecido, a comissão julgadora, juntamente com os dois competidores, foi conferir o resultado da prova e, para a surpresa de todos que apostaram no jovem lenhador, o velho lenhador havia cortado o dobro da quantidade de árvores do jovem desafiante. Espantado, enfurecido e irritado, mas sem a menor condição de contestar o resultado, dirigiu-se até o velho lenhador e perguntou-lhe qual o segredo para ter cortado tantas árvores, se por três vezes que havia parado apenas para observá-lo, o viu sentado, calmo, tranquilo como se nada estivesse acontecendo. O velho lenhador respondeu-lhe:

"Eu estava orando e pedindo ajuda ao meu Anjo da Guarda, e ele me ajudou bastante como você mesmo pode ver"

O jovem arrogante, inconformado, afastou-se furioso e o velho lenhador pensou:

"É meu filho! Todas as vezes que você me viu sentado, eu não estava simplesmente descansando, eu estava amolando o meu machado."

Estamos na era da globalização e vivendo o que muitos chamam de novo normal, portanto buscar especializar-se e aperfeiçoar-se é ter visão de futuro. É fundamental que estejamos sempre preocupados em, constantemente, amolar o nosso machado; assim, com menos golpes e menos desgastes físicos, seremos muito mais eficientes e eficazes.

Nós sempre observamos muitas pessoas, que têm uma vocação incrível, um talento enorme, mas, enterram o talento, isso é bíblico! Talvez enterrem por vaidade, ou quem sabe por preguiça, ou ainda por falta de um fator motivacional. Vale lembrar que essa é também uma enorme responsabilidade que nós líderes, profissionais qualificados em GPCI, carregamos. É preciso que desenvolvamos a capacidade de motivar os nossos filhos, alunos, colaboradores, enfim aqueles que estão ao nosso redor, ou podemos, de alguma forma, ser responsabilizados pela perda do talento do outro, pelo sepultamento daquele talento, todo o dom precisa ser desenvolvido.

Referências:

- A Arte da Guerra – Sun Tzu
- Facing Violence – Rory Miller
- Segurança x Sensação de Segurança – Editora Ciência Moderna
- Segurança é Prevenção – Editora Ciência Moderna.

Capítulo 37

Coluna espiritual – Psíquico

Neste trigésimo sétimo capítulo, temos como objetivo específico desenvolver e explicar a coluna espiritual do GPCI.

COLUNA ESPIRITUAL - PSÍQUICA

O quarto e último pilar é o espiritual – Psíquico, sem dúvida o mais importante de todos. Se você é ateu, você precisa desenvolver a sua fé. Fé, não tem nada a ver com religião, fé é já possuir aquilo que ainda se espera, é saber aquilo que ainda não se vê. É você acreditar em você, no seu potencial, nas suas verdades, nos seus sonhos. É acreditar que vai dar certo, aliás é fazer dar certo! Isso é fé! Independentemente da sua religião, em quem, ou no que você acredita. Sem essa consciência fica difícil absorver as injúrias, as agressões verbais, as injustiças, as calúnias e intrigas, enfim, todos os ataques que todos nós sofremos no dia a dia.

Agora, com relação a fé cristã, se você é cristão, se você crê em Deus, é necessário que Ele seja prioridade, de verdade, inclusive naqueles momentos em que somos contrariados nas nossas vontades, ou seja, tínhamos fé que aquilo iria acontecer, oramos a Deus para que aquilo acontecesse, mas apesar de desejarmos aquilo com todas as forças, sabemos que a vontade de Deus é soberana, Ele sabe o que é melhor para nós. Mesmo quando nós estivermos passando pelo vale da sombra da morte, e todos passaremos, caminharemos com Ele, e ponto final.

Certa vez, em um acampamento da Canção Nova, ouvi uma história muito interessante contada pelo saudoso Padre Léo, da comunidade de Bethânia. A história envolvia um menino que chamava insistentemente seu avô. Ao chegar ao quintal, o avô percebeu que o neto estava desolado, pois a figueira centenária havia tombado devido a um vendaval ocorrido na noite anterior.

– Puxa, vovô! Olha o que aconteceu com a figueira. O vento conseguiu derrubá-la. Ele falava e olhava sem entender direito o que tinha acontecido. O avô respondia calmamente: – É verdade!

De repente, a atenção do menino voltou-se para um pezinho de bambu. – Olha aqui, vovô, como é que pode? O vento derrubou a figueira e não derrubou esse pezinho de bambu fininho? O avô pegou-o no colo e disse: – Meu neto, observe com bastante atenção! Ele falava num tom de voz manso e apontava para a figueira que jazia sobre o solo. – Veja! A figueira foi apodrecendo por dentro e aos pouquinhos ficou oca.

O menino olhava atento e o avô continuou. – Foi ficando fraca e não resistiu ao vento. O menino respondeu: – É, vovô, mas não parecia! E o avô, com calma, explicava: – É a casca! Nós não conseguíamos ver que a figueira estava doente. A casca não permitia que nós enxergássemos o interior da figueira, ou melhor, a doença. Parecia saudável, imponente, prepotente, vaidosa e orgulhosa.

O menino observava com ar de quem ainda não havia se convencido e disse: – Vovô, acontece que o bambu também é oco! E o avô, com bastante paciência, explicava: – É verdade, você tem razão! Acontece que tem um pequeno detalhe que faz a diferença. Desde pequenininho ele sabe que é oco, e por isso toma uma série de cuidados. Todos nós podemos aprender muito com o pé de bambu. Ele colocou o menino no chão e levou-o na direção da touceira de bambu, dizendo: – Nós também somos ocos, assim como o bambu. Portanto, é necessário que tenhamos os mesmos cuidados.

O menino o olhava atento. – Meu neto, é necessário que esses espaços vazios sejam preenchidos com educação e valores morais, éticos, sociais e espirituais. Somos ocos para que nos completemos, sobretudo com entusiasmo. Só assim ficamos fortes. Os olhos do menino brilhavam, e o avô continuou: – Todo o bambu só cresce para cima. Assim, é necessário que ele tenha raízes sadias, curadas, fortes e profundas, e para que isso aconteça, são necessários uns cinco ou seis anos. Observe! Todo esse tempo somente enraizando.

O menino continuava bastante atento e não perdia uma só palavra. – Vovô! Como faço para ter raízes fortes? – perguntou o menino. O avô colocou as mãos sobre a cabeça do neto e respondeu calmamente: – Meu filho, para aqueles que creem em Deus, nossas raízes são alimentadas pela leitura contínua e constante da palavra divina. Já para aqueles que não creem, é por meio da educação, conselhos, orientações e valores que recebemos diariamente.

O avô sentou-se em uma pedra próxima à touceira e o menino, rapidamente, pulou em seu colo. O avô prosseguiu: – Veja, o bambu não cria galhos, ele cresce para cima. Se desejamos ter a graça de "crescer para cima", é fundamental que não criemos galhos. O menino riu muito, sem compreender como uma pessoa poderia criar galhos, e perguntou: – Como assim, vovô? Criar galhos? O avô respondeu calmamente: – Criar galhos significa dispersar nossa vocação, nossos dons, nossos talentos em coisas que não nos edificam. É perder tempo precioso com bobagens.

O menino balançou a cabeça confirmando que havia entendido. – Quantas pessoas se enrolam, outras vivem enroladas, outras se metem em conflitos e problemas por estarem comprometidas com pessoas erradas? Quantas pessoas ficam deprimidas por terem perdido ou quebrado um determinado objeto que pertenceu ao seu tataravô e que ganhou de fulano há não sei quantos anos? Se não nos preocuparmos, vamos criando galhos aqui, galhos ali e, quando percebemos, estamos amarrados até o pescoço, ou melhor, com galhos até o pescoço. É uma galhada só!

O menino sorriu e o avô continuou: –Todos nós seremos podados um dia. Portanto, quanto menos galhos tivermos, melhor, porque a poda será menos dolorosa. Algumas pessoas, ao entrarem em determinado ambiente, seja uma festa, trabalho ou reunião de negócios, nem conseguem andar direito. Elas chegam pra lá, chegam pra cá, com galhos batendo em todo mundo, comprometidas com um monte de gente. É necessário cortarmos os galhos, é necessário crescermos para o alto.

O menino olhou para o bambu de cima abaixo e disse: – Vovô! Se o bambu fosse liso, seria bem mais bonito. Não é verdade? O avô sorriu e respondeu: – É verdade, você tem razão. Acontece que cada nózinho desse representa uma etapa vencida; representa um probleminha resolvido, superado. Se o bambu não tivesse nós, na primeira tempestade, no primeiro vento um pouco mais forte, racharia de cima abaixo. São os nós que fazem o bambu ficar forte, firme e resistente. Da mesma forma, são os conflitos e problemas que nós conseguimos administrar ao longo de nossa vida que nos tornam fortes, firmes e resistentes. Entendeu?

O menino fez que sim com a cabeça e, em seguida, perguntou ao avô: – Caramba, vovô! Ainda tem mais alguma coisa para nós aprendermos com o bambu? O avô levantou-se, pegou-o no colo e disse: – Tem sim, e é muito importante. Olhe bem! Você já viu um pé de bambu isolado? Com certeza, não. O bambu também é forte porque vive em comunidade, formam uma touceira, um se apoiando no outro, um se unindo ao outro. As raízes vão se entrelaçando, os bambus vão se entrelaçando e, assim, ficam cada vez mais fortes.

O menino coçou a cabeça e mais uma vez falou: – Agora acabou! Não acredito que ainda tenha mais alguma coisa. O avô, com a calma de sempre, levantou-se, esticou bem os braços, segurou e puxou uma vara de bambu até que tocasse o solo. Nesse momento, olhou fixamente para seu neto e, com a vara de bambu envergada, disse: – Filho, observe bem o que vai acontecer!

Nesse momento, soltou-a e a vara retomou sua posição de origem, e o avô disse: – Meu filho, aprenda com o bambu a ter a humildade de se curvar na hora da tempestade. O orgulho e a vaidade normalmente nos impedem de reconhecer nossas limitações, erros e fraquezas. Muitas vezes, nos escondemos atrás de uma casca, de uma máscara que nos impede de aceitar ajuda externa.

Nós, seres humanos, normalmente somos resistentes às mudanças. Quando unimos essa resistência natural à máscara, quando unimos essa resistência natural à casca, dificultamos ainda mais o processo de cura interior, dificultamos o processo de evolução. Portanto, é necessário que primeiro tenhamos consciência de que somos ocos, de que somos fracos, pois somos seres humanos. É necessário preenchermos esses espaços vazios com entusiasmo, que significa Deus dentro de nós.

É necessário crescermos para o alto, ou seja, é necessário que não tenhamos galhos. É necessário que não estejamos comprometidos negativamente com pessoas, bens materiais e vícios de uma maneira geral. É necessário que tenhamos raízes fortes, sadias e profundas. É necessário fazer dos nós uma amarra, ou seja, entender que não devemos fugir dos conflitos e problemas do dia a dia, mas sim administrá-los da melhor forma possível. É necessário que saibamos viver em comunidade pois, juntos, seremos sempre mais fortes e, finalmente, que tenhamos humildade para conseguirmos nos curvar, nos prostrar, diante daquilo que cada um de nós, verdadeiramente, crê.

Referências:

- A Arte da Guerra – Sun Tzu
- A Bíblia Sagrada
- Segurança x Sensação de Segurança – Editora Ciência Moderna
- Segurança é Prevenção – Editora Ciência Moderna.

Capítulo 38

Eficientes e eficazes no GPCI

Nesse trigésimo oitavo capítulo, temos como objetivo específico identificar a dificuldade de transformar a teoria em ação, com relação a eficiência e eficácia no GPCI.

Todos nós sabemos que o ideal é que estejamos sempre atentos, ligados, para que consigamos agir preventivamente. Bom! é o ideal, mas caso não seja possível, devemos usar todos os recursos técnicos disponíveis. E isso é individual! Aprendemos com Sun Tzu que:

"não existem regras fixas; as regras que não são fixas só podem ser construídas, talhadas, criadas em conformidade com a situação do inimigo".

Perceba que nós dependemos da vulnerabilidade do inimigo. O que eu vou fazer talvez não seja o que você vai fazer. Talvez a sua condição física e técnica permita que você faça algo que eu jamais faria. Portanto, depende da minha habilidade, da minha visão, mas também da habilidade e da visão do inimigo. Além disso, depende da minha tecnologia, mas também da tecnologia do inimigo. De repente, eu não faria algo óbvio para aquelas pessoas, pois vi ou percebi algo que elas não notaram; algo que ninguém percebeu, exceto eu. Muitas vezes, inclusive, algo inexplicável. Eu tenho um amigo chamado Paulo, Paulo Barraco, que na época era um jovem praticante de karatê Shotokan. Ele caminhava calmamente em direção ao seu carro estacionado, quando avistou a porta do carro aberta e um moleque deitado no banco do carona, com os pés para fora, tentando furtar o toca-fitas da época. O Barraco era muito explosivo, brigão e adorava uma briga. Conforme se aproximava, pensava:

"Eu vou fechar a porta com um chute e vou quebrar as pernas desse moleque".

Ao chegar bem próximo, mudou completamente de opinião, sem saber por quê. Educadamente, bateu na perna do moleque e disse: "O que você está fazendo aí no meu carro?" O moleque se sentou calmamente, olhou para ele e disse: "Tá legal, tio, desisti!" E saiu andando naturalmente. O Barraco não consegue explicar, mas simplesmente ficou olhando, meio sem reação. Foi quando ele percebeu que havia um sujeito muito grande com um revólver engatilhado bem próximo de sua cabeça, que disse: "Se você tivesse agido de forma diferente, você estaria morto! Entre no carro devagar, vá embora e não olhe para trás."

Portanto, não existem regras fixas. Esses sentimentos também acontecem, são inexplicáveis e não devem ser desprezados. Perceba que o risco da reação deve ser sempre planejado e consciente, dentro da legalidade - uso proporcional da força. Após obtermos a submissão, utilizaremos todos os recursos disponíveis e adequados para manter, com autoridade e poder, o domínio sobre o indivíduo; ou não. A decisão será sempre nossa; não haverá ninguém para intervir em nossa decisão. Muito bem, vamos avançar um pouco mais?

Sentados à beira do rio, dois amigos pescavam tranquilamente. O silêncio era absoluto, ambos aguardando o peixe morder a isca. De repente, gritos de crianças quebram o silêncio. Assustados, olham para frente, olham para trás e os gritos continuam. Então, veem duas crianças sendo levadas pela correnteza, pedindo socorro. Os dois pulam na água e conseguem salvá-las com muito esforço. Mal saem da água, veem quatro crianças lutando para salvar suas vidas. Novamente entram no rio, mas só conseguem resgatar duas crianças. Ambos sentem, além do cansaço, a frustração pela perda. Ainda muito cansados, ofegantes e exaustos, ouvem uma gritaria ainda maior. Dessa vez, cinco crianças estão sendo levadas pela correnteza. Um deles pula na água, o outro corre em direção à estrada que acompanha o rio. O amigo que pulou na água grita e pergunta, e o outro responde:

– Você enlouqueceu, não vai me ajudar?
–Tente fazer o melhor que puder. Eu vou verificar por que as crianças estão caindo no rio.

Não cabe aqui analisar se ele agiu certo ou errado, nosso foco é eficiência e eficácia, mas não se esqueça que numa guerra, não existem regras fixas. No GPCI nós precisamos ser eficientes e eficazes. Não basta sermos eficientes, é fundamental que também sejamos eficazes. Existem aqueles que quando percebem a possibilidade de chuva, pegam imediatamente os baldes e as bacias, e os colocam no lugar correto, milimetricamente embaixo de cada goteira – eficiência, todavia existem aqueles que consertam o telhado – eficácia. Lembro-me de um caso onde um policial no seu dia de folga fazia compras num supermercado, quando percebeu que um grupo composto de três mulheres e um homem também policial, contrariavam uma norma interna. Ao chamar a atenção, acabou criando um clima bastante tenso, momento em que percebeu que haviam ingerido bebida alcoólica. Já do lado de fora, no estacionamento, o clima piorou e o resultado foi bate boca, intimidação, reação e óbito. Percebam que inúmeras eram as medidas e atitudes preventivas, eficientes e eficazes, capazes de resolver aquele conflito que rapidamente evoluiu para um problema, e em seguida para um escândalo. Combater o efeito é ser eficiente, mas combater a causa é ser eficaz.

"A causa da raiva, geralmente é menos dolorosa do que as suas consequências"
Marco Aurélio

Agora veremos uma outra visão de eficiência e eficácia. Imagine uma estrada com um asfalto de alta qualidade, um verdadeiro tapete, acostamento bem construído, curvas com inclinação perfeita e placas de sinalização. Isso é eficiência! Mas o que seria eficácia? Seria aquele que abriu a estrada, que a criou quando ela ainda não existia. O eficiente melhorou o que já existia, enquanto o eficaz criou novos caminhos, quebrou paradigmas.

Acreditamos que o mesmo se aplica a comportamentos inadequados. Por isso, precisamos ser eficazes, identificando e agindo rapidamente na causa do problema. No entanto, é importante ressaltar que em guerras não existem regras fixas.

Seguindo essa mesma linha de raciocínio, você conhece alguém que pensa que sabe? As pessoas que acham que sabem geralmente têm um comportamento muito inconveniente, mas normalmente descobrem que não sabem na hora do "vamos ver" ou quando a situação fica complicada. Por exemplo, eu não entendo nada de eletricidade, então, quando tenho um problema na rede elétrica, simplesmente chamo um eletricista. Porém, existem aqueles que acham que sabem e, quando têm um problema na rede elétrica, dizem: "Eu resolvo!" E, muitas vezes, acabam se eletrocutando, danificando ou incendiando tudo. Não é assim? Já vimos que saber que sabe é saber, mas saber que não sabe também é saber. Não há problema algum em reconhecer que não sabemos, pelo contrário, é um sinal de maturidade e, sobretudo, de honestidade intelectual.

Seguindo essa mesma linha de raciocínio, não basta apenas saber. Bruce Lee dizia: *"Saber não é o bastante, é preciso aplicar; querer não é o bastante, é preciso fazer"*. Portanto, tudo o que aprendemos deve ser aplicado. Precisamos transformar a teoria em ação. É algo simples, porém definitivamente não é fácil, e isso vale para todos os vícios. Por exemplo, todo fumante sabe que fumar causa câncer, enfisema pulmonar e impotência sexual, não é verdade? No entanto, mesmo tendo pleno conhecimento disso, continuam fumando. A pergunta é inevitável: por quê? A verdade é que lá no fundo, também conhecemos a resposta, e ela é simples. Porque o indivíduo não quer sofrer, ou melhor, não gosta de sofrer. E quem gosta? Para o fumante, parar de fumar significa renunciar a um prazer, abrir mão de algo prazeroso e envolvente que nos domina completamente. Porém, no fundo, não aceitamos isso como escravidão, embora todo vício seja, na verdade, uma forma de escravidão. Para nos libertarmos, é necessário tomar uma decisão: "Basta, vou parar."

O vício nos rouba a liberdade, perdemos o livre-arbítrio e a capacidade de fazer escolhas. Para nos libertarmos, é necessário tomar a decisão de parar. Perceba a simplicidade: para que o fumante corra menos risco de contrair tais doenças, basta parar de fumar, correto? É simples assim. No entanto, transformar a teoria em ação é o grande desafio, pois sempre haverá sofrimento. Parece loucura, mas é o sofrimento que, de uma forma ou de outra, nos liberta. Se não pararmos por amor à vida, seremos vencidos pela dor, pelo câncer, enfisema pulmonar e doenças cardiopulmonares. Ou seja, morreremos.

Também vimos que não basta apenas conhecer o segredo do sucesso, assim como saber o caminho da vitória. O simples fato de sabermos não garante que teremos sucesso ou seremos vitoriosos, é preciso vencer a batalha interna. Aprendemos que a natureza humana está inclinada ao erro, e se não estivermos atentos, caminharemos em direção à morte. Fizemos uma analogia com o cigarro e o vício em geral, mas sei que você entende que o GPCI (Gerenciamento de Pessoas com Comportamento Inconveniente) está implícito nos exemplos. Ter consciência dessa inclinação humana ao erro nos ajuda bastante no gerenciamento de pessoas com comportamento inadequado. Como dizia Oswaldo Cruz: "Pelos erros dos outros, o homem sensato corrige os seus."

Referências:

- A Arte da Guerra – Sun Tzu
- Facing Violence – Rory Miller
- A Bíblia Sagrada
- O Mínimo que você precisa saber para Não Ser um Idiota – Olavo de Carvalho
- Segurança x Sensação de Segurança – Editora Ciência Moderna
- Segurança é Prevenção – Editora Ciência Moderna.

Capítulo 39

Conselhos fundamentais de GPCI

Neste trigésimo nono capítulo, temos como objetivo específico desenvolver e treinar a inteligência emocional; parecer equilibrado, centrado e calmo, mesmo quando aterrorizado.

Lá no 8º capítulo, nós vimos a diferença entre equilíbrio e inteligência emocional. Percebemos que a inteligência emocional não só nos permite manter a estabilidade e a elegância diante dos conflitos e problemas, mas também reconhecer e avaliar nossos próprios sentimentos e os dos outros. A inteligência emocional precisa estar sempre presente no GPCI, considerando a dificuldade que temos de lidar com pessoas. Lidar com seres humanos é algo simples, mas definitivamente não é fácil. Da mesma forma, gerenciar comportamentos inconvenientes é simples, mas definitivamente não é fácil. Sabe por quê? Porque nós somos o problema. Percebeu? Agora vamos avançar um pouco mais, e peço que você preste atenção nesta história.

Era uma vez um velho samurai que, durante as aulas, sempre procurava ensinar sobre relações humanas aos jovens alunos. Apesar de sua idade avançada, todos o respeitavam, pois havia uma lenda de que ele ainda era capaz de derrotar qualquer adversário. Certo dia, um lutador conhecido por sua total falta de caráter desafiou o velho samurai. Além de ser mau caráter, ele era famoso por utilizar técnicas de desequilíbrio emocional. Sempre esperava o momento oportuno, aguardava o surto do adversário e, no primeiro movimento, na perda de controle emocional, contra-atacava com uma velocidade fulminante, pois era dotado de qualidades físicas impressionantes. O jovem lutador, vaidoso, arrogante e prepotente, jamais havia perdido uma luta.

Conhecendo a reputação do velho samurai, ele estava ali para derrotá-lo perante todos, aumentando assim sua fama. Sem exceção, os alunos do velho samurai expressaram sua oposição ao desafio, mas sem sucesso. Assim, todos se reuniram no local combinado. Imediatamente, o jovem arrogante começou a provocar o velho mestre, xingando, gritando, insultando, ofendendo, inclusive os seus antepassados. Durante muito tempo, aquele jovem fez de tudo para desequilibrar o velho samurai, mas este permaneceu sereno, mantendo sua inteligência emocional e qualidade comportamental. Sentindo-se um idiota e envergonhado, o tolo lutador arrogante acabou desistindo e partiu. Sem entender a atitude do velho mestre, os alunos o questionaram:

Mestre, como o senhor foi capaz de suportar tanta humilhação? Por que não revidou? Por que não usou sua espada? Poderia ter aproveitado aquele momento de distração e cortado sua cabeça. Ao contrário, o senhor não reagiu, permaneceu calado, como se nada estivesse acontecendo, diante de tanta humilhação!

O velho samurai perguntou:
Se alguém lhe traz um presente e você não o aceita, a quem pertence o presente?

Ao que responderam:
A quem tentou entregá-lo.

Disse o sábio mestre:
Exatamente, essa é a resposta. Isso também vale para a raiva, as injúrias e a inveja. Quando não as aceitamos, elas continuam pertencendo àqueles que as carregam consigo.

As pessoas só nos tratam da forma como permitimos, portanto não permita que a inconveniência dos outros te abale. Diante de alguém inconveniente, não devemos agir impulsivamente e dizer tudo o que temos vontade, pelo contrário, devemos avaliar e analisar cuidadosamente tudo o que estamos inclinados a falar ou fazer. Temos a tendência de pensar que não somos capazes de nos calar! No entanto, isso é um equívoco, é apenas uma questão de treinamento.

Ter sucesso no GPCI é conseguir transformar o comportamento inconveniente em aprendizado para ambas as partes. O sucesso supremo no GPCI acontece não quando você lida rapidamente com um comportamento inconveniente, mas quando você é verdadeiramente testado durante o gerenciamento, quando pensa em desistir, mas persiste, insiste e vence. Somente passando por gerenciamentos difíceis, complicados, polêmicos, sofridos e dolorosos é que você experimentará o verdadeiro sabor da vitória. Não podemos esquecer da pandemia. Einstein dizia que:

"A única crise realmente ameaçadora é a tragédia de não querer lutar para superar uma crise."

Einstein acreditava que a crise é a maior bênção que pode acontecer às pessoas e às empresas. Ela obriga as pessoas a desenvolverem inteligência emocional e, consequentemente, criatividade. Ele dizia que:

"Assim como o dia nasce da noite escura, a criatividade nasce da angústia."

Deixe-me fazer uma pergunta: Você consegue perceber pessoas que se tornam inconvenientes ao tentar incessantemente encontrar saídas e soluções fáceis? Pois é! Trabalhar duro nem passa pela cabeça delas, buscar criatividade? Isso é coisa de maluco! Então, sem crise, realmente não há desafios. Sem desafios, a vida se torna uma rotina, uma lenta agonia. Por isso, é necessário trabalhar duro, treinar duro. É fundamental ter em mente que exigir que uma pessoa enfurecida mantenha uma linha de raciocínio e aja com equilíbrio não é possível. Nós já sabemos disso, já estudamos. Portanto, no GPCI, nosso único objetivo deve ser reduzir o nível de excitação para que a discussão se torne possível. Sabemos que o sentimento é incontrolável, não escolhemos quando sentir raiva, ficar alegres ou tristes. Dependendo das circunstâncias, simplesmente sentimos. Não podemos controlá-lo, mas é perfeitamente possível, por meio de muito treinamento, controlarmos nosso comportamento.

Tem aquela estória do sujeito inconveniente que quando as coisas não aconteciam de acordo com o que ele havia planejado, imediatamente surtava e explodia em acessos de fúria, culpando sempre os que estavam ao seu redor, inevitavelmente, a família e os seus amigos, pois os inimigos não ficam por perto, não é verdade? Você conhece alguém assim?

O sujeito decidiu, então, afastar-se da "causa" – entre aspas, de seus problemas e foi para um local deserto, isolando-se numa casa no alto de uma montanha. Certo dia, na sua nova casa, tropeçou acidentalmente num jarro com água, derramando todo o líquido. Ficou com muita raiva, mas não havia ninguém por perto que pudesse culpar, assim encheu o jarro e o colocou no mesmo lugar. Pouco tempo depois, tropeçou novamente no jarro e num acesso de cólera, furioso, arremessou o jarro com toda a sua força no chão, fazendo-o em pedaços.

Depois de acalmar-se, constrangido e envergonhado com ele mesmo, não teve outra opção senão refletir; refletiu, deprimiu-se e chegou à conclusão óbvia de que àquele comportamento inconveniente era problema dele mesmo, e não dos outros. O nível de excitação foi reduzido, pois não tinha com quem discutir, assim, aos poucos ficou curado daquela doença.

Reconhecer e admitir de forma consciente e equilibrada a indignação, é o primeiro passo. Quantas vezes sozinhos, após reflexões óbvias, chegamos a conclusões também óbvias e evoluímos; não é assim que funciona? Quando usamos a inteligência emocional, além de mantermos a estabilidade e a elegância diante dos conflitos e problemas, reconhecemos e avaliamos os próprios sentimentos e os dos outros. Diante de uma pessoa enfurecida, precisamos ter muito zelo, muito cuidado na construção dos nossos argumentos, obviamente para que eles não sejam piores do que a nossa boca fechada; é assim que, com muito tato e extrema educação, tendo todo o cuidado do mundo com o que vamos pronunciar, impedimos a produção de hormônios. Lembra-se da adrenalina, da noradrenalina, do cortisol que desestruturam ainda mais a pessoa que se sente injustiçada. Dessa forma, gradativamente, vamos reduzindo o nível de excitação, até surgir a possibilidade de diálogo.

Nós somos por natureza movidos a lutar, fugir ou congelar quando assustados. Quando isso ocorre, as glândulas suprarrenais ou adrenais, liberam uma quantidade enorme de hormônios, que são lançados na nossa corrente sanguínea. Estamos falando da adrenalina, da noradrenalina, também conhecidos como epinefrina e norepinefrina, e do cortisol. É como se fosse um estímulo para a raiva ou um acelerador para que nos comportemos de maneira inconveniente. Didaticamente é preciso reiterar que nós, seres humanos, normalmente, temos pouco ou nenhum controle sobre os nossos sentimentos. Por isso, precisamos treinar e desenvolver inteligência emocional, quando nos deparamos com algo que acreditamos esteja errado, ou também, fatos que nos desagradam profundamente. Se não estivermos treinados, preparados, somos capazes de fazer coisas inimagináveis.

É perfeitamente normal que as nossas atitudes e linhas de ação correspondam aos sentimentos; mas é preciso que nós mudemos essa mentalidade, quebremos este paradigma. As técnicas de GPCI fogem ao padrão normal, é isso mesmo, é anormal. É fundamental parecermos equilibrados, centrados e calmos mesmo quando aterrorizados. É uma questão de treinamento, você precisa desenvolver essa consciência no dia a dia, preventivamente. Comece com pequenas coisas, é individual, você sabe exatamente por onde começar. Essas técnicas devem ser praticadas preventivamente e, acredite, elas serão essenciais e devem se tornar, através de um treinamento diário, nossa segunda natureza de comportamento.

Referências:

- O outro lado do amor – The other side of love – Dr. Gary Chapman.
- Inteligência Emocional – Daniel Goleman.
- Facing Violence – Rory Miller
- A Bíblia Sagrada.
- O Mínimo que você precisa saber Para Não Ser um Idiota – Olavo de Carvalho
- Segurança x Sensação de Segurança – Editora Ciência Moderna
- Segurança é Prevenção – Editora Ciência Moderna.
- Comunicação Não Violenta – Marshall B. Rosenberg

Capítulo 40

Direito a uma segunda oportunidade

Neste quadragésimo capítulo, temos como objetivo específico desenvolver e treinar o GPCI para que sejamos incapazes de ferir o inconveniente, ajudando-o a curar aquela ferida que, por algum motivo, foi aberta.

Precisamos, por meio da criatividade, retirar o indivíduo inconveniente da sua zona de conforto ou da situação em que se encontra, e conduzi-lo para um ambiente desconhecido, inusitado e estranho. Somente assim conseguiremos captar sua atenção e fazer com que nos ouça.

Há uma lenda que envolve Rui Barbosa, em que certo dia, ao chegar em casa, ele ouviu um barulho estranho vindo de seu quintal. Ao verificar, percebeu que havia um ladrão tentando levar seus patos de criação. Ele se aproximou lentamente do ladrãozinho, surpreendendo-o antes que ele pulasse o muro com os patos. De maneira diplomática, disse:

- Oh, bucéfalo anácrono! Não o interpelo pelo valor intrínseco dos bípedes palmípedes, mas sim pelo ato vil e sorrateiro de profanares o recôndito da minha habitação, levando meus ovíparos à sorrelfa e à socapa. Se fazes isso por necessidade, transijo; mas se é para zombares da minha elevada prosopopeia de cidadão digno e honrado, dar-te-ei com minha bengala fosfórica, bem no topo de tua sinagoga, e o farei com tal ímpeto que te reduzirei à quinquagésima potência que o vulgo denomina nada.

E o ladrão, confuso, diz:

- Dotô, resumino; eu levo ô dexo os pato?...

Brincadeiras à parte, a analogia é perfeita! Trata-se de uma abordagem disruptiva. Como mencionamos anteriormente, é necessário desenvolver sensibilidade para perceber o que o indivíduo inconveniente espera que façamos. O que a maioria das pessoas faria diante dessa situação? Precisamos surpreender o indivíduo inconveniente, exercendo autoridade e agindo de forma totalmente inesperada. Essa é uma das maneiras de retirar o indivíduo com comportamento inconveniente do terreno que ele já conhece e domina, levando-o para o desconhecido. Nesse novo ambiente, em que ele não tem domínio, as nossas chances aumentam significativamente. Como estudamos anteriormente, existem diversas estratégias que nos permitem levar o indivíduo inconveniente para um ambiente desconhecido, e a criatividade é fundamental nesse processo.

Perceba que, ao ser levado para um ambiente desconhecido, tendemos a ouvir mais e falar menos. Por exemplo, suponha que você seja professor de educação física e esteja namorando uma dentista. Ela o convida para acompanhá-la em um almoço de confraternização da turma de dentistas da UFRJ 88, que acontecerá após uma reunião em que será apresentado um determinado caso clínico. Acredite, você será levado para um ambiente em que não domina o assunto e, certamente, falará pouco, ou quase nada, enquanto ouvirá bastante. Isso se aplica a todas as situações. Quando você entra em um consultório para ser avaliado, por exemplo, você é facilmente conduzido e envolvido por encontrar-se em um ambiente que não domina.

Diante do indivíduo inconveniente em um ambiente que ele não domina, relaxe os músculos faciais e demonstre confiança. Sua ansiedade pode fazer com que a pessoa com comportamento inconveniente se sinta ameaçada, desconfortável e insegura, o que pode gerar uma reação agressiva. É importante lembrar que comportamento gera comportamento. Não devemos agir de acordo com nossos desejos, vontades ou prazeres, mas sim buscar fazer o que é correto. Use sempre o bom senso e o discernimento. Nunca troque o resultado de um bom gerenciamento por aquilo que você mais deseja durante o processo. Os sentimentos passam, mas o resultado permanece. Compreende?

É sempre válido lembrar que o verdadeiro mérito no GPCI não está em agir rapidamente, gerenciando instantaneamente um comportamento inconveniente, mas sim quando somos verdadeiramente testados, perseveramos e, no final, alcançamos a vitória. Apenas passando por gerenciamentos complicados, difíceis, polêmicos e dolorosos é que sentimos verdadeiramente o gosto da vitória. O Mestre Sylvio Behring, lá no início de tudo, costumava dizer que devíamos treinar diariamente a expressão confiante e relaxar os músculos faciais, e isso é verdade. No entanto, para que funcione adequadamente, é necessário usar o bom senso e a sensibilidade. Isso porque uma expressão angustiada e perturbada pode fazer com que a pessoa com comportamento inconveniente se sinta desconfortável, insegura e ameaçada, o que pode resultar em uma reação agressiva.

Quando sentimos medo, é comum que nossa voz sofra alterações. É uma reação natural. Portanto, fale de forma clara e em bom tom, procurando usar uma voz constante, estável e com um tom inalterável. Estamos falando da comunicação paraverbal. Lembre-se de que comportamento gera comportamento, então devemos ter cuidado para que a pessoa inconveniente não se sinta desconfortável, vulnerável ou em perigo. Como seres humanos, diante de sentimentos feridos ou abalados, é comum que nossa voz sofra alterações. É uma reação natural. Portanto, esteja treinado e preparado para que nada prejudique sua qualidade comportamental. É necessário entender que nada pode abalá-lo, absolutamente nada.

Sabemos que é muito difícil manter o equilíbrio emocional diante de situações injustas. Situações de injustiça e crueldade estimulam a produção de adrenalina em nós. Sabemos que devemos exercer nossa autoridade, mas se não conhecemos a história desde o início, nossa opinião pode estar repleta de equívocos. Portanto, todo cuidado é pouco. A verdade é que as pessoas só fazem conosco aquilo que permitimos. É preciso ter consciência de que a escolha é nossa. Controlar a situação por meio da verbalização é uma decisão que cabe somente a nós. Exercer a autoridade que nos foi delegada, solicitar apoio, reforço, chamar a polícia ou até mesmo controlar a situação por meio de técnicas de contenção, submissão ou traumatização é uma opção nossa. Teremos que decidir.

"Não gerencie um comportamento inconveniente por motivos complexos, por ideologia ou doutrina, apenas gerencie, com benevolência e sem explicação. O inconveniente poderá até se esquecer da forma como você o abordou e como verbalizou, mas nunca esquecerá o que sentiu após ter sido gerenciado, amparado e socorrido por você."

Essa frase significa que, mesmo que a pessoa inconveniente não se lembre exatamente de como você lidou com a situação e o que disse, ela sempre se lembrará de como se sentiu após ter recebido sua ajuda e apoio. Isso ressalta a importância de gerenciar situações difíceis com empatia e compaixão, pois essas emoções positivas podem ser mais duradouras e significativas do que as palavras ou ações específicas utilizadas. Em resumo, o que importa é como a pessoa se sente no final da interação, e isso pode ter um grande impacto em sua percepção e memória da situação.

Durante toda a minha infância, ouvi diversas vezes uma história contada tanto pela minha avó como pela minha mãe. É a história de um fazendeiro muito rico e trabalhador que tinha um único filho. No entanto, esse filho não tinha interesse em trabalhar nem em estudar. Só queria aproveitar a vida com amigos, mulheres, bebidas e carros novos. Seu pai o aconselhava sobre a importância dos estudos e do trabalho. O pai sempre o alertava a respeito dos falsos amigos. Dizia que eles só estariam ao seu lado enquanto estivesse bancando as festas.

Um dia, o velho pai, triste e decepcionado com o comportamento inconveniente do filho, mandou que os empregados construíssem um pequeno celeiro nos fundos da casa e, dentro dele, uma forca com os seguintes dizeres: "EU NUNCA OUVI OS CONSELHOS DO MEU PAI". Depois, chamou o filho, levou-o ao celeiro e disse:

"Filho, quando eu morrer, você herdará a fazenda com todos os bens; tudo isso será seu. Agora, olhe para mim e preste atenção no que vou te falar. Se você fracassar e perder tudo, quero que me prometa que vai se enforcar aqui."

O jovem, descrente devido a essa proposta insana, achou graça e considerou a proposição do pai descabida. Porém, para não aborrecer o pai, fez a promessa convicto de que jamais faria aquilo. Os anos se passaram, o velho pai morreu e o filho herdou todos os seus bens. Como havia sido previsto pelo pai, esbanjou em festas, mulheres e carros, e perdeu muito dinheiro com maus negócios. Começou a ter que se desfazer do patrimônio e, em pouco tempo, perdeu tudo. Os amigos sumiram e, desesperado, lembrou-se do pai. Arrependido, começou a chorar profusamente. Ainda em soluços, lembrou-se do velho celeiro e da promessa feita a seu pai. Bastante deprimido, caminhou até lá e, lendo as palavras escritas na placa, chorou compulsivamente novamente. Assim, decidiu cumprir a promessa, já que havia perdido tudo. Em soluços, pensou:

"Pelo menos uma vez na vida cumprirei minha palavra."

Subiu em um banquinho, envolveu a corda no pescoço e jogou-se no ar. No entanto, seu peso foi suficiente para desmontar um fundo falso onde a corda estava presa, e sobre ele caíram joias, esmeraldas, diamantes e milhares de dólares. Uma grande fortuna que trazia junto um bilhete que dizia:

"Essa é a sua nova chance, eu o amo muito, seu pai."

Todos nós temos direito a uma segunda oportunidade. O GPCI é o resumo de todo o respeito aplicado à inconveniência. É a diferença que demonstra, através da conduta, o melhor do profissional. Quando usamos tecnicamente o GPCI, somos incapazes de ferir o inconveniente; ao contrário, ajudamos o inconveniente a curar a ferida que, por algum motivo, foi aberta.

Referências:

- Inteligência Emocional – Daniel Goleman.
- A Bíblia Sagrada.
- O Mínimo que você precisa saber para Não Ser um Idiota – Olavo de Carvalho
- Segurança x Sensação de Segurança – Editora Ciência Moderna
- Segurança é Prevenção – Editora Ciência Moderna.

Capítulo 41

Reconhecer-se no inconveniente

Neste quadragésimo primeiro capítulo, temos como objetivo específico desenvolver e treinar a presença física aliada as técnicas de conexão com uma boa postura de negociação, verbalizando e zelando pelo espaço privativo.

Sun Tzu nos ensina que:

"A água não tem forma constante. Na guerra, também não há condições constantes, por isso é divino aquele que obtém uma vitória alterando as suas táticas em conformidade com a situação do inimigo".

No gerenciamento de um comportamento inconveniente, também não há condições constantes. Por isso, é considerado um campeão aquele que altera suas táticas de acordo com o comportamento do inconveniente. Sun Tzu chama de genialidade a habilidade de alcançar a vitória mudando e adaptando-se de acordo com o inimigo.

Considerando que estratégia é a ação ou o caminho mais conveniente a ser executado para atingir um determinado objetivo, qualquer que seja a tática ou o procedimento do gerenciamento, a opção é sua. Qualquer que seja o nível de força, você decide. Para que seja a sua melhor opção, não se esqueça dos atributos: iniciativa – no sentido de ser proativo, de fazer acontecer ou, ainda melhor, de fazer dar certo; e bom senso e discernimento, que são as principais características de quem lida com pessoas. Você se lembra?

Acredite, não é à toa que insistimos em dizer que as pessoas só fazem conosco aquilo que permitimos. Portanto, seja sempre extremamente educado, mas exerça autoridade. No entanto, demonstre sempre respeito, mesmo quando estiver definindo limites com firmeza, solicitando reforço ou pedindo ajuda. Uma pessoa descompensada não entende o que é respeito; ela está com a sensibilidade à flor da pele e é muito sensível a sentir vergonha. É preciso entender isso. Caso não entenda, caso não esteja preparado para lidar com um sujeito descompensado, certamente descompensará junto com ele. Nesse caso, teremos dois inconvenientes e um enorme problema.

Portanto, respire fundo e lembre-se de que você é o profissional qualificado. Sendo um profissional, depende de você e não do inconveniente. Dessa forma, trate essas pessoas com o máximo de naturalidade, com o máximo de educação, dignidade e respeito. No GPCI, precisamos reconhecer o inconveniente como alguém muito importante e, ao mesmo tempo, usando empatia, reconhecermo-nos no inconveniente. Somente assim conseguiremos entender e aceitar suas colocações descabidas e insanas.

Existe uma história, talvez você até conheça, onde um jovem petulante dialoga com um senhor bastante idoso.

- "O que o senhor está plantando?"
- "É uma jabuticabeira", respondeu o velhinho.
- "E ela demora quanto tempo para dar frutos?"
- "Ah, pelo menos uns quinze anos", disse o idoso.
- "E o senhor espera viver tanto tempo assim?", indagou o jovem com ironia.
- "Não, não creio que viva tudo isso, já estou no fim da minha caminhada", disse o sábio ancião.
- "Então, que vantagem o senhor leva plantando jabuticabeira, meu velho?"

E o velhinho respondeu calmamente:

- "Nenhuma vantagem, meu filho, mas reflita um pouco; ninguém colheria jabuticabas se todos pensassem como você."

Acredito que devemos gerenciar comportamentos inconvenientes seguindo essa mesma didática filosófica. Ainda há pouco, vimos que não devemos gerenciar comportamentos inconvenientes por motivos complexos, ideologia ou doutrina, mas sim com benevolência e sem explicação. Didaticamente, precisamos ser repetitivos com nossos alunos. Então, vamos lá! O inconveniente poderá até se esquecer da forma como você o gerenciou (perceba que estou falando de abordagem e verbalização), mas nunca esquecerá o que sentiu após ter sido gerenciado, amparado e socorrido por você.

Foi exatamente o que o velhinho fez: socorreu aquele jovem, fez com que a ficha caísse, fez com que ele refletisse e plantou no coração daquele jovem uma semente que servirá de alimento no futuro. Algumas pessoas com comportamento inconveniente fazem comentários repulsivos e irritantes, e esses insultos não podem nos desequilibrar de forma alguma. Precisamos treinar e pensar em tudo o que pode nos abalar emocionalmente, mexer conosco e tirar nosso equilíbrio. Precisamos acreditar com todas as forças que esses insultos não são para nós, apenas acreditar que são palavras vazias.

Temos a missão de administrar conflitos e problemas, e devemos ter consciência de que sem educação, respeito e autoridade, não existe GPCI. Portanto, não tente se defender e esteja completamente desprovido de vaidade. Uma pessoa descompensada não entende o que é respeito, está com a sensibilidade à flor da pele e é muito sensível a sentir vergonha. Devemos tratar essas pessoas com o máximo de naturalidade, dignidade e respeito. Não precisamos ficar tentando nos defender, é fundamental que estejamos desprovidos de vaidade. Os comentários e os insultos não podem nos desequilibrar sob hipótese alguma. Preste atenção nos três exemplos de questionamentos a seguir e perceba que, se não forem abordados e administrados corretamente, podem levar à perda do equilíbrio emocional, portanto esteja preparado.

1. ***"O que você ganha por mês eu gasto com papel higiênico!"***
2. ***"Você sabe quem sou eu?"***
3. ***"Você sabe com quem você está falando?"***

Diante de situações como essa, mantenha a conexão e não perca o foco. O contato visual irá ajudá-lo a controlar a situação. No entanto, tenha cuidado com o seu olhar, evite olhar de forma inadequada para o inconveniente, pois isso pode ser um desastre. Um olhar inadequado seria aquele de desprezo, arrogância, prepotência ou ainda um olhar cínico, petulante, com um sorriso no canto da boca. Percebeu? Olhe de forma concentrada, com sua atenção e interesse voltados para um único objetivo: o inconveniente, mas sempre de maneira respeitosa.

Apesar de todas as observações, é fundamental que você esteja consciente de sua vulnerabilidade. Considere sua posição vulnerável e mantenha as mãos em posição de negociação, com humildade, mas exercendo autoridade. As mãos, posicionadas tecnicamente, devem proteger seu rosto de forma discreta, sem que o inconveniente perceba essa intenção. As mãos devem se expressar por meio de movimentos sutis. Não demonstre agressividade, mas esteja atento e utilize sua presença física. Esteja em uma boa postura e conectado, mas evite transmitir a sensação de estar em guarda. Reitero, não demonstre agressividade. Seja educado, gentil e estimule a pessoa a se controlar, se afastar ou até mesmo se sentar. Mantenha-se firme em sua posição, com uma postura impecável. Por exemplo:

- *"Senhor, eu entendo sua indignação e quero ajudá-lo, acredite! Não é justo que o senhor seja tão cruel com alguém que está sendo tão gentil. Por favor, permita-me ajudá-lo."*

Para finalizarmos este capítulo, reforçaremos a importância da verbalização diplomática, quando a presença física é confundida com arrogância e prepotência.

Após terminar o plantão, de maneira descontraída, o médico conversava com o enfermeiro e o motorista da ambulância, quando uma senhora muito bem-vestida chegou de forma indelicada e perguntou:

- "Vocês sabem onde está o médico do hospital?"

Com calma, o médico respondeu:
"Boa tarde, senhora! Como posso ajudá-la?"

De forma grosseira, ela disse:
"O senhor é surdo? Estou procurando pelo médico!"

Mantendo a calma, ele falou:
"Novamente, boa tarde, senhora! Eu sou o médico, em que posso ajudá-la?"

Surpresa, ela respondeu:

"Como?!?! O senhor é o médico?!?! Com essa roupa?!?!"

Mostrando inteligência emocional, ele disse:
"Desculpe-me! Pensei que a senhora estivesse procurando um médico e não uma roupa bonita!"

Muito desconcertada, ela disse:
"Desculpe-me, doutor! Boa tarde! É que vestido assim, o senhor nem parece um médico!"

Exercendo autoridade, mas com uma verbalização diplomática, ele respondeu:

"É verdade, a senhora tem toda a razão! As roupas parecem não dizer muita coisa, pois quando a vi chegando, tão bem-vestida, com uma roupa tão elegante, pensei que a senhora nos cumprimentaria desejando-nos uma boa tarde e com um agradável sorriso, de maneira educada nos fizesse a pergunta. Como se vê, as roupas nem sempre dizem muito."

E é verdade! Educação, respeito e elegância são palavras-chave. Já estudamos e, portanto, sabemos da importância da presença física. Reconhecemos que a roupa tem sua relevância no contexto da força de presença, mas a arrogância, a prepotência, a petulância e qualquer comportamento inconveniente são capazes de derrubar qualquer vestimenta bonita. A elegância não é representada pela roupa em si, mas sim por aqueles que a vestem, por quem a usa.

Confúcio dizia: ***"A sinceridade e a honestidade, sem as regras do decoro, transformam-se em grosseria."*** As regras do decoro são o acatamento das normas morais, o respeito à lei, o cumprimento das regras. Significa agir com decência, com pudor, seguindo as normas morais e éticas estabelecidas pela sociedade.

Referências:

- Inteligência Emocional – Daniel Goleman.
- A Bíblia Sagrada.
- O Mínimo que você precisa saber para Não Ser um Idiota – Olavo de Carvalho
- Segurança x Sensação de Segurança – Editora Ciência Moderna
- Segurança é Prevenção – Editora Ciência Moderna.

Capítulo 42

Compartilhando sua melhor semente

Neste quadragésimo segundo capítulo, temos como objetivo específico desenvolver e treinar a capacidade de motivar pessoas a buscar bons relacionamentos, a ler de bons livros e a assistir mídias que contribuam efetivamente para o crescimento profissional, humano e espiritual.

O livro de provérbios nos ensina que aquele que anda com os sábios se tornará sábio, mas aquele que se junta aos tolos enfrentará aflição. É uma questão de atitude! Essa conduta de se relacionar com pessoas boas é fundamental para adquirirmos experiência e estar preparado para lidar com indivíduos indisciplinados, rebeldes e desobedientes. Pessoas sábias costumam compartilhar o que têm de melhor e mais valioso com aqueles ao seu redor. Talvez vocês não conheçam, mas recebi uma história muito interessante que ilustra bem esse tema.

É a história de um fazendeiro bem-sucedido que, ano após ano, ganhava o troféu de melhor milho na feira de agricultura da sua cidade. O que mais impressionava era a melhoria contínua do seu produto, o constante aperfeiçoamento do seu milho. Um repórter de um jornal local o abordou após a premiação. O repórter ficou incrédulo com a informação dada pelo fazendeiro sobre a estratégia de cultivo do seu milho de alta qualidade. Ele descobriu que o fazendeiro compartilhava as sementes do seu valioso milho com todos os seus vizinhos. Então, perguntou:

«Como o senhor está disposto a distribuir e compartilhar suas melhores sementes com seus vizinhos, quando eles são seus principais concorrentes?»

O fazendeiro, com compaixão, olhou-o nos olhos e respondeu:

"Meu amigo, o vento e muitos insetos se encarregam de levar o pólen do milho maduro de campo em campo. Se meus vizinhos cultivarem milho de qualidade inferior, a polinização degradará continuamente a categoria do meu milho. Seria uma deterioração constante da qualidade do meu milho. Se eu quiser cultivar um milho de qualidade, tenho que ajudar meus vizinhos a cultivar milho de qualidade. Dessa forma, todos saem ganhando."

Percebam que tudo está interligado. O fazendeiro da história estava atento às conexões. Devemos estar cientes dos laços da vida. A qualidade do milho do fazendeiro depende da qualidade do milho dos seus vizinhos. Isso também se aplica a outras áreas de nossas vidas. Teremos muito mais chances de viver em paz se aqueles ao nosso redor também estiverem bem. Você se lembra de Sun Tzu, que diz: "Se queres a paz, prepara-te para a guerra". Nossa guerra diária é basicamente essa: lutar para que aqueles que nos cercam estejam bem. Isso vale para nossa família, amigos, funcionários, alunos, clientes e até mesmo para aqueles que se comportam de forma inconveniente, quando precisamos lidar com eles.

De certa forma, o bem-estar de cada um está ligado ao bem-estar de todos. Seria muito bom, seria realmente maravilhoso, se nossos políticos entendessem isso. O filósofo George Santayana nos ensina que: "Somente os mortos verão o final da guerra". Enquanto estivermos vivos, estamos em guerra! A vida é uma batalha, mas é importante que estejamos atentos para não permitir que pessoas estressadas tirem nossa paz e nos deixem deprimidos.

Jamais considere o uso das técnicas de GPCI como uma obrigação, mas como uma oportunidade invejável de aprender e conhecer as variáveis do comportamento humano para sua própria evolução pessoal e também do indivíduo inconveniente. Nós, seres humanos, somos contraditórios e sempre julgamos. Isso faz parte da nossa natureza humana. Agora, se as pessoas geralmente julgam e se contradizem, imagine uma pessoa estressada e desequilibrada. Nesse caso, fale apenas o necessário, não perca tempo debatendo, discutindo e polemizando, pois é impossível satisfazer e atender plenamente as demandas de alguém emocionalmente desequilibrado. Portanto, não dê muita importância ao julgamento dessas pessoas, mas seja sempre autêntico e verdadeiro, apesar das críticas.

É engraçado, mas quando temos uma ideia ou estamos focados em um novo projeto, sempre há um monte de pessoas extremamente inconvenientes remando contra, dizendo para esquecermos, que é bobagem, que é perda de tempo, pois não tem como dar certo. Quando percebem que você não se importou com essas opiniões contrárias, elas tentam te ensinar a fazer, dão palpites e se intrometem onde não são chamadas. Por fim, quando você conquista o sucesso, elas dizem com a maior cara de pau que sempre confiaram e acreditaram em você. Não é assim? Não perca tempo discutindo, tentando convencer ou mudar a opinião de pessoas inconvenientes que tentam fazer você desistir da sua ideia. Simplesmente não desista. Aliás, ter uma grande ideia é importante, mas definitivamente não é necessário. Durante suas viagens fora do país, fora do seu estado ou mesmo fora do seu bairro, você pode ter uma ótima sacada ao observar algo que está sendo feito, algo novo, e simplesmente aprimorar e obter sucesso. Quantas pessoas tiveram sucesso com ideias de outras pessoas que não acreditaram em suas próprias ideias, não é mesmo? Não acreditaram em suas próprias ideias e depois ficam por aí falando: "Eu já tinha pensado nisso antes! Eu tive essa ideia há muito tempo!" Estou convencido de que "coragem e perseverança" são palavras-chave.

Realmente, precisamos ter coragem, muita coragem, para fazer com que aquela ideia se torne realidade, lembrando que coragem não é ausência de medo. No entanto, se não formos perseverantes (perseverança é a palavra-chave), na primeira dificuldade acabaremos desistindo daquele negócio, daquela ideia. E acredite, com certeza, as dificuldades virão aos montes, elas sempre aparecem sem convite.

Sabe aquela história da competição dos sapos? O objetivo era atingir o topo de uma grande árvore: "Quem seria o grande vencedor?"

Havia muitos animais no local assistindo e torcendo por eles. A competição começou com muita algazarra e gritos das torcidas organizadas. De repente, não se sabe o motivo, uma onda de negativismo tomou conta da torcida.

Acho que nenhum deles vai conseguir, é muito difícil! Não tem como chegar lá em cima!
E as torcidas gritavam:

É impossível! É impossível!

Os sapinhos começaram a desanimar e desistir, um após o outro. No entanto, havia um que persistia, determinado, comprometido e incansável. Sem se importar com o que os outros diziam, continuava subindo em direção ao topo. Assim, apesar dos gritos para que ele desistisse, ele conseguiu chegar lá em cima. Mas como? Simples: ele era surdo! Na cabecinha dele só havia um pensamento:

"Todos estão torcendo por mim! Eu não posso parar, preciso chegar lá em cima".

Nossa vida é exatamente assim, estaremos sempre cercados de pessoas negativas, elas simplesmente são assim, negativas por culpa delas mesmas; perceba que não há intenção de fazer você desistir. Esse tipo de comportamento inconveniente é muito comum. Acredite: ninguém muda ninguém, portanto, não perca seu tempo tentando mudar essas pessoas. Acredite mais em você, acredite em seus sonhos, supere as expectativas, supere seus próprios limites e jamais desista.

Referências:

- Inteligência Emocional – Daniel Goleman.
- O Mínimo que você precisa saber para Não Ser um Idiota – Olavo de Carvalho
- Segurança x Sensação de Segurança – Editora Ciência Moderna
- Segurança é Prevenção – Editora Ciência Moderna

Capítulo 43

Individualismo e vaidade

Neste quadragésimo terceiro capítulo, temos como objetivo específico desenvolver e treinar a capacidade de falar apenas o suficiente, com base na inteligência emocional e na qualidade comportamental.

Neste capítulo, discutiremos a eterna incompatibilidade entre individualidade e individualismo. Esse é um tema de grande relevância, pois a individualidade é algo positivo. De acordo com o dicionário, pode ser definida como "o conjunto de atributos que constituem a originalidade e unicidade de uma pessoa". Em termos simples, isso significa que os seres humanos são únicos e distintos. A alteridade é uma palavra-chave quando se trata de individualidade, pois reconhece que as pessoas são diferentes umas das outras, e é essa individualidade que nos diferencia.

Todos somos diferentes, pensamos de maneiras distintas, agimos e raciocinamos de forma divergente das outras pessoas, e isso é muito bom, é algo positivo. Se entendermos plenamente esse tema, seremos capazes de manter uma convivência saudável com as pessoas, sem patologias, de modo que aqueles que nos cercam, inclusive aqueles que se comportam de maneira errada ou inadequada, não sejam apenas acessórios, mas sim pessoas que agregam ainda mais valor às nossas vidas. Sabemos que isso é muito difícil, parece utópico, mas, estrategicamente, é perfeito! Obviamente, estou me referindo àqueles que se comportam de maneira inadequada. É importante reiterar que os vínculos que mantemos com as pessoas ao nosso redor têm influência direta nas escolhas que fazemos. No entanto, precisamos estar focados e atentos para que a linha divisória da individualidade não seja ultrapassada.

A individualidade é o alicerce de nossa personalidade, enquanto o individualismo é uma doença da personalidade. O individualista é egoísta, egocêntrico e só pensa em si mesmo; é sempre "eu primeiro, depois eu e, só então... eu novamente!" Você conhece alguém assim? Imagine uma família com cinco pessoas e cinco bifes no almoço. O indivíduo pega dois bifes e ainda sai rindo, achando que é esperto, não é mesmo? Os exemplos são infinitos e surpreendentes. O individualista não se importa com a família, com o país, com a sociedade, enfim, não se importa com a humanidade; o mundo pode se explodir, desde que ele se dê bem.

Lidar com o comportamento inconveniente de um indivíduo individualista não é tarefa fácil. A pessoa individualista não está preocupada com sua imagem, com as pessoas ao seu redor, nem com sua própria reputação, e muito menos com nossos sábios conselhos; ela está preocupada apenas com seus próprios interesses. O individualista tem propensão, vocação e tendência a se desobrigar de qualquer senso de companheirismo, de ajuda, de assistência, apenas para pensar em si mesmo. Por isso, podemos nos sentir ressentidos e com vontade de dizer muitas verdades, não é mesmo? No entanto, devemos falar apenas o suficiente.

Do ponto de vista prático, você não ganhará absolutamente nada ao adotar uma postura de não ter papas na língua. Lembra daquela história do mestre e seu discípulo?

- Mestre, qual é a maior sabedoria? - perguntou o discípulo.
- Jamais discuta com um idiota! - disse o mestre.
- Mestre, não concordo que essa seja a maior sabedoria! - retrucou o discípulo.
- Você está certo - disse o mestre.

Acredito que nossa postura nesses casos deva ser assim. Devemos seguir essa mesma linha de ação, deixar a pessoa falar, não precisamos discutir com essas pessoas, deixá-las pensar que têm razão. Outro tipo de pessoa inconveniente é o vaidoso. Ele gosta de falar alto, acha que tudo dele é melhor, adora ser engraçado e quer se destacar em cima dos outros. É o "pavão"! Quando está em um grupo, só quer chamar atenção para si, as outras pessoas mal conseguem falar e, quando conseguem, ele não presta atenção porque já está ansioso para contar sua nova história. No começo, quando as pessoas ainda não o conhecem, acham o sujeito engraçado, acham que ele é legal, mas depois de alguns encontros, a vaidade doentia fica evidente, as histórias são sempre as mesmas e começa a ser extremamente incômodo. Você já identificou alguém com esse perfil? É preciso ter cuidado para não confundir vaidade com autoestima. Outro dia recebi uma definição que achei ótima, era mais ou menos assim:

"Autoestima não é acreditar que será aplaudido, mas não depender dos aplausos; não se iludir com eles".

Vamos analisar a história a seguir, ela nos ajudará a entender melhor tudo o que acabamos de falar. Um mecânico muito vaidoso estava desmontando o cabeçote de uma motocicleta quando viu na oficina um cirurgião cardiologista muito conhecido. O cirurgião observava atentamente o trabalho do mecânico. Então o mecânico parou o que estava fazendo e falou em voz alta:

"Ei, doutor, eu tenho uma grande dúvida, acho que o senhor pode me ajudar a compreendê-la." Surpreso, o cirurgião se aproximou do mecânico com diplomacia.

O mecânico se levantou e começou:
"Doutor, olhe bem esse motor. Dá uma olhadinha! Eu abro o coração dele, tiro as válvulas, conserto, coloco de volta e, quando termino todo o procedimento, ele volta a funcionar como se fosse novo; agora vem a pergunta, doutor: Como é que eu ganho tão pouco e o senhor ganha tanto, se nosso trabalho é praticamente o mesmo?"

O cirurgião sorriu simpaticamente, se aproximou mantendo sua presença física, inclinou-se e sussurrou baixinho para o mecânico:

"O senhor já tentou fazer isso com o motor funcionando?"

Em seguida, se afastou de forma agradável e elegante, enquanto o mecânico, com uma expressão confusa, refletia sobre a resposta do cirurgião. Essa é uma maneira adequada de lidarmos com esse tipo de comportamento.

Não permitir que o inconveniente o irrite é a melhor abordagem. Responder no calor da emoção, em alto e bom som, para alguém vaidoso e mal-intencionado é fornecer munição para a inconveniência.

Quem desenvolve esse perfil não se importa com o que você sente, apenas usará e distorcerá o que você diz para depois se fazer de vítima na frente dos outros. É importante saber que distorcer o que você diz para manipulá--lo é uma estratégia maligna, ok! Mas ainda assim, é uma estratégia. Quando alguém insinuar algo sobre você, mantenha a calma e não reaja impulsivamente com agressões verbais ou falando bobagens. Lembre-se sempre das necessidades estratégicas, inteligência emocional e qualidade comportamental. Portanto, continue falando apenas o necessário, caso contrário, você alimentará grandes problemas e fofocas sobre si mesmo.

Sinceridade é uma das características de um líder, é claro que devemos ser sinceros, mas estrategicamente devemos reservar nossa sinceridade para aqueles que merecem. Não estou fazendo apologia à hipocrisia, apenas reiterando que devemos falar apenas o suficiente. Perceba que nós é que precisamos ser espertos. Não podemos permitir que o inconveniente tenha controle da situação. Quem deve ter o controle somos nós. Portanto, não desvie o olhar, encare o inconveniente com autoridade, gentileza e naturalidade, sem deixá-lo desconfortável.

Agora, nunca demonstre medo, mesmo que esteja extremamente amedrontado, evite demonstrá-lo. Vou reiterar, não desvie seu olhar. As pessoas mostram medo ao desviar o olhar. Se o inconveniente perceber que você está com medo, ele se tornará insuportável, ultrapassará os limites e certamente se aproveitará de você.
Quando perceber que o inconveniente está tentando distorcer algo diante dos outros, force-o a se explicar, expondo as incoerências, os absurdos, com frases técnicas como:

"Estou disposto a resolver essa situação e não complicar; portanto...

- Poderia ser mais assertivo? Não estou entendendo você."
- Poderia esclarecer melhor sua intenção?"
- A que você está se referindo com essa afirmação? Seja claro."

Dessa forma você assume o controle da situação, obrigando-o a se explicar.

LINHAS DE AÇÃO PARA UM COMPORTAMENTO VAIDOSO E INDIVIDUALISTA

1. **Mantenha um afastamento emocional estratégico:**

- Pessoas com comportamento vaidoso e individualista podem ser difíceis de lidar. Para evitar problemas, é importante manter um certo afastamento emocional e ter uma atitude preventiva.

2. **Jamais compartilhe algo de fórum íntimo com essas pessoas:**

- Todos nós temos nossas fraquezas e limitações, mas compartilhar informações íntimas com pessoas assim pode ser arriscado. É melhor não correr esse risco.

3. **Seja assertivo e fale de forma clara e em bom tom:**

- Ao tratar com essas pessoas, é importante ser assertivo e falar de forma clara e precisa. Isso ajuda a evitar mal-entendidos e permite que a pessoa entenda exatamente o que você quer dizer.

4. **Use a inteligência emocional na sua comunicação:**

- Lembre-se de que você não pode mudar essas pessoas. No entanto, você pode se comunicar com elas de uma forma inteligente e emocionalmente madura. Isso pode ajudá-lo a evitar conflitos desnecessários.

5. **Aprenda a dizer "não":**

- Seja corajoso e enfrente o medo. Não permita que essas pessoas tenham controle sobre você. Seja firme e aprenda a dizer «não» quando necessário. Lembre-se de que você tem o controle da sua vida.

Referências:

- Inteligência Emocional – Daniel Goleman.
- O Mínimo que você precisa saber para não ser um Idiota – Olavo de Carvalho
- Facing Violence – Rory Miller
- Segurança x Sensação de Segurança – Editora Ciência Moderna
- Segurança é Prevenção – Editora Ciência Moderna

Capítulo 44

O Poder das palavras

Neste quadragésimo quarto capítulo, temos como objetivo específico desenvolver e treinar a capacidade de falar com as mãos nas verbalizações, conectado e preparado para um nível superior de resposta.

É evidente que a raiva, o estresse e a agitação geralmente preenchem o espaço entre você e uma pessoa com comportamento inconveniente. Portanto, permita e crie um espaço estratégico entre vocês. Dependendo da situação, use sua sensibilidade e sentimentos para avaliar e desenvolver a melhor tática. Aprendemos que não existem regras fixas, mas há uma estratégia de Sun Tzu que diz o seguinte:

"A desordem surge da ordem; a covardia surge da coragem e a fraqueza nasce da força".

Se você deseja fingir desordem para confundir seu adversário e distraí-lo, primeiro você precisa se organizar e ser exigente. É necessário ter muita ordem. Somente então, de acordo com Sun Tzu, você será capaz de criar uma desordem artificial. Se você quer simular covardia para conhecer a estratégia do adversário, primeiro precisa desenvolver coragem extrema e valentia. Somente então você poderá atuar como alguém tímido ou "covarde" de maneira artificial. Se você deseja fingir fraqueza para provocar arrogância em seus inimigos, primeiro precisa se tornar extremamente forte. Somente então você será capaz de alcançar tal feito e parecer fraco ou debilitado.

Ainda em relação ao espaço criado por você, mantenha-se sempre de frente para a pessoa com comportamento inconveniente. Nunca lhe dê as costas e esteja sempre atento, mantendo o foco. Pessoas desequilibradas são como uma caixa de surpresas, tudo é possível, não podemos duvidar de nada. Você conhece a história da caixa de Pandora? Pois é, tudo é possível. Antes de ser enviada à Terra, Pandora recebeu uma caixa de Zeus. Essa caixa continha todas as desgraças do mundo, mas também a esperança. Pandora não resistiu à curiosidade e, ao abrir a caixa, liberou todos os males. Arrependida, fechou novamente a caixa, mantendo a esperança presa.

Deve ser incômodo e desagradável conviver com pessoas que estão sempre esperando o pior, não é verdade? Por outro lado, é agradável, saudável e benéfico esperar sempre o melhor das pessoas. No entanto, devemos estar preparados para o pior. Se o pior não acontecer, é um ganho. Perceba que espero sempre o melhor, mas estou sempre preparado para o pior. Firmeza de atitude é fundamental, portanto mantenha-se inabalável em sua posição. Estabeleça limites com a pessoa inconveniente. Adote uma postura decidida, de um profissional resoluto e obstinado. Se perceber que a pessoa tem a intenção de se afastar para agredi-lo, acompanhe-a estrategicamente, inibindo assim a possibilidade de chutes, socos ou cabeçadas.

Faça uma análise da situação e posicione-se estrategicamente, buscando sempre uma sombra. Já percebeu como algumas pessoas falam movimentando bruscamente os braços e apontando o dedo? Jamais aponte o dedo para a pessoa inconveniente. Você concorda que é extremamente desagradável quando alguém aponta o dedo para nós? Agora, imagine apontar o dedo para uma pessoa estressada e descompensada. Isso só agravaria a situação, tornando ainda mais difícil o gerenciamento do comportamento; concorda?

Já discutimos isso antes, mas ao gerenciar um comportamento inconveniente, além de evitar apontar o dedo, é importante não sorrir de forma alguma. Sorrir nessas circunstâncias demonstra falta de sensibilidade e não é uma atitude apropriada. Na verdade, pode ser interpretado como uma provocação, uma espécie de jogo perigoso, é caminhar em direção a problemas. Sorrir nesses momentos demonstra ironia, sarcasmo e, para alguém desequilibrado, em um processo de surto, pode ser entendido como uma ameaça de morte. Evite tocar em uma pessoa estressada que esteja se comportando de maneira inconveniente. Perceba que evitar é diferente de não tocar. Em certas situações, pode ser inevitável, mas devemos manter uma posição firme e ter limites pré-estabelecidos.

Todas essas questões que estamos abordando - o olhar, o apontar o dedo, o tocar na pessoa, o sorrir - podem ser facilmente mal interpretadas pela pessoa inconveniente. Distúrbios cognitivos levam pessoas desequilibradas a interpretar um simples contato físico como algo hostil e ameaçador. Esses distúrbios cognitivos são pensamentos exagerados e irracionais. A pessoa interpreta as coisas de maneira equivocada e, como resultado, reage de forma inconveniente. E isso pode acontecer em diferentes níveis. Ao ter consciência disso e reconhecer esse transtorno, podemos trabalhar isso desde o início.

Todas as técnicas e estratégias que estão sendo apresentadas são excelentes! Elas são realmente eficientes e eficazes. No entanto, não devemos esquecer dos níveis de força, especialmente o nível 2, a verbalização. Você se lembra do poder das palavras?

Num auditório superlotado de uma tradicional escola de ensino médio, um professor falava sobre o poder das palavras e o poder do pensamento positivo. Um aluno levantou a mão e disse:

"Professor, não é porque eu digo amor, felicidade, alegria, satisfação que vou me sentir melhor. E não é porque eu digo desgraça, azar, ódio, infelicidade que vou me sentir mal. São apenas palavras. Na minha opinião, professor, palavras são palavras; nada mais que isso! O poder delas é zero!"

O professor olhou-o nos olhos e disse:
"Cale-se, seu idiota! Você é incapaz de compreender algo tão sublime e de tamanha profundidade!"

O auditório ficou em polvorosa, o aluno ficou paralisado, mudou de cor e produziu tanta adrenalina que parecia que ia explodir. Imediatamente, respondeu:
"Idiota é a tua mãe, seu filho da p..."

O professor interveio imediatamente, levantando a mão, e disse:
"Peço milhões de desculpas; perdoe-me! Eu não quero magoá-lo! Por favor, aceite as minhas sinceras desculpas."

O aluno acalmou-se e o auditório entrou num profundo silêncio.

"Peço a atenção de todos e mais uma vez peço desculpas a todos vocês; mas essa é a resposta à questão que foi colocada. Percebam que algumas palavras desencadeiam raiva e cólera, enquanto outras acalmam. Esse é o poder das palavras!"

Perceba que todas as técnicas e estratégias que estão sendo apresentadas são realmente ótimas, eficientes e eficazes. Mas, como eu disse, não podemos esquecer dos níveis de força, principalmente o nível 2, a verbalização, que subdividimos em dois níveis, você se lembra? A verbalização 1 ou diplomacia e a verbalização 2 ou o uso da força da lei como ameaça. Portanto, todas as técnicas e estratégias que você está aprendendo devem ser empregadas juntamente com uma boa verbalização.

Outro aspecto muito importante é sempre mostrar ao inconveniente que suas mãos estão livres. Estrategicamente, é um excelente recurso não verbal. Demonstre sua intenção de não violência, mas mantenha suas mãos disponíveis para proteção. É fundamental que você mantenha suas mãos em posição de guarda alta, mas faça o movimento de forma suave e discreta. É necessário treinar exaustivamente o uso das mãos ao falar para que não pareça uma postura agressiva ou violenta. Acredite, não é nada fácil fazer isso, exige treinamento, mas é uma estratégia extremamente eficiente e eficaz. Perceba que não se trata apenas das mãos, mas também da presença física, do olhar e do tom de voz.

"No GPCI, certamente enfrentaremos muitos momentos críticos; porém, devemos sempre esperar o melhor resultado, mas preparados para o pior. Se o pior não acontecer, será lucro!"

Referências:

- Inteligência Emocional – Daniel Goleman.
- O Mínimo que você precisa saber para Não Ser um Idiota – Olavo de Carvalho
- Facing Violence – Rory Miller
- A Arte da Guerra – Sun Tzu
- Segurança x Sensação de Segurança – Editora Ciência Moderna
- Segurança é Prevenção – Editora Ciência Moderna

Capítulo 45

A tradicional rota de fuga

Neste quadragésimo quinto capítulo, temos como objetivo específico desenvolver e treinar técnicas de comunicação não verbal nos conflitos e problemas do dia a dia.

Como o grande mestre de jiu-jitsu, João Alberto Barreto, costuma afirmar, a melhor abordagem em um confronto, discórdia ou simples desentendimento é evitá-los. Frequentemente, é necessário fazer "ouvidos de mercador" para evitar conflitos e problemas. Sun Tzu, em sua obra "A Arte da Guerra", nos ensina que não devemos atacar o inimigo onde ele é mais forte, mas surpreendê-lo onde ele é mais fraco ou não espera. Isso implica em realizar uma análise e avaliação implícitas para alcançar nossos objetivos. Temos uma grande dificuldade em avaliar, analisar e distinguir o que é importante do que é necessário. Portanto, para alcançarmos nossos objetivos, é fundamental priorizar sempre o que é necessário.

Sun Tzu destaca que quando demonstramos fraqueza, o inimigo nos subestima, e quando demonstramos força, mesmo em uma posição desfavorável, ele passa a temer uma emboscada ou acreditar que temos trunfos ocultos, embora sejam meramente fantasias e criações da imaginação. É surpreendente como os seres humanos sofrem antecipadamente por ações e hipóteses inexistentes. Essas informações estratégicas são essenciais para o gerenciamento de comportamentos inconvenientes.

Imagine-se como gerente de um restaurante onde um cliente costuma reclamar bastante sobre a comida e o atendimento, causando constrangimento para os funcionários e demais clientes. Para lidar com esse comportamento inconveniente, é possível aplicar as estratégias ensinadas por Sun Tzu na "Arte da Guerra". Primeiramente, é importante realizar uma análise e avaliação da situação, identificando as principais queixas do cliente e buscando maneiras de aprimorar a qualidade da comida e do atendimento.

Além disso, é necessário exercer autoridade aliada a uma presença física elegante, mostrando comprometimento em resolver os problemas apontados pelo cliente. No entanto, é essencial não ceder a todas as demandas do cliente, especialmente quando são absurdas ou injustas. Ao invés disso, é preciso priorizar o que é necessário e importante para o bom funcionamento do restaurante e da equipe.

Também é crucial adotar uma abordagem estratégica diante das reclamações do cliente. Ao invés de esperar que ele faça uma reclamação em público e cause constrangimentos, é possível antecipar suas queixas e oferecer soluções antes mesmo que ele as apresente. Dessa forma, utilizando as estratégias de Sun Tzu, é possível gerenciar o comportamento inconveniente do cliente de maneira eficaz, melhorando a qualidade do restaurante e evitando constrangimentos para a equipe e outros clientes.

É importante destacar que, assim como quando acuamos um simples rato em um canto da parede, ele nos ataca. Da mesma forma, em uma abordagem inadequada, sem possibilidade de negociação, o indivíduo inconveniente também tende a reagir agressivamente. Não devemos subestimar o ensinamento de Sun Tzu: "ele lutará sem medo, por instinto e por ser a única saída existente; mas perceba que ele lutará sem medo!" Sun Tzu nos aconselha a sempre deixar uma rota de fuga, explicando que quando o inimigo é encurralado, só lhe resta o contra-ataque, e ele o faz, usando todas as forças que ainda lhe restam. É exatamente nesse momento que ele alcança êxitos e conquistas que pareciam impossíveis aos nossos olhos. Quando encurralamos um simples rato no canto de uma parede, é necessário finalizar a situação com atitude e velocidade. Sun Tzu diz que se não definirmos, como um relâmpago, aquela situação, ele partirá para o ataque. Portanto, se você não deseja o confronto, deixe-o optar pela liberdade, permita, mostre a ele o caminho da liberdade, deixe-o evadir-se; essa é a tradicional Rota de Fuga.

Dando continuidade ao exemplo do restaurante, imagine que você seja o gerente e um cliente esteja reclamando em voz alta sobre a qualidade da comida e do atendimento, causando um grande alvoroço e incomodando os demais clientes. Se você abordá-lo de maneira agressiva, sem dar espaço para que ele se expresse e sem oferecer uma solução, é provável que ele se sinta acuado e reaja de maneira ainda mais agressiva, gerando um problema ainda maior.

No entanto, se você seguir a estratégia de Sun Tzu e oferecer uma rota de fuga, ou seja, uma opção para que o cliente se sinta ouvido e atendido, é possível contornar a situação. Você pode se aproximar do cliente de maneira respeitosa, ouvi-lo atentamente e oferecer uma solução para o seu problema, como por exemplo um prato novo ou um desconto na conta. Dessa forma, ele se sentirá valorizado e terá a oportunidade de se expressar e resolver o problema de maneira pacífica, sem precisar recorrer a um comportamento inconveniente.

Sun Tzu também nos ensina que: «O mérito supremo consiste em quebrar a resistência do inimigo sem lutar». Porém, se houver a necessidade de uma intervenção física, encurralá-lo será útil para levá-lo mais rapidamente ao chão. Perceba que, para sermos bons especialistas em GPCI, não podemos ser previsíveis. Não devemos permitir que o inconveniente saiba o que estamos pensando ou articulando. Permitir que o inconveniente descubra a sua estratégia, a sua tática previsível, fará com que os seus planos sejam facilmente frustrados. Se você não estiver devidamente treinado e preparado para o gerenciamento, o inconveniente o deixará confuso, vai encher você de perguntas e fazer você perder muito tempo respondendo a essas perguntas. Perceba que você correrá o risco de ser influenciado. Sun Tzu pregava que a única coisa que jamais se recupera é o tempo perdido e a morte. Portanto, a velocidade, o rigor e a exatidão dos nossos planos e objetivos são essenciais; quanto antes iniciarmos o gerenciamento, mais consistente, rica e produtiva será a possibilidade de explorarmos os caminhos e as linhas de ação que devemos seguir.

É muito importante que não tentemos julgar o comportamento da pessoa inconveniente, tampouco suas atitudes, apenas devemos orientá-la quanto às opções que ela tem. Faça com que a pessoa enxergue o lado ruim daquele procedimento, daquela atitude inconveniente; é fundamental que a pessoa perceba que aquela postura inconveniente pode levá-la ao encontro da dor e do sofrimento. Por exemplo:

«Senhor, eu não tenho o menor interesse de ir para uma delegacia policial; imagine: depoimentos, acareações, tempo de espera, processo criminal. Tudo isso é muito ruim e constrangedor! Creio que o senhor também não queira passar por isso, então acho que podemos chegar a um acordo.»

Lembre-se sempre de que você é o profissional qualificado. O gerenciamento é responsabilidade única e exclusivamente sua, portanto, é você que, de forma equilibrada, deve trazer o nível de excitação para baixo, para um nível mais seguro. Use sua inteligência emocional. É inútil gritar ou tentar falar mais alto que a pessoa descompensada. Tenha paciência, seja tolerante e aguarde o momento oportuno. A pessoa precisará respirar; nesse momento, fale com calma e em bom tom. Fale de maneira clara, precisa e concisa, de forma agradável. Seja gentil!

GPCI é um conjunto de técnicas de comunicação verbal e não verbal, lembra? Perceba que às vezes nem é necessário verbalizar, basta usar a inteligência e fazer com que a pessoa reflita. Há alguns meses, recebi o texto abaixo, de um autor desconhecido, que retrata bem esse tema. Fiz apenas as adaptações necessárias ao nosso contexto:

Um faixa preta, representante de um grande grupo, comparecia assiduamente às reuniões e workshops promovidos por seu mestre e, sem comunicar a ninguém, deixou de participar das atividades. Após um determinado tempo, o mestre decidiu visitá-lo.

Era uma noite muito fria! O mestre encontrou-o em sua casa, sozinho, sentado diante da lareira, onde o fogo estava brilhante e acolhedor. Tendo percebido o motivo da visita de seu mestre, cumprimentou-o e, aproximando-se da lareira, ofereceu-lhe uma cadeira confortável, em frente à chaminé, e ficou quieto, aguardando. Nos minutos seguintes, houve um grande silêncio, pois os dois, aluno e mestre, somente admiravam a dança das chamas em volta dos troncos de lenha que queimavam.

Depois de alguns minutos, o mestre examinou as brasas que se formaram e cuidadosamente escolheu uma delas, a maior e mais incandescente de todas, e empurrou-a para fora do fogo. Sentando-se novamente, permaneceu silencioso e imóvel. O aluno e anfitrião prestavam atenção a tudo, fascinados e quietos. Dentro de pouco tempo, a chama da brasa solitária diminuiu, até que, após um brilho discreto e momentâneo, seu fogo se apagou num piscar de olhos. Em pouco tempo, o que antes era uma festa de calor e luz, agora não passava de um frio, morto e desprezível pedaço de carvão, recoberto por uma camada espessa de cinzas.

Nenhuma palavra tinha sido pronunciada desde o tradicional "OSU" entre aluno e mestre. Antes de preparar-se para ir embora, o mestre empurrou novamente o pedaço de carvão já apagado, frio e descartável, colocando-o novamente no meio das outras brasas ardentes. Quase imediatamente, o carvão voltou a resplandecer em uma nova chama, alimentado pela luz e pelo calor das labaredas dos outros carvões radiantes ao redor dele. Quando o mestre se aproximou da porta para despedir-se, seu aluno lhe disse:

"Mestre, muito obrigado pela sua visita e pelo sábio conselho; retornarei imediatamente ao nosso grupo, que sempre me fortaleceu!"

Referências:

- Inteligência Emocional – Daniel Goleman.
- O Mínimo que você precisa aber para Não Ser um Idiota – Olavo de Carvalho
- Facing Violence – Rory Miller
- A Arte da Guerra – Sun Tzu
- Segurança x Sensação de Segurança – Editora Ciência Moderna
- Segurança é Prevenção – Editora Ciência Moderna

Capítulo 46

Foco na solução do problema

Neste quadragésimo sexto capítulo, temos como objetivo específico desenvolver e treinar técnicas de submissão; quando o controle de contato não é suficiente para gerenciar àquele comportamento.

É fundamental que tenhamos consciência de que a nossa autoridade é limitada; contudo, ela deve ser sempre exercida. Eu sempre gosto de frisar que exercer autoridade não é ser arrogante nem prepotente. A autoridade deve ser exercida sempre com firmeza e elegância. Quando não exercemos a autoridade que temos, o resultado é sempre muito ruim; o desfecho é confusão, desordem, bagunça e indisciplina. Assim, é necessário que, com autoridade e diplomacia, usemos o nosso poder de convencimento. Vamos aos exemplos?

"Senhor, eu o compreendo, acredite, nós estamos juntos; mas, necessito da sua ajuda! Seria possível? Preciso que o senhor também me compreenda".

"Senhora, perdoe-me pelo transtorno; peço gentilmente a sua compreensão. Sei que a senhora é capaz de me compreender."

"Senhor, perdoe-me, mas não é certo que o senhor passe por cima das normas, das diretrizes desse estabelecimento. Sei que o senhor é capaz de me compreender."

"Senhora, perdoe-me, estou aqui para ajudá-la, perceba que eu estou sendo gentil com a senhora, por gentileza tente me ajudar."

A pessoa estressada, de alguma forma, precisa entender os limites e as regras a ela impostos. Nosso foco é fazê-la entender esses limites, para isso é necessário que sejamos competentes, que tenhamos poder de convencimento, poder de persuasão, poder de argumentação. É simples, mas só se consegue através do treinamento. São estratégias de comunicação, onde através do uso de recursos emocionais estimulamos o inconveniente a aceitar nossa sugestão, aceitar a nossa proposta. Lembre-se de Sun Tzu: *"Se queres a paz, prepara-te para a guerra"*; a missão, definitivamente, não é fácil, mas é nossa, portanto explique ao inconveniente os limites e as regras com autoridade, com firmeza de atitude, mas sempre de forma respeitosa. Sempre que for possível procure dar opções. Você já aprendeu, lembra-se? Chama-se tecnicamente de uso da força da lei como ameaça. Por exemplo:

"Senhor, desculpe-me; sei que nós dois podemos resolver essa questão. Devemos dialogar ou chamar a polícia?".

"Senhor, deixe-me ajudá-lo; sei que podemos chegar a um acordo. Por favor não me obrigue a chamar a autoridade policial. Isso não é necessário!"

"Perdoe-me, mas o senhor deseja continuar de forma calma ou devemos chamar a polícia para se juntar a nós?".

"Senhor, a exposição da sua imagem na mídia não seria uma boa escolha; ajude-me, por favor. Perceba que existem câmeras com altíssima resolução e som de qualidade."

Use sua inteligência emocional, use empatia, coloque-se no lugar da pessoa inconveniente, assim você saberá o que fazer, o que falar, como falar, enfim perceba e enfatize os sentimentos. Por exemplo:

"Desculpe-me senhor, eu lhe entendo, mas, não é justo me prejudicar. Perceba que o senhor está sendo cruel comigo."

"Eu entendo que a senhora tem todo o direito de sentir raiva, mas não é justo que a senhora prejudique as pessoas. Eu estou tratando a senhora com toda a gentileza."

"Senhor, eu lhe entendo perfeitamente bem, mas não é legal ameaçar-me, estou apenas cumprindo ordens".

"Eu entendo a sua indignação, mas sei que o senhor é capaz de entender, que eu estou apenas cumprindo normas e diretrizes."

Não julgue, não dê sermão, não dê conselhos filosóficos, enfim esses momentos não são propícios para nós ficarmos dilucidando as interpretações da realidade. Definitivamente não é momento de filosofar. Use empatia e fale apenas o suficiente; agora, caso a pessoa esteja muito estressada, não discuta. É descabido nós ficarmos tentando convencer uma pessoa enfurecida, adrenalizada, com alto nível de estresse. Dê opções de comportamento, obviamente usando toda a sensibilidade e educação para convencê-la. Por exemplo:

"Senhor, perdoe-me; deseja fazer uma pausa para um cafezinho? Posso lhe servir uma água?"
"Senhor, desculpe-me; posso oferecer-lhe um copo com água?".

Mostre à pessoa estressada as consequências de um comportamento impróprio, ou seja, projete para ela o resultado futuro daquela escolha; mostre para ela, usando um tom de voz uníssono, as consequências daquele comportamento insano, descabido. Um tom de voz incorreto pode mudar completamente a mensagem que você deseja transmitir. Vale enfatizar que o tom de voz depende da sua sensibilidade, você é quem vai decidir, mas deve ser claro, sem ameaças ou demonstração de raiva. O tom de voz tem uma influência enorme na comunicação. A linguagem corporal na comunicação não verbal (55%), e o tom de voz na comunicação paraverbal (38%), representa muito mais, 93%, do que as frases técnicas na comunicação verbal (7%) que construímos e usamos durante o gerenciamento. Na verdade, você vai adquirindo essa expertise, vai adquirindo a competência de unir todos esses fatores para que o gerenciamento seja impecável. Portanto, confie no seu instinto, use o seu sentimento, o seu feeling. Vamos aos exemplos:

"Senhor, perdoe-me, mas caso tome essa atitude, nós vamos perder muitas horas numa delegacia policial com depoimentos intermináveis; o senhor realmente quer isso? Perceba que eu estou sendo gentil com o senhor."

"Perdoe-me senhor, não tenho a intenção de prejudicá-lo, mas caso siga nessa direção, o resultado será processo criminal; sei que o senhor não quer isso. Deixe-me ajudar."

"Senhor perdoe-me, seria bastante desagradável para todos nós, passarmos a noite numa delegacia policial. Sei que nós podemos resolver da melhor forma."

Esteja sempre focado na *SOLUÇÃO* daquele comportamento inconveniente, e não no *PROBLEMA* que ele representa; isso é importante demais. Use sempre o seu sentimento, confie no seu feeling. Durante o gerenciamento você vai perceber as chances de um final feliz. Você precisa projetar a possibilidade de um final promissor ou não. Há de fato uma grande diferença entre foco no problema e foco na solução. Concentre-se na solução ao invés de ficar pensando no problema! Sabe aquela estória! O sujeito diz ao psiquiatra:

- Todas as vezes que eu estou na minha cama, eu acho que tem alguém embaixo, aí eu vou pra baixo da cama, aí eu acho que tem alguém em cima. Pra baixo, pra cima, pra baixo, pra cima; doutor, eu estou ficando maluco!

Deixe-me tratar de você durante dois anos; venha três vezes por semana e eu vou curá-lo desse problema.
E quanto o senhor cobra doutor?
R$350,00 por sessão.
- Bom, eu vou pensar!

Passados seis meses, por acaso eles se encontram na rua.
Olá, tudo bem? Por que você não me procurou mais?
Pergunta o psiquiatra.
Doutor, é que eu fiz os cálculos; perceba que R$ 350,00 a sessão, 3 vezes por semana, durante 2 anos corresponde a R$ 109.200,00. Ficaria caro demais doutor! Aí um sujeito me curou por 10 reais.
Ah é? Como foi? Pergunta o psiquiatra.
Por 10 reais doutor, ele cortou os pés da minha cama!

Então, para nossa reflexão, muitas vezes o problema é seríssimo, mas a solução pode ser muitíssimo simples. Trazendo tudo isso para nossa realidade, se você perceber que a verbalização, já no controle de contato não está surtindo o efeito desejado, lembre-se de que segurança é prevenção, daí para a submissão, é o próximo nível de força. É fundamental que você esteja bem treinado, preparado para isso.

Quando trabalhamos o GPCI com profissionais de segurança, obviamente nós analisamos, avaliamos, fazemos um estudo de situação dos riscos existentes, do cliente, do posto de serviço, das características e peculiaridades daquele ambiente, depois de tudo isso ensinamos e treinamos estratégias eficientes e eficazes como: uso de senha e contrassenha, definidas antecipadamente no plano de ação, para receber ajuda no caso de uma provável contenção física. Por exemplo: Se eu precisar de ajuda numa contenção, o meu ou os meus parceiros precisam saber o momento exato daquela ação fulminante. O comando não deve ser direto, é prudente que o inconveniente seja surpreendido. Em razão disso é que criamos e treinamos as senhas, por exemplo:

Amigo, por favor "Pare Agora!"

No *"amigo"* eu chamo a atenção; no *"por favor"* eles estarão prontos, no aguardo; e no *"Agora!"* é o ataque relâmpago. Nesse momento, com potência – força x velocidade, fazemos a contenção, ou ainda através de gestos, o olhar para a câmera, são medidas estratégicas que precisam ser superbem treinadas.

Referências:

- Inteligência Emocional – Daniel Goleman.
- O Mínimo que você precisa aber para Não Ser um Idiota – Olavo de Carvalho
- Facing Violence – Rory Miller
- A Arte da Guerra – Sun Tzu
- Segurança x Sensação de Segurança – Editora Ciência Moderna
- Segurança é Prevenção – Editora Ciência Moderna

Capítulo 47

Cuidado com as conclusões precipitadas

Neste quadragésimo sétimo capítulo, temos como objetivo específico identificar e buscar sempre através da verbalização o apoio da opinião pública ou da maioria das pessoas, no gerenciamento de um comportamento inconveniente.

É claro que, didaticamente, vamos insistindo, orientando e sutilmente estimulando você a enriquecer cada vez mais sua presença física, sua verbalização, suas frases técnicas, suas abordagens e quem sabe, o seu treinamento técnico de GPCI. Isso é o que esperamos que aconteça após a leitura deste livro. Queremos que você use, com criatividade, todos os conceitos técnicos que foram insistentemente tratados aqui. Um dos princípios essenciais para usarmos a força é o princípio da legalidade. Você se lembra do conceito? É um princípio jurídico básico, fundamental, que estabelece que não existe delito fora da definição da norma escrita na lei, ou seja, vale o que está escrito.

"Ninguém é obrigado a fazer ou deixar de fazer alguma coisa senão em virtude de lei. Não há crime sem lei anterior que o defina, nem pena sem prévia cominação legal". Ou seja, sem prévia determinação legal. Portanto, devemos sempre buscar um fundamento legal para todas as nossas decisões, atitudes e linhas de ação. Dessa forma, conhecer a lei e as normas e diretrizes do ambiente em que nos encontramos são fatores fundamentais para que tenhamos respaldo, credibilidade e, principalmente, o apoio da opinião pública, que é o nosso foco.

Lembro-me de dois profissionais de segurança qualificados em GPCI que passaram por uma experiência bastante interessante. Ambos trabalhavam no transporte ferroviário - SUPERVIA - e foram acionados para gerenciar o comportamento inconveniente de um sujeito que estava impedindo o fechamento das portas de uma composição. Ao chegarem ao local, perceberam que um indivíduo estava impedindo o fechamento das portas; a composição estava superlotada e os passageiros estavam bastante indignados com o calor devido a uma pane elétrica que gerou um problema técnico na refrigeração. Após uma rápida análise e avaliação do ambiente, um deles dirigiu-se ao sujeito que estava impedindo o fechamento das portas e, com extrema educação e elegância, mas exercendo autoridade, disse:

"Senhor, entendo a sua indignação e a de todos os passageiros, mas trata-se de um problema técnico que será resolvido na primeira oportunidade. Para a segurança de todos, peço, por gentileza, que o senhor libere a porta."

Ao que o sujeito respondeu: *"Eu não vou ficar nesse calor; essa porra vai continuar aberta!"* Todos o apoiaram integralmente. Mais uma vez, o profissional de segurança verbalizou alto, claro e em bom tom, fazendo a projeção do resultado futuro, para que todos pudessem ouvir:

"Senhor, infelizmente, por questões de segurança, a viagem será interrompida até que a porta seja liberada. Senhor, perceba que existem muitas pessoas idosas, mulheres e crianças que precisam usar o banheiro; muitos chegarão atrasados em seus trabalhos, poderão perder o dia, e a responsabilidade é do senhor. Por gentileza, senhor, ajude-nos, por favor!"

Nesse momento, um aqui, um outro ali começaram a se posicionar.

"Libera logo essa porta!" "O cara é educado!" "Estou atrasado!"

Rapidamente, a grande maioria ficou do lado dos profissionais de segurança, pressionando para que aquele sujeito liberasse a porta, contudo, ele insistia em mantê-la aberta. Ao perceberem que já tinham o apoio maciço da opinião pública, rapidamente contiveram o sujeito, a porta foi fechada e o indivíduo inconveniente foi conduzido para a delegacia policial.

Um dos motivos de retomarmos esse tema é fazer com que você perceba que, através da insistência e persistência, acabamos percebendo detalhes que ainda não tínhamos notado. Assim, em seus estudos, retome sempre os temas que já foram abordados, mesmo que seja algo exaustivo, até que você adquira o poder de convencimento e consiga explicar com detalhes todos esses conceitos técnicos que foram apresentados.

Perceba que, mesmo que você esteja cumprindo ordens, normas e diretrizes, e esteja dentro da legalidade, se você não tiver sensibilidade para perceber primeiro a vontade do povo, a vontade da maioria, pode estar cometendo um grande erro e comprometendo, inclusive, a empresa. Primeiro, você precisa perceber a maioria, conquistar o apoio do povo e, somente depois disso, poderá tomar as medidas necessárias. Esteja sempre atento e focado no indivíduo inconveniente, preparado para o pior.

Sabemos que não existem regras fixas, mas essas regras flexíveis só podem ser moldadas e construídas de acordo com a movimentação do oponente. Jamais, em hipótese alguma, tente gerenciar uma pessoa descompensada com uma faca, gargalo de garrafa ou arma de fogo. Acione imediatamente a polícia e tente ganhar tempo, utilizando todas as técnicas de negociação. Simultaneamente, identifique todos os Meios de Fortuna - todos os recursos improvisados, repito, TODOS, disponíveis ao seu alcance, naturais ou não. Vale tudo! No entanto, devo fazer um adendo: caso as normas e diretrizes, por algum motivo, impeçam você de usar um bastão retrátil, uma tonfa ou qualquer tipo de bastão, se houver necessidade de defesa contra alguém com uma faca, não alegue como meio de fortuna um bastão de baseball, um bastão retrátil ou eletromagnético. Isso caracterizaria uma ação premeditada e você poderia enfrentar problemas legais significativos.

Um amigo fisioterapeuta, chamado Nenguiru, faixa preta de jiu-jitsu e aluno do mestre Sylvio Behring, sempre enviava artigos, matérias e novidades que enriqueceram o conteúdo desta obra. Ele relatou uma experiência em que, ao abrir o portão de sua casa para um cliente, não percebeu que esse cliente já havia sido rendido por dois criminosos. Os criminosos aproveitaram o momento de sucesso e entraram em seu consultório/casa, rendendo-o também. Mantendo o equilíbrio e usando a inteligência emocional, ele tentou acalmar os criminosos, mencionando que havia um determinado valor na gaveta e que o entregaria, mas pediu para que eles não subissem as escadas, pois sua mãe estava descansando e era idosa. Por ser um lutador, estrategicamente havia armas brancas e objetos espalhados pela casa, em locais estratégicos, como seus meios de defesa improvisados, (meios de fortuna) estabelecendo limites para uma eventual reação. Por sorte, os criminosos concordaram com sua solicitação; talvez, sorte também para os próprios criminosos. Foi uma negociação bem-sucedida e medidas preventivas foram adotadas a partir daquele momento, transformando o prejuízo e as falhas de procedimento em uma espécie de MBA em segurança. O investimento valeu a pena.

É uma questão de treinamento, não se trata de neurose ou psicose, mas sim da nossa capacidade de antecipar possíveis ações insanas do indivíduo inconveniente e de responder prontamente de forma eficiente e eficaz, utilizando todos os recursos ao nosso alcance, previamente avaliados, para nossa defesa ou defesa de terceiros. Seria interessante que você revisasse os artigos 23 e 25 do Código Penal, que tratam da legítima defesa.

Da mesma forma, em situações envolvendo um grupo de pessoas descontroladas, é inútil confrontá-las de forma contundente. Nesses casos, informe e peça ajuda imediatamente, sem perder tempo, de forma imediata! Em seguida, com toda a educação, tente ganhar tempo, analisando e avaliando o grupo, usando seu instinto para identificar o líder. Tente negociar com o «chefe principal», mas com cuidado para não dar a impressão de confronto direto. A melhor estratégia, sem dúvida, é utilizar a força da lei como ameaça. Assim que perceber uma redução no nível de estresse, suavize a linha de demarcação estabelecida por você. Ao avaliar um comportamento inconveniente, tenha cuidado para não chegar a conclusões precipitadas. Todos nós corremos o risco, movidos pela vaidade, de precipitar nossas opiniões. Tome cuidado! Mesmo que você seja experiente, espere para fazer suas críticas. Aprenda a ouvir e também a controlar sua língua; às vezes, ficar em silêncio é muito difícil, mas geralmente é a melhor estratégia. Dê aos outros a oportunidade de se explicarem, mesmo que, a princípio, pareça algo muito estranho, errado. Tem uma estória curtinha que resume bem esse tópico.

Uma menininha segurava em suas mãos duas maçãs. Sua mãe a chamou e com uma voz doce e um belo sorriso lhe pediu uma das maçãs:

– Filha, você poderia dar uma de suas maçãs para mamãe?

A menina olha para sua mãe durante alguns segundos, e morde inesperadamente uma das maçãs e logo em seguida a outra. A mãe fica desconcertada, perde o sorriso, mas tenta não demonstrar sua decepção quando sua filha lhe dá uma de suas maçãs mordidas. A menina olha para sua mãe com um sorriso angelical e diz:

– Essa é a mais doce mamãe!

Portanto, muito cuidado com as conclusões precipitadas. Retomando o assunto, tendo percebido a redução do nível de estresse suavize aquela configuração de limite estabelecido por você, nesse caso procure usar palavras ao invés de ações, se puder optar opte sempre por palavras, gerenciando passo a passo aquele comportamento inconveniente. O GPCI deve ser sempre um caminho para a paz. A gente não pode permitir que palavras erradas simplesmente saiam da nossa boca, podemos por tudo a perder se não tivermos essa consciência. Nossas palavras estabelecem de imediato uma relação positiva ou negativa, não é verdade? Talvez a arma mais perigosa que carregamos seja uma língua afiada, não é por acaso que essa colocação se encontra nos livros sagrados. Nós sabemos que "*Palavras convencem pessoas, mas os exemplos arrastam multidões.*" É necessário que as nossas atitudes sejam coerentes com as nossas solicitações, com os nossos pedidos e exigências.

Referências:

- Inteligência Emocional – Daniel Goleman.
- O Mínimo que você precisa saber para Não Ser um Idiota – Olavo de Carvalho
- Facing Violence – Rory Miller
- A Bíblia Sagrada
- A Arte da Guerra – Sun Tzu
- Segurança x Sensação de Segurança – Editora Ciência Moderna
- Segurança é Prevenção – Editora Ciência Moderna

Capítulo 48

Quantas vezes julgamos errado?

Nesse quadragésimo oitavo capítulo, temos como objetivo específico identificar e explicar o que é adrenal dump e treinar o exercício respiratório como auxiliar no processo de volta a calma.

No capítulo anterior, vimos que às vezes é difícil ficar calado, mas geralmente é a melhor estratégia. Precisamos treinar nossa habilidade de ouvir e, acima de tudo, dar oportunidade para que os outros se expliquem ou que as coisas se esclareçam, mesmo que inicialmente pareça algo estranho ou errado. E isso se aplica a todas as situações. Há uma história que ilustra esse tema com clareza. É a história de um casal que morava em um sítio e tinha um pitbull extremamente leal. A mulher, infelizmente, faleceu durante o parto, mas a criança sobreviveu. O pai, sozinho, costumava deixar o bebê aos cuidados do pitbull enquanto saía para fazer compras. Um vizinho havia chamado sua atenção: "Você confia no seu cão?" "Totalmente", respondeu ele. E sempre que voltava, encontrava a criança dormindo, com o cão ao lado vigiando.

Um dia, algo terrível aconteceu! Como de costume, ele deixou o bebê aos cuidados do cão e saiu para fazer compras. Quando voltou, deparou-se com uma cena de terror: o berço estava destruído, fraldas e roupas manchadas de sangue espalhadas pelo quarto. Imediatamente, pegou um machado e, desequilibrado, perturbado e completamente surtado, viu o pitbull saindo de debaixo da cama. Ele estava coberto de sangue e lambendo a boca, como se tivesse acabado de se alimentar. A conclusão era óbvia: o pitbull havia devorado o bebê. Com o machado na mão e sem pensar muito, desferiu um golpe no meio da cabeça do cão. Por sorte, com agilidade, o cão saltou para debaixo da cama e o golpe amputou seu rabo. Desesperado, tentando encontrar os restos mortais da criança, deparou-se com outra cena: o bebê estava são e salvo perto da cama, e debaixo dela havia uma sucuri despedaçada. Deve ter ocorrido uma batalha terrível entre a cobra e o cão, que agora estava ferido e sem entender o que havia feito de errado. Perceba que, na ausência do dono, o pitbull lutou para proteger o bebê da cobra faminta. Complicado, não é verdade? A intensa produção de hormônios o cegou. Naquele momento de surto, baseado apenas nos sentimentos, ele agiu de maneira insana e feriu seu fiel amigo, mas milagrosamente não o matou. Quantas vezes julgamos erroneamente?

Diante de momentos como esse, de alto estresse, toda a nossa resposta fisiológica e emocional se altera. Nossos sentimentos enviam ao cérebro a informação de risco iminente: perigo! Fisiologicamente, ocorre vasoconstrição no córtex e quem assume o comando é o sistema límbico, responsável pela autopreservação e comportamento social. O sistema límbico comanda as reações do corpo diante do caos e é responsável pelas emoções e comportamentos sociais. Devido ao estresse, ocorre um estímulo taquicárdico e mudanças fisiológicas, emocionais e psicológicas acontecem para lidar com essa nova situação. Quando a frequência cardíaca ultrapassa os 145/150bpm, o sistema límbico aciona as glândulas suprarrenais, que, através de sua medula, produzem e liberam uma grande descarga de adrenalina, conhecida como "adrenal dump". Essa descarga pode ser benéfica ou não, dependendo de nosso treinamento.

No alto rendimento, na alta performance, esse treinamento é exatamente o que buscamos. Através da criatividade, desenvolvemos casos e criamos situações de estresse com o objetivo de provocar essas descargas de adrenalina. Treinamentos com essa intensidade de adrenalina são muito interessantes! No entanto, o grande problema é que, se não temos esse tipo de treinamento, se essa informação não está presente em nosso arquivo mental, se não recebemos esse conhecimento durante nossos treinos ou com nosso professor, sabe o que acontece? Confundimos essa descarga de adrenalina com medo, injustiça, traição, covardia. Quando o sistema límbico é acionado, três coisas podem acontecer: lutar/reagir, fugir ou congelar. No caso da história que mencionamos, por falta de treinamento, a reação foi inadequada, insana, e quase resultou na morte injusta do cachorro. Foi um julgamento precipitado, um surto. Compreende? Quando não estamos preparados, esse excesso de hormônio nos leva a julgar impulsivamente, de forma equivocada, e assim destruímos pessoas por meio de nossos pensamentos, palavras duras e, às vezes, ações inadequadas, por não termos analisado e avaliado bem a situação. É o grande equívoco de julgar, e todos nós, se não estivermos vigilantes, estaremos sujeitos a isso.

É fundamental que, como seres humanos, tenhamos consciência de nossas atitudes. No entanto, como seres humanos, principalmente, é necessário que tenhamos consciência das consequências de nossas ações. Nossas respostas precisam ser treinadas; trata-se de um treinamento. Portanto, procure utilizar a seguinte técnica que aprendi com um antigo comandante, professor e amigo chamado José Aurélio Valporto de Sá:

> *Inspire e expire fortemente, mas rápido, por 5 vezes consecutivas; após, inspire profundamente, prenda o ar por quatro segundos e solte devagar; faça isso 3 vezes de forma consecutiva. Espere alguns segundos e, se ainda precisar, repita o processo.*

Perceba que isso deve ser feito no estresse, durante aquele momento crítico, na busca da melhor opção de ação para aquele momento. Portanto, é uma técnica que deve ser treinada! Você vai perceber que as coisas se acalmam, se equilibram, voltam à normalidade. Faça o teste quando estiver muito estressado. Sem o estresse, sem a adrenalina, você pode até ficar tonto; a visão pode escurecer. Mas é fundamental que você tenha isso como uma carta na manga, um ás na manga.

Citamos o tempo todo Aristóteles, que diz que "**O homem é um animal político por natureza**". Tendemos a formar ou tomar parte de grupos, seja na escola, nas redes sociais, no esporte. O fato é que estamos sempre buscando grupos com os quais nos identificamos, seja pelo aspecto físico ou ideológico. Thomas Hobbes é um filósofo que dizia: "**Se não houvesse as leis que inibem as ações naturais humanas, o homem viveria em constante guerra**". Hobbes afirma que o homem é mau por natureza. Essa ideia está na máxima de que "O homem é lobo do próprio homem". Já Paulo de Tarso fundamenta a "**necessidade da graça de Deus, já que a natureza humana é inclinada ao erro**". Com essa base, acreditamos que o primeiro degrau a ser galgado para evoluirmos no gerenciamento com pessoas inconvenientes é reconhecer que, se não vigiarmos, se não nos prepararmos, se não estivermos atentos, podemos facilmente nos envolver e nos tornar igualmente inconvenientes.

Ao longo da leitura, vimos que não é fácil reconhecer, mas é imprescindível que consigamos reconhecer essa natureza humana inclinada ao erro. Estamos falando das nossas doenças, das nossas fraquezas e limitações.

Assim, conscientes dessa nossa miséria humana, seremos capazes de iniciar um processo de treinamento, um processo de transformação, de morte do "homem velho" que existe em nós. De repente, a ficha cai! Não conseguimos explicar direito, inexplicavelmente a ficha cai e mudamos. O pior doente é o cara que considera saúde a sua própria doença, não é verdade? Imagina: o sujeito é grosso, arrogante, deselegante e se orgulha de ser assim; esse é o pior doente. Vamos recordar Lao Tsé? **"Um homem que vence outro homem é forte, mas um homem que vence a si próprio é poderoso"**. Nós somos o nosso maior inimigo.

Recebi este texto de um amigo, autor desconhecido, e vou tentar reproduzi-lo de forma neutra. Trata-se de uma sátira, aparentemente desconexa com o tema que estamos tratando, mas vou tentar, com certo esforço, trazê-la para o nosso contexto e analisá-la tecnicamente. É uma mensagem da Manú da Barra para o psicólogo e psicanalista Dr. Souza Da Matta.

Olá, doutor, espero que o senhor possa me ajudar. Como sempre, peguei meu carro e saí para trabalhar, deixando meu marido em casa vendo televisão. Rodei pouco mais de 1 km quando o motor morreu e o carro parou. Voltei a pé para casa para pedir ajuda ao meu marido. Quando cheguei, nem pude acreditar, ele estava no quarto com a filha da vizinha! Eu tenho 32 anos, meu marido tem 34, e a garota tem 22. Estamos casados há 10 anos; ele confessou que estavam tendo um caso há 6 meses. Eu o amo muito e estou desesperada. O senhor pode me ajudar? Antecipadamente, agradeço sua orientação.

Cara Manú, quando um carro "morre" depois de ter percorrido uma curta distância, isso pode ocorrer devido a uma série de fatores. Comece por verificar se há gasolina no tanque. Depois, veja se o filtro de gasolina não está entupido. Verifique também se há algum problema com a injeção eletrônica. Se nada disso resolver o problema, pode ser que a própria bomba de gasolina esteja com defeito, não fornecendo quantidade ou pressão suficiente nos injetores. A pessoa ideal para ajudá-la seria um mecânico. Você jamais deveria ter retornado para casa para chamar seu marido. Ele não é mecânico, você está errada! Não repita mais isso. Espero ter ajudado. Dr. Souza Da Matta.

Se você está rindo, Ok! Só não se esqueça que também pode ser contada com a inversão dos papéis, ou seja, com o marido dirigindo e a esposa com o vizinho. Como eu disse, é uma sátira, mas o que deve prevalecer aqui é o foco na inteligência emocional. Acontece que muitas vezes observamos comportamentos inconvenientes gerados pelo retorno inopinado de um ou de outro à "cena do crime". Nós podemos retornar à cena do crime das mais diversas formas; quem sabe por pensamentos, talvez por palavras, ou ainda por atos e omissões. Perceba que não estamos falando apenas de traição numa relação conjugal. Traição, qualquer que seja, é sempre algo muito complicado. Os mais diversos cenários, como esse que foi descrito, onde os ânimos estão exaltados, não são raros, e nós que lidamos com pessoas precisamos saber como lidar e conduzir da melhor forma esse tipo de comportamento. O segredo é tolerância, paciência, muita empatia, mas, sobretudo, respeito. Todo cuidado é pouco quando lidamos com esse tipo de sentimento. A quantidade de adrenalina, noradrenalina e cortisol lançados na corrente sanguínea de quem se sente traído, não importando as circunstâncias e em que situação, é enorme. Assim, usando sensibilidade, empatia, procure dar opções de comportamento. Precisamos ter como único objetivo reduzir o nível de excitação para que o diálogo se torne possível.

Nós somos levados a acreditar, e eu não acho que seja errado pensar assim, que o casamento é a garantia da eterna união. Ok, mas nós sabemos que existem desgastes e armadilhas nos relacionamentos de uma maneira geral. A dissolução de uma sociedade, nesses termos, é um bom exemplo. Não existe vacina que deixe alguém imune aos efeitos danosos da traição, mas também não podemos permitir que ela seja convertida em um trauma permanente. Isso seria horrível! Retornar à cena do crime seria insistirmos no erro, qualquer que seja ele. Nós sabemos, ou pelo menos já ouvimos alguém falar, que pior do que errar é insistir no erro. Perceba que o inconveniente sempre procura uma justificativa para explicar o erro; nossa natureza humana é inclinada ao erro, já falamos sobre isso. Lá no fundo, nós gostamos disso. Achar uma bela justificativa é sempre mais fácil. Mudar dá muito trabalho! Há sofrimento envolvido e normalmente isso não nos interessa. Não é por acaso que a primeira linha de ação do GPCI é: Reconheça; admita de forma consciente e equilibrada o seu erro, a sua fraqueza... Quando nós reconhecemos e ainda evoluímos para o arrependimento, automaticamente paramos de querer justificar os erros, paramos de arrumar desculpas. Sabe aquela história? Todos percebem a desculpa esfarrapada do sujeito, mas o inconveniente acha que ninguém desconfia de nada, não é assim? Quando nós reconhecemos, nós evoluímos; nós avançamos um pouquinho mais.

Referências:

- Inteligência Emocional – Daniel Goleman.
- Cultura Genial – culturagenial.com
- Brasil Escola – brasilescola.uol.com.br – Aristóteles
- Brasil Escola – brasilescola.uol.com.br – Thomas Hobbes
- O Mínimo que você precisa saber para Não Ser um Idiota – Olavo de Carvalho
- Facing Violence – Rory Miller
- A Bíblia Sagrada
- A Arte da Guerra – Sun Tzu

Capítulo 49

Moral, ética e disciplina

Neste quadragésimo nono capítulo, temos como objetivo específico identificar e reconhecer os principais erros, as principais fraquezas e as principais limitações, que estão impedindo a melhora na conduta social.

Vimos no capítulo anterior que existem desgastes e armadilhas nos relacionamentos de maneira geral, e a dissolução de uma sociedade é um bom exemplo disso. Não há uma vacina que torne alguém imune aos efeitos prejudiciais da traição, mas também não podemos permitir que ela se transforme em um trauma permanente. Quanto ao sinal que determina a traição, não é possível ser muito preciso, pois varia de pessoa para pessoa, de casal para casal, dependendo da época, do país, da cultura, do negócio, da empresa, do governo. No entanto, é possível afirmar que o sentimento de traição existe e é muito difícil lidar com ele.

Empatia é sentir o que se sentiria caso estivesse no lugar ou na circunstância experimentada por outra pessoa. Portanto, seja empático: quando nos damos conta de que aquela pessoa com quem construímos uma vida, com quem desenvolvemos um negócio sólido, criamos uma filosofia ou confiamos o suficiente para tê-la em nossa equipe ultrapassa os limites, é algo doloroso demais. Fisiologicamente, sentimos o aperto no peito, o aumento do fluxo sanguíneo, a boca seca, as pupilas dilatam e hormônios são liberados em grande quantidade na corrente sanguínea. As lembranças surgem em profusão e temos a sensação de ter perdido tempo, de ter sido traídos. Especificamente nesses casos, a dor costuma ser imensa.

Portanto, reitero que nosso único objetivo deve ser reduzir o nível de excitação para que o diálogo se torne possível. É comum ouvirmos que tudo pode melhorar, mas o problema é que tudo também pode piorar. A pessoa que sente essa dor precisa ter muito cuidado, principalmente com ideias de vingança, agressão física, exposição de casos e contextos na mídia ou no mercado. Vale ressaltar que essas condutas não são saudáveis, dignas e algumas delas são criminosas, passíveis até de processo judicial. Se não tivermos o devido cuidado, o resultado pode ser um verdadeiro desastre. Em um cenário como esse, tudo é possível e provável de acontecer, e é necessário estarmos verdadeiramente atentos e focados. Não devemos jamais desprezar as hipóteses de conflitos, nem subestimar as possibilidades de problemas, crises e escândalos. Pelo contrário, devemos projetar os resultados futuros e, se nessa projeção houver a possibilidade de conflitos e problemas, devemos adotar medidas e atitudes preventivas para que eles não ocorram ou, pelo menos, sejam minimizados. Qualquer deslize de nossa parte pode comprometer toda a segurança e o trabalho desenvolvido. Devemos utilizar generosamente todas as técnicas que foram comentadas anteriormente. Nosso tema agora é ética e disciplina, mas antes disso, vamos refletir sobre uma frase de Maquiavel:

"Não se pode chamar de valor assassinar seus cidadãos, trair seus amigos, faltar à palavra dada, ser desapiedado e não ter fé. Essas cinco atitudes podem levar à conquista de um império, mas não à glória".

Veja a importância da educação com todos os valores éticos, morais e espirituais. Perceba que dar conhecimento a uma pessoa sem ética e indisciplinada é algo extremamente perigoso. Uma coisa independe da outra. Na base, na educação, é que se adquire esses valores morais que orientam o comportamento humano em sociedade. Eles jamais devem ser esquecidos. Acredito verdadeiramente que uma pessoa sem ética deve permanecer sem determinados conhecimentos. Acho que é mais prudente que ela permaneça na ignorância. Muitos dos nossos políticos ajudam a confirmar essa tese, e também na história mundial, são inúmeros os exemplos. O conhecimento nas mãos de Adolf Hitler foi um desastre, uma completa desordem, um caos.

ÉTICA, MORAL E DISCIPLINA

São três palavrinhas chave. Como é obrigatório para nós entendermos o conceito para darmos continuidade ao GPCI, tentarei ser o mais didático e assertivo possível. Devemos ser éticos e disciplinados para que tenhamos êxito em nossos projetos e sucesso ao estabelecermos as metas necessárias para a conquista de nossos objetivos. Ética vem do grego Ethos, que significa modo de ser ou caráter. Certa vez li uma definição interessante para ética, que merece nossa reflexão. Dizia que: ***"Ética é a obediência ao que não é obrigatório, mas é bom, é justo e coloca o coletivo sobre o individual."*** Em se tratando de ética, ou é ou não é. Ou você é ético em qualquer lugar do mundo, ou não é ético em lugar algum. A pergunta para a ética seria: É bom ou mau?

Já a moral vem do latim morales, que é relativo aos costumes. Em se tratando de moral, ela pode ser certa em um determinado lugar e errada em outro. Trata-se de uma questão cultural, ou seja, depende da cultura daquele lugar. Portanto, a moral tem a ver com os costumes. A pergunta para a moral seria: É certo ou errado?

A ética está associada ao estudo fundamentado dos valores morais, que orientam o comportamento humano em sociedade, enquanto a moral são os costumes, as regras, os tabus e as convenções estabelecidas por cada sociedade. Percebeu? Têm origem etimológica distintas. Etimologia é o estudo da origem e da evolução das palavras.

Agora que entendemos moral e ética, vamos avançar para a disciplina, que *"é a obediência ao conjunto de regras e normas estabelecidas por um determinado grupo"*. É aquela conduta que assegura o bem-estar das pessoas ou o bom funcionamento. Disciplina é uma palavrinha-chave; ser disciplinado é fundamental em diversos aspectos da vida. Sem disciplina, as pessoas não seriam capazes de estabelecer metas para atingir seus objetivos ou transformar a teoria em ação. Lembrando Thomas Hobbes:

"Se não houvesse leis que inibem as ações naturais humanas, o homem viveria em constante guerra."

Podemos citar a autodisciplina, que seria *"um conjunto de obrigações, incumbências e deveres que a própria pessoa se impõe naturalmente"*. É a arte de criar maneiras para alcançar os objetivos, como, por exemplo, ganhar força muscular, perder peso, eliminar um vício ou escrever um livro. Vimos que nossa natureza humana é inclinada ao erro. Gostaríamos até de fazer o que é certo, mas, quando percebemos, estamos fazendo tudo errado, nos complicando. Talvez reconhecer os erros, as fraquezas e as limitações seja o início para melhorarmos nossa conduta social. A partir daí, com base no arrependimento e através da fé, nosso caráter e nossa personalidade vão sendo trabalhados.

Na essência, o ser humano é egoísta, não é verdade? Sabemos que, lá no fundo, as pessoas estão mais interessadas nelas mesmas do que nos outros. Estamos mais interessados em nós mesmos do que em qualquer outra pessoa no mundo. Portanto, se tivermos essa consciência, poderemos melhorar continuamente, um pouco todos os dias. É necessário reconhecermos que todos nós somos egoístas. Somente assim conseguiremos melhorar nosso relacionamento com as pessoas, no ambiente de trabalho, com os amigos e, principalmente, com nossa família. Aliás, se não conseguimos administrar nossos próprios conflitos e crises familiares, seria muita "cara de pau" querer administrar os conflitos e problemas dos outros.

Sabemos que palavras convencem pessoas, mas os exemplos arrastam multidões. Estou convencido de que nós, seres humanos, gostamos da filosofia do "me engana que eu gosto". Todos nós gostamos de ouvir elogios, palavras gentis, mesmo que, lá no fundo, saibamos que não é verdade, que não é bem aquilo.

Claro que você já percebeu que para conquistar alguém, basta dizer coisas agradáveis, gentis, amáveis, muitas vezes até mentirosas. Tem um pensador francês, François de La Rochefoucauld que fala o seguinte:

> ***"Há falsidades disfarçadas que simulam tão bem a verdade, que seria um erro pensar que nunca seremos enganados por elas".***

Certa vez, li uma história de um autor desconhecido que complementa de maneira impecável essa verdade que, diga-se de passagem, não é absoluta.

Eram dois vizinhos. Um deles comprou um coelho para os filhos. Os filhos do outro vizinho também quiseram um animal de estimação, e os pais compraram um filhote de pastor alemão. Então, o vizinho dono do coelho faz a seguinte projeção: *"Esse cachorro vai matar o meu coelho!"*

"De jeito nenhum. O meu pastor ainda é filhote. Vão crescer juntos e serão amigos!" Tudo indicava que o dono do cão tinha razão. Juntos, cresceram e se tornaram amigos. Era normal ver o coelho no quintal do cachorro e vice-versa. As crianças estavam felizes com os dois animais.

Em um domingo, o dono do coelho foi passear com a família. No domingo à tarde, o dono do cachorro e sua família faziam um lanche tranquilamente quando, de repente, o pastor alemão entra com o coelho entre os dentes, imundo, sujo de terra e morto.

O cão levou uma tremenda surra! Quase mataram o cachorro de tanto agredi-lo. O dono do cão, enfurecido, berrava: *"O vizinho estava certo. Só podia dar nisso! Mais algumas horas e os vizinhos chegariam. E agora?!"* Todos se entreolhavam.

O pobre do cachorro, coitado, chorando lá fora, lambendo seus ferimentos. *"Já pensaram como vão ficar as crianças?"* Não se sabe exatamente quem teve a ideia, mas parecia infalível: *"Vamos lavar o coelho, deixá-lo limpinho, depois a gente seca com o secador e o colocamos na sua casinha."*

E assim fizeram. Até perfume colocaram no animalzinho. Ficou lindo, parecia vivo, diziam as crianças. Logo depois, ouvem os vizinhos chegarem. Em seguida, escutam os gritos das crianças. *"Descobriram!"* Não passaram cinco minutos e o dono do coelho bateu à porta, assustado. Parecia que tinha visto um fantasma.

- *"O que foi?! Que cara é essa?"*
- *"O coelho, o coelho..."*
- *"O que tem o coelho?"*
- *"Morreu!"*
- *"Morreu? Hoje à tarde parecia tão bem!"*
- *"Hoje à tarde? Você está enganado, ele morreu no sábado!"*
- *"No sábado?!"*
- *"Foi! Antes de sairmos, as crianças o enterraram no fundo do quintal, e agora ele está lá na casinha, morto, limpinho e perfumado! Como pode?"*

Bom, seguindo a mesma linha de ação do autor desse texto, encerramos aqui essa história. O desfecho fica por conta da nossa imaginação fértil. No entanto, o autor nos chama a atenção para o grande personagem dessa história, o cachorro. Imaginem a cena: o dia inteiro procurando pelo seu amigo. Depois de muito esforço, ele descobre, através do faro, o seu amigo coelho morto e enterrado. Sem a menor noção do que havia acontecido, desenterra o amigo e vai mostrar para os seus donos, imaginando que eles saberiam o que fazer para que ele "acordasse". Foi julgado de forma impulsiva, equivocada e apanhou muito por isso.

Podemos aprender muito com essa história. Pense no exemplo de "mau-caratismo" que esses pais estão dando para os filhos. E o problema é que nós, se não vigiarmos, corremos esse perigo. Além disso, surge a vergonha e o constrangimento perante os vizinhos. Você já ouviu falar que quem conta um conto aumenta um ponto? Pois é! Projete essa história sendo contada depois por cada integrante da família dona do coelho. Enfim, a reflexão é altamente válida para que nos livremos, de uma vez por todas, desse tipo de comportamento inconveniente.

Referências:

- Inteligência Emocional – Daniel Goleman.
- Toda Matéria – todamateria.com.br
- Brasil Escola – brasilescola.uol.com.br
- Ética na Filosofia – significados.com.br
- Disciplina é liberdade – organizenapratica.com.br
- Frases de Duque François de La Rochefoucaul educabras.com
- 184 Frases de François de La Rochefoucaul – fraseteca.com.br
- O Mínimo que você precisa saber para Não Ser um Idiota – Olavo de Carvalho
- Facing Violence – Rory Miller

Capítulo 50

O futuro é hoje!

Neste quinquagésimo capítulo, temos como objetivo específico explicar, treinar e desenvolver a virtude do ouvir e escutar, e aplicar o conceito para uma maior eficiência e eficácia no gerenciamento de um comportamento inconveniente.

Quando eu tinha 18 anos, trabalhei em uma empresa chamada Círculo do Livro, onde vendia livros. Normalmente, não conseguimos vender aquilo que não conhecemos, então eu era obrigado a ler os livros para poder vendê-los. Obviamente, para mim, foi ótimo! Recentemente, reli um livro daquela época, do Dale Carnegie, chamado "Como Evitar Preocupações e Começar a Viver". Esse livro já vendeu mais de 15 milhões de exemplares e Dale Carnegie foi um escritor que, graças ao sucesso alcançado, tornou-se conselheiro de líderes mundiais. No início do livro, ele enumera dez coisas que o livro pode fazer por você. Na primeira parte, ele aborda as preocupações e dá nove sugestões para aproveitarmos ao máximo a leitura. A primeira sugestão é que "você precisa querer aprender com todas as suas forças e ser determinado a deixar as preocupações de lado". Ele nos dá uma aula sobre como devemos ler um livro.

O que realmente nos interessa é eliminar um comportamento inconveniente causado por nossas preocupações. Assim, vamos aprender com Dale Carnegie a viver em compartimentos hermeticamente fechados. O autor conta no livro a história de um jovem estudante de medicina chamado William Osler, que leu em algum lugar 24 palavras que impactaram sua vida. Esse jovem estudante ficou famoso, foi condecorado e recebeu a maior distinção da universidade. Parece que até foi nomeado cavaleiro pelo Rei da Inglaterra. As 24 palavras eram de Thomas Carlyle e diziam: ***"Nosso principal objetivo não é ver o que está vagamente à distância, mas fazer o que está claramente ao nosso alcance"*** (Thomas Carlyle).

Dale Carnegie nos conta a seguinte história: Sir William Osler, um médico muito respeitado, fez um discurso surpreendente durante uma grande homenagem. Com a humildade que lhe era peculiar, ele disse que seus amigos íntimos sabiam que seu cérebro era medíocre. Quando perguntaram como ele alcançou tanto sucesso, ele respondeu que aprendeu a viver em compartimentos diários hermeticamente fechados.

Ele explicou essa metáfora usando como exemplo um navio que atravessa o Atlântico. Disse que o capitão aciona apenas um botão e várias partes do navio são isoladas umas das outras, em compartimentos hermeticamente fechados. Sir William Osler explicou que da mesma forma precisamos aprender a controlar nossos pensamentos e emoções em diferentes compartimentos da vida.

Precisamos aprender a isolar o passado, deixando os "ontens" para trás, e o futuro, sossegado, afastando-nos dos "amanhãs" que ainda não nasceram. Devemos viver o momento presente e focar no que podemos fazer agora, em vez de nos preocuparmos com o futuro. Segundo Sir William Osler, o desperdício de energia, angústia, depressão e ansiedade acompanham aqueles que se preocupam muito com o futuro. A solução é aprender a viver em compartimentos diários hermeticamente fechados, apertando um botão para verificar se tudo está em ordem, outro para ouvir em todos os níveis da vida e outro para isolar o futuro e o passado. O futuro é hoje e o dia da salvação é agora.

Talvez caiba aquela pergunta: Isso quer dizer que "se dane" o futuro? Não. Dale Carnegie explica que a melhor maneira de nos prepararmos para o futuro é focarmos no hoje, utilizando nossa área cognitiva, nossa inteligência e, principalmente, nossa inteligência emocional. Devemos aplicar todas as nossas forças no trabalho, no esporte, no desenvolvimento de uma técnica, na missão que estamos realizando hoje, para que seja o mais espetacular e épico possível. É assim que nos preparamos para o futuro. Não é à toa que a oração nos ensina: "O pão nosso de cada dia, nos dá hoje."

Dale Carnegie nos ensina que é muito importante entendermos que, em tempos de abundância ou escassez, o que determina se nossa linha de raciocínio é certa ou errada é o seguinte:

"A inteligência emocional procura analisar as causas e os efeitos, direcionando-nos para planos lógicos e construtivos. Já a estupidez nos conduz frequentemente ao estresse, ao desequilíbrio emocional e à perda das qualidades de comportamento."

A inteligência emocional é a habilidade de compreender e gerenciar nossas próprias emoções e as emoções dos outros. Quando utilizamos a inteligência emocional para analisar uma situação, buscamos compreender as causas e os efeitos envolvidos. Isso nos ajuda a criar um plano lógico e construtivo para lidar com a situação. Por outro lado, a estupidez, que é a falta de inteligência, muitas vezes nos leva a reagir de forma impulsiva e desequilibrada, resultando em estresse e perda das qualidades de comportamento. Por exemplo, imagine que você está enfrentando dificuldades financeiras. Se você utilizar a inteligência emocional, irá analisar as causas de sua situação financeira e pensar em soluções lógicas e construtivas para melhorá-la, como criar um orçamento e buscar uma fonte de renda adicional. Mas se agir de forma estúpida, poderá sentir-se estressado, ansioso e tomar decisões impulsivas, como gastar todo o dinheiro que tem em uma compra desnecessária, piorando ainda mais sua situação financeira.

Com essa base e focando na inteligência emocional, avançaremos com os conceitos técnicos de GPCI, abordando assuntos que nos ajudarão na eficácia na estruturação, ou seja, desenvolver a capacidade de elaborar nossa própria conduta no GPCI.

Falaremos agora de estratégias de abordagem. São os comportamentos extremamente inconvenientes de alguns, que promovem uma onda de comportamentos inconvenientes de muitos. É o que podemos chamar de "efeito dominó" dos comportamentos inconvenientes. O comportamento inconveniente de uma pessoa, pode influenciar outras pessoas ao redor a fazerem o mesmo. Vou dar um exemplo simples, mas que pode ser projetado para situações mais complexas; considere que em uma sala de aula, um aluno sempre chega atrasado e não cumpre com seus deveres adequadamente. Isso pode levar outros alunos a se sentirem desmotivados e descomprometidos com suas próprias responsabilidades, já que percebem que a falta de compromisso não é punida pelos professores. Com isso, pode surgir uma onda de comportamentos inadequados, como atrasos frequentes, indisciplina e até mesmo desrespeito aos colegas. Assim, o comportamento inconveniente de um aluno, aliado ao comportamento inconveniente do professor – omissão, pode gerar um efeito cascata, prejudicando o ambiente na sala de aula e nas relações interpessoais. Por isso, é importante que não haja omissão, e que medidas e atitudes preventivas sejam sempre tomadas para evitar a propagação de comportamentos inadequados e garantir um ambiente escolar saudável.

Com relação aos elogios, é pertinente reiterar que devemos elogiar a ação e não a pessoa. Dessa forma, evitamos ciúmes, favoritismos e constrangimentos. Também é importante não exagerarmos nos elogios. Devemos ser elegantes ao elogiar alguém, nem mais nem menos, apenas o suficiente. O bom senso é uma palavra-chave nesse aspecto.

Vamos imaginar uma situação em uma empresa: um funcionário recebe um elogio excessivo do seu chefe por uma tarefa bem executada. Isso pode gerar ciúmes e fazer com que os outros funcionários se sintam menosprezados, resultando em um clima de competição e desunião no ambiente de trabalho. Além disso, se o chefe elogia de forma exagerada apenas uma pessoa, pode parecer que está mostrando favoritismo, o que também pode causar desconforto e constrangimento nos demais colaboradores. Por outro lado, se o chefe elogiar a ação específica e não a pessoa em si, de forma elegante e equilibrada, reconhecendo o esforço e o resultado, mas sem exagerar, ele pode incentivar a equipe como um todo sem gerar sentimentos negativos. Portanto, é importante lembrar que os elogios devem ser dados de forma justa e equilibrada, para que não haja consequências indesejadas na dinâmica do ambiente de trabalho. Todas essas observações enriquecem nossa abordagem e nos deixam mais preparados em termos estratégicos.

Também é fundamental prestar atenção em quem está falando. Devemos evitar ouvir enquanto olhamos para outras pessoas ou nos distraímos com outras coisas, como ler mensagens e assistir vídeos no WhatsApp, por exemplo. Muitas pessoas agem assim inconscientemente e só percebem o erro quando algo que deveria ter sido administrado com tranquilidade acaba se transformando em um grande conflito. Vocês se lembram da diferença entre ouvir e escutar? Na verdade, não importa a palavra em si, o que importa é o conceito e saber que existe uma diferença entre ambas. Didaticamente, posso definir que escutar é quando a mensagem entra por um ouvido e sai pelo outro; você não é surdo, escuta, mas não ouve, não presta muita atenção ao que está sendo transmitido. É como diz o ditado bíblico: "Quem tem ouvidos para ouvir, ouça!" Por outro lado, ouvir é quando você está atento, focado no emissor da mensagem. É quando você analisa e avalia o que está sendo falado, prestando, de fato, atenção ao que está sendo transmitido.

Todos sabemos que nascemos com uma boca e dois ouvidos. Isso é um sinal para falarmos menos e ouvirmos mais. No entanto, parece que nossa língua não aceita muito bem essa verdade, não é mesmo? É extremamente importante sabermos que, quanto mais ouvimos alguém, mais nos tornamos interessantes para essa pessoa. Ouvir é uma virtude e, para sermos mais eficientes no gerenciamento de um comportamento inconveniente, é necessário desenvolvermos essa virtude por meio de um treinamento diário.

A verdade é que, na maioria das vezes, nos achamos superiores e reconhecer essa verdade definitivamente não é fácil. É necessário crescer, amadurecer e evoluir para termos coragem de admitir certas verdades. Certa vez ouvi dizer que um bom ouvinte permite que a pessoa mais importante do mundo escute a si mesma.

Também é importante termos consciência de que o mal sempre tenta afastar. Você percebe isso? O mal sempre tenta separar, mas Deus, ou o bem, sempre une. Portanto, não devemos discutir o que nos afasta, mas sim o que nos une. O ideal é concordarmos com as pessoas; perceba que isso é o ideal, mas caso não seja possível, caso não haja conexão ou sintonia, devemos tentar extrair desse assunto algo que seja comum a ambos.

Há muitos anos, na minha juventude, havia uma propaganda de cigarro que transmitia a seguinte mensagem: "Pelo menos temos alguma coisa em comum!". Eram várias propagandas que mostravam pessoas completamente opostas, como um sujeito muito rico e outro muito pobre, uma pessoa muito bonita e outra desprovida de beleza, um sujeito super bem-sucedido e outro lutando para sobreviver. No final, o chavão: "Pelo menos temos alguma coisa em comum!", com aquele olhar invejoso e ao mesmo tempo resignado, consolado! Eles se sentiam afagados por fumarem a mesma marca de cigarro do sujeito bem-sucedido, rico e bonito.

O segredo do sucesso, eu não sei, mas o do fracasso é tentar agradar a todos. Sabemos que nem Jesus Cristo conseguiu agradar a todos, portanto, seria muita pretensão de nossa parte querer fazer algo que nem Jesus Cristo conseguiu. O problema é que, quando somos contrariados, parece que esquecemos muitas verdades. Você concorda?

Sabemos que a verbalização ou a diplomacia é o segundo nível de força. Estrategicamente, para não parecermos antipáticos com nossas opiniões contrárias, devemos expor as opiniões contrárias de autoridades no assunto, mesmo que tenhamos certeza de que somos a autoridade máxima. Entendeu? Vou repetir, mesmo que nos consideremos a autoridade máxima. Não se trata de falta de personalidade, mas sim de diplomacia e inteligência emocional. Por exemplo, São Tomás de Aquino dizia que a honra é o prêmio da virtude, por isso devemos fazer o que é certo e não o que gostaríamos de fazer. Da mesma forma, devemos sempre evitar discussões desnecessárias, pois são apenas perda de tempo e pontos. O importante é sermos diplomáticos, saber verbalizar, argumentar e convencer por meio do domínio do conhecimento. Devemos nos colocar sempre no lugar do outro, praticar a empatia, nos colocar no lugar do inconveniente. Quando sabemos o que o outro quer, fica muito mais fácil conquistá-lo. Concorda? Uma pessoa indignada precisa de alguém capaz de ajudá-la, e não de alguém que a deixe ainda mais estressada. Nesse caso é fundamental que nós sejamos curtos e extremamente educados.

Quem deseja ter sucesso no GPCI deve buscar entender de forma simples essa afirmação. Não precisamos falar além do necessário, pois nosso objetivo é ajudar. Devemos ser concisos, mas ao mesmo tempo extremamente educados. O equilíbrio é alcançado quando há uma tensão adequada nas extremidades. Se você for apenas educado, sem ser curto, não haverá equilíbrio e você corre o risco de se envolver em problemas. Seja conciso, exerça sua autoridade, mas exagere na educação. Demonstre à pessoa que você está preocupado com ela, e ela precisa perceber e compreender isso. Portanto, faça isso de maneira simples, por meio de sua postura, olhar, expressões e gestos - comunicação não verbal. Se você quer ajudá-la, fale apenas o suficiente e controle seu comportamento.

Uma história pode nos ajudar a entender melhor esse tema.

Um mestre atribuiu ao seu discípulo a tarefa de cuidar de um campo de arroz. No primeiro ano, o discípulo se certificava de que a água necessária nunca faltasse. O arroz cresceu forte e a colheita foi boa. No segundo ano, ele teve a ideia de adicionar um pouco de fertilizante. O arroz cresceu rapidamente e a colheita foi maior. No terceiro ano, ele adicionou mais fertilizante. A colheita foi ainda maior, mas o arroz nasceu pequeno e sem brilho. Foi quando o mestre o advertiu:

"Se você continuar aumentando a quantidade de adubo, não terá nada de valor no próximo ano".

Perceba que você fortalece alguém quando o ajuda um pouco. Porém, se você ajudar demais, exagerar na ajuda, certamente o enfraquecerá e poderá até arruiná-lo. Eça de Queiroz dizia que somos livres para fazer nossas escolhas, mas inevitavelmente seremos prisioneiros de suas consequências. Portanto, não devemos ter medo de pensar de forma diferente dos outros. Devemos ter medo é de pensar igual e, posteriormente, descobrir que todos estavam errados. Compreende?

Referências:

- Inteligência Emocional – Daniel Goleman.
- Tomás de Aquino – A Fé
- Dale Carnegie – Como Evitar Preocupações e Começar a Viver
- O Mínimo que você precisa saber para Não Ser um Idiota – Olavo de Carvalho
- Segurança é Prevenção – Editora Ciência Moderna
- Facing Violence – Rory Miller

Capítulo 51

A deficiência pode ser nossa

Neste quinquagésimo primeiro capítulo, temos como objetivo específico identificar e explicar o sentimento de compaixão no gerenciamento de um comportamento inconveniente.

Segundo Sun Tzu, a humanidade é o terceiro atributo de um líder. Um padre brasileiro muito entusiasmado chamado Léo Tarcísio Gonçalves Pereira, o saudoso padre Léo, costumava dizer que não devemos querer ser melhores que os outros, mas sim ser o melhor para os outros. Imagine-se gerenciando uma pessoa aos berros, completamente surtada. É claro que não é nada fácil, e sem entusiasmo é impossível. Quando uma pessoa com comportamento inconveniente estiver gritando, alterada, falando alto, não devemos falar simultaneamente. Isso é como jogar lenha na fogueira, ou seja, tentar apagar o incêndio com um balde de gasolina. Não vai dar certo. Pelo contrário, deixe-a esvaziar, deixe-a falar e demonstre que está ouvindo. Quanto mais ela falar, melhor. É como se você fosse eliminando gradualmente o combustível, até o fogo se apagar. Agindo dessa forma, você se torna o melhor para essa pessoa. Pessoas assim precisam de alguém que as compreenda, que as ouça e entenda sua indignação sem nunca desistir.

Churchill dizia que ***"o sucesso é ir de fracasso em fracasso sem perder o entusiasmo"***. Quando eu era criança, assistia a um desenho animado que tinha uma hiena ranzinza, pessimista e lamuriosa. A hiena não tinha entusiasmo algum, vivia infeliz com a vida. Você com certeza já se lembrou de alguém assim, e tomara que não seja você. Mas se for, você precisa querer mudar, tomar a decisão e mudar. Entusiasmo é uma palavra de origem grega que significa "Deus dentro de nós". É o entusiasmo que nos leva ao sucesso e não o contrário. Existem pessoas que ficam esperando pelo sucesso para então se entusiasmarem, e como resultado, nada acontece. Como dissemos, é o entusiasmo que nos conduz ao sucesso. Apesar das dificuldades, devemos demonstrar que estamos entusiasmados. Ninguém gosta, ninguém se sente bem com pessoas que estão "no zero à esquerda", estressadas, angustiadas e insatisfeitas com a vida, assim como a tal hiena do desenho animado.

Vigiar é se relacionar, e relacionar-se é um dom que precisa ser desenvolvido. No GPCI, é básico e fundamental que nos relacionemos e aprimoremos cada vez mais esse dom, mas é imprescindível que estejamos atentos e tomemos alguns cuidados. Perceba que quem não se relaciona acaba se isolando, e quando nos isolamos, ficamos vulneráveis. Para esclarecer algumas dúvidas, vou abordar esse assunto com mais detalhes.

Pessoas vulneráveis são aquelas suscetíveis a serem magoadas, ofendidas, ou seja, qualquer coisa que não esteja de acordo com o politicamente correto, quando contrariadas, imediatamente se desestabilizam: *"Não quero mais falar com você; estou chateado(a) com você; estou magoado(a)"*. Você conhece alguém assim? Por exemplo, estou me relacionando com fulano, e então fulano diz algo que não me agrada; por esse motivo, eu digo: *"Não quero mais papo contigo, você é muito babaca!"* Por causa disso, construo um muro para me proteger de fulano. Em seguida, começo a me relacionar com ciclano, a conversa flui e, mais uma vez, ciclano diz algo que não concordo; então falo: *"Não quero mais papo contigo, você é um idiota!"* Novamente, construo um muro para me proteger do ciclano.

E assim segue o ciclo... Está percebendo o que acontece? Fico isolado atrás desses muros, deprimido, sozinho e vulnerável por causa dos muros que construí. É essencial que aprendamos a construir pontes em vez de muros. Se alguém fala algo com o qual não concordo, posso dizer: ***"Cara, vou refletir sobre isso! Talvez você esteja certo!"*** E, se for o caso, aguardo o momento oportuno para retomar aquela conversa. O tempo passa, eu reflito, talvez agora eu tenha adquirido mais embasamento, mais argumentos para convencê-lo ou realmente chegar à conclusão de que ele tinha razão.

Em razão da nossa natureza humana, é comum pensarmos que as deficiências são dos outros e não nossas. Sempre gostamos de favorecer o nosso lado. Sabendo disso, é necessário refletir, avaliar e analisar com cuidado antes de julgar, sabe por quê? A deficiência pode ser nossa. Veja o exemplo abaixo.

Um senhor, pelo WhatsApp, marca uma consulta para a sua esposa. A secretária pacientemente digita:

- *Qual o problema da sua esposa?*

- *Surdez; não ouve quase nada!* Digitou o senhor.

- *Então o senhor vai fazer o seguinte, antes de trazê-la, faça um teste para facilitar o diagnóstico do médico. Sem que ela perceba, faça uma pergunta clara e em bom tom. Aproxime-se de sua esposa, gradativamente, fazendo a mesma pergunta até que ela lhe responda; anote a que distância ela conseguiu ouvi-lo. Quando vier, diga ao médico a que distância o senhor estava quando ela o ouviu. Certo?*

- *Está certo! Muito obrigado!* Digitou o senhor.

À noite, quando a mulher preparava o jantar, o simpático senhor decidiu fazer o teste. Mediu a distância que estava em relação à mulher e pensou, estou aproximadamente a 15 metros. Vai ser agora.

- *Minha velha, o que temos para jantar?* Silêncio!

Agora estou a 10 metros de distância.

- *Meu amor! O que temos para jantar?* Silêncio!

Agora estou a 5 metros de distância.

- *Querida! O que temos para jantar?* Silêncio total!

Por fim, encosta-se às costas da mulher e volta a perguntar:

- *Maria! O que temos para jantar?*

- ***FRANGO! FRANGO! FRANGO! FRANGO!*** *É a quarta vez que eu respondo homem de Deus!*

Portanto, vou reiterar: normalmente, faz parte da nossa natureza humana pensarmos que as deficiências são dos outros e não nossas. Sempre gostamos de favorecer o nosso lado. É necessário refletirmos antes de julgar, antes de criticar, uma vez que podemos estar equivocados, sinceramente equivocados, não é verdade? Realmente somos complicados! Conscientes disso, precisamos saber reconhecer nossas limitações, nossos erros, nossas fraquezas, enfim, nossas deficiências.

Quando estamos gerenciando um comportamento inconveniente, não importa de quem seja, precisamos refletir se aquele comportamento foi provocado por nossas atitudes ou nossa postura. Comportamento gera comportamento! Agora, existem comportamentos inconvenientes que precisam ser gerenciados com ainda mais sensibilidade e inteligência. Muitas vezes, por falta de visão e principalmente falta de sensibilidade, perdemos grandes oportunidades, desmotivamos pessoas e destruímos grandes talentos. É preciso analisar e avaliar, além da questão da ajuda e da cooperação, é necessário ir além da empatia, é preciso desenvolver o sentimento de compaixão pelo outro. Compaixão significa "sofrer com", o que implica em analisar, avaliar, observar e realmente perceber o outro.

Quanto à questão de não enxergar o óbvio, trata-se de um comportamento inconveniente mais comum do que podemos imaginar. Por mais absurdo que possa parecer, especialmente os jovens têm muita dificuldade em enxergar o óbvio. Cabe a nós, pais, professores, responsáveis, retirar a venda dos seus olhos com certo cuidado. Meus pais me amavam muito; tenho certeza disso, mas me criticavam quando percebiam que eu não estava enxergando o óbvio e, de certa forma, estava sendo ingrato. Eu amo meus filhos, por isso também faço críticas quando necessário. As críticas são fundamentais para nossa evolução. Precisamos apenas aprender a "ouvir críticas" para "evoluir como pessoa" e também a "emitir críticas" para não "destruir pessoas". Isso precisa ser entendido por completo. Conheço muitas pessoas excelentes tecnicamente, mas que pecam nesse aspecto. Sempre opto por histórias, pois os exemplos nos ajudam a enxergar com mais clareza, muitas vezes o óbvio.

Agora vou compartilhar uma história que ilustra esse tema:
Um jovem se candidatou a um cargo importante em uma grande empresa. Ele passou pelas entrevistas iniciais e agora só precisava conhecer o Diretor da empresa para a entrevista final. O Diretor analisou seu currículo e viu que era excelente, então fez algumas perguntas:

- *Você recebeu bolsa para financiar seus estudos?*
- *Não senhor.*
- *Foi seu pai que pagou pela sua educação?*
- *Foi sim, foi o meu pai.*
- *Onde seu pai trabalha?*
- *Meu pai é ferreiro.*

O diretor pediu ao jovem para mostrar suas mãos. O jovem mostrou um par de mãos suaves e perfeitas.

- Você, alguma vez já ajudou seu pai no seu trabalho?
- Nunca. Meus pais sempre me incentivaram a estudar e a ler muitos livros. Além disso, meu pai faz esse trabalho muito melhor do que eu, senhor.

O Diretor lhe disse:

- Eu vou lhe fazer um pedido e preciso que você me atenda na íntegra. Ao chegar em casa hoje, lave e observe as mãos do seu pai e limpe a sua oficina; amanhã de manhã venha me ver.

O jovem sentiu que a sua chance de conseguir o trabalho era alta! Ao chegar em casa, foi ao encontro do seu pai e pediu para que ele o deixasse lavar suas mãos. Seu pai achou estranho, mas com uma mistura de sentimentos permitiu. O rapaz lavou as mãos do seu pai lentamente. Foi a primeira vez que notou como as mãos do pai eram fortes, calejadas e tinha algumas cicatrizes. E, também, foi a primeira vez que o rapaz se deu conta do significado daqueles calos e marcas. Seu pai trabalhou anos, para pagar seus estudos. Esse foi o preço que o seu pai pagou por sua educação, suas atividades escolares, seu futuro. Depois de limpar as mãos do seu pai, o jovem ficou em silêncio, refletindo, organizando e limpando a oficina. Naquela noite, pai e filho conversaram por um longo tempo.

Na manhã seguinte, o jovem foi ao encontro do Diretor. O diretor logo percebeu que a ficha havia caído:

- Você pode me contar o que você aprendeu ontem na sua casa?

O rapaz respondeu:
Ao lavar as mãos do meu pai e, também, ao ajudá-lo a limpar sua oficina, reconheci que sem ele eu não seria quem eu sou hoje; agora percebo o duro que ele deu para que eu pudesse estudar e vencer. Aprendi a importância e o valor de uma família.

O diretor disse:
- Isso é o que eu procuro na minha equipe. Líderes! Quero contratar alguém que consiga valorizar e ajudar os outros. Alguém que reconheça o trabalho e o sofrimento dos outros, que faça o que é certo e que não coloque o dinheiro como seu único objetivo na vida. Você está contratado!

Referências:

- Inteligência Emocional – Daniel Goleman.
- A Arte da Guerra – Sun Tzu
- O Mínimo que você precisa saber para Não Ser um Idiota – Olavo de Carvalho
- Segurança é Prevenção – Editora Ciência Moderna

Capítulo 52

Não estamos no mesmo barco

Neste quinquagésimo segundo capítulo, temos como objetivo específico identificar e dar pelo menos dois exemplos de comportamentos inconvenientes que podem nos confundir e nos envolver durante as análises e avaliações de riscos.

Não sei se procede, mas outro dia li uma reportagem em que um jovem na Índia jogou sua BMW em um rio em protesto ao pai que se recusou a trocá-la por uma Ferrari. Uma criança que não foi devidamente educada e foi superprotegida na infância e adolescência geralmente se torna um adulto individualista. E como sabemos, o individualismo é uma doença da personalidade, tornando-se assim um ser humano despreparado e extremamente inconveniente. Essas pessoas ignoram naturalmente os esforços dispendidos pelos pais para que elas tenham sucesso. Na verdade, é um comportamento inconveniente dos pais que, culposamente, ou seja, sem intenção, acabam destruindo os próprios filhos.

Esse tipo de comportamento inconveniente pode ser facilmente evitado quando os pais desde cedo ensinam as crianças o valor do trabalho, por meio de pequenas tarefas do dia a dia. Lembro-me bem da minha infância, em que estudávamos e brincávamos sem nenhum problema, mas todos tínhamos nossas obrigações, nossas tarefas. Recordo-me de que a vassoura era enorme, varríamos a casa, lavávamos o banheiro, as louças, regávamos as plantas, varríamos o quintal. Também cuidávamos das nossas pequenas hortas de batata, amendoim, tomate, salsa e cebolinha. Enfim, essas atividades do dia a dia que muitos desprezam e consideram bobagem. Estou convencido de que a criança precisa ser sensibilizada e conscientizada de que as coisas não são fáceis, que dinheiro não cai do céu, que vaca não dá leite, como diz o Cortella. É preciso derramar sangue, suor e às vezes lágrimas, senão nada feito, nada acontece. Já abordamos em capítulos anteriores aquele comportamento inconveniente de julgarmos os outros. Cada um de nós sabe da sua vida, cada um de nós conhece a sua própria situação.

Recentemente, li e refleti muito sobre um texto bastante pertinente ao nosso tema, infelizmente de um autor desconhecido. O autor explica no texto que ficava muito irritado quando alguém estufava o peito e bradava: ***"Estamos todos no mesmo barco"***. Imagino que para muitos, inclusive para mim, sempre soou como uma verdade absoluta, mas aprendi que não! Definitivamente ***"Não estamos no mesmo barco"***. E confesso que me senti meio ridículo. Aprendi que estamos na mesma tempestade, mas não no mesmo barco. Meu barco pode afundar e o seu não, e vice-versa. Tomando como exemplo a quarentena, o lockdown, para aqueles que tinham o salário garantido pelo governo, foi ótimo! Espetacular! Como recebemos mensagens aos montes, foi um verdadeiro momento de transformação!

O problema é que, para muitos, talvez para a grande maioria, essa foi uma crise enorme, um verdadeiro escândalo! Enquanto para outros foi um paraíso, tempo de descanso, férias ilimitadas. Alguns viveram e continuam vivendo tempos de tortura: "Como vou pagar minhas contas?" Enquanto outros estavam preocupados com a ração importada do gato persa vinda da Grécia. Muitos se preocuparam se teriam canjiquinha para comer até o final da semana, se conseguiriam comprar pão, arroz e feijão. Outros estavam em home office na cobertura de milhões de dólares, enquanto outros estavam no lixão, usando máscaras para não serem presos, com medo do governador e do prefeito, catando e comendo restos na lixeira para sobreviver. Muitos queriam voltar a trabalhar porque a grana tinha acabado, enquanto outros queriam matar aqueles que queriam voltar a trabalhar, talvez ainda com uma boa reserva de dólares. Alguns bastante otimistas tinham fé em Deus e acreditavam que muitos milagres ainda iriam acontecer durante o caos. Outros afirmavam categoricamente que o pior ainda nem havia chegado, e que estaria a caminho uma tragédia ainda mais obscura. Pois é! Depois de muita reflexão, com essa base, com todo esse fundamento, fui obrigado a admitir que realmente não estávamos no mesmo barco. Estávamos na mesma tempestade, passando pelo mesmo momento, mas com discernimento, compreensão, carências e necessidades completamente distintas, e saímos cada um de um jeito, de toda essa loucura.

Talvez, após uma profunda reflexão, seja mais do que nunca o momento de desenvolvermos aquela visão diferenciada, de enxergar com o coração, porque o essencial é invisível aos olhos, de enxergar o invisível e ouvir o inaudível, ou seja, o que está dentro da mente e do coração das pessoas. É o momento de enxergarmos além do que se vê, além da política, além da religião. Não podemos ser individualistas, não podemos menosprezar a dor do outro, tampouco julgar a "vida boa" do outro, porque não sabemos o que o sujeito passou para chegar lá. Assim, não é correto julgar a pessoa que não tem nada, muito menos julgar a pessoa que tem de sobra. Não é certo julgar aqueles que queriam voltar a trabalhar, tampouco aqueles que queriam ficar em casa. Como o autor do texto disse, estamos em barcos diferentes! Na mesma tempestade, isso está certo! Mas eu posso afundar e você não, e vice-versa.

Certa vez, li que quando tocamos em algo deixamos nossas impressões digitais, mas quando tocamos na vida das pessoas deixamos nossa identidade. A vida é boa! A vida é muito melhor quando estamos felizes, mas é ainda melhor quando os outros estão felizes por nossa causa. Conscientes disso, devemos trabalhar para sermos fonte de inspiração ao tocar o coração das pessoas, sobretudo o coração dos nossos alunos. Sylvio e eu, acreditamos que devemos nos esforçar para fazer com que aqueles que nos cercam, sobretudo os nossos alunos, melhorem em todos os sentidos. Um amigo me disse que fazer o bem é um dom de Deus, e eu não tenho a menor dúvida disso. Gradativamente, estamos evoluindo; aula após aula, estudamos os mais variados tipos de comportamentos inconvenientes e, principalmente, as formas mais eficientes e eficazes de administrá-los. No entanto, existem comportamentos inconvenientes extremamente difíceis de serem gerenciados, que se não estivermos atentos, nos envolvem facilmente, e aqueles que são envolvidos adquirem o mesmo comportamento inconveniente, tornando-se também difícil de ser gerenciado. Há algum tempo, ouvi e guardei comigo uma metáfora, uma comparação bastante didática, que achei interessante.

A história é a seguinte: um sujeito se separa da esposa e conhece uma nova mulher, com quem se casa. Essa nova mulher entra para a família. Ela é vaidosa e esbanjadora, vende todos os bens sem que o marido saiba e gasta todo o dinheiro com ele e as crianças. Um dia, o dinheiro acaba e ela vai embora. A mãe das crianças volta para casa e começa a reconstruir tudo com pulso firme e uma nova realidade no controle dos gastos. Imediatamente, as crianças sentem falta da madrasta:

"Na época dela é que era bom, a gente se divertia, viajava muito e comprava tudo o que queria. Dinheiro não era problema."

Quanto tempo levará para que essas crianças cresçam, amadureçam e, quem sabe um dia, olhando para trás, entendam que a madrasta na verdade não trouxe felicidade, mas sim destruiu a estabilidade da família? Percebam que essas crianças estão sinceramente equivocadas, sentindo saudades da madrasta que vendeu a casa e levou todos para se divertir na Disney. Complicado, não é mesmo! Como eu disse, se não estivermos atentos, se não formos meticulosos e rigorosos em nossas análises e avaliações, seremos facilmente envolvidos, e uma vez envolvidos, adquirimos o mesmo comportamento inconveniente, extremamente difícil de ser gerenciado.

Tínhamos um curso chamado Formação Especial, conhecido como FE. Era um curso caro, com normas rígidas, com duração aproximada de três meses, oito horas por dia, com três turmas por dia (manhã, após o almoço e final do dia). Em todas as formaturas, havia preleção, cobrança constante, exigência de cabelo curto e proibição de barba e bigode, além de avaliações diárias. O "caveirinha" também fazia parte do curso, um bloquinho com anotações positivas e negativas, e se o aluno cometesse algum erro, pagava flexões de braços. Ao final, o aluno recebia o brevê com o símbolo do FE e, praticamente, já saía empregado. Tínhamos convênios com grandes empresas nacionais e multinacionais, que tinham total interesse nesse profissional devido ao rigor do curso. O aluno, cheio de orgulho, possuía vantagem competitiva no mercado.

Apenas instrutores com a especialização em FE ministravam esse curso. No entanto, aconteceu que todos os instrutores especializados estavam comprometidos e o curso tinha uma data para iniciar. Eu estava envolvido em outro projeto, então decidimos iniciar com um instrutor sem a especialização, com a intenção de que o instrutor FE assumisse duas semanas depois.

O instrutor que assumiu inicialmente era inexperiente nesse curso, mas era bastante amigável, divertido e político. Ele acabou com a formatura matinal, convencendo o gerente de que era uma perda de tempo. Além disso, permitiu que os alunos resolvessem seus problemas pessoais durante as aulas, tomassem café quando quisessem, fossem ao banheiro e bebessem água a qualquer momento. Ele também aboliu a punição de flexões de braços devido a erros dos alunos e permitiu o uso de cabelo comprido, barba e bigode. Vocês podem imaginar qual foi o resultado disso tudo?

Quando o instrutor FE assumiu duas semanas depois, houve reclamações generalizadas. Formatura sob o sol? Em pé? De jeito nenhum! Cantar o hino nacional? Nem pensar! Isso é coisa de militar! (Eles queriam ir direto para o ar-condicionado). Cortar o cabelo? Fazer a barba todos os dias? Para quê? Ficar em pé, imóvel e com os pés paralelos? Esse instrutor é louco! Pagar flexões de braços? Isso parece um quartel! O outro instrutor é que era bom! Enfim, foi um verdadeiro desastre. Como eu disse, ***se não estivermos atentos em nossas tomadas de decisão, se não formos meticulosos e rigorosos em nossas análises e avaliações, seremos facilmente influenciados e, uma vez envolvidos, adotaremos o mesmo comportamento inconveniente, extremamente difícil de ser gerenciado.***

Referências:

- Inteligência Emocional – Daniel Goleman.
- A Arte da Guerra – Sun Tzu
- O Mínimo que você precisa saber para Não Ser um Idiota – Olavo de Carvalho
- Segurança é Prevenção – Editora Ciência Moderna

Capítulo 53

Ou você congela, luta ou foge

Neste quinquagésimo terceiro capítulo, temos como objetivo específico identificar, projetar e treinar, preventivamente, o seu comportamento para os mais diversos sentimentos, sobretudo, a raiva.

Nós temos pouco ou nenhum controle sobre os nossos sentimentos. Às vezes, nos deparamos com algo que não gostamos ou que consideramos errado, o que pode nos levar a ficar estressados e com muita raiva. A raiva é um sentimento intenso e difícil de controlar. Se não soubermos lidar com essa emoção, é melhor evitarmos situações que possam nos expor ainda mais a esse sentimento. Um bom exemplo seria nos afastarmos, de maneira elegante, no início de uma discussão com alguém ao percebermos o aumento da produção de adrenalina e cortisol, que nos conduzem a um surto. Nesse momento, é inteligente nos afastarmos para que o equilíbrio seja retomado, permitindo-nos continuar a conversa. Dessa forma, evitamos que a raiva assuma o controle da situação, levando-nos a uma descompensação. É importante que, mesmo com raiva, consigamos manter o equilíbrio, expressando os nossos sentimentos de forma construtiva, sem agredir ou ofender os outros.

Observamos que o sentimento de indignação, raiva ou ódio é inevitável devido a uma resposta fisiológica, sendo algo químico. Não temos controle direto sobre nossos sentimentos. Precisamos entender que são as emoções que nos mobilizam e estimulam para a ação. O problema é que elas podem despertar o melhor ou o pior em nós. A inteligência emocional é a habilidade de lidar com nossos feedbacks emocionais e fisiológicos. Se não estivermos bem treinados, nosso comportamento pode mudar e se tornar diferente do habitual.

Existe uma região no nosso cérebro, a região mesolímbica, às vezes chamada de via de recompensa, que é considerada uma das vias dopaminérgicas do cérebro e está associada à dopamina, um hormônio ligado à felicidade. Estudos comprovaram que essa região se destaca e se ativa quando presenciamos uma pessoa "que não gostamos" passando por uma situação ruim. Parece algo insano, mas é exatamente assim que funciona, embora haja níveis normais e patológicos dessa reação. Sentimos uma recompensa com a produção de dopamina ao testemunharmos o "sofrimento alheio". Complicado, não é? Mas, de fato, sentimos uma forma de felicidade, embora seja em uma camada mais profunda. Essa sensação de bem-estar ao ver um "inimigo" enfrentando dificuldades tem um nome em alemão - Schadenfreude -, que significa alegria maliciosa. Como mencionamos, trata-se de uma camada mais profunda de felicidade, é a sensação de satisfação quando vemos alguém que consideramos "inimigo" se dando mal.

No UFC, muitas vezes torcemos fervorosamente por um lutador, geralmente por sua nacionalidade, estado, bairro ou por pertencer à nossa equipe, e torcemos para que o oponente sofra bastante. Esse "outro" é considerado nosso "inimigo". O interessante é que realmente existe uma energia social potencialmente negativa. Por falta de empatia e conexão emocional com a outra pessoa, algumas pessoas irritam profundamente as outras para experimentar uma sensação de bem-estar, pois há uma recompensa nisso. Elas são recompensadas! Parece loucura, não é?

Na psicologia, existem o behaviorismo clássico metodológico de John Watson e o behaviorismo radical de Frederic Skinner. Para Watson, o comportamento é um fenômeno observável, mensurável e que pode ser concordante entre todos os observadores. No behaviorismo clássico, os estímulos ambientais são as causas dos comportamentos. Por exemplo, podemos imaginar um experimento no qual um rato é colocado em uma caixa com um pedal e um dispensador de comida. Cada vez que o rato pressiona o pedal, recebe uma bolinha de ração. Com o tempo, o rato aprende a associar a ação de pressionar o pedal com a recompensa de receber comida e, consequentemente, repete esse comportamento com maior frequência. Isso demonstra o princípio do condicionamento operante, no qual o comportamento é moldado pelas consequências ambientais.

Por sua vez, Skinner baseia suas pesquisas nas respostas apresentadas pelo indivíduo analisado. O behaviorismo radical está interessado na influência que o comportamento exerce na experiência de um determinado sujeito. Um exemplo simples de behaviorismo radical é a técnica conhecida como reforço positivo. Nessa técnica, um comportamento desejado é incentivado por meio de recompensas positivas, como elogios, presentes ou até mesmo dinheiro. Por exemplo, imagine que uma mãe queira que seu filho faça a lição de casa todos os dias. Ela pode aplicar o reforço positivo elogiando o filho sempre que ele terminar suas tarefas escolares, oferecendo um presente ou permitindo que ele assista TV ou jogue videogame após concluir suas tarefas. Com o tempo, a criança passará a associar a conclusão das tarefas com a sensação agradável de ser elogiado ou receber uma recompensa, o que reforçará o comportamento desejado. Essa é uma forma simples e eficaz de aplicar o behaviorismo radical no dia a dia.

Embora o behaviorismo metodológico seja uma área da psicologia que tem o "comportamento" como "objeto de estudo", tanto Skinner quanto Watson afirmam que *"nenhum comportamento é mantido se não houver reforço"*. Se um comportamento não é recompensado, ele não continua. A conclusão é que as pessoas que são irritantemente incômodas nos irritam porque, de alguma forma, as recompensamos com dopamina devido à postura que elas adotam ou esperam de nós. Portanto, devemos fazer exatamente o contrário do que elas esperam que façamos, certo?

Existe uma terapia chamada Gestalt que diz o seguinte: *a única pessoa capaz de te deixar irritado é você mesmo.* Essa terapia busca mostrar à pessoa, ao paciente, que ela está se autossabotando de alguma forma, o que acaba influenciando sua vida como um todo. Ao tomar consciência disso, a pessoa retoma o controle de sua vida. As pessoas só fazem conosco aquilo que permitimos. Não temos controle sobre nossos sentimentos, mas podemos treinar nosso comportamento. O interessante é que, por meio de treinamento, podemos nos preparar para lidar com a raiva - aquela sensação inicial. Se sabemos que vamos encontrar aquela pessoa que nos irrita profundamente, aquela pessoa que fica dopaminizada quando nos irrita, precisamos nos preparar! Congestionamento? Prepare-se! É uma questão de condicionamento. Se existe essa possibilidade, "prepare-se para a guerra!" Gradualmente, fazemos conexões com tudo o que aprendemos até agora.

As cinco linhas de ação devem ser treinadas; é fundamental ter consciência de que nada, absolutamente nada, vai eliminar aquele sentimento. Não temos controle! São efeitos hormonais! O único remédio é o tempo; portanto, tenha paciência! Use a técnica da respiração/oxigenação, lembra? Como um meio auxiliar para recuperar a calma.

"Inspire e expire profundamente, rapidamente, cinco vezes consecutivas; em seguida, inspire profundamente, segure o ar por 4 segundos e solte devagar, repita isso três vezes consecutivas. Espere alguns segundos e, se ainda for necessário, repita o processo."

Tudo isso deve ser feito no estresse, na busca pela melhor opção de ação para aquele momento. Portanto, reconheça; não reaja por impulso, conte até 1 milhão, devagar, mas ao mesmo tempo utilizando a técnica de oxigenação. Já falamos várias vezes sobre a HOMEOSTASE. A homeostase ocorre em todo o organismo, todos os mecanismos vitais, por mais variados e complexos que sejam, existem e trabalham para a manutenção da estabilidade das condições do meio interno. É exatamente o que o organismo precisa para funcionar adequadamente, para o equilíbrio do corpo. Portanto, se nosso corpo, por algum motivo, estiver cheio de hormônios que nos deixam profundamente irritados, com ódio, com raiva, esse mesmo corpo logo irá liberar hormônios para contrabalançar e equilibrá-lo. Ele só precisa de tempo. Se você tem consciência disso, fica muito mais fácil lidar com aquela situação "insana" da melhor forma possível. Seja paciente e acredite que é apenas uma questão de tempo!

Você se lembra do sistema nervoso simpático e parassimpático? Um excita o outro relaxa. O sistema nervoso simpático é responsável pelas alterações no organismo em situações de estresse ou emergência, deixando o sujeito em estado de alerta, preparado para lutar ou fugir. Já o sistema nervoso parassimpático faz o organismo retornar ao estado de calma, controlando inclusive a respiração, reduzindo a frequência cardíaca, a adrenalina e o açúcar no sangue, além de diminuir a pressão arterial.

Vamos relembrar Gandhi? ***"A não violência nunca deve ser usada como um escudo para a covardia; é uma arma para os bravos."*** Nosso comportamento precisa ser condicionado. Esteja sempre preparado para o pior, mas espere o melhor e esteja preparado. Transforme um limão em uma limonada. Sabemos que o primeiro passo é reconhecer, admitir e aceitar as diferenças, aprendendo a conviver com elas. Quando o comportamento inconveniente é a calúnia e lidamos com pessoas que tentam nos caluniar, é claro que a resposta fisiológica é imediata e nossos sentimentos não são agradáveis. Quando lidamos com um sujeito inconveniente que nos conhece, nunca devemos nos esquecer de quem somos. Todos sabem quem somos, inclusive o inconveniente. Portanto, não aceite as calúnias; o inconveniente não pode usar uma calúnia contra você, a menos que você permita. Essa "armadura" ninguém pode tirar de você, somente você mesmo. Precisamos treinar constantemente, desenvolvendo nosso poder de persuasão a todo momento, sem pressa.

Perceber as emoções das pessoas é uma questão de treinamento. A comunicação não verbal, ou seja, nossa linguagem corporal e expressões faciais, precisa ser trabalhada o tempo todo. Devemos demonstrar confiança, sempre! A tendência é falarmos muito rápido e atropelarmos quando nos sentimos ansiosos, comprometendo não apenas a confiança, mas também a presença física que apoia a verbalização. Portanto, ao gerenciar situações, procure falar mais devagar, aumentando assim as chances de ser assertivo.

Estamos falando sobre o gerenciamento de comportamentos inconvenientes, mas em determinados contextos, o gerenciamento envolve mais pessoas e talvez ocorra em um ambiente mais elitizado. Nem sempre será no trem ou metrô, concorda? Nesse caso, ao falar pausadamente, teremos também menos chances de cometer erros gramaticais ou de concordância. Já estudamos a comunicação paraverbal, você se lembra? Assim, uma observação muito importante é saber utilizar o silêncio. Fazer pausas estratégicas é uma excelente estratégia de comunicação para transmitir confiança. Quando essas pausas são bem aplicadas, valorizam enormemente o que está sendo dito e podem até adicionar emoção, se esse for o objetivo.

As expressões faciais, a forma como olhamos para as pessoas e os gestos respaldados pela nossa postura e atitudes são o que consolidam a comunicação não verbal, aliada à presença física. Mantenha a cabeça elevada, o peito para fora, a barriga para dentro, os pés paralelos, o abdômen trabalhado (reto, oblíquo e transverso), a cintura pélvica encaixada. Evite cruzar os braços, colocar as mãos na cintura ou ficar encostado. Se não temos esses hábitos, precisamos mudar. Se nossos alunos não têm esses hábitos, eles também precisam mudar. Podemos até colaborar, é verdade, mas só conseguiremos dar uma "forcinha" porque ninguém muda ninguém, nós mudamos. Quando chamamos a atenção dos alunos sobre isso, é comum eles se sentirem incomodados, e isso acontece com todo mundo. É importante percebermos que estamos falando de presença física, sensação de segurança e força de presença. As pessoas tendem a não confiar em quem não passa segurança, não transmite confiança. É preciso conscientizar os alunos sobre isso. Quanto à verbalização, as palavras devem ser bem pronunciadas e articuladas, com volume adequado. Isso gera confiança.

Mesmo quando sentimos medo, precisamos disfarçá-lo. Como? Com nossa condição técnica e física. As pessoas não precisam saber que estamos com medo, elas só saberão se contarmos, e isso também é treinamento! Certa vez, chamei um soldado que era muito bom tecnicamente e fisicamente, mas estava entrando em pânico na véspera de seu primeiro salto. Expliquei tudo detalhadamente e a mudança de comportamento foi incrível! Algum tempo depois, lembrei-me desse tema e desse soldado. Chamei-o e perguntei se o medo havia desaparecido. Ele disse que não, mas acreditou no que eu disse e estava seguindo meu conselho. Com certeza, ele acreditou mais no que eu falei do que em mim mesmo! Quero que perceba que até eu havia me esquecido. Quando meu filho precisou andar de metrô pela primeira vez sozinho, eu disse: "Você é inteligente e esperto, vá tranquilo!" Eu falei, ele acreditou e foi, mas confesso que depois que ele saiu, não conseguia relaxar. Não é que não acreditemos no que falamos, mas para que o sucesso aconteça plenamente, é preciso que nossos filhos, nossos alunos, acreditem mais no que falamos do que nós mesmos.

Mesmo em situações difíceis, avalie o estado emocional das pessoas e controle a situação. O medo sempre provoca três reações devido à grande quantidade de adrenalina, cortisol e noradrenalina liberadas na corrente sanguínea: congelar, lutar ou fugir. Essas três reações não estão em harmonia com as necessidades estratégicas, não permitem um modo equilibrado e racional de agir. Você vai agir de acordo com sua condição reflexa, de acordo com o que treinou. Em determinadas situações, devemos utilizar a verbalização criativa. Você se lembra qual é o objetivo da verbalização criativa? O objetivo é liberar as "emoções positivas" de uma boa piada, ou seja, liberar a dopamina, a endorfina e a serotonina de uma boa risada. Isso ajudará a relaxar um pouco, a ficar menos desorientado, para que você possa criar empatia e raciocinar com competência em momentos críticos e difíceis.

A dopamina é um neurotransmissor do sistema nervoso central que atua como mensageiro químico regulando funções como a memória, o sono, o estado de humor, a frequência cardíaca, a atividade motora, mas sobretudo a cognição e a conduta. A endorfina também é um hormônio relacionado ao bem-estar, assim como a noradrenalina e a acetilcolina. Resumindo, quando liberamos dopamina e esses hormônios neurotransmissores do sistema nervoso central, racionalizamos melhor e podemos tomar decisões mais acertadas.

Durante o gerenciamento, o inconveniente sempre tentará nos testar emocionalmente. Se, por falta de empatia, não respondermos emocionalmente como ele espera, ele sentirá que precisa nos colocar em um estado emocional e, consequentemente, ele perderá o controle emocional e entrará no modo racional. Isso não é o que queremos, não queremos que ele saia do emocional e entre no racional. Quando colocamos uma pessoa em um estado emocional, quanto mais emotiva ela fica, mais as regiões do sistema límbico, como a amígdala e o giro do cíngulo, contribuem fisiologicamente para reduzir a razão. Enquanto o córtex possui um controle mais racional, o sistema límbico é responsável pelas emoções e comportamentos sociais. O sistema límbico é o sistema de autopreservação e autopreservação da espécie. Como mencionei, ocorre uma constrição dos vasos no córtex, e o sistema límbico entra em ação, orientando o foco da pessoa apenas pela emoção. Isso significa que reduzimos a capacidade de raciocínio dela, facilitando assim a indução para que ela possa atender à nossa solicitação.

Saber o que o inconveniente deseja, compreender o que ele está sentindo e adaptar-se à sua linguagem corporal - estando ciente da nossa própria linguagem corporal - e também adaptar-se ao estilo verbal do inconveniente são extremamente importantes para alcançarmos êxito no GPCI. É necessário esse envolvimento emocional completo. Adaptar-se ao estilo verbal do inconveniente não é fácil. Precisamos identificar o momento exato, há um tempo específico; devemos avaliar se é adequado falar naquela linguagem. É uma questão de empatia genuína! Perceber e comunicar o que o inconveniente deseja ouvir é extremamente benéfico!

Referências:

- Inteligência Emocional – Daniel Goleman.
- Neurobiologia das Emoções – Sistema Límbico – unesp.br
- Toda Matéria – Sistema Límbico – todamateria.com.br
- Toda Matéria – Behaviorismo – todamateria.com.br
- Toda Matéria – Homeostase – todamateria.com.br
- A Arte da Guerra – Sun Tzu
- Facing Violence – Rory Miller
- B.F.Skinner, o Cientista do Comportamento e do Aprendizado – novaescola.org.br
- VITTUDE – Behaviorismo – vittude.com
- Brasil Escola – HOMEOSTASE – brasilescola.uol.com.br
- O Mínimo que você precisa saber para Não Ser um Idiota – Olavo de Carvalho

Capítulo 54

Risco de morte iminente - OODA

Neste quinquagésimo quarto capítulo, temos como objetivo específico identificar, estudar e explicar como devemos nos capacitar, em termos de autodefesa, para uma situação real.

A nossa habilidade aliada ao conhecimento anatômico e fisiológico, determinam a eficiência e a eficácia da técnica, ou seja, nós somos mais eficientes e eficazes, alinhando o nosso conhecimento de anatomia humana e fisiologia, a um treinamento técnico e físico de autodefesa, o mais próximo possível da realidade. Isto posto, cabem duas perguntas: Como nos capacitar? Como capacitar os nossos alunos para uma situação real?

O conceito de OODA Loop foi criado nos Estados Unidos da América, pelo coronel Jonh Boyd, que pertencia a tripulação de caças da Força Aérea dos USA, como fator preponderante quando se trata de *tomada de decisão* e *sobrevivência*; observar e se antecipar ao "inimigo" é fundamental para que tenhamos êxito na "guerra". O OODA – Observar, Orientar, Decidir e Agir, é passado de forma insistente, persistente, e na exaustão do treinamento para profissionais de segurança pública e privada.

- ***Observe atentamente! Faça uma análise e avaliação;***
- ***Oriente-se! Faça o giro do horizonte;***
- ***Decida-se! Tome a melhor decisão;***
- ***Aja! Parta para a ação.***

Nas forças armadas, na polícia, na segurança privada, obviamente respeitando as suas particularidades, nós usamos e falamos sobre a importância do *ciclo de OODA* (Observar, Orientar, Decidir e Agir); no entanto, esse *protocolo de segurança* serve para a nossa vida, serve para tudo. Precisamos treinar nossa mente para aprender a identificar com velocidade uma possível ameaça, e sobretudo, aprender a reagir e a responder prontamente através das nossas habilidades. Não estamos falando de nenhum bicho de sete cabeças, mas de algo que nós já fazemos no nosso dia a dia, mas sem a preocupação de ganho de qualidade, de velocidade, de qualidades físicas, enfim de melhorar em todos os sentidos. Esse protocolo de segurança, já que está no sangue, deve ser desenvolvido no dia a dia, para ser feito num piscar de olhos, cada segundo importa, e muito! Você precisa através do treinamento diário, fazer com que ele se torne a sua *segunda natureza de comportamento.*

No próximo capítulo falaremos detalhadamente de *consciência situacional*, mas como primeiro passo aprenda e treine *observar*, use a sua inteligência para analisar e avaliar o seu ambiente. Procure observar o que está acontecendo ao seu redor, não se trata de nenhum transtorno de personalidade paranoide, não despreze o significado e o significante das coisas, não se distraia quando estiver num ambiente estranho, o treinamento diário levará você, inclusive a se divertir como qualquer outra pessoa, mas de forma diferenciada; o inconsciente estará engatilhado, caso haja necessidade de reação. É exatamente por esse motivo, e nós estamos falando de treinamento, que nós devemos sempre nos posicionar estrategicamente, para que sejamos capazes de aproveitar melhor aquele campo visual privilegiado, e não por estarmos devendo algo, ou por termos sido ameaçados, ou ainda por estarmos com medo; trata-se de treinamento, e ninguém é bom naquilo que não pratica.

Nenhum de nós está livre de viver uma inesperada tragédia, seja no interior de um restaurante, ou numa casa de show, ou em qualquer outro ambiente, assim, é aconselhável que adotemos medidas e atitudes preventivas, tais como posicionar-se estrategicamente ao identificar as entradas e saídas de emergência, os extintores de incêndio, a segurança existente. É, também, fundamental que observemos o comportamento das pessoas, sobretudo os anormais, aqueles que não são coerentes com o ambiente ou com a situação. Estamos falando do olhar, da vestimenta, da face, das expressões; estamos falando da leitura do ambiente.

Ao longo de todos os anos de experiência com autodefesa e segurança privada, é uma característica nossa, minha e do Sylvio, observar, orientar, decidir e agir nas mais diversas situações. Foram dezenas de centenas de alunos ao longo dos anos, contando suas experiências e suas histórias incríveis; e nós, sempre ouvíamos e ouvimos até hoje, com toda a atenção possível essas histórias enriquecedoras, às vezes gravando, filmando, outras vezes anotando, outras memorizando, sobretudo, o *modus operandi de criminosos* relatados pelos nossos alunos nas mais diversas situações. Histórias envolvendo criminosos e crimes de todos os tipos e, acredite, não foram poucos os casos relatados. Nós ouvíamos, e ouvimos ainda com toda a atenção, as malandragens, as inconveniências, mas sobretudo, a maneira como agiam e agem, como pensavam e pensam, como raciocinavam e como raciocinam atualmente. A dica é a seguinte:

> *Jamais despreze as histórias que te contam, procure registrá-las sempre. Analise e avalie cada uma delas, elas são preciosas demais. Tente sempre aprender com elas, use-as a seu favor e faça isso tecnicamente.*

O interessante é que todos esses aspectos eram relatados com detalhes durante as aulas e nas inúmeras dinâmicas de grupo, que eram transformadas em trabalhos de conclusão de curso. Os estudantes apresentavam e representavam essas situações, chegando a suas próprias conclusões no desfecho do trabalho. É por isso que utilizamos toda essa experiência para aproximar você o máximo possível da realidade.

É importante que você saiba que nosso inconsciente não diferencia fantasia da realidade, de acordo com Freud. O inconsciente é um conceito essencial na psicologia e na psicanálise, porém difícil de definir. Nossos instintos mais primitivos estão bem guardados em nossa mente. Eles permanecem tranquilos, sabem por quê? Porque a família, a religião, a sociedade e, talvez, a escola - pelo menos deveriam - contribuem, de alguma forma, para que esses instintos permaneçam adormecidos, em uma espécie de hibernação. Dessa forma, a consciência assume o controle de nossa agressividade, medos e impulsos. Porém, esses instintos primitivos estão presentes no inconsciente, aguardando apenas o acionamento do gatilho. Esse acionamento pode ser algo muito benéfico, eficiente e eficaz, capaz de salvar sua vida, ou pode ser um verdadeiro desastre, podendo até destruir sua vida. Para que esse acionamento não ocorra de forma descontrolada, precisamos treinar em alto rendimento, com níveis elevados de adrenalina.

É fundamental ter certeza de que uma técnica funciona de verdade durante o treinamento. Por isso, é necessário compreender o conceito por trás da técnica. O Mestre Sylvio Behring sempre enfatiza esse ponto. Não basta executar a técnica e fazer o movimento; é preciso entender por que ela funcionou ou por que não funcionou. É importante identificar onde e por que acertamos e onde e por que erramos. Pode parecer simples, mas é um grande segredo! Além disso, é essencial ter consciência de que os movimentos técnicos não funcionam da mesma forma para todas as pessoas, devido a diversos fatores, como características orgânicas, estrutura óssea, ligamentos, músculos e fisiologia. Portanto, é necessário sempre treinar um plano B, C, D e até mesmo E para situações inusitadas. Outro ponto importante é que seu parceiro de treino deve estar alinhado com você, não facilitando nem impedindo que você descubra por que a técnica funcionou ou não. Não basta apenas saber executar o movimento técnico; é preciso buscar compreender o conceito por trás daquela técnica. Se seu parceiro de treino é menos habilidoso, você precisa ser ainda mais perspicaz e suprir as deficiências dele, ajudando-o. Você precisa ser muito melhor! Não muito melhor do que ele, mas muito melhor para ele. Assim, você realmente aprenderá! É quando ensinamos que verdadeiramente aprendemos! Um conselho: não subestime essa dica.

Como já vimos e estudamos anteriormente, gradualmente precisamos nos acostumar com aquela carga energética de adrenalina. É importante saber que, em situações de estresse ou medo, um estímulo é enviado ao hipotálamo, que libera o CRH (Hormônio Liberador de Corticotrofina). Acredite, nada disso é complicado, é apenas uma questão de se familiarizar com os termos. Esse hormônio, o CRH, é lançado na corrente sanguínea e chega à adeno-hipófise, estimulando a produção do hormônio ACTH, conhecido como corticotrofina. Por sua vez, o ACTH é liberado na corrente sanguínea e chega às glândulas adrenais, também chamadas de suprarrenais (sabemos que são duas, uma em cada rim), estimulando a produção de cortisol e adrenalina. Embora a luz solar seja um fator estimulante, o estresse e o medo são os estímulos mais conhecidos para a secreção hormonal. Esse treinamento em situações estressantes ou de medo é fundamental para nos tornarmos eficientes e eficazes em momentos críticos. Na verdade, nessas situações, o que prevalece é a condição reflexa que adquirimos durante treinamentos de alto rendimento e alta performance. Muitos policiais de linha de frente, assim como criminosos e lutadores de rua, passam por esse tipo de treinamento. Eles desenvolvem essa expertise emocional e se preparam para lidar com a descarga de adrenalina durante essas situações.

É importante que você também esteja ciente de que muitos lutadores de rua escolhem suas brigas cuidadosamente. Eles analisam e avaliam uma possível vítima, considerando os riscos da ação inconveniente. Eles abordam apenas quando acreditam ter grandes chances de se dar bem, levando em conta o estereótipo e a fragilidade da pessoa. Se perceberem que as chances de sucesso são poucas, eles simplesmente desistem daquela intenção. É exatamente por isso que trabalhamos tanto a presença física e a sensação de segurança que transmitimos. No entanto, se você já estiver vivenciando a situação, sem a possibilidade de verbalizar, e houver um "risco iminente", é você quem precisa e vai decidir se o risco é grave o suficiente para acionar o gatilho emocional. Isso é adquirido por meio de treinamento!

É fundamental que estejamos sempre focados, atentos e ligados. Como já mencionamos, os criminosos sempre avaliam o risco. As pessoas mais vulneráveis são aquelas que estão desatentas, completamente distraídas, "no mundo da lua" e, principalmente, com uma presença física frágil e vulnerável. Se você possui uma postura frágil, reconheça conscientemente essa deficiência e trabalhe nela de forma equilibrada. Utilize todos os meios necessários, como correção e conscientização postural, exercícios de musculação, suplementação alimentar ou dieta, caso necessário, como no caso de obesidade.

No entanto, não procrastine o que precisa ser feito, aquilo que é necessário. Afinal de contas, estamos falando da sua segurança e da consequente saúde física e mental. Precisamos sempre buscar entender, através da empatia, como os agressores, os inconvenientes, os criminosos pensam. Somente assim conseguiremos treinar o mais próximo possível da realidade, de acordo com o perfil que precisamos gerenciar.

Se estiver correndo risco de morte, não importa se levarei um soco, uma paulada, uma facada ou mesmo um tiro. O fato é que, já que estou correndo risco de morte, devo tentar sobreviver. Preciso agir o mais rápido possível, na minha condição reflexa adquirida durante o treinamento de alta performance. Para encerrar esse assunto, é importante entender que, especificamente nesses casos, a cada segundo perdido, de acordo com especialistas, as chances de sucesso são reduzidas drasticamente, aproximadamente 30% por segundo. Portanto, o tempo é realmente precioso!

Capítulo 55

Consciência e equilíbrio situacional

Neste quinquagésimo quinto capítulo, temos como objetivo específico identificar e explicar o que seria negligenciar a ética e ensinar técnicas de autodefesa, sem se preocupar com a base.

Vamos abordar um tema muito interessante e extremamente importante: o treinamento de uma habilidade que todos nós possuímos, mas normalmente não desenvolvemos nem damos a devida atenção. Estamos falando da consciência situacional. O termo "consciência situacional" é derivado do inglês "situational awareness". Surgiu nos Estados Unidos nos anos 80, mas as principais publicações aconteceram nos anos 90. Como vimos no capítulo anterior, ao estudar o ciclo de OODA, ser observador é fundamental para desenvolvermos nossa consciência situacional.

Certamente, enquanto você lê este capítulo, está focado nele, mas você é capaz de descrever com precisão o ambiente ao seu redor? E ainda, o que pode estar acontecendo atrás de você? Ou ao seu lado direito ou esquerdo? Para aprimorar nossa consciência situacional, podemos e devemos trabalhar nossa visão periférica, que é a habilidade de perceber o que está fora do foco principal de visão. A consciência situacional precisa ser desenvolvida no dia a dia. Podemos aprimorá-la nas atividades cotidianas, como dirigir, caminhar, utilizar o metrô, frequentar restaurantes, praticar esportes, mas é necessário termos consciência de que se trata de um treinamento, pois a habilidade é adquirida naturalmente.

Observe que uma pessoa desatenta, especialmente em um ambiente desconhecido, acaba esbarrando em tudo, derrubando objetos e tropeçando. Rapidamente percebemos, por meio da postura, do olhar, das atitudes e do comportamento, que ela não está conectada à sua consciência situacional e não tem noção plena do que é relevante naquele ambiente. Devemos desenvolver essa habilidade no nosso dia a dia, especialmente ao entrar em um ambiente desconhecido. Em um local estranho, observe os obstáculos, as escadas, os acessos e, principalmente, onde, como e por onde você vai se locomover. Além de desenvolvermos nossa própria consciência situacional, é interessante também desenvolvermos a habilidade de perceber a consciência situacional das outras pessoas.

Desenvolver a habilidade de perceber a consciência situacional das pessoas ao nosso redor é importante, pois nos permite avaliar se elas estão cientes do ambiente e das possíveis ameaças que possam surgir. Isso pode ser especialmente relevante em situações de segurança, onde a falta de consciência situacional pode colocar vidas em risco. Ao observar as pessoas ao nosso redor, podemos avaliar sua postura, olhar, atitudes e comportamento para determinar se estão cientes do ambiente em que se encontram. Isso nos auxilia a tomar decisões mais informadas e evitar situações perigosas. No entanto, é importante lembrar que a consciência situacional não é uma habilidade infalível e que todos nós podemos ter momentos de falta de atenção ou distração. Por isso, é importante estar sempre atento e treinar nossa consciência situacional regularmente para que possamos estar preparados para lidar com qualquer situação que surja.

Além disso, é importante lembrar que a consciência situacional não se limita apenas a situações de segurança ou perigo. Ela também é relevante em outras áreas da vida, como nos negócios, no trabalho em equipe e na tomada de decisões. Ter consciência do ambiente e dos eventos que estão ocorrendo ao nosso redor pode nos ajudar a identificar oportunidades, antecipar problemas e tomar decisões mais acertadas. Portanto, trata-se de uma habilidade valiosa que pode ser aplicada em diversas áreas da vida e que pode fazer uma grande diferença em nossos resultados e sucesso.

A consciência situacional também é uma habilidade importante para aqueles que desejam aumentar sua segurança pessoal e prevenir situações de risco. Pessoas que estão cientes do seu ambiente e das pessoas ao seu redor são mais capazes de detectar sinais de perigo e evitar situações potencialmente perigosas.

Algumas dicas para aumentarmos a nossa consciência situacional incluem:

1. Permanecer atento ao seu ambiente e aos movimentos das pessoas ao seu redor.
2. Evitar distrações como o uso excessivo do celular ou fones de ouvido que possam impedir que você ouça sons do ambiente.
3. Planejar rotas seguras e evitar áreas potencialmente perigosas.
4. Confiar nos seus instintos e se afastar de situações que pareçam suspeitas ou desconfortáveis.
5. Estar ciente de padrões de comportamento que possam indicar uma ameaça, como alguém suspeito seguindo você ou se aproximando muito.
6. Ter um plano de ação caso se sinta em perigo, como saber onde estão as saídas de emergência ou ter um amigo ou familiar para entrar em contato em caso de necessidade.

- ***É importante lembrar que a consciência situacional não é uma garantia contra a violência, mas pode ajudar a aumentar a segurança pessoal e evitar situações potencialmente perigosas.***

Como profissionais, ao longo da jornada, compreendemos a importância de estarmos atentos e conscientes, inclusive para nossa própria sobrevivência. É como dizem, você se lembra daquelas seis perguntas básicas de segurança? O quê; Onde; Quando; Quem; Como e Por quê?

- ***O que devo fazer se acontecer o que estou prevendo?***
- ***Para onde devo correr caso ocorra o que estou antecipando?***
- ***Quando devo agir se acontecer o que estou esperando?***
- ***A quem devo recorrer se acontecer o que estou considerando?***
- ***Como devo me posicionar se ocorrer o que estou prevendo?***
- ***Por que devo agir dessa forma se acontecer o que estou imaginando?***

Fazer essas perguntas no momento crítico, controlando a respiração, é uma técnica que não pode ser negligenciada nem subestimada. Você precisa estar completamente comprometido com o inconsciente da mente, especialmente com aquilo que articulou conscientemente. Sabemos que é algo fisiológico, uma explosão de adrenalina; hormônios são liberados na corrente sanguínea. Em razão dessa liberação de adrenalina, precisamos de tempo para que o próprio organismo produza hormônios capazes de equilibrar o corpo. Isso é chamado de homeostase! Homeostase, termo criado por Walter Cannon, pode ser definida como a habilidade de manter o meio interno em um equilíbrio quase constante, independentemente das alterações que ocorram no ambiente externo. O meio interno é composto pelos fluidos que circulam em nossas células, o chamado líquido intersticial.

É assim que desenvolvemos diferentes linhas de ação e nos tornamos capazes de decidir como nos comportar em situações críticas. Essa tomada de decisão ocorre em uma fração de segundos, mas é resultado de um treinamento diário ao longo de meses ou até anos. Esse treinamento nos permite agir naturalmente, com qualidade e rapidez, quando vivenciamos um momento crítico real.

Durante o treinamento, é importante compreender que não basta ter uma experiência próxima da realidade, precisamos aprender a vivenciar a situação real durante o treinamento. A consciência situacional é uma herança genética, uma vocação que precisa ser aperfeiçoada por meio de nossas atividades diárias, um pouco a cada dia, persistentemente e em pequenas doses.

EQUILÍBRIO SITUACIONAL

Agora que entendemos o que é consciência situacional, vamos falar sobre equilíbrio situacional, pois os dois devem andar juntos. Imagine a seguinte cena: uma família composta por pai, mãe e três filhos adolescentes dentro de um carro, saindo de férias. A esposa ao lado está com fones de ouvido, ouvindo música, olhos fechados, sorrindo, com os ombros soltos movendo-se ao ritmo da música, feliz da vida. Os três filhos no banco de trás estão distraídos, rindo e brincando um com o outro. O pai, que é o motorista, também está no clima, gargalhando com as brincadeiras dos filhos com a mãe. Agora, quero que você avalie o equilíbrio situacional dessa família.

Então, vamos lá? A mãe e os três filhos estão equilibrados nessa situação; no entanto, o pai está em desequilíbrio situacional. Como motorista, o pai precisa estar totalmente atento à direção do veículo. Claro que ele pode sorrir, mas o bom senso deve sempre prevalecer. Precisamos perceber a diferença entre um sorriso sem perder o foco e um sorriso com perda de foco. Também não haveria equilíbrio situacional se todos estivessem sérios, emburrados, de mau humor - AFINAL, ESTÃO SAINDO DE FÉRIAS! Isso não seria coerente, seria contraditório! Nesse caso, se avaliarmos a situação, perceberíamos o desequilíbrio situacional. «Ei, tem algo errado! Não faz sentido!» Você percebeu isso? Talvez sim, mas é fundamental entender que, para perceber o equilíbrio e o desequilíbrio situacional, é preciso ter consciência situacional.

Lembro-me do caso de um vigilante que trabalhava em uma agência bancária. Naquela época, eram frequentes os assaltos, especialmente envolvendo o sequestro do gerente ou do tesoureiro da agência. Era um dia comum, como qualquer outro. O gerente chegou, passou pelos vigilantes e foi para sua mesa, sob o olhar atento do profissional de segurança.

O vigilante percebeu algo estranho e comentou com seu colega de trabalho:

- *Estranho, não é?*
- *E o colega respondeu:*
- *O que é estranho para você?*
- *O gerente passou direto e não brincou com a gente.*
- *Ah, isso é estranho? Deve ter acordado com o pé esquerdo.*
- *Sim, mas não é apenas isso.*

O vigilante não perdeu tempo e ligou para a sua empresa. Houve um questionamento inicial, mas o vigilante foi enfático e conseguiu convencer. Seu argumento foi o seguinte:

Esse gerente nunca usa o mesmo terno, a mesma camisa, a mesma gravata. Sempre está com o cabelo penteado, barba feita, perfumado, impecável! E hoje ele está largado, estranho, angustiado e vestindo as mesmas roupas de ontem. Além disso, ele sempre brinca conosco quando chega. Acreditem, algo está errado!

O bom da história é que acreditaram no vigilante. Os diretores da empresa eram policiais experientes, o que facilitou o entendimento e o desenrolar da história. Resumindo, a família do gerente havia sido feita refém e todos os criminosos foram presos. Tudo terminou bem graças à consciência situacional do vigilante. Ele percebeu o desequilíbrio situacional do gerente da agência ao fazer a leitura do ambiente. Em resumo, precisamos desenvolver a consciência situacional e treinar a percepção do equilíbrio e do desequilíbrio situacional em diversas situações.

Nós, seres humanos, temos uma necessidade incrível e uma curiosidade imensa de conhecer como as coisas funcionam. Quando somos crianças, entramos na fase dos "porquês", onde perguntamos e queremos saber tudo. Infelizmente, muitos adultos acabam perdendo essa curiosidade ao longo do tempo e acreditam que isso é coisa de criança. No entanto, é maravilhoso mantermos a vontade de saber como os fatos acontecem, como um objeto é composto, como algo funciona, como um movimento ou alavanca surgiu, por que alguém age de determinada maneira, qual a razão por trás de uma pergunta, uma resposta ou um comportamento.

Portanto, o questionamento faz parte da natureza humana. Como disse o GM João Alberto Barreto, é necessário refutar, caso contrário, não evoluímos. Além de aprender a refutar, precisamos sempre estimular nossos filhos e alunos a fazer perguntas e não aceitar nada sem uma resposta adequada. Isso pode causar desconforto para pais e professores, mas nos obriga a buscar mais informações e conhecimento. E falando em busca de conhecimento, o reconhecimento de um fato como científico baseia-se em observações e experimentações que autenticam ou refutam uma determinada teoria. No entanto, devemos ter cuidado para distinguir o conhecimento científico de superstições populares. O conhecimento científico exige fundamentação teórica e a subsequente comprovação ou refutação por meio de experimentos, enquanto as superstições são baseadas em crenças populares, não sendo fundamentadas tecnicamente.

O desenvolvimento da consciência situacional é uma habilidade fundamental para nossa segurança e para tomar decisões assertivas em diferentes situações da vida. É importante destacar que, para alcançar esse equilíbrio, devemos estar atentos e conscientes de nossos próprios comportamentos e emoções, assim como do ambiente ao nosso redor. Além disso, é essencial praticar e treinar essa habilidade para que ela se torne um hábito natural em nosso dia a dia. Dessa forma, podemos evitar situações de perigo e agir de maneira mais eficiente em momentos de crise. Portanto, o desenvolvimento da consciência situacional é um investimento valioso em nossa segurança e bem-estar.

Agir de forma mais efetiva em momentos de crise requer algumas habilidades específicas, tais como:

1. ***Usar a inteligência emocional:***
   - é importante manter a calma para poder pensar com clareza e tomar decisões mais conscientes e acertadas. Isso também ajuda a evitar que a situação piore ou saia do controle.

2. ***Fazer um estudo de situação:***
   - é necessário avaliar a situação e identificar os riscos, as necessidades e as opções disponíveis para agir. Isso pode envolver coletar informações relevantes, observar o ambiente, conversar com outras pessoas envolvidas, entre outros.

3. ***Planejar e executar ações:***
   - com base no estudo de situação, é preciso criar um plano de ação e executá-lo de forma eficiente. Isso pode envolver pedir ajuda a outras pessoas, usar recursos disponíveis, improvisar soluções criativas, entre outros.

4. ***Comunicar de forma clara, precisa e concisa:***
   - durante uma crise, é importante manter uma comunicação assertiva com outras pessoas envolvidas. Isso ajuda a evitar mal-entendidos, a coordenar ações e a manter a segurança de todos.

5. ***Cuidar de si mesmo e dos outros:***
   - por fim, é importante lembrar que cuidar de si mesmo e dos outros é essencial em momentos de crise. Isso pode envolver cuidar da saúde física e mental, ajudar outras pessoas que estejam em risco, oferecer apoio emocional, entre outros.

No 115º capítulo, estudaremos os pontos vitais do corpo humano, um tema que merece atenção especial. Pontos vitais são áreas vulneráveis do nosso corpo, também conhecidas como pontos de pressão. O conhecimento mais aprofundado desses pontos anatômicos serve principalmente para nos protegermos e protegermos terceiros. Esse conhecimento nos proporcionará mais confiança e segurança na aplicação das técnicas de autodefesa. Quando utilizamos um protocolo com 3, 4 ou 5 profissionais especialistas em GPCI contra 1 agressor, não se trata de covardia, mas sim de um «máximo respeito» ao agressor. O objetivo é preservar ao máximo a integridade física do agressor. Esse é o conceito! Quanto mais pessoas estiverem envolvidas na ocorrência, melhor para o agressor, uma vez que o grande número tem o objetivo de protegê-lo exclusivamente.

O artigo 25 do Código Penal Brasileiro trata da legítima defesa. Já estudamos esse tema, mas vale reiterar que se somos obrigados a usar a segurança de alto impacto, é porque falhamos na segurança de baixo impacto; isso nos parece óbvio, certo? Falhamos em todos os níveis de força anteriores, e agora só nos resta lutar com todas as nossas forças para salvar nossas vidas ou a vida de terceiros, pois como aprendemos, «ninguém é bom naquilo que não pratica».

Estou mais do que convencido de que só aprendemos aquilo que realmente desejamos aprender. Por exemplo, aprender que a segurança pessoal é responsabilidade exclusiva nossa. Imagine a seguinte situação: alguém armado está arrombando a porta da sua casa. O que você faz? Não podemos terceirizar aquilo que mais amamos, o bem maior, a vida, nosso maior patrimônio. Nossa família é sagrada. A segurança pública não tem o dom da onipresença, o estado não pode estar em todos os lugares simultaneamente, isso é impossível. Por isso existe a legítima defesa. Algumas pessoas argumentam que armar as pessoas é desnecessário, pois existe a segurança pública. No entanto, a segurança pública não é responsável pela nossa proteção pessoal 24 horas por dia, o que beira a insanidade. A segurança pública tem como objetivo manter o equilíbrio, a paz, fazer cumprir a lei e manter a normalidade na sociedade. Infelizmente, muitas pessoas, por ignorância, negam o direito de legítima defesa a outros seres humanos. A insanidade é tanta que acreditam que para deter o agressor, tipo o ataque de uma onça pintada sobre um touro, basta cortar os chifres do touro ou talvez suas patas. O que todos realmente desejamos é eliminar a violência, as mortes e a insanidade, mas não ousamos falar sobre esse tema, porque lá no fundo sabemos que a violência, as mortes e as loucuras fazem parte da nossa natureza humana inclinada ao erro, e sempre estarão presentes. Daí a necessidade da LEGÍTIMA DEFESA.

"Como você defenderia o seu filho ou alguém que você ama muito, de um psicopata que quer estuprar e matar em seguida?"

Vale ressaltar que quem está na chuva está sujeito a se molhar, e nós estamos na chuva. Talvez estejamos enfrentando a mesma situação, mas alguns de nós podem estar mais preparados do que outros para lidar com ela. O risco é real! Ao abordar as "táticas defensivas não letais", você está chegando ao limite da força letal. Existe o perigo de enfrentar diversos processos criminais, inclusive o risco de ser algemado e preso, além das pressões emocionais e traumáticas que certamente ocorrerão. E acredite, essas consequências irão acompanhá-lo pelo resto da vida. O tempo tem uma maneira incrível e constrangedora de nos mostrar o que é realmente essencial.

Referências:

- Inteligência Emocional – Daniel Goleman.
- Saber Popular – Sua existência no meio universitário – scielo.br
- Rigor Científico – rigorcientifico.com.br
- Ciclo OODA – napratica.org.br
- Mittechreview – Ciclo OODA – https://mittechreview.com.br/
- CÁTEDRA – Instituto de Desenvolvimento Profissional e Pós-Graduação – idcatedra.com.br
- A Arte da Guerra – Sun Tzu
- Facing Violence – Rory Miller

Capítulo 56

O individualismo patológico

Nesse quinquagésimo sexto capítulo, temos como objetivo específico identificar, estudar e explicar as medidas e atitudes preventivas necessárias para gerenciarmos, com eficiência e eficácia, pessoas individualistas.

"Tratava-se de uma comemoração. O volume excessivo de um equipamento de som, na noite quente de um domingo, incomodava sobremaneira os vizinhos. Não bastasse o som estridente, muitos dos convidados nitidamente sob o efeito de bebidas alcoólicas gritavam e pronunciavam palavras de baixo calão. Incomodados com o barulho, alguns vizinhos se reuniram para decidir o que fazer diante daquela situação. Ao entrarem em contato com o responsável, Sr. Carlos, um empresário de 42 anos, casado e pai de duas crianças, puderam perceber que este estava aparentemente alterado. O empresário negou-se a reduzir o volume e ainda ameaçou agredi-los fisicamente, momento em que um dos vizinhos, Sr. Renato, enfurecido, disse aos berros, que resolveria de outra forma e partiu para sua residência, dando a entender que buscaria uma arma."

Como você utilizaria o GPCI nessa situação? Analise e avalie bem todas as possibilidades; como você gerenciaria esse comportamento inconveniente? As opções continuam sendo inúmeras, mas qual seria a melhor opção? Levando em consideração que:

a. O empresário estava sob efeito de bebida alcoólica;
b. Tratava-se de um domingo à noite;
c. Haveria desgastes físicos e emocionais desnecessários;
d. Haveria risco de homicídio;
e. Muitos convidados estavam alterados.

Evidentemente você já deve ter percebido que o empresário deixou de ser o foco principal do gerenciamento. O ponto de convergência passou a ser o vizinho que enraivecido, está prestes a fazer uma grande bobagem. Assim, vamos analisar alguns exemplos de abordagem para o gerenciamento do comportamento inconveniente desse indivíduo.

- *"Renato, preste atenção! Você não é o problema, você é a solução! Caso insista nessa loucura você se tornará um criminoso. E não é isso que nós queremos; certo?"*

- *"Renato, você tem valores morais, éticos, e, sobretudo, espirituais; não insista nessa atitude insana. Você se destruirá e, também aqueles que te querem bem; você não quer isso e sabe que não vale à pena."*

- *"Renato, essa sua atitude impulsiva poderá deixá-lo muitos e muitos anos atrás das grades de uma prisão; você quer isso para si mesmo?"*

Somente após esse gerenciamento é que retomaríamos o foco inicial e, novamente, colocaríamos o empresário como cerne do gerenciamento. Sabemos que é bobagem tentar argumentar com uma pessoa sob efeito de bebida alcoólica ou qualquer outra droga, seria pura perda de tempo. Assim, estrategicamente, é aconselhável identificar alguém que tenha alguma liderança sobre o inconveniente. Muitas vezes essa pessoa é apontada por alguém de fora, um vizinho mais próximo, um parente ou um amigo mais íntimo. Acredite, se usarmos nossa sensibilidade, nossa percepção, sempre identificaremos alguém pré-disposto a interceder a favor do que é certo.

Este exemplo é fundamental para que, caso enfrentemos situações parecidas num futuro, nossas chances de erro sejam mínimas. Saiba que sempre existirá alguém capaz de exercer autoridade sobre outra pessoa, assim, os riscos são reduzidos de forma inteligente.

Sabemos que segurança é prevenção, portanto, devemos projetar os conflitos, os problemas, as crises, enfim, os comportamentos inconvenientes que poderão surgir. Perceba que estamos falando de comportamentos inconvenientes que ainda não aconteceram, mas em razão de uma visão mais técnica, mais previsível, enxergamos a possibilidade deles acontecerem. Dessa forma ficaria mais descomplicado o gerenciamento. Vejamos:

- *"Boa noite Sr. Carlos, desculpe-me importuná-lo. Gostaria de lhe fazer um pequeno pedido. Ajude-me, não aumentando muito o som, estou com minha mãe doente."*

- *"Olá Sr. Carlos, sei que o senhor é capaz de me compreender. Estou com uma pessoa idosa em casa, por gentileza, diminua só um pouquinho o som".*

- *"Boa noite Sr. Carlos, fico muito constrangido com o pedido que vou lhe fazer, mas tenho crianças em casa; por favor ajude-me com o volume do som."*

Lidar com as pessoas não é uma tarefa fácil. Devemos ser cautelosos e jamais demonstrar intolerância; empatia é a palavra-chave. Sabemos que existem infinitas formas de abordagem, cabe a nós fazer a melhor escolha. No entanto, o nível de força pode ser aumentado se necessário. O nível de força que devemos aplicar será sempre proporcional ao nível de resistência oferecida. Suponhamos que o vizinho, mesmo após a diplomacia utilizada, seja resistente ao pedido e diga que não reduzirá o volume do som. Nesse caso, o nível de força deverá ser elevado. Vejamos:

- *'Sr. Carlos, não quero lhe causar qualquer problema, contudo, caso insista nessa posição, perderemos muitas horas em uma delegacia policial e seu equipamento pode ser apreendido; você realmente quer isso?'*

- *'Sr. Carlos, vim aqui humildemente pedir sua ajuda; contudo, caso não seja possível, serei obrigado a pedir ajuda à polícia. Peço apenas que reflita e reveja a possibilidade de atender ao meu pedido.'*

- *'Sr. Carlos, de acordo com a Lei das Contravenções Penais, qualquer cidadão está sujeito a multa ou reclusão de até três meses ao perturbar o sossego alheio. Você quer que eu prossiga com isso?'*

De acordo com o artigo 42 da Lei Federal nº 3.688 das Contravenções Penais, qualquer cidadão brasileiro está sujeito a multa ou reclusão de quinze dias a três meses ao perturbar o sossego alheio com gritaria e algazarra, exercer profissão incômoda ou ruidosa, abusar de instrumentos sonoros e provocar o barulho produzido por animal sob sua guarda.

Dito isso, todo cidadão pode denunciar o barulho excessivo em qualquer delegacia policial, onde será feito um boletim de ocorrência. Também é possível solicitar a intervenção do Ministério Público. No entanto, é interessante pesquisar se na sua cidade existe uma "lei do silêncio" que pode ser estadual ou municipal. No Rio de Janeiro, especificamente, existe a Lei Estadual nº 126 de 10 de maio de 1977, que se aplica a estabelecimentos comerciais e residenciais.

Vivemos em um mundo frequentemente marcado por atitudes violentas e comportamentos inconvenientes que causam muito incômodo aos outros. Isso pode ser explicado, em parte, pelo individualismo que muitas vezes nos leva a pensar somente em nós mesmos, sem considerar as necessidades e os sentimentos dos outros. Como seres humanos, se não nos vigiarmos, tendemos a agir de forma errada e a experimentar emoções negativas, como orgulho, vaidade, inveja, preconceito e individualismo.

É importante que aprendamos a reconhecer esses comportamentos negativos em nós mesmos e trabalhemos para superá-los, em vez de permitir que eles nos controlem. Assim, podemos desenvolver habilidades de autocontrole e autocorreção, que nos ajudarão a melhorar como pessoas e a viver em harmonia com os outros. Em resumo, a chave é reconhecer as tendências negativas que existem em todos nós e trabalhar duro para superá-las, muitas vezes contando com a ajuda de amigos e profissionais qualificados.

Sabemos da eterna incompatibilidade entre individualidade e individualismo. A individualidade é a base, é o alicerce da nossa personalidade; somos diferentes, não existem dois indivíduos exatamente iguais, pensamos e agimos diferente e isso é muito bom; devemos respeitar a individualidade. Já o individualismo é uma doença da personalidade; o individualista é egocêntrico, só olha para o próprio umbigo, quer ser sempre o centro das atenções, não está nem aí para a família, para os problemas do bairro, da sociedade, do país, tampouco, do planeta.

Portanto, devido a nossa natureza humana, todos somos individualistas, alguns conseguem dominar essa doença espiritual, outros não. Aqueles que dominam esses problemas, normalmente seguem os seguintes passos:

1º- reconhecem o problema;
2º- reconhecendo, não reagem de forma impulsiva;
3º- assim, de forma equilibrada procuram sempre entender o foco, ou melhor, origem do problema;
4º- por tudo isso analisam com muita cautela e projetam com todo o cuidado o resultado futuro das suas possíveis escolhas;
5ª- assim, finalmente, conseguem fazer a escolha certa.

Referências:

- Inteligência Emocional – Daniel Goleman.
- Ciclo OODA – napratica.org.br
- O outro lado do amor – *The other side of love* – Dr. Gary Chapman.
- Comunicação Não Violenta – Marshall B. Rosenberg.
- Facing Violence – Rory Miller

Capítulo 57

Repasse dos cinco passos essenciais

Neste quinquagésimo sétimo capítulo, temos como objetivo específico identificar, estudar e explicar os cinco passos essenciais para lidarmos com pessoas inconvenientes.

"Um vigilante chamado Roberto Carlos, que trabalhava em um estabelecimento financeiro há muitos anos, vinha demonstrando ultimamente profunda irritação e total impaciência com as pessoas. Seu comportamento inconveniente estava incomodando e preocupando todos os funcionários e clientes. Nitidamente revoltado, ele não se importava mais com sua apresentação pessoal, tampouco com a iminente possibilidade de demissão. Ao ser chamado pelo gerente da agência, foi extremamente descortês e agressivo. Sua postura indisciplinada era devido à promoção de um vigilante recém-admitido, bem mais novo, que havia sido treinado por ele durante o período de experiência; agora, era seu novo coordenador".

Como usaríamos o GPCI numa situação como essa? Vamos lá, pense um pouco; como você gerenciaria esse comportamento? É óbvio que também existem inúmeras opções, mas como se trata de um caso real, vamos analisar como realmente foi administrado. Levando em consideração que:

1. O vigilante trabalhava há mais de quinze anos naquela mesma empresa;
2. Possuía uma excelente ficha disciplinar;
3. Não tinha faltas, tampouco, atrasos sem a devida justificativa;
4. Tinha férias acumuladas.

Como um bom administrador você facilmente já percebeu que uma demissão não seria o melhor negócio. Não é verdade? Isto posto, seria no mínimo interessante procurar saber o motivo que o levou àquela transformação. Assim, após uma rápida avaliação do seu histórico o vigilante foi chamado para uma conversa particular e, rapidamente o motivo da revolta veio à tona. Segundo o vigilante era injustiça, falta de consideração e desrespeito para com ele. Na verdade, são apelidos que normalmente, damos àquela doença espiritual chamada inveja. Sabe aquele veneno que a pessoa bebe e torce para que o outro morra? Pois é, muitas pessoas fazem isso porque não sabem que a inveja que mata não é a que vem de fora para dentro, mas a que sai de dentro para fora.

1. ***Avaliar o histórico do vigilante:*** Considerando que ele trabalhava há mais de quinze anos na mesma empresa, possuía uma excelente ficha disciplinar, não tinha faltas nem atrasos sem justificativa e tinha férias acumuladas, a demissão não seria a melhor opção.
2. ***Investigar o motivo da transformação comportamental:*** Seria interessante ter uma conversa particular com o vigilante para compreender as razões por trás de sua revolta. Nessa conversa, é importante demonstrar interesse genuíno e empatia para criar um ambiente propício à abertura e sinceridade.

3. ***Identificar o sentimento de injustiça e inveja:*** Ao ouvir o vigilante, é possível perceber que seu comportamento inconveniente está relacionado a um sentimento de injustiça, falta de consideração e desrespeito percebidos por ele. No entanto, é importante ajudá-lo a reconhecer que esses sentimentos são resultados de uma doença espiritual chamada inveja, que causa mais danos à pessoa que a sente do que àqueles que são alvo dela.
4. ***Exercer a autoridade com equilíbrio e educação:*** Ao gerenciar comportamentos inconvenientes, é fundamental agir com equilíbrio, cautela e inteligência verbal. Utilizar a presença física e a autoridade de forma respeitosa, buscando dialogar e estabelecer limites claros, pode ser uma abordagem eficaz para direcionar o vigilante ao comportamento adequado.

Em resumo, a chave para lidar com comportamentos inconvenientes é uma abordagem equilibrada, empática e assertiva, considerando a situação específica e as características individuais de cada pessoa envolvida. De fato, quando gerenciamos comportamentos inconvenientes, tudo deve ser analisado com equilíbrio e cautela, não podemos ser impulsivos. Compreenda que as opções são muitas, consequentemente, cabe a nós fazer a melhor escolha.

Tendo como base os níveis de força, sobretudo, a presença física, precisamos aliá-la a uma verbalização inteligente. Claro que não podemos nos esquecer do exercício da autoridade com aquele toque de extrema educação. Vejamos:

"Senhor Roberto, compreendo perfeitamente a sua indignação, contudo, o senhor não tem o direito de ser cruel com as pessoas com base na sua indignação."

"O senhor percebe que a sua atitude está comprometendo a sua imagem, construída com o seu sangue, suor e lágrimas ao longo de todos esses anos?"

"Senhor Roberto, um coordenador elabora relatórios diários; assim, gostaria de avaliar o seu potencial para esta função. Faça por gentileza, uma análise e avaliação dos riscos iminentes deste posto, adotando as medidas e as atitudes preventivas."

É óbvio que tudo foi resolvido e o vigilante Roberto nunca mais deu qualquer tipo de alteração. A parábola abaixo foi entregue ao vigilante Roberto, logo após ter reconhecido que não estava dentro do perfil que o cargo de coordenador exigia. O vigilante considerava injustiça, falta de consideração e desrespeito para com ele. Estas são apenas justificativas que normalmente, damos àquela doença espiritual chamada inveja. Sabe aquele veneno que a pessoa bebe e torce para que o outro morra? Pois é, muitas pessoas fazem isso porque não sabem que a inveja que mata não é a que vem de fora para dentro, mas a que sai de dentro para fora. Vale ressaltar que o vigilante Roberto retomou os estudos e passou a cuidar com mais afinco da sua saúde física e mental.

PARÁBOLA DO SAPO COZIDO

"Não sei se é verdade, mas dizem que estudos com animais provaram que se colocarmos um sapo numa panela com a mesma água de sua lagoa, o sapo ficará imóvel durante todo o tempo em que a água estiver sendo aquecida, até a fervura. O sapo não demonstrará qualquer reação ao gradual aumento da temperatura da água e morrerá cozido, inchado e feliz. Por outro lado, se outro sapo for jogado nessa panela com a água fervendo, ele saltará imediatamente para fora. Obviamente, ficará queimado, mas estará vivo.

Se analisarmos mais atentamente, podemos afirmar que muitas pessoas têm esse mesmo comportamento inusitado do sapo cozido. Elas se mantêm na zona de conforto e não percebem as mudanças ao seu redor. Acham que está tudo bem, que as coisas são assim mesmo e seguem levando a vida como acreditam que Deus quer. No entanto, acabam quebradas, demitidas, prejudicam suas próprias famílias, destroem amizades antigas e morrem sem perceber que as coisas mudaram.

No entanto, existem aqueles que, diante das transformações, conseguem fazer com que as coisas aconteçam. Eles se adaptam, saltam e aterram em terrenos acidentados, mas estão preparados para o novo e hostil ambiente. É lamentável que existam tantas pessoas que permanecem dentro da panela até a morte, contentes e satisfeitas. Muitos são os que serão afetados mais cedo ou mais tarde, mas permanecem felizes, mesmo com a morte iminente.»

REPASSE DOS CINCO PASSOS ESSENCIAIS

Como vimos, existem cinco passos essenciais para lidarmos com pessoas que, por algum motivo, estejam se comportando de forma inconveniente:

No 1º passo, "RECONHECER", devemos admitir consciente e equilibradamente o problema em questão. Para isso, precisamos trabalhar duro e treinar diariamente para desenvolver nossos sentidos, especialmente a visão e a audição. Exupéry nos ensina que ***"só se enxerga bem com o coração, o essencial é invisível aos olhos"***.
No livro "A Arte da Guerra", adaptação e prefácio de James Clavell; capítulo VI – Táticas, Sun Tzu nos ensina que:

"Ver a vitória apenas quando ela está ao alcance da vista da ralé não é o máximo da superioridade. Como não o é se alguém luta e vence e todo o império diz: "Muito bem!". O verdadeiro mérito é planejar secretamente, deslocar-se sub-repticiamente, frustrar as intenções do inimigo e impedir seus planos, de maneira que, finalmente, o dia possa ser ganho sem o derramamento de uma gota de sangue. Afinal, erguer um fio de cabelo grisalho não é sinal de grande força; ver o sol e a lua não é sinal de olhar acurado; ouvir o ruído do trovão não é sinal de ouvido apurado".

No 2º passo, "NÃO REAGIR DE FORMA IMPULSIVA", devemos evitar seguir os sentimentos feridos para alcançarmos sucesso em nosso propósito. Sentimentos feridos sempre nos levam em direção à morte, portanto, precisamos desenvolver sensibilidade e firmeza de atitude para perceber rapidamente que agir por impulso é geralmente uma conduta negativa.

No 3º passo, "PROCURAR ENTENDER", devemos tentar identificar o foco daquela limitação, doença, fraqueza ou indignação. Nessa etapa, buscamos compreender a origem daquilo que reconhecemos. A partir daí, precisamos identificar o que é necessário para administrar, da melhor forma possível, aqueles sentimentos.

No 4º passo, "ANALISAR SUAS OPÇÕES", devemos projetar o resultado futuro de nossas possíveis escolhas. Nessa etapa, é importante entender que sempre temos muitas opções, e cada escolha traz sua compensação em feedback.

No 5º passo, "TRANSFORMAR A TEORIA EM AÇÃO", devemos fazer a escolha certa. Nessa etapa, a proatividade é fundamental. É preciso agir e fazer com que as coisas deem certo.

Devido à nossa individualidade, reagimos de maneiras diferentes diante de uma mesma situação. Existem situações que, se estivermos preparados e equilibrados emocionalmente, nos trazem alegria e momentos de prazer e felicidade. No entanto, se não estivermos preparados e emocionalmente equilibrados, a mesma situação pode perturbar nossa paz. Na realidade, não são as situações em si que nos roubam a paz, mas sim nossa forma de reagir a elas, devido à nossa falta de preparo interno e desequilíbrio emocional.

É importante observar que algumas pessoas agradecem por uma determinada situação, enquanto outras reclamam da mesma situação. Por que isso acontece? Precisamos compreender que não temos controle sobre nossos sentimentos, nem sobre sua intensidade. No entanto, com treinamento, podemos controlar nosso comportamento. Se nos dedicarmos ao treinamento diário, podemos controlar nossas ações e atos. Embora não tenhamos controle sobre muitas coisas e situações que nos acontecem, podemos treinar a forma como reagimos a elas. Reflita sobre isso.

Podemos treinar preventivamente nosso comportamento para diversas situações que podem surgir em nossa vida. Devemos sempre praticar a maneira correta de reagir quando nos depararmos com o que imaginamos poder acontecer. O comportamento é o resultado da causa, é algo visível, mas a causa em si é invisível. Para mudar o que é visível, precisamos agir no que é invisível, e isso é válido para todas as áreas da vida.

Referências:

- Inteligência Emocional – Daniel Goleman.
- A Arte da Guerra – Sun Tzu – adaptação e prefácio de James Clavell
- O outro lado do amor – *The other side of love* – Dr. Gary Chapman.
- Comunicação Não Violenta – Marshall B. Rosenberg.
- Facing Violence – Rory Miller

Capítulo 58

É preciso agir na raiz do problema

Neste quinquagésimo oitavo capítulo, temos como objetivo específico identificar, estudar e explicar o que é agir na raiz do problema.

"Três jovens foram visitar um amigo que estava internado em um hospital. Os jovens decidiram consumir maconha na companhia do paciente e amigo internado. Uma enfermeira percebeu algo estranho no ar e acionou a segurança, que flagrou os jovens consumindo a droga."

Ao lidar com essa situação, é importante considerar o GPCI (Gestão de Problemas, Conflitos e Incidentes) e agir de forma consciente. Primeiramente, é essencial ter uma consciência bem desenvolvida e uma mente treinada, para evitar ser guiado pelos sentimentos feridos. Normalmente, somos dominados por esses sentimentos e tendemos a seguir nossas emoções, mesmo quando a opção correta seria diferente. Portanto, é crucial compreender que, no Brasil, ainda não existe uma lei que preveja a prisão por fumar maconha dentro de um hospital, especialmente se considerarmos que a quantidade era apenas para consumo pessoal.

De acordo com o artigo 28 da Lei de Tóxicos (número 11.343, de 23 de agosto de 2006), as pessoas que adquirem, guardam, têm em depósito, transportam ou trazem consigo drogas para consumo pessoal, sem autorização ou em desacordo com a determinação legal ou regulamentar, estão sujeitas às seguintes penalidades:

I. Advertência sobre os efeitos das drogas;
II. Prestação de serviços à comunidade;
III. Medida educativa de comparecimento a programas ou cursos educativos.

O parágrafo primeiro acrescenta que as mesmas medidas serão aplicadas a quem semeia, cultiva ou colhe plantas destinadas à preparação de pequena quantidade de substância ou produto capaz de causar dependência física ou psíquica para consumo pessoal.

Para determinar se a droga se destinava a consumo pessoal, conforme o parágrafo, o juiz levará em consideração a natureza e a quantidade da substância apreendida, o local e as condições em que ocorreu a ação, as circunstâncias sociais e pessoais, bem como a conduta e os antecedentes do agente.

Os parágrafos terceiro e quarto do artigo 28 preveem que as penas de prestação de serviços à comunidade e medida educativa serão aplicadas pelo prazo máximo de cinco meses e, em caso de reincidência, pelo prazo máximo de dez meses.

É importante observar que, diante dos fatos expostos, conduzi-los para uma delegacia policial seria talvez a última opção, uma vez que certamente acarretaria:

a) Comprometimento da imagem do estabelecimento;
b) Desgastes físicos e emocionais desnecessários;
c) Perda de mão de obra qualificada;
d) Comprometimento da segurança;
e) Desgastes com o cliente;
f) Provável prejuízo financeiro.

Todas as ações devem ser realizadas com máximo equilíbrio e cautela, evitando agir impulsivamente. É importante notar que sempre temos várias opções, por isso devemos analisar todas elas e projetar o resultado futuro das possíveis escolhas.

Assim, com base nos níveis de força, exercendo autoridade por meio da presença física aliada a uma comunicação verbal inteligente - breve, precisa e concisa - e com uma comunicação paraverbal impecável, podemos utilizar a força da lei como ameaça, porém de maneira extremamente educada. Parece ser uma boa opção. Vejamos:

- *"Senhores, por gentileza, apaguem imediatamente os cigarros e deixem este ambiente agora!"*

- *"Com base no artigo 28 da lei de tóxicos, vocês podem ser conduzidos a uma delegacia policial, onde terão que lidar com depoimentos intermináveis, além de receber uma multa a ser determinada."*

- *"A polícia não demorará para chegar; a escolha está nas mãos de vocês!"*

- *"Conforme estabelecido pelo artigo 28 da lei de tóxicos, é importante respeitarmos as normas e evitar qualquer infração. Caso prefiram evitar complicações legais e preservar sua reputação, recomendo que ajam de acordo com as diretrizes estabelecidas."*

- *"Agradeço a colaboração de todos, apagando imediatamente os cigarros e deixando este ambiente em conformidade com as regulamentações vigentes. Garantir um ambiente seguro e saudável é responsabilidade de todos nós."*

Certa vez, li um texto de Içami Tiba que dizia mais ou menos o seguinte: "A maioria das pessoas morre estagnada diante da monotonia monocromática da primeira porta". O autor faz uma analogia das portas que precisamos abrir ao longo da vida e das oportunidades que surgem após a escolha e abertura de cada uma delas. Abrir a primeira porta é sempre a escolha mais difícil. Trata-se da primeira porta, com uma única cor. Precisamos entrar, mas às vezes nos falta coragem para abri-la. Por isso, o autor relata a monotonia monocromática da primeira porta. O que nos dá coragem para abri-la é o conhecimento. Assim, é preciso buscar sabedoria por meio dos estudos, treinamentos e qualificações, até que um dia adquirimos coragem suficiente para abri-la.

Ao abrir, entramos em um ambiente um pouco maior. Não existe mais monotonia monocromática, agora estamos diante de duas portas, com cores distintas. Neste momento, novamente, surge o medo. Agora, precisamos optar. São duas portas, qual é a melhor opção? Precisamos de coragem para optar, buscamos mais conhecimento, mais treinamento e qualificação, até que um dia adquirimos coragem suficiente para optar. Optamos e agora entramos em um ambiente um pouco maior, com quatro portas, com cores distintas. Na opção anterior eram apenas duas portas, tínhamos 50% de chance. Agora são quatro portas, o medo retorna. Precisamos de coragem, buscamos mais conhecimento, mais treinamento e qualificação, até que adquirimos coragem suficiente para fazer a escolha.

Agora entramos em um ambiente ainda maior, com oito portas. O medo retorna, precisamos de coragem, buscamos mais conhecimento, até que um dia adquirimos coragem para optar. Optamos e entramos em um ambiente ainda maior, agora com 16 portas. O medo retorna em grande escala, precisamos de mais coragem, buscamos mais conhecimento, até que um dia adquirimos coragem para optar. Enfim, optamos e entramos. Agora são 32 portas, depois 64, 128, 256, 512, 1024 e assim sucessivamente. É diretamente proporcional. A cada porta aberta, nossas oportunidades aumentam significativamente.

A realidade é que a maioria das pessoas não desenvolve essa sensibilidade por um motivo bastante simples: preguiça, ou quem sabe o medo do desconhecido, o medo da escolha, o medo do que pode estar por trás das portas.

"A vida não é rigorosa, ela propicia erros e acertos. O grande segredo é saber quando e qual porta deve ser aberta. Os erros podem ser transformados em acertos quando com eles se aprende. Não existe a segurança do acerto eterno".
Içame Tiba

Recordando aquela passagem bíblica: ***"Se o grão de trigo não morrer, ele não produz"***, é necessário abrirmos uma cova e enterrarmos a semente. É a morte da semente; se ela não morrer, se não for enterrada, não produzirá. Uma semente guardada no bolso de uma calça é apenas uma semente com um potencial enorme para se tornar uma floresta, apenas isso. O "resultado" são os frutos. Contudo, ao percebermos que não são bons, de nada adianta revolver e adubar a terra, eliminar as pragas, as ervas daninhas e aguar na esperança de que fiquem diferentes, suculentos e saborosos. A verdade é que a grande maioria das pessoas faz exatamente isso. É uma bobagem, é perda de tempo, pois as sementes é que eram ruins e deram origem às raízes que produziram frutos ruins. As raízes são invisíveis, ficam escondidas embaixo da terra. Contudo, geram frutos (resultados) que poderão ser bons ou ruins. Exemplo: Se uma pessoa detesta figos, não adianta revolver a terra, adubar e aguar na esperança de que os frutos mudem. Aquela árvore continuará produzindo figos e, devido ao cuidado, produzirá figos ainda maiores e em maior quantidade. Nós vemos os resultados, mas normalmente não enxergamos a origem, o invisível que produz o visível. Isso quer dizer que, para mudar o resultado, ou seja, os frutos, primeiro precisamos de novas e boas sementes. É preciso agir na raiz do problema, para isso precisamos modificar o que está invisível, semeando novas sementes que vão gerar novas raízes.

Para concluirmos, vamos supor que você esteja enfrentando problemas de produtividade no trabalho e não esteja atingindo as metas estabelecidas pela empresa. É natural que você tente resolver esse problema fazendo ajustes visíveis, como trabalhar mais horas, tentar se concentrar melhor e até mudar sua rotina diária.

No entanto, se a raiz do problema está na forma como você gerencia seu tempo ou, quem sabe, na falta de habilidades específicas, então todos esses ajustes visíveis serão inúteis e você continuará lutando e sofrendo para alcançar suas metas. Nesse caso, a solução real seria identificar a causa raiz do problema, RECONHECER que há um problema subjacente que precisa ser abordado e trabalhar para corrigir essas questões invisíveis que afetam sua produtividade. Assim como a semente, a raiz do problema precisa ser cuidada e nutrida para gerar resultados melhores e mais duradouros. Afinal, sem mudanças duradouras nas raízes, não há como obter mudanças significativas nos frutos que você produz.

Referências:

- Inteligência Emocional – Daniel Goleman.
- A Arte da Guerra – Sun Tzu
- O outro lado do amor – The other side of love – Dr. Gary Chapman.
- Comunicação Não Violenta – Marshall B. Rosenberg.
- Facing Violence – Rory Miller
- Integrare Editora – PORTAS – Içame Tiba

Capítulo 59

A verdadeira mudança é de dentro para fora

Neste quinquagésimo nono capítulo, temos como objetivo específico identificar, estudar e explicar por que ninguém consegue enxergar a causa dos efeitos.

"Numa noite de sexta-feira, um motorista achou que tinha o direito de estacionar seu automóvel em frente a uma garagem. Mesmo com as placas indicando a proibição de estacionamento e após o proprietário do imóvel insistir, o sujeito se recusou a remover o carro."

Sabemos que aborrecimentos e contrariedades triviais não podem ser considerados como fatores geradores de danos morais. George Santayana dizia que apenas os mortos verão o final da guerra, pois a vida é uma batalha e esses pequenos conflitos do dia a dia, aliados às situações estressantes cotidianas, são apenas resultados peculiares desse jogo da vida. Nesse jogo, todos nós somos experientes, concorda? No entanto, se não soubermos administrar esses pequenos conflitos, eles podem evoluir para problemas maiores, talvez escândalos, crises com consequências imprevisíveis e até mesmo se tornar um fator gerador de danos morais.

Portanto, considerando o fato que foi exposto, como usaríamos o GPCI diante dessa situação? Como você procederia?

Novamente, reiteramos a importância de estar bem treinado, pois, caso contrário, seu subconsciente certamente te conduzirá em direção a sentimentos feridos. É válido ressaltar que estamos sujeitos a ser dominados por esses sentimentos e, quando confrontados com a escolha entre fazer o que é certo e seguir as emoções, é provável que sigamos nossos sentimentos, mesmo que a outra opção seja politicamente perfeita.

Perceba que diante dos fatos expostos, inteligência emocional e qualidade comportamental são fatores importantes. Levar o motorista para uma delegacia policial seria talvez a última opção, uma vez que certamente resultaria em:

a. Desgastes físicos e emocionais;
b. Perda de tempo;
c. Exposição desnecessária.

O gerenciamento desse comportamento inconveniente deve ser feito de forma equilibrada e cautelosa, cuidando para que os sentimentos feridos não estraguem tudo. Sabemos que é muito difícil, mas se esse tipo de situação é recorrente, se tem acontecido com frequência, está na hora de reconhecer que a sensação de segurança está sendo insuficiente, concorda? Perceba que sempre temos várias opções, por isso devemos analisar todas elas, projetando sempre os resultados futuros de nossas possíveis escolhas. Assim, levando em consideração os níveis de força, devemos utilizar a presença física reforçada por uma abordagem impecável, com uma verbalização

inteligente. No início, é indicado usar a diplomacia, porém, caso não seja suficiente, podemos recorrer à força da lei como ameaça, exercendo autoridade, mas com muita educação. Portanto, a utilização do segundo nível de força, a diplomacia, parece ser uma boa opção de abordagem.
Vejamos:

- *"Senhor, perdoe-me o transtorno, mas como o senhor mesmo pode ver trata-se de uma garagem; peço por gentileza que não coloque o seu veículo aqui."*

- *"Senhor, desculpe-me importuná-lo, mas como o senhor pode ver, aqui é uma garagem."*

- *"Senhor, peço por favor que estacione em outro local; aqui é local de entrada e saída de automóveis."*

Caso precisemos fazer uso da força da lei como ameaça, essas parecem ser uma boa opção de abordagem. Vejamos:

- *"Senhor, de acordo com o código de trânsito, estacionar o veículo em local destinado à entrada ou saída de veículos, é infração média, com multa e a remoção do veículo, e nós não queremos isso."*

- *"Senhor, entendo a sua indignação, contudo preciso ajudá-lo para que o seu carro não seja multado nem rebocado."*

- *"Senhor, estou tentando evitar todos os transtornos decorrentes do reboque, além do pagamento de multa e perda de pontos na sua carteira."*

Com base no artigo 181 do Código de Trânsito, estacionar o veículo onde houver guia de calçada (meio-fio) rebaixada destinada à entrada ou saída de veículos é uma infração média, sujeita a multa, e a medida administrativa é a remoção do veículo. Lembro-me de um caso ocorrido em uma cidade de São Paulo, no qual uma juíza de direito condenou uma empresa a indenizar um homem por danos morais devido a um funcionário ter estacionado na frente da garagem, obstruindo a passagem e impedindo o proprietário do imóvel de buscar seu filho na escola. Portanto, acreditamos que o comportamento inconveniente desse motorista, que se achou no direito de obstruir uma garagem particular, se enquadra perfeitamente no caso de indenização por danos morais, considerando todas as consequências advindas desse ato premeditado e deliberado por ele.

Perceba que uma ação como essa, impedir um cidadão de entrar em sua própria residência, dirigindo seu próprio automóvel e, por vezes, de forma repetitiva, acaba se transformando em uma forma de bullying. Portanto, é muito difícil tratarmos desse tema como se fosse apenas uma simples contrariedade trivial.

A verdadeira mudança acontece de dentro para fora. Assim, é fundamental que nossas atitudes e ações estejam em conformidade com o que realmente somos (nossa consciência e coração), caso contrário, seria pura hipocrisia. Nossa mudança ocorre de dentro para fora, e ninguém consegue enxergar a causa dos efeitos simplesmente porque a causa é invisível, ou seja, está dentro de nós. No entanto, os efeitos são visíveis, todos percebem e enxergam.

Certa vez, recebi um texto bastante interessante que falava sobre o nascimento de uma pérola. Não me recordo na íntegra, mas o texto explicava que a pérola é o resultado de uma lesão causada por um incômodo grão de areia ou algo semelhante, cravado no corpo da ostra. Como mecanismo de defesa, o organismo do molusco libera uma substância que, lentamente e silenciosamente, envolve aquele corpo estranho. Essa substância, então, se solidifica, dando origem à tão cobiçada pérola.

Percebemos então que sem sofrimento a ostra não produz a preciosa pérola. É bíblico, *"na vida tereis sofrimento."* Se o sofrimento é inevitável, é fundamental que aprendamos e consigamos evoluir com ele, o resultado do sofrimento precisa ser tão precioso quanto uma pérola.

LINHAS DE AÇÃO PARA LIDAR COM PESSOAS INDIVIDUALISTAS

1. ***Mantenha um afastamento emocional estratégico*** - Essas pessoas têm uma personalidade individualista, assim é importante manter, estrategicamente, um certo afastamento emocional. segurança é prevenção, e essa é uma medida e uma atitude preventiva necessária, para evitar problemas.
2. ***Jamais compartilhe algo de fórum íntimo com essas pessoas*** - Nossa natureza humana é inclinada ao erro, todos nós temos nossas fraquezas e limitações, no entanto, compartilhá-las com essas pessoas, num português bem claro, é "tiro no pé".
3. ***Seja assertivo e procure falar de forma clara e em bom tom*** - Ao tratar com essas pessoas, você precisa ser assertivo. Assertividade é você falar o que você quer falar e a pessoa entender perfeitamente bem aquilo que você falou, portanto seja sempre claro, preciso e conciso.
4. ***Procure verbalizar usando a inteligência emocional*** - Ninguém muda ninguém, nós mudamos. Não queira mudar essas pessoas, apenas use as estratégias de segurança e tenha paciência. O tempo é implacável, mas também é soberano.
5. ***Aprenda a dizer "não"*** - As pessoas só fazem conosco aquilo que nós permitimos. Seja corajoso, coragem não é ausência de medo, mas um atributo que nos faz vencer o medo, apesar do medo eu avanço. Enfrente o seu medo e não permita que essas pessoas tenham qualquer tipo de controle sobre você.

Referências:

- Inteligência Emocional – Daniel Goleman.
- A Arte da Guerra – Sun Tzu
- A Bíblia Sagrada
- O outro lado do amor – *The other side of love* – Dr. Gary Chapman.
- Comunicação Não Violenta – Marshall B. Rosenberg.
- Facing Violence – Rory Miller

Capítulo 60

Melhor escolha na tomada de decisão

Neste sexagésimo capítulo, temos como objetivo específico identificar, estudar e explicar esse potencial que existe dentro de todos nós para que consigamos fazer a melhor escolha, numa tomada de decisão.

Tratava-se de um estabelecimento bancário, mas exclusivo para clientes especiais; o vigilante encontrava-se atento e com uma postura impecável. Tudo corria bem até que um senhor, aparentemente irritado e impaciente, foi impedido de entrar pelo travamento automático da porta detectora de metais.

O vigilante aproximou-se:
"Bom dia, senhor! O senhor está portando algum objeto de metal?"

Provável cliente:
"Abre essa porra dessa porta seu macaco escroto".

Vigilante: *"Perdoe-me senhor, sou eu que peço perdão pelo transtorno. Por favor afaste-se até a linha amarela; o senhor é cliente dessa agência?"*

Provável cliente: *"Acho que o teu pai é corno e a tua mãe é uma vagabunda, abra a porra da porta e chama o babaca do gerente."*

Vigilante: *"Senhor, entendo a sua indignação, mas permita que essas pessoas entrem, eu vou chamar o gerente para atendê-lo."*

Provável cliente: *"Ninguém entra, ninguém sai dessa merda de agência até esse babacão aparecer."*

O Vigilante, dirigindo-se aos clientes que aguardavam o desfecho do caso, disse: "*Perdoem-me o transtorno, resolveremos o impasse com a maior brevidade possível*".

Assim que o gerente visualizou quem estava preso na porta giratória, num tom ríspido, ordenou que o vigilante o liberasse imediatamente. Tratava-se de um cliente bilionário, amigo do dono do banco. Suas contas deviam ser altíssimas naquela agência. O gerente providenciou água, cafezinho, suco de laranja, biscoitos finos; era "o cliente". As pessoas ficaram revoltadas com o que presenciaram e, queriam porque queriam ir até o gerente para defender o vigilante, contudo, não foi necessário, aquele bilionário, logo que voltou à calma mandou chamar o vigilante, pediu-lhe desculpas, disse que não sabia o que tinha feito. Explicou que estava passando por um momento delicado com sua esposa, disse que estava fazendo uso de medicamento controlado e tratamento psiquiátrico, enfim convidou o vigilante para trabalhar com ele, ficaram amigos e tudo terminou bem. O vigilante ficou irrepreensível em todos os sentidos.

Perceba que diante dos fatos expostos, inteligência, equilíbrio emocional e qualidade comportamental são fatores fundamentais; conduzi-lo para uma delegacia policial talvez não fosse melhor opção, pois, certamente haveria:

1. *Desgastes físicos e emocionais;*
2. *Perda de tempo;*
3. *Exposição desnecessária;*
4. *Prejuízo para o cliente;*
5. *Prejuízo para o banco;*
6. *Prejuízo para a empresa de segurança;*
7. *Prejuízo para o vigilante.*

"Você é capaz de projetar o que poderia ter acontecido, se no lugar desse vigilante, tivesse uma espécie de 'puliça'?"

Perceba que no mínimo o caso iria para uma delegacia policial. Neste caso, é óbvio que mesmo com todo o dinheiro e prestígio o bilionário poderia ser processado. Também me parece óbvio que o cliente inconveniente poderia encerrar a sua conta naquela agência, e o banco também teria perdido. Certamente, nesse caso, o gerente também perderia, pois seria sumariamente demitido. Acontece que a empresa de segurança também perderia, pois o serviço seria cancelado. Nesse caso o vigilante também perderia, pois seria demitido. Também me parece óbvio que os vigilantes que trabalhavam nas inúmeras agencias daquele banco também perderiam os seus empregos. Também estariam comprometidos os supervisores e os fiscais e, talvez, no caso de um disparo de arma de fogo, um cliente inocente, neste caso a sociedade também perderia. Você percebeu a bola de neve? É necessário que estejamos sempre projetando os chamados feedbacks de compensação. Perceba que o vigilante usou corretamente as estratégias de segurança e uso progressivo da força, através da:

1. *Presença Física;*
2. *Verbalização nível 1 – Diplomacia;*
3. *Aplicação da filosofia básica de segurança "O mérito supremo consiste em quebrar a resistência do inimigo sem lutar";*
4. *Aplicação das necessidades estratégicas, equilíbrio emocional e qualidade comportamental.*

Protocolos não devem ser quebrados, mas podem ser rompidos; numa guerra, não existem regras fixas. Portanto, se existem procedimentos para lidarmos com pessoas que estejam se comportando de forma inconveniente, também há procedimentos para lidarmos conosco. Quando lidamos com seres humanos, existem alguns cuidados especiais, como usar a empatia, ser assertivo, ser educado, ser respeitoso, falar de forma clara e em tom adequado, ter compaixão e ser atencioso. No entanto, não menos fundamental é o preparo para lidarmos conosco, com nós mesmos.

Vamos fazer uma analogia com um policial e sua arma. Ter a arma mais moderna, de última geração, eficiente e eficaz é muito importante. No entanto, ser um policial preparado, com habilidade e bem treinado é ainda mais importante. Assim, cabe algumas perguntas:

Quem somos nós? Estamos preparados? Treinamos diariamente? Praticamos alguma atividade física regularmente? Praticamos autodefesa? Temos o hábito de ler e escrever? Conseguimos colocar no papel nossas ideias e sugestões de forma clara, precisa e concisa? Como é nosso relacionamento com as pessoas?

Não procrastinar, treinar, treinar e treinar com o objetivo de nos prepararmos para o pior é o que vai determinar nosso nível de sucesso no gerenciamento de comportamentos inconvenientes. Ninguém é bom naquilo que não pratica, portanto, o segredo do sucesso é despertar essa energia, esse potencial que existe dentro de todos nós para que consigamos vencer a mania de procrastinar. Se não estivermos entusiasmados, fica difícil dedicar nosso precioso tempo às atividades de treinamento. Quando estamos entusiasmados, tudo fica mais simples. Já vimos que é o entusiasmo que nos conduz ao sucesso e não o contrário. Existem muitas pessoas que ficam esperando o sucesso para depois se entusiasmarem, definitivamente, isso não vai acontecer.

As pessoas só fazem conosco aquilo que permitimos. Quando elegemos nossos políticos, nos tornamos cúmplices, temos responsabilidades, somos coniventes, nós permitimos. No início de dezembro de 2020, no estado de São Paulo, mais especificamente na região conhecida como Cracolândia, uma série de ataques a carros e pedestres foi registrada em vídeos, e as imagens chocantes viralizaram nas redes sociais. Muitos carros foram destruídos, muitos tiveram suas janelas e para-brisas quebrados, enquanto os motoristas atônitos não sabiam o que fazer, não tinham a menor ideia do que fazer.
Aprendemos que nos momentos de estresse, em razão dos hormônios que são produzidos e lançados na nossa corrente sanguínea, três coisas podem acontecer: lutar, fugir ou congelar. Assim, apavorados, alguns motoristas tentavam fugir dos ataques, das tentativas de assalto, outros simplesmente congelaram e alguns tentavam se defender. Os ataques eram com paus, pedras e todos os meios de fortuna que tinham em mãos.

Numa ocasião eu tive o desprazer de conhecer a cracolândia, que fica no centro da cidade de São Paulo. É aquela velha estória, todos os prefeitos, sobretudo nos momentos de campanha, acreditam ter a solução para aquele *The Walking Dead*. A cena é terrível, são centenas, talvez milhares de pessoas no meio das ruas, embrulhados em panos imundos, cobertores fedorentos, fumando crack a céu aberto. Alguns deambulam sorumbáticos, com o olhar desorientado, na busca de algo indefinido, ou quem sabe uma guimba de cigarro; talvez latinhas de alumínio, uma caixa de papelão, sei lá... parecem zumbis com aquele rosto sofrido, por muitos e muitos anos de envolvimento com drogas pesadas. O lixo está por toda parte, o cheiro que paira no ar é horroroso, insuportável, ali ninguém toma banho.

Pesquisando na internet, descobri que essa terra do crack, do k9 que causa efeito zumbi, tem uma população de rua estimada em 1600 indivíduos, composta na sua grande maioria por dependentes químicos e traficantes. A polícia até patrulha o perímetro, vigia, mas não tem como intervir; naquele local a questão é puramente política. Tenho fé que um dia, alguém com vontade política, solucionará essa questão. A polícia na verdade está com os pés e as mãos atadas, não tem como proceder, fica ali apenas para inglês ver, enxugando gelo. A presença física da polícia é para minimizar outros crimes como roubos, furtos e agressões. Diante do caos instaurado, a Secretaria de Segurança Pública acionou um plano de contingência, e tropas da força tática reforçaram o policiamento local, a situação foi controlada e a ordem foi restabelecida, mas a pergunta que não quer calar é:

O que você faria se estivesse dentro do seu carro com a sua família, seus filhos, esposa e pais idosos?

Aprendemos que no GPCI nós usamos sete níveis de força, o primeiro é a presença física, o segundo é a verbalização diplomática o terceiro é a verbalização fazendo uso da força da lei como ameaça, o quarto é o controle de contato, o quinto são as técnicas de submissão, o sexto as táticas defensivas não letais, e sétimo nível, como último recurso para proteger a nossa incolumidade física ou de terceiros, a força letal. No entanto, diante desta situação inusitada, os níveis 1, 2, 3, 4, e 5 seriam absolutamente irrelevantes e, como agravante, no caso de legítima defesa, até usar o próprio carro como meio de fortuna para se defender, seria uma inviável loucura, por não haver uma rota de fuga, o que resultaria em uma atitude suicida.

Portanto, tratava-se de uma arapuca, uma sinuca de bico, e nesses casos o ideal é manter a calma, o equilíbrio e, usando a inteligência emocional, orientar e proteger os mais vulneráveis, disponibilizando sem resistência os bens materiais. O ideal é que estejamos sempre atentos, ligados, para que consigamos agir dentro do possível, preventivamente. Bom! é o ideal, mas caso não seja possível, devemos usar todos os recursos técnicos disponíveis. E isso é individual! Aprendemos com Sun Tzu que não existem regras fixas; as regras que não são fixas só podem ser construídas, talhadas, criadas em conformidade com a situação do inimigo. Perceba que nós dependemos da vulnerabilidade do inimigo; reiterando, o que eu vou fazer, talvez não seja o que você vai fazer. Talvez a sua condição física e técnica te possibilite fazer algo que eu jamais faria, assim, depende da minha habilidade, da minha visão, mas também da habilidade e da visão do inimigo. Depende da minha tecnologia, mas também da tecnologia do inimigo. De repente eu não faria algo óbvio, por ter visto ou percebido algo que você não percebeu; ninguém percebeu, mas eu percebi.

"O mérito supremo, ou seja, o maior de todos os méritos, consiste em quebrar a resistência do inimigo sem lutar"

Sun Tzu

Sem estresse, sem tiro, sem brigas, sem agressões, sem bate boca.

Referências:

- Inteligência Emocional – Daniel Goleman.
- Administrando Conflitos e Problemas – Editora Ciência Moderna
- A Arte da Guerra – Sun Tzu
- O outro lado do amor – The other side of love – Dr. Gary Chapman.
- Comunicação Não Violenta – Marshall B. Rosenberg.
- Facing Violence – Rory Miller

Capítulo 61

O preparo e o despreparo interno

Neste sexagésimo primeiro capítulo, temos como objetivo específico identificar, estudar e explicar o preparo e o despreparo interno.

Era o prenúncio de um dia difícil. Logo ao acordar, soube por um vizinho que um dos pneus do carro estava bastante vazio, muito provavelmente furado. Com cuidado e devagar, consegui chegar ao borracheiro. Enquanto o pneu estava sendo reparado, entrei em contato com o coordenador para informar o meu inevitável atraso. Após o reparo, parti em direção à empresa, mas, como era esperado, o trânsito estava caótico. Com o horário já comprometido, foquei minha atenção nos comentários políticos. Ao chegar na empresa, não havia vaga, então, após duas voltas no quarteirão, fui obrigado a estacionar um pouco mais distante. Nada que uma passada firme alternada com uma leve corridinha não pudesse resolver. Enfim, cheguei!

Era o dia da formatura da turma Delta. Todos já estavam posicionados, apenas aguardando o início da cerimônia. Conforme eu me aproximava, percebi que o gerente, o coordenador e a recepcionista caminhavam na minha direção.

"Bom dia! Podemos tratar de um tema importante antes de começarmos?" – falou o gerente.
"Bom dia! Tenho um assunto urgente para lhe falar." – falou o coordenador.
"Bom dia, Sr. Helder! Tem um cliente na recepção lhe aguardando, e aqui estão dois telefones para contato urgente. Disse que o senhor retornaria a ligação assim que chegasse" – falou a recepcionista.

Achei a situação, no mínimo, inusitada. Mas antes que eu pronunciasse uma só palavra, percebi, simultaneamente, um ex-aluno que não via há muito tempo, mas que sempre me deu muito trabalho – indisciplinado, rebelde e insubordinado – acenando com a mão, também querendo falar comigo. Pude perceber naquele momento que ele estava acompanhado de um outro indivíduo muito alto e bem forte, que certamente praticava musculação. Confesso que, naquele momento, quase entrando em processo de surto, tive vontade de explodir. Minha vontade era cortar qualquer possibilidade de diálogo com aquele aluno problema. Contudo, respirei e comecei a contar até um milhão bem devagar, procurando administrar a produção de adrenalina e cortisol que meu organismo produzia. Simultaneamente, buscava forças para manter um semblante sereno e equilibrado. Após uma breve pausa respiratória, fiz uma única pergunta ao gerente e ao coordenador:

"Bom dia! Como vocês podem ver, o dia está agitado. Se não for nada muito grave, é possível deixarmos esses assuntos para depois da cerimônia?" – ao que acenaram positivamente.

Em seguida, dirigi-me à recepcionista e disse:

"Bom dia! Por favor, sirva água e café para o cliente e diga-lhe que eu já vou buscá-lo para que ele assista e participe da cerimônia de formatura comigo; com relação aos telefones, deixe-os comigo que eu mesmo darei feedback."

"Já providenciei água e café" – respondeu a recepcionista.

Agradeci e, dirigi-me ao ex-aluno indisciplinado: *"Bom dia! Como vai tudo bem? Em que posso ajudá-lo?*

"Bom dia, diretor! Sabe quem é esse aqui? – Falou o ex-aluno indisciplinado apontando para o jovem forte.

Ao que respondi: *"Não sei, mas, tomara que não seja ninguém que você trouxe para me bater, porque ele é muito forte!"*

Sorrindo ele respondeu: *"Diretor, esse é meu filho! Cismou que quer ser um profissional de segurança privada e, eu disse que só permitiria se ele fosse formado aqui, pelo senhor."*

Naquele momento agradeci a Deus por ter me dado sabedoria para fazer o que é certo e não o que eu tinha vontade de fazer. Muitas vezes por agirmos na impulsividade, envolvidos pelas circunstâncias, acabamos metendo os pés pelas mãos e, culposamente, destruímos uma imagem que levou anos para ser construída, destruímos pessoas, destruímos sonhos. Acredite, não é uma questão de sorte, aliás a sorte acompanha aqueles que treinam, tudo isso é uma questão de treinamento. É fundamental que nós acreditemos que o segredo é o treinamento; insistência, persistência e exaustão no treinamento. Precisamos estar predispostos a fazer o que é certo, precisamos treinar muito para adquirir essa habilidade.

A nossa habilidade melhora, ou nós nos tornamos mais eficientes e eficazes na mesma medida em que nós treinamos! Se você pratica algo com frequência, como um esporte quem sabe jiu-jitsu, ou um instrumento musical, sua habilidade simplesmente melhora. Isso é algo que muitas pessoas já sabem, mas você já ouviu falar de pessoas carismáticas, comunicativas, que se expressam e se relacionam bem com outras pessoas, mas sob pressão perdem completamente a linha de raciocínio? São pessoas cultas, inteligentes, que têm o dom da palavra, mas quando são contrariadas simplesmente surtam, se descontrolam. Essas pessoas podem ter um problema interno de preparo emocional e comportamental. Isso significa que, mesmo que você tenha uma habilidade natural, você precisa estar preparado emocionalmente para lidar com as dificuldades que podem surgir, e outras que certamente surgirão. Se você não estiver preparado, poderá perder o controle e agir de forma inadequada. Por isso, é importante que tenhamos consciência sobre a importância de treinar não só a habilidade em si, mas também o preparo emocional e comportamental. É exatamente isso que estamos fazendo através desse treinamento de GPCI-Inteligência Emocional como Autodefesa e Segurança Pessoal, além de outras atividades que ajudam a desenvolver a inteligência emocional. Um exemplo simples disso seria uma pessoa que é muito boa em tocar violão, mas que fica muito nervosa quando precisa se apresentar em público. Mesmo que ela tenha a habilidade natural para tocar bem, ela precisa estar emocionalmente preparada para lidar com a pressão e o nervosismo da apresentação, do enfrentamento do público. Da mesma forma, não basta recebermos todo o conhecimento técnico de autodefesa e segurança pessoal e treinarmos exaustivamente, se não nos preocuparmos com o problema interno de preparo emocional e comportamental.

Vejamos um bom exemplo: tente imaginar o perfil desses atletas que nós vamos descrever; são lutadores renomados de MMA e, também, são atiradores experientes de tiro esportivo, mas, "não são policiais". Perceba que se forem colocados numa "situação real de criminalidade", o despreparo interno – emocional desses atletas, irá evidenciar uma ingenuidade e uma inexperiência que será facilmente percebida. Por não serem policiais, não têm o conhecimento e o preparo técnico profissional, assim, os seus sentimentos vão gerar os mais variados tipos de comportamento inadequado ou inconveniente com relação àquela situação. Perceba que devido ao despreparo interno, fisiologicamente o problema é real e não pode ser desprezado; existe uma produção desordenada de adrenalina, cortisol e noradrenalina. Esses hormônios são produzidos em grande escala pelas glândulas suprarrenais e lançados na corrente sanguínea desses experientes e renomados atletas, mas internamente/emocionalmente despreparados para àquela situação específica, por isso simplesmente congelam.

Esses experientes atletas podem travar, congelar devido ao despreparo interno, uma vez que os nossos sentimentos geram os mais variados tipos de comportamento. Perceba que dentro do seu terreno de atuação conseguem lidar com mais facilidade, todavia, quando são colocados num terreno desconhecido, tudo muda, a conversa passa a ser outra. Gostaria de chamar sua atenção para o seguinte fato, caso a situação seja invertida, ou seja, se colocarmos os policiais num "octógono de luta" ou numa "pista de tiro prático desportivo" observaremos também ingenuidade e inexperiência por parte dos policiais, pois, estes estarão num ambiente desconhecido e desconfortável para eles. É óbvio que não é uma verdade absoluta pois, existem policiais que também são lutadores e atiradores de alto nível. Contudo, vale enfatizar que em razão de um "lastro" adquirido naquela atividade similar, quando esses lutadores e atiradores experientes, mas inexperientes diante "situações reais de criminalidade", ou vice-versa, são submetidos a um treinamento específico para àquele terreno desconhecido, o tempo de treinamento necessário para a aquisição da habilidade específica é muito menor.

Para fecharmos este capítulo, imagine um lutador renomado de MMA e atirador experiente de tiro esportivo, que também é um grande amante de compras, e está passeando em um shopping center movimentado. De repente, ele se vê diante de um assalto; um criminoso armado em uma loja próxima, ameaçando os clientes e funcionários. O lutador, que nunca foi treinado para lidar com esse tipo de situação, pode experimentar uma sobrecarga de adrenalina, de cortisol e entrar em pânico, o que pode leva-lo a um comportamento inconveniente ou até mesmo perigoso, como tentar atacar o criminoso na impulsividade, sem pensar nas consequências.

No entanto, se o lutador tiver recebido um treinamento sobre como lidar com esse tipo de situação, ele será capaz de controlar sua resposta emocional e agir de forma mais inteligente, estratégica e segura. Por exemplo, ele pode tentar chamar a atenção do criminoso, criando uma distração e permitindo que os funcionários e clientes escapem pela saída de emergência, e simultaneamente, buscando um lugar seguro, acionar a segurança do shopping e a polícia.

O importante a ser destacado é que, mesmo um lutador experiente e atirador desportivo, pode ter um comportamento inconveniente quando confrontado com uma situação desconhecida, como esta que foi exposta. Um treinamento adequado pode nos ajudar a gerenciar respostas emocionais, permitindo ações mais inteligentes, estratégicas e seguras.

Referências:

- Inteligência Emocional – Daniel Goleman.
- SciELO – www.scielo.br – Psicologia das Emoções
- A Arte da Guerra – Sun Tzu
- O outro lado do amor – *The other side of love* – Dr. Gary Chapman.
- Comunicação Não Violenta – Marshall B. Rosenberg.
- Facing Violence – Rory Miller

Capítulo 62

O aprendizado pela dor

Nesse sexagésimo segundo capítulo, temos como objetivo específico identificar, estudar e explicar a alteridade, a empatia e a compaixão, essas capacidades de perceber as diferenças, sentir o que se sentiria caso estivesse no lugar ou circunstância experimentada por outra pessoa, e, também, de sofrer com o outro.

Num voo internacional, uma mulher viu que estava ao lado de um senhor religioso vestido a caráter. Indignada, chamou a comissária de bordo.
"bom dia, senhora, em que posso ajudá-la?" – Perguntou a comissária.

"Você não enxerga bem?" – Esbravejou a senhora, e disse:

"Vocês me colocaram ao lado de alguém que se veste esquisito; não posso viajar assim!" – Falou e olhou de forma arrogante para o lado.

"Entendi sua reclamação" – Disse a aeromoça; e continuou:

"Infelizmente, todos os lugares estão ocupados; mas levarei sua reclamação ao comandante." – A comissária se afasta e volta pouco tempo depois.

"Senhora, como lhe disse todas as cadeiras estão ocupadas. Temos apenas um lugar na primeira classe". – E antes que a mulher fizesse algum comentário, a comissária continuou:

"Nossa companhia normalmente não permite que um passageiro da classe econômica seja transferido para a primeira classe. Porém, tendo em vista as circunstâncias, o comandante concorda que seria deprimente obrigar um passageiro a viajar ao lado de uma pessoa tão inconveniente". – E, dirigindo-se àquele senhor, a comissária prosseguiu:

"Primeiramente, perdoe-nos por todo esse transtorno;" – Falou gentilmente e continuou.

"Senhor, caso queira, por favor pegue a sua bagagem de mão, pois reservamos para o senhor um lugar na primeiríssima classe".

E todos os passageiros que, perplexos assistiam à cena, aplaudiram! Alguns, inclusive, de pé!

Alteridade é um conceito filosófico que se refere à capacidade de perceber e respeitar a individualidade e as diferenças dos outros. É o reconhecimento de que o outro tem sua própria perspectiva e vivência, que podem ser diferentes das nossas, e que, portanto, devem ser valorizadas e respeitadas. A alteridade nos leva a agir com respeito e consideração em relação aos outros, buscando compreender suas perspectivas e agir de forma a promover o bem-estar coletivo.

Empatia, por sua vez, é a capacidade de se colocar no lugar do outro, compreendendo seus sentimentos, necessidades e perspectivas. É uma habilidade emocional que nos permite sentir o que o outro está sentindo, o que nos ajuda a entender suas experiências e agir de forma mais compassiva e solidária. A empatia nos leva a nos conectar emocionalmente com os outros, o que pode nos motivar a agir em benefício deles.

Já a compaixão está num nível acima, é a ação decorrente da empatia, ou seja, é a disposição de ajudar e cuidar do outro. É a resposta natural à percepção do sofrimento alheio, que nos leva a buscar formas de aliviar esse sofrimento. A compaixão é um sentimento que nos conecta com a humanidade do outro, nos lembrando da importância de agir com respeito, cuidado e solidariedade em relação ao outro.

O texto acima nos mostra um exemplo claro de falta de alteridade, empatia e compaixão por parte da mulher que se sentiu incomodada ao lado de um senhor religioso vestido a caráter. Ao invés de tentar compreender e respeitar a escolha do outro, ela agiu de forma arrogante e preconceituosa, exigindo que a comissária de bordo resolvesse o seu "problema". Por outro lado, a comissária de bordo agiu com empatia e compaixão ao tentar encontrar uma solução para o conflito, mesmo diante das limitações do espaço no avião. Ela reconheceu a importância de respeitar as escolhas e crenças do senhor religioso, e acabou por oferecer a ele um assento na primeira classe, o que foi muito aplaudido pelos demais passageiros.

Esse episódio nos mostra a importância de desenvolvermos a empatia e a compaixão em nossas relações interpessoais, buscando compreender e respeitar as diferenças do outro, em vez de julgá-lo ou desrespeitá-lo por suas escolhas. Quando agimos com empatia e compaixão, somos capazes de criar conexões mais profundas e positivas com as pessoas ao nosso redor, gerando mais harmonia e bem-estar para todos.

O conceito de alteridade é fundamental para a reflexão sobre esse episódio. Ao se colocar no lugar do senhor religioso, a mulher poderia ter percebido que sua escolha de vestimenta fazia parte da sua identidade religiosa e cultural, e que, portanto, merecia respeito e consideração. Ao agir com alteridade, a mulher teria buscado compreender o ponto de vista do senhor religioso e, possivelmente, teria aprendido algo novo sobre sua cultura e tradições. Além disso, ela teria evitado ferir os sentimentos do senhor religioso e teria contribuído para criar um ambiente mais harmonioso e respeitoso no avião.

Por isso, o desenvolvimento da alteridade é uma habilidade essencial para a convivência pacífica e para a construção de uma sociedade mais justa e inclusiva, onde cada pessoa é valorizada na sua individualidade e diversidade.

"Será que eu gostaria de ser tratado da mesma forma que aquela pessoa está sendo tratada?"

É preciso que nós pensemos nos efeitos que o nosso comportamento tem sobre os outros. O meu comportamento será extremamente inconveniente a partir do momento que aquilo que eu faço, a forma como eu me comporto, gera no outro: desconforto, raiva, indignação, medo, insegurança ou qualquer outro sentimento ruim. Perceba que, se eu tenho a habilidade de me colocar no lugar do outro e sentir o que o outro está sentindo, desenvolvo empatia, assim fica muito mais fácil falar o que aquela pessoa precisa ouvir para reduzir a produção daqueles hormônios que estão dificultando, sobremaneira, aquela negociação. Isso acontece quando a nossa sensibilidade está regulada, calibrada, para perceber aquilo que é invisível aos olhos da maioria. Algumas pessoas desenvolvem uma sensibilidade capaz de perceber o que está dentro do coração e da mente das pessoas, outras têm uma sensibilidade menos apurada, mas suficiente para gerenciar com sucesso um determinado comportamento inconveniente. Contudo, existem aquelas cuja sensibilidade é praticamente nula, simplesmente não conseguem enxergar o óbvio, aquilo que está diante do seu nariz, tampouco, se esforçam para melhorar essa deficiência; estas precisam do nosso gerenciamento, precisamos sensibilizá-las e conscientizá-las com paciência, carinho e atenção.

Ainda falando dos efeitos que o nosso comportamento tem sobre os outros, temos observado muitos pais que brincam de ser pais, o que resulta num grave comportamento inconveniente desses pais, que por sua vez geram comportamentos inconvenientes nos seus filhos; que decorrem, dessa falta de sensibilidade. Perceba que muitos pais querem ser "amiguinhos" dos seus filhos e se esquecem do que de fato são; pais. Ser amiguinho do filho não é uma tarefa difícil. O amiguinho concorda com tudo, ri de tudo, acha tudo muito engraçado, bate palmas para tudo, fala sim para tudo, vai para a farra, para a praia, para a boate, para o barzinho, assiste televisão, vê filme de sacanagem e é "muito legal".

Pais, falam "não", supervisionam, fiscalizam, são uns chatos de galocha, torram o saco, castigam quando é necessário, proíbem, cobram e educam. Você consegue perceber a diferença? Você entende que ser pai, ser mãe não é nada fácil? Agora, ser amiguinho é muito tranquilo, não é verdade? Isso não quer dizer que não devemos ser amigos, claro que podemos, claro que devemos, mas antes precisamos ser pais.

Referências:

- Inteligência Emocional – Daniel Goleman.
- SciELO – www.scielo.br – Psicologia das Emoções
- A Arte da Guerra – Sun Tzu
- O outro lado do amor – *The other side of love* – Dr. Gary Chapman.
- Comunicação Não Violenta – Marshall B. Rosenberg.
- Facing Violence – Rory Miller

Capítulo 63

Enxergar com os olhos da fé

Neste sexagésimo terceiro capítulo, temos como objetivo específico identificar, estudar e explicar o enxergar com os olhos da Fé.

Na véspera de uma prova final, três alunos alterados e indisciplinados resolveram ir para a gandaia; como a farra estava boa e não haviam estudado para a prova, combinaram entre si uma desculpa capaz de sensibilizar o professor. Decidiram também que, caso o professor encrencasse com eles, fariam o maior estardalhaço capaz, inclusive, de provocar a sua demissão. Numa sexta-feira, um dia após a prova, apresentaram-se ao professor e explicaram o motivo da falta. Assim disseram:

"Professor, tivemos que viajar, fomos a um casamento e na volta o pneu furou; não conseguimos trocá-lo de jeito nenhum. Depois de muito tempo um caminhoneiro, por sorte, parou e nos ajudou".

Atentamente e de maneira muito educada o professor ouvia as explicações; e continuaram:

"Professor, gostaríamos de fazer a prova; afinal de contas é um direito nosso".
O professor bastante compreensivo disse:

"Claro que sim, vocês podem fazer a prova na segunda feira, logo no primeiro horário".

Durante todo o final de semana se mataram de tanto estudar. Na segunda feira estavam afiadíssimos, pois tiveram todo o tempo livre para os estudos. Assim que chegaram, o professor colocou-os em salas separadas, sendo: um na sala do diretor, o outro na sala do coordenador e o outro na sala da orientadora pedagógica e distribuiu as provas com apenas três questões:

1. **Qual o nome dos noivos?**
2. **Onde foi o casamento?**
3. **Qual dos quatro pneus furou?**

No final da prova havia uma observação:

"Se responderem de forma idêntica estão aprovados".

Você percebeu o gerenciamento? O professor usou as estratégias de segurança, usou a diplomacia e quebrou a resistência do inimigo sem lutar. Sem estresse, sem brigas, sem qualquer aborrecimento administrou o comportamento inconveniente daqueles três alunos. Quando com convicção, decidimos gerenciar um determinado comportamento inconveniente, é fundamental que no momento da decisão, ao tomarmos aquela atitude, acreditemos piamente no sucesso daquele gerenciamento; caso contrário, nossas chances de sucesso serão drasticamente reduzidas. Sabemos que fé é já possuir aquilo que ainda se espera, é saber aquilo que ainda não se vê.

Faça o seguinte exercício, ***pense em tudo que você tem, em tudo que você construiu, conseguiu. Perceba que tudo o que você tem, mesmo que não tenha um grande valor financeiro, muito provavelmente, primeiro você conseguiu pela fé, depois é que conseguiu de fato.***

Precisamos aprender a enxergar com os olhos da fé, pois, a vida é uma experiência de fé, nós vivemos experiências de fé; acreditamos que aquele avião não cairá sobre nossas cabeças, acreditamos que não seremos atingidos por um projetil de arma de fogo perdido, acreditamos que aquele prédio não vai desabar e que o nosso time de futebol será campeão, e assim vamos tocando a vida, vivendo no dia a dia as experiências da fé.

Precisamos crer, não temos como mudar aqueles frutos que já estão maduros, visíveis e exuberantes nos galhos, mas, podemos agir na raiz mexendo no invisível para mudar aquilo que é visível. Contudo é fundamental que você compreenda a necessidade de acreditar de verdade na mudança. Use toda a sua sensibilidade, todo o seu conhecimento e preparo técnico, descubra, cave e atue na raiz do problema, mas, não deixe de acreditar que o resultado será positivo.

Referências:

- Inteligência Emocional – Daniel Goleman.
- A Arte da Guerra – Sun Tzu
- SciELO – www.scielo.br – Psicologia das Emoções
- O outro lado do amor – The other side of love – Dr. Gary Chapman.

Capítulo 64

Repasse dos 4 pilares fundamentais do GPCI

Neste sexagésimo quarto capítulo, temos como objetivo específico identificar, estudar e explicar os 4 pilares fundamentais do GPCI.

Com resultados surpreendentes, há quarenta anos incentivamos nossos alunos na busca pelo conhecimento e a não desistirem jamais de concluir o ensino superior. Certa vez, no intervalo do almoço, após ter batido nessa tecla insistentemente, um aluno me procurou e disse:

"Professor, posso te dar um toque?" – O aluno era do tipo malandro, gesticulava bastante e, enquanto falava, exagerava nas caras e bocas.

Olhei para o aluno, obviamente preocupado com o toque e disse:

"Claro que sim, por favor, sou todo ouvido."

O aluno prosseguiu:
"Professor, o senhor não ganha dinheiro com a gente?" – E emendou:
"Quanto maior o número de alunos mais dinheiro o senhor vai ganhar; não é mesmo?"

Olhei bem para ele e disse: *"É verdade! Você tem razão, mas confesso que ainda não entendi aonde você quer chegar!"* – Respondi-lhe.

Imediatamente fui admoestado: *"Pooo professor! Presta atenção, se o senhor ficar incentivando as pessoas a estudar, num futuro eles irão para outro segmento e o senhor vai perder grana,* tá ligado?"

Olhei durante alguns instantes para o aluno, esperando quem sabe um sorriso ou talvez algo do tipo: *"Foi brincadeirinha professor"*, mas, ele continuava me olhando de forma compadecida e, nitidamente aguardava que eu o agradecesse pelo toque; eu não estava sonhando, o toque tinha sido real.

Confesso que naquele momento lembrei-me daquele diálogo do Mestre com o Discípulo.

"Mestre, qual a maior das sabedorias?" – Perguntou o discípulo.
"Jamais discuta com um idiota; eis a maior das sabedorias." – Respondeu o mestre.
"Mestre, não acho que esta seja a maior das sabedorias!" – Retrucou o discípulo.
"Você tem razão." – Respondeu o mestre de forma de forma curta, precisa e concisa.

Assim, com base nessa estória, olhei para o aluno e, constatando que não se tratava de uma brincadeira, abracei-o, agradeci o toque e disse que iria refletir sobre o assunto. O aluno, feliz da vida, seguiu seu destino e eu o meu; certamente deve contar nas rodas de amigos que me deu um grande conselho pois, eu não sabia ganhar dinheiro, talvez ele até tenha uma parte da razão.

William Shakespeare dizia que: ***"se os nossos sonhos estão lá nas nuvens, não devemos nos preocupar, pois eles estão no lugar certo. Contudo, cabe a nós construir os alicerces para que eles se mantenham lá no alto"***. Na verdade, estamos falando de quatro alicerces, quatro colunas fundamentais: a coluna intelectual, a coluna física, a coluna técnica e a coluna espiritual. Cuidar dessas quatro colunas é fundamental para o nosso preparo emocional e extremamente importante para desenvolvermos sensibilidade suficiente para percebermos no inconveniente a raiz do problema. Há pouco tratamos deste tema, vemos os resultados, mas normalmente não enxergamos a origem, o invisível que produz o visível. É preciso agir na raiz do problema.

A coluna intelectual, área cognitiva, deve ser trabalhada por meio da retomada dos estudos, da leitura diária de bons livros e de relacionamentos saudáveis, assim como de novos cursos de especialização, qualificação e aperfeiçoamento profissional. Para isso, precisamos de bons aliados, pessoas que nos incentivem a retomar os estudos e a buscar especialização e qualificação profissional. No entanto, é preciso ter cuidado, pois um aliado estúpido será o maior inimigo que você terá; um inimigo estúpido é o maior aliado que você tem.

Segundo um dado estatístico, a pessoa que você será, ou melhor, tornar-se-á em cinco anos é definida pelos aliados, pelas pessoas com as quais você se relaciona hoje e, sobretudo, pelos livros que você escolher para ler hoje. Aqueles com quem nos aliamos, com quem dedicamos o nosso precioso tempo, irão definir, de alguma forma, o que ficará registrado em nosso cérebro, ou seja, aquilo que nós absorveremos.

Certa vez ouvi e concordo plenamente que o nosso aprendizado é bastante prejudicado devido à mania de nos acharmos, à velha e ultrapassada síndrome do "papai sabe tudo". Todos nós tendemos a acreditar que já sabemos tudo e que já temos todas as respostas, e isso é muito ruim. Quando humildemente nos predispomos a aprender com aqueles que estão perto de nós, percebemos rapidamente que é esse sentimento de já saber que nos faz criticar a opinião dos outros, faz com que vivamos a "síndrome do avestruz", ou seja, enterramos nossa cabeça num buraco para não ouvirmos, tampouco sejamos vistos pelos outros, limitamo-nos na nossa própria opinião, o que nos impede de alçar voos mais altos, nos impede de aprender cada vez mais. O hábito de julgar, a mania de criticar o tempo todo, não nos traz qualquer benefício, muito pelo contrário, acaba embotando a nossa inteligência; em outras palavras nos emburrece, nos bestifica.

Observar, sim, e tentar aprender com os erros e também com os acertos dos outros sempre nos traz muito aprendizado e desenvolve nossa inteligência. Quando não sabemos e temos consciência disso, ótimo! Basta pedir ajuda. Não saber não é o problema; o problema é quando pensamos que sabemos. É incrível, mas são muitos os que pensam que sabem e só percebem que não sabem na hora que o "bicho pega". Nesse momento, se desesperam e colam as placas. É muito importante reconhecer a limitação e, sobretudo, é necessário que você queira saber como aprender, pois inevitavelmente acabará se tornando um hábito. Inevitavelmente, você começará a querer aprender com todas as pessoas e com todas as situações. Todas as pessoas podem, de alguma forma, nos ensinar algo sobre a sociedade, sobre nosso planeta ou sobre nós mesmos. Assim, desenvolveremos a coluna intelectual.

A coluna física, saúde física e mental, deve ser trabalhada por meio da retomada da atividade física, da prática de esportes, de uma alimentação saudável, da eliminação dos vícios, do sedentarismo e da procrastinação, valorizando sempre um bom repouso do corpo, pois na verdade somos o templo do Espírito Santo de Deus. Mais adiante trataremos deste importante tema com todo o cuidado e atenção que ele merece.

A coluna técnica, profissional, deve ser trabalhada por meio dos conceitos básicos que foram exaustivamente tratados no primeiro livro de GPCI e reiterados em um nível mais avançado neste livro, onde aprendemos que ninguém é bom naquilo que não pratica. Assim, com base nessa filosofia, é necessário que busquemos o domínio absoluto do conhecimento para que tenhamos condições de convencer as pessoas das coisas que acreditamos. Aristóteles dizia que somos o que repetidamente fazemos; a excelência, portanto, não é um feito, mas um hábito. Se quisermos atingir a excelência técnica, precisamos aprender a ensinar com assertividade. Assertividade não tem nada a ver com acertar, mas sim falar o que você quer falar e as pessoas entenderem perfeitamente bem aquilo que você disse.

A coluna espiritual, sem dúvida a mais importante, deve ser trabalhada dia após dia e trata do nosso aprimoramento espiritual e, para quem crê, da nossa intimidade com Deus. Vimos a importância de sermos disciplinados e obedientes aos preceitos e às regras. Assim, é importante sabermos que a oração é fruto da disciplina. Quando meditamos, quando oramos, buscamos uma atitude interior, e essa atitude vai sendo aprimorada na medida em que compartilhamos com Ele, ou com o que você acredita, todas as nossas alegrias e tristezas. Precisamos que Ele esteja sempre bem pertinho, bem próximo de nós; assim acabamos descobrindo que orar é o tempo todo e quando oramos, buscamos intimidade com Deus. Definitivamente não somos, mas precisamos buscar ser o melhor possível para os outros e não, buscar ser melhor do que os outros. Precisamos aprender a unir as pessoas, aprender a aproximar, a estabelecer vínculo com as pessoas, aí sim buscaremos intimidade com Deus. Certa vez o Padre Fábio de Melo disse o seguinte: ***"Continuo amando e acreditando em Deus mesmo quando os milagres que imploro não acontecem... Pois os milagres que imploro e os pedidos que faço, se baseiam na minha vontade e Deus não está aqui para me dar o que eu desejo. Deus está aqui para me dar o que eu preciso!"***

Perceba que são essas colunas que sustentam os nossos sonhos, os nossos objetivos. Cuidar dessas quatro colunas é fundamental para o nosso preparo interno – emocional. Uma depende da outra, é como se fosse apenas uma, pois, existem questões que só podem ser resolvidas na plenitude dessas colunas para que o nosso objetivo seja alcançado com eficiência e eficácia.

Referências:

- Inteligência Emocional – Daniel Goleman.
- SciELO – www.scielo.br – Psicologia das Emoções
- A Arte da Guerra – Sun Tzu

- A Bíblia Sagrada
- Síndrome de Sabe Tudo – cidadeverde.com
- Efeito Dunning Kruger – warren.com.br
- Conceitos – Sabe Tudo – conceitos.com
- Rápido e Devagar – Daniel Kahneman
- Mulheres Cheias de Graça – Pe Fábio de Melo

Capítulo 65

Toda ação produz uma reação

Neste sexagésimo quinto capítulo, temos como objetivo específico identificar, estudar e explicar que nós enxergamos a inconveniência, mas, não vemos o que causou àquele comportamento inconveniente.

Tratava-se de uma empresa familiar de cosméticos, apesar de todas as dificuldades, tentava de todas as formas manter o seu quadro de funcionários antigos. Apesar da resistência natural e, principalmente, da dificuldade na quebra de paradigmas, aqueles velhos guerreiros eram comprometidos e foram os primeiros funcionários da empresa. Um dia o Sr. Joaquim, um dos funcionários mais antigos, dirigiu-se à sala do Sr. José, diretor da empresa, para fazer a sua primeira reclamação.

"Bom dia, Dr. José, o senhor poderia me ouvir?" – Falou cordialmente, mas, deixando claro que algo o incomodava.
"Claro, Sr. Joaquim, sente-se, por favor." – Notando sua ansiedade, o diretor continuou.
"Está tudo bem com o senhor?" – Perguntou, olhando-o nos olhos.
"Não está nada bem, não senhor". – Respondeu, meio cabisbaixo, demonstrando certa indignação.
"Diga-me Sr. Joaquim, o que o deixou tão indignado?" – Sem saber direito como começar, disse:
"Sabe o que é Dr. José, sou seu funcionário mais antigo, trabalho para o senhor há mais de dezoito anos e nunca faltei." – O diretor olhava-o com atenção, demonstrando concordar plenamente com todas as observações.
"É verdade Sr. Joaquim; é verdade! E lhe digo mais, o senhor nunca chegou atrasado em todos esses anos." – Assim, seu Joaquim continuou.
"Nunca faltei, nunca cheguei atrasado, sempre tratei todos com muito respeito, sempre fiquei depois do horário e nunca reclamei por isso." – E o diretor confirmava com gestos e palavras.
"É verdade, Sr. Joaquim, o senhor é realmente um exemplo." – Após todo esse preâmbulo, começou a reclamação propriamente dita.
"Dr. José, fiquei sabendo que o Carvalho, um funcionário novinho, recém-chegado, que ainda não completou um ano, será promovido!" – Neste momento, seu Joaquim foi interrompido pelo Sr. José que disse:
"Sr. Joaquim, desculpe-me, mas não estou conseguindo prestar atenção no que o senhor está falando. Sabe o que é? Estou com uma enorme preocupação, preciso que o senhor me faça um pequeno favor.
"Quero que os funcionários tenham hoje, uma sobremesa diferente; pensei numa fruta! O senhor poderia verificar na barraca de frutas, ali na esquina, se eles têm abacaxi?"
Depois nós continuamos a conversa. Pode ser?" – Seu Joaquim, sem entender direito o pedido, respondeu:
"Claro Dr. José!" – Levantou-se e saiu para cumprir a missão. No caminho murmurava: *"É uma sacanagem! É muita falta de respeito! Eu falando de algo extremamente importante e ele preocupado com abacaxi! Só pode estar de sacanagem!"* – Todavia, em cinco minutos, retornou.
"Dr. José, fui lá rapidinho; tem abacaxi, sim senhor." – O diretor olhou-o, como se esperasse algo mais, e o Sr. Joaquim continuou.

"Dr. José, podemos continuar nossa conversa?" – Educadamente o diretor respondeu:

"Claro Sr. Joaquim, sente-se, por favor." – Quando seu Joaquim começou a falar, foi novamente interrompido.

"Por gentileza Sr. Joaquim, antes de começarmos, quero lhe fazer mais uma pergunta. Qual o valor unitário do abacaxi?" – Seu Joaquim meio sem graça respondeu:

"Isso eu não vi, não senhor!" – Mantendo a linha de ação, fez mais uma pergunta.

"Sr. Joaquim, por favor, me responda. Tem quantidade suficiente para todos os funcionários?" – Seu Joaquim ainda mais sem graça, respondeu:

"Não verifiquei, não senhor." – Sem qualquer demonstração de insatisfação e de forma serena disse:

"Sr. Joaquim, aguarde aqui mesmo, não esqueça o que o senhor vai me falar. Desculpe-me, mas preciso resolver este 'probleminha'. Em seguida continuaremos." – Imediatamente pegou o telefone e disse:

"Carvalho, estou pensando em dar uma sobremesa diferente aos funcionários, pensei numa fruta. O senhor poderia verificar na barraca de frutas, ali na esquina, se eles têm abacaxi?" – Seu Joaquim aguardava, angustiado. Vinte minutos após a solicitação...

"Com licença Dr. José, bom dia Sr. Joaquim! Como vai o senhor?" – Seu Joaquim cumprimentou-o meio desconcertado e o Carvalho prosseguiu.

"Dr. José, eles têm abacaxi sim e estão ótimos para o consumo! O valor unitário é de R$3,50.

Quando falei da quantidade, consegui um desconto de 15% no pagamento à vista. Podemos também pagar no cartão com um desconto de 10% ou ainda, podemos parcelar para 30 e 60 dias.

Também verifiquei outras possibilidades como: mamão, melão, melancia, manga, pera e laranja seleta que, inclusive, vem descascada. Os valores se equivalem.

Qualquer que seja o pedido, eles entregarão vinte minutos antes do horário do almoço, higienizado e pronto para o consumo.

Caso o senhor concorde, retorno imediatamente e confirmo o pedido."

Satisfeito, o diretor pediu ao Carvalho que aguardasse para que pudesse pensar a respeito. Assim que o Carvalho saiu, o diretor dirigiu-se ao seu Joaquim e disse:

"Muito bem seu Joaquim, agora estou despreocupado; Ufa! Podemos continuar! O que o senhor estava falando mesmo?" – Seu Joaquim, totalmente desconcertado, respondeu:

"Nada não, nada não! Dr. José, desculpe-me incomodá-lo com bobagem. Não é nada importante, desculpe-me mesmo!" – Retirou-se e foi refletir sobre aquele seu comportamento inconveniente.

Perceba que também no caso do seu Joaquim, os níveis de força que foram utilizados correspondem a uma segurança de "baixo impacto", ou seja, através da utilização de estratégias, inteligência e equilíbrio emocional permanecemos no nível II, numa verbalização diplomática, quebrando a resistência do inimigo sem lutar. Muitas vezes, coisas simples de se resolver, são administradas na impulsividade e, acabamos perdendo um funcionário que está sinceramente indignado, mas totalmente equivocado. Usando o nível de força adequado, de acordo com o nível de resistência oferecido e obedecendo aquelas cinco linhas de ação, o resultado é sempre satisfatório.

A terceira lei de Newton diz que toda ação provoca sempre uma reação oposta e de igual intensidade. Na prática isso significa que todo corpo que aplica força sobre o outro corpo, recebe outra força com a mesma intensidade, mesma direção e sentido oposto; trata-se da lei da ação e reação. Isto posto, você se lembra que o fruto é o resultado? Se descuidarmos da nossa saúde, o resultado é a doença; se ingerirmos alimentos hipercalóricos, o resultado é a obesidade; se não treinarmos a nossa mente, o resultado é a demência; enfim, ação e reação. Se não desenvolvermos a nossa inteligência, o resultado são as neuroses, psicoses e mutilações da nossa psique humana.

Você certamente já viu e ouviu inúmeros comentários, fofocas mesmo, sobre pessoas problemáticas, que se comportam inconvenientemente devido ao desequilíbrio emocional e a falta de qualidade comportamental, certo? Na verdade, o que observamos é o resultado, sinais e sintomas do que de fato está escondido, é algo invisível. A única forma de corrigirmos àquele comportamento é agindo na raiz do problema, ou seja, agir naquilo que não estamos vendo. Quando nos confrontamos com algo que acreditamos estar errado ou também fatos que nos desagradam profundamente ficamos indignados, com raiva e esse sentimento pode nos levar a um comportamento inconveniente. Perceba que enxergamos a inconveniência, mas, não vemos o que causou àquele comportamento inconveniente.

Gostaria de chamar a sua atenção para o seguinte fato, qualquer que seja o resultado, bom ou mau, satisfatório ou não, positivo ou negativo, conveniente ou inconveniente é e sempre será o efeito, o reflexo, a consequência daquilo que não vemos. Se as coisas não estão indo bem, se o resultado não está dentro dos padrões estabelecidos é preciso que atuemos diretamente na raiz do problema. Perceba que realmente é simples, mas, acredite, não é nada fácil; existe uma grande e complexa batalha que precisa ser cuidadosamente analisada, avaliada e estudada para que consigamos vencê-la.

Para fecharmos este capítulo, vamos a mais um exemplo. Vamos supor que uma pessoa tem o hábito de empurrar os outros para entrar no metrô antes que elas tenham a chance de sair. Esse comportamento é inconveniente e pode, inclusive, causar acidentes ou lesões nas outras pessoas. Se abordarmos apenas o comportamento, podemos ficar indignados e até mesmo responder com raiva, mas isso não resolve a raiz do problema. É importante entender que esse comportamento pode ser causado por fatores como educação, pressa, impaciência, falta de consideração pelos outros ou até mesmo falta de informação sobre as normas e diretrizes do metrô. Para gerenciar esse comportamento inconveniente, é necessário agir na raiz do problema. As empresas de transporte público podem criar campanhas de conscientização sobre as normas e diretrizes do metrô, incluindo informações sobre a importância de esperar as pessoas saírem antes de entrar. Além disso, os agentes de segurança do metrô podem alertar os passageiros sobre o comportamento inadequado e orientá-los a agir de forma mais segura e respeitosa. Com essas medidas, é possível criar um ambiente mais harmonioso e seguro dentro do metrô, evitando acidentes e garantindo a tranquilidade dos passageiros. Agindo na raiz do problema, é possível gerenciar o comportamento inconveniente de forma efetiva e construtiva.

Referências:

- Inteligência Emocional – Daniel Goleman.
- Os Segredos da Mente Milionária – Harv Eker
- As Raízes Geram os Frutos – RICCI
- A Lei da Atração – osegredo.com.br
- A Arte da Guerra – Sun Tzu
- A Bíblia Sagrada

Capítulo 66

Passo a passo para o GPCI

Neste sexagésimo sexto capítulo, temos como objetivo específico identificar, estudar e explicar o passo a passo para o gerenciamento de um comportamento inconveniente.

A Bíblia nos ensina em Provérbios que: *"o tolo pensa que sempre está certo, mas os sábios aceitam conselhos. Quando o tolo é ofendido, logo todos ficam sabendo, mas quem é prudente faz de conta que não foi insultado. A pessoa prudente esconde a sua sabedoria, mas os tolos anunciam a sua própria ignorância."*

Um comportamento extremamente inconveniente e, sobretudo, uma enorme perda de tempo é argumentar e debater com tolos. O tolo, na verdade, é um energúmeno, um doente que não se importa com os fatos. O tolo se preocupa apenas em alimentar suas confusões mentais e certezas insanas. Por tudo isso, não devemos desperdiçar nosso tempo argumentando com algo que não faz o menor sentido. É uma espécie de analfabetismo funcional, uma incapacidade de compreender textos e de organizar as próprias ideias para poder argumentar. Existem pessoas que, apesar das provas e fatos apresentados, não conseguem, por alguma razão, entendê-los; possuem uma espécie de cegueira e tudo o que desejam é ter razão, mesmo que não a tenham. Um pensador chamado Murilo Lacerda diz que *"o melhor remédio contra a ignorância é o silêncio, pois é a única coisa impossível de se revidar."* Com base em tudo o que foi dito, vamos refletir com base em mais uma dessas histórias da internet, muito interessante por sinal, mas de autor desconhecido, que com uma habilidade didática incrível conseguiu resumir de forma simples essas questões polêmicas que, de tempos em tempos, nos deixam estressados.

O jumento disse ao leopardo: *"A grama é azul."*
O leopardo respondeu: *"Não, a grama é verde."*

A discussão esquentou e os dois decidiram levar a questão ao Rei, e assim foram diante do leão, o Rei da Selva. Antes mesmo de chegarem à clareira da floresta, onde o leão estava sentado em seu trono, o jumento começou a gritar:
- *"Sua Alteza, a grama é azul, não é verdade?"*

O leão respondeu:
- *"Verdade, a grama é azul."*

O jumento se apressou e continuou:
- *"O leopardo discorda, me contradiz e me aborrece, por favor, puna-o."*

O rei então declarou:
- *"O leopardo será punido com 5 anos de silêncio."*

O jumento saltou alegremente e seguiu seu caminho, contente e repetindo: "A grama é azul..."

O leopardo aceitou seu castigo, mas antes perguntou ao leão:
- *"Sua Majestade, por que me castigou? Afinal, a grama é verde!"*

O leão respondeu:
- *"Na verdade, a grama é verde."*

O leopardo perguntou:
- *"Então, por que me castigou?"*

O leão respondeu:
- *"Isso não tem nada a ver com a grama; se a grama é azul ou verde não importa. O castigo é porque não é possível que uma criatura corajosa e inteligente como você perca tempo discutindo com um jumento e ainda venha me incomodar com essa questão. Leopardo, quando a ignorância grita, a inteligência fica em silêncio."*

No capítulo 14, falamos sobre sentimentos e comportamento. Percebemos que 10% da vida estão de alguma forma relacionados ao que acontece conosco, ou seja, estão relacionados aos nossos sentimentos. Não temos controle sobre 10% do que nos acontece. Não podemos evitar pessoas chatas, como o jumento da história, não podemos evitar um pneu furado, o trânsito congestionado, um sinal vermelho, um menino com flanelinha, um malabarista jogando facas para o alto, um garoto jogando água no para-brisa limpo ou mesmo que algum maluco qualquer decida de alguma forma estragar nosso dia. Por outro lado, os outros 90% estão relacionados à forma como reagimos ao que passamos. É importante reiterar que nosso gerenciamento, nossa reação, ou seja, nosso comportamento, determinará esses outros 90% - 90% dos conflitos, problemas, crises e escândalos que vivenciamos no dia a dia estão diretamente relacionados à forma como nos comportamos devido aos sentimentos. A maneira como gerenciamos, como reagimos, enfim, nosso comportamento, determinará esses outros 90%.

É fundamental lembrar que temos o poder de moldar nossas reações e comportamentos diante das situações que enfrentamos. Podemos escolher ser resilientes, buscar soluções criativas, manter a calma e agir de forma positiva. Ao desenvolvermos uma mentalidade consciente e proativa, estamos mais preparados para enfrentar os desafios e transformar os obstáculos em oportunidades de crescimento pessoal.

Portanto, ao compreendermos que a maior parte da nossa experiência de vida depende da nossa atitude e resposta emocional, temos o poder de influenciar positivamente a forma como nos relacionamos com os acontecimentos. Ao adotar uma postura responsável e construtiva, podemos desfrutar de uma vida mais equilibrada, produtiva e gratificante.

PERCEBA O PASSO A PASSO DE UM BOM GERENCIAMENTO

O primeiro passo seria reconhecer, ou seja, admitir de forma consciente e equilibrada a sua indignação, reconhecer a sua raiva devido à teimosia, devido à "ignorância do jumento". O processo de cura de uma doença tem início quando reconhecemos a doença em nós. Gente, o pior doente é aquele que considera saúde a sua própria enfermidade. Se você considera imprescindível ir até o fim para provar algo, fica muito difícil! Se não reconhecermos a vaidade de querer ter razão, de querer que as pessoas confirmem que estamos com a razão, é porque estamos, de fato, doentes. Quando perceber a "intransigência insana" do jumento, deixe-o ter razão!

O segundo passo seria não reagir por impulso, não seguir os sentimentos feridos, pois eles sempre nos levam em direção à morte. Deixar-se levar pela impulsividade é querer, é fazer questão de que o rei leão te dê razão, e isso é perder a noção das coisas. Portanto, respire bem fundo e comece a contar até um milhão, bem devagar. Nossas decisões precisam ser tomadas sempre com inteligência emocional e qualidade comportamental.

O terceiro passo seria procurar entender, tentar localizar o foco da indignação. Muitas vezes, estamos com um problema no trabalho e acabamos descontando na família; outras vezes, estamos com um problema em casa e acabamos perdendo o emprego. Uma coisa é uma coisa, outra coisa é outra coisa. Assim, procurando entender, tentando localizar o foco da sua indignação, ao perceber que o jumento é apenas um energúmeno, um doente aflito e ansioso por ter razão, sem qualquer preocupação com os fatos, o leopardo faria uso da empatia, ou quem sabe até teria compaixão do jumento.

"Amigo jumento, não se preocupe, está tudo bem; talvez você esteja certo. Vou avaliar melhor a sua colocação; conversaremos melhor em outra oportunidade. Não precisamos incomodar o Rei leão com algo tão pequeno e sem importância, não é verdade?"

O quarto passo seria fazer uma análise de todas as opções, projetando o resultado futuro das possíveis escolhas. Em seguida, adotaria as medidas e atitudes preventivas cabíveis. Por exemplo, através dessa reflexão equilibrada do leopardo:

"Essa discussão com o jumento é tão descabida que o Rei leão ficaria muito aborrecido comigo, quem sabe até eu fosse punido por incomodá-lo com tamanha bobagem. Foi ótimo desistir dessa ideia maluca, deixando o jumento achar que ele tem razão."

O quinto e último passo seria transformar toda essa teoria em ação, fazendo a escolha certa. Assim, tudo terminaria bem; o jumento, sinceramente equivocado e sem saber os limites da sua própria ignorância, continuaria feliz e convicto de que a grama é azul. E o Rei leão, por sua vez, não se decepcionaria com o leopardo, tampouco teria que puni-lo por ter se rebaixado tanto ao discutir com um jumento.

Percebeu? Duas situações iguais que terminam de maneira muito diferente. Por quê? Porque os outros 90% são determinados pelo nosso comportamento. Precisamos aprender a escolher bem os nossos comportamentos diante dos nossos sentimentos para não sofrermos de forma absolutamente desnecessária.

Portanto, ao seguir esses passos de um bom gerenciamento, reconhecendo a indignação, evitando reações impulsivas, procurando entender o foco da indignação, analisando as opções e transformando teoria em ação, podemos ter um melhor controle sobre os 90% que são determinados pelo nosso comportamento. Dessa forma, podemos evitar conflitos, problemas, crises e escândalos desnecessários em nosso dia a dia.

Lembre-se de que a inteligência emocional e a qualidade comportamental são essenciais para lidar com as situações de forma equilibrada e consciente. Ao adotar uma postura mais reflexiva, empática e assertiva, podemos construir relacionamentos mais saudáveis e evitar desperdiçar energia com discussões infrutíferas.

Portanto, reflita sobre esses passos e busque aplicá-los em sua vida. Com o tempo e a prática, você poderá desenvolver um bom gerenciamento das suas emoções e comportamentos, proporcionando uma vida mais tranquila e harmoniosa.

Reiterando, na glândula suprarrenal ou adrenal, encontramos o córtex e a medula. A medula produz a adrenalina e a noradrenalina, também chamadas de epinefrina e norepinefrina. Quando esses hormônios são lançados na nossa corrente sanguínea e não estamos bem treinados ou preparados internamente, nosso comportamento tende a ser inconveniente e inusitado, e certamente ficaremos furiosos.

Por outro lado, o córtex produz o cortisol e a aldosterona. Quando assumimos uma posição de derrotados ou revoltados, quando começamos a murmurar e reclamar de tudo e de todos, produzimos vários hormônios que, quando lançados na corrente sanguínea, causam sérios problemas à nossa saúde. Um dos mais importantes é o cortisol, o hormônio mais abundante da glândula adrenal. Ele é conhecido como o “hormônio do estresse” e é essencial para nossa sobrevivência, desde que esteja equilibrado.

A falta desse e de outros hormônios adrenais é conhecida como “insuficiência adrenal”. Já a hiperprodução de cortisol é chamada de síndrome de Cushing. O excesso de produção de cortisol pode resultar em hipertensão, obesidade, diabetes, estrias vermelhas na região abdominal e rosto arredondado com bochechas avermelhadas. Por outro lado, a falta de produção de cortisol pode levar a pressão baixa, dificuldade de se manter em pé, escurecimento da pele em dobras, escurecimento da pele no rosto e hipoglicemias.

Portanto, vale refletir: para que reclamar tanto? É importante buscar o equilíbrio emocional e adotar estratégias para lidar com o estresse, pois nossas reações e comportamentos podem impactar diretamente nossa saúde e bem-estar. Cuidar da nossa saúde mental e física, praticar exercícios físicos, ter uma alimentação balanceada e estabelecer momentos de relaxamento são medidas importantes para o bom funcionamento da glândula suprarrenal e para o equilíbrio hormonal. Dessa forma, podemos manter uma melhor qualidade de vida e evitar problemas decorrentes do desequilíbrio hormonal.

Lembrando sempre que, além dos hormônios, fatores como uma abordagem positiva diante dos desafios, a busca por soluções construtivas e o desenvolvimento de habilidades de gerenciamento do estresse também desempenham um papel fundamental na promoção de uma vida saudável e equilibrada.

Referências:

- A Bíblia Sagrada
- Mundo Educação – Hormônios Produzido nas Glândulas Suprarrenais – mundoeducação.uol
- Glândula Adrenal – kenhub.com – Anatomia
- O outro lado do amor – *The other side of love* – Dr. Gary Chapman.
- SciELO – www.scielo.br – Psicologia das Emoções

Capítulo 67

Os 5 estágios do desenvolvimento de competências

Nesse sexagésimo sétimo capítulo, temos como objetivo específico identificar, estudar e explicar os 4 estágios do desenvolvimento de competências no processo de aprendizagem.

No final de um curso de especialização em segurança privada, perguntei à turma:

"Qual o valor de suas vidas?"

Pedi que escrevessem em uma folha de papel e justificassem a resposta. Praticamente todos responderam que a vida não tem preço e, como justificativa, disseram que o dinheiro não teria o menor valor diante da morte.

"Muito bem!" - disse-lhes, fazendo outra pergunta:

"Vocês se recordam do juramento feito no final do curso?" - assim, lembrei-lhes do juramento e da cerimônia de formatura.

"Vocês começam jurando perante Deus e perante os homens que trabalharão com honestidade e dignidade... Não é isso?" - e complementam:

"Pela proteção e segurança dos valores e do patrimônio que estão sob suas responsabilidades, e terminam dizendo 'expondo-me' aos grandes riscos da profissão." - Fechei o raciocínio pedindo que eles refletissem a respeito, e continuei:

"Portanto, considerando todos os fatos expostos, a vida de vocês vale exatamente o piso salarial do segmento. Nem um centavo a mais do que isso. Afinal, vocês colocam ou não suas vidas em risco?" - Talvez a ficha tenha caído naquele momento.

A base para esse tema, além das referências citadas, foi a faculdade de educação física, fisioterapia e psicanálise. Muitas vezes apresentamos um determinado padrão de comportamento por acreditar, equivocadamente, em uma filosofia sem fundamentos, sem uma base. Resumidamente, o padrão de comportamento de uma pessoa se traduz em um ajuste de seus relacionamentos, dos livros que leu e de sua educação básica. Assim, surge a seguinte pergunta: como se forma um padrão comportamental? Acreditamos que o padrão comportamental de uma pessoa se organiza e se forma com base na educação que recebeu na infância, nas informações recebidas na adolescência e nas experiências de todos os tipos, incluindo aquelas que deixaram marcas na alma, as experiências traumáticas. Estamos falando da educação recebida pelos pais ou responsáveis diretos, pelos parentes mais próximos, pelos professores e líderes religiosos, pelas amizades construídas, sobretudo, na infância e adolescência, pelas influências e orientações de líderes de atividades esportivas, pelos livros lidos, pelo que foi absorvido pela mídia, pela internet e pela cultura de maneira geral.

Sabemos que algumas famílias têm formas próprias de educar seus filhos. Algumas acreditam que palavras convencem pessoas, mas os exemplos arrastam multidões. Outras consideram os valores morais, éticos, sociais e espirituais fundamentais na formação do indivíduo. Enquanto isso, outras famílias adotam abordagens completamente diferentes e inusitadas.

Você realmente acredita que uma criança já nasce com vocação para desenvolver determinados padrões de comportamento? Nós acreditamos que sim; é a chamada herança genética. Todos nós nascemos com vocação para muitas coisas e sem vocação para muitas outras. Todos nós passamos por cinco fases distintas de aprendizado.

ESTÁGIOS DO DESENVOLVIMENTO DE COMPETÊNCIAS NO PROCESSO DE APRENDIZAGEM

INCONSCIÊNCIA E FALTA DE HABILIDADE – INCOMPETÊNCIA INCONSCIENTE

Alguns estudiosos afirmam que essa teoria foi desenvolvida nos anos 70 pelo crítico de cinema Noel Burch, enquanto outros atribuem a autoria ao psicólogo americano Abraham Maslow. Feita essa observação, o primeiro estágio é o da inconsciência e falta de habilidade, também chamado de "incompetência inconsciente". Nesse estágio, não temos consciência da existência daquilo, seja lá o que for, e também não temos habilidade para isso. Em determinado momento de nossa vida, não conhecíamos o papel e a caneta, e não tínhamos habilidade para elaborar relatórios, pois ainda não sabíamos ler nem escrever. Também não sabíamos da existência do cigarro, tampouco tínhamos habilidade para tragar ou simplesmente acendê-lo. Isso vale para tudo, seja bom ou não.

CONSCIÊNCIA E FALTA DE HABILIDADE – INCOMPETÊNCIA CONSCIENTE

O segundo estágio é o da consciência e falta de habilidade, também chamado de "incompetência consciente". Nesse estágio, temos consciência da existência daquilo, seja lá o que for, mas ainda não temos habilidade para realizá-lo. Em determinado momento de nossa vida, passamos a ter consciência da existência do papel e da caneta, mas ainda não temos habilidade para elaborar relatórios, pois não sabíamos ler nem escrever. Também passamos a ter consciência da existência do cigarro, mas ainda não temos habilidade para tragar ou simplesmente acendê-lo. Isso vale para tudo, seja bom ou não.

CONSCIÊNCIA E HABILIDADE – COMPETÊNCIA CONSCIENTE

O terceiro estágio é o da consciência e habilidade, também chamado de "competência consciente". Nesse estágio, temos consciência da existência daquilo, seja lá o que for, e também temos habilidade para realizá-lo. Em determinado momento de nossa vida, passamos a ter consciência da existência do papel e da caneta, e adquirimos habilidade para elaborar relatórios, pois fomos devidamente alfabetizados. Também passamos a ter consciência da existência do cigarro e, devido à prática, adquirimos habilidade para tragar e fazer círculos de fumaça. Isso vale para tudo, seja bom ou não.

INCONSCIÊNCIA E HABILIDADE - COMPETÊNCIA INCONSCIENTE

O quarto estágio é o da inconsciência e habilidade, também chamado de "competência inconsciente". Nesse estágio, por diversos fatores, como a herança genética, o domínio da técnica e a constância de treinamento, realizamos determinada tarefa de forma condicionada e instintiva, porém com bastante habilidade. É a aquisição do condicionamento reflexivo. A pessoa acorda, acende o cigarro, traga, faz círculos de fumaça e não se lembra que fumou antes mesmo de lavar o rosto, escovar os dentes e tomar o café da manhã.

COMPETÊNCIA REFLEXIVA

O quinto estágio é o da competência reflexiva: "sou capaz de transmitir e desenvolver - ainda mais - o que sei". Em 2004, o pesquisador David Balmer complementou a teoria da hierarquia das competências ao acrescentar um quinto estágio: a competência reflexiva. A teoria da hierarquia das competências é uma abordagem amplamente conhecida e útil para entender o processo de aprendizagem e desenvolvimento de competências. No entanto, Balmer trouxe uma importante contribuição ao adicionar a competência reflexiva como um estágio adicional.

Dessa forma, podemos compreender que a formação do padrão comportamental de uma pessoa se baseia na educação recebida durante a infância, nas informações absorvidas durante a adolescência, bem como nas experiências vivenciadas e nas influências e orientações recebidas ao longo da vida, incluindo a educação familiar, a convivência com amigos, professores, líderes religiosos, a leitura de livros, a mídia, a internet e a cultura em geral.

É importante considerar que, embora a herança genética possa influenciar certas inclinações e aptidões, é o ambiente e as interações que moldam e definem os padrões de comportamento de uma pessoa. Portanto, a educação e as experiências vividas desempenham um papel fundamental na formação de um indivíduo e no desenvolvimento de suas competências.

Esse tema se baseia em referências da área de educação física, fisioterapia e psicanálise, buscando compreender como os padrões comportamentais são estabelecidos e como o aprendizado ocorre em diferentes estágios. Refletir sobre essas questões nos permite compreender melhor a influência do ambiente e das experiências na formação de cada indivíduo.

A competência reflexiva envolve a capacidade de refletir sobre nossas próprias ações, pensamentos e sentimentos, compreender o que sabemos e como podemos aplicar esse conhecimento de maneira mais eficaz, bem como ensinar e orientar outras pessoas em seu processo de aprendizagem e desenvolvimento de competências. Afinal de contas, ensinar é o melhor treinamento para que nós nos aproximemos, cada vez mais, da excelência. É uma habilidade importante para profissionais que desejam continuar a crescer e aprimorar suas habilidades ao longo do tempo.

É importante notar que, embora a teoria da hierarquia das competências seja útil para nós entendermos o desenvolvimento de habilidades, ela não é uma medida precisa do desempenho ou da qualidade do trabalho de um profissional. Cada pessoa tem sua própria trajetória de aprendizagem e desenvolvimento, e o mais importante é que cada um esteja sempre disposto a aprender, crescer e se desenvolver continuamente. Vale esclarecer que nós podemos estar em diferentes estágios para diferentes assuntos.

Referências:

- O Monge e o Executivo – James C. Hunter
- Hierarquia das Competências – fabricadequalidade.com.br
- Os Quatro Estágios da Competência – gestaoindustrial.com
- SciELO – www.scielo.br – Psicologia das Emoções
- O que é Emoção? – psicanaliseclinica.com

Capítulo 68

Condicionamento reflexivo

Neste sexagésimo oitavo capítulo, temos como objetivo específico identificar, estudar e explicar a aquisição de condicionamento reflexivo.

Ninguém nasce com vocação para tudo, nem sem vocação para nada. Todos nós nascemos com vocação para diversas coisas e sem vocação para outras. No entanto, a vocação, que é uma herança genética, pode facilitar o desenvolvimento de habilidades reflexas em um período menor de tempo. Por exemplo, se alguém tem vocação para o esporte jiu-jitsu e desde cedo é exposto a esse meio para treinar, terá grandes chances de se tornar um campeão. Por outro lado, se alguém tem vocação genética para o esporte jiu-jitsu, mas nunca teve a oportunidade de treinar essa arte, e é colocado para lutar com alguém que não tem essa vocação, mas possui conhecimento técnico, certamente será rapidamente derrotado. No mesmo contexto, se alguém tem vocação genética para o esporte jiu-jitsu, mas nunca teve a oportunidade de treinar essa arte e é matriculado em uma academia de jiu--jitsu junto com outras pessoas que também não possuem conhecimento da arte, certamente se destacará em relação aos outros alunos devido à sua vocação e herança genética.

É importante perceber que isso é uma faca de dois gumes, aplicável tanto a coisas positivas quanto negativas. Por exemplo, se uma criança possui uma herança genética que a predisponha ao alcoolismo, caso seja devidamente acompanhada, sensibilizada, orientada e conscientizada dentro de padrões rigorosos de educação, poderá lidar bem com essa vocação e não ter problemas relacionados a essa herança genética. No entanto, se essa mesma criança não receber o acompanhamento adequado, não for sensibilizada, orientada e conscientizada, e for influenciada pelo ambiente e pelos amigos, terá grandes chances de sofrer as trágicas consequências dessa herança genética. É claro que qualquer criança pode ser influenciada da mesma forma, mas aquela que possui a herança genética terá uma predisposição maior para entrar nessa situação e uma dificuldade maior em sair dela, o sofrimento pode ser ainda mais intenso.

Com base nisso, acreditamos que a criança nasce com vocação para desenvolver certos padrões de comportamento. No entanto, isso não é uma verdade absoluta, ou seja, não podemos afirmar que esses padrões de comportamento prevalecerão, pois dependerão de todos os fatores mencionados anteriormente - educação, leitura, relacionamentos, mídia, cultura etc. Todos nós nascemos com vocação para muitas coisas e certamente morreremos sem conhecer todos os talentos e dons que possuímos. Com base nisso, acreditamos que a criança é de alguma forma influenciada pelo ambiente e é levada a pensar e agir de acordo com esse universo, o que determinará sua forma de comportamento. É importante ressaltar que isso se aplica a todos nós.

Fomos moldados de diferentes formas e maneiras para pensar e agir de acordo com aquelas normas e diretrizes, seguindo aquela cultura e conforme aquelas linhas de ação pré-definidas, o que resultou em um determinado padrão comportamental. Consequentemente, adquirimos um condicionamento reflexivo bastante positivo para muitas coisas, mas também um condicionamento reflexivo bastante negativo que se manifesta em nossas atitudes impulsivas, atos reflexos e respostas automáticas, que nos constrangem, comprometem e nos acompanham ao longo da vida. Portanto, ao reconhecermos, através do discernimento, um comportamento inadequado em nós mesmos, é fundamental trabalharmos em uma reprogramação mental para sermos capazes de intervir, rever e alterar os arquivos daquele padrão comportamental «não conforme» que foi indevidamente implantado em nossa mente. É exatamente isso que vamos trabalhar juntos, ao longo da leitura deste livro.

Para encerrar este tema, imagine uma criança que nasceu em uma família que valoriza muito o esporte e possui uma cultura esportiva forte. Desde cedo, essa criança é incentivada a praticar diferentes modalidades esportivas e é levada a assistir jogos e eventos esportivos. Com o tempo, ela desenvolve uma habilidade natural para alguns esportes e passa a se dedicar mais a eles. No entanto, essa mesma criança também tem talento para a música, mas por não receber incentivo nessa área, acaba não desenvolvendo essa habilidade.

Com base nesse exemplo, podemos entender que a criança pode nascer com habilidades e aptidões para diferentes áreas, mas é influenciada pelas circunstâncias e pelo ambiente em que vive. O estímulo e a educação recebidos podem direcionar a criança para um determinado caminho e moldar seu comportamento de acordo com as normas e diretrizes estabelecidas naquele universo. Isso pode resultar em um condicionamento reflexivo positivo para algumas coisas, mas também pode levar a comportamentos inadequados ou negativos que precisam ser trabalhados e reprogramados para uma vida mais saudável e feliz.

O GPCI - Inteligência Emocional como Autodefesa e Segurança Pessoal tem como objetivo ajudar as pessoas a reconhecerem padrões comportamentais inadequados em si mesmas e a trabalharem na reprogramação mental para alterar esses comportamentos. Assim como a criança do exemplo, todos nós nascemos com uma variedade de talentos e dons, mas é importante que estejamos dispostos a explorá-los e, sobretudo, dispostos a treinar nossos comportamentos para alcançarmos nosso máximo potencial.

Além do que foi mencionado anteriormente, é importante ressaltar que a reprogramação mental e a alteração de padrões comportamentais exigem esforço, dedicação e persistência. Não é um processo fácil, mas é totalmente possível e recompensador. Ao buscar a reprogramação, é fundamental ter autoconhecimento e estar aberto a uma mudança positiva. Isso envolve refletir sobre nossas ações, identificar comportamentos indesejados e entender as causas por trás deles. Com esse conhecimento, podemos trabalhar na modificação desses padrões, substituindo-os por comportamentos mais saudáveis, alinhados com nossos valores e objetivos.

A reprogramação mental também pode envolver o desenvolvimento da inteligência emocional, que nos permite lidar melhor com nossas emoções, entender as emoções dos outros e ter maior controle sobre nossas respostas emocionais. Isso é especialmente importante quando se trata de comportamentos impulsivos ou reativos.

Por fim, é válido lembrar que o processo de reprogramação não precisa ser enfrentado sozinho. Buscar apoio de profissionais qualificados, como psicoterapeutas, coaches ou psicólogos, pode ser extremamente benéfico para auxiliar nessa jornada de transformação pessoal.

Em suma, a reprogramação mental e a alteração de padrões comportamentais podem nos ajudar a alcançar uma vida mais plena, equilibrada e satisfatória. Com autoconhecimento, determinação e o apoio adequado, podemos redefinir nossa forma de pensar e agir, permitindo-nos alcançar todo o nosso potencial e bem-estar.

Referências:

- O Monge e o Executivo – James C. Hunter
- Os Segredos da Mente Milionária – Harv Eker
- Hierarquia das Competências – fabricadequalidade.com.br
- SciELO – www.scielo.br – Psicologia das Emoções
- O que é Emoção? – psicanaliseclinica.com
- A Bíblia Sagrada

Capítulo 69

Cabeça vazia é oficina do diabo

Nesse sexagésimo nono capítulo, temos como objetivo específico, estudar e explicar que pensamentos conduzem a sentimentos, sentimentos conduzem a ações e ações conduzem a resultados.

Essa é a história de um mestre japonês que recebeu um desses políticos espaçosos e faladores que queria adquirir conhecimento sobre o Zen. Ansioso, o político deu início a um longo discurso, obviamente político, cheio de demagogia e hipocrisia. Enquanto o político tagarelava sem parar, o mestre equilibradamente levantou-se, pegou a chaleira e lentamente começou a despejar o chá em sua xícara, enchendo-a proporcionalmente a fala desenfreada, até que o líquido começou a derramar sobre o pires. O político não parava de falar, mas observava impacientemente o chá que transbordava pela borda da xícara. Nervoso com a situação o político decidiu intervir uma vez que o mestre estava derramando todo o chá. Todavia, com equilíbrio emocional e qualidade comportamental o mestre lhe disse:

"Olhe bem para essa xícara, veja o pires! Você está exatamente assim, cheio de opiniões e especulações; primeiro esvazie-se, só depois eu poderei lhe apresentar o Zen".

Essa é a parábola da xícara de chá, ela nos ensina que precisamos de uma condição mental especialmente livre para que possamos absorver novos conhecimentos. É preciso que nos livremos dos pré-julgamentos e estejamos despidos do orgulho e da vaidade. É impossível passar conhecimento para alguém que tem certeza de que já sabe tudo. Contudo, é muito importante entendermos que tudo depende do ponto de vista, vejamos; lembro-me que minha avó sempre falava que *"cabeça vazia é oficina do diabo."* Quando eu era criança achava muito inusitada essa colocação, mas não dava muita "bola" para o que ela dizia, não prestava muita atenção no que de fato ela estava insinuando. Quando li o livro *"Os segredos da Mente Milionária"*, de T. Harv Eker, puder perceber que aquele chavão ocultava algo surpreendente. Harv Eker diz que:

"Pensamentos conduzem a sentimentos, sentimentos conduzem a ações e ações conduzem a resultados".

Minha avó com sua simplória sabedoria sabia que uma criança, ainda despreparada nos seus pensamentos, seria conduzida a sentimentos infantis que por sua vez a levaria a ações inconvenientes que, certamente, resultaria em algo não muito agradável aos nossos olhos. Perceba que da mesma forma uma pessoa, por algum motivo, despreparada nos seus pensamentos, é facilmente conduzida a sentimentos equivocados que por sua vez a levaria a ações inconvenientes que, certamente, resultaria em algo desagradável aos nossos olhos. Vamos ao exemplo: Imagine que você é um estudante universitário e tem um importante trabalho para entregar em uma semana. Porém, você não está dando a devida atenção ao projeto e passa a maior parte do tempo distraído com redes sociais e jogos online. Como resultado, seus pensamentos estão focados em atividades irrelevantes e você começará a sentir uma crescente ansiedade sobre o prazo apertado para entregar o trabalho. Esses sentimentos de ansiedade podem levar a ações como procrastinar ainda mais, se preocupar em excesso, ou até mesmo desistir do projeto. Isso poderia levar a resultados negativos como baixas notas, reprovação na disciplina e consequentemente na formação acadêmica.

Por outro lado, se você se concentrar em seus pensamentos, focando nas etapas necessárias para concluir o trabalho e em como fazê-lo de forma eficiente e eficaz, você irá criar sentimentos de confiança e motivação. Isso poderá levar a ações como criar um cronograma para concluir o trabalho e focar em tarefas importantes para alcançar esse objetivo. Os resultados esperados seriam melhores notas, aprovação na disciplina e, eventualmente, uma formação acadêmica satisfatória. Assim, a sabedoria da minha avó e a teoria de Harv Eker se mostram verdadeiras: nossos pensamentos influenciam diretamente nossos sentimentos, ações e resultados. Cabe a nós preencher nossa mente com pensamentos positivos e construtivos, que nos levem a comportamentos adequados e resultados positivos em nossas vidas.

Vimos que todos nós temos uma individualidade biológica, somos diferentes; não existem dois indivíduos exatamente iguais, pensamos e agimos diferente. Vimos também que o padrão comportamental de uma determinada pessoa se organiza e se forma com base na educação que a pessoa recebeu na infância, nas informações recebidas na adolescência e nos envolvimentos de todos os tipos, incluindo as experiências traumáticas. Vimos ainda que a herança genética aliada ao conhecimento técnico e a constância de treinamento nos presenteia com o chamado "condicionamento reflexivo", assim, com base em todas essas afirmativas, podemos concluir que se nos predispusermos a um treinamento forte, com objetivos bem definidos, com uma disciplina técnica rígida e, sobretudo, com perseverança, somos capazes de reverter qualquer padrão comportamental "não conforme", qualquer que seja o comportamento inconveniente, pois dessa forma, podemos reprogramar nossa mente. Como Harv Eker nos ensina no seu livro, o condicionamento determinará todos os pensamentos que surgirem na mente. Se eu me condiciono a algo bom, saudável e positivo, meus pensamentos também serão bons, saudáveis e positivos, consequentemente me conduzirão a sentimentos bons, saudáveis e positivos que finalmente me conduzirão a um bom, saudável e positivo padrão comportamental.

Vejamos, primeiro precisamos reconhecer que o nosso programa mental não está funcionando, assim precisamos mudar nossa programação mental que nos conduzirá aos pensamentos que precisamos; é necessário desenvolver bons pensamentos. Você não pode mudar em você aquilo que você não reconhece que existe em você. Para promover mudanças em si mesmo, é essencial reconhecer e aceitar a existência daquilo que precisa ser transformado. A tomada de consciência é o primeiro passo para realizar mudanças positivas em nossas vidas. Ao reconhecer nossas fraquezas, limitações ou comportamentos indesejados, abrimos caminho para o autodesenvolvimento e a evolução pessoal.

Essa explicação ressalta a importância do autoconhecimento e da conscientização como base para o crescimento pessoal e a possibilidade de mudança.

Assim reitero que o pior doente é aquele que considera saúde sua própria enfermidade. Você consegue perceber a necessidade de bons pensamentos?

Referências:

- O Monge e o Executivo – James C. Hunter
- Os Segredos da Mente Milionária – Harv Eker
- Hierarquia das Competências – fabricadequalidade.com.br
- Os Quatro Estágios da Competência – gestaoindustrial.com
- SciELO – www.scielo.br – Psicologia das Emoções
- O que é Emoção? – psicanaliseclinica.com
- A Bíblia Sagrada

Capítulo 70

Bons pensamentos, bons sentimentos e vice-versa

Neste septuagésimo capítulo, temos como objetivo específico, estudar e explicar por que os nossos pensamentos geram os mais variados tipos de sentimentos, que por sua vez geram os mais variados tipos de comportamento.

No livro "Vencendo o Pânico" dos professores Bernard Rangé e Angélica Borba, publicado pela Editora Cognitiva, os autores explicam que *"A síndrome do pânico é um transtorno de ansiedade que se caracteriza obrigatoriamente pela presença de ataques súbitos e recorrentes de pânico. Contudo, pode ser também que alguns desses ataques ocorram em lugares ou situações em que já aconteceram anteriormente, ou até mesmo que sejam disparados a partir de alguma situação específica, o que é muito comum nos quadros de fobia. É certo que esses ataques espontâneos, reúnem sempre um conjunto de sensações de ansiedade crescente e de pensamentos catastróficos relacionados a eles que são muito assustadores"*.

Mais à frente, os autores falam sobre os pensamentos, e explicam que "*antes de tudo, é preciso entender que o modo de pensar afeta, isto é, influencia o que sentimos. Qualquer situação com a qual deparemos, nos faz pensar automaticamente em coisas boas ou ruins sobre ela. Se penso que estou em perigo, sinto medo; e se penso que algo muito bom vai acontecer, fico alegre. Assim, qualquer sentimento é geralmente causado por um pensamento específico. Ao mudarmos nossos pensamentos, também modificamos nossos sentimentos, ou seja, seguindo o exemplo anterior, as duas avaliações contidas naqueles pensamentos podem estar erradas: de repente, descubro que não estou em perigo, e o medo passa; e o que pensei que iria acontecer de bom era um engano, e não fico mais alegre. É assim que, muitas vezes, as coisas se passam na nossa cabeça e na nossa vida. Então onde reside o problema? O problema está no fato de não considerarmos que uma parte dos pensamentos automáticos que surgem em nossa mente pode estar distorcida e precisa ser questionada. Nós embarcamos na onda do primeiro pensamento que emerge, principalmente se ele for de alerta para algum 'perigo' supostamente potencial*". Isto posto:

Imagine que você está caminhando em um parque e vê uma pessoa desconhecida se aproximando de você rapidamente. Automaticamente, você pensa que essa pessoa pode representar uma ameaça e começa a sentir medo. No entanto, ao se aproximar, você percebe que a pessoa apenas queria lhe pedir informações sobre o caminho para o banheiro. Esse exemplo ilustra como o modo como pensamos afeta nossos sentimentos e emoções. Se tivéssemos questionado nosso pensamento inicial de que a pessoa era uma ameaça, teríamos evitado sentir medo desnecessariamente. Portanto, é importante lembrar que nem todos os pensamentos automáticos que surgem em nossas mentes são precisos ou verdadeiros. Ao questionar esses pensamentos, podemos mudar nossos sentimentos e emoções para melhor. Vamos para um outro exemplo:

Imagine que você acabou de fazer uma apresentação importante no trabalho e recebeu alguns feedbacks negativos. Automaticamente, você começa a se sentir triste e desmotivado, pensando que sua apresentação foi um fracasso total. No entanto, se você parar e questionar seus pensamentos, pode perceber que talvez tenha sido um exagero pensar que sua apresentação foi um fracasso total. Talvez haja algumas coisas que possa melhorar, mas também pode haver alguns aspectos positivos. Ao mudar sua perspectiva e pensamentos sobre a situação, você pode mudar seus sentimentos e encontrar motivação para melhorar na próxima vez.

Vimos, portanto, que os nossos pensamentos têm uma relação direta com os nossos sentimentos; se você tem bons pensamentos consequentemente terá bons sentimentos e vice-versa. Se você estiver dirigindo à noite num local deserto e pensar que está em apuros, obviamente sentirá medo. Exemplo: Se você levar uma fechada no trânsito e devido a uma prévia programação mental, pensar:

"Essa pessoa deve estar com sérios problemas; certamente recebeu uma notícia muito ruim e está desesperada para chegar em casa".

Consequentemente, você vai gerar empatia e terá compaixão ao invés de raiva. Não é verdade? Se você mudar o seu pensamento por algum motivo, automaticamente mudará também o seu sentimento. Perceba que os nossos pensamentos geram os mais variados tipos de sentimentos, que por sua vez geram os mais variados tipos de comportamento. As variáveis são muitas e isso tudo acontece automaticamente; a aquisição dessa condição reflexa pode e deve ser treinada e, também reprogramada. Criar um programa de treinamento muito bem elaborado, com metas cuidadosamente estabelecidas para atingirmos os nossos objetivos, é um bom caminho para ficarmos entusiasmados. Lembre-se que é o entusiasmo que nos conduz ao sucesso.

Referências:

- Vencendo o Pânico - Bernard Rangé e Angélica Borba - Editora Cognitiva
- O Monge e o Executivo – James C. Hunter
- Os Segredos da Mente Milionária – Harv Eker
- Hierarquia das Competências – fabricadequalidade.com.br

Capítulo 71

Tudo acontece na nossa cabeça

Neste septuagésimo primeiro capítulo, temos como objetivo específico estudar e explicar os três fatores fundamentais para adquirirmos um bom condicionamento reflexivo.

Dizem que em uma de suas reuniões, Hitler pediu que lhe trouxessem uma galinha. Agarrou-a com firmeza em uma das mãos enquanto a depenava com a outra. A galinha, desesperada pela dor, tentou fugir, mas não pôde. Assim, Hitler arrancou muitas de suas penas, dizendo aos seus colaboradores:

"Agora, observem o que vai acontecer" - Soltou a galinha no chão e afastou-se um pouco dela.

Hitler pegou um punhado de grãos de trigo, começou a caminhar pela sala e a jogar os grãos de trigo ao chão; seus colaboradores observavam perplexos, enquanto a galinha, assustada, dolorida e sangrando, corria atrás de Hitler tentando pegar algumas migalhas, dando voltas pela sala. A galinha o seguia fielmente por todos os lados. Então, Hitler olhou para seus ajudantes, que estavam completamente surpresos, e lhes disse:

"Dessa forma, governa-se facilmente os estúpidos. Viram como a galinha me seguiu, apesar da dor que lhe causei?" - E continuou.

"Tirei-lhe tudo! As penas e a dignidade, mas ainda assim ela me segue em busca de farelos." (Autor desconhecido)

Esse relato ilustra de forma contundente como o poder de manipulação pode ser exercido sobre as pessoas, mesmo quando elas estão em situações de dor e sofrimento. É importante que nós, como profissionais qualificados em GPCI, estejamos conscientes da influência que nossos governantes e políticos têm sobre nós e saibamos questionar suas ações e propostas. Devemos buscar informações, analisar os fatos e tomar decisões conscientes, baseadas em nossos próprios valores e princípios. Somente assim poderemos construir uma sociedade mais justa e equilibrada, na qual todos possam ter acesso à educação, saúde, dignidade e bem-estar. Muitas pessoas, pelos mais variados motivos, vivem essa realidade. É preciso acordar urgentemente e mudar esse comportamento extremamente inconveniente.

Arun Gandhi, 5º neto de Mahatma Gandhi, fundador e presidente do Gandhi Institute for Nonviolence, diz que: ***"O mundo em que vivemos é aquilo que fazemos dele. Se hoje é implacável, foi porque nossas atitudes o tornaram assim".*** Arun Gandhi também afirma que se mudarmos a nós mesmos, poderemos mudar o mundo, e essa mudança começa pela nossa linguagem e nossos métodos de comunicação. Ao mudar nossa comunicação, criamos um mundo mais compassivo.

Já abordamos esse tema anteriormente, mas reiteramos que, segundo um dado estatístico, a pessoa que você será, ou melhor, se tornará em cinco anos, é definida pelas pessoas com as quais você se relaciona hoje e, principalmente, pelos livros que você escolhe ler hoje. É por isso que aqueles com quem nos relacionamos, com quem gastamos nosso tempo, são os que influenciam o que fica em nossa mente, ou seja, aquilo que estamos absorvendo.

1. **Perceba que os pensamentos levam aos sentimentos:** ao estarmos entusiasmados e comprometidos com as metas que estabelecemos, "arregaçamos as mangas" com alegria, dedicando nosso sangue, suor e lágrimas para fazer com que as coisas aconteçam e deem certo.

2. **Perceba que os sentimentos levam às ações:** com perseverança, coragem e determinação, avançamos gradualmente em direção aos nossos objetivos, persistindo até alcançá-los. Por meio da insistência e da persistência, superamos os obstáculos e nos aproximamos do sucesso.

3. **Perceba que as ações levam a resultados:** ao reconhecermos que existe um problema em nossa programação mental, quebramos o primeiro paradigma e damos o primeiro passo para que os resultados sejam positivos. Iniciamos uma caminhada em direção ao sucesso, tomando as ações necessárias para transformar nossas vidas.

É essencial compreendermos a interconexão entre pensamentos, sentimentos, ações e resultados. Ao nutrir pensamentos positivos e fortalecedores, cultivamos emoções construtivas que nos impulsionam a agir de forma coerente com nossos objetivos. Com cada ação empreendida, nos aproximamos dos resultados desejados, transformando nossa realidade.

Portanto, é fundamental estarmos conscientes de nossa programação mental, buscando reprogramar nossos pensamentos limitantes e negativos em direção a uma mentalidade positiva e de crescimento. Dessa forma, abrimos espaço para a transformação pessoal, permitindo que alcancemos nosso potencial máximo e construamos uma vida plena e realizada.

Nesse sentido, o conhecimento adquirido por meio da leitura de livros relevantes e a busca por relacionamentos construtivos e enriquecedores desempenham um papel fundamental na nossa jornada de desenvolvimento. Ao escolhermos cuidadosamente nossas influências e investirmos em nosso autodesenvolvimento, temos a oportunidade de expandir nossos horizontes, adquirir novas perspectivas e fortalecer nossa capacidade de tomar decisões conscientes e alinhadas com nossos valores.

Em resumo, ao compreendermos a importância de nossa programação mental, do poder de nossos pensamentos e do impacto das ações em nossas vidas, temos o potencial de criar uma realidade mais positiva e gratificante. Assumir a responsabilidade por nossa própria transformação nos capacita a superar desafios, alcançar nossos objetivos e contribuir para um mundo melhor.

Lembra-se de como ocorre o condicionamento reflexivo?

- Como vimos no capítulo anterior, tudo acontece dentro da nossa cabeça, dentro da calota craniana, e esses três fatores são fundamentais para adquirirmos um bom condicionamento:

VOCAÇÃO: é a herança genética. Como vimos, ela facilita o processo de aprendizagem, reduzindo significativamente o tempo necessário para aprender algo. Quando temos vocação para alguma coisa, aprendemos essa "coisa" em um tempo bem menor do que aqueles que não possuem vocação para isso.

APRENDIZADO TÉCNICO: é a dedicação ao aprendizado técnico. Como vimos, não basta ter vocação para algo. Se não aprendemos e dominamos a técnica, a vocação não adianta de nada. Se não nos dedicamos ao aprendizado técnico, nos tornamos medíocres naquilo que fazemos.

CONSTÂNCIA DE TREINAMENTO: é a ação após o domínio da técnica, o derramamento de sangue, suor e lágrimas para adquirirmos as qualidades físicas pertinentes àquilo que treinamos. Na constância de treinamento, consolidamos nossa vocação e competência técnica.

É importante lembrarmos da importância desses fatores para o condicionamento reflexivo. Vocação, aprendizado técnico e constância de treinamento trabalham em conjunto para desenvolvermos habilidades e competências em determinada área. Ao reconhecermos e valorizarmos esses elementos, estamos no caminho para alcançar um bom desempenho e excelência em nossas atividades.

Referências:

- O Monge e o Executivo – James C. Hunter
- Os Segredos da Mente Milionária – Harv Eker
- Vencendo o Pânico - Bernard Rangé e Angélica Borba - Editora Cognitiva
- Hierarquia das Competências – fabricadequalidade.com.br

Capítulo72

Você adquire excelência quando ensina o que faz!

Neste septuagésimo segundo capítulo, temos como objetivo específico estudar e explicar por que você adquire a "excelência" quando ensina aquilo que faz.

"Imagine-se em um edifício com escritórios e salas comerciais de aproximadamente quarenta andares, exatamente igual aos que existem nos grandes centros. Agora, tente imaginar quantas salas existem em cada andar e, ao calcular o aproveitamento do espaço, também calcule o número total de salas do edifício. Caro leitor, você acaba de ser promovido a gerente de segurança deste condomínio. Tudo estava indo maravilhosamente bem até receber uma chamada telefônica informando sobre a existência de uma bomba em uma das salas do edifício. E agora? O que fazer? As pernas estão tremendo? Será um blefe? Talvez seja, mas e se não for? Já pensou na sua responsabilidade? 'Estou com dor de cabeça!' 'Acho que vou para casa mais cedo!' Você se perdoaria se fosse omisso e não tentasse evitar uma tragédia com dezenas, centenas ou talvez milhares de mortos? Claramente, a situação não é fácil. Então, como você se comportaria?"

- Antes de continuar a leitura, pegue papel e caneta e projete o resultado futuro das suas possíveis escolhas. Liste todas as medidas e atitudes preventivas que você adotaria como gerente de segurança deste prédio.

Graças a Deus, apesar dos grandes problemas que enfrentamos, estamos no Brasil. Não enfrentamos, tampouco estamos preparados para enfrentar os discípulos de Osama Bin Laden. No entanto, não deixe de fazer esse exercício, ele o ajudará a entender a importância do conhecimento técnico. Como gerente de segurança do edifício, diante da informação sobre a possível presença de uma bomba em uma das salas, é importante manter a calma e agir rapidamente. Perceba que você precisa manter a inteligência emocional e um comportamento adequado, pois essas são necessidades estratégicas para lidar com seres humanos. Você não tem o direito de se comportar de maneira inconveniente, pois isso certamente levaria as pessoas a um comportamento inconveniente, gerando o caos. Portanto, se ainda não fez o exercício, não deixe de fazê-lo. Nossos inimigos são outros e pensam de forma diferente. Embora algumas atitudes erradas acabem dando certo no Brasil, é importante lembrar que essa não é a realidade de muitos países. Para entrarmos no clima, aqui vão algumas perguntas: Para que existem os planos de segurança? E os planos de emergência e evacuação?

Você já imaginou a complexa e difícil situação dos profissionais do esquadrão antibomba ao procurar uma mala do tipo 007, um embrulho, talvez uma caixa de presente ou até mesmo um pequeno baú fechado, mas com explosivos de alto poder de destruição em um prédio de vinte, trinta ou quarenta andares? É claro que em um país onde situações como essas são constantes, o planejamento existe e os 'planos' funcionam. Observe que as pessoas mais indicadas, ou melhor, mais competentes para identificar objetos suspeitos, como caixas, baús e embrulhos, são aquelas que trabalham nos escritórios e salas do próprio edifício. Afinal, elas têm total intimidade com aquele ambiente, não é verdade? Somente quem vive e trabalha naquelas salas é capaz de afirmar com maior convicção se um objeto é suspeito ou se pertence ao ambiente em questão. Portanto, os condôminos têm um papel extremamente importante para o sucesso do plano de evacuação. É claro que a situação é complexa e exige um treinamento adequado para evitar o pânico. A análise detalhada das salas aconteceria naturalmente, sem prejuízo significativo de tempo.

Aprendemos que, nos planos de emergência e evacuação, todos têm atribuições específicas. O trabalho da polícia especializada seria direcionado às salas com objetos suspeitos, aumentando as chances de sucesso, pois ganharíamos um tempo precioso. Observe que, na hipótese criada, até a chegada das autoridades policiais competentes, os profissionais de segurança, em conjunto com os condôminos, teriam dado um apoio fundamental para o êxito da missão. Por meio de um treinamento constante, os condôminos estariam preparados tanto tecnicamente quanto emocionalmente, permitindo que a evacuação ocorresse simultaneamente à análise, avaliação e estudo da situação, na tentativa de identificar qualquer objeto suspeito.

Como T. Harv Eker nos ensina em seu livro «Os Segredos da Mente Milionária», ***"você se esquece daquilo que escuta, você se lembra daquilo que vê, você entende aquilo que faz"***. Com humildade e respeito, eu ousaria acrescentar: ***"você alcança a excelência quando ensina aquilo que faz"***. A verdade é que esquecemos rapidamente o que apenas escutamos, mesmo quando prestamos muita atenção. Como minha mãe costumava dizer: *"entra por um ouvido e sai pelo outro"*. Por outro lado, é certo que nos lembramos com mais facilidade do que olhamos, observamos e analisamos. Quando escrevemos, estamos, de certa forma, visualizando através da escrita o que estamos ouvindo, levando aquela imagem para uma área específica do cérebro. Por exemplo, ao usar palavras-chave, frases-chave, observações-chave, gráficos e desenhos-chave, absorvemos melhor o assunto, pois levamos aquela imagem escrita - uma memória fotográfica - para uma área cerebral específica. Da mesma forma, entendemos com mais facilidade aquilo que fazemos, praticamos e manuseamos. No entanto, aprendemos ao longo dos anos que só alcançamos a excelência quando ensinamos. Ensinar é fundamental, pois, ao compartilharmos o que sabemos com outras pessoas, estamos multiplicando o nosso conhecimento. No mundo espiritual, quando dividimos o que sabemos, multiplicamos o que sabemos. Quando divido o que sei com uma turma de alunos, estou multiplicando o meu conhecimento com aquela turma, não é verdade? Portanto, é essencial que nos tornemos multiplicadores de resultados.

Vale ressaltar que, para alcançarmos resultados positivos, é necessário trabalhar duro na reprogramação mental. Por mais capacitados e bem-preparados que estejamos, se não nos empenharmos em mudar nossa programação mental, nada acontecerá. É fundamental reconhecer a existência de falhas em nossa programação mental, pois não podemos mudar aquilo que não reconhecemos em nós mesmos, concorda?

Nesse sentido, a promoção a gerente de segurança do condomínio proporciona não apenas uma oportunidade de exercer um cargo de responsabilidade, mas também um desafio de aprimoramento pessoal. Como gerente de segurança, é essencial adotar uma postura proativa, agindo de forma assertiva e estratégica diante de situações de risco. Ao receber a informação sobre a possível presença de uma bomba em uma das salas do edifício, é cru-

cial manter a calma e tomar ações imediatas. Primeiramente, é necessário acionar as autoridades competentes, como a polícia especializada em explosivos, para lidar diretamente com a ameaça.
Enquanto se aguarda a chegada das autoridades, é importante iniciar imediatamente o processo de evacuação do prédio. Aqui, os planos de segurança e de emergência entram em jogo. Como gerente de segurança, é sua responsabilidade garantir que esses planos sejam conhecidos e praticados por todos os condôminos e funcionários do edifício.

Uma estratégia eficiente é designar previamente equipes de evacuação, com membros treinados e preparados para auxiliar na saída ordenada de pessoas do edifício. Essas equipes devem estar familiarizadas com os pontos de encontro seguros e as rotas de fuga estabelecidas nos planos de emergência. A evacuação deve ser realizada de forma organizada, evitando o pânico e garantindo a segurança de todos. Ao mesmo tempo, é necessário estabelecer uma comunicação clara com os ocupantes do edifício. Utilize os sistemas de alarme e comunicação disponíveis para transmitir informações sobre a situação, instruções de evacuação e qualquer orientação adicional fornecida pelas autoridades competentes. Mantenha a calma e transmita confiança, de modo a tranquilizar as pessoas e mantê-las informadas.

Enquanto a evacuação ocorre, é fundamental realizar uma rápida inspeção visual das salas e áreas comuns, a fim de identificar possíveis objetos suspeitos ou comportamentos estranhos. Conte com o auxílio dos condôminos, que têm maior familiaridade com os espaços e podem contribuir na identificação de situações anômalas. Porém, é importante ressaltar que a segurança pessoal deve sempre vir em primeiro lugar, e qualquer suspeita de um objeto explosivo deve ser comunicada imediatamente às autoridades responsáveis.

Após a evacuação bem-sucedida e a intervenção das autoridades competentes, é necessário colaborar com as investigações para identificar os responsáveis e tomar medidas preventivas adicionais. Avalie os procedimentos de segurança existentes, identifique possíveis pontos fracos e implemente as melhorias necessárias para evitar incidentes semelhantes no futuro.

Lembre-se de que a segurança é um processo contínuo e deve ser tratada como uma prioridade constante. Como gerente de segurança, é seu papel liderar e promover a cultura de segurança no condomínio, conscientizando os condôminos e funcionários sobre a importância de seguir os protocolos estabelecidos.

Uma das medidas preventivas essenciais é investir em treinamentos regulares de segurança para todos os ocupantes do edifício. Realize simulados de evacuação, treinamentos de identificação de objetos suspeitos e orientações sobre como agir em situações de emergência. Isso garantirá que todos estejam preparados e saibam como agir de forma adequada e segura. Além disso, é fundamental manter uma estreita cooperação com as autoridades locais, como a polícia, bombeiros e equipes de emergência. Estabeleça parcerias e mantenha-se atualizado sobre as melhores práticas de segurança, compartilhando informações e participando de reuniões e eventos relacionados ao tema.

Outra medida importante é investir em tecnologia e sistemas de segurança avançados. Instale câmeras de vigilância com reconhecimento facial em pontos estratégicos, controle de acesso nas entradas e saídas do edifício, alarmes de incêndio e detectores de fumaça. Esses recursos tecnológicos auxiliam na prevenção e detecção precoce de incidentes, proporcionando uma resposta rápida e eficiente. Não se esqueça de realizar inspeções regulares nas instalações do edifício para garantir que todas as medidas de segurança estejam em pleno funcionamento. Verifique a integridade dos equipamentos, a iluminação adequada, a sinalização de emergência visível e a manutenção das rotas de fuga. Mantenha registros atualizados de todas as inspeções e manutenções realizadas.

Além disso, promova uma cultura de segurança por meio da comunicação efetiva. Mantenha os condôminos informados sobre medidas de segurança, atualizações nos planos de emergência e quaisquer incidentes ou ameaças relevantes. Utilize murais, informativos e canais de comunicação interna para disseminar informações importantes.

Por fim, esteja aberto a receber feedback e sugestões dos condôminos e funcionários. Incentive a participação ativa de todos na construção de um ambiente seguro e acolhedor. Realize reuniões periódicas para discutir questões de segurança e incentive a colaboração de todos para identificar possíveis melhorias e soluções. Como gerente de segurança, seu papel é fundamental na proteção das vidas e do patrimônio no condomínio. Ao adotar uma abordagem proativa, investir em treinamentos, utilizar tecnologia avançada, manter parcerias com as autoridades e promover uma cultura de segurança, você contribuirá para um ambiente mais seguro e tranquilo para todos os ocupantes do edifício.

Referências:

- O Monge e o Executivo – James C. Hunter
- Os Segredos da Mente Milionária – Harv Eker
- Inteligência Emocional – Daniel Goleman
- Vencendo o Pânico - Bernard Rangé e Angélica Borba - Editora Cognitiva
- Hierarquia das Competências – fabricadequalidade.com.br
- Segurança é Prevenção – Editora Ciência Moderna

Capítulo 73

O Fator motivacional no poder de convencimento

Neste septuagésimo terceiro capítulo, temos como objetivo específico estudar e aprender a criar fatores motivacionais.

Frederick Herzberg foi um psicólogo e professor norte-americano conhecido por ser um dos grandes responsáveis pelo desenvolvimento do assunto da motivação no trabalho em todo o mundo. Ele foi autor de vários livros sobre o assunto, entre eles 'A Motivação para o Trabalho'. Em razão dos seus estudos, Herzberg concluiu que existem dois fatores básicos para a motivação e a desmotivação de alguém. Vale ressaltar que o foco de Herzberg era empresarial, mas podemos aplicar esse conhecimento em diversas situações.

Herzberg chamou esses conceitos de fatores higiênicos e fatores motivacionais. Vale ressaltar que os fatores higiênicos têm relação direta com a empresa e são fatores externos ao colaborador, que ele não controla, mas que afetam sua motivação no trabalho - o salário, a cultura da empresa, os benefícios oferecidos, as oportunidades de crescimento e desenvolvimento, o clima organizacional, o espaço físico da empresa, os relacionamentos interpessoais no trabalho e a segurança. É importante destacar que os fatores higiênicos não são responsáveis por motivar os colaboradores, eles são considerados condições básicas e fundamentais. A falta desses fatores pode causar insatisfação no trabalho.

Já os fatores motivacionais estão diretamente relacionados à motivação do trabalhador no ambiente de trabalho. Eles incluem a autonomia no trabalho, a definição de objetivos, a função desempenhada, o reconhecimento e o crescimento profissional. Esses fatores estão ligados à atuação do funcionário, seus objetivos e metas na carreira. Quando esses fatores estão presentes e bem ajustados, o colaborador tende a ficar mais feliz, produtivo e, consequentemente, motivado. No entanto, quando se trata do gerenciamento de comportamentos inconvenientes, outros tipos de fatores motivacionais devem ser estudados, e profissionais qualificados em GPCI devem conhecer sua aplicabilidade.

Um exemplo prático pode ser observado em uma situação envolvendo um gerente chamado Carlos em uma multinacional com rígidas normas de segurança. Carlos estava prestes a sair de férias e viajar para os Estados Unidos com sua família. Conforme as normas e diretrizes pré-definidas, após às 18:00 horas, a segurança deveria impedir o acesso de qualquer pessoa e nenhum funcionário poderia entrar na empresa depois de ter registrado sua saída no sistema. No entanto, às 18:05 horas, Carlos retorna à empresa apressado e visivelmente indignado, tentando passar pela roleta de acesso. Nesse momento, ele é abordado pelo vigilante.

O vigilante, de forma respeitosa, explica que não pode permitir o acesso de Carlos devido às normas e diretrizes da empresa. Carlos, em tom áspero, tenta avançar em direção ao vigilante, mas este, usando sua presença física e autoridade, mantém-se firme. O vigilante reforça que está apenas cumprindo as normas e diretrizes da empresa, mesmo sabendo quem Carlos é e compreendendo sua indignação. Ele alerta Carlos sobre a possibilidade de a situação prejudicar seu emprego, destacando que estão sendo gravados por câmeras de alta resolução. O vigilante demonstra preocupação com as consequências futuras da escolha de Carlos e oferece ajuda para resolver o problema.

Ele sugere entrar em contato com o diretor de segurança e solicitar autorização para que Carlos possa resgatar seus documentos na sala. Explica que essa é uma quebra de protocolo e que é necessário obter a autorização adequada. Após realizar o contato e obter a autorização registrada, o vigilante acompanha Carlos até sua sala. Carlos, reconhecendo seu comportamento impulsivo, se desculpa pelo inconveniente e agradece a compreensão do vigilante. O vigilante responde de forma prestativa, afirmando que está ali para ajudar.

Nesse exemplo, o vigilante criou um fator motivacional capaz de fazer com que Carlos desistisse de sua intenção inicial. Foi necessário apresentar argumentos persuasivos que considerassem a importância do emprego de Carlos, a possível repercussão negativa de suas ações e a existência de soluções alternativas. A criação de fatores motivacionais efetivos requer habilidades e conhecimentos técnicos. É essencial agir na raiz do problema, compreendendo o que motiva as pessoas a tomarem decisões e promover mudanças comportamentais. A motivação pode ser impulsionada por argumentos positivos ou negativos, e é fundamental considerar os impactos a longo prazo.

Em outro exemplo, abordar uma pessoa que ouve música alta no transporte público, incomodando os demais passageiros, pode envolver a apresentação de resultados de pesquisas que destacam os danos auditivos irreversíveis causados pela exposição a volumes altos. Compartilhar histórias de pessoas que sofreram perda auditiva devido ao uso inadequado de fones de ouvido ou a exposição constante a sons altos pode ser persuasivo. Além disso, incentivar a empatia e ressaltar o desconforto causado aos outros passageiros pode ser um argumento efetivo. Oferecer alternativas, como utilizar fones de ouvido com volume adequado ou escolher um assento mais afastado, também pode ajudar a pessoa a repensar seu comportamento e considerar o impacto nos outros.

Portanto, a criação de fatores motivacionais requer um entendimento profundo das razões que levam as pessoas a mudar e a se comportar de determinada maneira. É necessário considerar os efeitos a longo prazo, agir na raiz do problema e apresentar argumentos que sejam significativos para a pessoa, levando-a a querer mudar sua atitude.

Referências:

- O Monge e o Executivo – James C. Hunter
- Os Segredos da Mente Milionária – Harv Eker
- A Motivação para o Trabalho – Frederick Herzberg
- Teoria dos dois Fatores – orienteme.com.br
- Vittude – Teoria de Herzberg – vittude.com
- Inteligência Emocional – Daniel Golleman
- Vencendo o Pânico - Bernard Rangé e Angélica Borba - Editora Cognitiva
- Hierarquia das Competências – fabricadequalidade.com.br

Capítulo 74

Mudança comportamental - linhas de ação

Neste septuagésimo quarto capítulo, temos como objetivo específico estudar e aprender as 4 linhas de ação básicas para uma mudança comportamental.

Certa vez, um jovem cervo conversava com seu pai:

"Pai, você é maior que um lobo e também é mais veloz. Possui pernas fortes e ágeis, além de chifres poderosos para se defender. Por que então tem tanto medo deles?"

O pai amargamente sorriu e disse:

"Tudo que você falou é a mais pura verdade, meu filho. Mesmo assim, quando eu escuto um simples ganido de lobo e percebo sua aproximação, me sinto fraco e só penso em correr o mais rápido que puder."
Contos de Ésopo

Perceba que não é o medo que faz o covarde, mas o covarde que faz o medo. Muitas pessoas vivem em sua zona de conforto, largadas e acomodadas com todos os seus medos e fraquezas. O mais incrível é que, lá no fundo, sabem que são plenamente capazes de superar cada um desses medos, cada uma dessas fraquezas que os tornam covardes e os impedem de avançar, apesar do medo. Portanto, vamos estudar e refletir sobre as quatro linhas de ação básicas para uma mudança comportamental.

MUDANÇA COMPORTAMENTAL - LINHAS DE AÇÃO

1. RECONHECIMENTO E CONSCIENTIZAÇÃO

- Reconheça e admita, de forma consciente e equilibrada, aquele comportamento inadequado. É fundamental reconhecermos em nós aquele padrão de comportamento inconveniente; você não pode mudar em você aquilo que não reconhece que existe em você. Assim, precisamos reconhecer que aquele comportamento nos prejudica sobremaneira. Precisamos reconhecer que ele nos faz muito mal e que nos afasta das pessoas. Também não permite que criemos vínculos e nos aproximemos das pessoas.

2. ARREPENDIMENTO E SENSIBILIDADE

- Não reaja pelo impulso, não siga seus sentimentos feridos. É necessário que estejamos arrependidos e sensíveis em relação àquele padrão de comportamento. Precisamos analisá-lo desde a origem, desde a raiz daquele comportamento, avaliando-o com relação ao que ele representa em nossa vida, relacionando todos os pontos positivos e negativos, fazendo um estudo detalhado da situação para que possamos entendê-lo plenamente.

3. ENTENDIMENTO E IDENTIFICAÇÃO

- Procure entender, tente localizar e identificar o foco daquele comportamento inconveniente. Com papel e caneta em mãos, devemos relacionar, sem pressa e atropelos, todos os conflitos, problemas, crises, escândalos e riscos que vivemos em nosso dia a dia devido àquele padrão de comportamento inconveniente.

4. PROJEÇÃO E AUTORIDADE

- Analise todas as suas opções, projete o resultado futuro de suas possíveis escolhas. Você precisa compreender que esse seu padrão comportamental "desagradável" é apenas o resultado de um aprendizado passado, ou seja, ficou para trás. A decisão agora é sua. O que você será a partir de agora, ou num futuro bem próximo, ou ainda num futuro distante, depende de tudo o que você vai fazer a partir de agora. Depende das pessoas com as quais você vai se relacionar, dos livros que vai ler, dos programas que vai assistir, dos cursos que vai fazer. Enfim, a decisão é única e exclusivamente sua. Agora você tem autoridade, portanto, transforme toda essa teoria em ação. Faça a escolha certa.

Mudar comportamentos e superar medos é um processo desafiador, mas extremamente gratificante. É importante lembrar que a mudança não ocorre da noite para o dia, requer tempo, esforço e dedicação. Portanto, seja paciente consigo mesmo durante esse processo.

Além das quatro linhas de ação mencionadas, é fundamental buscar apoio e orientação adequados. Considere a possibilidade de procurar ajuda de um profissional, como um terapeuta, coach ou mentor, que possa auxiliá-lo no desenvolvimento pessoal e na superação de obstáculos.

A autorreflexão e a prática da autorresponsabilidade são elementos-chave nessa jornada. Reconheça que você tem o poder de escolher como reagir diante das situações e que é responsável pelas suas próprias ações. Assuma o controle da sua vida e busque constantemente o crescimento pessoal.

Lembre-se também de celebrar as pequenas conquistas ao longo do caminho. Cada passo dado em direção à mudança é motivo para comemorar. Isso ajudará a manter a motivação e a confiança em si mesmo.

Por fim, lembre-se de que todos nós temos medos e fraquezas, mas é a coragem de enfrentá-los e superá-los que nos permite crescer e evoluir. Acredite em si mesmo, confie nas suas capacidades e esteja disposto a sair da sua zona de conforto. Você é capaz de transformar sua vida e se tornar a melhor versão de si mesmo.

Desejo sucesso em sua jornada de mudança comportamental e superação de medos!

Referências:

- O Monge e o Executivo – James C. Hunter
- Os Segredos da Mente Milionária – Harv Eker
- A Motivação para o Trabalho – Frederick Herzberg

Capítulo 75

Nosso verdadeiro padrão comportamental

Neste septuagésimo quinto capítulo, temos como objetivo específico descobrir o seu verdadeiro padrão comportamental.

"O que eu acho a respeito dessa escola é horrível, péssimo, é algo muito ruim; é algo asqueroso!"

Disse isso para uma turma de alunos durante uma aula. Todos ficaram chocados com o que ouviram, pois não condizia com o que estava sendo ensinado até então. *"Diretor, desculpe-me, mas estou tendo dificuldade em entender o objetivo dessa afirmação sem sentido."* - Falou uma aluna, confusa com o que ouvia.

Então, pedi para um aluno se aproximar e, simulando uma pistola com as mãos, fiz o gesto de engatilhar e apontar para a cabeça do aluno, dizendo: *"Você falaria mal dessa escola sendo eu o dono e estivesse apontando uma arma engatilhada para a sua cabeça?"* - Perguntei ao aluno. *"Claro que não, diretor!"* - Respondeu o aluno de forma convicta.

- *"Exatamente, essa situação absurda não aconteceria, não é mesmo? Portanto, não adianta eu falar que essa escola é a melhor do mundo, a mais eficiente, séria e tudo mais; sabe por quê? Porque a minha opinião não é o mais importante, o que importa é o que vocês acham, e não o que eu acho."*

- *"Na verdade, o que vocês vão falar lá fora quando terminarem esse curso é que vai definir o futuro dessa escola. Percebam que eu me preocupo com 'o que vocês vão achar' dessa escola quando terminarem o curso, e não com 'o que eu acho'. Se vocês tiverem a 'certeza' de que foram bem formados, que não desperdiçaram o dinheiro, que não foram enganados e que valeu a pena, vocês falarão bem e a escola ganhará mais credibilidade, mais alunos, é o chamado 'boca a boca'."*

Neste caso específico, queremos focar na segurança pública e privada. É muito importante entendermos, de fato, a importância da presença física, por um motivo simples. O que vai prevalecer é exatamente o que o criminoso acha. Antes de cometer um crime, o criminoso sempre faz uma análise, uma avaliação, um estudo dos riscos envolvidos na ação. Se ele achar que os riscos são altos, normalmente desiste. Se ele achar que os riscos são baixos e que vale a pena, provavelmente seguirá com a ação criminosa. Portanto, considerando isso, mesmo que o profissional de segurança seja competente, se não houver uma boa presença física, corre o risco de o criminoso achar que é fácil agir e prosseguir com o crime, e isso não é o que queremos. Se quisermos que o inimigo venha facilmente, basta mostrar as vantagens, as facilidades e a nossa fraqueza. Agora, se não quisermos que ele venha, é fundamental que ele perceba rapidamente que será um grande problema; basta mostrar as desvantagens, as dificuldades, todo o nosso potencial e toda a nossa força.

"Não basta a mulher de César ser honesta."

É muito interessante quando buscamos descobrir o nosso verdadeiro padrão comportamental, não o que achamos que é, mas o que as pessoas enxergam em nós. Requer coragem, determinação e paciência para investigar, indagar e explorar até descobrir. Certamente ficaremos surpresos com o resultado. O nosso verdadeiro padrão comportamental é o que as pessoas acham, não o que nós achamos. Vamos aos exemplos: Provavelmente você conhece alguém inconveniente, certo? Pense nessa pessoa e responda: essa pessoa se considera inconveniente? Claro que não, não é mesmo? Agora pense bem antes de responder a próxima pergunta: o que as pessoas que convivem com essa pessoa acham dela? Sua resposta foi: "Elas acham que ela é inconveniente", correto? Agora reflita: na verdade, essa pessoa é o quê? O que ela acha que é? Ou o que as pessoas pensam que ela é? Sua resposta certamente foi: "O que as pessoas pensam que ela é". Se você refletir sobre isso, perceberá que isso vale para tudo. Portanto, não é prudente desprezar a opinião daqueles que convivem conosco; precisamos muito desse retorno. Isso faz sentido para você?

Como descobrir nosso verdadeiro padrão comportamental? Parece óbvio começar pelo que é visível, ou seja, o que todos veem em você. Precisamos pedir feedback. É uma ferramenta importante para o nosso crescimento profissional e pessoal. Através do feedback, ou seja, do que as pessoas nos falam, evoluímos. Alcançamos maiores alturas quando usamos nossas limitações e erros como aprendizado, inclusive melhorando ainda mais nossos pontos fortes. Por isso, é considerado uma ferramenta de alto nível e não exposições desnecessárias ou críticas infundadas que apenas nos humilham. Portanto, acreditamos que o lugar ideal para começarmos a buscar isso é na nossa família. Faça uma análise e avaliação do seu relacionamento com o cônjuge, filhos, pais, avós, irmãos, sogros, cunhados, tios; apenas com os mais próximos, aqueles que convivem conosco. É importante que não interfiramos nas respostas; deixe-os falar à vontade, mesmo que não concordemos com as opiniões deles, afinal, esse é o objetivo, não se esqueça disso. É fundamental que criemos um ambiente propício, sério, mas natural, para que a pessoa não se sinta constrangida ao falar com sinceridade sobre o que precisa ser exposto. A pessoa precisa estar preparada para entender que esse feedback é muito importante para nosso crescimento. Ela precisa ter a certeza de que precisamos desse retorno para evoluir profissionalmente, pessoalmente e também espiritualmente.

É muito importante que também nos preparemos para receber feedback, pois não é agradável ouvir críticas como: Você é muito egoísta, você não é sincero, você é chato, frio e calculista, ranzinza, sentimentalista, sonso, possessivo, babaca. Você estaria preparado para ouvir tudo isso sobre si mesmo? Reflita bem antes de responder impulsivamente. Talvez você esteja preparado para receber feedback de algumas pessoas, mas não 'daquela pessoa'. Essa pessoa não tem o direito de dizer nada. Engano seu! Precisamos receber feedback de todos, especialmente daqueles que realmente nos conhecem. Existem «feedbacks» que não servem para nada, apenas para massagear nosso ego. Não é verdade? No fundo, sabemos que não é verdade.

Em um segundo momento, avançamos um pouco mais, chegando aos amigos mais íntimos. É fundamental que tomemos os mesmos cuidados mencionados anteriormente, pois podemos perder amizades devido ao excesso de sinceridade. Principalmente se estivermos relaxados demais, em um ambiente extremamente favorável e agradável, talvez após algumas cervejas geladas. O risco seria enorme, e não queremos que isso aconteça. É importante lembrar que o feedback é uma ferramenta de extrema importância, mas as pessoas com as quais você se submeterá a isso geralmente não sabem como usá-la corretamente. Portanto, esteja realmente preparado ou simplesmente ESQUEÇA TUDO ISSO.

Gostaria apenas de ressaltar a importância do feedback para o nosso desenvolvimento pessoal e profissional. Ao buscar feedback, estamos abrindo espaço para o crescimento, para aperfeiçoar nossas habilidades e corrigir possíveis falhas. É um ato de humildade e de busca por autodesenvolvimento.

Além disso, é importante lembrar que o feedback deve ser recebido de forma construtiva, mesmo que às vezes possa ser difícil ouvir críticas. Devemos encarar as opiniões dos outros como uma oportunidade de aprendizado e melhoria contínua.

Por fim, ao dar feedback aos outros, é fundamental fazê-lo de maneira respeitosa, empática e objetiva. Devemos ser cuidadosos para não ferir os sentimentos das pessoas e lembrar que o objetivo é ajudar o outro a crescer e se desenvolver.

O feedback é uma ferramenta valiosa para aprimorar nossas relações pessoais e profissionais, fortalecer nossa autoconsciência e impulsionar nosso progresso. Portanto, vale a pena buscar e oferecer feedback de forma construtiva e positiva.

Referências:

- O Monge e o Executivo – James C. Hunter
- Os Segredos da Mente Milionária – Harv Eker
- A Motivação para o Trabalho – Frederick Herzberg
- Feedback: como dar e receber? – IBE – ibe.edu.br
- Feedback: dar e receber ajuda clima e engajamento – Forbes – forbes.com.br

Capítulo 76

A importância de um bom feedback

Nesse septuagésimo sexto capítulo, temos como objetivo específico estudar e aprender a dar e receber feedback.

- *"Seu Souza, o seu 'blá blá blá' é uma piada; o senhor é uma pessoa sem a menor noção! Afinal de contas, o senhor trabalha aqui há dezoito anos. Arrego, seu Souza! Está na hora de melhorar!"*

Perceba que esse tipo de feedback tem tudo para gerar um comportamento extremamente inconveniente. Se o seu Souza fosse um novato e aquele fosse seu primeiro contato com um cliente na empresa, não seria tão difícil perceber a origem do problema; contudo, com dezoito anos, esse tipo de feedback é igual àquela ponte que liga o nada a coisa nenhuma; não é verdade? Então vejamos:

- *"Seu Souza, sua verbalização está com um vocabulário muito pobre; o senhor está usando gírias em excesso com o cliente. "Com relação àquele seu relatório do dia 10, enviado à diretoria, o senhor cometeu inúmeros erros de concordância e ortografia." "Outra observação, sua apresentação pessoal está deixando a desejar; constantemente tenho observado o senhor com a barba por fazer, com as unhas grandes e, vez ou outra, com a camisa do seu time de futebol, o que não é adequado nesse ambiente de trabalho."*

Perceba que foi suficiente o uso da presença física, da verbalização nível I - diplomacia, e de uma autoridade recheada de educação para lidar com aquele comportamento inconveniente do seu Souza; sequer usamos a verbalização nível II. Compreenda que agora sabemos que o problema está na verbalização, na fluência escrita e na apresentação pessoal. Inúmeros exemplos que acabavam impactando negativamente também foram explicitados de maneira assertiva.

Na gestão de pessoas, esse é um tema prioritário que deve ser sempre discutido e debatido entre os líderes de forma insistente, persistente e até exaustiva durante o treinamento. Assim, acho interessante passar algumas informações com uma visão um pouco mais técnica. Quando nos predispomos a dar feedback a alguém, alguns cuidados especiais devem ser observados. É bom destacar e enfatizar os pontos positivos daquela pessoa. O que ela tem e faz de melhor?

Quais são seus principais valores morais, éticos, sociais e espirituais? Quais são seus pontos fortes? Quais são as principais características e atitudes que contribuíram para o crescimento, o aumento do faturamento, a segurança ou os processos da empresa? É necessário sermos breves, precisos e concisos. Exemplos:

- *"Sua competência na administração dos conflitos e problemas foi decisiva para alcançarmos a meta."*

- *"Sua capacidade técnica contribuiu sobremaneira para a assinatura daquele contrato."*
- *"Seus relatórios são sempre assertivos e trazem ótimas ideias."*

Depois desse primeiro momento, usando o bom senso, podemos falar sobre os pontos a serem melhorados. Devemos evitar o uso de expressões como "só que", "mas", "no entanto", "porém". Quando utilizamos essas expressões no feedback, corremos o risco de anular tudo de positivo que foi dito anteriormente. Exemplos:

- *"Você é um funcionário muito bom, porém..."*
- *"Você possui vários atributos de liderança, mas..."*
- *"Você é ótimo, só que..."*

A impressão que você deixa é de falsidade. Um detalhe de extrema relevância é que o foco precisa ser direcionado para a ação. Devemos enfatizar o comportamento que gostaríamos que aquela pessoa tivesse, com objetividade e precisão, jamais focando no que ela está fazendo de errado. Devemos focar apenas no comportamento da pessoa e não em sua identidade. Exemplo:

- *"Sua verbalização precisa melhorar para que você não precise aumentar o nível de força."*

No final, encoraje e motive a pessoa a agir. Exemplos:

- *"Você é bastante comprometido e tem sensibilidade para perceber o que está no coração e na mente das pessoas."*
- *"É fundamental que você compartilhe seu conhecimento com os demais membros da equipe, assim os resultados serão ainda mais significativos."*
- *"Continue treinando e se preparando; você tem muito potencial."*

Para encerrar, no caso de pessoas não comprometidas, com baixo rendimento ou imaturas profissionalmente, a objetividade é fundamental. Devemos tratar da não conformidade, do problema, de forma clara, precisa e concisa. Não devemos ficar dando voltas ou sendo prolixos. A pessoa não pode ter qualquer dúvida sobre nossa posição, portanto, assertividade é a palavra-chave, é uma necessidade. Precisamos nos certificar de que ela realmente entendeu e compreendeu o problema, sobretudo o impacto que esse problema causou ou poderá causar na empresa. O ideal é que ela crie as soluções, as medidas e atitudes preventivas que devem ser adotadas, enfim, que ela assuma a responsabilidade sobre aquele problema.

Reitero a importância do feedback, entretanto, lembre-se de que as pessoas com as quais você vai se comunicar podem não saber usá-lo tecnicamente. Esteja realmente preparado para recebê-lo de forma direta, sem os adornos técnicos facilitadores.

Referências:

- O Monge e o Executivo – James C. Hunter
- Os Segredos da Mente Milionária – Harv Eker
- A Motivação para o Trabalho – Frederick Herzberg
- Feedback: como dar e receber? – IBE – ibe.edu.br
- Feedback: dar e receber ajuda clima e engajamento – Forbes – forbes.com.br

Capítulo 77

Atitudes, palavras e linhas de ação no automático

Neste septuagésimo sétimo capítulo, temos como objetivo específico, estudar e aprender que as escolhas que fizemos no "passado" muitas vezes estão tão impregnadas em nós, que passamos a "escolhê-las" automaticamente no "presente".

Maria, uma jovem de 14 anos, grávida de seis meses, foi violentamente agredida por seu namorado, Marcelo, de 16 anos. O fato ocorreu após Maria receber uma ligação telefônica que deixou seu ciumento namorado furioso. Marcelo já havia sido alertado por amigos sobre uma possível traição.

A jovem relatou que aproveitou o convite de um ex-namorado para acompanhá-lo a um "baile funk" com o objetivo de despertar ciúmes no atual namorado, que, em um surto, partiu para cima dela, sem se importar com o fato de estar grávida. Maria foi espancada por Marcelo, que desferiu vários socos em seu rosto e cabeça.

A jovem grávida foi socorrida por terceiros que a levaram até a polícia. Após registrar queixa na delegacia, Maria precisou ser internada em um hospital público, pois não possui plano de saúde; sua preocupação é perder a criança devido ao abalo emocional sofrido. Marcelo fugiu do local após agredir sua namorada.

Percebe-se que estamos falando de dois jovens menores de idade. Mesmo que a jovem Maria tivesse sido assassinada pelo jovem Marcelo, as consequências do seu ato não seriam algo que o preocuparia excessivamente, pelo menos do ponto de vista jurídico. A internação seria a medida mais rigorosa, pois privaria o jovem Marcelo de sua liberdade. No entanto, o tempo de aplicação da medida pode variar entre seis meses e três anos, o que, considerando a gravidade do crime cometido, que foi ceifar a vida de uma pessoa, não representa absolutamente nada. Acreditamos que a lei precisa ser revista, mas, sobretudo, é necessário haver um investimento pesado na educação em todo o país.

Perdoe-nos, mas acreditamos que os jovens Marcelo e Maria, com uma boa estrutura familiar, teriam desenvolvido muitos valores que talvez estivessem adormecidos e, também, descartado muitos valores que certamente estão equivocados. Acreditamos que nessa faixa etária o foco da preocupação de ambos deveria ser os estudos. Enfim, o objetivo aqui não é julgá-los, mas usar esse caso hipotético para avançarmos um pouco mais no gerenciamento de comportamentos inconvenientes.

Assim, fazendo uma análise e avaliação desse caso com mais profundidade, hipoteticamente, podemos concluir que estamos diante de:

a. Um casal desestruturado em termos familiares e sociais;
b. Um casal com forte influência de suas relações de amizade;
c. Um casal que sofre bastante influência do meio em que vivem;
d. Um casal com sua educação básica comprometida;
e. Um casal com carências afetivas; f. Um casal, de alguma forma, estimulado ao sexo precoce.

Levando em consideração que:
a. Marcelo sofria de graves crises de ciúmes;
b. Tratava-se de um casal imaturo e influenciável;
c. Enfrentavam muitos desgastes físicos e emocionais;
d. Maria estava grávida.

Inúmeras medidas e atitudes preventivas deveriam ter sido tomadas para evitar todos esses conflitos, problemas, crises e escândalos. No entanto, depois que o fato ocorre, não adianta lamentar o que já passou. Maria, conhecendo o perfil psicológico do seu namorado, jamais deveria ter provocado a sua ira. Estimular sentimentos de raiva, ódio ou ira nas pessoas não é interessante. Acredita-se que o namoro serve exatamente para conhecer o outro mais profundamente. Portanto, ao confirmar o perfil violento de Marcelo, Maria não deveria ter se envolvido emocionalmente nessa relação. Porém, caso já estivesse envolvida, é conveniente seguir o ditado que diz: *'Não basta que a mulher de César seja honesta.'*

Da mesma forma, Marcelo, ao perceber o perfil psicológico de Maria, uma pessoa extrovertida demais, envolvida em festas e baladas, não deveria ter se aprofundado nessa relação emocionalmente.

Usando o personagem Marcelo como exemplo, vamos relembrar as linhas de ação para lidar conosco e com pessoas que estejam se comportando de forma inconveniente:

1. Reconheça e admita de forma consciente e equilibrada o seu ciúme doentio e perfil violento.
2. Não reaja por impulso nem siga os seus sentimentos feridos.
3. Procure entender que o foco do seu ciúme está relacionado, principalmente, à imaturidade e às influências dos amigos.
4. Analise todas as opções e projete o resultado futuro das suas possíveis escolhas. Por exemplo, uma agressão pode lhe causar sérios aborrecimentos, sobretudo com a justiça, além de possíveis problemas com amigos e familiares da vítima.
5. Transforme toda essa teoria em ação, fazendo a escolha certa e mantendo o seu equilíbrio emocional e qualidade comportamental.

No entanto, inúmeras são as questões e desafios que surgem a partir desse caso hipotético. Algumas delas incluem:

- ***Proteção à vítima:*** No caso de violência doméstica, é essencial garantir a segurança da vítima e oferecer suporte adequado. Maria precisa receber apoio emocional e assistência médica para garantir sua saúde e a do bebê. Medidas de proteção, como ordem de restrição, podem ser solicitadas para evitar que Marcelo se aproxime dela.

- ***Responsabilização do agressor:*** Embora Marcelo seja menor de idade, ele ainda é responsável por suas ações. É importante que ele seja encontrado e responsabilizado pelas agressões cometidas. O sistema de justiça juvenil deve garantir que ele seja submetido a medidas adequadas para sua reabilitação e para prevenir a reincidência de comportamentos violentos.

- ***Intervenção familiar:*** A família de ambos os jovens, caso exista, desempenha um papel crucial nessa situação. É importante avaliar o ambiente familiar em que cresceram, identificar possíveis fatores contribuintes para o comportamento agressivo de Marcelo e buscar intervenções adequadas para promover a segurança e o bem-estar de todos os envolvidos.

- ***Educação e conscientização:*** A prevenção da violência doméstica e do relacionamento abusivo é fundamental. Tanto os jovens quanto suas famílias devem receber orientação e educação sobre relacionamentos saudáveis, comunicação não violenta e resolução de conflitos. Isso pode ajudar a evitar situações semelhantes no futuro.

- ***Suporte psicológico:*** Tanto Maria quanto Marcelo podem precisar de acompanhamento psicológico para lidar com os traumas e as dificuldades emocionais decorrentes dessa experiência. O acesso a serviços de saúde mental e apoio psicossocial deve ser garantido para ajudá-los a se recuperarem e a desenvolverem habilidades emocionais saudáveis.

- ***Medidas de prevenção:*** É importante implementar medidas preventivas para evitar casos de violência entre jovens, como programas de educação sexual abrangentes, que incluam informações sobre consentimento, respeito mútuo, igualdade de gênero e prevenção da violência.

- ***Papel da comunidade:*** A comunidade tem um papel importante em identificar e combater a violência doméstica e o abuso de jovens. É necessário promover uma cultura de denúncia, oferecer recursos de suporte e garantir que as vítimas sejam ouvidas e apoiadas.

Essas são apenas algumas das inúmeras questões que surgem diante de um caso hipotético como esse. É fundamental abordar a violência doméstica e o abuso de jovens de maneira abrangente, visando à proteção das vítimas, à responsabilização dos agressores e à promoção de relacionamentos saudáveis e livres de violência.

Todos nós podemos fazer o máximo para melhorar o nosso comportamento, buscando todas as ferramentas disponíveis. Podemos fazer cursos, ler livros, assistir a palestras, seminários e participar de congressos nacionais e internacionais, até mesmo nos tornarmos especialistas em gestão de pessoas. Tudo isso é ótimo! No entanto, se não estivermos internamente bem programados e preparados – emocionalmente –, todas as ferramentas do mundo serão inúteis para alcançar um bom padrão comportamental. Nossas decisões, como veremos adiante, ocorrem automaticamente devido a uma programação pré-estabelecida.

Para gerenciar os comportamentos inconvenientes nossos e dos outros, é necessário estarmos bem programados internamente. Como afirmava George Santayana, *"somente os mortos verão o final da guerra"*, e isso é verdade. A vida é uma guerra e ela só acaba com a nossa morte. Lembre-se de que a verdadeira mudança acontece de dentro para fora. Acredita-se que a nossa qualidade comportamental cresce à medida que aumentamos nossa capacidade intelectual, melhoramos nossa saúde física e mental, crescemos tecnicamente e, sobretudo, evoluímos espiritualmente. Esse padrão comportamental permanecerá em nós para sempre, a menos que seja reprogramado.

Lembre-se de que a primeira linha de ação para uma verdadeira mudança comportamental é o reconhecimento e a conscientização. É fundamental reconhecer o padrão de comportamento inconveniente em nós mesmos, pois não podemos mudar aquilo que não reconhecemos em nós. Como já mencionado, somos um terreno fértil e nossas escolhas são sementes que plantamos em nós mesmos. Entretanto, muitas vezes nossas escolhas acontecem de forma reflexiva, de modo automático, e é exatamente sobre isso que discutiremos a partir de agora. Perceba que, quando nos damos conta, já cometemos erros e tomamos decisões equivocadas que podem nos prejudicar pelo resto da vida. É por isso que precisamos treinar nossos sentimentos para que nosso comportamento seja saudável, reconhecendo os erros, medos, fraquezas, doenças, limitações e tudo mais que existe em nós, mas que não gostamos de admitir.

Na verdade, cometemos um erro primário e grave quando resistimos e lutamos bravamente, não aceitando esses pontos negativos que existem em nós. Bastava reconhecê-los, pois o processo de cura começa exatamente quando reconhecemos a doença. O arrependimento e a sensibilidade surgem logo após o reconhecimento e a conscientização. Como mencionado anteriormente, é necessário analisar o comportamento inconveniente desde a sua origem, desde a raiz desse comportamento. Devemos avaliá-lo em relação ao que ele representa em nossa vida. Por exemplo, esse comportamento é benéfico? Contribui para o meu crescimento? É necessário relacionar todos os pontos positivos e negativos, fazendo um estudo detalhado da situação para que possamos compreendê-lo plenamente.

Devemos nos sensibilizar e nos arrepender por meio de uma autoanálise, uma avaliação profunda do nosso maior inimigo: nós mesmos. Assim, precisamos refletir sobre os nossos pensamentos, palavras, ações e omissões que ocorrem automaticamente. Normalmente, nossas atitudes são condicionadas pelo passado; sempre agimos da mesma forma, aprendemos de uma determinada maneira, tivemos um modelo a seguir, fomos educados de uma certa forma, recebemos conselhos para agir de determinada maneira. Na maioria das vezes, agimos automaticamente, sem perceber, fazendo o que já estava programado. Através de um treinamento específico, diário, insistente e consciente, podemos obter bons resultados e reprogramar aquilo que nos incomoda e prejudica.

Esse é o fruto, o resultado, de um bom treinamento e um bom trabalho de conscientização. É muito importante estarmos conscientes, analisando e avaliando constantemente nossos pensamentos, palavras e ações, para que tenhamos mais chances de fazer as escolhas certas, tomar as melhores decisões e falar apenas o que deve ser dito. Caso contrário, corremos o risco de tomar decisões ou fazer escolhas erradas com base em uma programação ultrapassada, relacionada a um passado repleto de erros.

Acreditamos que nossa vida é realmente feita de escolhas. No entanto, as escolhas que fizemos no passado muitas vezes estão tão arraigadas em nós, devido à repetição e à reincidência sem limites, que passamos a fazê-las automaticamente no presente, pois se tornaram parte de nós. Se não trabalharmos duro, através do reconhecimento e da conscientização, não conseguiremos reprogramar esse padrão comportamental que tanto nos prejudica. Nossas decisões normalmente são tomadas com base na educação que recebemos, nas orientações e conselhos que nos deram, nos cursos que fizemos, nos livros que lemos, e também são influenciadas pelas circunstâncias e pelas amizades que cultivamos. Observe que tudo isso é fundamentalmente uma herança do passado. Perceba que essas escolhas se tornaram automáticas. É verdade que escolhemos, mas o subconsciente nos direciona para aquela opção que está programada. Assim, quando nos damos conta, já cometemos erros. Resta-nos apenas chorar pelo leite derramado.

Referências:

- O Monge e o Executivo – James C. Hunter
- IMP – Instituto Maria da Penha – institutomariadapenha.org.br
- Os Segredos da Mente Milionária – Harv Eker
- A Motivação para o Trabalho – Frederick Herzberg
- Feedback: como dar e receber? – IBE – ibe.edu.br
- Feedback: dar e receber ajuda clima e engajamento – Forbes – forbes.com.br

Capítulo 78

Aprisionados ao passado

Neste septuagésimo oitavo capítulo, temos como objetivo específico estudar e aprender que não podemos ficar presos aos medos e as incertezas do passado, precisamos viver plenamente o que somos hoje e não o que fomos no passado.

A coruja encontrou a águia que, num passado não muito distante, havia lhe causado muito mal, destruindo toda a sua ninhada e disse-lhe:

"Oh águia, se vires uns passarinhos muito lindos em um ninho, com uns biquinhos muito bem-feitos, não os comas, pois são os meus filhinhos" – A águia prometeu que não os comeria.

A águia alçou voo bem alto e com sua extraordinária visão avistou numa árvore um ninho repleto de passarinhos, e partiu para devorá-los. Ao pousar lembrou-se do pedido da coruja, assim analisou, avaliou-os bem, fez um estudo de situação e deu início a degustação saboreando o primeiro, o segundo.... Nesse ínterim, voando muito aflita, a coruja desesperada gritava:

"Águia malvada, vós fostes falsa! Me prometestes que não comerias os meus filhinhos!" Devolvendo o terceiro passarinho ao ninho, a águia gritou indignada:

"Se vires uns passarinhos muito lindos em um ninho, com uns biquinhos muito bem-feitos, não os comas, pois são os meus filhinhos; foi isso que você me disse. Esses são horrorosos, depenados, sem bico, e com os olhos tapados, por isso estava comendo-os".

"Pois eram esses mesmos." – Disse a coruja chorosa. Ao que respondeu a águia imediatamente:
"Pois então queixa-te de ti; tu é que me enganaste com a tua cegueira."

O comportamento inconveniente da águia se deu devido a uma falha de comunicação. Perceba que não basta que a nossa verbalização seja bem construída, bem elaborada e diplomática, é preciso que sejamos assertivos e, sobretudo, usemos a nossa percepção para saber se fomos compreendidos por inteiro. Comunicação não é aquilo que nós falamos; comunicação é aquilo que as pessoas entendem. Assim, eu preciso ter certeza de que o outro, de fato, me entendeu. Não podemos ficar presos à conceitos que dizem respeito apenas a nós, que são os nossos pontos de vista e, considerarmos que valem para todos de forma indiscriminada.

Da mesma forma não podemos ficar presos à tumba do faraó, presos aos medos e as incertezas do passado, precisamos viver plenamente o que somos hoje e não o que fomos no passado. Chico Xavier tem uma colocação interessante quando diz que *"Ninguém pode voltar atrás e fazer um novo começo. Mas qualquer um pode recomeçar e fazer um novo fim"*. Assim, precisamos seguir em frente adotando todas as medidas e as atitudes preventivas necessárias para administrarmos as situações que se apresentam, usando todo o nosso potencial atual e todas as ferramentas que dispomos. Jung falava de sincronicidade, quando nós estamos focados, determinados a criar algo, nós atraímos de alguma forma as forças da natureza, que colocam a nossa disposição todas as ferramentas necessárias para a construção daquilo que imaginamos; isso Jung chama de sincronicidade.

Novamente cito T. Harv Eker, no seu livro *"Os segredos da Mente Milionária"*, quando ele diz que "De fato, a genética pode ter influência nisso tudo e, é claro, os aspectos espirituais também desempenham o seu papel, porém boa parte do modelo de pessoa que você é provém das crenças e informações de outras pessoas. Harv Eker ainda coloca que as crenças não são necessariamente verdadeiras nem falsas, nem certas nem erradas, mas sejam ou não válidas, elas são opiniões que foram transmitidas repetidamente e, depois, passadas de geração em geração, até chegarem a você. Sabendo disso, basta renunciar de forma consciente a qualquer conceito que não o ajude a conquistar a riqueza e substituí-lo por outros que façam isso".

O escritor Robert G. Allen diz que: *"Nenhum pensamento mora de graça na cabeça de ninguém todos eles são investimentos ou custos. Ou levam a pessoa na direção da felicidade e do sucesso ou a afastam dessas duas coisas; ou a fortalecem ou a enfraquecem."*

No *Livro "A Semente da Vitória", do professor Nuno Cobra, da Editora SENAC, São Paulo,* o autor diz que chegou à conclusão de que o cérebro é burro, por perceber que podemos manobrar o nosso cérebro como quisermos; simplesmente por descobrir que ele é vulnerável a todo tipo de interferências externas, como educação, cultura, sociedade, família etc., a nos impor tipos e mais tipos de comportamentos que nem sempre espelham nossa dinâmica realidade. Nossa massa encefálica é de fato impressionante, ela registra e arquiva todas as informações que recebemos desde a infância.

"Os limites do meu idioma significam os limites do meu mundo"

Essa frase, atribuída ao filósofo Ludwig Wittgenstein, sugere que a linguagem que usamos para nos expressar determina a forma como compreendemos e interpretamos o mundo ao nosso redor. Em outras palavras, os limites da nossa linguagem limitam a nossa compreensão e experiência do mundo.

Imagine duas pessoas, Alice e José, que falam idiomas diferentes e têm um vocabulário limitado para descrever cores. Alice só conhece as palavras "vermelho" e "azul", enquanto José conhece apenas as palavras "preto" e "branco". Se ambos estiverem observando um belo pôr do sol com uma infinidade de cores vibrantes, suas descrições serão limitadas pelos termos disponíveis em seus respectivos idiomas. Alice pode tentar descrever o pôr do sol usando as palavras "vermelho" e "azul", mas ficará frustrada ao perceber que essas palavras não conseguem transmitir a riqueza e a variedade de cores que ela está vendo. Da mesma forma, José tentará descrever o pôr do sol usando apenas "preto" e "branco", mas também será incapaz de capturar a verdadeira experiência visual.

Nesse exemplo, os limites do idioma de Alice e José restringem sua capacidade de comunicar e apreciar plenamente a beleza e a diversidade das cores do pôr do sol. Isso ilustra como a linguagem pode ser um fator limitante na nossa percepção e compreensão do mundo ao nosso redor.

Além disso, é interessante lembrar que a comunicação vai além das palavras. A linguagem corporal, as expressões faciais e a entonação da voz desempenham um papel crucial na transmissão de informações e emoções. Portanto, ao nos comunicarmos, é essencial considerar não apenas o conteúdo verbal, mas também todos os aspectos não verbais e paraverbais que podem afetar a compreensão e a interpretação das mensagens.

Por fim, vale ressaltar a importância de cultivarmos a empatia e a compreensão mútua em nossas interações. Cada pessoa possui sua própria bagagem de experiências, crenças e perspectivas, e é fundamental estar aberto ao diálogo e buscar uma comunicação eficaz, onde todos possam se expressar e ser compreendidos. Através de uma comunicação clara, respeitosa e empática, podemos construir relacionamentos mais saudáveis e fortalecer a conexão humana.

Referências:

- O Monge e o Executivo – James C. Hunter
- Os Segredos da Mente Milionária – Harv Eker
- A Motivação para o Trabalho – Frederick Herzberg
- Feedback: como dar e receber? – IBE – ibe.edu.br
- Feedback: dar e receber ajuda clima e engajamento – Forbes – forbes.com.br
- A Semente da Vitória – Nuno Cobra – Editora Senac
- O Milionário em Um Minuto – Robert G. Allen

Capítulo 79

O subconsciente cria modelos de comportamento

Neste septuagésimo nono capítulo, temos como objetivo específico identificar, estudar e aprender que a maior parte das decisões que nós tomamos ao longo do dia é de responsabilidade do subconsciente.

Suponhamos que você esteja na casa da sua sogra com sua esposa e filhos comemorando seu aniversário de casamento, e seu melhor amigo te liga convidando-o para assistir à final do campeonato de futebol. Você imediatamente vai até os arquivos da sua mente e faz a seguinte pergunta: ***"Devo ir à final do campeonato?"***

Na mesma velocidade, os "seus arquivos" enviam uma justificativa: ***"Você é um cara muito legal, trabalhador, sério e honesto. Tem o direito de se divertir, tem o direito de ser feliz, tem o direito de desfrutar de um momento só seu, afinal, trata-se do seu melhor amigo e você não fará nada vergonhoso; não perca esta oportunidade única."***

Você vai até sua esposa, cheio de autoridade, pois você é merecedor desse prêmio e, afinal de contas, vai com o seu melhor amigo. Perceba que, na sua mente, essa decisão é justa e faz todo o sentido. Você quer ir à final do campeonato com seu amigo porque é um cara sério, trabalhador e honesto. Não tem nada de errado nisso. Perceba que, em nenhum momento, a sua mente encontrou nos arquivos o seguinte pensamento: ***"É verdade, trata-se da final de um campeonato e meu time poderá sagrar-se campeão; seria muito legal! Mas, hoje é um dia 'superespecial' para minha família e eu estou na casa da minha sogra que está me recebendo com todo o carinho. Apesar do meu enorme desejo, é melhor, é sábio, é prudente, é certo eu ficar com minha família."***

Perceba que é impossível receber um pensamento que não existe nesse arquivo. Você realmente avaliou, analisou bastante e jura de pés juntos que foi a melhor decisão, mas a decisão já tinha sido tomada pelo seu subconsciente e, definitivamente, não era a melhor decisão; era simplesmente uma das muitas decisões equivocadas que existiam no seu arquivo.

Na pós-graduação de gestão de pessoas e, sobretudo na psicanálise, aprendemos que a palavra "subconsciente" foi usada pela primeira vez pelo Dr. Pierre Janet, contemporâneo de Sigmund Freud, para falar dos conteúdos da mente que se encontram em um nível inferior de consciência. A área mais profunda do nosso cérebro é o inconsciente, onde estão as memórias mais raras. Segundo Freud: ***"O inconsciente é uma proteção do nosso organismo. Ele esconde as piores situações que já passamos na vida e só pode ser acessado com um evento que traga essa lembrança ao consciente."***

Já o subconsciente trabalha com informações que não precisam ficar no consciente, mas que podem ser recuperadas facilmente com um pequeno esforço. A maior parte das decisões que tomamos ao longo do dia é responsabilidade do subconsciente. Mesmo que acreditemos que avaliamos e analisamos cuidadosamente uma decisão, na verdade, o subconsciente já havia tomado a decisão por nós, e tudo que fizemos foi justificá-la. Lembra-se do condicionamento reflexo que mencionamos anteriormente? Nosso cérebro precisa tomar decisões o tempo todo, e é por isso que usa essa condição reflexa em atividades como caminhar, dirigir, piscar, mastigar e engolir, entre outras.

Para podermos tomar tantas decisões sem precisar "raciocinar", o subconsciente cria modelos de comportamento. Perceba que, em uma situação em que precisamos tomar uma decisão com urgência, o subconsciente tomará a decisão e só depois racionalizamos, ou seja, só depois é que a ficha cai. Por exemplo:

"Caramba, como é que eu pude ter feito isto?"; "Não sei como eu reagi àquele assalto"; "Meu Deus, o que foi que eu fiz! Caramba, acho que eu estou ficando maluco!". Somente depois avaliamos as bobagens que fizemos e os riscos que corremos. Perceba que tudo estava programado nessa "massa encefálica" impressionante, mas compreenda que quase todas as atitudes foram tomadas em consonância com as dezenas de milhares de informações que recebemos ao longo da vida; mesmo aquelas que você jurava que avaliou, analisou e fez um tremendo estudo de situação. Resumindo, o seu subconsciente já havia tomado aquela decisão.

Todos nós, em razão de tudo isso que foi colocado, podemos envolver pessoas e ser envolvidos pelas pessoas em uma tomada de decisão, positiva ou negativa, acionando gatilhos mentais com o objetivo de estimular esses padrões de comportamento. Em todos os momentos da vida, recorremos a esses arquivos mentais de forma inconsciente para tomarmos uma decisão. As decisões são sempre tomadas com base em tudo aquilo que, de alguma forma, foi armazenado nesse arquivo. Assim, as decisões são tomadas dentro daquilo que parece lógico e óbvio. Perceba que tudo isso serve para corroborar com a necessidade de mudar o padrão comportamental caso reconheçamos a inconveniência, através de uma reprogramação mental.

Pode parecer bobagem, mas se refletirmos cuidadosamente sobre nossas atitudes, decisões e escolhas equivocadas do passado, chegaremos à mesma conclusão. É importante perceber que não reagir por impulso é algo muito maior do que simplesmente acreditar que avaliamos bem uma situação. Quando reconhecemos essa dificuldade, ganhamos tempo antes de tomar uma decisão impulsiva que poderia resultar em um erro. Mas qual seria a solução? Existe uma solução, e ela passa por uma reprogramação mental.

Para reprogramar a nossa mente, precisamos adicionar informações mais consistentes e fundamentadas em nossos arquivos mentais. Quando reconhecemos conscientemente um comportamento inconveniente, começamos um trabalho focado no problema, algo personalizado. Mas isso não é suficiente. Para mudar de verdade, precisamos estar arrependidos e sensíveis em relação ao nosso padrão de comportamento. Devemos tentar entender, identificar o foco do comportamento inconveniente e analisar nossas opções, projetando o resultado futuro das nossas possíveis escolhas.

Precisamos compreender que o nosso padrão comportamental "desagradável" é apenas o resultado de um aprendizado passado, que já ficou para trás. A decisão agora é nossa. Quem seremos daqui para frente, seja no futuro próximo ou distante, dependerá de tudo o que fizermos a partir de agora.

Além de reconhecer a importância da reprogramação mental para mudar padrões de comportamento inconvenientes, é fundamental também cultivar a autoconsciência e a autocrítica. Ao estarmos conscientes de nossas ações e decisões, podemos refletir sobre seus impactos em nossa vida e nas vidas daqueles ao nosso redor. A autocrítica saudável nos permite avaliar nossas escolhas passadas de forma imparcial, reconhecendo tanto os acertos quanto os erros.

A autoconsciência nos ajuda a perceber quando estamos sendo influenciados por gatilhos mentais e padrões automáticos de comportamento. Ao estarmos atentos a esses padrões, podemos questioná-los e tomar decisões mais alinhadas com nossos valores e objetivos pessoais. Isso requer um trabalho contínuo de autorreflexão e autoanálise, buscando compreender nossas motivações, medos e crenças subjacentes.
Além disso, é importante lembrar que a reprogramação mental não é um processo rápido ou fácil. Exige esforço, dedicação e perseverança. É como desfazer um caminho já percorrido e criar novas trilhas em nossa mente. É necessário praticar novos comportamentos, reforçar pensamentos positivos e desenvolver hábitos saudáveis que sustentem a mudança desejada.

Portanto, ao reconhecer a influência do subconsciente em nossas decisões e buscar a reprogramação mental, estamos no caminho para uma maior autenticidade, liberdade e autodeterminação. Podemos criar uma realidade mais alinhada com quem realmente somos e com o que desejamos alcançar. A transformação pessoal é um processo contínuo, e cada passo em direção à consciência e à mudança é um passo em direção a uma vida mais plena e significativa.

Referências:

- O Monge e o Executivo – James C. Hunter
- Os Segredos da Mente Milionária – Harv Eker
- A Motivação para o Trabalho – Frederick Herzberg
- O Milionário em Um Minuto – Robert G. Allen
- O Inconsciente – Sigmund Freud

Capítulo 80

Quem precisa mudar é você

Neste octogésimo capítulo, temos como objetivo específico, estudar e aprender que podemos avaliar e projetar o resultado futuro das nossas possíveis escolhas; contudo, a escolha é nossa.

Um macaco vinha feliz da vida pela margem de um riacho, quando, de repente, algo chamou sua atenção no fundo do rio. Fixando bem os olhos, viu um peixe lá no fundo. Como nunca tinha visto um peixe na vida, achou que ele estava se afogando; assim, pensou: *"Pobre animal, está se afogando, preciso salvá-lo"*. E, após muito esforço, tirou o peixe do rio. O peixe pulava com todas as suas forças na tentativa de retornar ao rio, mas o macaco, convencido de que estava fazendo um bem para ele, não o deixava escapar. *"Se ele cair no rio mais uma vez, poderá morrer"*, pensava o macaco. Enquanto o peixe se debatia sem ar em suas mãos, o macaco pensava: *"Que felicidade ele está sentindo por ter sido salvo"*. Pouco tempo depois, o peixe morreu. O macaco avalia, analisa bem aquela situação e diz: *"Que pena! Puxa vida! Se eu tivesse chegado antes, poderia tê-lo salvado"*.

Nascemos livres e somos livres para fazer nossas próprias escolhas. Todavia, por falta de discernimento, muitas pessoas escolhem caminhos que as levam a padrões comportamentais semelhantes aos desse macaco. Culposamente, tomam decisões absolutamente insanas, acreditando sinceramente que estão tomando a melhor decisão ou fazendo a melhor escolha. É fundamental que tenhamos muitas opções de escolha e, de preferência, boas opções. Para isso, precisamos de novos arquivos mentais. Novos arquivos aumentam as nossas possibilidades de escolha, não é verdade? Consequentemente, usando o discernimento, podemos avaliar e projetar o resultado futuro de nossas possíveis escolhas; contudo, a escolha é nossa.

É importante ressaltar que, se você está satisfeito com seu padrão comportamental e com o padrão de comportamento das pessoas que estão ao seu redor, ótimo! Não se preocupe. Basta continuar fazendo exatamente o que tem feito que nada vai mudar. Agora, se você não está satisfeito com seu padrão comportamental ou com o padrão de comportamento das pessoas que estão ao seu redor, quem precisa mudar é você. Imagine-se convivendo com centenas de macacos iguais aos da história. Caso sua decisão seja mudar, é fundamental que você considere todas essas técnicas e conceitos para que possa desfrutar dos benefícios e da qualidade de vida que essa mudança certamente vai lhe proporcionar.

Gostaria de reiterar que nossas linhas de ação são influenciadas pelos nossos sentimentos, que, por sua vez, são influenciados pelos nossos pensamentos. Assim, toda linha de ação que conduz a um comportamento inconveniente é antecedida por um modo de pensar que segue essa mesma direção. Você concorda com essa afirmativa? Pense a respeito. Logo, é necessário mudar esse modo de pensar.

Reprogramar tudo isso é extremamente difícil. Tudo o que fazemos repetidamente todos os dias, eventualmente nos tornamos bons nisso; da mesma forma, tudo o que não fazemos, obviamente nos tornamos medíocres, inábeis e inaptos para isso. Se quisermos reverter o quadro, basta fazermos «aquilo que definirmos» repetidamente ou deixarmos de fazer aquilo que concluirmos ser errado, porque, como Aristóteles dizia: ***"Somos aquilo que repetidamente fazemos, a excelência, portanto, não é um feito, mas um hábito".***

Além de reconhecer a importância de nossas escolhas e hábitos diários, é fundamental lembrar que estamos constantemente rodeados por influências externas. Como já vimos, as pessoas com quem convivemos, as informações que consumimos e os ambientes em que estamos inseridos podem ter um impacto significativo em nossas atitudes e comportamentos. Portanto, é essencial cultivar um círculo social saudável, rodear-se de pessoas que inspirem e incentivem o seu crescimento pessoal. Busque relacionamentos baseados em respeito, empatia e apoio mútuo, pois essas conexões podem ser uma fonte de motivação para alcançar uma mudança positiva. Além disso, seja seletivo em relação às informações que você consome. Vivemos na era da informação, com acesso a uma quantidade impressionante de conteúdo. No entanto, nem tudo é verdadeiro, relevante ou benéfico para nosso desenvolvimento. Desenvolva o hábito de filtrar e verificar as informações antes de aceitá-las como verdade absoluta, pois isso contribuirá para uma tomada de decisão mais consciente e fundamentada.

Por fim, lembre-se de que a mudança não acontece da noite para o dia. Requer paciência, perseverança e autocompaixão. Não se cobre perfeição, mas esteja disposto a aprender com seus erros e a persistir diante dos desafios. Cada pequeno passo em direção à transformação pessoal é valioso e pode abrir caminhos para uma vida mais satisfatória e plena. Portanto, mantenha-se aberto a novas perspectivas, questione seus próprios pensamentos e comportamentos e esteja disposto a evoluir. Lembre-se de que você tem o poder de moldar sua vida e criar um futuro melhor através de suas escolhas e ações.

Referências:

- Os Segredos da Mente Milionária – Harv Eker
- A Motivação para o Trabalho – Frederick Herzberg
- O Milionário em Um Minuto – Robert G. Allen
- O Inconsciente – Sigmund Freud

Capítulo 81

A autovitimização é um comportamento inconveniente

Neste octogésimo primeiro capítulo, temos como objetivo específico estudar e aprender que nós podemos e devemos criar o nosso próprio padrão comportamental.

Saí de casa bem cedo, e o trânsito fluiu muito bem. Cheguei à empresa bem antes do horário que normalmente costumo chegar. Enquanto subia as escadas em silêncio, percebi que o gerente, o coordenador e alguns instrutores conversavam descontraidamente. Quase tocando a maçaneta da porta para abri-la, ouvi a seguinte frase:

"O Helder só pode estar de sacanagem! Mas que FDP!" – Falavam alto e claramente.

Ao invés de abrir a porta, recuei. Desci as escadas novamente e, lá embaixo, chamei pelo meu gerente:
"Olá, Alvim, você está por aqui?"
"Estamos todos aqui, Helder. Venha tomar um café conosco."

Subi as escadas novamente como se fosse a primeira vez. Cumprimentei-os como sempre. Saboreamos um delicioso café feito pela tia Rita, rimos das histórias do dia a dia, descemos para nossa formação matinal, e a vida seguiu.

Perceba que a vida é simples, mas nós a complicamos. Devemos participar das coisas por inteiro e procurar conhecê-las completamente. Quando não conhecemos a história desde o início, o melhor é não julgar, fazer considerações ou opinar. Obviamente, eu não conhecia todo o contexto da situação; o que ouvi representava apenas uma parcela insignificante de algo completamente diferente. Além disso, aquilo não tinha e não tem a menor importância. Se eu tivesse entrado naquele momento, causaria um mal-estar absolutamente desnecessário, obrigando-os a explicar uma fala espontânea num momento de descontração. Muitas vezes, adotamos uma postura babaca por pura vaidade. Todos eram e são meus amigos de luta e irmãos paraquedistas. Muitas vezes, nossas palavras não representam ou correspondem ao que realmente sentimos, ou seja, o que de fato existe em nossa mente e em nosso coração.

Perceba que o comportamento inconveniente seria meu se eu tivesse adentrado naquele momento. Seria muita falta de sensibilidade da minha parte e uma atitude muito inconveniente. Se eu quero que algo mude, quem precisa mudar sou eu. Quando temos consciência do que realmente somos e confiança em nosso preparo técnico, somos capazes de gerenciar com simplicidade, eficiência e eficácia os comportamentos inconvenientes que normalmente surgem no dia a dia, inclusive os nossos.

Percebemos que um dos maiores problemas que nossos alunos enfrentam é a vitimização, que, segundo o dicionário, é o ato ou efeito de se transformar em vítima. A autovitimização é um comportamento extremamente inconveniente que ocorre quando nos colocamos no papel de vítima ou de pessoa perseguida para anular críticas, opiniões ou resistências que a pessoa não consegue contra-argumentar. Assim, fica muito mais fácil colocar a culpa em Deus, nos pais, nos avós, nos irmãos, no padrinho, no tio, no cunhado, no sócio, enfim, no mundo inteiro pela nossa maneira de ser, pela forma como enxergamos as coisas devido à nossa visão embaçada. Ou ainda quando filosofamos, culpando a genética, os astros, as vidas passadas, a chama violeta, os gnomos, o carma ou o alinhamento dos planetas. Perceba que aqueles que agem dessa forma, culpando, batendo e agredindo as pessoas, acabam sendo injustos, agressivos e violentos com os amigos, considerando que normalmente os amigos é que estão próximos. Já os inimigos, que normalmente estão distantes, se livram de toda essa impetuosidade.

Diante disso, chegamos à seguinte conclusão: nós podemos e devemos criar nosso próprio padrão comportamental. Ter a certeza e o total controle sobre isso é fundamental. Contudo, não será apenas lendo livros que vamos mudar; precisamos "arregaçar as mangas" e fazer com que as coisas deem certo. Precisamos ser proativos e fazer com que elas aconteçam, concorda? Assim, aquele sentimento de "pena de si mesmo" diante de uma situação estressante precisa ser combatido. Se você sofre dessa avaliação equivocada de si mesmo, tenha a certeza de que esse julgamento é falso e está apenas na sua cabeça, mas te leva a um comportamento inconveniente. Na verdade, você acaba sendo afastado das suas competências, perde a liberdade de escolha e passa a ser escravo de si mesmo.

É horrível ficarmos ao lado de pessoas que se comportam assim. É muito ruim convivermos com pessoas que estão presas a sentimentos negativos, que se julgam vítimas de um mundo cruel. Não que o mundo não seja impiedoso, mas não podemos nos comportar de maneira depressiva, implorando que a morte venha com sua foice e nos leve desse mundo desalmado; isso é péssimo e faz com que nossa energia diminua, deixando-nos impotentes e soturnos.

Corremos o perigo de nos tornarmos viciados em nos fazer de vítima. A vitimização pode tornar-se um vício, sim; e, acontecendo, é um dos piores vícios. A vitimização gera um estímulo celular equivalente ao de uma droga potente. Se eu fico um tempo sem me sentir vítima, acabo entrando na síndrome de abstinência; trata-se de um vício psicológico. Essas pessoas acreditam que só serão notadas, e talvez até tenham razão, se estiverem imersas no processo de vitimização. Observe como funciona o pensamento de alguém que sofre de vitimização: *"Se todos estão me perseguindo, é porque eu sou muito importante"*.

Perceba que para essa pessoa se sentir importante, é necessário estar em uma situação de vítima. Acredito que seja fundamental inserir em suas mentes o pensamento de fé, ou seja, ter a convicção de possuir aquilo que ainda se espera e saber daquilo que ainda não se vê. Provavelmente, não encontraremos nos arquivos mentais dessas pessoas pensamentos como: *"Tudo na vida passa, inclusive este momento difícil"*, *"Depois da tempestade vem a bonança"*, *"Não cai uma folha de uma árvore que não esteja dentro da permissão de Deus"*, *"Tudo posso Naquele que me fortalece"* e *"Se tiver que desistir, desista de ser fraco"*.

MEDIDAS PREVENTIVAS CONTRA A VITIMIZAÇÃO

1. *Aumentar a autoestima:*
   - Pessoas com baixa autoestima podem estar mais propensas a desenvolver a vitimização. Por isso, é importante trabalhar a autoestima e a autoconfiança, valorizando as próprias habilidades e competências.

2. ***Buscar ajuda profissional:***
   - Se a vitimização já está presente, pode ser necessário buscar ajuda de um profissional, como um psicoterapeuta, para ajudar a identificar as causas desse comportamento e trabalhar na sua superação.

3. ***Desenvolver a resiliência*:***
   - A resiliência é a capacidade de superar adversidades e lidar com situações difíceis de forma positiva. Desenvolver essa habilidade pode ajudar a evitar a vitimização, pois permite lidar com os problemas de forma mais assertiva.

4. ***Praticar a empatia:***
   - A empatia é a capacidade de se colocar no lugar do outro e compreender seus sentimentos e perspectivas. Praticar a empatia pode ajudar a evitar a vitimização, pois permite compreender que todos têm problemas e dificuldades, não apenas a pessoa em questão.

5. ***Assumir responsabilidades:***
   - É importante assumir a responsabilidade por suas próprias ações e escolhas, evitando culpar os outros por seus problemas e dificuldades. Isso pode ajudar a evitar a vitimização, pois permite tomar controle da própria vida e enfrentar os problemas de forma mais proativa.

* Desenvolver a resiliência é um processo contínuo que envolve algumas estratégias e habilidades. Aqui estão algumas formas de promover a resiliência:

1. ***Fomentar a autoconsciência:*** Encoraje a reflexão sobre as emoções, pensamentos e reações diante de situações adversas. Ajude a pessoa a identificar seus pontos fortes, habilidades e recursos internos que podem ser utilizados para superar desafios.

2. ***Cultivar o otimismo:*** Incentive uma visão positiva do futuro e acreditar na capacidade de superação. Ajude a pessoa a identificar aspectos positivos em meio a situações difíceis e a focar em soluções, em vez de se concentrar apenas nos problemas.

3. ***Estabelecer metas realistas:*** Auxilie na definição de metas alcançáveis e passos práticos para atingi-las. Isso ajuda a pessoa a ter um senso de propósito e a desenvolver a confiança em suas habilidades.

4. ***Promover a autodisciplina:*** Encoraje a pessoa a adotar hábitos saudáveis e disciplina pessoal. Isso pode incluir o estabelecimento de rotinas, o cuidado com a saúde física e mental, e a busca por atividades que promovam o bem-estar emocional.

5. ***Fortalecer o suporte social:*** Incentive a busca por relacionamentos saudáveis e apoio de pessoas próximas. Ter uma rede de suporte confiável pode fornecer o conforto emocional necessário durante momentos difíceis.

6. ***Promover habilidades de resolução de problemas:*** Ajude a pessoa a desenvolver habilidades práticas para resolver problemas e lidar com desafios. Isso pode incluir estratégias de enfrentamento, pensamento criativo e a busca de diferentes perspectivas.

7. ***Praticar a autorregulação emocional:*** Auxilie na compreensão e gestão das emoções. Isso envolve identificar as emoções, expressá-las de maneira adequada e adotar técnicas de relaxamento e controle emocional.

Lembrando que cada pessoa é única, e o desenvolvimento da resiliência pode variar de acordo com suas experiências e características individuais. É importante oferecer um ambiente de apoio e incentivar a busca por recursos profissionais, como terapia ou aconselhamento, quando necessário.

Com a certeza de que conseguiremos transformar a teoria em ação, «arregaçamos as mangas» e derramamos nosso sangue, suor e lágrimas nesse propósito; gradativamente vamos eliminando aqueles pensamentos que nos impedem de evoluir e, simultaneamente, reprogramamos nossos arquivos com novos pensamentos. Assim, quebraremos velhos paradigmas e seremos pioneiros de novos paradigmas.

Referências:

- Os Segredos da Mente Milionária – Harv Eker
- A Motivação para o Trabalho – Frederick Herzberg
- O Milionário em Um Minuto – Robert G. Allen
- O Inconsciente – Sigmund Freud
- CIMM – Não dê espaço à vitimização – cimm.com.br
- Por que algumas pessoas sempre fazem o papel de vítima – br.mundopsicologos.com
- Superação da Postura Auto vitimizadora – homoprojector.iipc.org

Capítulo 82

Nossa avaliação é um tanto preconceituosa

Neste octogésimo segundo capítulo, temos como objetivo específico estudar e aprender que mesmo inconscientemente, avaliamos o tempo todo o comportamento das pessoas e, da mesma forma preconceituosa que nós avaliamos, também somos avaliados.

Durante a aula, nosso foco era o desenvolvimento e treinamento da inteligência. Eu a conceituei com base nas palavras do filósofo Olavo de Carvalho, de maneira clara e direta:

"Inteligência é o comprometimento da pessoa inteira no exercício do conhecer, mediante uma livre decisão da responsabilidade moral."

Após falar a definição, olhei para os alunos por alguns segundos e perguntei: "Vocês entenderam?" Eles responderam prontamente: "Entendemos!" No entanto, para garantir que todos realmente tivessem compreendido, perguntei novamente: "Eu não ouvi direito! Vocês entenderam?" Desta vez, a resposta foi ainda mais unânime: "Entendemos!" Então, desafiei os alunos a explicarem com suas próprias palavras o que haviam entendido. No entanto, ninguém se manifestou. Expliquei que essa atitude era inconveniente, falar que entendeu sem ter entendido, apenas porque a maioria entendeu, do tipo:

"Professor, todo mundo entendeu! Como é que eu não vou entender? Não quero parecer ignorante! Eu também entendi! Depois, se for o caso, eu peço explicação!"

Infelizmente, essa é uma postura comum, mas o próprio Professor Olavo de Carvalho destaca a importância da honestidade intelectual. Saber que se sabe é saber; saber que não se sabe também é saber. Não podemos afirmar que sabemos algo que não sabemos, nem negar que sabemos algo que dominamos. Seria muito valioso se um aluno levantasse a mão e dissesse: *"Professor, desculpe-me! Ainda não entendi, poderia explicar novamente?"* Ou ainda: *"Professor, talvez eu tenha entendido, mas gostaria de ouvir sua explicação novamente, pois posso estar equivocado."*

É preciso compreender que humildade e honestidade intelectual são fundamentais para o desenvolvimento da inteligência e do conhecimento. Perceba que esse tipo de atitude é impecável. Um comportamento honesto é sempre muito bom. É evidente que um simples desejo passageiro ou uma ligeira intenção de mudar um determinado comportamento indicam que estamos tendo algum tipo de problema com aquela forma de ser ou agir. No entanto, é importante destacar que existe uma grande diferença entre o desejo de mudar e a mudança efetiva. Mudar algo que nos prejudica e prejudica os outros é unir o útil ao agradável. Porém, para chegar a essa conclusão, é necessário ter discernimento. É preciso desenvolver inteligência emocional e habilidades comportamentais, que são necessidades estratégicas para lidar com seres humanos.

Todos gostamos de lidar com pessoas equilibradas e que possuem habilidades sociais. Compreenda que, mesmo inconscientemente, avaliamos o tempo todo o comportamento das pessoas, assim como somos avaliados. É importante perceber que nossa avaliação pode ser um tanto preconceituosa. Muitas vezes, avaliamos as pessoas da mesma forma que avaliamos produtos nas prateleiras de um supermercado. Por exemplo, certamente já compramos produtos influenciados pela marca, pela apresentação, pela higiene, pela beleza etc. Da mesma forma, avaliamos e somos avaliados pelo local onde moramos, pelo colégio e cursos que fizemos e, inclusive, pela universidade em que estudamos. Em um processo seletivo, por exemplo, alguém que estudou em Harvard, uma universidade privada em Cambridge, Massachusetts, EUA, certamente terá uma vantagem competitiva sobre um candidato que não estudou no exterior. Alguém que estudou na UFRJ, na UERJ ou na UFF terá uma vantagem competitiva sobre aqueles que estudaram em faculdades particulares, embora isso seja uma visão preconceituosa. Talvez isso mude no futuro, mas atualmente é um fato incontestável que muitas vezes é tratado com pura hipocrisia. De fato, não é uma verdade absoluta, pois nós mesmos somos bons profissionais mesmo sem ter estudado nessas universidades. No entanto, quando refletimos sinceramente, percebemos que realmente existe um peso considerável nessa avaliação, e ninguém pode negar isso.

Com relação à aparência, alguém que vai para uma entrevista de emprego com uma camisa da escola de samba, do time de futebol, ou com uma camiseta sem manga com a estampa «tem um corno me olhando», ou cheio de brincos, argolas e cordões pendurados como uma árvore de Natal, ou cheirando mal, ou com aquele perfume exagerado de 3ª linha, ou com chinelos de dedo e bermuda, certamente será preterido em relação a alguém com uma apresentação mais elegante, simples, discreta e formal. Novamente, não estamos avaliando a competência técnica profissional, mas essa aparência prejudica no momento da escolha. A questão é: assim como avaliamos, também somos avaliados; portanto, tendo essa consciência e entendimento, fica mais fácil nos comportarmos de maneira equilibrada e socialmente correta, sem a necessidade insana de querer agredir a «sociedade repressora».

Referências:

• O Mínimo que você precisa saber para Não Ser um Idiota – Professor Olavo de Carvalho

Capítulo 83

Enxergando o resultado futuro da mudança

Neste octogésimo terceiro capítulo, temos como objetivo específico estudar e aprender a valorizar o que a mudança de comportamento irá lhe proporcionar.

Olavo de Carvalho diz que ***"inteligência é o comprometimento da pessoa inteira no exercício do conhecer, mediante uma livre decisão da responsabilidade moral."***

Nós faremos uma análise profunda desse conceito de inteligência, segundo o professor Olavo de Carvalho. *"Inteligência é o comprometimento..."* Comprometimento significa dedicar-se inteiramente. Existe uma enorme diferença entre envolvimento e comprometimento. Quando nos casamos, nos comprometemos com o cônjuge, fazemos uma aliança; renunciamos à vida de solteiro. É aquela história do bacon com ovos: quem está comprometido e quem está envolvido no bacon com ovos? O porco está comprometido e a galinha está envolvida. Para que haja o bacon, o porco dá a vida; a galinha simplesmente bota o ovo e segue ciscando com o galo. Percebeu a diferença? Portanto:

"Inteligência é o comprometimento da pessoa inteira..." A pessoa se dedica inteiramente, dedica sua vida inteira; perceba que se nos dedicarmos pela metade, aprenderemos apenas pela metade; se nos dedicarmos em partes, também aprenderemos em partes. Conta-se a história de um guerreiro que retornou da guerra sem os braços e pernas, sendo conduzido por alguém em uma cadeira de rodas; assim, gritou para o capelão: "Capelão, Deus aceita um homem pela metade?" Todos pararam e olharam para aquele homem. Prontamente, o capelão respondeu: "Deus aceita um homem pela metade que se dedica inteiramente, mas não aceita um homem inteiro que se dedica pela metade."

"Inteligência é o comprometimento da pessoa inteira no exercício do conhecer..." Exercício nos remete à insistência, à persistência; nos remete ao esforço e à dedicação. Portanto, buscar o conhecimento exige constância, ou seja, devemos nos dedicar diariamente, de forma disciplinada, através de um verdadeiro exercício diário.

"Inteligência é o comprometimento da pessoa inteira no exercício do conhecer, mediante uma livre decisão..." Sim, somos livres, nascemos livres, mas a nossa liberdade não é algo pronto, mas uma semente que precisa ser plantada. A bíblia diz que somos um terreno fértil e que nossas escolhas são sementes; assim, podemos escolher o que vamos plantar, mas, obrigatoriamente, teremos que colher o fruto daquilo que plantamos.

"Inteligência é o comprometimento da pessoa inteira no exercício do conhecer, mediante uma livre decisão da responsabilidade moral." É fundamental que desenvolvamos responsabilidade moral, pois sem ela podemos escolher buscar outros tipos de conhecimento que não são saudáveis para nós ou para a sociedade, como: lucrar com drogas, com prostituição ou com crime. Portanto é fundamental que tenhamos e desenvolvamos responsabilidade moral. A inteligência pode e deve ser treinada no dia a dia.

"Inteligência é o comprometimento da pessoa inteira no exercício do conhecer, mediante uma livre decisão da responsabilidade moral."

Mudar comportamentos requer uma visão clara dos benefícios que essa mudança trará. O que eu ganho mudando o meu comportamento? Você precisa enxergar e, também, aprender a valorizar o que a mudança de comportamento irá lhe proporcionar. Você jamais buscaria, com todas as suas forças, ter aquilo que não é tão importante na sua vida. Assim, você precisa enxergar o resultado futuro da sua escolha.

É necessário identificar os comportamentos que nos incomodam e priorizá-los, concentrando-se primeiro nos mais fáceis de mudar e depois nos mais difíceis. É preciso ser calmo e paciente e identificar todos os benefícios que virão com a mudança de comportamento. Esse exercício pode trazer muitos benefícios, como mais energia e disposição, melhor autoestima, perda de peso, redução de doenças como diabetes e hipertensão, e até mesmo melhorias na capacidade mental e produtividade.

O exercício proposto é bastante útil para ajudar a mudar comportamentos e deve ser acompanhado através do registro diário das dificuldades encontradas; estamos falando dos conflitos e problemas que enfrentamos durante cada dia. Benjamin Franklin dizia que:

"Se você acha que a instrução é cara, experimente a ignorância." Da mesma forma, ***"Se você acha que livrar-se de um comportamento que te prejudica é difícil...***

É importante lembrar que ninguém melhor do que nós mesmos sabe o que precisa ser feito para mudar nossos comportamentos. Benjamin Franklin acreditava que *"aquele que não está avançando diariamente, está regredindo".* Portanto, é essencial que nos esforcemos continuamente para mudar nossos comportamentos e melhorar a nós mesmos. Conforme *1ª Coríntios 6, cuidaremos do templo do Espírito Santo, que é o nosso corpo.*

Referências:

- O Mínimo que você precisa saber para Não Ser um Idiota – Professor Olavo de Carvalho

Capítulo 84

O problema está em nós, não nos outros

Neste octogésimo quarto capítulo, temos como objetivo específico estudar e aprender que nem sempre é verdade o que está escrito em algum lugar; muitas vezes é necessário provarmos a verdade com ações.

Ésopo foi um escritor da Grécia antiga a quem são atribuídas diversas fábulas. Em uma de suas histórias, Ésopo conta sobre um homem e um leão que discutiam sobre qual deles era o mais forte e decidiram testar suas habilidades ali mesmo. O homem levou o leão até uma sepultura onde havia uma pintura de um homem matando um leão. O leão retrucou:

- *«O que você me mostrou foi pintado por um homem. Se eu soubesse pintar, retrataria um leão matando um homem. Não vamos nos basear em provas pintadas, é melhor medirmos nossas forças um contra o outro.»*

Depois de matar o homem, o leão disse:

- *"Uma prova pintada não é suficiente. Ele agora descobriu que eu era mais forte."*

Nem sempre é verdade o que está escrito em algum lugar; muitas vezes é necessário provarmos a verdade com ações. Gerenciar comportamentos inconvenientes exige o uso de níveis de força. Sabemos que o primeiro nível de força é a presença física, todavia, pode não ser suficiente. Assim, usamos a verbalização através de argumentos que devem ter como base os fatos. Nossos argumentos podem ser verdadeiros, mas se não estiverem baseados em fatos, levarão à dúvida. Contudo, se estiverem embasados em fatos, levarão à certeza. Não é verdade? Nós somos nosso pior inimigo, o mais cruel, arrogante, prepotente, invejoso, preconceituoso e intolerante, e também o mais vaidoso. Portanto, quando algo nos incomoda, é porque algo dentro de nós precisa mudar. Quando temos plena consciência do nosso potencial, quando nos conhecemos de verdade e gostamos do que somos, se alguém disser algo desagradável sobre nós, isso não nos causará qualquer dano, embaraço ou constrangimento. Sabe por quê? Porque não temos dúvidas do que somos de fato, é simples assim. Quando temos certeza, prevalece aquilo que sabemos, uma espécie de fé inabalável. Quando temos essa certeza, nossa opinião interior sempre tem mais credibilidade do que aquilo que falam. Agora, quando não temos essa certeza, tudo muda. Quando alguém nos fala uma verdade, algo secreto que sabemos a nosso respeito, mas não queremos que ninguém saiba, gatilhos são acionados no inconsciente, e sentimentos ruins são despertados, gerando comportamentos extremamente inconvenientes. Perceba que o problema está em nós, não nos outros.

Muitas vezes, nos incomodamos com verdades que não aceitamos em nós. Se algo escondido lá no fundo nos incomoda e a opinião de alguém coincide com aquilo que, de alguma forma, já sabíamos, sentimentos negativos afloram, não é verdade? Nós não enxergamos o pensamento, tampouco os sentimentos de ninguém. Não existe no mundo um aparelho capaz de descobrir o que pensamos ou sentimos. Talvez consigamos deduzir qual é o pensamento de uma pessoa através da observação do comportamento dela. A linguagem corporal é um fato, e quando nos tornamos especialistas em uma determinada área, nossa percepção também se qualifica. Em segurança, ao desenvolvermos uma visão diferenciada e melhorarmos nossa habilidade de observação, somos capazes de deduzir o pensamento das pessoas com mais precisão e inferir melhor o que elas estão pensando. Por exemplo, um professor consegue inferir ou deduzir o pensamento de um aluno desatento, indisciplinado ou com um problema qualquer. Um policial faz abordagens preventivas precisas ao ter deduzido o pensamento de um suspeito. Pais conseguem deduzir facilmente o pensamento de seus filhos. Um lutador consegue deduzir os movimentos prováveis do seu adversário. Todos esses exemplos são pertinentes em razão do comportamento, devido à habilidade de observação e percepção adquirida ao longo de muitos anos de experiência.

Referências:

- O Mínimo que você precisa saber para Não Ser um Idiota – Professor Olavo de Carvalho
- FIA Business School – Pensamento Crítico – fia.com.br
- A Linguagem das Emoções – Dr. Paul Ekman.
- Inteligência Emocional – Daniel Goleman

Capítulo 85

A não violência é uma arma para os bravos

Neste octogésimo quinto capítulo, temos como objetivo específico estudar e aprender que quando nos conhecemos de verdade, não importam as elucubrações, o que prevalece é aquilo que sabemos; quando temos essa certeza, nossa opinião interior sempre tem mais credibilidade do que aquilo que falam.

Dizem que quando Gandhi estudava Direito na University College, de Londres, um professor de sobrenome Peters tinha-lhe aversão, mas Gandhi, nos frequentes encontros nunca baixou a cabeça. Certo dia o professor Peters almoçava no refeitório da Universidade, quando Gandhi com sua bandeja sentou-se ao seu lado. O professor arrogante, diz:

"Sr. Gandhi, você não entende ... Um porco e um pássaro não se sentam juntos para comer". – Falou o professor com um sorriso irônico.

Gandhi respondeu-lhe:
"Fique tranquilo professor, eu vou voando para outra mesa..." – e afastou-se rapidamente.

Mr. Peters, enfurecido, decidiu vingar-se no dia seguinte, quando uma prova seria aplicada. Mas o aluno respondeu de forma brilhante a cada questão. Então, o professor fez-lhe mais uma pergunta:

"Sr. Gandhi, você está andando na rua e encontra um saco contendo em seu interior a sabedoria e uma grande quantidade de dinheiro. Qual dos dois o senhor escolhe?" – Perguntou de forma sarcástica.

Gandhi responde-lhe, sem hesitar:
"É claro professor, que fico com o dinheiro!" – Falou de forma respeitosa, olhando dentro dos olhos do professor.

O professor Peters, sorrindo, diz:
"Eu ao contrário, teria agarrado a sabedoria, você não acha?" – Falou com ar vaidoso. *"Compreendo... Cada um escolhe o que não tem!"* – Responde Gandhi.

O professor Peters fica histérico e escreve no papel da prova: *"Idiota!".*

O jovem Gandhi recebe a folha e lê atentamente. Depois de alguns minutos, dirige-se ao professor e diz:
"Mr. Peters, reparei que o senhor assinou a minha prova, mas não colocou a nota!"

Trata-se de uma parábola de autor desconhecido que, ao levar em consideração a proporcionalidade, ensina que o nível de força que devemos exercer deve ser proporcional ao nível de resistência oferecida. O gerenciamento do comportamento inconveniente na história foi impecável, porém é importante lembrar que, na vida real, não devemos gerenciar comportamentos inconvenientes verbalizando com ironia. Mahatma Gandhi afirmou que *"a não-violência nunca deve ser usada como um escudo para a covardia, é uma arma para os bravos"*, ou seja, a não-violência deve ser praticada por aqueles que são corajosos e não por aqueles que são covardes e usam a não-violência como uma desculpa para evitar o confronto.

Gostaria que você, usando a empatia, fizesse o seguinte exercício: Imagine alguém que você ama muito com Alzheimer. Acontece que você, apesar de todo o carinho dispensado a essa pessoa, é sem motivo xingado, ofendido e ameaçado. O que você faria? Certamente, ao receber toda aquela injúria, você a trataria ainda com mais respeito e carinho. Com certeza, sendo possível, você a abraçaria com todo o amor, protegendo-a ainda mais. Perceba que apesar de ela ter lhe feito o mal, você é capaz de amá-la ainda mais. Sabe por quê? Pelo simples fato de você ter a certeza, de que ela não sabe o que está fazendo. Quando nós temos essa certeza, somos capazes de absorver as piores ofensas, agressões, afrontas, injúrias, os piores insultos, ataques e desaforos. Agora, quando não temos essa certeza, tudo pode acontecer.

Quando temos certeza do nosso potencial e da nossa superioridade diante de uma determinada situação, nos comportamos de forma centrada, equilibrada e responsável. Certamente você já ouviu falar do atleta de MMA Fabrício Werdum, faixa preta de jiu-jitsu e campeão do UFC. Faça o seguinte exercício: imagine Fabrício Werdum dirigindo um automóvel. Você não está no seu melhor dia, acordou com o pé esquerdo, brigou com a esposa e já se aborreceu com um flanelinha que jogou água com sabão no para-brisa do seu carro sem sua autorização, deixando-o sujo. De repente, por distração, Werdum lhe dá uma bela fechada. Devido à adrenalina do momento, você abaixa o vidro do carro e, exaltado, grita: *"Seu FDP, VTNC, vaza senão eu te enfio porrada!"*

Qual seria a reação de Werdum? Como ele se comportaria? Pense a respeito. Acredite, Werdum olharia para você e, de maneira equilibrada, diria com toda educação: *"Perdoe-me, não foi minha intenção causar problemas, eu jamais brigaria com você. Mais uma vez, desculpe-me".*

Sabe por quê? Simplesmente porque Werdum sabe quem ele é, conhece o potencial que possui e sabe o que seria capaz de fazer em uma briga com você. Quando temos plena consciência do nosso potencial e nos conhecemos verdadeiramente, o que prevalece é aquilo que sabemos. Trata-se de uma fé inquebrantável; quando temos essa certeza, nossa opinião interior sempre tem mais credibilidade do que o que os outros falam. Não importam as conjecturas ou as elucubrações. Como dizem: "Não estou nem aí".

Referências:

- O Mínimo que você precisa saber para Não Ser um Idiota – Professor Olavo de Carvalho
- FIA Business School – Pensamento Crítico – fia.com.br
- A linguagem das Emoções – Dr. Paul Ekman.
- Inteligência Emocional – Daniel Goleman

Capítulo 86

Não aja com mediocridade

Neste octogésimo sexto capítulo, temos como objetivo específico, estudar e aprender que a nossa mudança de comportamento não pode ser apenas por uma questão de sobrevivência e segurança, mas para que conquistemos todos os nossos objetivos; é um direito nosso.

A frase do Mário Sérgio Cortella ***"Faça o seu melhor, na condição que você tem, enquanto você não tem condições melhores para fazer melhor ainda!"*** traz consigo uma mensagem importante sobre a busca pela excelência em qualquer situação. Primeiramente, ela nos incentiva a fazer o nosso melhor, ou seja, dar o máximo de esforço, dedicação e empenho em tudo o que fazemos, seja no trabalho, nos estudos, nas atividades esportivas ou em qualquer outro aspecto da vida. Isso implica em não se acomodar com resultados medianos ou com o mínimo necessário, mas sim em buscar a superação e alcançar um desempenho acima da média.

No entanto, a segunda parte da frase nos lembra que nem sempre estamos em condições ideais para alcançar o nosso melhor. Existem limitações, restrições e circunstâncias que podem nos afetar, como falta de recursos, tempo, conhecimento ou experiência. É nesse momento que devemos nos esforçar e dar o nosso melhor dentro dessas condições limitadas. O "enquanto você não tem condições melhores para fazer melhor ainda" indica que devemos reconhecer essas limitações e buscar constantemente melhorias e condições mais favoráveis. Podemos nos capacitar, adquirir mais conhecimento, buscar novas oportunidades ou aprimorar nossas habilidades. A ideia é não se acomodar na situação atual, mas sim trabalhar para criar as condições necessárias para fazer ainda melhor no futuro.

Em resumo, a frase nos convida a não nos conformarmos com a mediocridade, mas sim a buscar a excelência dentro das nossas possibilidades atuais. Ao mesmo tempo, nos encoraja a não ficar estagnados e a buscar constantemente o crescimento e a melhoria para alcançar resultados ainda melhores no futuro. Essa mensagem é relevante para nos motivar a sempre buscar aprimoramento pessoal e profissional, reconhecendo que o caminho para a excelência muitas vezes envolve superar obstáculos e trabalhar com os recursos disponíveis, até que possamos criar condições ainda melhores para alcançar o nosso máximo potencial.

Ser medíocre significa ser comum, com habilidades, talentos ou realizações abaixo da média. É um termo usado para descrever alguém que não se destaca ou não alcança um padrão de excelência em suas realizações ou esforços. No contexto geral, ser medíocre implica em não atingir um nível de desempenho ou qualidade que seja notável ou excepcional em comparação com os outros. No entanto, é importante ressaltar que o conceito de mediocridade pode ser relativo e subjetivo, variando de acordo com os padrões e expectativas de cada pessoa ou área de atuação. O que pode ser considerado medíocre em um contexto pode ser considerado satisfatório ou até mesmo bom em outro. Vou dar um exemplo, usando o jiu-jitsu, para ilustrar como a mediocridade pode ser relativa e variar de acordo com diferentes contextos:

Suponha que estejamos analisando o desempenho de um lutador de jiu-jitsu em uma competição de alto nível, como um campeonato mundial. Nesse contexto, espera-se que os competidores apresentem técnicas avançadas, estratégias elaboradas e um alto nível de habilidade. Nesse cenário, um desempenho medíocre seria aquele em que o lutador não consegue aplicar as técnicas corretamente, toma decisões ineficientes durante a luta e acaba sendo derrotado de forma rápida e sem oferecer resistência significativa.

No entanto, agora vamos considerar outro cenário, como uma academia de jiu-jitsu local, onde os praticantes estão em estágios iniciais de aprendizado. Nesse ambiente, as expectativas são diferentes. Os lutadores estão em processo de desenvolvimento e aprendizado das técnicas básicas do jiu-jitsu. Nesse caso, um desempenho medíocre seria aquele em que o praticante ainda está se familiarizando com as técnicas e cometendo erros, mas está se esforçando para aprender e melhorar gradualmente.

No contexto da academia, um desempenho medíocre pode ser visto como satisfatório, pois faz parte do processo de evolução e aprendizado. O importante é que o praticante esteja dedicado, se esforçando para aprimorar suas habilidades e buscando aprender com os erros. Com o tempo, esse desempenho medíocre pode evoluir para algo bom, à medida que o praticante adquire mais conhecimento, experiência e habilidade. Portanto, podemos perceber que a avaliação do desempenho no jiu-jitsu, assim como em qualquer outra atividade, pode variar de acordo com o contexto em que ocorre. O que é considerado medíocre em um ambiente de alto nível pode ser satisfatório ou até mesmo bom em um ambiente de aprendizado e desenvolvimento. É importante levar em conta as circunstâncias, o nível de habilidade dos participantes e as expectativas específicas de cada contexto ao fazer uma avaliação.

Esse exemplo destaca como a mediocridade é subjetiva e depende dos padrões e expectativas estabelecidos em cada contexto específico. O que pode ser considerado medíocre em um ambiente altamente competitivo pode ser visto de forma diferente em um contexto mais casual ou menos exigente. É importante levar em conta essas nuances ao avaliar o desempenho ou as realizações de uma pessoa. É fundamental ter em mente que ser medíocre não é um julgamento definitivo sobre o valor de uma pessoa como indivíduo. Todos possuem diferentes habilidades, talentos e áreas de interesse. O importante é buscar o desenvolvimento pessoal e aprimorar-se em áreas que sejam significativas e relevantes para cada um, visando sempre alcançar seu potencial máximo.

Cabe a seguinte pergunta: a mediocridade carrega em sua essência a indiferença, o desdém e a falta de gratidão? Acredito que faz todo o sentido afirmar que a mediocridade muitas vezes está associada à indiferença, ao desdém e a falta de gratidão. Quando uma pessoa se contenta com resultados medianos ou se conforma com um desempenho abaixo do seu potencial, é provável que ela demonstre uma certa indiferença em relação ao seu próprio crescimento e aos resultados alcançados. Essa atitude pode levar ao desdém, no sentido de menosprezar a importância de se esforçar e buscar a excelência. Além disso, a falta de gratidão também pode estar presente na mediocridade, uma vez que a pessoa pode não valorizar as oportunidades, recursos e talentos que possui. Ela pode não reconhecer a importância de aproveitar ao máximo essas oportunidades e de expressar gratidão pelas conquistas alcançadas.

No entanto, é fundamental reconhecer que a busca pela excelência, o empenho, a gratidão e a valorização das oportunidades são elementos importantes para o crescimento pessoal e profissional. Ao adotar uma mentalidade de superação da mediocridade e valorizar o esforço e a busca pela excelência, é possível alcançar resultados mais significativos e satisfatórios em todas as áreas da vida.

A superação da mediocridade em uma pessoa requer um processo individual e complexo, que envolve uma série de fatores e esforços por parte da própria pessoa. Aqui estão algumas considerações sobre como trabalhar a mediocridade e buscar a melhoria pessoal:

Reconhecimento:

- O primeiro passo é desenvolver a autoconsciência e reconhecer a própria mediocridade. É importante ter a capacidade de se avaliar de forma realista, identificando áreas em que se está aquém do potencial e reconhecendo a necessidade de mudança.

Definir metas e desafios:

- Estabelecer metas e desafios pessoais é fundamental para sair da zona de conforto e buscar a excelência. É importante definir objetivos claros e mensuráveis, que possam impulsionar o crescimento e aprimoramento em áreas específicas.

Adquirir conhecimento e habilidades:

- Investir em aprendizado contínuo é essencial para se desenvolver. Busque adquirir conhecimentos relevantes e desenvolver habilidades específicas relacionadas aos seus objetivos. Isso pode envolver a participação em cursos, leitura, prática e busca de orientação de especialistas.

Autoconfiança e motivação:

- Acreditar em si mesmo e manter a motivação é crucial para superar a mediocridade. Cultive a autoconfiança, valorize suas conquistas e mantenha uma atitude positiva em relação aos desafios. Lembre-se de que a jornada para a excelência pode ser longa e requer perseverança.

Autodisciplina e comprometimento:

- A superação da mediocridade exige disciplina e comprometimento. Estabeleça rotinas saudáveis, seja consistente em seus esforços e esteja disposto a investir tempo e energia para melhorar. Isso pode envolver a prática regular, a gestão do tempo de forma eficiente e a eliminação de distrações desnecessárias.

Buscar feedback e orientação:

- Procure feedback construtivo de pessoas confiáveis, como mentores, professores ou profissionais experientes. Esteja aberto a receber críticas e sugestões para identificar áreas de melhoria e aprimorar suas habilidades.

Resiliência e aprendizado com erros:

- Reconheça que o caminho para a excelência está repleto de desafios e possíveis fracassos. Encare os erros como oportunidades de aprendizado e crescimento, em vez de desmotivação. Seja resiliente, aprenda com os erros e continue se esforçando para melhorar.

Lembre-se de que cada pessoa tem seu próprio ritmo de desenvolvimento e que a superação da mediocridade não ocorre da noite para o dia. É um processo contínuo de autodesenvolvimento e busca por excelência. A dedicação, o compromisso e a perseverança são fundamentais nessa jornada.

Referências:

- O Mínimo que Você Precisa Saber para Não Ser um Idiota – Professor Olavo de Carvalho
- Mário Sérgio Cortella – infoescola.com – Navegando e Aprendendo
- FIA Business School – Pensamento Crítico – fia.com.br
- A Linguagem das Emoções – Dr. Paul Ekman.
- Inteligência Emocional – Daniel Goleman

Capítulo 87

Precisamos aprender a fazer o que é certo!

Neste octogésimo sétimo capítulo, temos como objetivo específico estudar e aprender que quando não prestamos a devida atenção, agimos pelo impulso e, envolvidos pelas circunstâncias, saímos atropelando tudo, adotamos uma postura desequilibrada achando que estamos sendo proativos, mas na verdade, estamos sendo inconvenientes.

Makenzie Armstrong pratica jiu-jitsu brasileiro desde os 3 anos de idade na Arashi Do Behring North em Edmonton, Alberta, Canadá, tendo como mestre o criador do GPCI, Sylvio Behring e como professor, Mike Yackulic. Ela é uma atleta apaixonada pelo jiu-jitsu e isso a torna uma jovem cheia de virtude, confiante e corajosa. Aos 7 anos de idade, Makenzie demonstrou que o GPCI, aliado às técnicas de autodefesa aprendidas no tatame, é relevante para sua vida fora do dojo.

Certo dia, sua professora estava fora da sala de aula conduzindo as crianças em direção à biblioteca, quando uma menina apresentando sérios problemas comportamentais começou a agredir um dos meninos. Diante daquela situação, Makenzie exercendo autoridade, impôs uma presença física recheada de educação, colocando-se entre a agressora e demais alunos, protegendo-se dos socos contínuos da menina.

Makenzie conseguiu administrar aquele problema, usando o controle de contato e uma verbalização nível II, impedindo que seus colegas de turma se machucassem, até que a professora retornasse à sala. O pai de Makenzie, Neil Armstrong, foi chamado pela professora para uma reunião e esta disse que nunca viu uma criança tão corajosa e capaz de colocar-se em perigo para ajudar seus colegas de turma, sobretudo, a coleguinha que estava fora de controle e poderia ter se machucado.

O jiu-jitsu brasileiro aliado ao GPCI tem dado a Makenzie habilidades e confiança para usar sua voz e discernimento para fazer o que é certo, mesmo quando o certo é a escolha mais difícil, impopular ou assustadora. Todos estão muito orgulhosos, pois Makenzie tem um forte senso de amizade e paz, é muito habilidosa para defender-se e defender seus amigos, sendo simultaneamente, sempre respeitosa com todos.

Sun Tzu nos ensina que: ***"Os bons guerreiros de antigamente primeiro se colocavam fora da possibilidade de derrota, depois esperavam a oportunidade de derrotar o inimigo".*** Neste caso, nosso inimigo é aquele comportamento que nos prejudica.

Para agir estrategicamente, precisamos nos colocar fora da possibilidade de sermos derrotados por comportamentos inconvenientes. Deixe-me dar um testemunho relevante sobre esse assunto: há alguns anos, resolvi retomar o treinamento de jiu-jitsu, que havia sido adiado devido a inúmeros fatores. Como todo mundo, eu vivia procrastinando, sempre deixando para começar no dia 1º do mês que vem. Eu ia empurrando com a barriga e arrumando justificativas mentirosas. Foi quando eu percebi que o problema estava em mim, e não nos outros. Eu inconscientemente criava dificuldades e problemas.

Foi então que pedi ajuda a alguns amigos e agora treino com o Prof. Reinaldo Bravim da Behring Jiu-Jitsu às segundas, quartas e sextas-feiras das 18:00 às 19:30h, com o Prof. Paulo às terças e quintas-feiras, e uma vez por semana à tarde sou literalmente amassado pelo Prof. Ian Behring, filho do Mestre Sylvio Behring. Confesso que muitas vezes torço para que eles faltem, mas de repente ouço aquele "Osu" e o entusiasmo acontece naturalmente. Percebi que se depender de mim, as coisas não vão acontecer. Precisamos fazer com que elas aconteçam; precisamos fazer dar certo. E também precisamos aprender a fazer o que é certo, independentemente de nossos desejos e preferências. Simples assim.

Da mesma forma, precisamos ser bons, praticar o bem e realizar boas ações para sermos felizes. Se quisermos ser felizes a qualquer custo e de qualquer jeito, seremos um problema e nos tornaremos pessoas inconvenientes. Portanto, devemos fazer o que é certo e praticar o bem.

Sun Tzu nos ensina que ***"a garantia de não sermos derrotados está em nossas próprias mãos e a oportunidade de derrotar o inimigo é fornecida pelo próprio inimigo."*** Daí vem o ditado: *"Pode-se saber como conquistar sem ter a capacidade de fazê-lo!"* A garantia de não sermos derrotados por comportamentos inconvenientes está em nossas mãos. Devemos estar conscientes e preparados para a guerra, aguardando ansiosamente a oportunidade de vencer nosso maior inimigo: nós mesmos. Devemos resistir bravamente através de um comportamento conveniente.

Sun Tzu também nos ensina que ***"A garantia contra a derrota implica táticas defensivas; a capacidade de derrotar o inimigo significa tomar a ofensiva. Manter-se na defensiva indica força insuficiente; atacar, uma superabundância de força".***

Assim, com base nos ensinamentos de Sun Tzu, precisamos entender que se usarmos apenas táticas defensivas numa luta de Jiu-Jitsu, dificilmente venceremos; concorda? Da mesma forma, na escolha das estratégias para mudança comportamental, precisamos ir além das táticas defensivas. Se o objetivo for apenas se defender, é provável que não se vença. No entanto, se pretende-se tornar-se um campeão, é preciso tomar a ofensiva e estar preparado e bem treinado. Porém, é preciso ter cuidado, pois é nesse ponto que muitos comportamentos inconvenientes surgem devido aos exageros e desequilíbrios.

Você já ouviu falar da incompatibilidade entre mente eufórica e corpo debilitado? Isso vale para muitas coisas. Quando não prestamos atenção, agimos por impulso e, envolvidos pelas circunstâncias, podemos adotar uma postura desequilibrada achando que estamos sendo proativos, mas na verdade, estamos sendo inconvenientes. Normalmente as pessoas não falam nada, apenas observam, mas depois comentam e criticam aquele comportamento inconveniente.

Referências:

- O Mínimo que Você Precisa Saber para Não Ser um Idiota – Professor Olavo de Carvalho
- A Arte da Guerra – Sun Tzu
- FIA Business School – Pensamento Crítico – fia.com.br
- A Linguagem das Emoções – Dr. Paul Ekman.
- Inteligência Emocional – Daniel Goleman

Capítulo 88

Os atributos de liderança segundo Sun Tzu

Neste octogésimo oitavo capítulo, temos como objetivo específico, estudar e aprender os atributos de liderança segundo Sun Tzu.

Um velho avô disse ao neto que veio a ele com muita raiva de um amigo que lhe havia feito uma injustiça: *"Deixe-me contar-lhe uma história."*

– O neto sentou-se ao seu lado.
Eu mesmo, algumas vezes, senti grande ódio de pessoas que aprontaram comigo, e não tiveram qualquer arrependimento daquilo que fizeram."

– O menino olhava para o avô sem piscar; e o avô com ternura lhe disse: *"Todavia, o ódio corrói você, mas não fere seu inimigo."* – Falou alto, claro e em bom tom.

"É o mesmo que tomar veneno, desejando que seu inimigo morra. Lutei muitas vezes contra este sentimento." – Seu neto estava atento e mal respirava, e ele continuou:

"É como se existissem dois lobos dentro de nós. Um deles é bom e não se magoa facilmente. Ele vive em harmonia com todos ao redor dele e, não se ofende com bobagens. Ele só lutará quando for certo fazer isto e, da maneira correta!" – O avô falava pausadamente, com paciência e muita sabedoria. Assim continuou:

"Mas, o outro lobo, aaah! Este é cheio de raiva! Mesmo as pequeninas coisas, o lançam num ataque de ira! Ele briga com todos, o tempo todo, sem qualquer motivo. Ele não pode pensar por que sua raiva e seu ódio são muito grandes." – O menino continuava focado na estória que seu avô contava. Nada lhe roubava a atenção.

"É uma raiva inútil, pois sua raiva não irá mudar coisa alguma! Algumas vezes é difícil conviver com estes dois lobos dentro de nós, pois ambos tentam dominar nosso espírito." – O garoto olhou intensamente nos olhos de seu avô e perguntou:

Qual deles vence, vovô? – O avô sorriu e respondeu baixinho: *"Aquele que nós alimentamos."*

Benjamim Franklin dizia que: ***"não devemos ter pressa na escolha de um amigo, devemos dispor do tempo que for necessário para essa escolha, mas devemos dispor de um tempo ainda maior quando tivermos que trocar".*** Quando analisamos a afirmativa em questão, percebemos facilmente o quão sábio e profunda ela é.

Liderar é conduzir pessoas na busca dos seus objetivos. Sun Tzu há 2500 anos, já havia pensado a respeito desse tema, assim, desenvolveu e escolheu cinco atributos que, segundo ele, eram imprescindíveis na formação de um verdadeiro líder, e seus generais eram escolhidos com base nessas qualidades: sabedoria, sinceridade, humanidade, coragem e exigência.

SABEDORIA

Sima Qian, Ssu-ma chi'ien, foi um astrônomo, matemático e historiador chinês da dinastia Han do Oeste, considerado o primeiro grande historiador chinês. Há cerca de 100 a.C., Ssu-ma chi'ien acrescentou a um dos capítulos do livro "A Arte da Guerra", capítulo este definido como "A espada embainhada" o seguinte:

"Se um general ignorar o princípio da adaptação, não deve ser colocado numa posição de autoridade. Um hábil empregador de homens usará o prudente, o bravo, o cobiçoso e o burro. Pois o prudente terá prazer em aplicar seu mérito, o bravo, sua coragem em ação, o cobiçoso é rápido em tirar proveito, vantagens, e o burro não teme a morte".

Os anos se passaram, o mundo evoluiu e globalizou-se, e acreditamos que as coisas não são bem assim, ou pelo menos não deveriam ser. Entretanto, é importante refletirmos sobre a afirmativa de Ssu-ma Chi'ien para uma adaptação inteligente dentro do nosso assunto, o padrão comportamental. Nós que lidamos com gente, com seres humanos, precisamos saber exercer liderança. Quando uma empresa despreza esses atributos na contratação de um líder, coloca em risco todo o trabalho desenvolvido até então. Vamos procurar, a partir de agora, esmiuçar cada um dos predicados, começando pelo primeiro: a sabedoria. Certa vez, li que:

"É tão difícil para um sábio adquirir riquezas como é difícil para um rico adquirir sabedoria." – Epiteto

Não acredito que seja bem assim, mas para entendermos melhor o significado da palavra sabedoria, é necessário que saibamos que "saber", em sua origem, quer dizer "saborear". Talvez seja ainda mais interessante sabermos que a virtude é uma espécie de preliminar da sabedoria. "Virtude" em latim quer dizer "força" (virtus). Renunciar por virtude pode ser amargo e muitas vezes doloroso. Virtude seria basicamente renunciar algo que você gostaria muito de fazer para fazer o que é certo. Nós, em razão da nossa natureza humana, estamos inclinados ao erro; até queremos fazer o que é certo, mas quando percebemos, já fizemos tudo errado, já metemos os pés pelas mãos. Muitos falam e até batem no peito de uma forma bastante característica o seguinte: "Eu faço o que me dá na telha" ou "Eu faço o que me dá vontade e pronto". Se fosse verdade, seria um desastre, porque devemos fazer simplesmente o que é certo e não o que temos vontade, o que nos dá prazer, ou ainda o que queremos. Vejamos, os exemplos a seguir podem, de alguma forma, esclarecer um pouco mais a questão da virtude.

VIRTUDE

CRIANÇAS BRINCANDO

"Vamos jogar bola?" – Perguntou o menino.
"Claro, me amarro num futebol." – O outro responde.
De repente, lembra-se de algo importante e fala:

"Acho que não vai dar para eu jogar". – Disse com um ar triste. *"Porque não?"* – O outro retruca.
E ele responde:
"Tenho prova depois de amanhã, tenho que estudar." – Observem que o garoto estava com muita vontade de jogar bola, entretanto renunciou ao prazer da brincadeira por força, por dever, enfim, por virtude.

JOVENS ADOLESCENTES
"Aí cara, tenho uma carreirinha de uma branquinha especial, purinha. Quer dar um teco?" – Perguntou o jovem.
O outro olha, cheio de vontade de experimentar e diz:

"Aí cara, até que eu gostaria, mas resolvi parar com isso, não quero mais isso para mim, preciso ser mais forte. Estou fora!" – Observem que a renúncia do prazer da droga foi por força, por dever, enfim, por virtude.

AMIGOS DE TRABALHO
"Meu compadre, são duas gatas com corpinho de menina de revista Playboy, vamos nessa?" – Perguntou o jovem.
O outro olha, contempla, fica completamente motivado e diz o seguinte: *"Aí cara, infelizmente sou casado, não vai dar não."*

Observem que a vontade era uma realidade. Percebemos pelo emprego da palavra "infelizmente"; entretanto, houve uma renúncia do prazer do sexo por força, por dever, enfim, por virtude.

No caso da sabedoria, seria um nível acima. Vimos que sabedoria vem de saborear. O sábio que saboreia a renúncia está, de fato, em um nível acima. Não se sente melhor do que ninguém por ter conseguido renunciar, e, também, não se sente poderoso por isso. A renúncia é algo natural, faz parte da sua natureza. Vejamos como seriam os mesmos exemplos, agora com a sabedoria:

SABEDORIA

CRIANÇAS BRINCANDO
"Vamos jogar bola?" – Perguntou o menino.
"Que bola que nada, meu camarada. Na semana passada tirei a maior nota da turma, estou amarradão aqui nos livros. Obrigado pelo convite, mas vou estudar para a prova." – O outro responde.

Observem que o garoto não estava nem aí para a bola; a renúncia não lhe causou qualquer problema, ele tinha certeza dos seus objetivos, sabia o que estava fazendo. É como se saboreasse a sua renúncia, contudo não se sentiu melhor do que o outro que o convidou para jogar bola.

JOVENS ADOLESCENTES
"Aí cara, tenho uma carreirinha de uma branquinha especial, purinha. Quer dar um teco?" – Perguntou o jovem.
"Aí cara, valeu, obrigado, mas não curto drogas". – O outro responde.

Observe que a renúncia não lhe causou qualquer sofrimento; ele não se sentiu poderoso por ter renunciado, para ele a renúncia foi algo natural.

AMIGOS DE TRABALHO
"*Meu compadre, são duas gatas com corpinho de menina de revista Playboy, vamos nessa?*"

O outro olha e diz o seguinte: "*Aí irmão, obrigado pelo convite, mas acho que você vai ter que convidar outro parceiro. Sou casado, bem-casado, e estou doido para chegar em casa e ver minha esposa e meus filhos*".

Observem que a renúncia, conforme os exemplos anteriores, também foi natural. Infelizmente, a preliminar da virtude é a ignorância, a irresponsabilidade e a imaturidade, assim, os mesmos exemplos seriam mais ou menos dentro deste contexto:

IGNORÂNCIA

CRIANÇAS BRINCANDO
"*Vamos jogar bola?*" – Perguntou o menino.

"*Claro, me amarro num futebol!*" – O outro respondeu.
"*Mas, me lembrei que você tem prova de matemática amanhã! Não é verdade?*" – O menino o alertou.

"*Aí cara, não estou nem aí. Que se dane a prova*". – Respondeu o outro menino com desprezo.
Observem que, por falta de virtude, por *ignorância*, o garoto não tem a menor noção do significado da palavra discernimento; assim, bom senso nem pensar. Demonstra total imaturidade e ignorância.

JOVENS ADOLESCENTES
"*Aí cara, tenho uma carreirinha de uma branquinha especial, purinha. Quer dar um teco?*" – Perguntou o jovem.

O outro olha, cheio de vontade de experimentar e sem a menor hesitação diz:
"*Aí cara, estou dentro; isso é o maior barato!*"

É o barato que sai muito caro, não é mesmo? Observem que devido à ignorância e à *imaturidade*, as decisões são catastróficas, pois o que prevalece é simplesmente o prazer.

AMIGOS DE TRABALHO
"*Meu compadre, são duas gatas com corpinho de menina de revista Playboy, vamos nessa?*" – Perguntou o jovem.
O outro olha e nem acredita, fica completamente envolvido e diz o seguinte: "*Aí cara, a noite é uma criança, estou dentro!*"

Observem que a vontade é uma realidade e, em razão da ausência de virtude, ou seja, imaturidade, o que prevalece é o prazer, não importando as consequências. Projetar o resultado futuro das suas possíveis escolhas, nem pensar.

SINCERIDADE

O segundo atributo de um líder é a sinceridade. Aquele que conduz pessoas na busca de seus objetivos deve ser sincero, mas não mal-educado. Existem aqueles que acham que ser sincero é falar o que pensa, como diz o outro: "falar na cara, na lata". Definitivamente, não é isso. É preciso simplesmente se posicionar. Não podemos querer agradar a todos, nem Jesus Cristo conseguiu; entretanto, muitas vezes somos pretensiosos a ponto de achar que podemos desenvolver essa habilidade utópica. O resultado é o desânimo e a perda do entusiasmo.

O fato de sermos sinceros não significa que estamos certos. Normalmente nos deparamos com pessoas que se acham o máximo por serem sinceras, têm um "vaidoso orgulho" de sua sinceridade e, como consequência, se acham os donos da verdade, acham que a verdade está com elas. Portanto, é necessário que sejamos sinceros, mas que tenhamos humildade suficiente para reconhecer nossas fraquezas e limitações.

Vale lembrar que em um mundo altamente competitivo e atraente, somos seduzidos de todas as formas com o objetivo de causar em nós uma espécie de "crise de identidade". É importante que nós, pessoas que lidam com outras pessoas, saibamos que isso é algo comum. Não precisamos fazer dessa afirmativa nenhum bicho de sete cabeças. Quando entramos, ou melhor, quando vivemos a tal "crise de identidade", é necessário que simplesmente saibamos vivê-la. Se não soubermos passar por ela e administrar esse momento de conflitos e problemas, renunciaremos a quem realmente somos e abriremos mão de nossa verdadeira identidade.

O mundo, de maneira geral, sempre tentará envolvê-lo e criar em você, principalmente se seu padrão de comportamento estiver sendo definido, a tal crise de identidade. É menos perigoso quando você é perseguido por alguém do que quando tentam envolvê-lo. Com certeza, é muito mais fácil administrar uma perseguição do que administrar um possível envolvimento. Por exemplo, em nosso trabalho, muitas vezes nos dedicamos, corremos atrás do sucesso, estamos de fato comprometidos, damos o nosso sangue, suor e lágrimas para que as coisas aconteçam, e isso é muito bom, mas sabemos como as coisas são. Muitas vezes, para sermos simpáticos e não sermos "chatos de galocha", permitimos uma coisinha aqui, outra ali e, quando percebemos, estamos totalmente envolvidos e perdemos nossa identidade. Acreditem, sempre haverá alguém dizendo mais ou menos assim:

"Cara, acho que você está exagerando";
"Aí, as coisas não são bem assim";
"Será que vale a pena ser tão correto?";
"Aí, meu compadre, você está ficando maluco".

São dúvidas que são plantadas a todo instante. Assim, se permitirmos que as circunstâncias nos envolvam, certamente perderemos nossa identidade. Acredito sinceramente que as perseguições, de alguma forma, representam um bom sinal. Certa vez ouvi de um sacerdote que, quando no mercado de trabalho, as pessoas não perceberem mais a nossa presença, quando não incomodarmos mais, quando não nos chamarem mais pelo nosso nome, talvez já estejamos completamente envolvidos. Talvez sejamos iguais a todos os outros. No nosso ambiente de trabalho, somos até parecidos com os outros, mas seremos diferentes se formos sinceros, transparentes e tivermos uma identidade verdadeira. Quando nos perguntarem: *"Qual é o seu nome?"* Se pudermos responder quem realmente somos, nesse momento, é porque ainda não fomos envolvidos; caso contrário, é porque já fomos contaminados. Permitimo-nos ser envolvidos pelas circunstâncias e talvez tenhamos perdido, inclusive, nossa própria identidade.

HUMANIDADE

O terceiro atributo de um líder é a humanidade, mais voltado para a benevolência, ou seja, a boa vontade para com os outros. Para muitos, a afirmativa a seguir é pura hipocrisia e demagogia, mas acredito que, se não a aceitarmos como verdade, teremos sérios problemas. É importante que sejamos os melhores, mas precisamos tomar muito cuidado ao orientar nossos filhos a respeito desse tema.

Vejamos um exemplo bastante simples: se um professor de jiu-jitsu fala para o seu filho ainda criança: "Filho, eu quero que você seja o melhor lutador", perceba que estamos falando de uma criança que, muito provavelmente, fará de tudo para não decepcionar o seu pai. Certamente, para cumprir aquela missão que lhe foi dada, tentará ser melhor do que fulano, beltrano e ciclano. E assim, caminhará em direção à morte, pois se tornará uma pessoa arrogante, prepotente e individualista na tentativa de ser melhor do que os outros.

Na verdade, quando pedimos para que o filho, o aluno seja o melhor, precisamos orientá-lo para que seja o melhor para os outros e não melhor do que os outros. Quando alguém estiver enfrentando um problema, ajude-o a resolvê-lo; quando não entender uma determinada técnica, ajude-o a entendê-la; quando alguém pensar em desistir, motive-o e dê forças. Assim, tornar-se-á um verdadeiro líder e será respeitado e admirado por todos. Talvez o grande problema seja que nós somos normalmente criados para sermos melhores "do que" os outros, e isso complica tudo.

Ainda dentro do tema humanidade, mas mudando o foco, muitas pessoas acham que uma arma na cintura ou mesmo uma cara ou postura do tipo "bad boy" é que inibe uma ação criminosa. Definitivamente, não é. Não podemos permitir que brechas espirituais, como arrogância, prepotência, vaidade, inveja etc., nos derrubem. Muitas vezes, uma palavra dita num momento de raiva, de ódio ou qualquer outro sinônimo, desencadeia uma avalanche de conflitos e problemas que destroem, em frações de segundos, tudo aquilo que levamos anos para construir. Aí ficamos presos à própria sorte. Um simples passo que muitas vezes tomamos sem a consciência desta qualidade chamada humanidade, consultando pessoas erradas ou tomando atitudes de forma precipitada, do tipo "eu acho que tem que ser assim e pronto", nos deixa sem saber direito o que fazer depois para tentar consertar os destroços. Muitas vezes, a falta de humanidade, benevolência ou boa vontade para com os outros é a causa desses erros.

CORAGEM

Coragem é o quarto atributo de um líder. Já vimos que coragem não é ausência de medo; é uma característica que nos permite dominar e vencer o medo. Como mencionamos anteriormente, acreditamos que o medo seja uma espécie de mecanismo de defesa. Não podemos ser inconsequentes; apenas uma criança ou alguém com problemas mentais não tem medo. Entretanto, a coragem é o que nos impulsiona. De alguma forma, acreditamos que somos capazes, que podemos e que conseguiremos. É importante observar que a coragem está diretamente ligada à sabedoria e ao conhecimento. Quando não sabemos dirigir, é natural que tenhamos medo de dirigir. À medida que aprendemos as técnicas de direção, adquirimos conhecimento e habilidades específicas na condução de veículos e, consequentemente, vamos perdendo o medo e ganhando coragem.

Acreditamos que, na vida, as coisas acontecem mais ou menos assim. Vejamos outro exemplo: se não sabemos informática, é natural que tenhamos medo de mexer em um computador. À medida em que ganhamos conhecimentos específicos, o medo vai perdendo espaço para a coragem e, consequentemente, adquirimos autoconfiança e uma nova habilidade. Portanto, é importante enfatizar que a coragem é o atributo que nos faz enfrentar e vencer o medo. Um líder não toma decisões tendo como base o medo que sente ou ainda em razão daquela relação enorme de conflitos e problemas que podem acontecer. A decisão é sempre corajosa, mas é tomada após minuciosa análise e avaliação, sobretudo considerando as medidas e as atitudes preventivas que foram adotadas para minimizar todas as possibilidades de erros.

Em razão da coragem que desenvolveu na busca incessante pelo conhecimento, o líder assume a responsabilidade pelos resultados, fazendo com que eles aconteçam conforme sua visão. E caso surja algum empecilho, ele administra o problema imediatamente para que dê certo. O líder é corajoso porque conhece e confia em seu potencial. Ele sabe que, se algo não acontecer de acordo com o que foi planejado, é capaz de reverter aquela situação de forma que o resultado seja positivo e satisfatório. Um líder não pensa na possibilidade de fracasso, pois é extremamente confiante e preparado.

EXIGÊNCIA

O quinto atributo de um líder é a exigência, retidão, responsabilidade. Tem tudo a ver com aquele famoso chavão *"Palavras convencem, exemplos arrastam"*. Palavras convencem pessoas, exemplos arrastam multidões.

É na firmeza inabalável dos valores morais, éticos, sociais e espirituais de um professor, que os alunos constroem seus parâmetros. Ser exigente não é exigir dos outros, é exigir de si mesmo, é ser rigoroso no trabalho e generoso com as pessoas. É importante saber que a constância nos erros embota a nossa inteligência, ou seja, ficamos eternos ignorantes e esquecemos que a nossa maior batalha não é aquela travada com os criminosos, tampouco com as pessoas que nos cercam, mas com nós mesmos; nós somos o nosso maior inimigo.

O tema aqui é a exigência, e sabemos que o pior cego é aquele que não quer enxergar. Por mais que sejam orientados, a cegueira não permite que enxerguem, e assim vivem no erro, na furada, esperando que as coisas melhorem para sair do equívoco, dando murros em ponta de faca. Entretanto, aprendi que não é assim que funciona, é preciso ser forte o suficiente para dizer não ao erro, é preciso dar um basta e mudar de vida. É necessário resgatar valores esquecidos e mudar de atitude, só assim as coisas começam a mudar.

A persistência nos erros nos cega a ponto de impedir que enxerguemos o óbvio, o que é certo. Reitero que ser exigente implica em exigir o melhor de nós mesmos, e não dos outros. Muitas vezes mentimos por bobagem, principalmente quando estamos fazendo algo que, lá no fundo, sabemos que não é correto. São mentiras constantes e infantis, absolutamente desnecessárias. Algumas pessoas mentem com tamanha constância e naturalidade, talvez por doença, que acabam acreditando nas suas próprias mentiras. Infelizmente, isso é bastante comum no meio político brasileiro, mas acreditamos numa mudança real. Enfim, retornando ao assunto, ser exigente não nos impede de passar por tribulações, crises, dificuldades, conflitos e problemas. Nesses momentos, devemos pedir ajuda a pessoas também exigentes, pessoas com visão. Como diz o ditado: *"Cego quando pede ajuda a outro cego, ambos caem dentro do buraco"*. Pessoas exigentes não desprezam seus sentimentos, têm visão e prazer em ajudar. Gostaria de chamar sua atenção para essa verdade: Líderes verdadeiramente exigentes, acreditam, acreditam mesmo, que Deus pode mudar o tempo e as circunstâncias. Quando não acreditamos que Deus pode mudar o tempo e as circunstâncias, somos deixados à mercê das circunstâncias que nos moldam.

Referências:

- O Mínimo que você precisa saber para Não Ser um Idiota – Professor Olavo de Carvalho
- A Arte da Guerra – Sun Tzu
- Ssu-ma chi'ien – netsaber.com.br
- A Bíblia Sagrada
- A Virtude em – bdm.unb.br
- Huberto Rohden – Sabedoria das Parábolas
- Quem Disse - quemdisse.com.br
- FIA Business School – Pensamento Crítico – fia.com.br
- A linguagem das Emoções – Dr. Paul Ekman.
- Inteligência Emocional – Daniel Goleman
- O Comportamento Ilícito para a Psicanálise – jusbrasil.com.br

Capítulo 89

O que conta é a sua visão

Neste octogésimo nono capítulo, temos como objetivo específico estudar e aprender que um líder sempre foca no resultado positivo que aquela pessoa pode gerar, e não na possibilidade de erro que ela pode cometer.

Conta-se a história de uma pequena, mas ousada indústria de calçados que desenvolveu um projeto de expansão, no qual implantaria duas filiais da matriz no interior do país. Para tanto, enviou dois dos seus melhores consultores para regiões distintas, com a missão de fazer as primeiras pesquisas para aquele futuro mercado. Após alguns dias, um dos consultores enviou o seguinte e-mail para a direção da empresa: *"Prezado diretor, cancele essa ideia, pois aqui ninguém usa sapatos."* O segundo consultor, sem conhecimento do e-mail enviado pelo seu colega, enviou à direção da empresa a seguinte mensagem: *"Prezado diretor, a ideia é ótima! Sugiro que tripliquem a produção, pois aqui ninguém usa sapatos."* Percebe-se que um demonstra coragem e enfrenta os desafios apresentados, com foco total na solução do problema, enquanto o outro foca apenas no problema. É realmente sutil, mas faz toda a diferença. As pessoas que conseguem desenvolver esses atributos são líderes, têm visão de futuro, possuem um bom padrão comportamental e, consequentemente, recebem sempre as melhores oportunidades, pois enxergam primeiro as oportunidades.

Você percebeu a lógica do negócio? Caso não tenha percebido, as pessoas medíocres enxergam, primeiro, os riscos, os entraves e as dificuldades. Ficam tão focadas nos riscos que acabam embaçando a visão para as oportunidades. Perceba também que, em se tratando de um líder, os conflitos, os problemas, as crises e os escândalos não são vistos através de uma superlupa que aumenta o que de fato existe. Um líder reconhece e administra os riscos através de medidas e atitudes preventivas, calculando sempre o risco. Por terem uma visão diferenciada, os líderes conseguem reconhecer e perceber o potencial que existe nas pessoas. É fundamental que foquemos na *"competência de desenvolvimento"* que aquela pessoa possui e não no *"potencial de inaptidão"* que aquela pessoa apresenta. Muitos sempre focam o potencial de inaptidão, é incrível, contudo, é muito comum esse comportamento nas pessoas, elas fazem isso automaticamente e com toda a naturalidade. Da mesma forma, um líder sempre foca no resultado positivo que aquela pessoa pode gerar e não na possibilidade de erro que ela pode cometer. Não estamos dizendo que os riscos devem ser desprezados; definitivamente não é isso. Vale lembrar que os riscos sempre vão existir e, como já falamos, os riscos precisam ser calculados. O que conta é a sua visão.

Um bom líder não aumenta o problema e nem foca no que a pessoa não sabe fazer, mas sim na competência de desenvolvimento que cada um possui. Ou seja, ele vê o potencial positivo que aquela pessoa pode trazer para a empresa e foca em como desenvolver essa competência para gerar resultados positivos. Por exemplo, imagine que um líder esteja contratando uma nova pessoa para a equipe e descubra que ela não tem muita experiência em uma área específica. Ao invés de focar apenas no que ela não sabe fazer, o líder pode se concentrar em como essa pessoa pode aprender rapidamente e se desenvolver na área em questão. Ele pode fornecer treinamentos e mentoria para ajudá-la a desenvolver suas habilidades, a fim de que ela possa contribuir para a empresa de maneira positiva.

Outro exemplo é um líder que detecta um problema na empresa, como um aumento nos custos de produção. Ao invés de entrar em pânico e tomar decisões impulsivas, ele analisa cuidadosamente a situação e busca soluções criativas para resolver o problema. Ele pode, por exemplo, procurar maneiras de cortar custos ou aumentar a eficiência da produção para compensar o aumento dos custos. Assim, ele administra o risco e trabalha para manter a empresa em um caminho de sucesso. O que conta é a sua visão!

Referências:

- O Mínimo que você precisa saber para Não Ser um Idiota – Professor Olavo de Carvalho
- A Arte da Guerra – Sun Tzu
- A Linguagem das Emoções – Dr. Paul Ekman.
- Inteligência Emocional – Daniel Goleman

Capítulo 90

O apartheid não morreu

Neste nonagésimo capítulo, temos como objetivo específico estudar e aprender que sem uma boa base, sem um bom ensino fundamental, é praticamente impossível o acesso aos cursos técnicos, e sobretudo, ao nível superior.

Certa vez, um aluno me disse: *"Professor, meu filho é muito inteligente"*. Obviamente, eu o parabenizei e perguntei: *"Que ótimo! Ele é estudioso, gosta de ler?"* Ao que o aluno respondeu: *"Que nada professor, ele só quer saber de futebol e farra! Não quer nada com os estudos."* Surpreso com a resposta, eu disse: *"Mas você não disse que ele é inteligente?"* Ao que ele me respondeu: *"Sim professor, ele é muito inteligente. Imagine só que a escola está sempre em greve, ele falta bastante, mata muita aula, mas, acredite, nunca ficou reprovado. O moleque é muito esperto e inteligente!"*

Você consegue perceber a gravidade desse tema? Os pais também acreditam e ficam superfelizes, pois o filho passou de ano e passou direto em tudo. Tudo isso nos leva a crer que seja mais ou menos assim: *"Faça com que eles fiquem contentes, deixe-os pensar que têm ensino fundamental, ensino médio; enfim, deixe-os pensar que sabem, só não lhes dê conhecimento; pois, se eles ficarem espertos, se a trave cair dos seus olhos, não votarão mais na gente"*.

Nós não nos cansamos de falar que a base é tudo! Vou reiterar a analogia. Se estamos de pé, é devido a uma boa base que, se comprometida, nos leva ao solo; sem base, corremos o perigo de cair. Nossa base pode ser comprometida diretamente ou indiretamente. Se estivermos numa sala sobre um piso de granito, teremos uma boa base. Contudo, se jogarem um latão de óleo nessa sala, nossa base estará indiretamente comprometida; se sofrermos uma fratura de membros inferiores, nossa base estará diretamente comprometida. O sedentarismo é um grande problema; quando, por falta de exercícios físicos, os músculos das pernas ficam fracos, nossa base é diretamente comprometida e corremos o perigo de cair com frequência.

Vejamos, uma casa é construída sobre uma base, sobre fundamentos. Se quisermos construir uma casa sobre outra casa, precisamos nos preocupar em reforçar a base, reforçar o fundamento dessa casa; caso contrário, ela poderá desabar. Perceba que o crescimento da casa depende de uma boa base, de uma boa estrutura. Essa analogia é pertinente ao tema Ensino Básico. Talvez seja um dos mais graves problemas que enfrentamos. Temos a impressão de que o ensino básico, o ensino fundamental da grande maioria do povo, aqueles que dependem do ensino público, foi maquiavelicamente desconstruído, desestruturado, algo abominável. Sem uma boa base, sem um bom ensino fundamental, é difícil demais, é quase impossível o acesso aos cursos técnicos, sobretudo, ao nível superior. É muito comum observarmos pessoas que apresentam diploma de conclusão do ensino médio, que dirá do fundamental, e mal sabem ler e escrever. São semianalfabetas e a maioria analfabetos funcionais.

A situação que vivemos hoje no Brasil, particularmente no Rio de Janeiro, é deprimente e remete a uma política de segregação social. Resumidamente, o que chamam de "povão" não têm acesso ao conhecimento, à escola e à educação. Quando alguém é privado desse direito, torna-se submisso e escravo, com baixos salários e subemprego, dentre outros problemas. Agregado a isso, observamos a fome, as doenças, a miséria e o desemprego, além de outras tragédias. De vez em quando, lembro-me da minha infância, das crianças brincando, soltando pipa, jogando bola de gude e futebol. Em um determinado momento, as mães chamavam as crianças para tomar banho, em razão da escola. Lembro-me das crianças ficarem chateadas por terem que abandonar a brincadeira e, ainda por cima, sendo provocadas pelas crianças que por algum motivo não estudavam.

Perceba que essa situação é sutil, mas terrível! Existe uma psicologia por trás dessa estratégia do mal, no aproveitamento de uma natureza humana inclinada ao erro. Entenda que criança é criança, assim, se os responsáveis não educam, não cobram, não supervisionam, não fiscalizam e não orientam, a opção será sempre por aquilo que dá prazer, que é gostoso, bom ou divertido. Entre o estudo e a brincadeira, qual das escolhas você acha que será priorizada por uma criança? Isso vale para tudo; uma criança não pode fazer escolhas sem a devida orientação da família. Sem a base, sem o fundamento, não é possível avançar, e o que resta é o que sobra; aquilo que ninguém quer.

Perceba que a segregação social é um fato aqui no Brasil, mas não é entre brancos e negros, como muitos afirmam, e sim com o «povão», os menos favorecidos, devido a uma espécie de desestrutura familiar. Com a pandemia, tudo isso foi sensivelmente agravado. Você já projetou o feedback de compensação da estratégia insana da «aprovação automática»? Os alunos faltam muito às aulas pelos mais variados motivos, inclusive por greve dos professores que reivindicam melhores condições salariais e estrutura, mas são automaticamente aprovados, sem a menor condição em todos os sentidos. O resultado está aí para quem quiser ver; cidadãos com diploma de ensino fundamental, ensino médio, mas que mal sabem ler, tampouco escrever, têm pobreza de vocabulário e verbalizam mal; são culturalmente deficientes. Assim, com raríssimas exceções, não têm acesso ao nível técnico e muito menos ao nível superior e, consequentemente, abraçam apenas o que sobra.

Quem realmente tem acesso às universidades do governo federal e do estado são aqueles que estudam em colégios particulares; aqueles que os pais possuem boas condições financeiras para bancar seus estudos. Já o povão... É importante ressaltar que a qualidade da educação básica tem um impacto significativo no desenvolvimento individual e coletivo de uma sociedade. Um sistema educacional comprometido em oferecer uma base sólida de conhecimentos, habilidades e valores é essencial para proporcionar oportunidades igualitárias a todos os cidadãos, independentemente de sua origem socioeconômica.

Investir na educação básica significa investir no futuro do país. Uma educação de qualidade não apenas prepara os indivíduos para o mercado de trabalho, mas também os capacita a se tornarem cidadãos críticos, conscientes e participativos. Ao fortalecer a base educacional, é possível promover o desenvolvimento de competências essenciais, como a capacidade de pensar de forma independente, resolver problemas, comunicar-se efetivamente e colaborar em equipe.

Além disso, a formação de professores qualificados e motivados é fundamental para elevar a qualidade do ensino. Valorizar e investir na capacitação dos profissionais da educação, proporcionando condições adequadas de trabalho e remuneração digna, são medidas essenciais para atrair talentos e manter uma equipe comprometida com a excelência educacional.

É importante destacar também a importância da parceria entre escola, família e comunidade na construção de uma base sólida de educação. O envolvimento dos pais no processo educativo, o estímulo ao diálogo e a participação ativa nas atividades escolares contribuem para o sucesso dos estudantes.

Em resumo, o investimento na educação básica, garantindo uma base sólida de conhecimento e habilidades, é crucial para promover a igualdade de oportunidades, o desenvolvimento humano e social, e para construir uma sociedade mais justa, próspera e sustentável.

Referências:

- O Mínimo que você precisa saber para Não Ser um Idiota – Professor Olavo de Carvalho
- A Arte da Guerra – Sun Tzu
- A Linguagem das Emoções – Dr. Paul Ekman.
- Inteligência Emocional – Daniel Goleman

Capítulo 91

A raiz das ações humanas está no coração

Neste nonagésimo primeiro capítulo, temos como objetivo específico estudar e aprender que é prudente iniciarmos a vigilância do coração, através da "cautela com a visão".

Este fato aconteceu no final do mês de julho de 1987. Era uma agradável noite de inverno, todavia, estava frio no Rio de Janeiro. Tratava-se do casamento de Sylvio Behring, e o casal comemorava com uma animada festa na boate do Othon Palace em Copacabana. Havia aproximadamente 600 convidados, muita bebida, e todos se divertiam bastante. A tia do Sylvio, uma bela balzaquiana, caminhava a passos largos em sua direção; ele pôde perceber que havia algo errado. Ao se aproximar, perguntou-lhe o que estava acontecendo, e muito indignada, ela falou:

"Sylvinho, tem um amigo seu muito inconveniente, que já ultrapassou todos os limites" – falou apontando com o dedo para Mark.

Mark era um grande amigo de Sylvio, que se tornou um excelente aluno, faixa marrom de jiu-jitsu. Mark estava muito alegre, e devido à bebida, estava dando em cima da tia de Sylvio, que não conseguia se desvencilhar daquela situação. Sylvio observou-o por alguns instantes e pôde perceber que seria em vão tentar um diálogo consistente. Assim, caminhou em sua direção, abraçou-o e disse:

"Grande Markinhos, preciso falar com você" – ele o abraçava, beijava e falava sem parar, parabenizando-o pelo casamento etc.

Sylvio foi conduzindo-o, e quando ele percebeu, estava fora da boate. Ainda abraçados, Sylvio olhou-o dentro dos seus olhos e disse-lhe:

"Markinhos, eu te amo irmão, mas assim não dá. Por favor, vá para casa, tome um café bem doce e procure descansar." – Disse isso dando-lhe um abraço bem forte.

Em seguida, retornou e disse para o segurança:
"Por favor, não permita que ele acesse novamente." – Sylvio entrou; Mark seguiu seu destino, e ficou tudo bem.

Eles ficaram um longo tempo estremecidos, até que um dia se encontraram, e Sylvio pediu-lhe desculpas pelo fato ocorrido: *"Pô Sylvio, você me expulsou do seu casamento!"* – Sylvio olhou-o bem e disse:

"Desculpe-me, Markinhos, mas você estava dando muita alteração. Aquela foi minha melhor opção; perceba que devido à minha escolha, apesar de tudo, todos ficaram bem, inclusive você!" – Mark ouviu em silêncio.

"Markinhos, usei um princípio essencial para o uso da força, o princípio da conveniência; precisava fazer algo, sabia que depois teria problemas com você, mas também sabia que se não fizesse nada, meus problemas seriam bem maiores. Como seu amigo, tomei aquela decisão; não fui omisso." – Eles se abraçaram e se perdoaram.

Sabemos que onde está o nosso coração, lá estará o nosso tesouro; portanto, todo cuidado é pouco. Se, por um descuido, colocarmos o nosso coração, por exemplo, nas drogas, viveremos uma mentira. Nas drogas encontraremos o nosso tesouro e, consequentemente, nos comportaremos de forma inconveniente. Portanto, é fundamental que aprendamos a guardar o nosso coração e também os sentidos, sobretudo a visão.

Já tratamos desse tema, mas vale reiterar. A raiz das ações humanas, convenientes e inconvenientes, está no coração. Precisamos mantê-lo limpo, só assim construiremos um bom padrão comportamental para nos relacionarmos bem com as pessoas. Compreenda que não se trata apenas de evitar o que é claramente errado, ilegal ou imoral, mas, sobretudo, de protegê-lo daquilo que possa destruí-lo de forma sutil e silenciosa. Muitas vezes, por falta de prudência, exageramos na intimidade, no afeto e no carinho com determinadas pessoas. Ultrapassamos todos os limites com outras e, muitas vezes, jogamos verde para inocentemente colher maduro, e depois fazemo-nos de inocentes com direito a caras e bocas.

Sabemos que a nossa natureza humana é inclinada ao erro, e é exatamente por isso que precisamos entender que é no coração que tudo se inicia. Nele, observamos a origem daquele comportamento inconveniente que se tornará realidade, caso não adotemos as medidas e atitudes preventivas necessárias. Aquele comportamento inconveniente tem origem no coração, contudo as virtudes e a sabedoria necessárias para um bom relacionamento com as pessoas também. Você entende isso? Não é por acaso que em Provérbios está escrito:

"Guarda o teu coração mais do que qualquer outra coisa, porque dele brotam os mananciais da vida".

Toda essa atenção com o coração exige principalmente cuidados especiais, para que desenvolvamos e mantenhamos sempre vivos, a inteligência emocional e a qualidade comportamental, pois uma pessoa despreparada, normalmente possui um coração de pedra; o desequilíbrio e a insensibilidade imperam naquela pessoa. Assim, por falta de discernimento dificilmente consegue impedir que a mente seja atropelada pelos desejos e necessidades de compensações equivocadas; e isso vale também para as drogas e prostituição. É prudente iniciarmos essa vigilância do coração, através da "cautela com a visão". Sabe aquela estória de olhar aquilo que não se deve olhar? Pois, certamente, após olharmos, comentaremos aquilo que não deveríamos comentar; não é assim? Essa visão diferenciada e cautelosa deve acontecer com naturalidade e simplicidade, sem forçar a barra, apenas usando a autoridade que de uma forma ou de outra foi conquistada.

Quando nossa consciência está tranquila, quando através de muito treinamento nos preparamos, uma avaliação simples é suficiente para descobrir as segundas intenções das pessoas, sobretudo, nas suas abordagens estratégicas, nos seus inocentes desabafos e verbalização de uma maneira geral; isso vale para tudo. Num instante ficam claras as intenções e torna-se evidente aquilo que de fato se quer e o que na realidade se procura. Conseguiu perceber?

Referências:

- O Mínimo que você precisa saber para Não Ser um Idiota – Professor Olavo de Carvalho
- A Bíblia Sagrada
- A Arte da Guerra – Sun Tzu
- A Linguagem das Emoções – Dr. Paul Ekman.
- Inteligência Emocional – Daniel Goleman

Capítulo 92

Um avental sujo de tinta e um piano sem corda

Neste nonagésimo segundo capítulo, temos como objetivo específico, estudar e aprender que a partir do momento que nós formamos uma opinião a respeito de alguma coisa é porque, de alguma forma, nós fomos convencidos; o argumento usado foi convincente.

Existem diversas razões que podem levar uma pessoa à um comportamento inconveniente bastante comum, que é a falta de honestidade intelectual, e algumas delas incluem:

Insegurança:

- Algumas pessoas podem sentir a necessidade de parecer mais inteligentes ou competentes do que realmente são, por se sentirem desvalorizadas ou desrespeitadas pelos outros;

Ganância:

- A ambição e o desejo pelo poder ou pelo dinheiro podem levar algumas pessoas a serem desonestas intelectualmente para alcançar seus objetivos;

Pressão social:

- Em alguns casos, a pressão social pode levar as pessoas a concordarem com ideias ou argumentos que não concordam realmente, apenas para se encaixar naquele ambiente, naquele grupo, trabalho, esporte, enfim... ou evitar conflitos.

Falta de ética:

- Algumas pessoas podem simplesmente não ter valores éticos fortes e podem estar dispostas a fazer qualquer coisa para alcançar seus objetivos ou obter ganhos pessoais.

Ignorância:

- Em alguns casos, as pessoas podem não estar cientes de que estão sendo desonestas intelectualmente e podem estar apenas repetindo informações ou opiniões que ouviram sem questionar ou verificar sua veracidade.

Ideologia:

- Em certos casos, as pessoas podem estar tão comprometidas com uma determinada ideologia ou crença que se tornam desonestas intelectualmente para defendê-la, ignorando ou rejeitando informações que não se encaixam nas suas visões de mundo.

É importante lembrar que a falta de honestidade intelectual pode ter consequências negativas significativas, não apenas para a pessoa que está sendo desonesta, mas também para aqueles ao seu redor e para a sociedade em geral. Por isso, é fundamental promover valores éticos e incentivar o pensamento crítico e a honestidade intelectual em todas as áreas da vida.

Recentemente, assisti um vídeo superinteressante, que expõe a opinião do artista Robert Florczak, sobre a arte moderna. Toda a polêmica deu-se em razão de um teste que ele aplicou nos seus alunos. Florczak apresentou-os uma pintura e disse que se tratava de um pintor famoso Pollock; em seguida pediu-lhes que explicassem "Porque ela é boa?" Imagino que tenham ficado horas apreciando àquela pintura, opinando sobre as pinceladas, sobre a mistura de cores e, sobretudo, sobre o estado emocional do artista naquele momento. Após ter recebido as mais diversas opiniões convincentes, Robert Florczak disse-lhes que aquilo era apenas um close do seu avental sujo de tinta.

Infelizmente, não sabemos o autor do texto abaixo, mas é bastante oportuno e o autor, um verdadeiro artista, nos conta que em 1967 ele estava fazendo um curso em Amsterdam e, numa exposição de arte moderna, um pianista 'tocou' uma peça em um piano sem cordas. A encenação, os gestos e as expressões faciais eram simplesmente perfeitos, mas, o som mesmo que é bom, nada! O pseudo pianista foi aplaudidíssimo. Depois da apresentação perguntaram ao 'pianista' qual era o sentido da sua obra de arte? Sua resposta foi a seguinte:

"Eu queria testar o limite da estupidez humana e, concluí, em razão do tempo dos aplausos, que a estupidez do homem não tem limite."

Ambos os textos abordam a relação entre a arte e o comportamento humano, e como o público pode ser influenciado pela percepção e interpretação da arte, muitas vezes sem questionar seu verdadeiro valor ou significado. No primeiro texto, o artista Robert Florczak apresenta um teste para seus alunos sobre a arte moderna, mostrando como as pessoas podem ser facilmente enganadas e influenciadas pela fama ou reputação de um artista. Isso pode ser comparado com a nossa tendência em seguir tendências e influências de outras pessoas, muitas vezes sem questionar sua validade ou utilidade.

Já no segundo texto, o pianista mostra como a arte pode ser usada como uma forma de teste para a estupidez humana, como ele mesmo disse. O público aplaudiu uma peça que não tinha som, simplesmente porque foram influenciados pela encenação e gestos do artista. Isso pode ser comparado com nossa tendência em seguir opiniões populares e aplaudir ações ou ideias sem questioná-las, o que é um comportamento bastante inconveniente. Em resumo, ambos os textos sugerem que precisamos ser críticos em nossas percepções da arte e outras influências externas, e não seguir cegamente as opiniões ou tendências populares. A gente deve buscar compreender o verdadeiro valor e significado por trás de uma obra de arte, assim como em outras áreas da vida.

O comportamento inconveniente de dar uma opinião técnica e artística sobre algo que não se entende, pode estar relacionado a uma necessidade de ser aceito e valorizado socialmente. Em muitos contextos, a arte é vista como algo sofisticado e, portanto, quem possui conhecimento sobre ela é visto como alguém inteligente e culto.

Assim, algumas pessoas podem sentir uma pressão social para parecerem entendidas em arte, mesmo que não tenham esse conhecimento de fato. É possível que, nesses casos, essas pessoas estejam mais preocupadas com a impressão que estão causando, do que com a experiência genuína de apreciar a obra de arte em si.

Quanto ao comportamento de aplaudir algo estúpido, pode estar relacionado ao fenômeno de conformidade social, que ocorre quando uma pessoa adota o comportamento ou opinião de um grupo para se encaixar e ser aceito por ele. Em outras palavras, as pessoas podem sentir-se pressionadas a concordar com o grupo, mesmo que achem a obra estúpida ou sem sentido; talvez seja o caso daquela peça de teatro que ficou conhecida como "macaquinhos". Em alguns casos, as pessoas podem não querer expressar suas opiniões verdadeiras por medo de serem julgadas ou ridicularizadas pelo grupo.

Em ambos os casos, há uma preocupação exagerada com a impressão que se causa nos outros, em detrimento da experiência genuína. Isso pode levar a uma desconexão com os próprios sentimentos e desejos, e até mesmo a um sentimento de vazio e inautenticidade, que geralmente se refere a uma sensação de desconexão ou falta de propósito na vida. Esses sentimentos podem surgir quando uma pessoa se sente desmotivada, sem direção ou sem uma identidade clara. Como psicanalista, eu recomendaria que as pessoas aprendessem a valorizar mais suas próprias experiências e sentimentos, em vez de se preocuparem tanto com a impressão que estão causando nos outros. Isso pode ajudar a promover uma vida mais autêntica e satisfatória.

Corrigir comportamentos inconvenientes pode ser um processo complexo, pois envolve mudanças profundas de pensamento e comportamento. No entanto, algumas estratégias podem ajudar bastante como por exemplo:

- **Educação e conhecimento:** A educação e o conhecimento sobre determinado assunto podem ajudar a evitar comportamentos inconvenientes, como dar opiniões sem embasamento ou aplaudir algo sem questionamento.

- **Reflexão:** É importante refletir sobre os próprios comportamentos e pensamentos para identificar possíveis atitudes inadequadas. O autoconhecimento pode ajudar a corrigir comportamentos inconvenientes.

- **Crítica construtiva:** É importante que as pessoas recebam críticas construtivas para que possam corrigir seus comportamentos inadequados. No entanto, é fundamental que as críticas sejam feitas de maneira respeitosa e construtiva, como tratamos em temas anteriores.

- **Feedback:** Da mesma forma, como vimos anteriormente, receber feedback de outras pessoas pode ajudar a corrigir comportamentos inconvenientes. É importante estar aberto a ouvir opiniões e sugestões de outras pessoas.

- **Mudança gradual:** Como vimos, mudanças de comportamento não acontecem do dia para a noite. É importante estabelecer metas realistas e trabalhar gradualmente na mudança de comportamento, com persistência e disciplina; e para fecharmos.

- **Busca de ajuda profissional:** Em alguns casos, pode ser necessário buscar ajuda profissional para lidar com comportamentos inconvenientes que estejam prejudicando a vida pessoal e profissional. Um psicólogo ou psicoterapeuta pode ajudar a identificar padrões comportamentais inadequados e trabalhar na mudança deles.

Referências:

- O Mínimo que você precisa saber para Não Ser um Idiota – Professor Olavo de Carvalho
- A Bíblia Sagrada
- Conformidade social: o que é, tipos e exemplos – br.psicologia-online.com
- Conformidade, normas sociais, identidade, legitimidade – repositório.enap.gov.br
- A Linguagem das Emoções – Dr. Paul Ekman.
- Inteligência Emocional – Daniel Goleman

Capítulo 93

Precisamos fazer o que amamos

Neste nonagésimo terceiro capítulo, temos como objetivo específico estudar e aprender que a sabedoria da vida não consiste em fazer o que gosta, mas gostar daquilo que faz.

Assistimos a uma entrevista espetacular com o Dr. Haroldo Dutra, juiz de direito, a respeito de um tema no mínimo inusitado, que é a ideologia de gênero. A interpelação do tema, ou seja, o questionamento da explicação de algo insistente, foi tão incrível que nós decidimos colocá-lo na íntegra. Dr. Haroldo, na sua abordagem inicial, deixou claro que essa questão demanda reflexões de múltiplos níveis. Disse que a questão é tão complexa que se faz necessário usar de "empatia", mudar de posição para que consigamos avaliar através de vários ângulos. Disse que em primeiro lugar, devemos tomar todo o cuidado para não criarmos um problema que não existe; pois, a maioria das crianças nasce sem problemas de gênero, o que é a mais pura verdade. O gênero está muito bem definido na maioria das crianças; assim, se eu estabeleço uma regra geral querendo uniformizar, eu acabo gerando uma confusão onde ela inexiste. Disse ainda com muita propriedade e preocupação, que essa filosofia de ideologia de gênero se assenta em bases materialistas, ela não contempla o universo da realidade espiritual, assim, fez a seguinte colocação:

"Se a criança não apresenta problemas de gênero, deixe-a tranquila. Se a criança está ajustada, por que colocar um complicador na cabeça dessa criança? Por que colocá-la num conflito sobre o próprio gênero se ela está bem?" – Falou para que refletíssemos e continuou.

"É como se a sociedade obrigasse aquela criança a ter um conflito. Agora, se nós identificamos uma criança que está com dificuldade na identidade de gênero, aí sim, que ela seja acolhida, acompanhada e amada integralmente. Que ela seja respeitada e auxiliada neste processo de definição de gênero; do contrário, eu estou querendo fazer da exceção, uma regra." – Falou com sabedoria e autoridade.

Perceba que todos nós sabemos que não é 100% das crianças que estão com problemas de gênero; trata-se de um percentual muito pequeno de crianças que apresentam essa dificuldade. Assim, que elas sejam tratadas com todo o amor, com todo o acolhimento, com todo o respeito e sejam integradas. Agora, se criarmos uma vala comum e começarmos a estabelecer regras, sairemos do bom senso. Contou o Dr. Haroldo Dutra que, certa vez um juiz da suprema corte dos USA, John Marshall, foi entrevistado e perguntaram-no:

"O que é preciso para ser um juiz da Suprema Corte dos USA?" – Ele respondeu:

"Há um requisito que é fundamental; que a pessoa tenha bom senso! Agora, se tiver um pouquinho de conhecimento jurídico, ajuda bastante."

Dr. Haroldo Dutra disse ainda que existem outras questões que devem ser consideradas; entrando na esfera jurídica, no conceito de igualdade, os juristas perceberam, até com base em Aristóteles, que existe uma *"igualdade formal"* e uma *"igualdade material"*. Contudo, o que eles descobriram, é que não existe igualdade material, simplesmente porque cada ser humano é um mundo à parte. Seguindo alguns filósofos judeus, entre eles Emmanuel lévinas, filosofia da alteridade – natureza ou condição do que é distinto, devemos educar as crianças para a diferença e não para a igualdade material. Todos somos diferentes, o homem é diferente da mulher; agora com relação a "igualdade formal", formalmente devem ser tratados com equidade; assim, nem a mulher vai ser desmerecida, nem o homem vai ser desmerecido; nem o homem vai ser privilegiado, nem a mulher vai ser privilegiada. Isso não é igualdade material, porque o homem continua sendo homem e a mulher continua sendo mulher. Aí pergunto:

"Dentre as mulheres, existe mulher igual? Dentre os homens, existe homem igual? Não existe; cada mulher é um mundo, é um universo. Cada homem é um mundo, é um universo. Não existe um estereótipo de mulher, não existe um estereótipo de homem, o que precisa ser estabelecido é a equidade; porque senão, nós caímos nos engodos."

Dr. Haroldo Dutra continuou dizendo que nos últimos anos foi vendido para a mulher que ela tinha que ser, materialmente, igual ao homem para ser feliz; assim concluiu:

"Observamos agora um conjunto imenso de mulheres frustradas, infelizes, porque estão representando um papel que elas não dão conta; não por incapacidade, mas, ninguém dá conta de ser o que não é."

Disse ainda que orgulho não é você querer ser mais do que você é; orgulho é você querer ser o que você não é, para mais ou para menos. Porque humildade é você bancar quem você é; e hoje parece que é vergonhoso ser quem somos. Exemplificou da seguinte forma:

"Eu quero ser mãe." – Fala a mulher.
"Isso é um absurdo, você tem que ser executiva." – Diz o outro.
"Mas eu não quero ser executiva; eu quero ser mãe." – Em razão desse posicionamento, ela é rechaçada, penalizada, diminuída.

Perdemos, devido essa loucura, a beleza da diversidade. Perceba que se ela quer ser mãe, que seja mãe e seja feliz! Se quer ser executiva, que seja; se quer ser presidente, ótimo! Eu quero ser cozinheira; que seja! Dr. Haroldo contou que sua irmã cozinha superbem. Elogiou-a bastante, falou da sua expertise e, em seguida disse que certa vez estavam juntos e ela fez o seguinte comentário:

"Meu sonho é ter um negócio onde eu possa fazer comida." – Disse ela como se estivesse olhando para aquele sonho, lá no alto, com entusiasmo.

Assim, continuou o Dr. Haroldo Dutra:
"Imaginem vocês se eu, naquele momento, falasse o seguinte para minha irmã; não, você está enganada, seu sonho é ser alta executiva da Petrobras".

Perceba que ela até pode alcançar esse objetivo, mas quando estiver lá no topo, lá do alto da montanha falará assim:

"Sou infeliz. Eu queria mesmo era cozinhar."

Precisamos fazer o que amamos, precisamos ser plenos; não devemos criar problema onde ele não existe. Também é verdade o que Galileu Galilei nos ensina, ele diz que a sabedoria da vida não consiste em fazer o que gosta, mas gostar daquilo que faz. Assim, precisamos aprender a gostar daquilo que fazemos, porque nem sempre conseguiremos fazer aquilo que gostamos. É verdade, mas acredito que são metas que precisamos estabelecer com inteligência, para que possamos atingir, mais lá na frente, o nosso real objetivo; mesmo que para atingi-lo tenhamos que esperar um pouquinho mais; paciência e tolerância são palavras-chave.

Referências:

- Entrevista com Dr. Haroldo Dutra – https://www.youtube.com/watch?v=5ZRs1jPwzLI
- A Bíblia Sagrada

Capítulo 94

Saltar é ir de encontro ao infinito

Neste nonagésimo quarto capítulo, temos como objetivo específico estudar e aprender que devemos enxergar os momentos difíceis como uma "oportunidade" para construir uma boa imagem, melhorar o conceito e ganhar autoridade.

"A tolerância chegará a tal ponto que as pessoas inteligentes serão proibidas de fazer qualquer reflexão para não ofender os imbecis." Dostoievski

Estávamos no ano de 1977 e eu tinha 19 anos. Era um orgulhoso e disciplinado aluno do NPOR no Rio de Janeiro. Na época, o quadro de material bélico foi fruto de uma experiência, desligou-se do CPOR para funcionar dentro do 1º B Log em São Cristóvão – Rio de Janeiro. Naquele período, às quartas-feiras, era meio expediente, exceto para nós alunos que éramos divididos em turmas, que recebiam missões distintas como: manutenção e limpeza dos alojamentos, dos banheiros, das viaturas, do armamento, e de uma enorme área externa. Numa determinada quarta-feira, coube à minha equipe a manutenção da área externa. Havia muitas árvores e, obviamente, muitas folhas. Apesar da extensa área sabíamos que o serviço era tranquilo; assim, alguém teve a seguinte ideia:

"Nossa missão é moleza; vamos para a quadra jogar um futebolzinho, depois a gente cumpre a missão rapidinho."

Éramos alunos, tudo era motivo para punição, LSS – licenciamento sustado sábado, LSSD – licenciamento sustado sábado e domingo, pernoite... Por ter combinado com meus pais de visitar minha centenária avó que estava doente, no domingo, imediatamente disse:

"Pessoal, vocês podem ir que eu fico aqui varrendo; na boa! Sem problema nenhum."

E assim fizemos, gradativamente, sozinho e compenetrado, varria, juntava as folhas e as colocava num latão enorme de 200 litros. No final sobrou terra e, como a área não era toda pavimentada, com a vassoura espalhei toda aquela terra, e uma poeira enorme se formou. De longe ouvi o sargento Aguiar:

"Número aluno! Qual o seu número aluno?"

Acabou de perguntar e emendou: *"LSS!" – licenciamento sustado s*ábado, ou seja, ficaria detido no sábado. Considerando uma atitude completamente injusta e cruel fui ao encontro do sargento e disse-lhe:

"Sargento, por favor, deixe-me explicar!" – Falei obviamente em posição de sentido; ao que me respondeu:

"Não explica nem justifica aluno; retire-se." – Falou sem olhar para mim.

Sentindo-me injustiçado insisti e, ao insistir ele disse:
"Aluno, LSSD!" – licenciamento sustado sábado e domingo, ou seja, acabou com o meu final de semana.

Sentindo-me injustiçado, tornei-me um aluno extremamente inconveniente, alterado e revoltado. Cheguei ao absurdo de buscar informações sobre Che Guevara, Cuba, Fidel Castro; as coisas andavam de mal a pior, até que um dia fui surpreendido pelo subtenente Castilho, que pediu que eu fosse até a sua sala, na reserva de material:

"Aluno, o que está acontecendo com você?" – Falou olhando dentro dos meus olhos e continuou:

"Você sempre foi disciplinado, educado e era um bom aluno. De uns tempos para cá, você mudou radicalmente. O que houve?"

Assim, expliquei-lhe, detalhadamente, todo o fato ocorrido. O subtenente Castilho me olhava, analisava e avaliava profundamente, ao que me respondeu:

"Aluno, vou tentar ajudá-lo, mas, preste bastante atenção ao que vou lhe falar." – em seguida pediu que eu me sentasse e disse o seguinte:

"Se você conseguir reverter o quadro, no final do ano sairá oficial e, como Oficial do Exército, terá autoridade para mudar muitas coisas que hoje considera errado. Agora, se você for expulso, não conseguirá mudar absolutamente nada. Assim, pense a respeito e reverta esse quadro; depende apenas de você."

Suas palavras foram fundamentais para que *"minha ficha caísse"*; dessa forma, decidi mudar, recomecei a estudar, passava noites em claro e, no meio daquele caos, decidi também que seria paraquedista do exército brasileiro. Havia apenas quatro vagas em toda a brigada de infantaria paraquedista, sendo que, apenas 1(uma) para material bélico. *"Não importa"* – pensava eu – era a minha única chance; fora da brigada paraquedista, minhas chances seriam mínimas devido minha colocação e conceito. Assim, formamos um grupo de voluntários e demos início a um longo e desgastante treinamento, no qual graças a Deus, tive êxito e o privilégio de servir por mais de dez anos como tenente paraquedista do exército brasileiro; contemporâneo do capitão Jair Messias Bolsonaro.

Perceba que se fosse hoje, com o GPCI, jamais teria reagido daquela forma, pelo impulso; imediatamente, teria dito:

"Desculpe-me sargento, estou tentando fazer o meu melhor; isso não vai se repetir."

Primeiramente, usando de empatia me colocaria no lugar do sargento, assim teria reconhecido o meu erro e aguardaria o melhor momento para abordá-lo, aguardaria uma oportunidade para falar com o sargento. Quem sabe quando o sargento estivesse indo para o carro com mochilas de roupa suja, precisando de ajuda; ou quando estivesse carregando algo pesado ou simplesmente, aguardaria um momento oportuno, aguardaria um momento em que houvesse reciprocidade; quem sabe ainda alguém que tivesse livre acesso a ele e pudesse interceder por mim. Ou ainda escrever algo mais ou menos assim:

"Prezado sargento, na tentativa de surpreender minha equipe, acabei sendo inconveniente, perdoe-me. Sei que o senhor é capaz de me compreender. Achei que não seria correto jogar terra na lixeira, assim, espalhei-a, naquele ambiente natural; perdoe-me por ter causado tanto transtorno. Não estou tentando explicar, tampouco justificar, estou apenas pedindo-lhe desculpas."

Muito provavelmente a punição seria mantida, mas aproveitaria a oportunidade para construir uma boa imagem e melhorar meu conceito. Enfim, agiria completamente diferente.

Recentemente, assisti a um vídeo do escritor William Sanches, onde ele explicava de maneira assertiva que uma característica marcante das pessoas bem-sucedidas é a capacidade de perceber quando um ciclo verdadeiramente se encerra. Sanches explica que esses ciclos podem ser relacionamentos que acabaram, empregos que não atendem mais às nossas expectativas e necessidades, amizades que não se completam por falta de afinidade, entre outros. Ele explica que os ciclos que já se encerraram são como ninhos desconfortáveis, que incomodam, machucam e perturbam, mas são ótimos para aprendermos a voar, pois nos motivam a mudar de ambiente, nos incentivam a buscar outros ares e nos impulsionam a alçar voos mais altos.

Sabemos que ao longo da vida os ciclos vêm e vão, contudo, é fundamental desenvolvermos um feeling que seja capaz de nos fazer perceber aquelas coisas que acabam com a gente, acabam com a nossa vida, caso não as identifiquemos e tomemos uma atitude. Quando demoramos, demasiadamente, para tomar uma decisão, a culpa passa a ser nossa. Por isso, é necessário decidirmos rapidamente e com diligência.

Perceba também que não é nenhum absurdo observarmos, de vez em quando, um comportamento inconveniente, nosso ou do outro, entre sócios, cônjuges, familiares, na universidade, num emprego ou num relacionamento de amizade qualquer. É necessário que tenhamos discernimento suficiente para não sairmos rotulando, achando que todos os comportamentos inconvenientes são ciclos em fase terminal, pois isso pode nos confundir com psicóticos - pessoas desconectadas da realidade. Sair chutando o balde, definitivamente, não é a melhor opção.

Aprendemos que não devemos reagir pelo impulso e nem seguir nossos sentimentos feridos. Pular do ninho é sempre uma atitude insana e louca. Devemos saltar, nunca pular, e só saltamos quando estamos preparados. O salto significa ir de encontro ao infinito e significa que estamos devidamente preparados para administrar todos os conflitos, problemas, crises e escândalos do dia a dia, adotando obviamente todas as medidas e atitudes preventivas capazes de gerenciar aquele comportamento inconveniente. Afinal, nos relacionamos com seres humanos e nosso objetivo é nos tornarmos melhores em nossos relacionamentos interpessoais.

Referências:

- O Mínimo que você precisa saber para Não Ser um Idiota – Professor Olavo de Carvalho
- Inteligência Emocional – Daniel Goleman.
- ENCERRAMENTOS DE CICLOS! William Sanches – https://www.youtube.com/watch?v=JDIZ-bfQVgE

Capítulo 95

O segredo não é fugir, é preparar-se

Neste nonagésimo quinto capítulo, temos como objetivo específico estudar e aprender que quanto maior for o seu preparo, maior será a sua chance de êxito, de sucesso no gerenciamento de um comportamento inconveniente.

Estava ministrando uma aula de GPCI com foco no uso progressivo da força para uma turma de reciclagem de vigilantes. A sala estava repleta de alunos e, bem próximo, na primeira fileira, havia um aluno com aproximadamente 25 anos, bem estruturado fisicamente, uma boa compleição física, orelhas estouradas, cabelo raspado e uma camisa com uma estampa "Jiu-Jitsu – Competidor". Estávamos tratando dos níveis de força, assim, pedi ao aluno que me auxiliasse. Por transmitir uma boa sensação de segurança, usei-o como exemplo, na presença física, passamos pela verbalização, controle de contato até que, chegamos nas técnicas de submissão. Fiz algumas demonstrações mais simples, em seguida, pedi que avançasse com mais ímpeto, usando sua estrutura física para passar por mim; na tentativa, fui para suas costas no "controle pelo pescoço" (katagatami); no ajuste do movimento, percebi que o aluno apagou; imediatamente, com cuidado, coloquei-o no chão e, em seguida, o aluno acordou. Assim perguntei:

"O que houve aluno? Você não chegou a bater." – Ao que o aluno respondeu:
"Desculpe-me instrutor, mas eu não sou lutador. Só faço musculação, nunca pratiquei qualquer luta na minha vida." –

Olhei-o bem nos olhos, ainda sem entender direito o que havia acontecido.
"Você só pode estar brincando; e as orelhas estouradas, camisa de competidor?" – Ainda acreditava tratar-se de uma brincadeira.

"Não luto não senhor, isso é só onda; é que eu gosto, me sinto bem assim e as meninas também gostam."
Acredito que tudo nos leva ao aprendizado; assim, em primeiro lugar, eu gostaria que vocês percebessem um erro primário que eu acabei cometendo, ao assumir que o aluno era um lutador devido à sua aparência física e vestimenta. Isso é um estereótipo que pode nos levar a preconceitos e ações equivocadas.

Em segundo lugar, foi um grande erro ter pedido ao aluno que me auxiliasse na demonstração de técnicas de submissão sem saber se o aluno tinha treinamento ou habilidade para isso. Isso pode levar a lesões graves e ações legais.

Por fim, é importante que fique como aprendizado, sermos mais cautelosos nas nossas demonstrações e certifiquemo-nos de que os alunos tenham treinamento adequado antes de pedir que eles participem de uma atividade física. Além disso, é fundamental que não sejam feitos julgamentos baseados em estereótipos e aparências físicas.

Todos nós já ouvimos centenas de vezes que as aparências enganam. Confesso que eu até tinha percebido que algo não batia, algo não se encaixava muito bem naquele contexto, mas talvez tenha ficado envergonhado de questioná-lo diante de tantas evidências, e, aqui entre nós, no mínimo inusitadas. Obviamente, após o ocorrido aconselhei-o a treinar jiu-jitsu, uma vez que demonstrava amor pela arte suave, mesmo que de uma maneira estranha, até mesmo inconveniente. Reencontrei-o alguns anos depois, já na faixa roxa de jiu-jitsu.

É fundamental que nós sejamos bem mais fortes e bem mais competentes do que aquele comportamento inconveniente que estamos nos predispondo a gerenciar. Sabemos que não é uma tarefa fácil, é necessário que desenvolvamos uma audição capaz de ouvir o inaudível, e uma visão capaz de enxergar o que está escondido dentro do coração e da mente daquela pessoa que, por algum motivo, esteja se comportando de forma inconveniente e, obviamente, tentemos identificar todas as circunstâncias ali envoltas. Ao reconhecermos que aquele comportamento inconveniente é mais forte, ou seja, ao reconhecermos nossa fraqueza e incompetência para gerenciá-lo, precisamos deixar o orgulho e a vaidade de lado e, prontamente, pedir ajuda; isso não é fraqueza, muito pelo contrário.

Todavia vale esclarecer que, o segredo não é fugir das pessoas que estão se comportando de maneira inconveniente, mas nos prepararmos treinando duro; só assim nos tornaremos fortes e competentes, consequentemente, conseguiremos gerenciá-las com eficiência e eficácia. Reiterando, nosso objetivo não é fazer com que você fuja dos conflitos, dos problemas, das crises e dos escândalos, mas conscientizá-lo e sensibilizá-lo para o treinamento, pois ninguém é bom naquilo que não pratica. É preciso que você seja e esteja forte, preparado para essa eterna e inevitável guerra; só assim você terá paz.

Responda a seguinte pergunta: teoricamente, quem está mais preparado para enfrentar um lutador faixa roxa de jiu-jitsu? Um lutador faixa azul ou um faixa marrom? Se você não for chato, não virá com conjecturas e elucubrações, assim a resposta será óbvia, não é verdade? Todavia, queremos que você perceba algo evidente; quanto maior for a distância entre você e o seu oponente em termos de competência técnica, compleição física, força, velocidade e resistência, mais fácil, mais simples e mais rápido será o combate; uma vez que você será bem mais eficiente e eficaz.

Fazendo uma analogia com relações humanas, imagine agora que o inconveniente é um lutador faixa branca; um inconveniente é e sempre será uma faixa branca em relacionamento humano. Assim, seguindo essa linha de raciocínio, você não pode ficar confortável com o conhecimento técnico de um faixa azul, roxa ou mesmo marrom. É necessário que você busque o preparo e o conhecimento técnico de um faixa preta 6º grau, no confronto com esse inconveniente, na resolução desse problema. Perceba que existe uma meta, você precisa querer chegar à faixa vermelha, a mais alta graduação. Entenda que quanto maior for o seu preparo, maior será a sua chance de êxito, de sucesso. Se você estiver devidamente preparado, certamente finalizará seu adversário com velocidade e qualidade técnica, mas, sobretudo, com muita sabedoria. Jamais se acomode na zona de conforto, pense a respeito!

Referências:

- O Mínimo que você precisa saber para Não Ser um Idiota – Professor Olavo de Carvalho
- A Arte da Guerra – Sun Tzu
- A Linguagem das Emoções – Dr. Paul Ekman.
- Inteligência Emocional – Daniel Goleman

Capítulo 96

Priorizar a consciência, sim; negligenciar a reputação, jamais

Neste nonagésimo sexto capítulo, temos como objetivo específico estudar e aprender que precisamos focar nos resultados, para isso trabalhamos no invisível, ou seja, na raiz do problema.

Não sei quem é o autor dessa narrativa, mas conta-se que, numa cidade do interior, um grupo de pessoas se divertia com o idiota da aldeia: um pobre coitado de pouca inteligência, que vivia de pequenos biscates e esmolas. Diariamente, eles chamavam o idiota ao bar onde se reuniam e ofereciam-lhe a escolha entre duas moedas: uma grande, de 400 réis, e outra menor, de 2.000 réis. Ele sempre escolhia a maior e menos valiosa, o que era motivo de risos para todos. Certo dia, um senhor, reservadamente, lhe fez o seguinte questionamento: *"Você ainda não percebeu que a moeda maior vale menos?" "Eu sei"*, respondeu o tolo. *"Ela vale cinco vezes menos, mas no dia em que eu escolher a outra, a brincadeira acaba e não vou mais ganhar minha moeda."* Explicou e humildemente pediu que não revelasse o seu segredo.

Várias são as conclusões que podemos extrair dos comportamentos inconvenientes dessa história. Perceba que quem parece idiota nem sempre é, e muitas vezes os verdadeiros idiotas da história são aqueles que se acham espertos; em razão disso, acabam se comportando de forma extremamente inconveniente. Um outro fator interessante é a ganância; entenda que, se você for ganancioso, acabará estragando sua fonte de renda. Contudo, a conclusão mais interessante é a percepção de que podemos estar bem, mesmo quando os outros não têm uma boa opinião sobre nós. Portanto, partindo desse princípio e considerando uma estratégia, às vezes, o que importa não é o que pensam de nós, mas sim quem realmente somos.

Confúcio dizia que: *"o maior prazer de um homem inteligente é bancar o idiota diante de um idiota que se passa por inteligente"*. Isto posto, preocupe-se mais com a sua consciência do que com a sua reputação, porque a sua consciência é o que você é e a sua reputação é o que os outros pensam de você. E o que os outros pensam... é problema deles. Não há nada de errado em parecer um idiota para conseguir gerenciar o comportamento inconveniente de um idiota que se acha inteligente, contanto que essa atitude não interfira nem destrua a sua imagem e reputação perante as pessoas de bem. Reiteramos que devemos nos preocupar mais com a nossa consciência do que com a nossa reputação; no entanto, isso não quer dizer que podemos negligenciar completamente a reputação, isso não.

A verdadeira mudança é aquela que acontece de dentro para fora. No entanto, é estratégico reconhecer que o primeiro nível de força é a presença física. Portanto, é fundamental que estejamos preocupados com a impressão que causamos nas pessoas, pois se um criminoso achar que somos fracos e desprotegidos, mesmo que não sejamos, poderemos ter sérios problemas. Como o ditado diz: *"Não basta que a mulher de César seja honesta"*, ela também precisa parecer honesta. Devemos ter uma visão e audição diferenciadas como profissionais qualificados em GPCI, capazes de gerenciar comportamentos inconvenientes e perceber a importância estratégica de cada movimento.

Ao analisar a história do idiota, percebemos facilmente seu comportamento inconveniente ao optar por permanecer na sua zona de conforto, recebendo migalhas para manter a ilusão de que é um idiota perfeito. No entanto, essa estratégia insana tem um preço - sua reputação e sua vida são fundamentadas na mentira. O idiota teme que as pessoas descubram que ele não é um idiota; existe algo mais idiota do que isso? O que nos impressiona é que muitos acabam, inconscientemente, adotando essa postura, esse comportamento inconveniente ao longo da vida, simplesmente por medo de perder as migalhas.

"Como profissionais qualificados em GPCI, devemos focar nos resultados e trabalhar na raiz do problema para mudar ou melhorar o resultado. A raiz do problema muitas vezes fica escondida e não é visível, mas é aí que precisamos agir para fazer a mudança necessária. Devemos confiar na nossa percepção e capacidade técnica para alterar ou melhorar os resultados."

Além disso, é importante lembrar que a história do idiota nos mostra a importância de não subestimarmos as pessoas. Às vezes, alguém pode parecer menos inteligente ou menos capaz, mas isso não significa que não tenham habilidades valiosas ou perspicácia oculta. Julgar alguém apenas com base em aparências pode levar a equívocos e a subestimação do potencial dos outros.

É fundamental cultivar em nós mesmos a empatia e a compreensão, buscando enxergar além das aparências superficiais. Ao adotar essa postura, podemos não apenas evitar comportamentos inconvenientes, mas também promover um ambiente mais inclusivo e respeitoso, onde as habilidades e talentos de cada indivíduo sejam valorizados.

Portanto, ao refletir sobre a história do idiota, somos incentivados a questionar nossas próprias atitudes em relação aos outros, lembrando que todos têm algo a contribuir e que a verdadeira sabedoria está em reconhecer e valorizar a diversidade de talentos e perspectivas ao nosso redor.

Referências:

- O Mínimo que você precisa saber para Não Ser um Idiota – Professor Olavo de Carvalho
- A Arte da Guerra – Sun Tzu
- A Linguagem das Emoções – Dr. Paul Ekman.
- Inteligência Emocional – Daniel Goleman

Capítulo 97

A capacidade e habilidade técnica de administração

Neste nonagésimo sétimo capítulo, temos como objetivo específico estudar e aprender que especialistas em GPCI não são mais inteligentes do que os não especialistas, apenas desenvolveram através do treinamento, estratégias de segurança, qualidades físicas, técnicas e habilidades de comunicação nos seus relacionamentos humanos.

Segundo um conto árabe, um dos grandes desafios da humanidade é aprender a arte da comunicação. A felicidade ou a desgraça, a paz ou a guerra muitas vezes dependem da forma como nos comunicamos. É inegável que a verdade deve ser dita em qualquer situação, mas a maneira como a expressamos pode provocar grandes problemas em alguns casos. A verdade pode ser comparada a uma pedra preciosa: se a lançarmos no rosto de alguém, pode ferir, provocando dor e revolta. Mas se a envolvermos numa delicada embalagem e a oferecermos com ternura, certamente será aceita com facilidade.

Vigiar, comunicar e se relacionar são habilidades que precisam ser desenvolvidas como qualquer outro dom. Quem não verbaliza, ou melhor, quem não se relaciona, se isola e fica vulnerável. Pessoas vulneráveis são aquelas suscetíveis de serem magoadas e ofendidas, e muitas vezes acabam sofrendo de vitimização. Ninguém gosta de pessoas com esse perfil, e por isso elas acabam afastando os outros e se isolando ainda mais. Por exemplo, frases como “Não quero mais papo com você”, “Não fale mais comigo” ou “Prefiro ficar sozinho a mal acompanhado” são sinais de isolamento.

Podemos dividir as pessoas em três grupos quando se trata de potencial de verbalização: o primeiro grupo é formado por raríssimas pessoas que acreditam que têm potencial e, por isso, o desenvolvem. O segundo grupo é formado por muitas pessoas que até acreditam ter potencial, mas por preguiça ou síndrome da procrastinação, deixam o treinamento sempre para depois. O terceiro grupo é formado por uma quantidade enorme de pessoas que acreditam piamente que não têm potencial e, por isso, acabam enterrando seu dom. É importante lembrar que, independentemente do grupo em que nos encontramos, sempre é possível desenvolver e aprimorar nossas habilidades de comunicação.

Perceba que todos nós temos potencial de verbalização, poder de convencimento, poder de argumentação, enfim, poder de persuasão, mas não basta saber que temos potencial, precisamos desenvolvê-lo. É claro que dá muito trabalho, pois todo treinamento é desgastante. Contudo, vale reiterar que ninguém é bom naquilo que não pratica. É fundamental termos consciência de que somente através do treinamento aprenderemos a gerenciar com mais eficiência e eficácia os comportamentos inconvenientes de pessoas que, por algum motivo, estejam se comportando de forma inadequada.

Os profissionais qualificados em GPCI não são mais inteligentes do que os não qualificados, apenas desenvolveram através do treinamento, estratégias de segurança, qualidades físicas, técnicas e habilidades de comunicação nos seus relacionamentos humanos. Como vimos nos capítulos anteriores, essas habilidades se baseiam, sobretudo, nas informações que recebemos ao longo da nossa caminhada - pessoas com as quais nos relacionamos, livros que lemos, cursos que realizamos, mídia que assistimos etc. As pessoas que não têm habilidade de relacionamento humano é porque, muito provavelmente, não foram expostas a essas informações ou não tiveram oportunidades de treinamento.

Você precisa compreender que o sucesso no gerenciamento de um comportamento inadequado é definido pela capacidade e habilidade técnica de administração desenvolvida no treinamento. Para gerenciar um comportamento inadequado, é necessário que administremos bem a situação que foi gerada, ou seja, que adotemos todas as medidas e atitudes preventivas para que aquele conflito não evolua para um problema. Caso já estejamos diante de um problema, precisamos adotar todas as medidas e atitudes preventivas para que aquele problema não evolua para uma crise ou escândalo de grandes proporções.

Tomar a frente, ser proativo, fazer com que as coisas aconteçam e fazer dar certo, é o que dá a uma pessoa a condição que ela precisa, para lidar com seres humanos e seus inevitáveis comportamentos inadequados. Para nós, focar em medidas e atitudes preventivas é a maneira mais eficiente e eficaz de gerenciar um comportamento inadequado.

Perceba que quando estamos gerenciando comportamentos inadequados de pessoas, as coisas não são óbvias. Assim, é imprescindível que aprendamos, antes de qualquer coisa, a enxergar o óbvio, pois se você não consegue enxergar o óbvio, como vai conseguir enxergar aquilo que não é óbvio? O treinamento é diário, sobretudo com aquelas pessoas que estão próximas, que convivem conosco, que estão no nosso dia a dia. Se você não consegue administrar os conflitos e os problemas que existem na sua casa, na sua família, com seus parentes, amigos e vizinhos, como vai querer administrar os conflitos e os problemas dos outros? Assim, precisamos iniciar o treinamento primeiro dentro da nossa casa, onde, aparentemente, é mais fácil.

Ninguém muda ninguém; somos nós que precisamos mudar. Iniciar o treinamento em casa é preciso; na verdade, é um facilitador. No livro "O Pequeno Príncipe", Antoine de Saint-Exupéry nos ensina a importância de "cativar"; contudo, vale lembrar que, quando cativamos alguém, nos tornamos responsáveis por essa pessoa. Assim, precisamos ter cuidado para não decepcionar. Quando realizamos as tarefas com doçura, gentileza, amor e comprometimento, ganhamos o respeito das pessoas; naturalmente, ganhamos autoridade. Estamos falando de tarefas comuns do dia a dia, não de nada extraordinário. Apenas precisamos realizá-las com mais gentileza. Parece fácil, não é mesmo? Mas não é; é simples, mas não é fácil. O treinamento é a chave do sucesso. Todos os dias, devemos quebrar velhos paradigmas, procurar desenvolver e criar novos paradigmas, insistindo e persistindo. Desistir jamais.

Referências:

- O Mínimo que você precisa saber para Não Ser um Idiota – Professor Olavo de Carvalho
- A Arte da Guerra – Sun Tzu
- A Linguagem das Emoções – Dr. Paul Ekman.
- Inteligência Emocional – Daniel Goleman
- Cross Know Ledge – https://www.crossknowledge.com – Desenvolvimento de Competências

Capítulo 98

Sob pressão as coisas mudam

Neste nonagésimo oitavo capítulo, temos como objetivo específico estudar e aprender que o treinamento diário nos dá a certeza de que somos ou não, capazes de fazer algo.

Tratava-se de uma formatura matinal, na qual eu fazia a preleção diária antes do canto do Hino Nacional. Pude perceber que um grupo de alunos - profissionais antigos - desprezava e resistia ao tema que estava sendo desenvolvido e, sobretudo, adotava uma postura arrogante e prepotente diante dos alunos que estavam em processo de formação. Expliquei que pior do que "não saber" é "achar que sabe", e que pior ainda é quando, na hora do "vamos ver", descobrimos que não somos capazes de fazer o que achávamos que sabíamos fazer. Após isso, observei que aquele grupo continuava disperso, negligenciando o que estava sendo transmitido. Assim, chamei a atenção dos alunos para mim e disse:

- *Quem de vocês consegue fazer 20 (vinte) flexões na barra?* - Dois alunos levantaram o braço, e prossegui com a linha de raciocínio.
- *Muito pouco, preciso de um número maior; vamos reduzir o número de barras. Quem consegue fazer 15 (quinze) flexões na barra?* - Oito alunos levantaram o braço, e prossegui.
- *Ainda é muito pouco; vamos reduzir um pouco mais. Quem consegue fazer 10 (dez) flexões na barra?* - Dessa vez, quase quarenta alunos levantaram o braço. Então, eu disse:
- *Por gentileza, prestem atenção no que vai acontecer, fiquem ligados no que eu vou fazer. - Percebi que todos ficaram atentos. Coloquei o microfone no chão, dirigi-me até o portão de entrada, saltei e com as falanges dos dedos agarrei, conectei no revestimento que faz a moldura de toda a porta.* Tratava-se de um exercício que eu já praticava há muitos anos. Dessa forma ligado, com os braços bem estendidos, iniciei os movimentos de flexão de braço, ultrapassando o queixo sobre a linha de revestimentos onde eu estava conectado com as falanges dos dedos, contando alto e de maneira ritmada, até completar dez flexões. Após isso, desliguei, peguei uma nota de cem reais e disse o seguinte:
- *Peço a atenção de todos vocês; quem fizer cinco flexões, exatamente como eu fiz, ganhará esses cem reais. Todavia, se não fizer, perderá cinquenta reais. Está valendo! Quem se habilita? São cem reais contra apenas cinquenta. Alguém topa o desafio?* - O burburinho foi intenso e alguns alunos disseram:
- *Eu não vou porque não tenho cinquenta reais.* - Respondi:
- *Não tem problema, vamos inverter a situação; eu farei 05 (cinco) flexões. Caso eu não consiga fazer, você ganhará R$ 1000.000,00 (um milhão de reais). Contudo, se eu fizer, você me paga apenas dez reais – Quem aceita o desafio?"* – E alguns alunos falaram.
- *Não tem graça; nós sabemos que o senhor faz o dobro. Nós vimos o senhor fazer, ao que respondi:*
- *É exatamente isso que eu quero que vocês entendam: a importância do treinamento. Quando treinamos diariamente e praticamos algo com constância, passamos a ter certeza da nossa capacidade de fazer ou não aquilo que nos propomos a fazer. Assim, não nos preocupamos com a possibilidade de perda, pois sabemos de antemão se somos ou não capazes de fazer. Todavia, quando achamos que sabemos e somos desafiados ou surpreendidos, nosso organismo*

produz uma quantidade exagerada de adrenalina que, ao invés de nos ajudar, nos deixa numa situação de indecisão, de desconforto, algo bastante desagradável, não é mesmo?"

Feita a observação e tendo atingido plenamente os objetivos, fiz a seguinte pergunta:
- *"Alguém gostaria de tentar fazer o exercício sem qualquer compromisso?"* – Seis alunos demonstraram interesse.

Chamei-os e pedi que ficassem à vontade. Como não era um exercício comum, pois apenas as falanges distais faziam a conexão, mesmo aqueles que tinham capacidade para fazer o exercício na barra fixa, tiveram muita dificuldade. Ao que sorrindo comentaram:
- *"Ainda bem que nós não topamos o desafio, pois teríamos perdido feio".*

O treinamento diário nos dá a certeza de que somos ou não capazes de fazer algo. Perceba que muitos profissionais de segurança, por não terem essa certeza, acabam se envolvendo em situações complicadíssimas, colocando-se em cenários de alto risco e inclusive comprometendo a segurança de sua própria equipe. Perceba que, se eu não treino com a minha arma, se eu não confio na munição que recebi, se eu não acredito no meu potencial, na hora do confronto, tudo isso vem à tona e eu sou impedido, por um mecanismo de defesa natural, de proceder e reagir. Naquele momento, eu penso:

- *Será que essa arma vai funcionar? Será que o percussor está quebrado? Será que essa munição é confiável? Será que sou capaz de reagir, capaz de conseguir? Estou fora de forma...*

Ao contrário, quando treinamos diariamente, passamos a conhecer nossas restrições e, conscientes dessas limitações, treinamos duro com o objetivo de melhorar nossas habilidades, nossa condição emocional e enfim, reduzindo ou eliminando todas as nossas deficiências. Você precisa buscar desenvolver no seu dia a dia a sua expertise.

O profissional que se especializa em uma determinada área e exerce com plena competência o conhecimento que desenvolveu pode ser chamado de especialista ou expert. Quando um profissional desenvolve continuamente a sua expertise, torna-se um profissional diferenciado, respeitado pelos gestores e, principalmente, pelos seus colegas de trabalho. As empresas precisam cada vez mais de especialistas e não de profissionais generalistas.

Todo o conhecimento adquirido ao longo da caminhada - cursos de formação, reciclagens e especializações - quando usado, aprimora a prática profissional. Dessa forma, deixamos de ser profissionais generalistas e nos tornamos experts. Todos nós precisamos descobrir a nossa expertise e investir nela, pois é ela que nos diferencia no meio de tantos outros. Quando os gestores descobrem a nossa expertise, lembram-se de nós instantaneamente quando surgem determinados trabalhos, operações e missões.

É importante entender que ser um expert não é apenas ser bem-informado. Existem pessoas que são super bem-informadas, mas não podemos confundir aquela pessoa que buscou e adquiriu informações sobre um determinado assunto com um expert naquele assunto. O especialista está em outro nível, ele transformou a teoria em ação; o outro apenas possui informações sobre como fazer algo. Isso não é irrelevante, mas não o torna um especialista. Como em uma guerra, não existem regras fixas, certo?

Informação ajuda, ajuda muito, mas o que resolve é a expertise. O que torna alguém um especialista é trabalhar duro, treinar e se preparar para adquirir competência capaz de transformar as informações que foram adquiridas em atitudes que geram resultado. Confúcio dizia: *"A essência do conhecimento consiste em aplicá-lo, uma vez possuído."* É por isso que insistimos que GPCI só com teoria não adianta absolutamente nada; é preciso transformar a teoria em ação. E precisamos entender que o início do processo de treinamento mais eficiente e eficaz é na nossa família. Acredite, não é nada fácil, mas funciona muito bem. As empresas precisam cada vez mais de colaboradores que saibam lidar com pessoas e tratar com gente. Elas precisam de especialistas em gerenciar o comportamento de pessoas que, por algum motivo, estejam se comportando de maneira inconveniente.

No mercado de trabalho, sobram profissionais que conhecem muitos assuntos, mas não dominam nenhum deles. Assim, não acredite, nem de brincadeira, que você é um especialista por ter entendido um determinado tema ou por ter uma ideia geral do que o instrutor te ensinou no curso. O especialista não fica apenas no entendimento ou na visão geral. O especialista busca o domínio absoluto do conhecimento, dedicando seu tempo, esforço e energia no treinamento. Não basta saber a resposta correta, mas, sobretudo, saber explicar o porquê ao se deparar com a mesma pergunta na vida real.

Preste atenção: ***"A nossa habilidade no alto rendimento, na alta performance, não é avaliada em provas teóricas. Isso precisa ser entendido integralmente."***

Um profissional qualificado em GPCI administra conflitos e problemas, adotando medidas e atitudes preventivas. A resposta vem por meio de uma verbalização diplomática criativa, amparada por uma elegante presença física, mas com exercício de autoridade. Este profissional usa a inteligência emocional para consolidar o domínio do conhecimento e habilidade, e essa união gera frutos. É exatamente por isso que o profissional qualificado em GPCI é reconhecido pelos resultados que alcançou, e não pelas informações que forneceu.

Referências:

- O Mínimo que você precisa saber para Não Ser um Idiota – Professor Olavo de Carvalho
- A Arte da Guerra – Sun Tzu
- A Linguagem das Emoções – Dr. Paul Ekman.
- Inteligência Emocional – Daniel Goleman
- Cross Know Ledge – https://www.crossknowledge.com – Desenvolvimento de Competências

Capítulo 99

Lócus de controle - Uma viagem inusitada e estressante

Neste nonagésimo nono capítulo, temos como objetivo específico estudar e aprender que quando treinamos diariamente, passamos a conhecer nossas restrições e, conscientes dessas limitações, treinamos duro com o objetivo de melhorar nossas habilidades e condição emocional.

Vocês já perceberam que algumas pessoas têm uma capacidade de realização excepcional, maior do que a maioria? Outras, ao contrário, são altamente influenciadas pelo ambiente. A pergunta seria:

- *As pessoas que têm mais sucesso, mais capacidade de atingir seus objetivos, pensam de forma diferente?*

Existe um conceito chamado Lócus de Controle, definido em 1954 por Julian Rotter. Trata-se de um sistema de crenças que as pessoas têm em relação às causas das experiências em suas vidas. Por exemplo, se eu vivi essa experiência, foi por causa disso; se não fosse isso, teria sido diferente. E a qual fator - interno ou externo, essa pessoa atribui seu sucesso ou fracasso. A pergunta clássica seria:

- *Quem é o verdadeiro responsável pelo que me acontece de bom ou ruim?*

Lócus de Controle é uma característica que as pessoas possuem; algumas têm um lócus de controle mais interno, outras mais externo. As pessoas que têm o lócus de controle externo têm mais facilidade em atribuir aos fatores externos os resultados que conseguem na vida. Acham que não são elas que têm que mudar, mas o mundo. Logo, têm menos aprendizado.

As pessoas que têm o lócus de controle interno tendem a enxergar os fatores externos que influenciam seus resultados, mas com a seguinte diferença: elas refletem qual foi sua responsabilidade em relação àquele resultado, bom ou não. Concentram-se em mudar o comportamento e pensam:

- *O que eu fiz para que esse resultado acontecesse?*
- *O que eu deixei de fazer para que o resultado fosse insuficiente?*

Os fatores externos podem influenciar e causar grandes problemas nas pessoas que têm o lócus de controle externo como característica.

A experiência inusitada vivenciada por Sylvio reforça todos os conceitos de gerenciamento de comportamento inconveniente. Ele desembarcou no aeroporto de Joanesburgo, vindo de Dubai, e, após três horas de espera, conseguiu embarcar em um Boeing 767 quase lotado da LATAM Airlines Brasil, que ia de Joanesburgo a São Paulo com conexão em Buenos Aires - portanto, era seu segundo voo. Ao embarcar, dois grupos chamaram sua atenção: um grupo estranho de teatro e um grupo de japoneses. Ele percebeu que algumas pessoas do primeiro grupo faziam chacota e riam alto de um japonês de 25 a 30 anos, com aproximadamente 1,85 m de altura. Sylvio relatou que, em um primeiro momento, achou injusta a brincadeira, mas depois soube que o japonês havia arriado as calças para coçar sua genitália na frente de todos, sem constrangimento e sem o menor pudor.

Tudo corria bem até que um mau odor tomou conta de todo o ambiente. Não se tratava de uma simples morrinha irritante, mas de algo terrível e verdadeiramente desagradável. Assim, Sylvio começou a investigar e rapidamente descobriu que a fedentina vinha dos pés do japonês que estava sentado na poltrona à sua frente. Ele estava descalço e havia retirado os tênis. Sylvio disse que ficou constrangido em reclamar, por isso, pensou rapidamente em uma solução. Lembrou-se daquela máscara de pano usada para colocar nos olhos como bloqueador de luminosidade, pegou-a, aplicou alguns jatos de perfume e colocou-a sobre o nariz. Feito isso e como estava muito cansado, apagou e dormiu profundamente. Disse que não se lembra de quanto tempo dormiu, contudo acordou para almoçar. Nesse ínterim, o japonês já havia calçado os tênis e estava tudo tranquilo.

Aconteceu que, após o almoço, o japonês resolveu tirar os tênis novamente, só que dessa vez, o odor estava insuportável e inaceitável. A comissária de bordo, devido às inúmeras reclamações, já havia passado várias vezes pelo local com um spray antiodor, fazendo "cara de vômito" todas as vezes que passava pelo japonês. Diante do fato, Sylvio dirigiu-se à comissária de bordo e fez a seguinte abordagem:

- *"Olá, tudo bem? Meu nome é Sylvio Behring. O que está acontecendo? Tem algo errado?"*

Na verdade, ele buscava autorização para uma inevitável abordagem. A comissária de bordo respondeu:

- *"Tem sim. Esse mal odor vem daquele senhor que insiste em ficar sem os tênis. Já fizemos vários pedidos, algumas pessoas do seu grupo também pediram, mas ele não nos atende".*

A comissária estava desolada, sem saber o que fazer, e disse:

- *"Ele está com um grupo de japoneses que está indo para Buenos Aires".*

Nitidamente, a comissária estava receosa de continuar insistindo para que ele calçasse os tênis e prosseguiu:

- *"Soubemos que eles ficaram dois dias no aeroporto de Joanesburgo por terem perdido o voo, e esse é o motivo da indignação".*

Disse isso pedindo ajuda com os olhos, ao que Sylvio lhe respondeu:

- *"Se vocês me autorizarem, eu posso falar com ele".*

A comissária imediatamente disse:

- *"Claro que sim, mas o senhor entende qual é o protocolo?"*

Sylvio explicou-lhe rapidamente a sua formação, e ela disse:

- *"Ótimo! Então contamos com a sua ajuda caso haja necessidade de contenção".*

Naquele momento, Sylvio percebeu que a situação era mais grave do que ele imaginava, e que aquele sujeito estava sendo bastante inconveniente. Isto posto, Sylvio dirigiu-se até o cidadão e fez uma abordagem altamente diplomática em inglês.

- *"Senhor, perdoe-me pela abordagem. Soube que vocês passaram por enormes problemas no aeroporto de Johanesburgo por terem perdido o voo. Contudo, gostaria de lhe pedir, muito constrangido, para calçar o tênis, pois o mau odor está incomodando bastante todos os passageiros. Posso contar com a sua colaboração?"*

O sujeito olhou nos olhos de Sylvio por alguns segundos e, de forma bastante gentil, colocou o tênis atendendo prontamente à solicitação. Após agradecer o pronto atendimento, Sylvio retornou à comissária e explicou que a solicitação havia sido atendida. Entretanto, sugeriu que preparassem uma meia, dessas utilizadas para deslocamento dentro de uma aeronave, com bastante talco em seu interior, uma vez que tratava-se de um voo de 11 horas. Assim, caso ele tivesse a necessidade de relaxar os pés, essa seria uma boa medida preventiva.

Feito isso, Sylvio retornou para sua poltrona e relaxou. Pouco tempo depois, a catinga dominou todo o ambiente novamente. Diante do fato, Sylvio se levantou novamente e foi até o inconveniente.

- *"Perdoe-me, o senhor já colaborou duas vezes, mas novamente tirou o tênis; talvez isso esteja lhe incomodando muito. O senhor não quer ir lá atrás lavar os seus pés? Quando o senhor retornar, eu lhe ajudo colocando um polvilho antisséptico nos seus pés; certamente vai aliviar".*

Mal Sylvio terminou de falar, o japonês segurou o seu braço com força e, demonstrando muita ira, gritou:

- *"Vai sentar!"*

Olhando Sylvio nos olhos, largou o seu braço e repetiu com ódio *"Vai sentar!"*, ao que Sylvio respondeu:

- *"Perdoe-me, mas não é necessário falar e agir assim comigo; estou sendo gentil com o senhor. Entenda que para mim também é bastante constrangedor. O senhor precisa ter noção de como as pessoas estão incomodadas; olhe para trás e veja".*

Todos estavam acenando positivamente com a cabeça, dando todo o apoio necessário a Sylvio, todavia o indivíduo inconveniente mais uma vez gritou:

- *"Não interessa, vá sentar".*

Sylvio respondeu:

- *"Peço desculpas mais uma vez, minha intenção não era chegar a esse ponto. Isso está sendo chato para todos nós".*

Nesse momento, o indivíduo segurou o braço esquerdo de Sylvio com a mão direita e gritou:

- *"Eu já disse para você sentar".*

Sylvio segurou a mão dele com força e, lentamente, foi girando o punho até livrar sua mão dos dedos do indivíduo. Como o inconveniente estava usando o cinto de segurança, Sylvio travou o braço direito do indivíduo por cima do braço esquerdo, impedindo-o de se mover e disse:

- *"Escute bem o que vou lhe dizer, não autorizei você a colocar a mão em mim. Nunca mais faça isso, está entendendo?".*

O indivíduo tentou se mover, mas não conseguiu. Sylvio continuou falando:

- *"Você está me agredindo; se continuar, vou prendê-lo aqui nessa poltrona e ambos iremos para a Polícia Federal. Você perderá horas com depoimentos intermináveis e poderá, inclusive, ser impedido de entrar no país. É isso que você quer? A escolha é sua, você decide".*

Apesar da demonstração clara de raiva, Sylvio percebeu que o indivíduo estava entendendo e iria colaborar. Sylvio continuou falando:

- *"Vou soltá-lo, mas continuarei observando sua reação. Sei que você não quer passar por isso. Por favor, coloque seu tênis".*

Ao soltá-lo gradativamente, o indivíduo deu algumas cotoveladas na poltrona, mas permaneceu sentado e, mesmo demonstrando indignação, colocou o tênis. Vigilante e bastante focado, Sylvio dirigiu-se às comissárias de bordo que estavam atentas, acompanhando e observando o fato à distância. Elas perguntaram se Sylvio tinha interesse em prosseguir com a contenção. Sylvio disse que, a princípio, não havia necessidade, e que não seria bom para ninguém, e que as coisas, muito provavelmente, iriam se acalmar. O indivíduo, carinhosamente apelidado de "Kid chulé", só desembarcaria em Buenos Aires, junto com o grupo de japoneses. É óbvio que, como diz o ditado popular, Sylvio ficou com um olho no peixe e o outro no gato durante toda a viagem. Contudo, apesar de todos os problemas, a partir daquele momento, ele pode respirar e a viagem transcorreu um pouco mais agradável e com menos estresse. Sylvio desembarcou no Rio de Janeiro e o grupo seguiu seu destino; talvez, sem maiores problemas.

Referências:

- Lócus de Controle – http://pepsic.bvsalud.org – versão On-line ISSN 1870-350X
- A percepção de controle como fonte de bem-estar – http://www.revispsi.uerj.br/
- A Arte da Guerra – Sun Tzu
- A Linguagem das Emoções – Dr. Paul Ekman.
- Inteligência Emocional – Daniel Goleman

Capítulo 100

Nós somos o maior problema!

Neste centésimo capítulo, temos como objetivo específico entender que assim como é importante prevenir as consequências negativas de uma tomada de decisão, também é importante prevenir as falhas de comunicação para evitar comportamentos inconvenientes por decisões equivocadas.

Outro dia recebi uma dessas histórias da internet que dizia mais ou menos assim: "Era uma vez um burro amarrado a uma árvore frondosa. O capeta observou-o durante algum tempo, aproximou-se e libertou-o. O burro, com fome e sem saber para onde ir, entrou na plantação de um pequeno agricultor e começou a comer e a destruir tudo. A mulher do humilde agricultor, deparando-se com aquela cena, indignou-se, empunhou a espingarda e fez um único disparo com o objetivo de espantar o burro. Contudo, por azar, feriu-o mortalmente. Ao ouvir o estampido da espingarda calibre 12, o proprietário do burro correu em direção ao relincho agonizante e constatou que o burro havia morrido. Ensandecido, empunhou sua carabina e atirou na direção da mulher do agricultor. O agricultor, que já estava bem próximo, sacou seu revólver e matou o dono do burro. Os filhos do dono do burro, que presenciaram toda a cena, atearam fogo na plantação e na casa do agricultor. O agricultor, em represália, matou-os. Após toda essa tragédia, perguntaram ao capeta por que ele havia feito tudo aquilo; ao que respondeu: *'Eu não fiz absolutamente nada, apenas libertei o burro'*".

Podemos fazer muitas analogias; mas uma conclusão interessante é que nós somos o maior problema! Todos nós temos um burro dentro de nós, amarrado, sereno e aparentemente equilibrado. No entanto, quando o soltamos de forma impulsiva e negligente, sem adotar as medidas e atitudes preventivas necessárias decorrentes da projeção dos possíveis conflitos e problemas, podemos causar uma verdadeira tragédia - muitas vezes até culposa, ou seja, sem dolo, mas ainda assim uma tragédia. Libertar o burro significa tomar uma decisão errada - uma decisão sem a devida preocupação com as consequências e com o resultado futuro daquela ação. Significa preguiça; alimentar corretamente um burro dá muito trabalho. Antes de soltar o burro, devemos construir uma barreira perimetral capaz de impedir que ele faça bobagens, uma cerca de contenção capaz de impedir que ele destrua o patrimônio do outro. Portanto, simplesmente libertar o burro é uma atitude insana - você pode destruir aqueles que o cercam.

Vale acrescentar que o texto aborda um assunto muito importante sobre as consequências das nossas ações impulsivas e negligentes. É fácil tomar decisões precipitadas sem pensar nas possíveis consequências e, muitas vezes, isso pode levar a tragédias irreparáveis. É importante lembrar que nossas ações afetam não apenas a nós mesmos, mas também as pessoas ao nosso redor.

Além disso, o texto ressalta a importância da responsabilidade individual e da adoção de medidas preventivas para evitar conflitos e problemas. Devemos ser cuidadosos e considerar as possíveis consequências das nossas ações antes de agir impulsivamente. Isso requer tempo e esforço, mas é essencial para evitar tragédias e conflitos desnecessários.

Por fim, é importante destacar que a liberdade individual não deve ser confundida com irresponsabilidade ou negligência. Ser livre significa fazer escolhas conscientes e responsáveis, considerando as possíveis consequências das nossas ações.

As MEDIDAS E ATITUDES PREVENTIVAS que podemos adotar para impedir uma tomada de decisão impulsiva e negligente, basicamente seriam essas:

1. **Refletir antes de tomar decisões:** É importante pensar cuidadosamente antes de tomar uma decisão, avaliando as consequências que ela pode trazer. Isso envolve considerar possíveis riscos, impactos em outras pessoas, quem sabe na família, nos alunos no decorrer de uma instrução, na administração de conflitos e problemas na família, na empresa, com os amigos...

2. **Buscar informação:** Antes de tomar uma decisão, é importante buscar informações relevantes para que possamos fazer escolhas certas, escolhas informadas. Isso pode envolver pesquisas, conversas com outras pessoas envolvidas na situação ou consulta a especialistas.

3. **Analisar opções:** É essencial projetar o resultado futuro das nossas possíveis escolhas, avaliar diferentes opções e considerar as implicações de cada uma delas. Isso pode envolver a identificação de alternativas, a análise de prós e contras de cada opção, e a escolha da melhor alternativa possível.

4. **Definir metas claras:** É importante ter metas claras e bem definidas para orientar as decisões. Isso pode ajudar a evitar a tomada de decisões que possam levar a resultados indesejados ou prejudicar outras pessoas, quem sabe a família, os alunos no decorrer de uma instrução, a administração de conflitos e problemas, a empresa como um todo.

5. **Comunicar de forma clara:** É fundamental que haja uma comunicação assertiva, clara e transparente com todas as pessoas envolvidas. Isso pode ajudar a evitar mal-entendidos, conflitos e problemas decorrentes da falta de informação.

6. **Estabelecer limites:** É necessário estabelecer limites claros para evitar que as decisões tomadas ultrapassem esses limites e causem problemas para a empresa ou outras pessoas; quem sabe problemas para a família, para os alunos no decorrer de uma instrução ou para a sociedade como um todo. Estabelecer limites é uma forma eficaz de prevenir decisões erradas, pois ajuda a evitar que ultrapassemos determinados limites que possam levar a resultados indesejáveis; por exemplo:

- **Limites de tempo:** definir prazos realistas para a conclusão de tarefas e projetos, pode evitar que sejamos tentados a tomar atalhos ou a tomar decisões precipitadas.

- **Limites financeiros:** estabelecer um orçamento claro e definir limites de gastos, pode ajudar a prevenir decisões financeiras imprudentes.

- **Limites de autoridade:** definir claramente quem tem autoridade para tomar decisões em determinadas áreas, pode evitar muitos conflitos e problemas devido as decisões imprudentes tomadas por pessoas que não possuem conhecimento técnico ou experiência adequada.

- **Limites de informação:** assegurar que todas as partes envolvidas em uma decisão, tenham acesso às informações necessárias e relevantes. Essa medida pode ajudar a evitar àquelas decisões tomadas com base em informações incompletas ou enganosas.

- **Limites de expectativas:** definir claramente o que se espera de um projeto, de uma tarefa ou mesmo de um relacionamento, pode ajudar a evitar decisões impulsivas que possam ter consequências negativas.

Ao estabelecer limites, podemos evitar que o «burro» dentro de nós tome decisões imprudentes ou que sejamos tentados a tomar atalhos que possam prejudicar os resultados. Em resumo, é importante tomar decisões de forma consciente, avaliando cuidadosamente as implicações de cada escolha e agindo de forma responsável e ética. Ao fazer isso, podemos libertar o "burro" para que ele possa pastar um pouquinho, mas não de qualquer jeito; libertamos com medidas e atitudes preventivas, evitando assim uma tragédia para nós e para os outros.

Referências:

- O Mínimo que você precisa saber para Não Ser um Idiota – Professor Olavo de Carvalho
- A Arte da Guerra – Sun Tzu
- Segurança é Prevenção – Editora Ciência Moderna
- A Linguagem das Emoções – Dr. Paul Ekman.
- Inteligência Emocional – Daniel Goleman

Capítulo 101

O inconveniente é a matéria-prima a ser trabalhada

Neste centésimo primeiro capítulo, temos como objetivo específico estudar e aprender que através das técnicas, devemos fazer com que o indivíduo que está se comportando de maneira inconveniente saia do mundo irreal e caia na realidade; significa permitir ao inconveniente retornar ao ambiente seguro.

"O pior analfabeto é o analfabeto político. Ele não ouve, não fala, nem participa dos acontecimentos políticos. Ele não sabe que o custo de vida, o preço do feijão, do peixe, da farinha, do aluguel, do sapato e do remédio, depende das decisões políticas. O analfabeto político é tão burro que se orgulha e estufa o peito dizendo que odeia política. Não sabe o imbecil que da sua ignorância política nasce a prostituta, o menor abandonado e o pior de todos os bandidos que é o político vigarista, pilantra, o corrupto e lacaio dos exploradores do povo".
Bertold Brecht

A ininterrupta e veloz transformação do mundo nos assusta; a pandemia que o diga. Acompanhar essa transformação é uma tarefa praticamente impossível. O mundo está cada vez mais avançado em termos de tecnologia, sobretudo a tecnologia da informação, mas talvez na mesma proporção seja incompreensível e esteja repleto de analfabetos políticos. Perceba que sofremos inúmeras ameaças a todo instante, desde guerras de narrativas através do controle dos meios de comunicação até ameaças de guerras nucleares, passando pelo terrorismo em diversos países, crimes ligados ao narcotráfico, corrupção de políticos e empresários, até fraudes na informática capazes de comprometer o futuro de um país. Toda essa loucura resulta em comportamentos inconvenientes dos mais inusitados. Nós, profissionais qualificados em GPCI, precisamos de constante atualização devido às mudanças e, sobretudo, à permanente quebra de paradigmas.

Apresentamos ao longo dos capítulos fundamentos para o sucesso no gerenciamento de comportamentos inconvenientes, além de medidas e atitudes preventivas para que possíveis conflitos e problemas sejam administrados com êxito. Embora as situações e casos possam variar devido às características próprias da região, bairro, estado ou até mesmo do país onde você vive, há algo em comum: as pessoas, os cidadãos. Basicamente, elas são as mesmas nos quatro cantos do planeta, cada uma com sua individualidade biológica e uma natureza inclinada ao erro, pois estamos falando de seres humanos.

Vale reiterar que o GPCI é um conjunto de técnicas de comunicação verbal, não verbal e paraverbal, aliadas a estratégias de segurança e autodefesa do jiu-jitsu brasileiro, onde o comportamento inconveniente é a matéria-prima a ser trabalhada. Quando gerenciamos um comportamento inconveniente, buscamos, por meio das técnicas, fazer com que o indivíduo que está se comportando de maneira inconveniente saia do mundo irreal e caia na realidade, permitindo ao inconveniente retornar ao ambiente seguro. Precisamos ter sempre em mente que lidamos com seres humanos e que nossa especialidade é ajudar pessoas que, por algum motivo, perderam o equilíbrio emocional e, consequentemente, sua qualidade comportamental.

Em razão dos fatos expostos, seguem alguns conselhos como forma didática de finalizar este capítulo:

1. ***Você está sendo coerente entre sua presença física e a sua verbalização, em relação às solicitações, pedidos e exigências ao inconveniente?***
   Por exemplo, se você pede para que a pessoa fale baixo, mas usa um tom de voz muito alto; ou reclama das palavras de baixo calão, mas as usa com frequência, estas incoerências comprometem o sucesso do gerenciamento. Antes de usar suas estratégias, é importante que você considere e reveja seus próprios conceitos, pois "palavras convencem, mas exemplos arrastam". Imagine que você está gerenciando o comportamento de um colega de trabalho que costuma chegar atrasado todos os dias. Ao abordá-lo e pedir que ele seja pontual, se você mesmo está atrasado e não demonstra preocupação com o horário, seu colega perceberá a incoerência e sua credibilidade será comprometida. É importante praticar o que pregamos e sermos exemplos para que as pessoas entendam a importância da pontualidade. Nossas ações falam mais do que nossas palavras.

2. ***Você exerce autoridade com diplomacia?***
   A elegância é um atributo universal que pode neutralizar muitos erros e contrabalançar equívocos. Paul Valéry definiu a elegância como a arte de não se fazer notar, aliada ao cuidado sutil de se deixar distinguir. Ser elegante é fundamental, pois em muitas situações, pode ser a chave para gerenciar comportamentos inconvenientes. Em vez de ser intolerante, insensível ou rude, é importante exercer autoridade com diplomacia.

   Quando somos elegantes, mostramos que estamos preparados, temos inteligência emocional e qualidade comportamental. É importante demonstrar para as pessoas que nos importamos com elas e que nos preocupamos com suas necessidades. As pessoas são capazes de perdoar aquilo que não podemos controlar, mas dificilmente perdoam a intolerância, a falta de bom senso, a insensibilidade, a falta de educação e a atenção.

   Por exemplo, se você é o gerente de uma loja e um cliente está estressado e insatisfeito com um produto que comprou e quer devolvê-lo, mas as políticas da empresa não permitem devoluções após 7 dias da compra, você poderia simplesmente dizer: "Desculpe-nos senhor, mas são normas, apenas preciso cumpri-las." No entanto, isso seria rude e não ajudaria a resolver o problema do cliente. Em vez disso, é importante exercer sua autoridade com diplomacia, explicando gentilmente as políticas da empresa e oferecendo alternativas, como um crédito na loja ou um desconto na próxima compra. Dessa forma, você exerce sua autoridade como gerente e demonstra elegância e empatia com o cliente, deixando-o satisfeito com o atendimento recebido.

3. ***GPCI é ação, é algo prático.***
   É óbvio que existe toda uma teoria, mas é preciso transformar a teoria em ação e, sobretudo, dar continuidade através de um treinamento constante. Ninguém é bom naquilo que não pratica. É preciso considerar

que o inconveniente desenvolve relacionamentos com pessoas e não com experiências virtuais, tornando-se ainda mais necessário o treinamento prático e constante em GPCI. Podemos comparar nosso treinamento em GPCI com o treinamento físico de um atleta de alto nível. Assim como um atleta precisa treinar constantemente para manter sua performance em alta, nós, profissionais qualificados em GPCI, precisamos treinar constantemente nossas habilidades e conhecimento técnico para lidar com comportamentos inconvenientes. É através da prática que iremos aprimorar as técnicas e nos preparar para lidar com diferentes situações, evitando tomar decisões erradas ou colocar-nos em risco.

4. ***O inconveniente precisa ter seu comportamento gerenciado.***
É um grande erro achar que podemos educá-lo como se ele fosse um aluno e nós os professores com pós-doutorado; muitas vezes cometemos esse equívoco. É preciso verbalizar, mas sem exageros, sem pregações, filosofias ou aplicação de metodologias de ensino. Imagine que você está em um ambiente de trabalho e um dos colaboradores está sendo inconveniente, interrompendo constantemente as conversas e atrapalhando o andamento das atividades. Ao invés de tentar educá-lo como um professor, você pode gerenciar o comportamento dele de forma elegante e com bom senso. Por exemplo, pode chamá-lo para uma conversa particular e dizer que entende que ele tem algo a contribuir, mas que é importante respeitar a vez de cada um falar. Dessa forma, você não o trata como um aluno, mas sim como um colega que precisa ser orientado sobre o comportamento adequado no ambiente de trabalho. É importante adotar uma abordagem mais empática e de escuta ativa, ouvindo e compreendendo as preocupações e dificuldades do inconveniente, para então trabalhar em conjunto com ele e buscar soluções práticas e efetivas para gerenciar aquele comportamento inconveniente.

5. ***Tenha personalidade:***
O sim é sim, o não é não. Não fique em cima do muro, pois o muro sempre pertence ao lado errado. Portanto, seja honesto durante o gerenciamento e preocupe-se com a honestidade intelectual na sua verbalização. Sabemos que é importante utilizar uma boa estratégia durante a comunicação, mas isso não significa mentir. Mentir destrói nossa credibilidade e, consequentemente, perdemos autoridade. Portanto, diga sempre a verdade, mas de maneira adequada. A desonestidade intelectual é facilmente percebida e acaba se voltando contra nós. Por exemplo, imagine que um amigo lhe peça para emprestar dinheiro, mas você sabe que ele tem um histórico de não pagar suas dívidas. Ao invés de dizer "não posso emprestar dinheiro", o que pode parecer uma desculpa vaga, você pode ser honesto e dizer "Desculpe, mas não me sinto confortável emprestando dinheiro porque você não pagou suas dívidas anteriores". Essa abordagem é mais direta e honesta, evitando confusões ou mal-entendidos futuros. Outro exemplo, se você está gerenciando um projeto e um membro da equipe pede um prazo para a entrega de uma atividade, se você não tem certeza de que pode cumprir aquele prazo, não prometa algo que não possa garantir. Seja honesto e explique que precisa verificar outros compromissos ou fatores que podem impactar na entrega da atividade. Ao sermos honestos, podemos negociar um prazo mais realista e manter nossa credibilidade com a equipe. Ser honesto não significa ser rude ou grosseiro, é perfeitamente possível ser claro e transparente com elegância e respeito.

6. ***Não tente ser o que você não é.***

Seja o melhor para o inconveniente, mas não tente ser melhor do que o inconveniente. Essa postura é também inconveniente e nos deixa com uma imagem ruim, arrogante e prepotente. Gerenciar o comportamento inconveniente de pessoas com autenticidade e naturalidade normalmente resulta em gerenciamentos mais bem-sucedidos. É importante lembrar do bom senso em todos os momentos. Pessoas com comportamento inconveniente podem até esquecer de um gerenciamento técnico diplomático, mas jamais esquecem atitudes arrogantes e prepotentes durante o processo. Portanto, lembre-se sempre dessas verdades e utilize a segurança de baixo impacto. Sua verbalização diplomática, tolerante e equilibrada pode transformar um resultado desastroso em uma etapa inesquecível. Por exemplo, imagine que você precisa gerenciar o comportamento inconveniente de um colega de equipe que sempre fala alto e interrompe as conversas, mostrando-se superior aos demais. Ao invés de tentar ser superior a ele ou fingir ser alguém que não é, você pode abordá-lo com autenticidade e naturalidade, mostrando que entende a importância de uma comunicação respeitosa e equilibrada entre os membros da equipe ou no ambiente de trabalho. Explique que, para garantir a efetividade da comunicação, é importante que todos tenham a oportunidade de falar e ser ouvidos. Convide-o a participar das conversas com moderação e respeito, mostrando que essa atitude beneficiará a todos, inclusive ele mesmo. Com uma abordagem autêntica e natural, você demonstra que é possível gerenciar aquele comportamento inconveniente sem precisar se colocar em um pedestal ou fingir ser alguém que não é.

7. ***Procure ler, treinar e também desenvolver novas técnicas.***

O GPCI exige bom senso, discernimento, presença de espírito e muita criatividade. Esteja sempre desenvolvendo habilidades na verbalização, na comunicação não verbal e paraverbal, nas estratégias de segurança e na defesa pessoal. Utilize variadas técnicas para compreender qual se encaixa melhor em determinado contexto. Às vezes, temos a tendência de usar uma determinada técnica no GPCI como se fosse a única forma de gerenciamento. No entanto, problemas podem surgir quando nos tornamos tão dependentes dessa escolha que acabamos ignorando a existência de outras técnicas. Todas as técnicas são importantes, eficientes e eficazes, e podem ser utilizadas com êxito se soubermos avaliar rapidamente a situação e escolher a mais apropriada. Quando percebemos a ineficiência de uma linha de ação, é necessário tomar a decisão de mudar aquela conduta sem demora. Embora os métodos sejam altamente válidos, sua aplicação varia de pessoa para pessoa. A técnica que uso com êxito em um caso específico pode não ser a mais indicada para outras pessoas, por várias razões: talvez pelo perfil adequado que elas possuem, pela falta de expertise, pela formação, habilidade ou qualificação.

Imagine que você trabalha em uma empresa que está enfrentando um problema de produtividade em sua equipe de vendas. Você já tentou abordar o assunto com os funcionários de diversas maneiras, mas não obteve sucesso em melhorar os resultados. Decidiu então buscar novas técnicas de gerenciamento de comportamento e, após estudar diversas opções, optou por utilizar a "técnica de feedback construtivo". Ao aplicar essa técnica, você consegue identificar e apontar de forma clara os erros e acertos dos funcionários, fornecendo orientações sobre como melhorar seu desempenho. Com a utilização dessa técnica, você consegue incentivar os funcionários a se autoavaliarem e se empenharem em melhorar suas habilidades de vendas, o que leva a um aumento na produtividade da equipe. No entanto, após algum tempo utilizando essa técnica, você percebe que alguns funcionários não respondem bem a esse tipo de abordagem, pois se sentem julgados e pressionados. Nesse momento, é importante ter a habilidade de avaliar rapidamente a situação e optar por uma técnica diferente, como a "técnica de reforço positivo", que pode ser mais eficaz para motivar esse grupo específico de funcionários. Talvez seja interessante discutirmos um pouco mais sobre essas duas técnicas que todos nós, naturalmente, utilizamos.

Feedback construtivo: É uma técnica que tem como objetivo fornecer um retorno específico, claro e honesto sobre o desempenho de uma pessoa, com o objetivo de ajudá-la a melhorar suas habilidades e comportamentos. O feedback construtivo deve ser focado no comportamento em si e não na pessoa; nós já falamos sobre isso. É importante que o feedback seja dado em um momento oportuno e de forma clara, objetiva e respeitosa. O feedback construtivo é uma ferramenta poderosa para o desenvolvimento de pessoas e equipes.

Exemplo de feedback construtivo: "Olá, João. Gostaria de compartilhar um feedback sobre a sua apresentação de hoje na reunião da equipe. Primeiramente, gostaria de ressaltar que você demonstrou um bom domínio do conteúdo e uma excelente organização dos pontos principais. Sua abordagem inicial foi impactante e captou a atenção de todos. No entanto, observei que em alguns momentos você apresentou um tom de voz um pouco acelerado, o que pode ter dificultado a compreensão de algumas informações. Além disso, notei que você poderia ter sido um pouco mais claro na explicação de um dos conceitos-chave, pois algumas pessoas pareciam um pouco confusas.

Minha sugestão para aprimorar sua apresentação é trabalhar na modulação da voz, buscando um ritmo mais pausado e enfatizando os pontos-chave de forma mais clara e didática. Também seria interessante adicionar alguns exemplos práticos para ajudar a ilustrar os conceitos abordados. Lembre-se de que esse feedback tem como objetivo ajudá-lo a aperfeiçoar suas habilidades de apresentação. Tenho certeza de que, com essas pequenas melhorias, suas próximas apresentações serão ainda mais impactantes e envolventes. Estou à disposição para ajudá-lo no que for necessário."

Nesse exemplo, o feedback construtivo é específico e se concentra no comportamento observado durante a apresentação. É mencionado o que o indivíduo fez bem e, em seguida, são apontadas áreas de melhoria com sugestões concretas. O feedback é dado de forma respeitosa, destacando a intenção de ajudar o destinatário a desenvolver suas habilidades.

Reforço positivo: É uma técnica que consiste em recompensar um comportamento positivo, para incentivar a repetição daquele comportamento. É importante que o reforço positivo seja imediato e específico, ou seja, deve-se recompensar o comportamento desejado assim que ele acontece e explicar qual foi o comportamento positivo observado. O reforço positivo pode ser uma palavra de elogio, um gesto de reconhecimento ou uma recompensa material. É uma técnica muito eficaz para motivar e engajar pessoas e equipes.

Exemplo de reforço positivo: *"Olá, Maria. Gostaria de parabenizá-la pelo excelente trabalho que você realizou na conclusão do projeto. Sua dedicação, comprometimento e atenção aos detalhes foram notáveis durante todo o processo. Eu realmente aprecio o esforço extra que você fez para cumprir os prazos e entregar um trabalho de alta qualidade. Sua contribuição foi fundamental para o sucesso do projeto e para o alcance dos resultados esperados".*

"Além disso, gostaria de destacar sua habilidade de trabalhar bem em equipe. Você demonstrou um espírito colaborativo, sendo sempre prestativa e apoiando seus colegas quando necessário.
Quero reforçar o quanto seu trabalho é valioso para a equipe e para a organização como um todo. Estou muito satisfeito com o seu desempenho e quero agradecer pelo seu comprometimento e dedicação. Continue assim, Maria! Seu trabalho é uma inspiração para todos nós e tenho certeza de que você continuará alcançando grandes resultados. Parabéns novamente!"

Nesse exemplo, o reforço positivo é específico, destacando os comportamentos positivos observados na conclusão do projeto. O feedback é dado imediatamente, reconhecendo e valorizando o esforço, a dedicação e a colaboração da pessoa. É ressaltado o impacto positivo que o trabalho teve na equipe e na organização, reforçando a importância e o valor do seu desempenho. O objetivo é motivar a repetição desses comportamentos e inspirar a pessoa a continuar se destacando.

Dessa forma, a constante busca por novas técnicas de gerenciamento de comportamento pode levar a melhores resultados na gestão de equipes e na resolução de problemas no ambiente de trabalho.

8. ***Faça o que é certo.***
Quando você tiver dúvida sobre o que fazer durante um gerenciamento, simplesmente faça o que é certo; nunca duvide dessa verdade. Não faça o que você tem vontade de fazer, faça o que é correto; se coincidir, ótimo! Sabemos que às vezes é muito difícil, no entanto, sua imagem e reputação de integridade não podem ser destruídas devido à impulsividade. Vivemos em um mundo repleto de conflitos e problemas, um mundo cheio de violência e estresse. Como especialistas em GPCI, precisamos gostar do que fazemos, especialmente gostar de lidar com pessoas. Gerenciar comportamentos inconvenientes não é fácil, portanto, quando estamos diante de uma pessoa arrogante, prepotente e sem noção, caso não tenhamos vocação, certamente nos sentiremos infelizes e desorientados, sem saber o que fazer.

Exemplo: Imagine que durante um gerenciamento, você se depara com um conflito entre dois funcionários da empresa em que trabalha. Um deles está acusando o outro de ter feito algo errado e ambos estão bastante exaltados. Em meio a essa situação, você pode sentir uma enorme pressão para tomar partido de um ou de outro, ou até mesmo para agir de forma agressiva para controlar a situação. Porém, a melhor escolha seria fazer o que é correto: ouvir ambos os lados da história, manter o equilíbrio, usar a inteligência emocional e buscar uma solução justa e equilibrada para o conflito. Dessa forma, você demonstra sua integridade e imparcialidade, além de garantir um resultado positivo para todos os envolvidos.

9. ***É preciso que tenhamos compaixão.***

Ou seja, que compreendamos o estado emocional daquela pessoa que, por algum motivo, está se comportando de maneira inconveniente. As pessoas que se preocupam com os outros, normalmente lidam melhor com a inconveniência alheia. Nosso real objetivo é cuidar do inconveniente, buscando através das técnicas, reduzir a tragédia pessoal daquela pessoa. Durante o gerenciamento, devemos demonstrar preocupação com o inconveniente; isso é essencial. Uma vez envolvidos no processo, devemos cuidar e oferecer o melhor atendimento possível àquela pessoa. Quanto mais demonstramos preocupação com o inconveniente, maior é a perspectiva de conter a produção de adrenalina e encontrar soluções eficazes.

Imagine que você está gerenciando o comportamento de um cliente em uma loja que está claramente estressado e irritado. Em vez de reagir negativamente à sua atitude, você reconhece que ele pode estar passando por uma situação difícil ou enfrentando um problema pessoal. Você se coloca no lugar dele e tenta entender a situação. Com sensibilidade, começa a conversar de forma calma e empática, mostrando que se importa com a situação dele e que está disposto a ajudá-lo a resolver os problemas. Em pouco tempo, você consegue acalmar o cliente e encontrar uma solução que atenda às suas necessidades. A compaixão que você demonstrou ajudou a transformar uma situação potencialmente negativa em uma experiência positiva para o cliente e para a empresa.

10. ***Uma regra óbvia, mas fundamental do GPCI é que nós não podemos usar durante o gerenciamento recursos que não possuímos.***

Lembre-se de que, levando em conta os níveis de força, a abordagem de segurança de baixo impacto é a maneira mais eficaz de lidar com um comportamento inconveniente. Invista sempre na sua presença física e, principalmente, na maneira como se comunica verbalmente. Nossa comunicação pode criar percepções positivas na pessoa que está sendo abordada. Durante o gerenciamento, a percepção do indivíduo abordado pode não ser precisa, podendo ser equivocada, mas as consequências das ações tomadas serão sempre reais. Reconstruir essas percepções imprecisas não é tarefa fácil e elas podem prejudicar o sucesso do gerenciamento de um comportamento inconveniente.

Imagine a seguinte situação: você é um profissional de segurança em um evento e precisa lidar com uma pessoa que está causando tumulto. Durante a tentativa de contê-la, essa pessoa começa a ofendê-lo, dizendo que você é incompetente e que não é capaz de controlar a situação. Se você não tiver uma boa habilidade de comunicação verbal, poderá se sentir desafiado ou até mesmo insultado, o que pode prejudicar ainda mais aquele gerenciamento. Por isso, é importante investir no desenvolvimento da sua habilidade verbal, para que possa transmitir uma percepção positiva e segura, mesmo em situações desafiadoras. Além disso, é importante lembrar que não se deve usar níveis de força maiores do que aqueles que sempre estão disponíveis – segurança de baixo impacto, pois podem gerar consequências indesejadas.

11. ***Precisamos desenvolver mais sensibilidade***

Para ouvir e buscar a percepção positiva do inconveniente. Devemos estar sempre preocupados em não o contrariar o inconveniente, buscando continuamente as melhores maneiras de convencê-lo. Contrariar a pessoa inconveniente durante o gerenciamento, aumentará a percepção negativa, e não é isso que nós queremos. Certa vez ouvi que o sorriso e o silêncio são duas ferramentas poderosas. O sorriso te ajuda a resolver muitos problemas e o silêncio ajuda a evitá-los. É óbvio que não estamos falando daquele sorriso sarcástico, tampouco daquele silêncio birrento, ressabiado; estes nos conduzem em direção ao caos.

Digamos que você está gerenciando o comportamento de um colega de trabalho que está sempre atrasado para as reuniões. Ao invés de confrontá-lo diretamente e dizer que seu atraso é inaceitável, tente ouvir suas razões e preocupações. Talvez ele esteja lidando com questões pessoais em casa que o impedem de chegar na hora certa. Ao invés de contrariá-lo, tente encontrar uma solução juntos; como reprogramar a hora da reunião ou oferecer ajuda para resolver as questões pessoais. Ao fazer isso, você demonstrará sensibilidade, buscando a percepção positiva do seu colega, ao invés de contrariá-lo, aumentando assim a sua percepção negativa.

Nesses momentos, é importante que nós mantenhamos a calma, para ouvir o que o "inconveniente" tem a dizer; aí tentaremos entender o que está causando sua inconveniência, insatisfação, erro, indisciplina. É possível que ele esteja passando por um dia difícil ou que tenha tido experiências ruins. Ao mantermos a sensibilidade e buscarmos a percepção positiva do inconveniente, nós podemos mostrar que estamos comprometidos em encontrar uma solução satisfatória para ele, sem contrariá-lo ou aumentar a sua percepção negativa. Um sorriso sincero e um silêncio respeitoso podem ajudar a acalmar os ânimos e criar um ambiente mais positivo para encontrar uma solução.

Referências:

- O Mínimo que você precisa saber para Não Ser um Idiota – Professor Olavo de Carvalho
- A Arte da Guerra – Sun Tzu
- SER – sertms.com – Entenda a Importância de dar um Feedback Construtivo
- Plantar Educação – Reforço Positivo – plantareducacao.com.br
- Segurança é Prevenção – Editora Ciência Moderna
- A Linguagem das Emoções – Dr. Paul Ekman.
- Inteligência Emocional – Daniel Goleman

Capítulo 102

A arte da atividade física

Neste centésimo segundo capítulo, temos como objetivo específico estudar e aprender que nada, absolutamente nada do que estamos propondo vai funcionar se você não estiver consciente e sensível com relação a esse tema, ou seja, devidamente preparado física e mentalmente.

Outro dia, levei meu carro para lavar e fiquei impressionado com o cuidado, zelo e atenção do dono de um fusquinha de 1962. O sujeito limpava o carro junto com o funcionário do posto, verificava o óleo, a calibragem dos pneus, o freio e a água do radiador. O sujeito era incansável. Na verdade, o que mais me impressionou foi a incoerência entre o cuidado com o carro e o cuidado consigo mesmo, com o próprio corpo. O cigarro e o copo de cerveja o acompanhavam durante toda a labuta. Seu avantajado abdômen não lhe permitia esconder o sedentarismo que certamente o escoltava há muitos e muitos anos. Diante daquela situação, lembrei-me de um vídeo em que o "Corpo" faz inúmeras perguntas, questionamentos e reclamações ao seu "Dono", começando com a seguinte pergunta:

"Se você tivesse um cavalo no valor de $1.000.000,00 de dólares, você o deixaria jogado num canto qualquer, sem fazer exercícios, comendo qualquer porcaria, bebendo álcool e respirando fumaça tóxica? Não?"

E o corpo continua perguntando:
"Você faria isso com um cachorro de $10,00 dólares? Você faria isso com um simples gato de $5,00 dólares?"

Como a resposta é não, ele pergunta:
"Então por que motivo você faz isso comigo? Sou seu corpo, sou a casa que você sempre viveu". Ele diz que está se sentindo muito triste, rejeitado e mostra a seguinte incoerência: "Me sacrificando nessa vontade desenfreada de ganhar dinheiro, você acaba sacrificando o mesmo dinheiro, ou talvez mais, para me recuperar depois".

O corpo finaliza mostrando o seu real valor e faz isso da seguinte forma:

"Se porventura alguém lhe der um cheque de um milhão de dólares e disser: 'Tudo o que eu quero é a sua visão; você nunca mais verá o nascer e o pôr-do-sol'. Você aceitaria essa proposta?"

"E o seu coração? E o seu pulmão, fígado, rins? E o seu cérebro? Quais seriam os valores?"

Assim, ele procura sensibilizar e conscientizar as pessoas sobre o real valor do corpo. Já tratamos desse tema "atividade física" no 35º capítulo, de forma bastante superficial. Contudo, por considerarmos um assunto de extrema relevância, nos próximos dez capítulos, vamos avançar bem mais sobre essa proposição. Nada, absolutamente nada do que estamos propondo, vai funcionar se você não estiver consciente e sensível com relação a esse tema, ou seja, devidamente preparado fisica e mentalmente. Perceba que descuidar-se fisicamente é, por si só, um "comportamento inconveniente". Assim, como profissionais qualificados, precisamos gerenciar este comportamento inconveniente com eficiência e eficácia. Isto posto, compreenda que:

"Se você não tem condições de cuidar de você em condições normais de temperatura e pressão, como você pretende se autogerenciar quando não estiver no seu melhor dia?" – E ainda;

"Como você pretende gerenciar o comportamento inconveniente de alguém que acordou com o pé esquerdo e de mal com a vida?"

É exatamente por isso que nós resolvemos tratar deste tema com muito mais atenção e carinho. Assim, preste bastante atenção, observe e faça uma profunda reflexão sobre tudo o que você vai ler. Sun Tzu começa o seu famoso livro *"A arte da guerra"* com a seguinte afirmativa:

"A arte da guerra é de importância vital para o estado. É uma questão de vida ou morte, um caminho tanto para a segurança como para a ruína, assim em nenhuma circunstância deve ser negligenciada...".

Com humildade e despidos de vaidade parafraseamos a afirmativa de Sun Tzu, da seguinte forma:

"A arte da atividade física é de importância vital para o gerenciamento progressivo de comportamento inconveniente. É uma questão de vida ou morte, um caminho tanto para a aquisição de força de presença e sensação de segurança como para o descrédito e insegurança, assim em nenhuma circunstância deve ser negligenciada...".

Bruce Lee dizia que *"Tentar adquirir experiência apenas com teoria, é como tentar matar a fome apenas lendo cardápio"*; e é uma verdade, seria realmente uma maravilha se pudéssemos, através dessa leitura, adquirir uma boa condição física; certamente não é esse o nosso objetivo, mas sim conscientizá-lo, sensibilizá-lo e motivá-lo à prática constante da atividade física, e também fazê-lo perceber que, no gerenciamento de um comportamento inconveniente, seu ou de outra pessoa, ter uma excelente condição física é, e será cada vez mais, uma necessidade.

Nós, como professores de educação física e instrutores de defesa pessoal, falando em nome de toda a nossa equipe de professores e instrutores, sentimo-nos honrados de poder compartilhar com você uma filosofia e um trabalho criados por uma equipe de profissionais ao longo de aproximadamente quarenta anos. Este capítulo, "atividade física", é o resultado das mais diversas experiências que vivemos nas academias de jiu-jitsu, nos seminários em diversos países, nos cursos em universidades, órgãos de segurança, empresas nacionais e multinacionais, na caserna, exército brasileiro, mais especificamente na brigada de infantaria paraquedista, somadas a uma base científica das universidades Castelo Branco e Gama Filho com aplicação direta nos segmentos de segurança pública e privada. Acreditamos realmente que precisamos, com simplicidade, refletir e compreender:

- ***A eterna incompatibilidade entre condição física deficiente e eficiência no gerenciamento progressivo de comportamento inconveniente; ou...***

- ***Desmotivação e sucesso; ou ainda;***

- ***A desmotivante condição física deficiente e o sucesso de um eficiente gerenciamento progressivo de comportamento inconveniente.***

Referências:

- O Mínimo que você precisa saber para Não Ser um Idiota – Professor Olavo de Carvalho
- A Arte da Guerra – Sun Tzu
- SER – sertms.com – Entenda a Importância de dar um Feedback Construtivo
- Plantar Educação – Reforço Positivo – plantareducacao.com.br
- Segurança é Prevenção – Editora Ciência Moderna
- A Linguagem das Emoções – Dr. Paul Ekman.
- Inteligência Emocional – Daniel Goleman

Capítulo 103

Um grande problema é a procrastinação

Neste centésimo terceiro capítulo, temos como objetivo específico estudar e responder a seguinte pergunta: O que impede grande parte das pessoas de praticar um esporte ou simplesmente fazer uma atividade física diária?

Conta-se a história de que o Dr. Shigeaki Hinohara, um japonês especialista em alimentação e longevidade, é considerado o médico em atividade que viveu por mais tempo no mundo, tendo falecido há alguns anos aos 105 anos em um hospital de Tóquio. Ele exerceu ativamente sua missão até após os 100 anos de idade e foi o criador do chamado "Novo Movimento de Idosos", um programa que promove hábitos saudáveis na terceira idade, encorajando os idosos a não ter medo dos desafios futuros.

De acordo com Dr. Hinohara, o que importa na vida é o que você contribui para o mundo. Por isso, é importante começar o dia com vontade de criar e fazer algo bom para outras pessoas. Ele aconselhava a pensar menos em dietas e se divertir mais, mas também enfatizava a importância de manter um peso saudável com cereais, frutas, legumes, verduras, peixe e arroz. Além disso, pregava que devemos aproveitar as oportunidades para exercitar todos os músculos do corpo, já que nós seres humanos não deveríamos parar de trabalhar, pelo menos não antes dos setenta anos, pois, quando nos aposentamos cedo demais, inevitavelmente reduzimos os anos de vida.

Outro conselho valioso de Dr. Hinohara era para não acreditar cegamente nos médicos, pois muitas vezes eles nos aconselham algo que eles próprios nunca fizeram. Por fim, ele incentivava a nunca permitir que a doença domine, e sempre lutar e acreditar na própria vitória.

No início de um curso, é fundamental entender que o entusiasmo nos conduz ao sucesso, e não o contrário. Não adianta esperar pelo sucesso para depois se entusiasmar. É preciso definir objetivos claros e entender o que se quer. A síndrome da procrastinação é ressuscitada quando não sabemos exatamente o que queremos, quando nossos objetivos não foram bem definidos. Por isso, é comum que as pessoas tenham dificuldade em praticar esportes ou fazer atividades físicas diárias. Elas ficam na dúvida, não estão certas de que precisam melhorar sua condição física e enviam mensagens incoerentes ao subconsciente. É preciso reprogramar essas mensagens com urgência.

Ao longo dos anos, percebemos com a ajuda de nossos professores e instrutores, particularmente entre os praticantes de jiu-jitsu e, também os paraquedistas, uma curiosa e interessante ligação entre saúde física, mental, emocional e espiritual, considerando principalmente aqueles que realmente deram continuidade ao programa de treinamento físico, iniciado nas academias de jiu-jitsu ou na área de estágio paraquedista e, exaustivamente, cobrado após o exame de faixa ou na honrosa e eterna brevetação.

Aqueles que entenderam, se conscientizaram e, principalmente, deram continuidade à atividade física, apesar de todas as dificuldades impostas pela vida, demonstram possuir mais autoestima, uma maior capacidade de realizar e principalmente são mais proativos, isto é, conseguem fazer com que as coisas de fato aconteçam, ou ainda melhor, que deem certo. Não estou falando do espírito paraquedista ou do orgulhoso faixa preta, presente na maioria desses audazes guerreiros e cascas grossas. Muitos, infelizmente, apesar do espírito "vaidoso e orgulhoso", não conseguiram renunciar ao vício do cigarro, ao exagero da bebida e, principalmente, não conseguiram dominar a tão famigerada caveira, nosso esqueleto, que sempre quer a posição horizontal, ou seja, o descanso; *"A caveira quer descanso"*, e consequentemente caíram no sedentarismo.

Posso afirmar que é uma grande alegria fazer com que estes eternos heróis e cascas grossas, paraquedistas, faixas pretas ou não, consigam redescobrir o quanto são fortes. Consigam redescobrir o potencial que possuem no seu interior, enfim que percebam que o entusiasmo é o caminho para a retomada da atividade física, é Deus dentro de cada um de nós, é o próprio Espírito Santo de Deus que, de uma forma ou de outra, nos possibilita infinitas conquistas, independentemente do tempo que, supostamente, foi perdido com a procrastinação.

Referências:

- Dr. Shigeaki Hinohara – hypeness.com.br - Esse médico japonês atendeu até os 105 anos e compartilhou 12 de seus princípios para uma vida longa
- MHM – manualdohomemmoderno.com.br - Dr. Shigeaki Hinohara

Capítulo 104

Jamais subestime o poder do cérebro

Neste centésimo quarto capítulo, temos como objetivo específico, estudar e aprender que o cérebro é poderosíssimo, mas é apenas um impressionante processador de dados, que fica escondido do mundo exterior protegido pela calota craniana.

Vamos fazer algumas colocações que consideramos de maior importância para um perfeito entendimento, aconselhando-o a ler o livro "A Semente da Vitória", da Editora SENAC, São Paulo. O autor, Professor Nuno Cobra, começa o Capítulo III da seguinte forma:

"Cérebro burro! É uma conclusão a que cheguei ao perceber que podemos manipular nosso cérebro como quisermos, simplesmente descobrindo que ele é vulnerável a todo tipo de interferências externas, como educação, cultura, sociedade, família etc. Essas interferências nos impõem tipos e mais tipos de comportamentos que nem sempre refletem nossa dinâmica realidade."

E é verdade! o cérebro é o principal órgão e centro do sistema nervoso, responsável pelo controle e regulação de todas as atividades do nosso corpo. É a sede da consciência, pensamento, memória e emoção. O cérebro é alimentado por uma rede de vasos sanguíneos e é o principal órgão e centro do sistema nervoso, responsável pelo controle e regulação de todas as atividades do nosso corpo. Ele é a sede da consciência, pensamento, memória e emoção. Embora seja poderoso, é apenas um impressionante processador de dados que fica escondido do mundo exterior, protegido pela calota craniana. Todas as informações chegam a ele por meio dos órgãos dos sentidos, que o programam. Assim, embora os órgãos dos sentidos pareçam ser os mais importantes, não são: as emoções são os verdadeiros controladores de todas as informações que o cérebro processa

Isso significa que as emoções são capazes de influenciar nossas decisões e comportamentos de maneira mais significativa do que as informações objetivas que recebemos através dos nossos sentidos.

Um exemplo prático disso é quando uma pessoa tem medo de voar. Mesmo que as estatísticas mostrem que voar é uma das formas mais seguras de viajar, a emoção do medo pode impedir que a pessoa embarque em um avião. Um outro exemplo é quando alguém tem uma forte conexão emocional com um determinado alimento, como uma sobremesa que a avó costumava fazer. Mesmo que a pessoa saiba que esse alimento não é saudável, a emoção associada a ele pode fazer com que ela continue comendo. Vamos a mais um exemplo? No jiu-jitsu, o conhecimento técnico e a habilidade física são essenciais, mas o controle emocional também é fundamental. Em uma luta de jiu-jitsu, é comum que um lutador se sinta frustrado ou ansioso se não estiver conseguindo conectar, encaixar suas técnicas ou ainda se estiver perdendo a luta. Se ele permitir que essas emoções o controlem, provavelmente acabará tomando decisões precipitadas, cometendo erros que poderão leva-lo à derrota. Por outro lado, se ele conseguir controlar essas emoções e permanecer calmo e focado, poderá encontrar novas oportunidades de usar suas técnicas com eficiência e eficácia e virar o jogo a seu favor. Portanto, o controle emocional é um fator crucial para o sucesso no jiu-jitsu, assim como em muitas outras atividades na vida.

Portanto, embora o cérebro seja responsável pelo processamento das informações, as emoções têm um papel fundamental em como essas informações são interpretadas e utilizadas pelo nosso corpo.

O professor Nuno Cobra nos mostra que são as *"emoções"* que de fato controlam todas as informações, e nos dá alguns exemplos que, trazendo-os para o nosso dia a dia, seriam mais ou menos assim: Uma pessoa está dormindo no aconchego do seu lar, e acorda com o toque do celular do seu chefe convocando-o para um trabalho importante e diz:

"Que droga! Já começou a me torrar o saco logo cedo! Já vi que o meu dia vai ser péssimo!".

Pode também ser um amigo convidando-o para um exercício físico matinal:

"Que saco! Não sei onde eu estava com a cabeça quando concordei com essa maluquice. Meu dia vai ser um inferno!".

O cérebro recebe as péssimas informações dos órgãos dos sentidos e produz hormônios de péssima qualidade, substâncias venenosas que são lançadas diretamente na corrente sanguínea, deixando a pessoa angustiada, deprimida e estressada. Uma outra pessoa convocada nas mesmas condições para uma importante missão, diz:

"Obrigado meu Deus! É sinal de que sou importante para o meu chefe! Tenho certeza de que tudo dará certo! Meu dia será ótimo!".

E sendo convidado para um exercício matinal, reage da seguinte forma:

"Vou mudar meus hábitos e minha alimentação! Vou melhorar minha condição física a cada dia!".

Da mesma forma, o cérebro recebe as informações cheias de entusiasmo e produz hormônios de altíssima qualidade que, lançados na corrente sanguínea, provocam aquela sensação de bem com a vida. Como diz o professor Nuno Cobra, parece engraçado, mas *um "burro poderoso" pode causar sérios problemas se não for administrado com muita inteligência.* Essa inteligência que o Professor Nuno Cobra se refere é a inteligência emocional.

Sabemos da existência das doenças de fundo psicossomático, ou seja, se nos preocupamos e acreditamos que há algo de errado com a nossa saúde, isso acaba se tornando uma verdade para o nosso cérebro, que produzirá todos os sinais e sintomas de uma patologia virtual e acabamos ficando realmente doentes. Conclui o professor Nuno Cobra:

"Mas, se esse 'cérebro burro' pode somatizar o que não existe, pode também curar o que existe. Aliás, o que seria o milagre, a cura, senão essa absurda força capaz de fazer com que o cérebro humano produza substâncias que levam à cura de certas doenças, por mecanismos ainda desconhecidos?". Nesse caso o Professor Nuno Cobra está se referindo a fé.

Portanto, precisamos realmente nos convencer de que a emoção é, de fato, a rainha da vida. Quando estamos felizes, contentes, enfim, de bem com a vida, nosso cérebro produz hormônios de ótima qualidade. Estes hormônios, quando lançados na corrente sanguínea, nos deixam ainda mais felizes, mais contentes. Todavia, quando estamos tristes, angustiados e estressados, nosso cérebro produz hormônios de péssima qualidade que, lançados na corrente sanguínea, provocam ainda mais angústia e depressão. Portanto, é fundamental que estejamos sempre entusiasmados. *Entusiasmo* é o caminho, significa *"Deus dentro de nós"*, é o Espírito Santo possibilitando infinitas conquistas, independentemente do tempo que, supostamente, foi perdido. Da mesma forma que precisamos nos preocupar com a *"alimentação física"*, com a qualidade dos nutrientes que ingerimos, é importante que nos preocupemos também com a *"alimentação mental"*. Lao-Tse dizia que:

"Aquele que conquista uma vitória sobre outro homem é forte; quem conquista uma vitória sobre si mesmo é poderoso".

É fundamental que travemos estas constantes batalhas com nós mesmos, para que consigamos, através da exaustão, da insistência e da persistência, desenvolver a habilidade de eliminar os pensamentos negativos que destroem a autoestima. Nosso objetivo é fazer com que você, que está lendo este capítulo, entenda que é através da atividade física que você irá, gradativamente, perceber a incrível força invisível que existe no seu interior, que se traduzirá num efeito visível. Entretanto, como minha mãe dizia, *"Não devemos colocar a carroça na frente dos burros"*. É necessário que saibamos degustar cada pedaço deste processo evolutivo, altamente gratificante. Contudo, muito cuidado! Quando contrariamos as regras básicas, o resultado é desastroso.

Referências:

- A Semente da Vitória – Editora SENAC – São Paulo – Professor Nuno Cobra

Capítulo 105

Os quatro tipos de idade

Neste centésimo quinto capítulo, temos como objetivo específico estudar e aprender que é imprescindível o perfeito equilíbrio entre, a adaptação do corpo ainda debilitado e a euforia da nossa mente disposta a atropelar tudo e todos.

Existem na verdade quatro tipos de idade: a cronológica, a mental, a aparente e, a mais importante, a fisiológica. A idade cronológica é bastante conhecida por todos nós e se traduz pelo número de anos de vida que possuímos. A idade mental, por sua vez, se traduz pela maturidade ou imaturidade do ser humano e, até certo ponto, independe da idade cronológica. Já a idade aparente, como o próprio nome diz, se traduz através da imagem mais ou menos jovem e, até certo ponto, independe tanto da idade cronológica como da mental. Finalmente, a idade fisiológica é normalmente um resumo da vida que levamos, ou melhor, da forma como administramos nossa vida.

Existem pessoas que têm uma idade cronológica avançada, mas têm uma idade fisiológica baixa, em razão de uma vida regrada, até com excesso de trabalho, mas equilibrada, com repouso adequado, alimentação saudável e constância de treinamento físico. Por outro lado, há pessoas que têm uma idade cronológica baixa, mas se a vida é colocada em segundo plano, de nada adianta. Na maioria das vezes, essas pessoas até, de forma incoerente, se orgulham em dizer que é preciso vivê-la intensamente! Acontece que viver a vida intensamente, alimentando-se mal, desprezando noites de sono e alimentando-se dos vícios do cigarro e do álcool é, sem dúvida, uma espécie de "suicídio culposo", sem o dolo, sem a intenção. É uma destruição do maior patrimônio do ser humano, "a vida".

Portanto, em razão dessa individualidade biológica, usando a iniciativa, o bom senso e o discernimento, precisamos tomar uma simples atitude: "começar a mudança". Se nunca praticamos qualquer tipo de esporte, primeiro devemos passar pelo médico. Após a liberação, devemos começar com uma atividade física leve e simples, como caminhando com passadas firmes, mas agradáveis, como se estivéssemos indo a um encontro dentro do horário, mas sem parar. É fundamental e extremamente necessário que seja de maneira contínua. Podemos iniciar com uma caminhada de 20 minutos, andando 10 minutos e retornando. Gradativamente, vá aumentando o tempo e a intensidade.

Lembre-se de que não devemos colocar a carroça na frente dos burros. Se nossa mente quiser ir adiante, aprenda a dizer não! É imprescindível o perfeito equilíbrio entre a adaptação do corpo ainda debilitado e a euforia da nossa mente disposta a atropelar tudo e todos. Portanto, muito cuidado! Mas acredite, essa motivação é importante e contagiante.

Para fechar o assunto, precisamos estar sempre com os pés fincados no solo. Existem aqueles que viajam nas nuvens o tempo todo. Precisamos aprender a gostar do corpo que temos, perceba que estamos falando do nosso corpo, cada um tem o seu com a própria individualidade. Quando incentivamos alguém a se preocupar com o corpo, observamos que muitas pessoas abandonam o cuidado com o corpo, por quererem ter "aquele outro corpo", ou seja, o corpo escultural de uma outra pessoa; assim, quando percebem que não é possível ter o corpo daquela deusa ou daquele deus grego, simplesmente desistem; chutam o balde.

Com base no que foi descrito, podemos destacar algumas medidas e atitudes preventivas, além de algumas linhas de ação para iniciar um programa de treinamento físico:

1. Consultar um médico antes de iniciar qualquer atividade física, especialmente se nunca praticou exercícios ou se tem alguma condição de saúde que possa ser agravada pela atividade física.
2. Começar com atividades leves e simples, como caminhadas, e ir aumentando a intensidade e o tempo gradualmente.
3. Manter a regularidade na prática de exercícios, sendo consistente e constante na rotina de treinamento.
4. Encontrar atividades físicas que sejam agradáveis e prazerosas, para evitar desistências e manter a motivação.
5. Ter equilíbrio entre a adaptação do corpo e a motivação da mente, evitando colocar a carroça na frente dos burros e respeitando o ritmo do corpo.
6. Não se comparar com outras pessoas em termos de corpo ou desempenho físico, e aprender a gostar do próprio corpo com sua individualidade biológica.
7. Essas medidas e atitudes podem ajudar a iniciar um programa de treinamento físico de forma segura e efetiva, contribuindo para uma melhor qualidade de vida e saúde geral.

Referências:

• CDD – Envelhecimento cronológico e biológico – cdd.org.br
• EFDEPORTES – efdeportes.com – A influência da maturação biológica no desenvolvimento motor em escolares

Capítulo 106

O tempo é implacável, mas também é soberano

Neste centésimo sexto capítulo, temos como objetivo específico estudar e aprender que correr estimula o corpo a produzir endorfina, um "analgésico natural" que nos leva a uma sensação de bem-estar e tranquilidade podendo, inclusive, inibir o estresse.

Quando decidimos mudar e sair do sedentarismo, as transformações orgânicas acontecem visivelmente. É como se estivesse nascendo um novo ser, e de fato está! O bom senso e o discernimento certamente irão ajudar. No dia seguinte, podemos repetir a dose, e no outro também, e no seguinte, da mesma forma, sem qualquer problema. Os problemas ocorrerão se, na euforia do prazer da atividade física, desrespeitarmos as regras básicas. Mais uma vez, usando o bom senso e o discernimento, aumentaremos gradativamente o tempo de caminhada. Com o tempo, começamos a aumentar o ritmo, sempre tentando perceber os movimentos musculares e articulares. Até que um dia, com um bom par de tênis, uma boa condição cardiopulmonar, musculatura e articulações fortes e adaptadas, seremos capazes de, sem loucura, literalmente com os pés no chão, realizarmos aquela saudável e prazerosa corridinha. Os mesmos procedimentos podem ser utilizados para o desenvolvimento dos membros superiores, utilizando para isso barras fixas, cordas, halteres e, sobretudo, muita criatividade.

Pessoas que correm regularmente normalmente dormem mais facilmente e melhor. Correr reduz em 50% os riscos de doenças no coração e também reduz em 40% as chances de desenvolver osteoporose. É necessário que estejamos sempre atentos à oxigenação orgânica, ou seja, o ar conscientemente inspirado que chega aos pulmões, descolando os alvéolos pulmonares e sendo, consequentemente, distribuído para todo o corpo, principalmente para o cérebro. Isso promove além do desenvolvimento físico, o desenvolvimento mental, espiritual e emocional. Correr estimula o corpo a produzir endorfina, um "analgésico natural" que nos leva a uma sensação de bem-estar e tranquilidade, podendo inclusive inibir o estresse. A endorfina é uma substância natural, um neuro-hormônio, produzida no cérebro pela glândula hipófise. Quando desenvolvemos uma atividade física, a sensação de bem-estar, prazer, bom humor e felicidade surge quase imediatamente. Essa sensação ocorre devido à produção desse inusitado e natural hormônio chamado endorfina, produzido pelas reações do nosso cérebro. Não só a corrida libera endorfina, mas também inúmeras outras atividades, como a ingestão de alimentos que nos deixam alegres, aquela boa e longa gargalhada que damos, aquele carinho dado e recebido, as relações sexuais, aquela boa e relaxante massagem e também o contato com a natureza. Vale esclarecer que, quando os níveis de endorfina estão baixos, podemos observar alguns sinais e sintomas característicos, como sensações desagradáveis como ansiedade, alteração de humor, desconforto, depressão e irritabilidade. Perceba que são praticamente os mesmos sinais e sintomas que ocorrem com as pessoas que, por algum motivo, deixaram de se exercitar. Também é um quadro bastante parecido com a "síndrome de abstinência" causada por algumas drogas cujo consumo é cortado, interrompido abruptamente.

UM BREVE RESUMO COM DICAS E ORIENTAÇÕES IMPORTANTES

1. **Comece devagar:** Ao decidir sair do sedentarismo, é importante começar com atividades leves e ir aumentando gradativamente.
2. **Respeite as regras básicas:** Para evitar problemas, é importante seguir as regras básicas da atividade física, como usar equipamentos de segurança e respeitar seus limites; um bom par de tênis faz parte dessa orientação.
3. **Aumente o tempo e o ritmo gradualmente:** À medida que seu corpo se adapta à atividade física, você pode aumentar o tempo e o ritmo, mas sempre com cuidado e sem exageros.
4. **Utilize a criatividade:** Além de caminhadas e corridas, é possível desenvolver os membros superiores com barras fixas, cordas, halteres e outras atividades físicas que estimulem a criatividade.
5. **A oxigenação é importante:** Ao praticar atividade física, é importante prestar atenção à oxigenação orgânica, ou seja, a quantidade de ar conscientemente inspirado que chega aos pulmões e é distribuído para todo o corpo, incluindo o cérebro.
6. **Redução de riscos à saúde:** A prática regular de atividade física, como a corrida, reduz os riscos de doenças no coração e de desenvolver osteoporose.
7. **Endorfina:** A prática de atividade física estimula o corpo a produzir endorfina, um neuro-hormônio que promove uma sensação de bem-estar, tranquilidade e felicidade.
8. **Sinais de baixa de endorfina:** A baixa produção de endorfina pode causar sensações desagradáveis, como ansiedade, alteração de humor, desconforto, depressão e irritabilidade, que são semelhantes aos sinais e sintomas das pessoas que deixaram de praticar atividade física.
9. **Outras formas de liberar endorfina:** Além da atividade física, a endorfina também pode ser liberada por meio da ingestão de alimentos que deixam você alegre, gargalhadas, carinho, relações sexuais, massagem e contato com a natureza.

Referências:

- CDD – Envelhecimento cronológico e biológico – cdd.org.br
- VITTUDE – vittude.com – 10 benefícios da corrida
- unimedfortaleza.com.br – 5 Hormônios Liberados na Atividade Física

Capítulo 107

Superdicas de alimentação

Neste centésimo sétimo capítulo, temos como objetivo específico estudar e aprender que não adianta absolutamente nada corrermos cinco, dez mil metros, se não tivermos na corrente sanguínea as substâncias vitais para a renovação celular. Nosso organismo precisa absorver os nutrientes necessários à sua sobrevivência.

Devido a individualidade biológica, é fundamental buscar a orientação de um nutricionista ou um médico especialista em alimentação; no entanto, aí vão algumas dicas simples, mas extremamente eficientes e eficazes. É importante iniciarmos ressaltando que não adianta nada corrermos cinco, dez mil metros, se não tivermos na corrente sanguínea as substâncias vitais para a renovação celular. Nosso organismo precisa absorver os nutrientes necessários adequados à sua sobrevivência. Nossa alimentação normalmente é péssima e a forma como nos alimentamos também; muitos de nós vivemos com pressa e, como sabemos, a pressa é inimiga da perfeição.

Durante uma palestra sobre alimentação, o Dr. Lair Ribeiro explicou que o nosso corpo é basicamente formado por água e nós, normalmente, não damos a devida atenção a este fato. Perceba que um indivíduo com setenta quilos tem aproximadamente 42 litros de água no corpo; sessenta por cento do peso corporal é constituído por água. Você consegue perceber a importância da relação água e saúde? Com relação a alcalinidade, como o pH quanto mais alcalina for água melhor; o sangue tem um pH entre 7,35 e 7,45, assim, o ideal é tomarmos uma água com pH acima do pH sanguíneo. Se não ingerimos uma água de qualidade, em geral os riscos de doenças aumentam significativamente. Quando ingerimos uma água ácida, sacrificamos o nosso corpo, pois ele precisará trabalhar para manter o equilíbrio. A criança é alcalina e o idoso é acídico; à medida que envelhecemos vamos acidificando, ou seja, vamos perdendo alcalinidade. Já que o assunto é água, ao acordarmos, um copo de água com suco de limão ajuda a despertar os órgãos internos e, também, ajuda a baixar a pressão sanguínea. Uma hora antes da refeição ajuda na digestão e antes de dormir pode evitar um acidente vascular cerebral ou uma cardiopatia.

Todavia, eu também li um outro artigo – laboratoriocavalieri.com.br – que explica que o pH do sangue humano varia dentro de uma faixa extremamente estreita, entre 7.35 e 7.45, e que o corpo humano tem mecanismos refinados para mantê-lo nessa faixa. Fora dessa faixa, a saúde pode ser seriamente comprometida. O artigo também esclarece que certos alimentos e bebidas, como suco de limão e água com pH mais alto ou águas gaseificadas com pH inferior a 6.0, não têm nenhum efeito sobre o pH do sangue humano e, portanto, não representam nenhum risco à saúde nesse sentido. O artigo apresenta exemplos para ilustrar o ponto de que o pH de uma substância não pode interferir diretamente no pH do sangue humano. O suco de limão, por exemplo, é ácido e, portanto, tem um pH baixo, mesmo assim não pode alterar o pH do sangue. De forma semelhante, uma água com pH mais alto ou uma água gaseificada com pH inferior a 6.0 também não têm efeito sobre o pH do sangue. O artigo enfatiza que, embora a ingestão de determinados alimentos ou bebidas possa ter efeitos deletérios sobre a saúde, esses efeitos não estão relacionados diretamente ao pH das substâncias. Os refrigerantes, por exemplo, podem ter efeitos prejudiciais devido à alta concentração de açúcar, mas não devido ao seu pH. Em resumo, o artigo esclarece que o pH do sangue humano é regulado pelo organismo e não pode ser alterado diretamente por alimentos ou bebidas com diferentes valores de pH.

Segundo estudos, somos um país campeão no consumo de sódio. O sódio é fundamental para o funcionamento do corpo, pois é responsável pelo controle do volume líquido do organismo e pela regulação da pressão arterial. No entanto, o consumo excessivo de sódio pode resultar em graves problemas de saúde, afetando o equilíbrio interno do corpo. Apesar da sua importância, o sódio tem relação direta com inúmeros problemas cardiovasculares e renais. De acordo com a Organização Mundial de Saúde, para manter o equilíbrio corpóreo, é necessário ingerir no mínimo 0,1 a 0,5 gramas de sódio por dia, sendo o valor máximo recomendado de cinco gramas por dia.

Como poderemos constatar abaixo, não é difícil ingerir cinco gramas de sódio por dia, principalmente em razão da grande quantidade de produtos industrializados, que ultrapassam os limites predefinidos. Comer esses produtos processados e refinados é uma espécie de suicídio culposo, pois destruímos todas as nossas defesas. A verdade é que, de maneira geral, não nos preocupamos com isso até que recebamos um diagnóstico médico ou um resultado de exame que revele problemas de saúde. Estudos mostram que 77% do sódio no corpo provém desse tipo de alimento, o que pode ser prejudicial se consumido em excesso. É fundamental verificar sempre nas embalagens a quantidade de sódio existente nos alimentos. De acordo com o Ministério da Saúde, o ideal é que 100g de alimento contenham menos de 400mg de sódio. Portanto, fique atento! É fácil ultrapassar aqueles cinco gramas diários, como podemos perceber pelos exemplos: uma porção de macarrão instantâneo de 85g contém 2700mg de sódio; uma porção de 50g de salsicha contém 551mg de sódio; uma colher de sopa de shoyu contém 902mg de sódio; uma fatia de pizza de calabresa contém 620mg de sódio, uma simples colher de sopa de molho de salada contém 250mg de sódio; um pãozinho francês contém 304mg de sódio e uma porção de 100g de bacon contém 830mg de sódio.

Além disso, é importante lembrar que o café da manhã é a refeição mais importante do dia. Após um período de repouso, o organismo precisa absorver alimentos saudáveis e ricos em nutrientes. Água fresca de coco, ovos, frutas, oleaginosas, chia, iogurte e kefir são excelentes opções para a qualidade da nossa flora intestinal, que é tão importante quanto a prática de atividade física. Mel, grãos e fibras também são fundamentais para manter as reservas de vitaminas e sais minerais, e consequentemente, nossa imunidade. No almoço, é importante incluir carnes brancas grelhadas, arroz com feijão, legumes, verduras e frutas temperados com pouco sal, cúrcuma, limão e azeite extravirgem de oliva; acreditem, faz superbem!

Também conhecidos como glicídios, os carboidratos desempenham importantes funções sendo a nossa principal fonte de energia. Por ignorância, corremos o perigo de excluí-los da nossa dieta, o que comprometeria sobremaneira a nossa saúde. Os carboidratos são responsáveis por atividades corriqueiras como todos os movimentos naturais do dia a dia, andar e correr. A ingestão de glicídios é fundamental para a existência humana. Dentre as mais diversas funções que ele ocupa no nosso organismo, destaca-se a nutrição das células do sistema nervoso central; ou seja, é necessário para o funcionamento normal do sistema nervoso central. O cérebro não armazena glicose e dessa maneira necessita de um suprimento de glicose sanguínea. A ausência de carboidrato pode causar danos cerebrais irreversíveis. O carboidrato é um ativador metabólico, pois, regula o metabolismo proteico, poupando proteínas. Também estimula os movimentos peristálticos do trato gastrointestinal e absorve água para dar massa ao conteúdo intestinal; ajudando na eliminação do bolo fecal. O nosso sistema imunológico depende da qualidade da nossa flora intestinal, ou seja, da qualidade daquilo que nós comemos. Vejamos, portanto, alguns exemplos de excelentes carboidratos: Quinoa, aveia, mandioquinha, arroz integral, mandioca, batata, feijão, inhame, batata doce, lentilha, milho verde e grão de bico.

É muito importante começarmos a quebrar alguns paradigmas substituindo os refrigerantes por água ou sucos naturais; os achocolatados por cacau em pó, os embutidos por carnes magras, os temperos industrializados por temperos naturais e a famosa margarina por manteiga. Sabemos que ninguém é bom naquilo que não pratica, assim, treinar, treinar e treinar é fundamental; portanto exercite-se! A batata doce fornece a energia necessária para o seu treino diário; auxilia na queima de gordura e, também, no ganho de massa muscular. É incrível, mas também ajuda a controlar a diabetes, auxilia no emagrecimento e na formação de colágeno. Já a beterraba ajuda no combate às inflamações, mantém os vasos sanguíneos dilatados, melhorando a absorção de nutrientes musculares, contribuindo assim na recuperação muscular. Auxilia também na desintoxicação do corpo. O gengibre auxilia na perda de peso, atua como antioxidante e anti-inflamatório e ajuda a proteger o estômago contra as famosas úlceras, auxiliando no combate a náuseas e vômitos

Referências:

- CDD – Envelhecimento cronológico e biológico – cdd.org.br
- VITTUDE – vittude.com – 10 benefícios da corrida
- unimedfortaleza.com.br – 5 Hormônios Liberados na Atividade Física
- O Poder Fisiológico da Água – https://www.youtube.com/watch?v=FDTCB0YjGvM
- A influência do pH da água no pH do nosso sangue – laboratoriocavalieri.com.br
- https://laboratoriocavalieri.com.br
- MUDE SUA ALIMENTAÇÃO, MUDE SUA VIDA! – Dr. Lair Ribeiro

Capítulo 108

Ingestão calórica e desgaste energético

Neste centésimo oitavo capítulo, temos como objetivo específico estudar e aprender que engordar, não necessariamente tem relação direta com a quantidade de alimento que você ingeriu, mas a quantidade de calorias que aquele alimento possui e a quantidade de calorias que você absorveu ou eliminou.

Quando o assunto é ingestão calórica ou desgaste energético, é importante levar em conta alguns fatores, como idade, peso corporal, estatura e nível de condicionamento físico. Sabemos que não existe mágica para perder peso. Uma alimentação saudável com baixa caloria e uma atividade física regular, ou seja, ingestão calórica baixa e desgaste energético alto, é o segredo para emagrecer. De acordo com especialistas, mesmo estando dormindo, você sempre gastará alguma energia. Se você ficar na cama durante 24 horas sem fazer nada, gastará em torno de 1.600 Kcal - isso para um indivíduo com 70 kg. O gasto calórico varia de 1,2 kcal/min em repouso para mais de 20 kcal/min durante uma atividade física intensa.

Perceba como é simples: se, ao final do dia, sua ingestão calórica foi maior do que seu desgaste energético, você armazenará uma determinada quantidade de calorias. Da mesma forma, se, ao final do dia, sua ingestão calórica for menor do que seu desgaste energético, você eliminará uma determinada quantidade de calorias de suas reservas. Certo? Simples assim. Não adianta você se esforçar muito em atividades físicas se, em seguida, consumir alimentos calóricos em excesso, como massas, sorvetes e doces. Muitas vezes, você se exercita intensamente, derrama bicas de suor e, logo em seguida, consome alimentos que anulam todo o esforço. Não se trata da quantidade de alimento, mas da quantidade de calorias que esse alimento possui e a quantidade de calorias que você absorveu ou eliminou. Uma inocente latinha de refrigerante, não importa a marca, tem aproximadamente 150 calorias, o que significa mais ou menos 50 minutos de pedalada de bicicleta. Percebeu como é mais interessante "abrir mão" da latinha?

É bastante comum observarmos pessoas obesas ou com tendência a obesidade que trocam segredos e receitas milagrosas para emagrecer, mas acabam se metendo em uma furada. Cuidado com as "dicas" que são dadas pelos amigos e pela mídia em geral. Para orientar, não há ninguém melhor do que um médico especialista. Finalmente, não poderíamos deixar de enfatizar a importância do repouso e da recuperação de todo o desgaste físico diário. Desde pequeno, ouvi meus pais falarem que o sono é o melhor alimento. E é a maior verdade! O ideal é que consigamos dormir pelo menos oito horas ininterruptamente. É apenas uma questão de treinamento e condicionamento. Durante o sono profundo, nosso organismo produz hormônios de altíssima qualidade que regulam o organismo. Se não nos preocuparmos com o repouso e a recuperação orgânica, todo o empenho, toda a dedicação e todo o esforço físico serão em vão, pois certamente ficaremos doentes e debilitados fisicamente. A atividade física passa a ser um grande problema e não uma enorme solução. Para aproveitar todos os benefícios que a atividade física nos oferece, é necessário que não contrariemos este mecanismo de defesa natural chamado *"sono"*.

BREVE RESUMO COM ALGUMAS DICAS E CONSELHOS:

1. Leve em conta fatores como idade, peso corporal, estatura e nível de condicionamento físico para equilibrar sua ingestão calórica com o seu desgaste energético.
2. Para emagrecer, é necessário manter uma alimentação saudável com baixa caloria e praticar atividade física regularmente.
3. Não adianta se esforçar na atividade física se, em seguida, consumir alimentos ricos em calorias. É importante prestar atenção na quantidade de calorias dos alimentos que você ingere.
4. Tenha cuidado com as dicas de amigos e mídia em geral, e busque orientação de um médico especialista.
5. O sono é essencial para a recuperação do corpo e produção de hormônios de alta qualidade que regulam o organismo. É necessário dormir no mínimo oito horas ininterruptamente para aproveitar todos os benefícios da atividade física.

Referências:

- CDD – Envelhecimento cronológico e biológico – cdd.org.br
- VITTUDE – vittude.com – 10 benefícios da corrida
- unimedfortaleza.com.br – 5 Hormônios Liberados na Atividade Física
- O Poder Fisiológico da Água – https://www.youtube.com/watch?v=FDTCB0YjGvM
- A influência do pH da água no pH do nosso sangue – laboratoriocavalieri.com.br
- https://laboratoriocavalieri.com.br
- MUDE SUA ALIMENTAÇÃO, MUDE SUA VIDA! – Dr. Lair Ribeiro

Capítulo 109

De bons pensamentos o inferno está cheio

Neste centésimo nono capítulo, temos como objetivo específico estudar e aprender que se você não estiver convicto e determinado a brigar, com todas as forças, por uma boa forma e condição física, muito provavelmente você jamais a conseguirá.

Sabemos que comprometimento é dar a vida, mas a maioria das pessoas não se compromete. Praticar uma atividade física para adquirir uma boa forma e condição física pode parecer utópico. Talvez você esteja pensando: *"Não estou entendendo direito, não sei do que você está falando. Tenho me esforçado, trabalhado duro, me dedicado bastante, feito o possível. De vez em quando até consigo dar uma malhadinha, jogar um futebolzinho, treinar um pouco de jiu-jitsu; é claro que estou comprometido, tenho boas intenções e com certeza ficarei em boa forma."*

No entanto, de nada adiantam bons pensamentos sem ações concretas. Como minha mãe costumava dizer, "de bons pensamentos o inferno está cheio". O comprometimento exige dedicação incondicional e disposição para enfrentar desafios e sacrifícios em prol do objetivo. Para ilustrar a diferença entre envolvimento e comprometimento, usei a metáfora do porco e da galinha. O porco está comprometido com o café da manhã, pois teve que dar sua vida para fornecer o bacon, enquanto a galinha está apenas envolvida, simplesmente teve que pôr um ovo e foi ciscar com o galo. O comprometimento requer uma entrega completa, incluindo o derramamento de sangue, suor e lágrimas, se necessário.

O comprometimento é fundamental para a prática de atividades físicas e a conquista de uma boa forma e saúde física e mental. É preciso parar de procrastinar e se dedicar verdadeiramente, sem deixar para depois ou empurrar com a barriga. Somente assim é possível reprogramar a mente e alcançar os resultados desejados. Em resumo, comprometimento significa estar disposto a fazer o que for preciso para alcançar um objetivo, sem desculpas. Nossa missão, eu e o Sylvio, é incentivar você a adotar essa postura e a se dedicar com afinco à prática de atividades físicas, em busca de uma vida mais saudável e plena.

Muitas pessoas sedentárias que conhecemos são bastante limitadas em relação à disposição para começar algo novo e em relação ao que estão dispostas a perder e a renunciar para iniciar uma atividade física. Embora muitas delas tenham um discurso bonito, na realidade é apenas um discurso decorado e enganoso. Elas falam muito, mas raramente chegam a lugar algum. Embora afirmem estar prontas para fazer o que for necessário, na hora de agir, elas sempre encontram uma boa desculpa para procrastinar. Sinceramente, não queremos que seja assim, e não nos sentimos confortáveis em dizer que praticar regularmente uma atividade física definitivamente não é uma ocupação prazerosa. Se alguém disser que é, ou está mentindo ou é uma pessoa rara e especial, e nós a invejamos muito. Nossa experiência nos autoriza a afirmar que entusiasmo, comprometimento, força, coragem, determinação e, sobretudo, perseverança são atributos fundamentais para alcançar esse objetivo. Se você não estiver convicto e determinado a lutar com todas as forças por uma boa forma física, é muito provável que nunca a alcance.

A questão é: você tem a estrutura emocional necessária para renunciar àquela coxinha de galinha recheada com catupiry e daquele refrigerante gelado? E daquela lasanha à bolonhesa suculenta com queijo e presunto derretendo magnificamente? E daquele sofá confortável com uma TV de 65 polegadas equipada com a última tecnologia de imagem? Você tem disposição para se exercitar por cerca de duas horas por dia? Você sacrificaria sua novela ou deixaria de assistir aquele jogo de futebol? Acredite, as pessoas que têm boa forma física têm estrutura, disposição, coragem e determinação para fazer tudo isso e muito mais. E você, está preparado para entrar nessa batalha? Se for corajoso, determinado e perseverante, certamente conseguirá. Quando tomar essa decisão, olhe para frente, nunca para trás, caso contrário, você se tornará uma estátua de sal. Se não entendeu essa referência, leia o Antigo Testamento sobre a mulher de Ló; seria uma visão de desejo. Jamais desista; se tiver que desistir, desista de ser fraco.

Apesar de não ser raro, sempre fico impressionado quando me deparo com pessoas que, após resistirem com todas as forças à tentação de desistir, assumem com entusiasmo sua nova "razão de existir", ou seja, assumem sua mais nova missão. O mais impressionante é que, quando a pessoa realmente se compromete e diz "sim" para o início dessa nova vida, uma mudança radical ocorre e as coisas começam a acontecer como num milagre; as coisas acabam dando muito certo e, por mais incrível que pareça, acontecem naturalmente.

É bíblico; talvez precisemos aprender a ser até mesmo impertinentes, ou seja, bater na porta até que ela se abra. Acreditamos de verdade que Deus sempre quer nos dar muito mais, mas nós nos contentamos com aquela colchinha de retalhos, talvez por medo, preguiça ou falta de visão. Entretanto, basta tomar uma simples decisão e as coisas naturalmente começam a acontecer. Quando nos libertamos de nossos próprios medos e incertezas, nossa presença contagia aqueles que estão próximos e tudo e todos passam a fazer parte de nossos projetos e desafios. Tudo passa a contribuir para que as coisas aconteçam a nosso favor e conforme necessitamos.

Referências:

- CDD – Envelhecimento cronológico e biológico – cdd.org.br
- A Bíblia Sagrada
- VITTUDE – vittude.com – 10 benefícios da corrida
- unimedfortaleza.com.br – 5 Hormônios Liberados na Atividade Física
- O Poder Fisiológico da Água – https://www.youtube.com/watch?v=FDTCB0YjGvM
- A influência do pH da água no pH do nosso sangue – laboratoriocavalieri.com.br
- https://laboratoriocavalieri.com.br
- Mude Sua Alimentação, Mude Sua Vida! – Dr. Lair Ribeiro

Capítulo 110

Futebol só aos domingos

Neste centésimo décimo capítulo, temos como objetivo específico estudar e aprender que é aconselhável que façamos atividade física no mínimo três vezes por semana, aumentando gradativamente a intensidade dos exercícios.

A sua performance, o seu desempenho, se dará na mesma proporção de importância que você dedica ao treinamento físico, obviamente considerando tudo aquilo que o fortalece, como alimentação, repouso e constância de treinamento. Portanto, seja determinado, pois a sua dedicação é muito importante. Queremos lembrar-lhe de que a preguiça é um comportamento bastante inconveniente. Acreditamos que o maior desafio é vencer os três primeiros meses. Nesse período, observamos o nível de importância que, de fato, você generosamente oferece para a melhora da sua performance.

Existem pessoas que fazem atividade física duas vezes por semana, outras três ou quatro vezes por semana. Acreditamos que devemos "descansar" apenas 1 dia e, de preferência no domingo. Nos demais dias, usando o bom senso, devemos alternar a intensidade dos exercícios (fraca, média, fraca e forte). Agora, vale ressaltar que fazer duas vezes por semana é melhor do que nada, contanto que não seja uma atividade forte. Salvo se você puder acrescentar mais dois dias de caminhada (média intensidade) de aproximadamente 50 minutos, neste caso seria perfeito!

Você certamente conhece alguém que só se mexe uma vez por semana, o famoso "futebol de domingo". Será que procede? Na nossa visão, como profissionais, afirmamos que não procede! Sabemos que devemos nos movimentar, contudo, é prudente que tenhamos bom senso. Uma ou duas vezes por semana de modo intenso certamente acarretará complicações cardiopulmonares e, sobretudo, complicações ortopédicas, lesões de todos os tipos. E muita atenção pois futebol apenas uma vez por semana e sedentarismo nos outros seis dias é uma verdadeira insanidade, e os riscos de desenvolver problemas cardíacos são enormes. Primeiro, nosso corpo precisa ser preparado para suportar as exigências do esporte. Nosso coração, uma bomba que faz com que o sangue circule no nosso corpo, precisa estar preparado para suportar o esforço durante a atividade. Se você não respeitar este princípio básico, poderá sofrer as consequências da teimosia. Assim, se for o seu caso, não queira milagres e não espere resultados rápidos e surpreendentes. Fique menos eufórico e, com um bom par de tênis, aproveite para caminhar e use mais as escadas. Como falamos, é melhor do que nada.

Um outro tema pertinente seria a avaliação médica; você precisa estar consciente da sua real condição física, assim, deve procurar um especialista. Uma consulta, um eletrocardiograma e um teste de esforço são sempre aconselháveis. É também recomendável que façamos atividade física no mínimo três vezes por semana, aumentando gradualmente a intensidade dos exercícios. No caso dos jogadores de futebol de final de semana, para reduzir os riscos de infarto, basta incluir dois dias de exercícios físicos na semana ou, como já falamos, pelo menos duas caminhadas de 50 minutos por semana.

Madre Teresa de Calcutá dizia: *"Nós não devemos permitir que alguém saia da nossa presença sem se sentir melhor e mais feliz"*. Você percebe a profundidade dessa mensagem? Quando estamos bem conosco, naturalmente fazemos isso. Já o contrário, quando estamos contrariados, sai de baixo, não é assim que funciona? O sedentarismo nos atrapalha sobremaneira e, mesmo inconscientemente, nos causa muito incômodo e nos abala emocionalmente. Vimos anteriormente que todos nós nascemos com inúmeras habilidades e muitos talentos que devem ser usados generosamente. Um talento natural é o relacionamento humano. Relacionar-se é um dom, e todo dom precisa ser desenvolvido. Assim, procure incentivar seus amigos a praticar uma atividade física e entusiasmar alguém por quem você tenha apreço. Essa atitude é benéfica em todos os sentidos, inclusive libera ocitocina, também conhecida como hormônio do amor, melhora o humor, ajuda na interação social, reduz a ansiedade e a agressividade. Trata-se de uma boa negociação em que todos ganham e você fica ainda mais comprometido com sua missão. Pesquisas mostram que as pessoas que praticam atividade física com constância são mais felizes e proativas. Será que isso procede? Acreditamos que tem fundamento, sim.

No mundo espiritual, quando dividimos, na verdade multiplicamos. Faz sentido? Quando compartilhamos o que sabemos com outras pessoas, multiplicamos aquilo que sabemos. Não é verdade? É sempre muito legal quando conseguimos envolver pessoas a fazer aquilo que é certo e que vai ajudá-las a conquistar seus objetivos. Perceba que é uma espécie de missão. Richard Bach, no livro Fernão Capelo Gaivota, pergunta: *"Como vou saber se completei minha missão?"* A resposta é fantástica: *"Se você ainda respira, é porque ela ainda não terminou."* É guerra, *"somente os mortos verão o final da guerra"* – já dizia Santayana. Portanto, mãos à obra. Vamos começar a fazer com que as pessoas se movimentem mais, tenham mais saúde e sejam mais felizes.

BREVE RESUMO COM ALGUMAS DICAS E CONSELHOS:

1. Dedique-se com determinação ao treinamento físico, levando em consideração alimentação, repouso e constância de treinamento. A preguiça é um comportamento inconveniente.
2. É importante descansar apenas um dia e, de preferência, no domingo. Use o bom senso, alternando a intensidade dos exercícios (fraca, média, fraca e forte).
3. Fazer atividade física duas vezes por semana é melhor do que nada, desde que não seja uma atividade forte. Adicione caminhadas de 50 minutos pelo menos duas vezes por semana.
4. Futebol apenas uma vez por semana e sedentarismo nos outros seis dias é perigoso para a saúde. Nosso corpo precisa ser preparado para suportar as exigências do esporte.
5. Faça uma avaliação médica antes de começar a praticar atividades físicas. É aconselhável fazer atividade física no mínimo três vezes por semana, aumentando gradativamente a intensidade dos exercícios.
6. O sedentarismo atrapalha emocionalmente, enquanto a prática constante de atividades físicas melhora a qualidade de vida e torna as pessoas mais felizes e proativas.
7. Procure incentivar seus amigos e pessoas próximas a praticar atividade física, o que é benéfico em todos os sentidos, inclusive liberando ocitocina, conhecida como hormônio do amor.

Referências:

- CDD – Envelhecimento cronológico e biológico – cdd.org.br
- VITTUDE – vittude.com – 10 benefícios da corrida
- Quem Disse – quemdisse.com.br
- unimedfortaleza.com.br – 5 Hormônios Liberados na Atividade Física
- O Poder Fisiológico da Água – https://www.youtube.com/watch?v=FDTCB0YjGvM
- A influência do pH da água no pH do nosso sangue – laboratoriocavalieri.com.br
- https://laboratoriocavalieri.com.br
- MUDE SUA ALIMENTAÇÃO, MUDE SUA VIDA! – Dr. Lair Ribeiro
- Richard Bach – Fernão Capelo Gaivota
- Madre Teresa de Calcutá – A Santa das Sarjetas

Capítulo 111

Noções fundamentais de neuróbica

Neste centésimo décimo primeiro capítulo, temos como objetivo específico estudar e aprender que a Neuróbica é para nós uma atividade tão necessária quanto a atividade física diária, pois, quanto mais exigimos do cérebro, mais aguçado ele se torna.

Um neurocientista norte-americano chamado Lawrence Katz, autor do livro *"Mantenha seu Cérebro Vivo"*, criou o que atualmente é conhecido como Neuróbica, ou seja, uma ginástica específica para o cérebro. Embora nosso cérebro não seja um músculo, a analogia é didática; é importante entender que, da mesma forma que nossos músculos necessitam de exercícios, nosso cérebro também precisa ser treinado e exercitado constantemente para permanecer íntegro e funcionando com dignidade. Caso contrário, de forma lenta e silenciosa, ele pode perder todo o seu potencial e dar espaço para diversos tipos de demências. Quando sofremos uma lesão nervosa ou deixamos de exercitar um determinado músculo, este sofre uma hipotrofia por desuso ou, em casos mais graves, uma atrofia neurogênica, que é de origem nervosa. Dessa forma, perdemos massa e volume muscular. Não queremos que isso aconteça com nosso cérebro, por isso precisamos entender mais sobre a Atividade Neuróbica.

O Dr. Katz afirma que é comum não prestarmos atenção nas coisas que fazemos mecanicamente, o que pode fazer com que esqueçamos das ações que executamos pouco tempo depois. O objetivo dessa ginástica cerebral é estimular nossos sentidos por meio de atividades físicas específicas, fazendo com que comecemos a enxergar o invisível e ouvir o inaudível. Em outras palavras, o objetivo é fazer com que prestemos ainda mais atenção às atividades do dia a dia, especialmente aquelas que normalmente são automatizadas. Dessa forma, podemos melhorar nosso poder de atenção concentrada, atenção difusa e, sobretudo, memória. As atividades e exercícios simples do dia a dia nos ajudam a desenvolver habilidades motoras e mentais, que normalmente fazemos de forma condicionada. O objetivo é que realizemos essas atividades usando o outro hemisfério cerebral, contrariando aquilo que consideramos padrão e quebrando inclusive alguns paradigmas. Por exemplo, passar a escrever também com a mão auxiliar, escovar os dentes, amarrar os sapatos, pentear o cabelo, abrir uma porta, usar o talher para se alimentar, tomar uma xícara de café, acariciar o animal de estimação, usar o controle remoto, o cotonete, entre outras atividades.

A neuróbica traduz-se na "alteração da lógica das atividades" e "linhas de ação comuns no dia a dia", modificando a forma como percebemos as coisas. Dessa forma, vamos trabalhando o outro hemisfério cerebral, alterando nossa forma de percepção sem, contudo, modificar nossas atividades diárias. O objetivo da neuróbica é praticar de forma consciente e equilibrada as atividades e linhas de ação do dia a dia que estimulam respostas emocionais e cerebrais. Perceba que são exercícios, mas também linhas de ação que envolvem a renúncia de hábitos nocivos à saúde física e mental, vícios de todos os tipos e mudanças de padrão comportamental que mexem, sobremaneira, com aspectos físicos, emocionais e mentais.

Percebemos que o GPCI se tornou um grande parceiro da Neuróbica, já que são praticamente exercícios avançados dessa técnica. O GPCI é uma proposta bastante audaciosa que exige um intenso treinamento de comunicação verbal, comunicação não verbal e paraverbal, além de estratégias de segurança e autodefesa. A constante quebra de paradigma é uma necessidade, mas os resultados são surpreendentes. Em resumo, o objetivo da neuróbica é praticar de forma consciente e equilibrada as atividades e linhas de ação do dia a dia que estimulam respostas emocionais e cerebrais, com o intuito de mudar um comportamento rotineiro para submeter e dominar a memória.

Compreenda que o GPCI segue os mesmos princípios, mas com outro foco. Ele abrange desde a identificação de possíveis conflitos, problemas, crises e escândalos, com suas respectivas análises e avaliações de riscos, até a formulação e construção de frases técnicas para o gerenciamento de comportamentos inconvenientes. Perceba que há o envolvimento de renúncias, escolhas e fatores emocionais. Você aprende que é obrigado a fazer o que é certo e não o que gostaria de fazer. A Neuróbica é uma atividade tão necessária quanto a atividade física diária, já que quanto mais exigimos do cérebro, mais aguçado ele se torna.

A Neuróbica e o GPCI estão correlacionados, pois ambos envolvem o treinamento do cérebro e a mudança de comportamentos. A Neuróbica tem como objetivo praticar atividades e linhas de ação que estimulam respostas emocionais e cerebrais de forma consciente e equilibrada, visando à melhora da memória e da cognição. Já o GPCI tem como foco a identificação e prevenção de conflitos, problemas, crises e escândalos, através do treinamento intenso de comunicação verbal, comunicação não verbal e paraverbal, aliadas a estratégias de segurança e autodefesa. Ambos exigem renúncias, escolhas e fatores emocionais, e quanto mais são praticados, mais aguçado o cérebro se torna. Portanto, pode-se dizer que o GPCI é uma aplicação prática da Neuróbica no campo da gestão de crises e conflitos.

Referências:

- Mantenha seu Cérebro Vivo – Lawrence Katz
- Inteligência Emocional – Daniel Goleman.
- Melhore Seu Cérebro Melhore Sua Vida – Dr. Lair Ribeiro
- Ginástica Cerebral – Dr. Lair Ribeiro

Capítulo 112

A gratidão e o GPCI

Neste centésimo décimo segundo capítulo, temos como objetivo específico estudar e aprender que sendo gratidão uma mudança de olhar, quando mudamos o nosso olhar, quando mudamos a forma de enxergar os conflitos e os problemas do dia a dia, mudamos os "resultados" naturalmente.

Estamos convencidos de que o tema GPCI é de fato, infinito. Certa vez nós assistimos no Domingo Espetacular, na Rede Record, duas entrevistas ótimas e pertinentes ao tema; em ambas, o assunto era gratidão. A primeira entrevista foi com a psicóloga *Dra. Márcia Luz*, e a segunda com o médico neurologista *Dr. Fabiano Moulin*. Logo no início a psicóloga explicou que gratidão é mudança de olhar. Ela exemplificou que muitas pessoas acham que são gratas porque agradecem o que os outros fazem por elas, e isso não é gratidão, isso é educação. Gratidão é quando mudamos a forma de olhar; por exemplo, ao invés de nós simplesmente olharmos para os conflitos e problemas, é nós buscamos enxergar através deles, as bênçãos que eles podem nos proporcionar; ao invés de simplesmente olharmos para as crises e obstáculos, é nós enxergamos as oportunidades que sempre surgem nesses momentos críticos, obviamente para aqueles que se propõem a enfrentá-los; ao invés de nós nos desgastarmos em demasia com aquilo que não está dando certo na nossa vida, é nós focamos naquilo que de fato nos leva para o alto, em direção a Deus. Portanto, a gratidão não se resume apenas em agradecer o que os outros fazem por nós, mas sim em enxergar as bênçãos que podem estar escondidas nas situações difíceis que enfrentamos.

Do ponto de vista técnico, a gratidão é um conceito estudado por diversas áreas do conhecimento, como a psicologia, a neurociência e a filosofia. Ela é vista como uma emoção positiva que está relacionada ao bem-estar e à saúde mental das pessoas. Estudos mostram que praticar a gratidão pode aumentar a felicidade, reduzir a ansiedade e a depressão, melhorar o sono e fortalecer as relações interpessoais.

Um exemplo interessante e motivacional de como a gratidão pode mudar a vida das pessoas é o caso de uma mulher que perdeu tudo em um incêndio, inclusive sua casa e seus pertences. Ao invés de se desesperar diante da situação, ela decidiu agradecer o fato de que ela e sua família estavam vivos e saudáveis. A partir desse momento, ela passou a enxergar as oportunidades que a vida estava lhe oferecendo, como a possibilidade de recomeçar do zero, de se desfazer de coisas que não precisava mais e de valorizar ainda mais as pessoas ao seu redor. Essa mudança de perspectiva permitiu que ela enfrentasse o desafio com mais coragem e otimismo, e encontrasse novos caminhos para seguir em frente.

O médico por sua vez diz que a gratidão é uma das emoções mais espetaculares que o ser humano tem o privilégio de sentir. Ele diz que ser grato, faz com que nos sintamos privilegiados, pois tudo o que a pessoa grata tem, "é suficiente"; simples assim. Não estamos nos referindo àquilo que ela já teve ou ainda vai ter; mas simplesmente ao que ela tem agora. Mesmo que seja pouco, "é suficiente". Ele explica que a pessoa grata sabe que nada, absolutamente nada na vida é banal. Se você está nesse momento observando a construção dessa frase; não é banal! Você poder analisar, avaliar, poder andar, poder falar, poder rir; também poder praticar jiu-jitsu, surfar, chorar e se emocionar com pequenas coisas; definitivamente, não é banal! Esse sentimento, ou melhor, esse exercício de perceber aquilo que parece banal, para a grande maioria das pessoas, é na verdade um grande privilégio, nos torna seres humanos com mais inteligência emocional e mais qualidade comportamental, gratos a Deus pelo dom da vida.

Sendo gratidão uma mudança de olhar, quando mudamos o nosso olhar, quando mudamos a forma de enxergar os conflitos e os problemas do dia a dia, mudamos os resultados naturalmente; sem reclamar. Nós necessitamos evoluir; para isso é preciso parar de reclamar. Vamos imaginar uma situação em que uma pessoa perde o emprego devido à crise econômica. Inicialmente, ela pode se sentir desesperada, triste e até mesmo com raiva da situação. Mas, ao invés de ficar presa nessas emoções negativas, ela decide mudar seu olhar e buscar enxergar as oportunidades que surgem nesse momento. Ela começa a se dedicar a aprimorar suas habilidades, a buscar novas oportunidades de emprego e a explorar outras possibilidades profissionais que antes não havia considerado. Ao mudar sua forma de olhar, essa pessoa passa a sentir gratidão por ter a chance de se reinventar, de descobrir novas possibilidades e de crescer profissionalmente e pessoalmente. Ela passa a valorizar cada pequena conquista e a se sentir mais feliz e realizada, mesmo em meio a um momento difícil. E, com essa nova atitude, ela consegue superar a crise e alcançar um novo patamar em sua vida. Assim, a gratidão não apenas nos ajuda a sermos mais positivos e felizes, mas também pode ser um fator determinante para o nosso sucesso e evolução. Quando mudamos nossa forma de olhar, mudamos nosso mindset e criamos uma realidade mais positiva e próspera.

A psicóloga também explicou na entrevista, que é muito desagradável conviver com adultos cheio de "mimimi", que reclamam o tempo todo, de tudo e de todos; o chororô de um adulto não tem os mesmos efeitos do choro de uma criança. Quando bebês, chorávamos para mamar ou para conseguir o que queríamos; mas parece que muitos de nós apesar de termos crescido, continuamos reclamando para conseguir as coisas. A Dra. Márcia Luz diz que *"a vida te dá mais do mesmo"*, e isso é interessante e bem simples, significa que se você reclama da falta de dinheiro, você terá ainda mais falta de dinheiro; se você reclama que está com preguiça, você ficará ainda mais preguiçoso. Perceba que reclamar é clamar duas vezes. *"Ele clamou a Deus"*; clamar é pedir com "muita força", portanto reclamar é pedir com "força estrondosa"; é ou não é complicado? O nosso cérebro entende exatamente assim, dessa forma. Não é por acaso que a bíblia nos ensina que, *"Em todas as circunstâncias dai graças"*; *"Examinai tudo! Abraçai o que é bom"*.

O Dr. Fabiano explicou que as pessoas gratas, naturalmente estimulam o cérebro da maneira correta, de forma positiva; são consequentemente pessoas mais equilibradas emocionalmente e, equilíbrio é saúde. Quando nós falamos de equilíbrio, falamos de felicidade, que é o mesmo que "saúde mental", portanto, essa postura de gratidão reduz a pressão arterial, promove menos risco de infarto, de acidente vascular cerebral, promove uma maior produção de hormônios como a "ocitocina", que permite uma melhor interação social, proporcionando mais equilíbrio, felicidade e foco na tomada de decisão; enfim, pessoas mais gratas ficam mais contentes com a situação atual, ou seja, não se comparam com o passado, tampouco ficam ansiosas com o futuro. É muito ruim nós nos perdermos no passado ou no futuro; o risco de ansiedade e depressão aumenta significativamente. O Dr.

Fabiano aborda essa relação entre a gratidão e a saúde mental, de uma forma bastante interessante, ele destaca que a gratidão pode ser um importante fator para promover equilíbrio emocional e reduzir o risco de doenças cardiovasculares e outros problemas de saúde. Essa relação pode ser explicada por meio da influência da gratidão no funcionamento do sistema nervoso autônomo, que controla a resposta do corpo ao estresse e à ansiedade.

Um exemplo interessante é o estudo realizado por Robert Emmons, psicólogo da Universidade da Califórnia, que mostrou que pessoas que praticaram a gratidão regularmente tiveram uma redução significativa dos níveis de cortisol, o hormônio do estresse, em comparação com aqueles que não praticaram a gratidão. Isso sugere que a gratidão pode ajudar a regular a resposta do corpo ao estresse e promover um estado de relaxamento.

Outro exemplo é o estudo conduzido por Michael McCullough, psicólogo da Universidade de Miami, que descobriu que pessoas que praticam a gratidão regularmente tendem a ter níveis mais elevados de atividade no córtex pré-frontal medial, região do cérebro associada à tomada de decisões e ao processamento emocional. Isso sugere que a gratidão pode ter um efeito positivo no funcionamento do cérebro e ajudar a promover a resiliência emocional.

Devemos exercitar a gratidão; a gratidão elimina de uma forma ou de outra, a inconveniência. Assim, devemos encarar como um exercício diário fundamental. A gente já estudou que a nossa natureza humana é inclinada ao erro; se eu ganho cem reais ou perco cem reais, o perder cem reais produz estímulos muito mais negativos no cérebro, do que ganhar cem reais. Se eu "tenho" a atenção de alguém, ou "não tenho" a atenção de alguém, a "rejeição" de não ter a atenção, promove muito mais estragos em termos cerebrais. Assim, quando nós iniciamos o exercício diário da gratidão, o nosso dia começa a ficar mais leve, mais agradável. A gente começa a perceber que o positivo é muito maior que o negativo; a gente começa a dar importância às pequenas coisas, tais como: tenho água, luz, telefone, posso ouvir, falar, consigo enxergar, andar, sei ler, dirigir, tenho amigos, enfim, estou vivo.

O Dr. Fabiano nos incentiva a fazer o que ele chama de "Diário da Gratidão". Ele recomenda que, diariamente, ao chegarmos em casa, fazendo uso do papel e caneta, relacionemos três motivos pelos quais nós somos gratos. Ele explica que no começo pode ser, para muitos, uma tarefa extremamente difícil, mas com o tempo vai se tornando algo bastante tranquilo de se fazer. Com o tempo, nós vamos ficando gratos pelas pequenas coisas, tais como: o elevador não quebrou, o carro não quebrou, nós não nos resfriamos, não choveu, fez sol, choveu, não fez sol... Ele explica que é muito importante que nós sempre coloquemos o porquê. A gratidão vai acontecendo naturalmente, essa onda de gratidão e equilíbrio, gradativamente, vai tomando conta da gente, vai nos envolvendo positivamente.

Referências:

- INPA – Instituto de Psicologia Aplicada – A Importância da Gratidão – https://inpaonline.com.br
- Ciência revela que mostrar gratidão nos torna mais felizes – aleteia.org
- Saiba o que acontece no cérebro quando a gente sente gratidão https://www.youtube.com/watch?v=kMNxjgGwA44
- Os efeitos da gratidão na vida das pessoas - Márcia Luz - 20/08/2019 P1 – https://www.youtube.com/watch?v=YS4Bsbp-2Vo

Capítulo 113

A fé no sentido de força de vontade

Neste centésimo décimo terceiro capítulo, temos como objetivo específico estudar e aprender que ninguém muda nada por empolgação, mas pelo entusiasmo muda.

"Fé" é uma palavra extremamente importante, sobretudo para aqueles que ocupam um cargo de liderança, e definitivamente não é algo fácil de entender; precisamos entender que é algo fundamentalmente prático. Para compreender a essência da fé, é necessário entender também os conceitos de "desejo" e "vontade". "Desejo" é a expectativa que o ser humano tem de possuir ou alcançar algo; trata-se de uma expectativa. Já a "vontade" é a faculdade que o ser humano tem de querer, de escolher e livremente praticar ou deixar de praticar certos atos. Embora "desejo" seja uma forma de vontade, existe uma grande diferença entre essas duas palavras, e é sobre isso que iremos discorrer um pouco mais. Na sua essência, a vontade não é um conceito bem definido. Ela se confunde com a fé, que é a causa mais poderosa de todas as causas que agem sobre o universo, dentro e fora do homem.

Assisti a uma palestra incrível da professora e filósofa Helena Galvão. É fácil encontrá-la na internet, e suas palestras são simplesmente espetaculares. Como muito bem colocou a professora, a vontade acabou se tornando sinônimo de desejo. Ela deu o seguinte exemplo: se quero comer uma pizza de mussarela, vou à pizzaria e simplesmente como; já se tenho o desejo de comer uma pizza de mussarela, muito provavelmente não a como, por inúmeros motivos, como questões financeiras, dieta, proibição médica ou preguiça. No final das contas, eu não como a tal pizza desejada.

A professora Helena Galvão explicou que, para que a palavra "vontade" esteja conectada à fé, ela deve estar precedida da palavra "força", no sentido de "força de vontade", que tem a ver com determinação e comprometimento. Essa vontade, essa fé, é algo inteligente, incrivelmente brilhante e permanente. Estamos falando de princípios e valores humanos, e não de simples projetos. Assim, a fé deve ser perseverante e constante. É como se a fé dissesse para a mente ou para o corpo: "Dá o teu jeito para que consiga fazer isso", ou para as emoções: "Dá o teu jeito para que eu consiga passar por isso". Perceba que não há dúvida para a fé; você pode estabelecer novas metas, mas essas metas são estabelecidas para que consiga atingir o objetivo que já havia sido traçado.

A fé é um conceito que muitas vezes pode ser difícil de entender e aplicar na prática, mas sua conexão com a vontade e a força de vontade é fundamental para o sucesso. Quando falamos de relacionamento humano, a força de vontade pode ser aplicada de diversas maneiras. Por exemplo, imagine que um casal esteja passando por uma crise em seu relacionamento. O desejo pode ser simplesmente querer acabar com a relação, mas a vontade em aplicar a fé pode ser a força de vontade de trabalhar na relação, de se esforçar para resolver os problemas e de ter comprometimento em fazer as mudanças necessárias para que o relacionamento melhore.

Outro exemplo pode ser aplicado na área profissional, em que uma pessoa pode ter o desejo de mudar de emprego, mas a vontade em aplicar a fé pode ser a força de vontade de se esforçar para crescer na empresa atual, de estabelecer novos objetivos e metas, de ser perseverante e constante em seus esforços para alcançar o sucesso. Em ambos os exemplos, a aplicação da força de vontade e da fé pode trazer resultados positivos, tanto no relacionamento humano como na carreira profissional. É importante lembrar que a força de vontade não é algo que surge do nada, ela precisa ser desenvolvida através do comprometimento e determinação em alcançar os seus objetivos, e isso pode ser aplicado em diversas áreas de nossas vidas.

A Professora Helena Galvão explicou que nós mudamos com o passar dos anos, e, muitos de nós, por incrível que pareça, também evoluímos. Aqueles sentimentos, aquelas emoções, aqueles comportamentos da época que nós éramos crianças, se transformaram, são outros, mas o assombroso é que nós temos consciência de que nós somos os mesmos; diferentes, mas os mesmos. A professora explicou que vontade com essa base na Fé, não passa; o que passa é desejo. O ditado diz que: *onde há uma Vontade há um Caminho.* Todos nós, ao longo da vida, nos metemos em conflitos e problemas, pelos mais diversos motivos, mas só saímos através da vontade. Só se sai de um conflito ou de um problema por essa porta chamada vontade; vale para coisas complexas, mas também para as mais simples. A professora exemplificou: Alguém tomou um cafezinho e deixou a xícara suja; *"a xícara está suja; quem sujou a xícara?"* Aí eu descubro quem foi que sujou a xícara. Quando alguém pergunta quem sujou a xícara, eu falo: *Foi ele!* Todavia a xícara continua suja. Parece que o exemplo não é pertinente, mas o que faltou foi simplesmente vontade.

É sempre bom reiterar que fé não tem conexão exclusiva com religião; somos livres, cada um de nós é livre para seguir o seu caminho, mas é fundamental que nós acreditemos de verdade que o nosso esforço, o nosso comprometimento e dedicação, vai fazer com que aquilo que nós tanto desejamos, aconteça, se concretize, dê certo; isso é fé!

Quando se trata de relacionamento humano, a vontade pode ser um fator crucial para a resolução de conflitos e para a manutenção de um relacionamento saudável. Por exemplo, imagine que você está em um relacionamento amoroso e surge um problema de comunicação entre você e seu parceiro(a). A vontade de resolver essa questão é o que vai permitir que vocês se entendam e sigam em frente juntos. Se não houver vontade, o problema pode se arrastar e levar a um desgaste do relacionamento. Outro exemplo é quando um amigo pede ajuda para superar uma dificuldade pessoal. Se você tem a vontade de ajudar, se compromete com a situação e se dedica a encontrar soluções para o problema, isso pode fazer toda a diferença para essa pessoa e para o relacionamento entre vocês. Por outro lado, quando a vontade está ausente, as coisas podem se complicar. Por exemplo, imagine que você tem um colega de trabalho com quem precisa colaborar em um projeto. Se um dos lados não tem a vontade de trabalhar em conjunto e se comprometer com o sucesso do projeto, isso pode gerar atrasos, conflitos e até mesmo prejudicar o resultado final. Em resumo, a vontade é um fator essencial para o sucesso em diversas áreas da vida, inclusive nos relacionamentos interpessoais. Quando há a força de vontade aliada à fé, o potencial para alcançar os objetivos é ainda maior.

O sujeito pode ser ateu e ter muita fé, ou seja, ele acredita que vai conseguir, que vai dar certo, acredita nas suas ideias, posições, convicções. Nós sempre falamos que quem não tem fé, é naturalmente levado a algum tipo de desequilíbrio emocional. Quando a pessoa não acredita nas próprias ideias, posições ou convicções, ela desequilibra, ela perde completamente o chão, perde a base. Eu não tenho qualquer preconceito religioso; tenho amigos das mais diversas religiões, inclusive muitos ateus, mas todos têm muita fé. Alguns dos ateus, ainda com mais fé que os religiosos. A fé precisa ser praticada, treinada e desenvolvida dia após dia, todos os dias, para sempre.

A Professora Helena Galvão contou a seguinte estória árabe: Havia um mestre muito sábio, e ele estava subindo uma montanha montado no seu camelo. Na sua frente havia um outro viajante, e de repente o camelo desse outro viajante se assustou e o jogou no precipício. Só que por sorte ele ficou preso no galho de uma árvore. Esse mestre sábio, rapidamente parou o seu camelo e fez de tudo para ajudar aquele pobre homem. Derramou todo o seu sangue, suor e lágrimas na tentativa de salvar aquele viajante. Amarrou todas as suas roupas no intuito de fazer uma corda, mas não era suficiente. Nesse momento, vendo todo aquele esforço, eis que surge um anjo que diz: *Você já mostrou suficiente compaixão, virtude e sabedoria para ter acesso ao Céu de Alá, venha comigo, você já alcançou a sua libertação*. O sábio olhou para o anjo, depois para o viajante lá no galho e disse:

"*Seu anjo vem cá, não dá pra eu trocar o Céu de Alá por um bom pedaço de corda para ajudar aquele sujeito lá no galho?*"

Perceba que essa é a verdadeira vontade. Depois, quem sabe, a gente volta a falar no céu de Alá; agora, nesse momento, eu preciso apenas de uma corda para salvar aquela pessoa que está precisando de ajuda. É bem legal nós refletirmos a respeito desse tema.

Referências:

• VONTADE - Desvendando o Poder de Transformação Humano – https://www.youtube.com/watch?v=zF4TQyjAOm0 – Professora Helena Galvão

Capítulo 114

A liderança na arte da guerra do dia a dia

Neste centésimo décimo quarto capítulo, temos como objetivo específico adquirir conhecimento suficiente para tornar-se um líder na arte da guerra do dia a dia.

A vida é uma guerra, e enquanto estamos vivos, estamos constantemente em guerra. Hoje vamos abordar um tema bastante interessante que requer atenção especial. George Santayana disse que *somente os mortos verão o fim da guerra*, portanto, se estamos vivos, estamos em guerra. Vamos começar falando sobre "magnetismo"; mais especificamente, o "campo magnético", que está relacionado ao tema da liderança na arte da guerra do dia a dia.

Durante a pandemia, a projeção do resultado futuro em relação à imposição de "fique em casa" foi a pior possível - saúde comprometida, perda de entusiasmo, perda de energia e depressão. Embora tenhamos nos alimentado bem, descansado e praticado atividade física, ainda assim sentimos a sensação de perda de energia. A razão para isso é que cada um de nós é um campo de energia que emite uma frequência de onda. Cada onda transporta energia, e nós absorvemos energia das pessoas ao nosso redor. Todos nós conhecemos a expressão "os opostos se atraem", que é parte da física que estuda os campos magnéticos em ambientes que estão sob a influência de correntes elétricas, moléculas ou partículas elementares. O magnetismo estuda a atividade dessa corrente de átomos, ou partículas de elétrons, prótons ou nêutrons, presentes nos campos magnéticos que produzem efeitos de atração ou repulsão a partir das suas cargas elétricas.

Dentro do nosso corpo existem circuitos elétricos, e elétrons em movimento geram ao seu redor um campo magnético. Esses campos eletromagnéticos criam ondas eletromagnéticas que emanam de nós. Esse é o principal motivo, altamente relevante, para interagirmos constantemente com outras pessoas. Segundo o Dr. Sérgio Felipe, um médico especialista em "neurociência do comportamento", a espiritualidade tem duas dimensões: uma dimensão axiológica e uma dimensão fenomenológica. A axiologia é o estudo de valores, sobretudo os valores morais, como honestidade, compaixão, respeito, liberdade e responsabilidade. Pergunta:

- ***"Como um profissional líder, você ama mais ou odeia mais?"***
- ***"Que sentimentos permeiam sua realidade?"***

Esses são os aspectos axiológicos, mas existem também os aspectos fenomenológicos. Num enfoque fenomenológico, o tema magnetismo é muito importante, pois ele interfere nas relações entre a matéria e a psique. Nós somos capazes de perceber a presença de alguém que nos aguarda, ou simplesmente deseja a nossa atenção, ou ainda, de sentir que nosso aluno está triste ou alegre. Podemos perceber o clima no ambiente de trabalho, o que atravessa o ambiente pelo campo magnético, porque o magnetismo inunda esse campo com reações emocionais. Por exemplo, se você é um líder profissional e envia um áudio ou deixa um recado no celular do seu colega de trabalho, aquela mensagem carrega não apenas uma informação, mas também as emoções com que você falou.

- *"Caramba! Acho que o meu líder não gosta de mim! Olha só como ele fala! Está sempre aborrecido; será que o problema é comigo? Eu acho que é!"*

As emoções que sentimos estimulam o hipotálamo, que, por sua vez, faz com que nossas glândulas suprarrenais produzam hormônios como adrenalina, noradrenalina e cortisol, que nos deixam furiosos, prontos para o combate ou para a fuga. Nosso coração acelera e depois extravasa através de campos magnéticos. Ninguém pensa ou sente sozinho, pois nos interconectamos conforme aquilo que irradiamos em nossas emoções, e tudo isso é transmitido pelo campo eletromagnético. Um encontro, mesmo online, forma um campo eletromagnético que faz a interface entre o corpo e a alma, entre a matéria e a psique.

O Dr. Sérgio Felipe, médico especialista em neurociência do comportamento, faz a seguinte analogia: ele diz que o espírito representa o programador do computador. Perceba que o computador não cria seu próprio programa; todo computador precisa de um programador, não é verdade? Nosso cérebro é como um hardware que precisa ter um software instalado, que é nossa essência, nossa alma, nosso ser.

Mas, como diria o matemático Kurt Gödel, ***"um sistema é incapaz de ter autoconsciência"***; encontrei através deste link (https://www.bbc.com/portuguese/geral-43618903) uma fotografia bastante interessante: trata-se de uma fotografia antiga de Albert Einstein ao lado de Kurt Gödel. Eles eram amigos e sempre caminhavam juntos, apesar de serem muito diferentes. Einstein sempre vestido de forma simples, com sua camisa amassada, calça larga e suspensórios, e Gödel sempre vestido de forma tradicional e elegante. Gödel trabalhou com Einstein e fazia cálculos matemáticos muito complexos. Mas, não vamos nos aprofundar nisso, principalmente porque eu não tenho a competência para analisar esses cálculos matemáticos. No entanto, Gödel fundamentou um teorema que mostra que ***"um sistema é incapaz de ter autoconsciência"***. Se eu tenho consciência corporal, a minha consciência do corpo vem de fora do corpo. Perceba que há uma consciência que vem de fora do corpo e tem o nosso corpo, e essa relação de força ocorre através de campos eletromagnéticos.

O eletromagnetismo, por fazer essa interface com o espírito, é muito mais maleável às interferências das emoções e dos pensamentos. Sabe o que isso significa? Significa que através dos nossos pensamentos e emoções, é possível adiantar os acontecimentos. Se o magnetismo é permeável às emoções, ele se estende no futuro. Em outras palavras, "eu pensei! já alterei o campo"; assim, somos capazes de construir uma realidade.

"Eu estava pensando naquele aluno que eu não via há muito tempo, e ele apareceu..."

"Cara, durante a sua luta eu estava pensando naquele movimento e parece que você me ouviu; você executou na hora o movimento e ganhou a luta..."

Esses são exemplos de como a realidade pode ser construída por meio de nossos pensamentos e emoções. Ou seja, há uma associação de campos; podemos criar resultados através da construção de nossas ideias. Uma pessoa que só vê o lado negativo das coisas começa a ser rodeada de coisas negativas porque adianta o campo, e por ter adiantado, aquele campo vai atraindo negatividade. A verdade é que essa coisa incrível, essa potencialidade, quase não é usada. Deveríamos construir nossas realidades, mas não sei por que geralmente não fazemos isso.

Avançando um pouco, é normal como líderes desejarmos atingir um determinado objetivo, mas geralmente desistimos por não cumprir as etapas necessárias para chegar àquele objetivo. Todo tipo de comportamento constrói uma linha de pensamento. Por exemplo: Nas competições, o professor sempre fica tenso, nervoso e muito irritado. Como consequência, seus alunos detestam competir, passam mal no dia da competição e sempre pensam em desistir do esporte. Nas festas, o pai sempre bebe além do limite, começa a falar bobagens e faz vexame. Como consequência, seus filhos detestam festas, passam mal na véspera e fazem de tudo para não ir às comemorações familiares.

Um bom líder precisa ter consciência de que sua verbalização respaldada pela presença física, aliada às suas atitudes, promove resultados positivos ou não. Reiterando, todo tipo de comportamento constrói uma linha de pensamento. "Puxa! Eu faço tudo certinho, sempre de acordo com o programa de treinamento, e dá tudo errado!" Talvez precisemos entender que todo tipo de comportamento constrói uma linha de pensamento.

A verdadeira liderança não deve ser imposta, mas conquistada por meio de exemplos e atitudes. Se queremos, como líderes, mudar o mundo, precisamos desenvolver nossos próprios valores - sejam eles morais, sociais, éticos ou espirituais. Para mudar o mundo, não precisamos nos tornar inconvenientes. Usar a violência, não importa qual tipo, para chamar a atenção é insano e doentio, e só gera prejuízo. Precisamos aprender, seguindo a linha de Lao Tsé, a combater o sentimento de superioridade que a sociedade nos impõe, sem a intenção de nos tornar patologicamente superiores. Como disse Lao Tsé: ***"Um homem que vence outro homem é forte, mas o homem que vence a si próprio é poderoso".***

Já parou para pensar nas incontáveis e incomensuráveis qualidades que a maioria das pessoas criadas em comunidades muito pobres possuem? E nas inúmeras qualidades que a maioria das pessoas criadas no sertão nordestino, no cabresto da política da seca, sem água e infraestrutura, possuem? E nas inúmeras qualidades que a maioria das pessoas criadas no caos da periferia possuem? Muitas pessoas criadas no meio das drogas, do crime e da prostituição desenvolveram qualidades incríveis e extraordinárias para sobreviver. Essas são as universidades da vida que nos formam verdadeiros líderes. Todos estamos matriculados nessas universidades, que nos ensinam a projetar o resultado futuro das nossas possíveis escolhas por meio do sofrimento do dia a dia. Só assim podemos transformar teoria em ação.

Infelizmente, algumas pessoas acreditam que se todos tiverem acesso ao conhecimento, quem irá trabalhar na coleta do lixo? Quem irá trabalhar em um canteiro de obras? Claro que é um pensamento medíocre, é verdade! No entanto, também é verdade que "essas pessoas" estão ocupando posições, com poder de decisão; e o pior de tudo, foram colocadas nesses cargos por nós. Perceba que nesses casos, nós os colocamos como líderes; PERCEBEU? Temos ou não temos uma parcela de culpa?

Diante de tudo isso, qual seria o melhor conceito de liderança? Você teria um conceito bem definido de liderança? Vamos iniciar explorando os sinônimos de liderança: comandar, gerir, chefiar, superintender, nortear, dirigir,

conduzir, buscar, coordenar, guiar, mandar e orientar. Além disso, a liderança também pode ser definida como a capacidade de liderar, com sinônimos como autoridade, governação, poder, influência, hegemonia, controle, condução, comando, direção, orientação e regência.
Algumas definições de liderança incluem:

- Liderar é conduzir pessoas na busca dos seus objetivos;
- Liderar é dirigir pessoas; é saber conquistá-las, é ter sensibilidade para cativar e influenciar comportamentos que produzem bons resultados;

Eu particularmente gosto da palavra "cativar"; no livro "O pequeno príncipe", Antoine de Saint-Exupéry diz que quando nós cativamos alguém, nós nos tornamos eternamente responsáveis por aquela pessoa.

- ***A liderança pode ser definida como a arte de gerenciar pessoas, conquistando e cativando o público, para influenciar comportamentos convenientes, ou seja, comportamentos proativos, produtivos e preventivos.***

É claro que nós conhecemos esse ditado, "*Manda quem pode, obedece quem tem juízo*"; se nós analisarmos com cuidado, nós vamos perceber que num primeiro momento ele de fato nos choca, entretanto, no "frigir dos ovos" não deixa de ser uma verdade. Eu acho que através de alguns exemplos a gente consegue absorver a ideia, de forma menos traumática; por exemplo:

Use de empatia, imagine-se um professor de jiu-jitsu liderando uma turma de quinze alunos adolescentes. Apesar de conhecer as normas e diretrizes, um deles entra no tatame com o kimono bastante sujo e com a unha grande. Como você gerenciaria esse comportamento? Parece simples? Ok, vamos complicar um pouquinho?

"Professor, presta atenção no que eu vou te falar; meu pai é o DONO dessa porra toda; você vai arrumar problema comigo por esse motivo? Você tem certeza disso?"
Perceba, as pessoas só fazem conosco aquilo que nós permitimos. Se o seu aluno fala dessa forma com você, VOCÊ precisa de ajuda, você precisa rever alguns conceitos, você precisa reconhecer que "O ERRO É SEU!" exercício de autoridade é um dos assuntos que nós já estudamos, você se lembra? Liderança, é um tema amplo com diversas linhas de pensamento e opiniões variadas, é um assunto da maior importância para todos nós, e que deve ser tratado com muito zelo e responsabilidade.

Um líder está sempre sujeito a pressões e, por isso, precisa aprender a trabalhar sob pressão em vez de pressionar os outros. Trabalhar sob pressão é uma coisa, mas pressionar os outros é outra. Assim, é fundamental que os líderes treinem sua inteligência emocional e desenvolvam qualidades comportamentais estratégicas, uma vez que a inteligência pode ser treinada. A resiliência é uma habilidade crucial para um líder, pois ela envolve a capacidade de se adaptar e se recuperar diante de situações adversas, superando obstáculos de forma positiva e aprendendo com as experiências.

A liderança é um tema vasto com inúmeras linhas de pensamento e pontos de vista variados. É um assunto extremamente importante para todos, afetando todas as áreas de atuação, seja financeira, administrativa, esportiva, educacional, profissional ou até mesmo religiosa. A influência de uma liderança é um fato e, por isso, é essencial que seja tratada com atenção e carinho.

Liderar é uma arte. Palavras podem convencer pessoas, mas os exemplos arrastam multidões. Promover a liderança através do exemplo é trabalhar o comportamento da equipe, eliminando opiniões e conceitos que nada agregam ao aprendizado técnico. Estamos sempre prestando atenção e avaliando a postura e o comportamento da nossa equipe, mas é importante lembrar que, da mesma forma, nossa equipe está sempre atenta ao nosso comportamento. Isso pode ser bom ou ruim, dependendo do caso. Ao ler este livro, você está avaliando minha conduta e atitude em diversos aspectos, não é verdade? É assim que funciona.

Existem muitos estilos de liderança e diversas estratégias que um líder pode utilizar para estimular, estruturar e estabelecer comunicação com sua equipe. Você já deve ter ouvido falar de alguns estilos famosos, como o autocrático, o democrático e o liberal, mas há muitos outros estilos de liderança. Para nós, profissionais qualificados em GPCI, a liderança é a arte de gerenciar um comportamento inconveniente, tendo consciência de que GPCI é o resumo de todo o respeito aplicado à inconveniência. É a diferença que demonstra, por meio da conduta e da atitude, o melhor do líder.

A liderança pode surgir naturalmente, quando um colaborador se destaca e acaba exercendo a responsabilidade de um líder, ou pode ser resultado de uma imposição, como uma atribuição devido a um cargo, ou ainda pode ocorrer por meio de eleição, como no caso de um condomínio. Qual seria, então, o papel de um líder? Você concorda que um bom líder precisa garantir a paz e um bom relacionamento entre os membros de sua equipe? Quando falamos de bom relacionamento, na verdade estamos falando de comunicação, que deve ser recheada de honestidade intelectual. E comunicação não é apenas aquilo que o líder fala, mas aquilo que a equipe entende. Com relação à honestidade intelectual, lembrando as palavras do professor Olavo de Carvalho, não podemos falar que sabemos aquilo que não sabemos, nem podemos falar que não sabemos aquilo que sabemos perfeitamente bem. Saber que se sabe é saber, mas saber que não se sabe também é saber. Um dos maiores problemas que enfrentamos em relação à liderança é a desonestidade intelectual do líder para com seus liderados.

O que são os estilos de liderança? Eles são as diferentes maneiras pelas quais um líder pode agir. Esses estilos estão relacionados às estratégias utilizadas para estimular, estruturar e interagir com a equipe. Embora existam inúmeros estilos de liderança, a questão é: será que a forma como o líder escolhe agir realmente interfere tanto nos resultados? Essa pergunta foi respondida através de uma pesquisa realizada pela Universidade de Harvard, cujo principal objetivo foi investigar como o comportamento de liderança escolhido pode afetar o clima organizacional e os resultados financeiros do negócio.

Durante três anos, mais de 3.000 líderes foram analisados nessa pesquisa. A conclusão foi que o estilo de liderança pode ser responsável por até 30% do lucro de um negócio. Além disso, muitos outros estudos foram realizados ao longo dos anos, que destacaram teorias sobre tipos de liderança e seus impactos. A maioria dessas pesquisas constatou que os líderes com melhores resultados não têm um estilo de liderança definido. A chave, na verdade, parece ser a flexibilidade; líderes capazes de combinar características de todos os comportamentos e estilos de liderança.

Existem vários estilos de liderança, cada um resultante de uma combinação de diversos componentes. Cada estilo possui suas vantagens e desvantagens, ou seja, funcionam melhor em determinadas situações e não são efetivos em outras. Um bom líder é capaz de detectar rapidamente que tipo de ações e medidas determinadas situações pedem. A capacidade de adaptação e adequação é, portanto, fundamental. Agora, vamos falar um pouco sobre os estilos de liderança em si.

LIDERANÇA AUTOCRÁTICA

A liderança autocrática é um estilo de liderança caracterizado por um líder que exerce poder de forma autoritária e centraliza a tomada de decisões e as tarefas. Nesse estilo, o líder se coloca como o centro das atenções e impõe normas e diretrizes sem oferecer espaço para diálogo ou participação da equipe. É um estilo de liderança em que o líder se vê como a figura dominante, detentor do poder absoluto. Um líder autocrático tende a tomar todas as decisões importantes sem consultar ou considerar a opinião dos membros da equipe. Ele se considera o detentor exclusivo do conhecimento e da expertise necessários para guiar o grupo. Esse tipo de líder geralmente não delega responsabilidades ou autoridade, mantendo o controle sobre todas as atividades.

No entanto, é importante ressaltar que a liderança autocrática pode apresentar algumas limitações. A falta de diálogo e participação dos membros da equipe pode levar à falta de engajamento, motivação e desenvolvimento dos colaboradores. Além disso, a centralização das decisões em um único indivíduo pode restringir a criatividade, a diversidade de ideias e a inovação dentro da equipe. Em contrapartida, em situações de emergência ou quando uma decisão rápida e unificada é necessária, a liderança autocrática pode ser eficaz. Em ambientes onde há uma estrutura hierárquica rígida e em situações em que a expertise do líder é crucial, esse estilo pode ser aplicável.

No entanto, é importante ressaltar que a liderança eficaz requer flexibilidade e adaptabilidade. Um líder verdadeiramente eficaz deve ser capaz de ajustar seu estilo de liderança de acordo com as necessidades e características da equipe, bem como o contexto e os desafios enfrentados. Um líder autocrático pode buscar desenvolver habilidades de liderança mais democráticas, como a promoção do diálogo, o encorajamento da participação dos membros da equipe e o estímulo à criatividade e inovação. A liderança eficaz é aquela que é capaz de inspirar e motivar os membros da equipe, promover um ambiente de confiança e colaboração, e alcançar resultados positivos de forma sustentável. Portanto, é importante que os líderes estejam dispostos a se desenvolver e aprimorar constantemente suas habilidades de liderança, buscando uma abordagem que valorize o diálogo, a participação e o respeito mútuo.

LIDERANÇA DEMOCRÁTICA

A liderança democrática é um estilo de liderança que se baseia na participação ativa dos membros da equipe na tomada de decisões e no processo de resolução de problemas. Um líder democrático busca envolver sua equipe, valorizando suas ideias, opiniões e experiências, e encorajando um ambiente de colaboração e participação ativa. Nesse estilo de liderança, o líder atua como um facilitador e orientador, proporcionando direção e suporte à equipe. Ele delega responsabilidades e autoridade aos membros da equipe, confiando em suas habilidades e capacidades individuais. O líder democrático acredita na capacidade da equipe de contribuir com soluções criativas e eficazes.

Ao adotar a liderança democrática, o líder promove um senso de propriedade e responsabilidade compartilhada entre os membros da equipe. Eles se sentem valorizados e reconhecidos, o que pode levar a um aumento na motivação, no engajamento e na produtividade.

Além disso, a liderança democrática permite que a equipe se sinta empoderada e confiante para expressar suas opiniões e contribuições. Isso estimula um ambiente de trabalho inclusivo, onde as diversas perspectivas são valorizadas e consideradas na tomada de decisões. No entanto, é importante destacar que a liderança democrática não significa ausência de liderança ou uma tomada de decisões completamente descentralizada. O líder continua tendo um papel importante na definição de direção e na manutenção do foco nos objetivos organizacionais. No entanto, ele busca equilibrar isso com a participação ativa da equipe, buscando consenso e considerando diferentes pontos de vista.

Um líder democrático também deve estar aberto ao aprendizado contínuo e à capacidade de ouvir feedback construtivo. Isso permite que ele se adapte às necessidades e demandas da equipe, ajustando seu estilo de liderança conforme necessário. Em resumo, a liderança democrática promove um ambiente de trabalho participativo, inclusivo e colaborativo. Ela valoriza as contribuições individuais e coletivas, estimula o crescimento e desenvolvimento dos colaboradores, e visa alcançar resultados positivos por meio do engajamento e da produtividade da equipe. Um líder democrático busca criar um clima organizacional positivo, onde todos se sintam respeitados, motivados e incentivados a contribuir para o sucesso da equipe e da organização como um todo.

LIDERANÇA LIBERAL

A liderança liberal, também conhecida como estilo "laissez-faire", é caracterizada pela concessão de grande autonomia e liberdade para os liderados. Nesse modelo, o líder se envolve minimamente nas atividades diárias da equipe, permitindo que os colaboradores ajam e tomem decisões sem a necessidade de aprovação constante. Esse estilo de liderança é baseado na confiança no potencial individual dos colaboradores e na crença de que eles são capazes de autogerenciar e autodirigir suas tarefas. O líder liberal oferece pouca ou nenhuma orientação direta, delegando amplamente as responsabilidades e permitindo que os liderados explorem sua criatividade e desenvolvam suas próprias soluções. No entanto, é importante ressaltar que o sucesso da liderança liberal depende do conhecimento prévio que o líder tem sobre o potencial e as habilidades individuais dos colaboradores. É fundamental conhecer bem a equipe, suas competências e suas motivações, para evitar riscos e garantir que cada membro esteja apto a assumir a responsabilidade e a autonomia concedida.

Quando implementada adequadamente, a liderança liberal pode trazer benefícios significativos, como o estímulo à criatividade, à inovação e ao senso de responsabilidade dos colaboradores. Ela permite que os liderados se sintam empoderados, encorajados a buscar soluções independentes e a tomar decisões com base em seu conhecimento e experiência. No entanto, é importante destacar que o estilo laissez-faire pode apresentar desafios se não for aplicado de forma adequada. Em algumas situações, pode ocorrer falta de direcionamento claro, ausência de coordenação e dificuldade na tomada de decisões coletivas. Além disso, colaboradores menos experientes ou com necessidade de orientação adicional podem se sentir perdidos ou desmotivados diante da falta de supervisão e apoio mais diretos. Portanto, a liderança liberal requer uma equipe madura, autônoma e autodisciplinada, capaz de trabalhar de forma independente e colaborativa. É importante que o líder esteja disponível para fornecer orientação e suporte quando necessário, mesmo que de forma mais flexível e menos intervencionista.

Em resumo, a liderança liberal é caracterizada pela concessão de autonomia e liberdade para os liderados, confiando em sua capacidade de autogerenciamento. Ela valoriza a criatividade, a responsabilidade individual e o desenvolvimento de soluções próprias. No entanto, é necessário equilibrar essa autonomia com a disponibilidade do líder para oferecer suporte e orientação quando necessário, garantindo a eficácia e o sucesso das atividades da equipe.

LIDERANÇA SITUACIONAL

A liderança situacional é mais presente em organizações diretamente afetadas pela globalização, que se reinventam e se transformam constantemente. Nesse estilo de liderança, os líderes são estrategistas e propõem ações e estratégias de acordo com as mudanças no cenário, como a movimentação do inimigo ou concorrentes. A flexibilidade é a característica principal desse estilo de liderança. A globalização é um fato, muitas empresas estão se unindo para sobreviver e outras se unem para destruir uma outra. A fusão de empresas causa muita insegurança entre os colaboradores, que temem por conflitos, problemas e demissões em massa. A liderança situacional entra em cena como uma estratégia que pode ser utilizada para dar um norte aos colaboradores e fazê-los reagir de maneira positiva, independentemente do cenário hipoteticamente caótico, atingindo os resultados esperados pela organização. Basicamente, a liderança situacional leva em consideração três fatores principais: o estilo e comportamento escolhido pelo líder, a maturidade dos colaboradores e o cenário atual. A partir desses elementos, é possível traçar estratégias e administrar mudanças inevitáveis, sem que elas tragam prejuízos para a empresa. A liderança situacional é uma ótima opção para empresas corajosas que conseguem acompanhar o ritmo da globalização e das inovações tecnológicas. Para transformar a teoria em ação, é necessário contar com líderes flexíveis e bem treinados, preparados para atuar em diversos cenários.

Referências:

- Neurocientista – https://institutodrsergiofelipedeoliveira.com/
- asana – Onze Estilos Comuns de Liderança – asana.com
- https://www.bbc.com/portuguese/geral-43618903
- Na Prática – Entenda o Conceito de Liderança – napratica.org.br
- Ponto Tel – pontotel.com.br – Liderança
- Vittude – Tipos de Liderança – vittude.com
- O pequeno príncipe – Antoine de Saint Exupéry

Capítulo 115

A importância dos Pontos Vitais

Neste centésimo décimo quinto capítulo, temos como objetivo específico identificar, estudar e explicar as medidas e atitudes preventivas necessárias para que você não se torne um alvo fácil durante um gerenciamento, além d e preservar ao máximo, a integridade física do inconveniente.

Nós vamos começar agora a estudar, o que você não deve fazer, e o que você deve fazer para salvar a sua vida ou a vida de terceiros. Quero apenas enfatizar que não será algo agradável, nem fácil de se realizar. Você fez tudo o que podia fazer, para não chegar nesse nível de força, mas infelizmente, não teve sucesso. A habilidade do profissional, aliada ao conhecimento anatômico e fisiológico, é que determinam a eficiência e a eficácia da técnica. Num bom português, você poderá ser mais eficiente e eficaz, alinhando o conhecimento de anatomia humana e pontos vitais, a um treinamento técnico e físico intensivo, de autodefesa. Você sabe qual é o grande problema? O grande problema é quando um professor de artes marciais sem o devido preparo, negligencia a ética e ensina determinadas técnicas para os seus alunos. Ensina sem se preocupar com a base, ensina sem se preocupar com o devido preparo dos seus alunos, inclusive o preparo emocional. Quando refiro-me ao preparo emocional, é com relação as consequências das suas ações; e isso é realmente muito grave.

No final do capítulo 55, nós vimos que pontos vitais são áreas vulneráveis do nosso corpo; áreas frágeis também conhecidas como pontos de pressão. Vimos que o conhecimento mais profundo desses pontos anatômicos serve sobretudo, para que nós nos protejamos e, protejamos o inconveniente. Esse conhecimento vai nos proporcionar mais confiança e segurança na aplicação das técnicas de autodefesa. Vimos também que o conceito, é preservar ao máximo, a integridade física do inconveniente. Comecei a praticar artes marciais (capoeira e shotokan) com aproximadamente, dez anos de idade. Fiz quatro anos de educação física e cinco anos de fisioterapia. Ao longo desses nove anos na universidade, me dediquei bastante ao estudo de anatomia humana. Nessa época treinava com afinco, duas modalidades de karate, shotokan e urucan; assim, passava grande parte do tempo no anatômico da faculdade, com o objetivo de me especializar em técnicas de traumatização, o que me proporcionou uma boa base em pontos vitais.

CABEÇA E PESCOÇO

Nós vamos dar início ao tema, começando o estudo pela cabeça e pescoço. Anatomicamente falando, se encaixam; foram feitos um para o outro. Perceba que o pescoço suporta o peso da cabeça, que por sua vez tem uma mobilidade incrível, capaz de girar em todas as direções. O pescoço não apenas une a cabeça ao tronco, mas também protege e abriga várias estruturas importantes, como a traqueia, o esôfago e a laringe; é formado por 7 (sete) vértebras cervicais que se estendem do crânio até a parte superior do tronco e, é estruturado por vários músculos que dão movimento à cabeça (estilo, milo, gênio, homo esterno, tireo hioideo, esternocleidomastoideo)

Vale ressaltar que os ossos que formam a calota craniana são muito fortes, capazes de proteger toda a massa encefálica. Na cabeça encontramos o cérebro – principal órgão e centro do sistema nervoso. O cérebro é protegido pela calota craniana, que forma uma cavidade onde ficam alojados, além do cérebro, vários órgãos dos sentidos - os olhos, o nariz e o pavilhão auditivo. Encontramos também o pescoço com toda aquela estrutura que nós já falamos, além dos vasos sanguíneos e nervos, presentes na região.

Na cabeça existe uma grande variedade de pontos vulneráveis, como a região temporal, o nariz, os olhos etc. que nós estudaremos detalhadamente, assim, por si só, ela é considerada um ponto vital. O crânio é uma superestrutura que repousa na cabeça e pescoço. O crânio é dividido em calota craniana (neurocrânio) e esqueleto facial (viscerocrânio). São vinte e dois os ossos cranianos e alguns ossos são pares, enquanto outros são únicos e não possuem um par correspondente.

No neurocrânio, por exemplo, temos: o osso frontal, o osso occipital, o osso esfenoide, o osso etmoide, os ossos parietais e os ossos temporais. No viscerocrânio temos: a mandíbula, o vômer, os ossos zigomáticos, os ossos maxilares, os ossos palatinos, os ossos nasais, os ossos lacrimais e as conchas nasais inferiores. Na cabeça existem estruturas anatômicas, pontos altamente vulneráveis, que nós vamos estudar um a um.

OLHOS

Uma dessas estruturas anatômicas são os olhos; cada olho possui um globo ocular, que fica no chamado forame orbitário, uma cavidade óssea no interior do crânio. Traumatismos na região orbitária são sempre preocupantes por motivos óbvios. Dependendo do tipo e da intensidade do traumatismo, podemos ter desde fraturas das paredes orbitárias até lesões graves como descolamento de retina e perfuração do globo ocular, levando à perda da visão. A anatomia do forame orbitário não facilita a retirada do globo ocular através de técnicas de artes marciais, como mencionado. Pelo contrário, qualquer tipo de lesão nesta área deve ser tratada com muito cuidado e por profissionais qualificados.

Eu me lembro do caso de um jogador de basquete; tratava-se de um jogador americano, mas que participava de um jogo da liga nacional australiana de basquete. Este atleta teve o seu olho deslocado, acidentalmente, pelo dedo de um adversário. Perceba que lesões oculares são mais comuns do que imaginamos; talvez você já tenha ouvido falar de um amigo de um amigo cujo olho pulou devido a um acidente automobilístico.

NARIZ

Outra estrutura anatômica frágil é o nariz. Posteriormente ao nariz, encontramos a cavidade nasal, que na verdade é composta por duas cavidades separadas por um septo nasal. O vômer é um osso ímpar e vertical que percorre o interior da cavidade nasal, separando os lados direito e esquerdo. O septo nasal é formado a partir da linha média do viscerocrânio, criando a divisão entre os dois lados simétricos da cavidade nasal. Dentro da cavidade nasal, existem estruturas chamadas de conchas nasais. Dependendo da força do traumatismo, lesões graves podem ocorrer na região do vômer, como fraturas a 45° na sua base, teoricamente atingindo o hipotálamo e causando sérias lesões cerebrais, oculares e neurológicas que podem levar à morte por parada cardiorrespiratória.

PAVILHÃO AUDITIVO

Outra estrutura anatômica muito frágil é o pavilhão auditivo, principalmente na sua base. Traumatismos nessa região podem causar graves lesões, como fraturas do canal auditivo externo e lesões das estruturas do ouvido médio, cápsula ótica e estruturas adjacentes, inclusive lesões cerebrais. O ouvido externo é composto pelo canal auditivo, enquanto o ouvido médio, também chamado de cavidade timpânica, contém o tímpano e três ossículos importantes (martelo, estribo e bigorna) que convertem mecanicamente as vibrações do tímpano e conduzem ao ouvido interno. No ouvido interno, encontramos o estribo, o nervo auditivo e a cóclea, também conhecida como caracol. Qualquer tipo de traumatismos nesta região compromete toda essa estrutura, podendo sobretudo, causar graves lesões cerebrais.

OSSOS TEMPORAIS

Os ossos temporais estão localizados próximos ao pavilhão auditivo. Traumatismos nessa região são potencialmente graves devido ao risco de lesões no nervo facial e no cérebro, já que os ossos temporais são bastante frágeis em comparação com os outros ossos que compõem a calota craniana.

MANDÍBULA

Outra estrutura anatômica importante é a mandíbula, também conhecida como maxilar inferior, que suporta a arcada dentária inferior. É um osso ímpar, muito resistente, que se articula com os dois ossos temporais através da articulação temporomandibular (ATM). Traumatismos na mandíbula podem ter consequências graves, não devido a algo específico naquela região, mas sim por causa da função de alavanca da mandíbula, que potencializa o impacto em um soco. Isso pode levar a uma rotação mais potente da calota craniana em relação ao encéfalo, causando uma desestrutura cerebral que pode resultar em perda completa do equilíbrio e dos sentidos.

CEREBELO

Outra estrutura vital é o cerebelo, que significa "pequeno cérebro" em latim. Ele está envolvido na coordenação do equilíbrio e postura corporal, bem como no controle dos movimentos voluntários dos músculos esqueléticos, audição, visão e tato. Traumatismos nessa região podem levar à descoordenação motora, perda de equilíbrio e dificuldade de realizar movimentos precisos e rápidos. Além disso, a lesão cerebelar pode causar fraqueza muscular, hipotrofia e perda do tônus muscular natural. Dependendo da intensidade do traumatismo, ele pode levar à morte.

OSSO HIOIDE

Um ponto vital muito importante é o osso hioide - também conhecido como osso hyoideum - que fica situado na região anterior do pescoço, abaixo da mandíbula e à frente da coluna cervical, na laringe. Ele não se articula com nenhum osso e é sustentado apenas pelos músculos do pescoço. Com formato de ferradura, o osso é suspenso das extremidades dos processos estiloides dos ossos temporais. Como consequência de um traumatismo no osso hioide, pode ocorrer o comprometimento das vias aéreas superiores, afetando a integridade da laringe, o que é fundamental para o processo respiratório. Portanto, um trauma nessa região é considerado grave, podendo levar o indivíduo à morte por insuficiência respiratória, como o edema de glote.

É possível perceber a laringe colocando os dedos médio e polegar um pouco acima do osso hioide. Se você tentar forçar um pouco mais, tentando unir os dedos, perceberá um espaço anatômico que facilitará o movimento, aumentando consequentemente o desconforto. Agora, imagine um traumatismo com potência (força x velocidade) nessa região.

O nervo vago é o décimo par craniano dos 12 pares de nervos cranianos existentes. Suas fibras incluem eferentes motoras e parassimpáticas e fibras aferentes sensitivas. A palavra aferente significa «da periferia em direção ao centro» - SNC (sistema nervoso central). O nervo vago ou pneumogástrico é o que possui maior área de inervação, indo até a região torácica e abdominal. Traumatismos na região do osso hioideo podem atingir o nervo vago, comprometendo a frequência cardíaca e respiratória.

CLAVÍCULAS

Outra estrutura anatômica bastante frágil, considerada um ponto vital, são as clavículas. A clavícula é um osso longo que se articula com o osso esterno - articulação esternoclavicular - e com o osso acrômio, a ponta do ombro - articulação acromioclavicular. Como consequência de um traumatismo na clavícula, podem ocorrer o rompimento dos ligamentos, alterando a relação da clavícula com o esterno e com o acrômio, ou mesmo uma fratura. São três as possibilidades: entorse, luxação ou fratura. Não é necessário um traumatismo com grande potência. Por exemplo, um traumatismo perpendicular no ponto certo já pode causar grande estrago. O resultado é uma intensa dor e a impossibilidade de mobilizar o braço, deixando o indivíduo em uma situação difícil em razão do quadro álgico.

MEDIASTINO

Outro ponto vital muito importante é a região do mediastino. As duas regiões pleuropulmonares são divididas pelo mediastino, que se estende desde o esterno até a coluna torácica, mais especificamente próximo à quarta vértebra torácica. Um traumatismo potente nesta região atinge áreas importantes como o coração, os pulmões e principalmente o diafragma, impedindo a entrada de oxigênio podendo levar o indivíduo à morte por insuficiência respiratória.

GENITÁLIA:

Um ponto importante a ser destacado é a região dos testículos, que é o ponto de pressão e não o pênis. Traumas nessa região podem causar danos sérios nos órgãos reprodutivos, além de um quadro de dor intensa e incapacitante, podendo levar à inconsciência.

RINS, FÍGADO E BAÇO:

Esses três órgãos são vitais e estudados simultaneamente por questões anatômicas óbvias. Os rins estão localizados na região posterior do abdômen, um em cada lado da coluna vertebral, sendo o direito abaixo do fígado e o esquerdo abaixo do baço. Traumas nesses órgãos podem causar edema e dor intensa devido ao derramamento de sangue na região, além de um aumento da pressão no abdômen que pode comprometer o suprimento de sangue dos órgãos adjacentes, levando a uma dor incapacitante e até mesmo à inconsciência.

COLUNA VERTEBRAL:

A coluna vertebral é um ponto vital, complexo e extremamente importante, formada por 33 ou 34 vértebras que protegem a medula espinhal e dividida em cinco partes. A coluna cervical possui sete vértebras cervicais, sendo a primeira chamada de atlas e a segunda de áxis, que sustentam o crânio. Traumas nessa região podem ser graves, levando à morte por insuficiência respiratória até a quarta vértebra cervical. Uma lesão nessa região também pode causar tetraplegia até o início da coluna torácica, e paraplegia em lesões mais abaixo. A medula espinhal se estende da base do cérebro até a área entre a parte inferior da primeira ou segunda vértebra lombar, e traumatismos nessa área podem levar a sequelas. É importante destacar que quanto mais alta a lesão, mais perigoso é.

NERVO ISQUIÁTICO

Na região próxima ao músculo piriforme, na altura do sacro, encontra-se o nervo isquiático, também conhecido como nervo ciático, que é o maior e mais longo nervo do corpo humano. Traumatismos nessa região podem comprometer o nervo isquiático, podendo causar a lombosacrociatalgia, um quadro clínico caracterizado por dor irradiante e incômoda nas pernas, dificuldade para se levantar e andar, além de formigamento nos dedos e na planta dos pés.

O nervo isquiático é formado por várias raízes e se inicia no final da coluna vertebral, passando pelos glúteos e pela parte posterior da coxa, até se dividir em tibial e fibular comum no joelho e continuar seu trajeto até os pés. Nesse percurso, pode causar dor com sensação de formigamento, pontadas ou choque elétrico.

JOELHO

O joelho é considerado um ponto vital e é composto pelos ossos da coxa (fêmur), da perna (tíbia) e a patela (rótula). A junção desses ossos é mantida pelos ligamentos: cruzado anterior, cruzado posterior, colateral interno e colateral externo, que são responsáveis por dar suporte à articulação. As cápsulas articulares e os meniscos também contribuem para a estabilidade da articulação.

Traumatismos mais perigosos ocorrem nas laterais do joelho, podendo comprometer os ligamentos colaterais interno ou externo, e na parte anterior do joelho, quando o joelho está estendido, podendo comprometer o ligamento cruzado anterior. Em casos de traumatismos com grande potência, todos os ligamentos do joelho e suas estruturas internas podem ser afetados, incluindo a cápsula articular, os meniscos, a membrana e o líquido sinovial. Um traumatismo no joelho pode resultar em entorse, luxação ou fratura, provocando dor intensa e impossibilidade de mobilização da perna.

TORNOZELO

O tornozelo também é considerado um ponto vital, e sua estrutura é composta por três ossos: tíbia, fíbula e tálus (ou astrágalo). A estabilidade do tornozelo é mantida por ligamentos, que fornecem suporte à articulação. O tornozelo é formado por três articulações: a tíbio-fibular, a tálocrural e a subtalar.

Traumatismos no tornozelo podem romper os ligamentos, afetando a relação entre a tíbia, a fíbula, o tálus e o calcâneo, ou mesmo causar fraturas. Entorses, luxações e fraturas são as possibilidades de lesões que podem ocorrer. O resultado é dor intensa e incapacidade de mobilização do pé, comprometendo a deambulação e a mobilidade.

É importante ressaltar que em todos esses casos de traumatismos, é essencial procurar um médico para avaliação e tratamento adequado, a fim de prevenir possíveis complicações e danos permanentes ao corpo humano.

Referências:

- Anatomia e da Fisiologia humana – capes.gov.br
- Anatomia Humana – ufsc.br
- KENHUB – Atlas Online Gratuito: Anatomia Humana – kenhub.com
- Livro-Atlas-de-Anatomia-Humana-Netter – blog.jaleko.com.br
- Corpo Humano 3d grátis – https://br.homeandgardenideas.com/

Capítulo 116

As doze camadas da personalidade

Neste centésimo décimo sexto capítulo, temos como objetivo específico identificar e conhecer as doze camadas da personalidade e entender a importância deste conhecimento no gerenciamento de comportamentos inconvenientes.

Este capítulo é dedicado ao Professor Olavo de Carvalho, cuja extravagância era investigar rigorosamente a verdade maior, Deus Trino, e a verdade daquilo cuja existência é inquestionável. Todas as vezes que o seu nome é mencionado, observamos uma segmentação da plateia em dois conjuntos distintos: os que o reverenciam e os que o abominam; isso é um fato, mas todos, de uma forma ou de outra, acabam reconhecendo a sua genialidade.

Em qual etapa da vida, em qual camada da personalidade nós nos encontramos? Ao fazer este curso com o professor Olavo de Carvalho, pude perceber com clareza que os nossos comportamentos, convenientes e inconvenientes, estão de alguma forma correlacionados com a camada da personalidade em que nos encontramos. Reconhecendo a camada da personalidade em que ambos se encontram, é possível identificar e entender o porquê daquele comportamento, seja ele incrivelmente equilibrado e agradável, ou inconveniente. Para o GPCI, foi algo espetacular!

É básico que saibamos que a nossa personalidade não é uma árvore que nasce pronta. Como uma semente, ela precisa passar por inúmeras transformações evolutivas, antes de se tornar uma árvore capaz de produzir frutos, capaz de alcançar um estágio onde alguma atividade intelectual seja razoável. Não estamos falando de idade cronológica, estamos falando do SER HUMANO ADULTO, isto é, aquele que reconhece que as suas obrigações sociais não bastam e sabe que existe algo muito maior, sublime, que dá sentido a vida. Alguém disciplinado que se propôs a estudar e refletir sobre ideias, com variados temas e com uma boa base ética; ideias boas, justas e que sempre priorizam o coletivo sobre o individual.

Antes de entrarmos no tema propriamente dito, vamos dar uma rápida passada por Sigmund Freud e Jean Piaget. De acordo com Freud, todos nós passamos por estas 5 fases de desenvolvimento: fase oral (0 – 1 ano), fase anal (1 – 3 anos), fase fálica (3 – 5 anos), fase de latência (5 – puberdade) e fase genital (puberdade – vida adulta). Enquanto Freud analisa as dimensões latente e manifesta do sonho, ou seja, analisa o sonho verdadeiro e sonho que nós contamos – sonho disfarçado, respectivamente, com o objetivo de explicar e justificar a relação entre sonho e estrutura inconsciente, Piaget se esmera em examinar e considerar o que está camuflado na psique, na alma, a partir da consciência.

Segundo Piaget, crianças seriam pessoas cuja inteligência apresenta padrões, características de egocentrismo intenso, que se resume na confusão entre significante e significado – signo linguístico. O termo significante (imagem acústica), é utilizado para designar algo que tem prioridade, que se sobrepõe ao significado (conceito).

Piaget diz que a criança se adapta ao mundo de forma cada vez mais satisfatória; assim propõe quatro estágios do desenvolvimento da criança: sensório motor (0 – 2 anos), pré-operatório (2 – 7 anos), operatório concreto (7 – 11 anos), operatório formal (12 – vida adulta).

Segundo o professor, todos os seres humanos possuem os mesmos instintos, necessidades, sentimentos e impulsos de base. A diferença entre uma pessoa e outra não está nesses elementos, mas sim na forma como eles se manifestam e se organizam. Essa forma é finita e transitória, mudando ao longo do tempo. O professor sugere que podemos observar essa forma ao analisar o comportamento de uma pessoa e buscar compreender qual é o objetivo dominante que orienta seus esforços. Ou seja, qual é a motivação principal que guia suas escolhas, emoções e comportamentos. Ao compreendermos essa chave, podemos entender melhor a personalidade de uma pessoa e seus padrões de comportamento. Podemos dar um exemplo: duas pessoas podem ter o mesmo objetivo de ganhar dinheiro, mas a forma como elas perseguem esse objetivo pode ser completamente diferente. Uma pode ser mais agressiva e competitiva, enquanto a outra pode ser mais tranquila e focada no trabalho em equipe. Ao entender qual é o objetivo dominante de cada pessoa, podemos compreender melhor suas escolhas e comportamentos.

O professor explica que, se observarmos um bebê recém-nascido, concluímos que o primeiro impulso, o primeiro desejo fundamental do bebê é a descoberta e a exploração do próprio corpo. O professor exemplifica que, para o bebê, tudo é muito estranho, ele repara o movimento das suas mãos, dos seus braços, dos seus dedos, dos seus pés, sempre com o objetivo de dominar tudo isso; o bebê vive numa busca constante pelo próprio prazer. Segundo Piaget, a criança nasce em um universo caótico, habitado por objetos flutuantes e instáveis, que ele chama de período sensório motor. O professor Olavo de Carvalho destaca que a busca pelo próprio prazer nunca desaparece, porque todos nós temos interesse no nosso próprio bem-estar pessoal e no nosso próprio corpo; ninguém é totalmente indiferente ao seu próprio corpo.

O professor explica que a própria disciplina corporal, que uma pessoa se impõe, é um esforço de apropriação do corpo. À medida que estamos tentando dominar o corpo, estamos buscando personalizá-lo. Ele exemplifica: quando decidimos fazer uma dieta, uma definição muscular ou uma prática de jejum prolongado, estamos tentando dominar nosso próprio corpo, buscando provar que ele é nosso e que não estamos dispersos naquele conjunto de órgãos, sistemas e impulsos, mas que existe um centro que domina tudo isso. Portanto, esse esforço de dominar e personalizar o próprio corpo é a primeira coisa que um bebê faz, a primeira camada da personalidade. Os níveis permanecem e estarão sempre presentes, nunca os perderemos.

Trazendo para o GPCI, um exemplo interessante para a primeira camada da personalidade pode ser uma pessoa que é muito dedicada à prática de exercícios físicos e cuidados com a alimentação, sempre buscando aprimorar seu corpo e sua saúde. Essa pessoa pode se esforçar para manter uma rotina de treinos intensos e seguir uma dieta rigorosa, buscando dominar seu corpo e torná-lo esteticamente agradável e saudável. Esse esforço de disciplina corporal pode ser uma forma de apropriação do próprio corpo, uma maneira de afirmar sua identidade e personalidade por meio da imagem que projeta para os outros. Assim, essa pessoa pode estar expressando uma das características da primeira camada da personalidade, que é a busca pela autossatisfação e o domínio do próprio corpo.

Outro exemplo interessante para a primeira camada da personalidade seria o de um bebê que está começando a engatinhar e a explorar o ambiente ao seu redor. O bebê pode estar interessado em descobrir novos objetos e texturas, mas sua motivação principal é explorar seu próprio corpo. Ele pode esticar os braços, dobrar as pernas e mover as mãos e os dedos, tudo em uma busca constante por novas sensações e prazeres corporais. Nessa fase, o bebê ainda não tem uma consciência clara do mundo exterior e de como ele funciona, mas está focado em conhecer e dominar seu próprio corpo, o que é essencial para seu desenvolvimento físico e mental.

O professor explica que, com o passar dos anos, ocorrerá uma transição para outros centros de interesse, nos quais os instintos corporais começam a se dirigir a vários elementos do mundo exterior. Ele exemplifica: uma criança tem prazer em comer determinadas coisas e tem horror em comer outras coisas, personalizando assim a expressão de seu instinto. O professor explica que todos nós temos um instinto básico de fome e que nossos instintos se equivalem de certa forma, mas que existe uma individualidade. Não gostamos sempre das mesmas coisas, nem preferimos o mesmo brinquedo ou atividade. Isso significa que a criança tomou posse de uma camada um pouco mais ampla do que seu próprio corpo, ou seja, houve uma evolução. A criança subiu um patamar, essa é a segunda camada da personalidade.

O professor Olavo de Carvalho chama essa segunda camada de círculo dos instintos, que se prolongam para além do corpo. Ele explica que selecionar e atender esses instintos é um esforço que vai muito além do domínio do próprio corpo, pois formamos os desejos predominantes. A evolução é um fato, subimos um patamar, nesse estágio podemos optar, podemos escolher comer várias coisas distintas. Um recém-nascido ainda não faz escolhas, não tem poder de decisão, ele come apenas aquilo que lhe é oferecido: leite, mingaus, sopinhas, etc. Ele não conhece esses alimentos a ponto de poder escolher. O professor nos convida a imaginar o tempo necessário para que uma criança adquira expertise e experiência suficiente para identificar o tipo de sopinha, a textura, o sabor, o tempero e a temperatura. Ele diz que, no início, a criança não percebe a diferença das papinhas, mas com o tempo, ela vai personalizando tudo isso. A segunda camada da personalidade é exatamente essa personalização dos gostos, dos desejos e das preferências; e esse discernimento permanece em nós pelo resto da vida.

Trazendo para o GPCI, um exemplo interessante para a segunda camada da personalidade seria o de um adolescente que está descobrindo seus interesses e paixões. Ele pode começar a se interessar por música, cinema, esportes ou qualquer outra atividade que lhe traga prazer e satisfação. À medida que ele explora essas atividades, ele começa a desenvolver um gosto pessoal e a criar um senso de identidade em relação aos seus interesses. Por exemplo, ele pode descobrir que é apaixonado por música e prefere ouvir rock em vez de música pop, ou que é um fã de futebol e torce para um time específico. Essas escolhas e preferências são fundamentais para a formação de sua personalidade e podem influenciar seus comportamentos e decisões ao longo da vida.

Um segundo exemplo interessante para a segunda camada seria a escolha de um hobby ou atividade preferida. Por exemplo, uma pessoa pode ter um interesse especial por música desde muito jovem e, ao longo dos anos, desenvolver um gosto mais refinado e específico dentro desse universo. Ela pode preferir um determinado gênero musical ou um instrumento em particular e ter uma compreensão mais profunda sobre a história e a técnica envolvidas na música que mais gosta. Essa escolha e desenvolvimento de um interesse específico é uma expressão da personalidade, pois reflete as preferências e inclinações únicas daquela pessoa. Mesmo que outras pessoas também gostem de música, cada uma terá uma relação individual com esse interesse e sua própria forma de se expressar dentro desse universo.

O professor sempre insiste em lembrar que cada uma dessas camadas da personalidade permanece em nós para sempre. Da mesma forma que os níveis de força se integram nos níveis seguintes, cada camada é integrada na camada seguinte e se torna uma expressão da seguinte. No entanto, na medida em que isso acontece, a camada seguinte a transcende e muitas vezes a supera de forma gigantesca. Essa é a grande diferença dos níveis de força: neles, os níveis anteriores são fortalecidos e não são transcendidos pelos níveis seguintes. Com relação às camadas, o professor explica que o corpo da criança na primeira camada era soberano e representava o universo. O círculo das atividades que uma criança de três ou quatro anos gosta ou não transcende infinitamente o tamanho e a esfera do seu próprio corpo. O professor esclarece que o corpo permanece dentro da segunda camada, mas foi colocado de lado, deixando de ser o objeto de atenção e passando para um segundo plano, enquanto o foco de interesse avança para uma camada ainda maior.

O professor chama a terceira camada da personalidade de círculo das relações sociais, que também supera infinitamente o círculo dos instintos corporais, ou seja, a camada daqueles banais sabores e instintos. Ele explica que, nessa camada, nós precisamos adquirir novos códigos e possibilidades de ação que não enxergávamos na camada anterior, porque eram inconcebíveis para nós. Descreve que uma criança que está na segunda camada não faz muita diferença entre pessoas e coisas, no que diz respeito à sua conduta com aquela pessoa ou no tratamento daquela coisa. Assim, a diferença entre alguém dotado de vontade própria, como um ser humano, e um cachorro, um gato, um simples carrinho de madeira ou uma boneca de pano, não é algo evidente para a criança, porque ela os vê apenas como seus objetos de desejo e não como figuras externas que têm uma vida ou uma existência independente.

O professor explica que a terceira camada, círculo das relações sociais, nos faz perceber que os outros não são nós mesmos, mas também decidem, geram ações e significam algo, e que não podemos submetê-los aos nossos desejos. O professor diz que essa é uma descoberta formidável porque nós descobrimos que não mandamos no mundo, descobrimos que precisamos nos relacionar com todos esses seres e, que ainda precisamos aprender a regra do jogo. Nesta fase, para nós conseguirmos o que queremos, existem outras táticas menos infantis, existem linhas de ação e estratégias mais inteligentes, não rola mais aquela artimanha de gritar e fazer força.

O professor explica que a criança, na primeira camada, demonstra seu desejo chorando ou gritando, mas, em seguida, na segunda camada, aprende a fazer força para conseguir o que quer. Ele explica que, na primeira camada, quando uma criança está manipulando um brinquedo e ele não procede da forma como ela deseja, ela simplesmente o destrói ou joga para o alto. Se ela estiver brincando com um amigo, irmãozinho, gato ou cachorro, procederá da mesma forma, como se o outro não tivesse seus próprios desejos e vontades, sempre reivindicando sua força física.

Trazendo um exemplo interessante para a terceira camada do GPCI, imagine um grupo de amigos jogando futebol em um parque e um deles sendo mais habilidoso e marcando muitos gols. Nessa segunda camada da personalidade, a criança que não consegue marcar tantos gols pode ficar frustrada e tentar derrubar o amigo mais habilidoso, fazendo faltas ou desrespeitando as regras do jogo. Na terceira camada, a criança aprende que não pode simplesmente desrespeitar as regras para conseguir o que quer e que precisa aprender novas estratégias para ser mais efetiva no jogo. Ela pode tentar aprender novas habilidades, pedir ajuda aos amigos ou tentar se posicionar melhor no campo para ter mais chances de marcar um gol. A criança também entende que o amigo habilidoso tem suas próprias habilidades e merece respeito e consideração, mesmo que esteja vencendo o jogo. Dessa forma, a terceira camada da personalidade ajuda a criança a desenvolver suas habilidades sociais e entender que os outros têm seus próprios desejos e vontades, que devem ser respeitados.

Outro exemplo que ilustra a terceira camada da personalidade seria o de uma criança que está brincando com seus amigos no parquinho. Digamos que a criança quer brincar no escorrega, mas outro amigo já está usando. Na primeira camada, a criança poderia chorar, gritar ou até mesmo tentar empurrar o amigo do escorrega. Na segunda camada, a criança poderia fazer força e tentar tirar o amigo do escorrega à força. No entanto, na terceira camada, a criança aprende a se comunicar e negociar com o amigo, talvez sugerindo que eles alternem turnos ou encontrem outra atividade para fazer juntos. A criança percebe que outras pessoas têm seus próprios desejos e vontades, e que precisamos encontrar maneiras de cooperar e compartilhar recursos para viver em sociedade de forma saudável e respeitosa.

O professor esclarece que, na terceira camada da personalidade - o círculo das relações sociais - existe um imenso oceano de relações, regras e signos. O signo é o elemento básico de entendimento de um código, e o signo linguístico é composto pelo significante e pelo significado. Esse mundo também envolve a comunicação, ou seja, todas as linguagens verbais, não verbais e paraverbais. Trata-se, portanto, de um mundo gigantescamente mais complicado, e desse acúmulo de experiências forma-se então um quarto círculo.

O professor chama a quarta camada de "mundo dos sentimentos historicamente consolidados". Ou seja, nós já temos uma história respeitável. As coisas passam a ter uma significação temporal, abrindo-se o mundo do tempo. Nós já vivenciamos muitas coisas e possuímos coisas que pertencem a um passado, talvez não tão distante, mas a distinção entre passado, presente e futuro torna-se importante demais. O professor explica que agora somos capazes de fazer uma história do nosso sucesso e das nossas frustrações, a partir da qual delineamos esperanças, objetivos e sonhos. É toda uma personalização do mundo emocional.

O professor explica que é muito difícil saber exatamente a questão da formação do EU, mas nós descobrimos o EU quando descobrimos que existe o OUTRO. O EU se forma junto com o entendimento do outro, quando percebemos que o outro existe.

Segundo o professor, quando chegamos à quarta camada - o mundo dos sentimentos - já temos uma história pessoal, inclusive com relato dos próprios sentimentos. É nessa camada que os nossos planos são traçados pela primeira vez; os nossos sonhos e aspirações são projetados e planejados. É a primeira vez que sonhamos com o futuro, sonhamos com algo que gostaríamos de ter ou ser. Na quarta camada, temos consciência do abismo que existe entre o real e o imaginário, e descobrimos que em torno de uma determinada situação existe todo um mundo de signos, desejos, aspirações e símbolos. Parte desse mundo podemos dividir com outras pessoas, mas ele se distingue nitidamente do mundo físico. Sabemos que tudo aquilo é real, mas não está fisicamente presente. Esse mundo dos sentimentos e emoções está dentro de nós, acessível apenas para nós que estamos sentindo aquilo. Mesmo que outra pessoa sinta a mesma coisa, só saberemos através de sinais externos, percepção ou comunicação, por isso é chamado de mundo dos sentimentos ou ainda, mundo das emoções. Não há sinergia ou sintonia imediata do sentimento.

O professor Olavo de Carvalho complementa o texto fazendo uma analogia, explicando que, por outro lado, essas emoções englobam a totalidade da nossa experiência e que estamos dentro delas como se estivéssemos em uma grande bolha da qual não conseguimos sair. Somos rodeados por um estado de medo e tristeza, e não conseguimos escapar dessa atmosfera de sentimentos, que parece estar espalhada no espaço como uma bolha. O professor exemplifica essa situação com a seguinte expressão: "Eu preciso sair dessa!". Ele explica que essa locução não existiria se não estivéssemos vivenciando essa experiência de estar dentro de uma atmosfera de sentimentos.

Na primeira e na segunda camada, como bebês, buscávamos a satisfação física agindo apenas sobre nosso próprio corpo e, na segunda camada, agindo sobre objetos ao nosso redor. Na quarta camada, buscamos modalidades mais sutis de satisfação, como satisfações emocionais, que envolvem a busca pela felicidade e a fuga da infelicidade. Essa busca forma para sempre a constelação de símbolos e signos que representam para nós a felicidade, o infortúnio, a alegria, a tristeza e assim por diante.

O professor explica que a quarta camada é um período de intensa busca por autossatisfação. Os adolescentes buscam, insistentemente, situações que lhes pareçam estimulantes, como aventuras, festas, esportes, passeios e até mesmo encrencas. Nessa camada, buscamos sentir determinadas coisas e evitar outras; é uma busca obsessiva. Essa busca se conserva dentro de nós, mas chega a um ponto em que se esgota e a mera busca pelo sentimento não resolve mais a situação. A experiência se torna repetitiva e sempre fadada ao fracasso.

Trazendo para o GPCI, um exemplo interessante para a quarta camada pode ser uma pessoa que busca incessantemente a sensação de sucesso e realização pessoal ao longo da vida, evitando a sensação de fracasso e frustração. Essa pessoa pode traçar planos e objetivos, criar sonhos e aspirações e se dedicar intensamente a alcançá-los, mas muitas vezes acaba se sentindo insatisfeita e infeliz mesmo quando atinge seus objetivos. Ela pode tentar preencher essa lacuna com novos objetivos e conquistas, mas eventualmente percebe que a busca obsessiva pelo sucesso não é suficiente para proporcionar uma sensação duradoura de felicidade e realização. Nesse momento, ela começa a buscar uma compreensão mais profunda de si mesma, de seus desejos e valores, e percebe que a verdadeira felicidade não depende apenas de realizações externas, mas também de uma conexão autêntica consigo mesma e com os outros.

Um outro exemplo interessante para a quarta camada, onde buscamos modalidades mais sutis de satisfação emocional, é uma pessoa que almeja reconhecimento e sucesso profissional. Ela traça planos e metas para alcançar uma posição de destaque na carreira, acreditando que isso lhe trará satisfação e felicidade. Ela trabalha duro, se esforça e, finalmente, alcança o sucesso almejado. No entanto, após algum tempo, ela começa a perceber que esse sentimento de realização profissional não é suficiente para preencher outros vazios emocionais em sua vida, como relacionamentos pessoais e familiares, e começa a buscar outras formas de satisfação. Essa busca obsessiva pela satisfação emocional é um exemplo típico da quarta camada. O professor explica que há um momento na vida em que percebemos que, se quisermos verdadeiramente estabilizar determinados sentimentos, a primeira coisa que precisamos aprender é a sentir-nos bem conosco mesmos, e que isso definitivamente não é a mesma coisa que buscar a felicidade. Dessa forma, adentramos na quinta camada.

O professor Olavo de Carvalho explica com mais detalhes essa passagem para a quinta camada, dizendo que a felicidade é sempre algo que vem de fora, uma situação, um estado ou um dom que recebemos. Por exemplo, se nos apaixonamos por alguém, nossa felicidade dependerá da reciprocidade dessa pessoa, e a maior infelicidade seria a indiferença. O professor coloca que, após a continuidade dessas experiências emocionais, aventuras, festas, esportes, passeios e encrencas, chega um momento em que percebemos que, de uma forma ou de outra, somos os autores de nossos próprios estados, ou seja, grande parte do que sentimos não depende do que os outros fazem, mas sim do que nós fazemos. É o momento exato de tomarmos posse de nós mesmos, não apenas no sentido corporal da primeira camada, mas no sentido existencial total. Nesse ponto, precisamos provar que somos os donos de nosso próprio destino, e assim adentramos na quinta camada.

Na quinta camada, é necessário aprender a "sentir-nos bem conosco mesmos", ou seja, é uma busca interna e não mais externa, como na busca pela felicidade. Um exemplo interessante para essa camada seria o seguinte: imagine uma pessoa que sempre buscou a aprovação dos outros para sentir-se bem consigo mesma, seja na aparência, na forma de se vestir ou na forma de se comportar. No entanto, essa busca incessante pela aprovação alheia nunca a satisfaz completamente e a faz sentir-se insegura e insatisfeita. Na quinta camada, essa pessoa percebe que a aprovação e a aceitação de si mesma são mais importantes do que a dos outros, e começa a trabalhar a sua autoestima e autoconfiança, buscando conhecer-se melhor e aceitar-se como é, sem depender da validação externa. Dessa forma, encontra a verdadeira satisfação emocional e não depende mais da opinião dos outros

O professor explica que a partir de agora, o critério de avaliação não será mais baseado em felicidade versus infelicidade, mas sim em vitória versus derrota. Ele enfatiza a importância de vencer e provar a nós mesmos que somos capazes. Na quinta camada, é essencial que tomemos posse de nossa força e nos sintamos capazes de criar situações que dependem exclusivamente de nós mesmos. Isso significa que o grau de felicidade ou infelicidade que recebemos de fora já não é tão importante, pois encaramos até mesmo os fatores que poderiam nos deprimir como desafios a serem superados.

O professor explica que na quinta camada, precisamos sair vencedores em tudo, mas ele deixa claro que estamos fazendo isso para nós mesmos. A vitória é subjetiva, pois se trata de conseguir olhar para nós mesmos com orgulho. Este orgulho é fundamental neste período, mas um dia todos nós saímos da adolescência, precisamos ir além de provar o nosso próprio valor.

O professor destaca que cada uma das camadas anteriores é importante e se mantém presente na quinta camada, mas agora elas se tornam ferramentas para atingir um objetivo maior. Na quinta camada, buscamos a vitória e a sensação de nosso próprio valor e nos entregamos completamente a isso. Nossa vida emocional se torna um fator que pode produzir vitórias ou derrotas, e precisamos aprender a ter controle sobre nossos sentimentos para consolidarmos nosso valor.

O professor esclarece que todos os aprendizados das relações sociais, linguagem e signos ainda estão presentes, mas agora estão organizados em razão de um novo objetivo. Tudo está lá, mas agora se integra diferentemente em uma camada superior.

Trazendo para o GPCI vamos para mais um exemplo, suponha que uma pessoa esteja na quinta camada buscando a vitória e o sentimento do seu próprio valor. Ela está em uma competição esportiva, e seu adversário é um atleta muito forte e habilidoso. A pessoa sabe que a derrota é uma possibilidade, mas ela está determinada a vencer e provar para si mesma que é capaz. Durante a competição, a pessoa começa a sentir a pressão da situação e seus pensamentos ficam confusos. Ela percebe que está ficando ansiosa e insegura, o que pode atrapalhar seu desempenho. Então, ela decide reprimir esses sentimentos e focar na estratégia que planejou para vencer o adversário. Ao longo da competição, a pessoa enfrenta momentos difíceis e incertos, mas ela se mantém concentrada e confiante. Ela usa todas as habilidades que aprendeu nas camadas anteriores para superar os desafios, como a capacidade de lidar com emoções negativas e a habilidade de se comunicar de forma clara e eficaz. No final, a pessoa consegue vencer a competição, e sente um grande orgulho de si mesma por ter superado seus próprios limites e conquistado a vitória. Mesmo sendo o adversário um forte competidor, a pessoa sabe que venceu a si mesma ao controlar suas emoções e se concentrar no objetivo de vencer. Esse exemplo mostra como a quinta camada pode ser aplicada em situações concretas, como uma competição esportiva, e como as habilidades e conhecimentos das camadas anteriores se integram para atingir um objetivo maior.
Parte inferior do formulário

O professor Olavo de Carvalho explica que, uma vez que conquistamos o mínimo indispensável de autoconfiança para sobreviver no meio social, precisamos avançar para uma outra camada. Na Sexta Camada, o que verdadeiramente importa é obtermos resultados reais. Já não se trata mais apenas de sentir a nossa força ou de provar nosso valor, como na quinta camada. O professor exemplifica que, se conseguimos um emprego, não basta apenas sentir que somos bons no que fazemos, é preciso que tenhamos a obrigação de produzir algo concreto e funcional no ambiente de trabalho, alcançando resultados objetivos.

Segundo o professor, a sexta camada é acima de tudo de responsabilidade contábil, em que o que importa é o crédito superando o débito, ou seja, obtermos um resultado positivo. Entretanto, isso pode nos levar ao estresse e à exaustão, já que precisamos nos preocupar com horários e a distribuição de nossa energia. Além disso, nosso repouso e descanso precisam estar inseridos dentro de uma «grande estrutura» que visa objetivos que não são nossos. Precisamos nos sacrificar para alcançar resultados concretos, pois o crédito deve sempre superar o débito.

Trazendo para o GPCI, vamos para mais um exemplo: imagine que você acabou de ser contratado como gerente de uma pequena loja de roupas. Na quinta camada, você teria ficado extremamente feliz por ter conseguido o emprego e teria se concentrado em provar a si mesmo que é capaz de realizar as tarefas do cargo. Mas agora, na sexta camada, você precisa mostrar resultados concretos. Você tem uma meta mensal de vendas que precisa ser cumprida e precisa garantir que a loja esteja funcionando de maneira eficiente e lucrativa. Você se esforça para gerenciar as finanças da loja, controlar o estoque e coordenar as atividades dos funcionários para garantir que todos estejam trabalhando em conjunto para alcançar a meta. Você se preocupa com os horários e com a distribuição de sua energia para conseguir manter o ritmo acelerado de trabalho. Às vezes, você precisa trabalhar horas extras e sacrificar seus dias de folga para garantir que a loja esteja funcionando bem. Mas, ao final do mês, você consegue alcançar a meta de vendas e receber elogios dos superiores, o que lhe dá a sensação de dever cumprido e o reconhecimento pelo seu esforço.

O professor Olavo de Carvalho explica que após essa conquista, a de fazer algo concreto, normalmente a ficha cai, as escamas dos olhos caem e a gente passa a enxergar com mais nitidez; a gente percebe que existem outras pessoas que se relacionam conosco e que também estão buscando os mesmos objetivos e vantagens, e que não nos consideram seres superiores. Cada uma delas tem suas metas e desejos e não permitirão que nos intrometamos em suas vidas. Pela primeira vez, acordamos e descobrimos que não somos os únicos com propósitos e sonhos, e que ninguém considera nossos objetivos como os mais importantes. Isso significa que entramos na sétima camada.

O professor ilustra que, na sétima camada, a consciência dos direitos e deveres é algo que percebemos com bastante clareza, sendo algo fundamental. Nessa camada, não se trata apenas de organizar nossa vida e encaixá-la em uma «estrutura maior» que nos rende alguma coisa, mas sim de adaptar nosso esquema, disciplina e organização pessoal no relacionamento com os outros. É exatamente nessa etapa, a sétima camada, que desenvolvemos o entendimento de cidadania, ou seja, saber que temos direitos e deveres limitados, assim como os outros, e que nossa autoridade é limitada e deve ser exercida.

O professor Olavo de Carvalho explica que esse autodomínio dos direitos e deveres chega até nós, não apenas na forma especulativa de um código penal (que estudamos apenas para conhecer, não para praticar) ou na forma dos dez mandamentos, mas na forma de um código de lealdade que vigora no ambiente em que estamos e que precisamos seguir. Nessa sétima camada, precisamos aprender a lidar com tudo isso. O professor faz um duplo e incisivo questionamento: «Eu serei um bom colega dos meus colegas e seguirei uma linha contrária, talvez aos meus princípios e padrões de conduta da minha empresa, ou me comprometerei com meus superiores hierárquicos e cumprirei meu dever na íntegra, seguindo as normas e diretrizes da minha empresa?»

O professor explica que é uma situação difícil, e faz a seguinte reflexão: se demonstrarmos competência e agradarmos nossos superiores, seremos desprezados e execrados pelos colegas, mas teremos mais chances de evoluir e crescer na empresa. Essas estratégias ocultas de convivência no trabalho fazem parte de um aprendizado natural e são fundamentais para nossa sobrevivência. Na sétima camada, as estratégias não visam apenas produzir um rendimento para nós, mas também obter o apoio da comunidade. Precisamos conquistar o respeito da comunidade, aprender a usar a inteligência emocional e, quem sabe, até sermos admirados pela comunidade, sem sermos hipócritas ou demagogos, mas sim justos e leais, de acordo com as normas e diretrizes vigentes no local de trabalho.

Trazendo para o GPCI, um exemplo interessante para a 7ª camada seria o de um funcionário que trabalha em uma empresa e é promovido para uma posição de liderança. Ele precisa lidar com a pressão de cumprir as metas da empresa, mas também precisa gerenciar uma equipe de colegas que têm suas próprias expectativas e necessidades. Nessa situação, ele precisa desenvolver habilidades de liderança e de comunicação, para inspirar e motivar a sua equipe a alcançar os objetivos da empresa, enquanto ainda mantém o respeito e a confiança dos seus colegas. Ele precisa ser justo e imparcial nas suas decisões, mas também precisa ser sensível e empático às preocupações e necessidades da sua equipe. Ao equilibrar essas demandas conflitantes, ele constrói um ambiente de trabalho saudável e produtivo, onde todos se sentem valorizados e motivados a contribuir para o sucesso da empresa.

Vamos a outro exemplo: imagine que você trabalhe em uma empresa que possui uma cultura de trabalho muito competitiva, na qual os funcionários frequentemente tentam sabotar uns aos outros para obter vantagens pessoais. Você é um profissional ético e comprometido, e se sente desconfortável com esse ambiente hostil. Nessa situação, você pode escolher seguir duas estratégias diferentes. A primeira seria tentar agradar seus superiores hierárquicos a todo custo, mesmo que isso signifique agir de maneira antiética e sabotar seus colegas de trabalho. Isso poderia render uma promoção ou um aumento de salário, mas também geraria conflitos com seus colegas, que o veriam como um inimigo. A segunda estratégia seria adotar uma postura mais colaborativa, buscando estabelecer uma relação saudável com seus colegas de trabalho, sem deixar de cumprir suas obrigações profissionais. Isso pode ser mais desafiador, pois exigiria que você se esforçasse para construir uma relação de confiança com seus colegas, enquanto ainda cumpre as expectativas de seus superiores. Em ambos os casos, é importante que você tenha consciência dos seus direitos e deveres, e respeite as normas e diretrizes da empresa em que trabalha. Isso significa que você precisa encontrar um equilíbrio entre suas responsabilidades profissionais e sua relação com os outros colegas, para que possa ser considerado um membro valioso e respeitado naquela comunidade de trabalho. A sétima camada é realmente importante para a nossa adaptação e convivência em sociedade. Lembre-se sempre de buscar o equilíbrio entre seus direitos e deveres, e de respeitar o código de lealdade e as normas vigentes no ambiente em que você está inserido. Dessa forma, você poderá conquistar o respeito e a admiração da comunidade, sem precisar ser hipócrita ou demagogo.

Percebam que estamos na sétima camada da personalidade. O professor explica que nosso foco agora é aprender esses códigos de lealdade, mas, sobretudo, adquirir competência para colocá-los em prática. Indiscutivelmente, a opinião do público passa a ser ainda mais relevante, e nosso futuro depende dessa opinião. O professor explica que, para conseguirmos um lugar ao sol na sociedade, precisamos ser aceitos pela comunidade. Assim, sabedoria, habilidade, perspicácia, competência e criatividade são palavras-chave para conseguirmos agradar nossos superiores sem perder, por completo, o elo de solidariedade com os antigos colegas. Precisamos exercer nossa autoridade, conscientes de que ela é limitada, mas deve ser exercida.

Ainda interiorizados na sétima camada, o professor chama a atenção para a existência de uma possível e pequena preocupação quanto à justiça ou injustiça resultante dessa nossa conduta infame de se prostrar para o código de lealdade. Mas apesar de ser uma preocupação presente, essa aflição, essa ansiedade ainda não é o centro das atenções. O professor coloca que nossos esforços ainda estão fortemente focados em uma acomodação social, através da adaptação e aprendizado do código vigente naquele ambiente, e não no julgamento.

O professor Olavo de Carvalho explica que só depois de termos logrado êxito, isto é, estarmos bem acomodados socialmente, somos impulsionados e nos sentimos capazes de fazer uma completa análise, avaliação e estudo da situação, onde finalmente nos questionamos sobre: *"O que eu fiz da minha vida? O que eu fiz foi justo ou injusto? É isso que eu quero? Eu sou um fracasso ou sucesso?"* E por aí vai. O professor explica que somente quando estamos nesse ponto, somos seres humanos verdadeiramente maduros, não apenas indivíduos, mas homens adultos que têm autoconsciência, capazes de se autojulgar, lúcidos de que as nossas obrigações sociais não são suficientes. Existe, para além das obrigações sociais, algo muito maior; existe uma consciência moral, uma segurança interior imediata de que alguns comportamentos são corretos e outros não. Assim, tendo o discernimento como palavra-chave, entramos na oitava camada.

Trazendo para o GPCI, na oitava camada da personalidade, o foco está na capacidade de discernimento e na consciência moral. Um exemplo dessa camada seria um indivíduo que, depois de passar anos acomodando-se socialmente e seguindo os códigos de lealdade impostos pelo seu ambiente de trabalho, começa a questionar suas ações e busca desenvolver um senso crítico mais aguçado. Ele percebe que algumas das coisas que fez no passado não foram necessariamente justas ou éticas e que há um dever maior em ser verdadeiro consigo mesmo e com os outros. Assim, ele passa a agir de acordo com sua própria consciência, mesmo que isso signifique ir contra as expectativas do grupo ou da sociedade em que vive. Ele se torna um indivíduo mais autêntico e maduro, capaz de tomar decisões baseadas em sua própria moralidade e não apenas em pressões externas.

O professor sempre procura reiterar que, para quem está em determinada camada, os objetivos da camada seguinte são incompreensíveis, inacessíveis e invisíveis. Ele exemplifica: para um bebê que está em plena segunda camada, como ser, só ele existe e o mundo ao seu redor é objeto. Dessa forma, ele tentará submeter fisicamente as coisas, forçando o brinquedo a fazer o que ele quer e o cachorrinho a fazer o que ele quer. Uma pessoa individualista, que está na segunda camada, age da mesma maneira. O professor explica que a segunda camada é quando forçamos tudo, forçamos a natureza. Ele ressalta que a próxima camada, que é uma etapa de intercomunicação e negociação, é inimaginável para aqueles que estão na segunda camada. Qualquer sinal que venha das camadas superiores é incompreensível para nós e será interpretado dentro da própria camada em que nos encontramos como algo inacessível. Ele exemplifica que muitos pais tentam dar explicações a uma criança que está em plena segunda camada: *"Não, você não pode fazer isso, você não pode fazer aquilo, por isso, isso e isso..."*. O professor Olavo explica que a criança interpreta tudo isso como uma imposição física em resposta ao tédio, e não consegue entender uma única palavra. Para uma criança em plena segunda camada, da mesma forma que ela aceita uma ordem, ela não aceita explicações, broncas ou conjecturas - isso é descabido. Ela simplesmente não aceita, assim, devemos apenas falar "NÃO" e pronto. O professor conclui que broncas e explicações na segunda camada apenas servem para enervar e deixar a criança ainda mais rebelde e entediada.

Trazendo para o GPCI, um exemplo interessante para a segunda camada seria o comportamento de um adolescente rebelde que se recusa a seguir as regras impostas pelos pais e pela sociedade em geral. Nessa camada, a pessoa age de forma egoísta e individualista, buscando apenas satisfazer seus próprios desejos e vontades, sem se importar com as consequências de suas ações. O adolescente pode desafiar autoridades, fazer escolhas impulsivas e ignorar conselhos, agindo como se fosse o centro do universo. Ele não entende que existem normas e regras sociais que devem ser seguidas para o bem coletivo, e enxerga apenas as imposições dos pais e da sociedade como uma tentativa de controlá-lo. Assim como um bebê que tenta forçar a natureza, o adolescente tenta forçar o mundo a se adaptar aos seus desejos, sem compreender que a vida exige responsabilidade e comprometimento com o bem comum.

O professor esclarece que da mesma forma que uma criança na segunda camada tem dificuldade em compreender os objetivos da camada seguinte, uma criança na terceira camada tem dificuldade em compreender o mundo das emoções pessoais. Ele explica que por esse motivo os adolescentes parecem insensíveis e cruéis. Na terceira camada, estamos no mundo dos jogos, da interação, da troca e da descoberta da linguagem como um instrumento de ação para conquistar o mundo.

O professor descreve e explica que tudo isso ocupa tanto a mente dos adolescentes que é impossível para eles imaginar que as suas atitudes cruéis e insensíveis possam magoar ou ferir outra pessoa. Eles não conseguem entender o que é magoar, tampouco conseguem entender que esse comportamento é prejudicial. O professor esclarece que a temática da próxima camada é incompreensível e invisível para aqueles que estão na terceira camada, como no exemplo dado.

Trazendo para o GPCI, um exemplo interessante para a 3ª camada seria o de um adolescente que está em um grupo de amigos e faz uma brincadeira que acaba magoando um deles. Para o adolescente, aquela brincadeira era apenas uma forma de se divertir e interagir com os amigos, e ele não consegue compreender como aquilo pode ter ferido os sentimentos do outro. Na terceira camada, as emoções pessoais são incompreensíveis, e o adolescente pode até mesmo achar que o amigo está exagerando ao se sentir magoado. Ele ainda está aprendendo a lidar com as nuances da linguagem e das relações sociais, e por isso pode cometer erros sem perceber as consequências emocionais de seus atos.

O professor explica que somente quando chegamos à quarta camada, somos capazes de entender algo tão óbvio; pela primeira vez, nossos planos são traçados, e começamos a sonhar com o futuro, com algo que desejaríamos ser ou ter. Passamos a ter consciência do vácuo existente entre o real e o imaginário, e descobrimos que em torno de uma determinada situação, existe todo um mundo de signos, desejos, aspirações e símbolos.

O professor nos faz refletir sobre como é pobre a situação da sociedade em que vivemos, aconselhando-nos a observar em torno, de preferência com o coração. Como Antoine de Saint-Exupéry disse: o essencial é invisível aos olhos. Assim, podemos enxergar a multidão de pessoas incapazes, mas que querem ser felizes e contam com os outros para isso, contam com a proteção dos outros. São pessoas que buscam atenção, carinho, espaço, mas não são capazes de fazer absolutamente nada, e pior, não tentam ser capazes. O professor prossegue explicando que essas pessoas fogem dos desafios da vida, ou seja, nem chegaram à quinta camada. E ele completa: isso é uma tragédia!

Trazendo para o GPCI, vamos a um exemplo de quarta camada; um jovem universitário começa a vislumbrar sua carreira profissional e suas ambições futuras. Ele passa a traçar planos para o futuro, estudar com mais afinco e se dedicar às atividades extracurriculares que possam ajudá-lo a alcançar seus objetivos. Ele percebe que para alcançar seus sonhos, é necessário uma preparação adequada, e destacar-se em sua área de atuação. Ele começa a pensar em estratégias para se destacar no mercado de trabalho e começa a se preparar para competições e processos seletivos. O jovem universitário começa a ver o mundo ao seu redor de forma mais ampla e a perceber as oportunidades que surgem no seu caminho.

Outro exemplo interessante para a 4ª camada é o de uma pessoa que está planejando sua carreira profissional. Nessa camada, ela começa a ter consciência de suas habilidades e interesses e passa a traçar planos e metas para alcançar o sucesso em sua área de atuação. Ela entende que existem etapas a serem cumpridas, como estudar, adquirir experiência, buscar contatos e se destacar no mercado de trabalho. A pessoa também começa a compreender a importância de construir uma imagem profissional positiva e de se comunicar bem, tanto no ambiente de trabalho quanto nas redes sociais. Ela se vê como protagonista de sua própria história e acredita que pode alcançar seus sonhos dedicando-se e empenhando-se para isso.

O professor explica que só na oitava camada, a camada do "homem adulto", nós, seres humanos, passamos a ter consciência de que nossas obrigações sociais não são suficientes; percebemos que há uma grandeza no sentido da vida, na consciência moral, no discernimento e assim por diante. Ele destaca que é claro e evidente que já conhecíamos o certo e o errado, mas é somente nesse ponto, na camada do "homem adulto", que interiorizamos efetivamente a questão do discernimento. Para qualquer pessoa que esteja nas camadas anteriores - sétima, sexta, quinta etc. -, o certo e o errado são elementos do mundo exterior. Na oitava camada, o discernimento está dentro, interiorizado.

Trazendo para o GPCI, um exemplo interessante para a 8ª camada seria o de um homem de negócios bem-sucedido que, apesar de ter alcançado todos os seus objetivos materiais, começa a questionar o sentido da sua vida. Ele se sente vazio e insatisfeito, e percebe que acumular riquezas e poder não é suficiente para trazer felicidade e realização pessoal. Ele começa a se questionar sobre seus valores e princípios, e começa a buscar uma forma de contribuir para o mundo de maneira significativa e positiva, além de suas obrigações sociais. Ele começa a praticar a filantropia, a apoiar causas sociais e ambientais, e a dedicar mais tempo para a sua família e amigos. Ele percebe que a verdadeira riqueza está nas relações interpessoais e em ajudar os outros, e não apenas em acumular bens materiais.

O professor explica que se estivermos na segunda camada, o discernimento é uma força física que se impõe a nós; não fazemos o errado para não levarmos uma surra dos nossos pais. Na terceira camada, o discernimento é um elemento de jogo; aprendemos que podemos fingir ser bonzinhos e fazer uma coisa enquanto aparentamos estar fazendo outra. Na quarta camada, o bem é o que amamos e o que nos faz sentir bem; é o mundo dos sentimentos e da felicidade. Na quinta camada, o bem é o que nos dá a vitória e reforça nosso ego; o que nos deprime parece ser o inimigo. Na sexta camada, precisamos conquistar um resultado real para ter crédito e superar o débito. Na sétima camada, acordamos para a existência de outras pessoas e aprendemos sobre cidadania e lealdade.

O professor Olavo de Carvalho explica que apenas na oitava camada é que realmente interiorizamos a questão do discernimento. Até então, o certo e o errado eram elementos do mundo exterior. Somente na oitava camada o problema do bem e do mal começa a existir para nós. A crise é característica da oitava camada, e nessa camada, refletimos sobre nossas falhas em relação ao sentido da vida, que parece insosso e sem sentido. Reconhecemos e nos arrependemos de nossos pecados.

Trazendo para o GPCI, um exemplo interessante para a 8ª camada pode ser uma pessoa que, após anos de dedicação à sua carreira, alcança um grande sucesso profissional e financeiro, mas percebe que algo está faltando em sua vida. Ela se sente vazia e insatisfeita, mesmo tendo conquistado tudo o que achava que queria. Então, ela começa a refletir sobre o sentido da vida e a questionar se o dinheiro e o sucesso são realmente o mais importante. Ela começa a se arrepender de ter colocado a carreira acima de tudo e a buscar um propósito mais significativo. Nessa busca, ela pode descobrir novas paixões, ajudar pessoas em situação de vulnerabilidade, ou mesmo se dedicar a causas sociais que antes não lhe chamavam atenção. Ao reconhecer seus erros e se arrepender, ela pode encontrar um novo sentido para sua vida.

O professor explica que normalmente, nós, seres humanos adultos, paramos por aqui; entretanto, existem aqueles que avançam para uma nova camada, onde todas essas perplexidades, contradições e dificuldades observadas e reconhecidas acabam servindo para uma descoberta óbvia e incrível. Conforme explica o professor Olavo de Carvalho, na nona camada, descobrimos que somos componentes estruturais da vida humana, que todos os seres humanos tiveram as mesmas dúvidas, os mesmos sofrimentos, as mesmas angústias. Assim, aprendemos que esses não são problemas apenas nossos, mas da humanidade, e podemos aprender através da cultura, lendo, examinando, ponderando, refletindo e ruminando para nos mantermos informados.

O professor explica que, ao absorver toda essa experiência humana e aprender com os erros e acertos daqueles que passaram pelas mesmas dificuldades, podemos encontrar uma nova razão de viver. É exatamente isso que ele chama de Personalidade Intelectual.

Segundo o professor, adquirimos uma personalidade intelectual quando tudo o que acontece conosco passa a ter uma considerável expressão pessoal, pública ou global. O que acontece conosco já não é vivenciado apenas como um problema pessoal, mas como exemplo, símbolo, reflexão ou sugestão de estudo que tenha relevância social ou individual. Ele ilustra que as pessoas ficam tentando imaginar como são as camadas seguintes, mas enfatiza que o que verdadeiramente interessa é examinarmos a camada seguinte e sabermos onde estamos.

Trazendo para o GPCI, um exemplo interessante para a 9ª camada seria uma pessoa que, depois de refletir sobre a sua vida e os seus problemas na 8ª camada, decide buscar conhecimento e sabedoria através da experiência humana. Essa pessoa começa a ler livros, estudar filosofia e história, e a dialogar com outras pessoas sobre suas experiências e ideias. Com o tempo, ela começa a perceber que seus problemas pessoais não são únicos, mas sim compartilhados por muitos outros seres humanos ao longo da história. Através desse conhecimento adquirido, ela começa a ter uma nova visão de si mesma e do mundo ao seu redor. Ela se torna mais consciente do papel que desempenha na sociedade e começa a usar sua experiência pessoal para ajudar outras pessoas a enfrentar seus próprios problemas. Ela desenvolve uma personalidade intelectual, onde suas reflexões e ideias se tornam relevantes e inspiradoras para os outros. Ao compreender que faz parte de uma comunidade humana maior, a pessoa da 9ª camada encontra uma nova razão de viver e se torna um exemplo para os outros, mostrando como o conhecimento e a sabedoria podem ajudar a superar os desafios da vida.

Tentando atender a uma necessidade relativa à nona camada, o professor explica que, no Brasil, especificamente na sociedade brasileira, a função intelectual foi mal definida e não é clara para o público em geral. Ele afirma que a felicidade como prazer é um resultado mais ou menos acidental e cita São Tomás de Aquino, que disse: ***"O prazer é um efeito colateral subjetivo resultante de algo que deu certo"***. O professor explica que o prazer não é um objetivo em si mesmo, pois é um termo abstrato que designa uma constelação de sentimentos que podem diferir muito de uma pessoa para outra. Portanto, o prazer é efêmero e instável demais para ser buscado como objetivo.

Trazendo para o GPCI, o prazer é uma sensação agradável que sentimos quando algo que desejamos é realizado ou quando experimentamos algo que nos agrada. Por exemplo, podemos sentir prazer ao comer uma sobremesa deliciosa ou tomar um delicioso cafezinho. Buscar a felicidade apenas como prazer é um erro; pode se tornar um comportamento bastante inconveniente. Isso porque o prazer é uma sensação passageira, evanescente e efêmera; a gente não pode depender sempre dele para nos sentirmos felizes. Em resumo, o prazer é uma sensação agradável que pode contribuir para a felicidade, mas não deve ser o único ou principal objetivo da nossa busca.

O professor explica que devemos buscar algo concreto e exemplifica: «O que é o prazer gastronômico? Podemos comer o prazer gastronômico?» Não, não comemos o prazer gastronômico, nós comemos algo concreto e, como resultado, podemos ter prazer ou não. O professor lembra que São Tomás de Aquino tinha razão: nós comemos algo que funcionou, e por isso dizemos que tivemos prazer. Prazer é o nome que damos ao efeito colateral subjetivo de alguma coisa.

O professor explica que a felicidade é a mesma coisa: buscar a felicidade é bobagem, porque nunca sabemos o que vai nos deixar felizes ou não. No entanto, é certo que algumas coisas nos deixam felizes e outras infelizes, portanto, são essas coisas que devemos buscar. A nossa investida deve ser para conquistar algo, e não simplesmente pela busca da felicidade; buscar a felicidade é como fazer buraco na água.

O professor conclui explicando que lá atrás, quando passamos da quarta para a quinta camada, isso se tornou óbvio e é compreendido no início da quinta camada. Quando buscamos a felicidade, ficamos infelizes, pois ela não pode ser assegurada a ninguém. Portanto, é melhor buscarmos a vitória, a autoafirmação, a força, ou seja, algo concreto que vá além do esforço na procura da felicidade. Se alguém promete felicidade a alguém, é um importante indicador de que ainda não rompeu a quarta camada.

Trazendo para o GPCI, um exemplo interessante para a 5ª camada seria o seguinte: imagine uma pessoa que sempre buscou a felicidade através de um relacionamento amoroso perfeito. Ela investe todo o seu tempo e esforço para encontrar a pessoa certa, mas nunca parece conseguir encontrar a felicidade duradoura que tanto deseja. Um dia, essa pessoa percebe que a felicidade não é um objetivo concreto que pode ser alcançado simplesmente através de um relacionamento amoroso perfeito, mas sim algo que é resultado de conquistas e autoafirmação pessoal. Ela começa então a buscar outras coisas que lhe tragam satisfação, como a prática de um esporte, um curso, enfim um hobby que sempre quis experimentar ou um trabalho que lhe dê sentido e propósito. Com o tempo, essa pessoa percebe que a felicidade é uma consequência natural de buscar coisas concretas e realizadoras, e não um objetivo em si mesmo. Ela então rompe a 4ª camada e avança para a 5ª camada da personalidade.

O Professor Olavo explica que é um enorme problema estarmos efetivamente em uma determinada camada, mas nossa existência social real está nos vinculando a uma camada seguinte, gerando infinitos equívocos. Usando empatia, imagine um sujeito em plena quinta camada que arruma um emprego onde o meio profissional funciona de acordo com as normas e diretrizes dos membros daquela coletividade, com direitos e deveres recíprocos, arranjados de modo que cada um atenda seus próprios interesses, da melhor maneira possível, sem prejudicar os outros. O professor explica que na quinta camada, o sujeito busca autoafirmação, e o critério dele é vitória x derrota; ele precisa vencer e provar para si mesmo que é alguém. Para ele, é fundamental tomar posse da sua força e se sentir alguém que cria situações que dependem exclusivamente dele mesmo. O professor conclui que esse sujeito poderá destruir a harmonia existente naquele ambiente, com grandes chances de ser rejeitado pelos membros daquela comunidade, e ainda ficar sem saber o motivo da rejeição. O professor explica que ele entenderá tudo isso em termos de quinta camada, «caramba, me dei mal!» Não importa o que seja, o que importa para ele é provar sua força, pois a confissão de sua fraqueza é terminantemente indigna e representa completa infelicidade. Assim, ele tentará muitas vezes, e o desajuste ficará cada vez mais profundo. Esse é indiscutivelmente um enorme problema: o sujeito de uma camada anterior que cai de paraquedas num ambiente que exige uma linha de ação de uma camada posterior.

Trazendo para o GPCI, imagine um sujeito que trabalha em uma empresa onde todos os membros são da sexta camada. Nesse ambiente, as pessoas buscam a autoexpressão e a realização pessoal, e estão constantemente se reinventando e buscando novos desafios. Porém, esse sujeito é da quinta camada e o seu critério é vitória x derrota, ou seja, ele busca a autoafirmação e a vitória pessoal acima de tudo. Ele pode sentir-se deslocado nesse ambiente, onde as pessoas estão menos preocupadas com a competição e mais com a colaboração e o desenvolvimento conjunto. Esse sujeito pode se sentir frustrado e insatisfeito com o ambiente, pois não consegue ver a competição e a vitória pessoal que ele tanto busca. Ele pode tentar impor seu ritmo e sua visão de mundo aos colegas, o que pode gerar conflitos e problemas e consequente rejeição. Ou, por outro lado, ele pode se sentir inferior e incapaz, uma vez que não consegue se encaixar no ambiente de autoexpressão e realização pessoal. Esse imbróglio pode gerar problemas para o sujeito e para a empresa como um todo. O sujeito pode se sentir infeliz e insatisfeito, o que pode refletir na qualidade do seu trabalho e no seu relacionamento com os colegas. Além disso, ele pode se tornar um elemento desestabilizador do ambiente, tentando impor suas ideias e sua visão de mundo aos outros membros da equipe. Por outro lado, a empresa pode perder um profissional competente e experiente, que pode se sentir desmotivado e partir para novas oportunidades em outro lugar.

O professor explica que, numa sala de aula, devido à individualidade de cada aluno, sempre haverá aqueles com mais dificuldade de aprendizado, mas que isso não significa perda de tempo. Não é perda de tempo ser repetitivo e lembrar determinados conceitos para que todos possam compreender plenamente. O professor propôs a seguinte pergunta: «Se amarrarmos dois burros juntos e os fizermos correr, qual será a velocidade da dupla?» E respondeu: «Certamente será a velocidade do mais lento. O mais lento sempre tem a capacidade de atrasar o mais rápido, impedindo-o de usar todo o seu potencial e demonstrar sua velocidade.» Portanto, o aluno que apresenta maior dificuldade de aprendizado é aquele que precisa receber mais explicações, com mais carinho e tolerância. E aqueles que já dominam o tema, que já absorveram o conteúdo, sairão ainda mais reforçados com o domínio do conhecimento.

O professor explica que o exercício da vida intelectual requer determinadas virtudes, como a capacidade de descobrir a verdade, que é uma virtude em si mesma. Isso não é uma questão de QI, pois não existe essa ideia de inteligência como algo que podemos dominar. Segundo o professor Olavo, nossa inteligência é função do nosso amor pela verdade e exclusivamente disso. Ele diz que amar a verdade significa querer conhecê-la sobre nós mesmos, no sentido de que, quando alcançamos a oitava camada, reconhecemos nossa própria insuficiência, nossos erros, limitações, conflitos e problemas. Sabemos que muitas dessas misérias tentamos vencer com todas as nossas forças, mas por inúmeros motivos não fomos bem-sucedidos e talvez nunca consigamos vencê-las.

Trazendo para o GPCI, imagine um sujeito que sempre se considerou muito inteligente e capaz, mas que começa a perceber que comete muitos erros no trabalho e nas suas relações pessoais. Ele reconhece que muitas vezes age de forma impulsiva e emocional, o que prejudica suas decisões. Em vez de negar essas fraquezas ou tentar escondê-las, ele decide encarar a verdade sobre si mesmo e busca ajuda para desenvolver estratégias para lidar com as suas limitações. Ele passa a se dedicar a aprender mais sobre suas próprias emoções e a trabalhar para melhorar suas habilidades sociais. Aprender mais sobre suas próprias emoções significa desenvolver a inteligência emocional, ou seja, a capacidade de identificar, compreender e lidar com as próprias emoções e as dos outros de forma eficaz. Isso pode ajudar a melhorar suas habilidades sociais, como a capacidade de se comunicar com clareza, estabelecer e manter relacionamentos saudáveis, resolver conflitos e colaborar com outras pessoas de forma produtiva. Ao compreender melhor suas emoções e as dos outros, você pode aumentar sua empatia, alteridade e compaixão, o que pode melhorar sua capacidade de interagir e se conectar com as pessoas de maneira mais significativa. Mesmo que ele ainda cometa erros e tenha dificuldades, ele reconhece que isso faz parte da sua condição humana e que o importante é continuar buscando o conhecimento e o autoaperfeiçoamento.

O professor explica que, na verdade, todos nós sabemos que a estratégia de simular e praticar virtudes é algo ridículo e medonho. A expressão ‹praticar virtude› é descabida, pois a virtude é uma força que vem de Deus. Virtus, em latim, significa força/dever. Fazer o que é certo é uma questão de força, dever, portanto virtude. Aristóteles dizia que somos o que repetidamente fazemos. A excelência, portanto, não é um feito, mas um hábito. A virtude pode se tornar um hábito pela prática repetida, e assim é incorporada em nós, tornando-se

SABEDORIA!

O professor Olavo de Carvalho afirma que as virtudes e a sabedoria que já possuímos são as mais importantes. Elas são naturais e fazem parte de nós, não são escolhas conscientes. Por exemplo, minha sogra não consegue deixar de ajudar um morador de rua, e os meus pais tinham o instinto do perdão. No entanto, há aqueles que buscam vingança diante de uma injustiça.

Imagine um jovem que cresceu em uma família onde a honestidade era valorizada acima de tudo. Desde pequeno, seus pais sempre o ensinaram a nunca mentir e a sempre falar a verdade, mesmo que isso lhe custasse algumas consequências negativas. Com o tempo, esse jovem incorporou a virtude da honestidade em sua personalidade e agora, como adulto, é conhecido por todos ao seu redor como uma pessoa extremamente honesta. Ele nem pensa duas vezes antes de contar a verdade, simplesmente o faz por força do hábito e da virtude que adquiriu ao longo da sua vida. Para ele, mentir seria tão estranho quanto voar sem asas, porque a honestidade já faz parte de quem ele é.

O professor explica que existe outro critério para falarmos de virtudes e coloca algumas perguntas muito pertinentes: quando devemos entrar em uma briga? Quando temos o direito de ficar com raiva e agredir uma pessoa? Quando temos o direito de denunciar alguém publicamente por estarmos indignados? O professor explica que, para todos aqueles que têm uma Personalidade Intelectual, só temos o direito de entrar em uma briga se ela tiver uma importância moral objetiva, não para nós, mas como exemplo para uma coletividade, uma comunidade ou para a humanidade em geral. Se não encaramos as coisas dessa maneira, nossos critérios são de outra camada. O professor conclui que não podemos nos abalar com ofensas pessoais; nossas preocupações precisam ser maiores do que essas ofensas. As verdadeiras ofensas são as ofensas contra Deus; entretanto, as pessoas que mais ofendem a Deus são aquelas que normalmente falam em nome Dele.

Trazendo para o GPCI, imagine que um grupo de pessoas está em uma reunião de condomínio, e de repente uma discussão começa a ficar mais acalorada. Um dos indivíduos começa a ofender o outro com palavras de baixo calão e provocações pessoais. Nesse momento, um outro indivíduo, que é conhecido no condomínio como uma pessoa íntegra e respeitada, de forma elegante e exercendo autoridade, interrompe a discussão e tenta acalmar os ânimos. Ele argumenta que a briga não tem uma importância moral objetiva, e que as ofensas pessoais não levam a lugar nenhum. Ele sugere que o grupo deveria se concentrar em encontrar soluções para problemas reais que afetam o condomínio, como segurança interna e falhas na comunicação. Com essa postura, ele mostra que sua preocupação está voltada para questões maiores do que meras ofensas pessoais, e que ele busca promover um bem comum para todos.

Algumas frases técnicas que poderiam ser usadas para acalmar os ânimos das pessoas, logo no início:

1. *Gente, eu entendo que vocês estão indignados e frustrados, mas vamos tentar manter a calma e a racionalidade para que possamos encontrar uma solução justa e adequada.*
2. *Gente, vamos nos lembrar que estamos todos no mesmo time e que precisamos trabalhar juntos para alcançar nossos objetivos. Não vamos deixar nossas diferenças pessoais nos dividir.*

3. *Pessoal, eu sei que nem todos concordam com as decisões que foram tomadas, mas vamos tentar respeitar a opinião uns dos outros e encontrar um meio-termo que seja bom para todos.*
4. *Pessoal, eu sei que pode parecer difícil agora, mas acredito que podemos superar essas dificuldades e encontrar uma solução que seja justa e satisfatória para todos. Vamos trabalhar juntos para alcançar isso.*
5. *Gente, acredito que todos nós queiramos o melhor para o condomínio. Vamos trabalhar juntos para encontrar uma solução que nos leve adiante. Vamos deixar nossas emoções de lado e pensar com a cabeça fria.*

À medida que as camadas se integram nas camadas seguintes, elas deixam de ser o foco, mas permanecem lá dentro. Por isso, o professor explica que a vida intelectual pode atender às oito camadas anteriores, desde que seja o centro articulador de todos os nossos esforços, e a camada seguinte será sempre a camada dominante. A pergunta é: é possível avançarmos de camada? O professor responde que sim, é possível, e que devemos precipitar a crise de passagem de camada, mas, para isso, precisamos primeiro reconhecer e admitir de forma consciente e equilibrada a nossa verdadeira camada. Esse sincero e honesto reconhecimento não nos dará uma maturidade mágica de forma imediata, mas antecipará a crise de passagem

Trazendo para o GPCI, imagine uma pessoa que está vivendo sua vida na camada 5, onde o foco é a busca por prazer e satisfação pessoal, mas que está começando a sentir um vazio e uma insatisfação constante. Ao se deparar com as ideias das camadas superiores, essa pessoa começa a perceber que há algo além do prazer imediato, algo que traz um sentido mais profundo para sua vida. Ao reconhecer isso de forma consciente e equilibrada, ela começa a perceber que sua camada atual já não a satisfaz mais e começa a se esforçar para avançar para a camada 6, onde o foco é o desenvolvimento pessoal e a busca por um propósito mais elevado. Esse reconhecimento consciente e a busca por uma camada superior pode ajudar a precipitar a crise de passagem, fazendo com que a transição para a próxima camada seja mais suave e menos traumática.

O professor explica que o critério para descobrirmos em qual camada nos encontramos é simples: basta fazer algumas perguntas e refletir. Ele exemplifica: visualize duas crianças pequenas, onde uma tenta tirar o brinquedo da outra, e a que tenta tirar o brinquedo é imediatamente agredida pela outra. Perceba que simplesmente contrariar o instinto daquela criança já a ofende; ou seja, ela está na camada dois. O professor explica que se somos o tipo de pessoa que vive magoada, ressentida e ofendida com o mal que nos fizeram, se não aceitamos uma rejeição (por exemplo, se o relacionamento acabou, acreditamos que o nosso mundo acabou), certamente estamos na camada quatro, e assim por diante. Se não suportamos uma derrota e temos a necessidade de mostrar que somos os melhores, é um claro sinal de que estamos na quinta camada, o que significa que ainda não estamos preparados para a vida em sociedade. A quinta camada é própria da faixa etária entre quinze e dezessete anos, onde ainda temos pais que nos protegem e mediam nossas relações sociais, e ainda não temos uma função própria.

Trazendo para o GPCI, imagine uma pessoa que se ofende profundamente quando alguém discorda dela em uma discussão, chegando a insultar e agredir verbalmente a outra pessoa. Essa pessoa provavelmente está na camada três, onde sua autoestima é altamente dependente da aprovação dos outros e qualquer desacordo é interpretado como um ataque pessoal. Por outro lado, se essa mesma pessoa não suporta perder em nenhum tipo de competição, seja no trabalho ou em jogos simples entre amigos, ela pode estar na camada cinco, ainda imatura e com uma necessidade constante de provar seu valor diante dos outros.

O professor responde a outra pergunta: «Nós podemos regredir de camada?» Sim, podemos. Claro que não é algo normal e talvez seja temporário. Suponhamos que estejamos vivendo um momento crítico, uma situação extrema, como estar num campo de concentração sem ter o que comer, sobrevivendo na miséria. Diante desse quadro, não nos resta outra alternativa senão tentar sobreviver e, obviamente, nossas únicas preocupações serão as da camada dois. Todavia, espera-se que seja algo temporário. O professor esclarece que, à medida que passamos de uma camada para outra, tendemos a nos aproximar de pessoas que também estão na mesma camada e, por estarem na mesma camada, entendem as coisas no mesmo código que nós. Quando passamos de uma camada para outra, mas só convivemos com pessoas da camada anterior, enfrentamos muitos problemas. As dificuldades com relação à assertividade são gigantescas porque, apesar de falarmos o que queremos, as pessoas não conseguem entender aquilo que falamos, devido aos ruídos e falhas na comunicação. O que falamos tem um significado completamente distinto para aqueles que nos ouvem. De alguma forma, somos impedidos de desenvolver, ou melhor dizendo, somos forçados a regredir. O professor faz a seguinte pergunta: Quanto tempo suportaríamos esse isolamento? O professor Olavo de Carvalho diz que diante de um quadro como esse, é possível que cortássemos a própria cabeça simplesmente para que ela voltasse a ser do tamanho das outras. Cortaríamos para que nossos amigos passassem a gostar de nós novamente e assim por diante. Portanto, é natural que as pessoas busquem uma convivência mais intensa com pessoas da mesma camada, pessoas que têm os mesmos interesses e os mesmos pontos doloridos.

Trazendo para o GPCI, imagine uma pessoa que, por motivos de trabalho, é transferida para um novo país onde não conhece ninguém e não fala o idioma local. Essa pessoa se vê isolada e sem uma rede de apoio, o que a faz regredir em relação à sua vida social e emocional. Ela pode encontrar dificuldades para se comunicar, para entender a cultura local e para fazer novas amizades. Se ela não conseguir superar esse isolamento e se integrar à nova camada social em que está inserida, pode acabar regredindo e sofrendo as consequências disso.

O professor responde a outra pergunta: «A estabilidade financeira é um fator decisivo para escalarmos uma camada?» Definitivamente não, diz ele. A estabilidade financeira não é um fator decisivo para subir na camada. Perceba que o elemento principal e indispensável para subirmos de camada é exatamente que a presença ou ausência de estabilidade financeira não nos afete mais. Se precisamos da estabilidade profissional/financeira para evoluir, é porque estamos atolados na sexta camada. Ainda não conseguimos a eficiência necessária. Na sexta camada, precisamos obter um resultado real. O professor explica que a eficiência não pode ser vista apenas do ponto de vista profissional. A eficiência tem que ser vista dentro do nosso rendimento total e da nossa condição de vida. Se nos contentamos com uma posição medíocre, com uma posição modesta na vida, para que tenhamos tempo de fazer outras coisas, ótimo! Está perfeitamente resolvido. A eficiência neste caso é enorme! O professor explica que se estudarmos a vida de ilustres personagens da história, veremos uma quantidade enorme de filósofos e escritores que tomaram essa decisão e viveram muito bem assim. Contudo, se continuamos, pelo fato de termos uma posição modesta, sentindo-nos incapazes, é porque estamos na quinta camada. Queremos nos sentir bem conosco mesmos. Se, por problemas funcionais, não organizamos a nossa vida suficientemente modesta e continuamos contraindo dívidas, com preocupações diuturnas, isso caracteriza problemas de sexta camada. A estabilidade é algo que não depende de nós.

Trazendo para o GPCI, imagine um jovem recém-formado em uma universidade renomada, que sonha em trabalhar em uma grande empresa, ganhar muito dinheiro e ter uma vida confortável. Ele consegue uma vaga em uma empresa renomada, mas percebe que o ambiente de trabalho é tóxico e que ele está infeliz. Ele começa a questionar suas prioridades e decide deixar o emprego para se dedicar a um projeto pessoal que sempre quis realizar, mas nunca teve tempo por causa do trabalho. Ele passa a viver uma vida modesta, mas muito mais feliz e realizada, sem se preocupar tanto com estabilidade financeira ou com a opinião dos outros. Nesse caso, ele evoluiu da sexta camada, onde o foco era exclusivamente a eficiência profissional, para uma camada mais elevada, onde a realização pessoal e a felicidade são mais importantes do que a estabilidade financeira.

O professor Olavo de Carvalho explica que a sexta camada é prática e econômica, onde «pão é pão, queijo é queijo». Na sexta camada, tudo tem que funcionar e para resolvê-la, é fundamental ter total apatia, frieza e indiferença em lidar com essas questões. É importante que não permitamos que os problemas dessa camada se transformem em problemas emocionais de quinta ou quarta camada. Se estamos abalados pelos problemas da sexta camada, é porque não estamos nessa camada.

O professor explica que a sexta camada é pura aplicabilidade, eficiência e eficácia, ou seja, não nos preocupamos com os problemas, mas sim com como vamos solucioná-los. «Não durmo de tanto pensar naquele dinheiro que te devo...» O credor dirá: «Se você ficar sem dormir, do que me adianta?» O credor não quer o nosso sofrimento ou preocupação, mas sim o dinheiro que devemos. Portanto, precisamos descobrir como ganhar dinheiro para pagar essa dívida. O professor enfatiza que quando esses problemas nos deixam constrangidos e humilhados, eles estão impedindo nossa eficiência.

O professor explica que estaremos na sexta camada quando resolvermos os problemas dessa camada com os critérios da própria camada, e não com os critérios das camadas anteriores. Ele alerta que se agirmos assim, devemos agir da mesma forma com os outros, ou seja, não devemos «torrar o saco» do nosso credor, caso contrário, seremos incoerentes.

Trazendo para o GPCI, Clara trabalha em uma empresa como gerente financeira e tem a responsabilidade de garantir que as contas sejam pagas em dia e que não haja atrasos. No entanto, ela descobre que houve um erro no sistema e uma conta importante não foi paga. Clara percebe que isso pode causar problemas para a empresa, então ela precisa resolvê-lo com eficiência. Em vez de ficar preocupada e lamentando o erro, ela imediatamente começa a buscar soluções para pagar a conta o mais rápido possível. Ela liga para o fornecedor para negociar um novo prazo de pagamento e procura formas de conseguir recursos extras para quitar a dívida. Clara age com os critérios da camada seis, focando na solução do problema com eficiência e sem se deixar abalar emocionalmente.

O professor responde a mais uma pergunta: «Podemos estar em várias camadas ao mesmo tempo?» Não, isso nunca acontece; sempre existirá uma camada dominante. É ali onde dói, e é ali que buscaremos nossos objetivos, ainda que estejamos lidando com assuntos que, teoricamente, pertencem a outras camadas. Por exemplo, se estamos endividados, este é obviamente um assunto da camada seis, mas se tratamos este assunto com os critérios da quarta camada, ou seja, sofrendo, nos acusando, nos lamentando, é um sinal claro de que estamos na quarta camada, embora teoricamente o assunto pertença à sexta camada. O professor explica que, com o passar do tempo, de acordo com a idade, os problemas da camada seguinte nos perseguirão de qualquer maneira. Por exemplo, ainda que não tenhamos evoluído, mais cedo ou mais tarde, todos nós seremos pessoas fisicamente maduras, e provavelmente os outros nos enxergarão como pessoas maduras, embora não sejamos. O professor explica que os problemas da camada seguinte já estão presentes, mas nós não estamos presentes a eles. Os problemas da camada em que «nos encontramos» são sempre resolvidos por nós, pela camada mais baixa. Ele dá os seguintes exemplos: se buscamos nas pessoas prazer, satisfação, felicidade, estamos obviamente na quarta camada. Se esperávamos algo e não aconteceu, ficamos magoados; as pessoas não nos atenderam, não nos deram atenção, não foram simpáticas e ficamos muito ofendidos; isso caracteriza a quarta camada, ainda que estejamos lidando com assuntos da sexta camada, como dívidas ou estudando os doutores da igreja.

Durante uma palestra do professor Olavo de Carvalho, um aluno fez uma pergunta sobre um caso real: um médico renomado, com uma vida estável, perdeu o amor de sua vida e acabou se tornando um mendigo. É possível que isso aconteça? Em qual camada ele estaria?

O professor explicou que sim, isso pode acontecer e que o médico provavelmente estava na quarta camada, apesar de ter alcançado uma vida estável. Ele também esclareceu que ter uma vida estável não está necessariamente relacionado à camada em que estamos. Por exemplo, podemos nascer em uma família rica e ter uma vida estável, mas ainda assim não ter passado por certas camadas.

O professor usou o exemplo de alguém formado em direito, que pode ter uma compreensão dos códigos de «direitos e deveres recíprocos» em diversos contextos, mas ainda assim não estar na sétima camada. Se tivermos dúvidas ou estivermos lidando com problemas da camada anterior, ainda estaremos nessa camada, mesmo que estejamos trabalhando com questões da camada seguinte.

O professor enfatizou que só avançamos para a próxima camada quando as questões da camada anterior desaparecem completamente e só reaparecem nos termos da camada seguinte. Ele explicou que os objetivos de cada camada, à medida que avançamos, passam a ser buscados de maneira indireta e deixam de ser problemas que nos incomodam. Ele deu alguns exemplos, como o medo de falar em público, que é um problema da quinta camada, mas que desaparece quando chegamos à camada seguinte. Para falar em público com confiança, devemos nos concentrar no assunto, ter domínio do conhecimento e do tema, esquecer de nós mesmos e do público, e deixar as ideias surgirem naturalmente.

Trazendo para o GPCI, imagine uma pessoa que está enfrentando problemas financeiros graves, com dívidas acumuladas e prestes a perder a casa onde mora. Essa pessoa está claramente na sexta camada, lidando com questões de sobrevivência e segurança material. No entanto, essa pessoa decide se dedicar ao estudo da filosofia, lendo obras de grandes pensadores como Platão e Aristóteles. Embora esteja ocupando seu tempo com assuntos da sétima camada, essa pessoa ainda está presa à sexta camada, preocupada com suas dívidas e a possibilidade de ficar sem moradia. Com o tempo, essa pessoa começa a aplicar os ensinamentos filosóficos em sua vida cotidiana, buscando um sentido mais profundo para suas lutas financeiras e aprendendo a lidar com o estresse e a incerteza de forma mais tranquila e equilibrada. Gradualmente, ela começa a perceber que suas preocupações com dinheiro e segurança estão se tornando menos relevantes em sua vida, e que seu verdadeiro objetivo é viver uma vida significativa e realizada, independentemente de sua situação financeira.

Eventualmente, essa pessoa alcança um estado de paz interior e harmonia, onde as preocupações financeiras deixam de ser uma fonte de ansiedade e estresse. Embora ainda possa enfrentar dificuldades financeiras de tempos em tempos, ela se concentra em seus objetivos de vida mais profundos e encontra maneiras de viver de acordo com eles. Assim, essa pessoa alcança a sétima camada, onde sua busca por um significado mais profundo e uma conexão com algo maior do que ela mesma é a principal preocupação.

O professor Olavo de Carvalho explicou que o problema da «intolerância com o erro» é relativo à sexta camada. Nessa camada, tudo precisa funcionar de forma que não precisemos pensar muito sobre as coisas. Por exemplo, se tivermos um problema prático a resolver, é interessante fazermos um pedido sem muitas palavras, mediante um gesto ou uma simples ação que resolva. Se precisarmos verbalizar, devemos nos preocupar com a assertividade, pois se não formos assertivos, podemos gerar um segundo problema em cima do primeiro, o que é um contratempo clássico de comunicação. A assertividade consiste em falar claramente o que queremos e as pessoas entenderem perfeitamente bem. Muitas vezes, sabemos solucionar problemas, mas não conseguimos verbalizar com assertividade, o que gera intolerância.

O professor exemplificou que quando buscamos a sensação de sentir-se bem por ter feito algo sublime, estamos na quarta camada, buscando a nossa felicidade. Quando entendemos que fazer o bem é algo natural e obrigatório e que não estamos fazendo nada além do que é esperado, talvez estejamos avançando para a quinta camada. O professor disse que há uma pressão enorme para que as pessoas permaneçam na quarta camada e que a busca pela autossatisfação é realmente obsessiva, o que nos leva a buscar intencionalmente uma recompensa emocional, o que geralmente nos deixa frustrados.

O professor citou o Padre Pio e disse que ele nos aconselhava a buscar um estado de humor estável, um estado normal de humor, nem extremamente feliz, nem infeliz, simplesmente normal, e que esse estado normal é genuinamente uma alegria permanente. O professor explicou que é incrível porque assim estaremos permanentemente felizes. Para conseguirmos isso, devemos dedicar nossa vida a algo que esteja acima de nós. Dessa forma, estaremos curados e deixaremos de ser um problema, uma vez que toda essa tragédia evolutiva é para que esqueçamos de nós mesmos.

Trazendo para o GPCI, podemos pensar em uma situação em que uma pessoa está tentando ensinar uma atividade para outra pessoa, como cozinhar um prato específico. A pessoa que está ensinando pode estar na sexta camada, em que tudo precisa funcionar perfeitamente, e pode ficar frustrada com a outra pessoa se ela não estiver seguindo as instruções corretamente ou cometendo erros no processo. Se a pessoa que está ensinando não for assertiva na sua comunicação, a outra pessoa pode ficar confusa e cometer ainda mais erros, gerando intolerância. Por outro lado, se a pessoa que está ensinando estiver na quinta camada, ela pode entender que cometer erros faz parte do processo de aprendizagem e pode ter uma atitude mais paciente e compreensiva em relação aos erros da outra pessoa. Ela pode até mesmo sentir alegria em ver a outra pessoa aprendendo algo novo e se desenvolvendo, sem buscar recompensas emocionais para si mesma. Essa situação exemplifica como diferentes níveis de consciência podem influenciar a forma como nos relacionamos com os outros e como enfrentamos os desafios do dia a dia.

Obrigado, Professor Olavo de Carvalho, o senhor cumpriu a sua missão com louvor; que Deus o receba nos Seus braços!

Referências:

- As doze camadas da personalidade humana – https://olavodecarvalho.org/
- Saúde Interior – saudeinterior.org – Desenvolvimento Psicossexual – As 5 Fases de Freud
- UNISINOS – Desenvolvimento Cognitivo – Jean Piaget – https://poseducacao.unisinos.br/

Capítulo 117

Abuso contra a mulher

Neste centésimo décimo sétimo capítulo, temos como objetivo específico identificar e explicar as situações de vulnerabilidade que todas as mulheres e meninas enfrentam ou enfrentarão em algum momento de suas vidas.

Eu e o Sylvio Behring, trabalhamos no Programa de Governo EMPODERADAS, idealizado e implantado pela campeã mundial de jiu-jitsu Érica Paes. O Programa surgiu diante da preocupante situação de vulnerabilidade a que todas as meninas e mulheres estão expostas no seu dia a dia, tanto no espaço doméstico quanto no público. O GPCI - Inteligência Emocional como Autodefesa e Segurança Pessoal é uma ferramenta muito importante no combate à violência contra a mulher. A inteligência emocional nos ajuda a entender e gerenciar nossas emoções, bem como ler e responder às emoções dos outros. As mulheres aprendem a identificar sinais não-verbais de perigo e a lidar com situações conflituosas de forma segura e eficaz, através de técnicas de comunicação assertiva e resolução de conflitos.

Infelizmente, é possível afirmar que todas as mulheres e meninas, de uma forma ou de outra, enfrentam ou enfrentarão comportamentos extremamente inconvenientes, situações de vulnerabilidade em algum momento de suas vidas, seja na forma de assédio ou importunação sexual, violência física, psicológica, moral, sexual ou patrimonial, discriminação de gênero ou outras inúmeras formas de opressão. É fundamental que todos nós nos mobilizemos para garantir a segurança e o bem-estar de todas as mulheres e meninas, e que sejam criadas oportunidades para que possam alcançar seu pleno potencial e viver com dignidade e respeito. É importante destacar que a questão da violência contra mulheres é um problema grave e complexo, que envolve uma série de fatores culturais, sociais e estruturais.

Gostaria de destacar a importância da conscientização e da educação na luta contra a violência contra as mulheres. Além de programas governamentais como o Empoderadas, é necessário que a sociedade como um todo se envolva nessa causa e compreenda a gravidade do problema. É preciso promover a igualdade de gênero e desconstruir as ideias e comportamentos machistas que são perpetuados na cultura e na sociedade. A educação desde cedo, em casa e na escola, é fundamental para a formação de uma sociedade mais justa e igualitária. E, por fim, é preciso garantir que as leis sejam aplicadas de forma eficaz para punir os agressores e proteger as vítimas.

A LEI Nº 11.340, DE 7 DE AGOSTO DE 2006, conhecida como Lei Maria da Penha, classifica os tipos de abuso contra a mulher nas seguintes categorias:

- Violência psicológica
- Violência moral
- Violência sexual
- Violência patrimonial

- Violência física

VIOLÊNCIA PSICOLÓGICA

A violência psicológica é, frequentemente, considerada uma forma camuflada de violência, algo sutil, uma vez que muitas pessoas tendem a associar atos violentos, apenas a agressões físicas. No entanto, é importante compreender que as agressões psicológicas são tão tóxicas e prejudiciais quanto a violência física, e podem causar feridas emocionais profundas nas vítimas, e essas feridas podem levar muitos anos para cicatrizar, quando cicatrizam.

Muitas vezes essas agressões são justificadas como ações impulsivas ou como parte da personalidade do inconveniente, o que contribui para a sua subnotificação e minimização. Todavia, é necessário reconhecer que a violência psicológica pode acontecer em qualquer classe social, ou em qualquer tipo de relacionamento, seja amoroso ou não.

Um relacionamento violento pode ser definido por múltiplas formas de violência e não apenas por socos, pontapés e estrangulamentos. Para que a mulher não se torne vítima da violência psicológica é preciso compreender as suas particularidades. Alguns exemplos de comportamentos abusivos incluem:

- Desvalorizar, humilhar ou menosprezar a vítima, criticando sua aparência, inteligência, habilidades, opiniões ou valores;
- Controlar ou restringir os contatos sociais da vítima, impedindo-a de manter relações com amigos e familiares;
- Ameaçar a vítima com violência física ou sexual, intimidação ou perseguição;
- Subestimar ou ignorar os sentimentos, desejos e necessidades da vítima, desqualificando ou invalidando suas emoções e experiências;
- Isolar a vítima, impedindo-a de ter acesso a recursos financeiros, de trabalhar ou estudar.

É fundamental que a sociedade como um todo esteja consciente da gravidade da violência psicológica e se engaje em ações de prevenção e combate a esse tipo de abuso. É preciso quebrar o silêncio em torno do tema, oferecer suporte as vítimas e, obviamente, responsabilizar os agressores por suas linhas de ação. A violência psicológica é tão grave quanto a violência física e deve ser tratada com a mesma seriedade e repúdio.

A violência psicológica, como o próprio nome diz, tem por objetivo fragilizar o estado psicológico e emocional da vítima. O agressor se utiliza de artimanhas para atingir esse objetivo, que vão desde comentários sutis até ações mais agressivas. Nos relacionamentos afetivos, normalmente essas artimanhas são utilizadas para deixar o cônjuge apegado ao agressor, trata-se de um processo gradativo que ocorre ao longo do tempo.

FORMAS DE AGRESSÕES PSICOLÓGICAS

Como vimos, as agressões psicológicas acontecem de maneira diversificada, podendo ser extremamente violentas, ou sutis e camufladas. Isso acaba causando uma confusão mental na vítima, que não consegue discernir se é um comportamento patológico do agressor, ou simplesmente algo que faz parte da personalidade dele. Quando o agressor possui laços afetivos, quando o agressor é o cônjuge, por exemplo, a situação pode ser ainda mais complicada, pois a vítima pode ter sentimentos positivos pelo parceiro, o que dificulta sobremaneira a avaliação objetiva das agressões. É difícil demais para a mulher, separar os seus bons sentimentos pelo cônjuge que, por algum motivo, apresenta um comportamento patológico.

Com base no texto legal, o IMP- Instituto Maria da Penha define violência psicológica como:

Qualquer conduta que cause dano emocional e diminuição da autoestima; prejudique e perturbe o pleno desenvolvimento da mulher; ou vise degradar ou controlar suas ações, comportamentos, crenças e decisões.

Tendo como referência o Instituto Maria da Penha, as agressões abaixo são exemplos de atitudes e comportamentos inconvenientes que caracterizam a violência psicológica.

- AMEAÇAS

Ameaça como violência psicológica é um comportamento inconveniente que pode ser definido como uma forma de violência que envolve a criação de medo e insegurança em uma pessoa, através de ameaças verbais, não verbais e paraverbais, levando a vítima a se sentir intimidada, acuada e vulnerável. Essas ameaças podem ter efeitos negativos significativos na saúde mental e emocional da vítima.

- CONSTRANGIMENTO

Constrangimento como violência psicológica é um comportamento inconveniente onde o agressor constrange a vítima. Pode ser definido como uma forma de violência que envolve expor uma pessoa a situações humilhantes, constrangedoras ou vexatórias, que podem causar danos à sua autoestima e dignidade. Esse tipo de violência pode ocorrer em público ou no privado, e pode ser praticado por um indivíduo ou por um grupo de pessoas. O constrangimento repetido pode levar a vítima a sentir-se envergonhada, isolada e traumatizada, afetando negativamente sua saúde mental e emocional.

- HUMILHAÇÃO

Humilhação como violência psicológica é um comportamento inconveniente onde o agressor envergonha e inferioriza a vítima. Pode ser definida como uma forma de violência que envolve a redução da autoestima de uma pessoa, com o objetivo de diminuir seu valor e a sua importância. Essa forma de violência pode ser praticada através de palavras, gestos ou ações que possam causar vergonha, constrangimento e desrespeito à vítima. A humilhação repetida pode levar a vítima a sentir-se desvalorizada, envergonhada e inferiorizada, o que pode afetar negativamente sua saúde mental e emocional, podendo levar a quadros de ansiedade, depressão e traumas psicológicos.

- MANIPULAÇÃO

Manipulação como violência psicológica é um comportamento inconveniente onde o manipulador enxerga o outro como fantoche. Pode ser definido como uma forma de violência que envolve a influência e controle exercidos por uma pessoa sobre outra, utilizando táticas manipuladoras para fazer com que a vítima se sinta confusa, insegura e dependente do agressor. Essa forma de violência pode incluir mentiras, chantagem emocional, distorção da realidade, negação de fatos e outras táticas que buscam confundir e desestabilizar a vítima. A manipulação repetida pode levar a vítima a questionar sua própria sanidade e juízo, afetando negativamente sua saúde mental e emocional.

- **ISOLAMENTO**

Isolamento como violência psicológica é um comportamento inconveniente onde o agressor proíbe a vítima de estudar, de viajar ou falar com amigos e parentes. Essa violência psicológica refere-se ao ato de isolar uma pessoa da sua rede de apoio social, família ou amigos, com a intenção de controlar, manipular ou prejudicar sua saúde mental e emocional. Esse tipo de isolamento pode causar ansiedade, depressão, solidão e outros problemas psicológicos graves. Trata-se de abuso emocional, geralmente utilizado em relacionamentos tóxicos, abusivos, ou em situações de tortura psicológica.

- **VIGILÂNCIA CONSTANTE**

Vigilância constante como violência psicológica, é um comportamento inconveniente onde o agressor tem o hábito de monitorar e controlar excessivamente as atividades de uma pessoa, muitas vezes sem o seu conhecimento ou consentimento. Isso pode incluir a verificação de mensagens, e-mails, redes sociais, localização ou histórico de navegação da internet. Esse tipo de vigilância pode causar sentimentos de invasão de privacidade, ansiedade, estresse e paranoia, levando a um impacto negativo na saúde mental e emocional da pessoa. A vigilância constante é considerada uma forma de abuso emocional sendo, geralmente, utilizada em relacionamentos tóxicos.

- **PERSEGUIÇÃO CONTUMAZ**

Perseguição contumaz como violência psicológica, é um comportamento inconveniente onde o agressor, de forma persistente, assedia, intimida ou ameaça uma pessoa específica. Isso pode incluir seguir, espionar, invadir a privacidade, enviar mensagens ou fazer ligações indesejadas. Esse tipo de perseguição pode causar sentimentos de medo, insegurança e estresse, provocando a um impacto negativo na saúde mental e emocional da vítima. A perseguição contumaz é uma forma de abuso emocional e pode causar danos incalculáveis.

- **INSULTO**

Insulto como violência psicológica, é um comportamento inconveniente onde o agressor faz uso de palavras ofensivas, humilhantes ou degradantes para ferir a autoestima e a autoconfiança de uma pessoa. Isso pode incluir xingamentos, apelidos pejorativos, críticas constantes ou comparações desfavoráveis. Esse tipo de comportamento pode causar sentimentos de dor emocional, humilhação, raiva e baixa autoestima, provocando a um impacto negativo na saúde mental e emocional da pessoa. Os insultos são considerados uma forma de abuso emocional e, geralmente, são utilizados em relacionamentos abusivos, mas também em situações de bullying ou discriminação.

- **CHANTAGEM**

Chantagem como violência psicológica, é um comportamento inconveniente onde o agressor ameaça uma pessoa com resultados futuros de consequências negativas, a fim de forçá-la a fazer algo contra sua vontade ou interesse. Isso pode incluir ameaças de revelar segredos, expor erros, causar danos ou prejudicar sua reputação. Esse tipo de comportamento pode causar sentimentos de medo, ansiedade, depressão e estresse, provocando a um impacto negativo na saúde mental e emocional da vítima. A chantagem é considerada uma forma de abuso emocional e, geralmente, é utilizada em relacionamentos tóxicos.

- **EXPLORAÇÃO**

Exploração como violência psicológica, é um comportamento inconveniente onde o agressor faz uso de uma pessoa para benefício próprio, muitas vezes sem o seu conhecimento ou consentimento. Isso pode incluir a utilização de suas habilidades, recursos financeiros ou tempo, sem oferecer uma compensação justa em troca. Esse tipo de exploração pode causar sentimentos de desvalorização, de traição, desamparo e ressentimento, levando a um impacto negativo na saúde mental e emocional da vítima. A exploração é uma forma de abuso emocional e, geralmente, é cometida em relacionamentos tóxicos.

- **LIMITAÇÃO DO DIREITO DE IR E VIR**

Limitação do direito de ir e vir como violência psicológica, é um comportamento inconveniente onde o agressor impede ou restringe a liberdade de uma pessoa de se movimentar ou sair de um determinado lugar, muitas vezes sem o seu consentimento ou justificativa válida. Isso pode incluir aprisionamento, confinamento ou restrições de mobilidade. Esse tipo de comportamento pode causar sentimentos de medo, impotência, frustração, ansiedade e depressão, levando a um impacto negativo na saúde mental e emocional da pessoa. A limitação do direito de ir e vir é uma forma de abuso emocional e, geralmente, é cometida em relacionamentos tóxicos.

- **RIDICULARIZAÇÃO**

Ridicularização como violência psicológica, é um comportamento inconveniente onde o agressor expõe uma pessoa a situações embaraçosas ou degradantes, muitas vezes em público, com o objetivo de humilhá-la ou diminuí-la. Isso pode incluir fazer piadas depreciativas, zombar da aparência, da personalidade ou das habilidades físicas e intelectuais da pessoa. Esse tipo de comportamento pode causar sentimentos de vergonha, baixa autoestima, ansiedade e depressão, provocando um impacto negativo na saúde mental e emocional da vítima. A ridicularização é uma forma de abuso emocional e, geralmente, é utilizada em relacionamentos abusivos; mas também em situações de bullying ou discriminação.

- **TIRAR A LIBERDADE DE CRENÇA**

Tirar a liberdade de crença como violência psicológica, é um comportamento inconveniente onde o agressor força ou manipula uma vítima, para que ela abandone ou modifique as suas crenças, valores ou convicções pessoais, muitas vezes sem respeitar a sua individualidade ou autonomia. Isso pode incluir ofensas, ameaças, coerção, ridicularização, pressão social ou isolamento, com o objetivo de fazer a pessoa adotar uma determinada crença ou sistema de valores. Esse tipo de comportamento pode causar sentimentos de confusão, insegurança, culpa e perda de identidade, levando a um impacto negativo na saúde mental e emocional da vítima. Tirar a liberdade de crença é uma forma de abuso emocional e, geralmente, é cometida em relacionamentos abusivos.

- **DISTORCER E OMITIR FATOS PARA DEIXAR A MULHER EM DÚVIDA SOBRE A SUA MEMÓRIA E SANIDADE (GASLIGHTING)**

Distorcer e omitir fatos para deixar a mulher em dúvida sobre a sua memória e sanidade, também conhecido como gaslighting, é um comportamento inconveniente considerado uma forma de violência psicológica. Isso envolve manipular a realidade, de forma a fazer a vítima questionar sua percepção dos eventos, quase sempre com o objetivo de controlá-la e fazê-la sentir-se insegura e confusa. Podemos incluir a negação de eventos que ocorreram, afirmar que a vítima está imaginando coisas ou acusá-la de ser louca. Esse tipo de comportamento pode causar sentimentos de ansiedade, desconfiança, baixa autoestima e até mesmo problemas de saúde mental mais graves, como transtornos de ansiedade e depressão. O gaslighting é uma forma de abuso emocional e, geralmente, é cometido nos mais diversos contextos, mas sobretudo, nos relacionamentos tóxicos.

CONSEQUÊNCIAS DA VIOLÊNCIA PSICOLÓGICA

As principais consequências da violência psicológica são: medo do agressor, baixa autoestima, autopercepção negativa, dificuldade em deixar a relação tóxica, isolamento social, dependência emocional, anulação e diminuição da vítima, além da sabotagem da própria felicidade. Além disso, a violência psicológica pode causar transtornos mentais como ansiedade, depressão, estresse pós-traumático e síndrome do pânico.

A violência psicológica pode causar danos gravíssimos à vítima, afetando sua autoestima e fazendo com que ela sinta medo do agressor. A vítima pode ser impedida de terminar a relação tóxica, devido à autopercepção negativa e a dependência criada pelo agressor. O agressor pode fazer a vítima duvidar da sua própria capacidade de julgamento e merecimento da felicidade, criando um laço de dependência difícil de ser quebrado, consequentemente a vítima se anula, se diminui e se isola de pessoas queridas.

Para evitar novas agressões, a vítima acaba cedendo às vontades do agressor e com isso, sabota sua própria felicidade. Além disso, outras áreas da vida da vítima podem ser afetadas, incluindo o trabalho, a saúde e as relações sociais. É comum que a vítima deixe de trabalhar com afinco, pare de contatar os amigos, deixe de sair de casa e, também, deixe de cuidar de sua aparência e saúde, além de deixar de fazer planos para o futuro.

Essa forma camuflada de violência, pode causar danos graves e duradouros à saúde mental da vítima, podendo levar a transtornos como ansiedade, síndrome do pânico, estresse pós-traumático e depressão. A vítima fica fragilizada emocionalmente, o que concorre para que ela não tenha forças para se afastar daquele relacionamento tóxico ou cortar relações com o agressor psicológico. Infelizmente, muitas pessoas não entendem a decisão da vítima de permanecer com o agressor, o que leva a concepções errôneas de que a vítima gosta de sofrer, de apanhar, e esses julgamentos preconceituosos acabam machucando a vítima de forma cruel. Na contramão do que geralmente acontece, a vítima precisa de ajuda psicológica e apoio para se recuperar e conseguir sair daquela situação.

COMO SAIR DE UM RELACIONAMENTO ABUSIVO DE VIOLÊNCIA PSICOLÓGICA?

- Reconhecer que a situação é abusiva e que você merece ser tratada com respeito e dignidade;
- Buscar ajuda de profissionais multidisciplinares capacitados, como psicólogos, psicanalistas, assistentes sociais, advogados e/ou grupos de apoio;
- Criar uma rede de apoio, com amigos e familiares em quem você confia;
- Planejar cuidadosamente a saída, incluindo medidas e atitudes preventivas de segurança, como evitar contato com o agressor, mudar de residência e/ou mudar sua rotina;
- Procurar ajuda para lidar com as emoções e traumas causados pelo relacionamento abusivo;
- Não se culpar pela situação e não aceitar justificativas ou desculpas do agressor;
- Permanecer firme na decisão de sair do relacionamento e buscar ajuda sempre que necessário.

Para sair de um relacionamento abusivo, as vítimas de agressões psicológicas devem buscar ajuda de amigos, familiares e, sobretudo, de profissionais especializados, como psicólogos, psicanalistas, advogados. Essas medidas são importantes para melhorar a autoestima da vítima e, principalmente, cortar relações com o agressor, ajudando a compreender a natureza do relacionamento tóxico.

As agressões psicológicas frequentemente levam a baixa autoestima, o que pode levar muito tempo para ser superado, por isso o acompanhamento psicológico é fundamental. Se você é vítima ou conhece alguém que sofre esse tipo de abuso, não hesite em contactar as autoridades e manter distância do agressor, o vínculo com o agressor deve ser sumariamente cortado.

É importante ressaltar que a violência psicológica pode ter efeitos devastadores sobre a saúde mental e emocional da vítima, podendo levar a transtornos de ansiedade, depressão, transtorno de estresse pós-traumático, entre outros. É necessário oferecer apoio psicológico e emocional para ajudar a vítima a se recuperar do trauma e reconstruir sua autoestima e dignidade.

Além disso, é importante denunciar esse tipo de violência para que a vítima possa ter acesso a seus direitos e à proteção prevista em lei. A Lei Maria da Penha, por exemplo, considera a violência psicológica como uma forma de violência doméstica e prevê medidas de proteção para a vítima. Como profissionais qualificados em GPCI, é nossa responsabilidade garantir que as vítimas de violência psicológica sejam atendidas com respeito, profissionalismo e eficácia, e que os agressores sejam responsabilizados pelos seus atos.

Vamos a um exemplo fictício de violência psicológica entre um casal, juntamente com as medidas e atitudes preventivas que a mulher pode tomar para se proteger:

Ana e João estão em um relacionamento há alguns anos. Ana é uma jovem enfermeira e João é um empresário bem-sucedido. Embora no início tudo parecesse estar bem, recentemente João começou a criticar cada vez mais Ana por suas escolhas e atitudes. Ele a culpa por coisas que não são culpa dela, a insulta e a diminui diariamente, e às vezes a ameaça.

Um dia, Ana percebe que não pode mais tolerar o comportamento de João e decide se afastar. João, no entanto, começa a enviar mensagens e fazer ligações constantes, implorando para que ela volte para casa. Ele a culpa por sua própria infelicidade e a faz sentir que ela não é nada sem ele. Ana se sente ameaçada e machucada pela agressão psicológica, mas ela sabe que precisa tomar medidas preventivas para garantir sua segurança.

Aqui estão algumas atitudes que Ana pode tomar para se proteger da violência psicológica:

- **Ela pode conversar com um profissional de apoio ou psicólogo para obter orientação e suporte emocional.** É importante que ela tenha um espaço seguro para compartilhar suas preocupações e medos.
- **Ana pode se afastar do agressor e estabelecer limites claros e firmes.** Ela pode deixar claro que não irá tolerar comportamentos abusivos e que, se continuar, ela tomará medidas legais.
- **Ela pode entrar em contato com amigos e familiares em quem confia para ter alguém com quem possa conversar e que possa ajudá-la em momentos de crise.**
- **Ana pode buscar ajuda jurídica ou denunciar a violência psicológica às autoridades competentes.** Ela pode procurar a delegacia de polícia ou ligar para o número 180 para receber ajuda e orientação.

Por fim, é importante lembrar que a violência psicológica é uma violação dos direitos humanos e deve ser denunciada. É preciso ter coragem para buscar ajuda e denunciar a violência psicológica.

É importante ressaltar que a violência psicológica pode ser tão prejudicial quanto a violência física e que nenhuma pessoa deve suportá-la. Segurança é prevenção, essa é a melhor forma de evitar a violência psicológica, por isso é essencial que as mulheres tenham informações e apoio para se proteger e buscar ajuda se necessário.

VIOLÊNCIA MORAL

A violência moral é um comportamento inconveniente que pode ser patológico, trata-se de uma forma de violência psicológica que ocorre quando o agressor utiliza palavras, gestos, comportamentos e atitudes que causam danos à autoestima, à integridade psicológica e à dignidade da vítima. Essa forma de violência pode acontecer tanto dentro quanto fora do ambiente familiar, no âmbito doméstico, e pode incluir várias formas de comportamento abusivo como, por exemplo:

- Humilhar, insultar ou menosprezar a mulher, criticando a sua aparência, inteligência, as suas habilidades, opiniões ou valores;
- Controlar ou restringir os contatos sociais da mulher, impedindo-a de manter relações com amigos e familiares;
- Ameaçar a mulher com a exposição pública de informações constrangedoras, difamatórias, sigilosas ou privadas;
- Subestimar ou ignorar os sentimentos, desejos e necessidades da mulher, desqualificando ou invalidando as suas emoções e experiências;
- Colocar a mulher em situações de constrangimento público, ou ainda expô-la a situações vexatórias ou constrangedoras.

Essas atitudes são consideradas violência moral porque têm como objetivo causar danos à autoestima, à integridade psicológica e à dignidade da vítima, e geralmente são usadas como uma forma de coerção e de manutenção do poder e do controle sobre a relação.

A violência moral é um tipo de violência que muitas vezes é invisível, e pode ser difícil de identificar, mas é uma forma grave de violação dos direitos humanos das mulheres.

Vale ressaltar que é importante identificar e denunciar esse tipo de violência, a fim de garantir que as mulheres tenham acesso a seus direitos e possam viver uma vida livre de violência e abuso. É importante lembrar que a violência moral pode ter efeitos devastadores sobre a saúde mental e emocional da vítima, e por isso é necessário oferecer apoio psicológico e emocional para ajudá-la a se recuperar do trauma.

Como profissionais qualificados em GPCI, é nossa responsabilidade garantir que as vítimas de violência moral sejam atendidas com respeito, profissionalismo e eficácia, e que os agressores sejam responsabilizados pelos seus atos.

Segue abaixo um exemplo fictício de violência moral entre um casal, juntamente com medidas preventivas que a mulher pode tomar para se proteger:

Maria e Pedro estão em um relacionamento há alguns meses. Maria é uma jovem estudante e Pedro é um advogado renomado. Nos últimos tempos, Pedro tem sido muito crítico em relação ao jeito de Maria se vestir e de se comportar, e a humilha em público, dizendo que ela não é inteligente o suficiente para estar ao lado dele. Ele a controla de maneira rígida, sempre exigindo que ela faça tudo do jeito dele.

Maria começa a perceber que Pedro está fazendo com que ela se sinta mal consigo mesma e, por isso, começa a buscar medidas preventivas para se proteger da violência moral.

Algumas medidas e atitudes preventivas que Maria pode tomar:

- **Conversar com uma pessoa de sua confiança, sobre o que está acontecendo.** É importante que ela tenha um espaço privativo seguro para compartilhar suas preocupações e medos.
- **Estabelecer limites claros e firmes com Pedro.** Ela pode deixar claro que não irá tolerar comportamentos abusivos e que, se continuar, ela tomará medidas legais.
- **Buscar ajuda jurídica ou denunciar a violência moral às autoridades competentes.** Ela pode procurar a delegacia de polícia ou ligar para o número 180 (Ouvidoria da Mulher) para receber ajuda e orientação.
- **Evitar se isolar dos amigos e familiares.** É importante que ela tenha alguém com quem conversar e que possa ajudá-la em momentos de crise.
- **Lembrar-se de que a violência moral é uma forma de abuso e que ela não merece ser tratada dessa forma.** É importante que ela tenha autoestima e confiança em si mesma.

É importante ressaltar que a violência moral é uma forma de violência psicológica e pode ser tão prejudicial quanto a violência física. Segurança é prevenção, essa é a melhor forma de evitar a violência moral, por isso é essencial que as mulheres tenham informações e apoio para se proteger e buscar ajuda, se necessário.

VIOLÊNCIA SEXUAL

A violência sexual é um comportamento inconveniente que pode ser patológico, um tipo de violência que ocorre quando uma pessoa é forçada ou coagida a realizar ou participar de atividades sexuais não desejadas ou não consentidas. Essa forma de violência pode ocorrer nos mais diversos contextos, como no ambiente familiar, no âmbito doméstico, no trabalho, na escola, na rua e em outros lugares.

A violência sexual pode incluir vários tipos de comportamento abusivo, como por exemplo:

- **Estupro**: é o ato de, por meio de grave ameaça ou violência, constranger e obrigar alguém a ter relações sexuais ou qualquer outra ação libidinosa. É importante ressaltar que toques íntimos sem o consentimento da vítima também se caracterizam como estupro e precisam ser devidamente denunciados. Portanto, o estupro se caracteriza quando uma pessoa é forçada a ter relações sexuais ou outras atividades sexuais sem consentimento.
- **Abuso sexual:** quando uma pessoa é forçada a realizar ou participar de atividades sexuais não desejadas ou não consentidas, como toques, beijos, carícias, masturbação ou sexo oral;
- **Assédio sexual:** quando o criminoso é o chefe, esse crime pressupõe a existência de uma relação laboral entre o agressor e a vítima, em que o agente usa a hierarquia ou ascendência de seu cargo, emprego ou função com a finalidade de obter a vantagem sexual (um beijo, contato físico, sair com a vítima) A vítima é submetida a comentários, insinuações, propostas ou gestos de natureza sexual indesejados e ofensivos, que criam um ambiente hostil ou humilhante, tendo como objetivo a vantagem sexual.
- **Importunação sexual:** A importunação sexual é quando alguém pratica um ato libidinoso sem a permissão da vítima. Trata-se de um crime mais grave, portanto, com pena mais severa, que vai de 1 a 5 anos. O artigo 215-a do código penal também condena a prática do ato libidinoso, que tem objetivo de satisfação sexual, na presença de alguém sem a sua autorização. Por exemplo: apalpar, lamber, tocar, desnudar, masturbar-se, ejacular em público, dentre outros.

A violência sexual é uma forma grave de violação dos direitos humanos das mulheres, que pode ter efeitos devastadores sobre a saúde física e mental da vítima. Muitas vezes, a vítima de violência sexual sente-se envergonhada, humilhada e traumatizada, e pode ter dificuldades em buscar ajuda ou denunciar o agressor.

Como profissionais qualificados em GPCI, é importante ressaltar que a violência sexual é um crime e deve ser denunciado às autoridades competentes. A vítima de violência sexual tem o direito de ser atendida com respeito, dignidade e privacidade, e deve ter acesso aos serviços de saúde, psicológicos e sociais que a ajudem a se recuperar do trauma.

Além disso, é importante trabalhar na prevenção da violência sexual, promovendo a educação sexual e o respeito mútuo entre homens e mulheres, bem como a igualdade de gênero e o empoderamento das mulheres. É responsabilidade de toda a sociedade trabalhar para acabar com a violência sexual e garantir o respeito e a dignidade das mulheres.

Abaixo, um exemplo fictício de violência sexual, no entanto é importante lembrar que a violência sexual é um crime grave e que as medidas e atitudes preventivas devem sempre ser acompanhadas de medidas de proteção e justiça, caso a violência tenha ocorrido.

Joana e Marcos estão em um relacionamento há algum tempo. Eles costumam sair juntos e fazer atividades em comum. No entanto, Marcos começa a mostrar comportamentos inconvenientes e violentos durante o sexo, forçando Joana a fazer coisas que ela não quer ou tocando-a de maneira inconveniente que a deixa bastante desconfortável. Joana começa a perceber que está sendo vítima de violência sexual e, por isso, busca medidas preventivas para se proteger.

Algumas medidas preventivas que Joana pode tomar:

- **Conversar com Marcos sobre seus limites e expectativas.** É importante que ela estabeleça limites claros e que Marcos entenda que não é aceitável forçá-la a fazer algo que ela não quer.
- **Buscar ajuda jurídica ou denunciar a violência sexual às autoridades competentes.** Ela pode procurar uma delegacia de polícia ou ligar para o número 180 (ouvidoria da mulher) para receber ajuda e orientação.
- **Evitar ficar sozinha com Marcos em situações que possam levar a um comportamento sexual violento.** Ela pode optar por fazer atividades em grupo ou em locais públicos.
- **Buscar apoio emocional e psicológico de um profissional de saúde mental.** A violência sexual pode deixar marcas profundas na autoestima e no bem-estar emocional da vítima, por isso é importante buscar ajuda para lidar com as consequências do trauma.
- **Lembrar-se de que a violência sexual é um crime e que ela não é culpada pelo comportamento violento de Marcos.** É importante que ela tenha autoestima e confiança em si mesma.

É importante destacar que a violência sexual é uma forma de abuso que pode ter consequências físicas, psicológicas e emocionais graves para a vítima. Por isso, é essencial que as mulheres tenham informações e apoio para se proteger e buscar ajuda se necessário.

É importante lembrar também que a violência sexual é crime, portanto a vítima tem direito à proteção e justiça.

Para fecharmos esse tema vamos fazer juntos um exercício pertinente a missão que recebemos e desenvolvemos no Programa Empoderadas, procurando focar, sobretudo, nas medidas e atitudes preventivas.

"Imagine que em uma empresa, uma mulher começa a receber comentários inapropriados e insinuações sexuais de um colega de trabalho. Ela se sente desconfortável e assediada, mas tem medo de falar com alguém e ser retaliada ou não ser levada a sério".

Para prevenir o assédio sexual:

- É importante que a empresa tenha uma política clara de tolerância zero ao assédio e que todos os funcionários sejam informados sobre essa política.
- É importante que os gestores sejam treinados para identificar e lidar com casos de assédio.
- É importante que seja desenvolvido um trabalho de conscientização e sensibilização junto aos funcionários e colaboradores, para que as vítimas se sintam seguras e encorajadas a reportar qualquer comportamento inapropriado.

A mulher, nesse exemplo, poderia tomar algumas medidas preventivas como:

- Manter distância do colega que a está assediando;
- Evitar situações nas quais que fique sozinha com quem está cometendo o crime de assédio;
- Documentar e informar sobre o assédio que está sofrendo, sobre quaisquer comentários ou comportamentos inapropriados que ocorram, a um superior, ao departamento de Recursos Humanos ou a um colega de confiança

Os homens presentes podem ajudar a prevenir o assédio sexual não sendo omissos, não participando de comportamentos inapropriados, não fazendo comentários sexistas ou de cunho sexual e denunciando casos de assédio de que tenham conhecimento. E, claro, devem também se colocar no lugar da vítima, usando de empatia, oferecendo apoio e solidariedade, em caso de necessidade.

Em resumo, é importante que a empresa e os funcionários tomem medidas e atitudes preventivas para evitar o assédio sexual no ambiente de trabalho, pois em havendo negligência destes, poderá evoluir para uma importunação sexual. A vítima deve ser encorajada a reportar o assédio e tomar medidas preventivas, enquanto os homens presentes devem se comportar de forma respeitosa e ajudar a denunciar casos de assédio caso ocorram.

FEMINICÍDIO PÓS ESTUPRO - Conscientização e Medidas de Segurança

Durante uma aula ministrada pela especialista em violência contra as mulheres Érica Paes, superintendente do Programa de Governo Empoderadas, soube que o feminicídio, caracterizado como o assassinato de uma mulher em decorrência de sua condição de gênero, é uma triste realidade que assola nossa sociedade. Quando associado ao estupro, o feminicídio pós estupro surge como um dos mais alarmantes desdobramentos dessa violência de gênero. Este texto tem como objetivo abordar de forma técnica e didática esse tema delicado, promovendo a conscientização sobre os riscos e discutindo medidas de segurança que podem contribuir para prevenir tais tragédias.

Feminicídio pós estupro:

- Causas e padrões: De acordo com dados estatísticos, uma das causas mais frequentes de feminicídio pós estupro está relacionada à reação das vítimas ao olhar para seus agressores. Por ingenuidade ou até mesmo por tentativa de identificação, a vítima pode inadvertidamente "acionar o gatilho mental" e desencadear a reação violenta do agressor, que, com receio de ser reconhecido e denunciado, acaba por cometer o assassinato.
- Conscientização e Prevenção: A conscientização sobre o feminicídio pós estupro é fundamental para com-

bater essa forma extrema de violência de gênero. É essencial que a sociedade como um todo se mobilize para criar ambientes seguros e acolhedores, além da implementação de medidas de prevenção, tanto a nível individual quanto coletivo.

Algumas orientações relevantes são:

1. Fortalecimento da rede de apoio:

- É imprescindível que as vítimas de estupro encontrem apoio e suporte emocional em familiares, amigos, grupos de apoio e instituições especializadas como o Programa Empoderadas. A solidariedade e a escuta atenta podem ajudar a minimizar os traumas e evitar o isolamento.

2. Educação e conscientização:

- É necessário promover a educação, por exemplo o projeto Empoderadas Com Eles e Empoderadinhas, sobre consentimento, igualdade de gênero e respeito mútuo desde as fases iniciais da vida. A conscientização sobre a gravidade do feminicídio e o repúdio a qualquer forma de violência contra as mulheres devem ser disseminados nas escolas, sobretudo, com homens jovens, e também em todos os âmbitos sociais.

3. Medidas de segurança pessoal:

- As vítimas devem ser orientadas com relação as medidas de segurança pessoal, como evitar o contato visual com agressores, procurar ambientes seguros, informar amigos e familiares sobre seu paradeiro e buscar auxílio das autoridades competentes.

4. Atuação das autoridades:

- É fundamental que as autoridades responsáveis pela aplicação da lei sejam capacitadas e sensibilizadas para lidar com casos de violência de gênero, especialmente o feminicídio pós estupro.
- Essa atuação das autoridades é fundamental para transmitir confiança às vítimas e enviar uma mensagem clara de que a violência de gênero não será tolerada na sociedade.

VIOLÊNCIA PATRIMONIAL

A violência patrimonial é um comportamento inconveniente que pode ser patológico, um tipo de violência que ocorre quando uma pessoa é privada de seus bens materiais ou financeiros, ou quando é impedida de exercer controle sobre eles. Essa forma de violência pode ocorrer em diversas situações, como no âmbito doméstico, no ambiente familiar, conjugal ou em outras relações interpessoais.

A violência patrimonial pode incluir várias formas de comportamento abusivo, como por exemplo:

- Impedir o acesso aos bens materiais, como a casa, o carro, as roupas, os móveis e os objetos pessoais;
- Controlar o dinheiro e as finanças da vítima, impedindo que ela tenha acesso a recursos financeiros para suas necessidades básicas;
- Impedir a vítima de trabalhar, estudar ou buscar emprego, limitando a sua capacidade de ganhar dinheiro e se tornar independente;

- Forçar a vítima a assinar documentos sem sua compreensão ou consentimento, como procurações, contratos de empréstimo ou de compra e venda de bens.

A violência patrimonial é uma forma grave de violação dos direitos humanos das mulheres, que pode ter efeitos negativos sobre sua saúde física e mental. Muitas vezes, a vítima de violência patrimonial se sente impotente e dependente do agressor, o que pode afetar sua autoestima, sua confiança e sua capacidade de tomar decisões importantes.

Como profissionais qualificados em GPCI, é importante ressaltar que a violência patrimonial é um crime que deve ser denunciado às autoridades competentes. A vítima de violência patrimonial tem o direito de ser atendida com respeito, dignidade e privacidade, e deve ter acesso aos serviços de assistência social, jurídica e psicológica que a ajudem a se recuperar do trauma.

Sabendo que segurança é prevenção, é importante trabalhar na prevenção da violência patrimonial, promovendo a educação financeira, o empoderamento econômico das mulheres, e o respeito mútuo entre homens e mulheres. É nossa responsabilidade, aliás de toda a sociedade, trabalhar para acabar com a violência patrimonial e garantir o respeito e a dignidade das mulheres.

Segue abaixo um exemplo fictício de violência patrimonial, juntamente com medidas preventivas que a mulher pode tomar para se proteger:

Maria e João são casados há 5 anos e têm uma casa própria. João controla todas as finanças do casal e não permite que Maria trabalhe. Ele dá uma quantia em dinheiro para Maria fazer as compras do mês, mas sempre a critica por gastar demais, e a faz se sentir mal por não contribuir financeiramente para a casa.

Um dia, Maria decide que quer começar a trabalhar e ser independente financeiramente. João fica extremamente irritado e começa a destruir os pertences de Maria. Ele joga fora suas roupas, queima seus livros e quebra os seus objetos pessoais, dizendo que ela não precisa daquilo uma vez que vai trabalhar. Além disso, ele a ameaça dizendo que, se ela continuar trabalhando, ele irá vender a casa e vai deixá-la sem nada.

Diante dessa situação, Maria percebe que está sofrendo violência patrimonial e decide agir para se proteger.

- Ela procura ajuda de uma amiga e se informa sobre os seus direitos.
- Em seguida, ela denuncia a situação às autoridades e consegue uma medida protetiva que proíbe João de se aproximar dela e de vender a casa sem sua autorização.
- Além disso, Maria busca apoio psicológico para lidar com o trauma da violência sofrida e segue adiante com seu plano de trabalhar e se tornar independente financeiramente.

Esse exemplo simples, pode ser usado para entendermos a importância de reconhecer a violência patrimonial e, sobretudo, as medidas que podem ser tomadas para preveni-la e se proteger dela.

VIOLÊNCIA FÍSICA

A violência física é um tipo de violência que envolve a utilização da força física contra outra pessoa, causando dor, lesão corporal, incapacidade ou até mesmo a morte. Essa forma de violência pode ocorrer em diversas situações, como no âmbito doméstico, familiar, conjugal ou em outras relações interpessoais.
A violência física pode incluir vários tipos de comportamento abusivo, como por exemplo:

- Bater, socar, chutar, empurrar, sacudir, arranhar, estrangular, queimar ou ferir com objetos;
- Lançar objetos, como pratos, panelas ou outros utensílios, na direção da vítima;
- Utilizar armas ou outros objetos cortantes ou perfurantes;
- Obrigar a vítima a ingerir substâncias nocivas, como álcool ou drogas.

A violência física é uma forma grave de violação dos direitos humanos, que pode ter efeitos negativos profundos sobre a saúde física e mental da vítima. Muitas vezes, a vítima de violência física sofre de dor, trauma, medo, ansiedade e outros problemas de saúde, podendo inclusive sofrer lesões graves ou morrer.

Como profissionais qualificados em GPCI, é importante ressaltar que a violência física é um crime e deve ser denunciado às autoridades competentes. A vítima de violência física tem o direito de ser atendida com respeito, dignidade e privacidade, e deve ter acesso aos serviços de assistência social, jurídica e psicológica que a ajudem a se recuperar do trauma.

Sabemos que segurança é prevenção, isto posto é importante trabalhar na prevenção da violência física, promovendo e investindo na educação, com valores éticos, de respeito, igualdade e não violência, bem como o fortalecimento de políticas públicas voltadas para o combate à violência e a garantia dos direitos humanos das mulheres.

É nossa responsabilidade, mas também de toda a sociedade, trabalhar para acabar com a violência física e garantir o respeito e a dignidade das mulheres.

Exemplo fictício de violência física entre um casal, juntamente com medidas preventivas que a mulher pode tomar para se proteger:

Carla e Marcos estão em um relacionamento há alguns meses. Carla é uma jovem estudante universitária e Marcos é um trabalhador de uma empresa de construção civil. Embora no início tudo parecesse estar bem, recentemente Marcos começou a se tornar mais possessivo e ciumento. Carla notou que ele fica irritado facilmente quando ela sai com amigos ou fala com outros homens, e às vezes ele começa a gritar com ela sem motivo aparente.

Um dia, Carla e Marcos discutem por causa de um telefonema de um amigo de Carla. Marcos a acusa de traição e começa a gritar com ela, e então a agarra pelo braço com força. Carla se sente amedrontada e machucada pela agressão física, mas ela sabe que precisa tomar medidas preventivas para garantir sua segurança.

Aqui estão algumas atitudes que Carla pode tomar para se proteger da violência física:

- Ela pode conversar com um profissional de apoio, ou psicólogo para obter orientação e suporte emocional. É importante que ela tenha um espaço seguro para compartilhar suas preocupações e medos.
- Carla pode criar um plano de segurança, que inclua rotas de fuga em casa, um lugar seguro para ir em caso de emergência e um kit de sobrevivência com seus documentos, dinheiro, chaves de casa e itens essenciais.
- Ela pode entrar em contato com amigos e familiares em quem confia, para ter alguém com quem possa conversar e que possa ajudá-la nos momentos de crise.
- Carla pode procurar a ajuda de profissionais, como advogados ou assistentes sociais, que possam ajudá-la a lidar com o problema de forma segura e legal.
- Por fim, é importante lembrar que a violência física é uma violação dos direitos humanos e deve ser denunciada às autoridades competentes. Carla pode procurar a delegacia de polícia ou ligar para o número 180 (ouvidoria da mulher) para receber ajuda e orientação.

É importante ressaltar que a violência física é inaceitável em qualquer relação e nenhuma pessoa deve suportá-la. A prevenção é a melhor forma de evitar a violência física, por isso é essencial que as mulheres tenham informações e apoio para se proteger e buscar ajuda se necessário.

Referências:

- Inteligência Emocional – Daniel Goleman
- IMP- Instituto Maria da Penha – institutomariadapenha.org.br
- TJDFT- Tribunal de Justiça do Distrito Federal e dos Territórios – tjdft.jus.br
- BBC NEWS BRASIL – bbc.com
- UFPB -Universidade Federal da Paraíba – Comitê de Políticas de Prevenção e Enfrentamento à Violência Contra as Mulheres na UFPB
- Canção Nova – Violência Psicológica, você sabe o que é? – formação.cancaonova.com – Sandro Arquejada
- Feminicídio – Brasil Escola – brasilescola.iol.com.br
- TJRS – Coordenadoria Estadual da Mulher em Situação de Violência Domestica e Familiar – Tribunal de Justiça do Rio Grande do Sul – tjrs.jus.br
- TJRJ -Tribunal de Justiça do Estado do Rio de Janeiro – Ouvidoria Mulher – tjrj.jus.br

Capítulo 118

Compartilhando o resultado

Neste centésimo décimo oitavo capítulo, temos como objetivo específico identificar e explicar os comportamentos inconvenientes, mais recorrentes e difíceis de serem administrados na família; e que causam os maiores estragos.

Com esse capítulo, nós fecharemos o conteúdo deste livro de GPCI. Confesso que nos desfechos sempre acontece uma mistura de sentimentos; sobretudo, alegria e tristeza. Querendo ou não, a pandemia acabou nos aproximando um pouco mais da família, inclusive, favorecendo o treinamento de GPCI onde ele é mais difícil; no seio familiar! Em razão disso lembrei-me de uma pesquisa que eu fiz há algum tempo, uma espécie de levantamento, tipo uma pesquisa mesmo com algumas turmas, sobre os comportamentos inconvenientes mais recorrentes e difíceis de serem administrados na família; aqueles que causavam mais estragos. Assim, eu escolhi três comportamentos inconvenientes realmente delicados, mas que se destacaram nessa relação para que nós fechemos este livro. Só que existe um pequeno detalhe, eu não vou falar quais são; você terá que percebê-los! Combinado? Portanto, vamos ao desafio!

A palavra amor têm algumas particularidades, algumas variantes, e existem alguns comportamentos inconvenientes que nos obrigam a entender um pouco melhor essa palavrinha simples, mas de uma complexidade incomensurável. Tem um cenário curioso que nós abordávamos muito na segurança privada, especificamente na minha empresa; o cenário de nós percebermos o amor através da filosofia. Existem inúmeras modalidades de amor, mas quatro modalidades de amor se destacam: o amor eros, o amor storge, o amor philia e o amor ágape.

O amor eros é o amor do desejo sexual. Na mitologia romana é o cupido, aquele das flechas. Na mitologia grega, o deus eros é o deus da paixão, do erotismo; é o amor da genitália, da sexualidade! Ele enquadra e ajusta o ser humano na sua totalidade. O amor eros tem a ver com união carnal, com aquele sentimento de excitação dividido com o outro fisicamente; sentimento de carne!

Um outro tipo de amor é o philia – filos, que significa do amigo. Filosofia significa amigo do conhecimento. Esse amor filos é um tipo de amor que nos une, nos reúne como parceiros, amigos mesmo, na visão de amizade, de carinho; perceba que tem tudo a ver com a empatia. Trata-se daquele afeto que você tem por uma determinada verdade, não necessariamente por alguém. Você pode sentir esse amor pela forma de pensar do outro; pela forma como você se identifica com o pensamento daquela pessoa. Você não quer ir para cama, você não tem um desejo sexual por aquela pessoa. De repente você se apaixonou pelo jeito como aquela pessoa verbaliza, se posiciona ou ensina uma determinada técnica; ou ainda, como aquela pessoa silencia, reflete. É uma forma de amor sem erotismo.

Uma outra forma de amor é o storge; vem do grego – significa afeição. Esse termo indica a afeição natural, aquela afeição natural que os pais sentem por toda a sua geração. Acontece especialmente na família, entre seus membros. É um amor que nasce sem compromisso com irrealidades, é o amor natural. Aliás é o mais benéfico dos afetos, nasce na família, é o afeto com a família, especialmente entre os membros da família. É aquele cuidado natural, involuntário, como o amor dos pais pelos filhos, dos avós pelos netos e vice-versa.

Tem também o amor ágape; é aquele amor totalmente abnegado, é o amor mais puro. Talvez uma palavra que o defina bem seja incondicional. Como diz o Padre Fábio de Melo, é o amor que faz com que a gente ame o outro mesmo na inutilidade. *"Aquela pessoa tornou-se completamente inútil para nós, ela não tem mais, absolutamente, nada para nos oferecer; talvez em razão de um Alzheimer, mas a gente não consegue viver sem ela"*; por isso é incondicional.

Quando nós falamos de amor conjugal, nós falamos de uma mistura de todos eles. Nós, geralmente, não nos casamos com uma pessoa que nós não nos identificamos; por exemplo do ponto de vista intelectual, talvez quem sabe, religioso, político, cultural; enfim, quando a divergência é muito acentuada. Se nós não temos pelo menos alguns pontos em comum fica difícil um relacionamento, não é verdade? Não vai rolar! Aquela estória que depois de casado muda, é a maior furada.

É claro que somos diferentes, pensamos diferente e existe uma individualidade; mas, nesse caso do cônjuge, é preciso que tenhamos mais coisas em comum. É exatamente para isso que existe o namoro, certo? O fato é que faz parte da natureza humana sentir atração sexual por outra pessoa; e isso é perfeitamente natural. Todavia, quando nós somos atraídos pela sensualidade, pelo perfume, ou mesmo pelo momento e, como agravante, a nossa competência, o nosso instinto de homem ou de mulher – que não sabe que somos casados, ACORDA! O que vai prevalecer, é sem dúvida o treinamento. Aquele mesmo treinamento que nós usamos para enfrentar o congestionamento. Você se lembra? Como você vai gerenciar, como você vai administrar aquilo que a pessoa despertou em você, é que vai fazer toda a diferença.

Não é porque eu sou casado que eu estou imune a sentir atração por uma outra mulher. Eu não estou falando que é fácil, tampouco julgando ninguém; sei que é difícil demais, mas aí é que entra a disciplina, a responsabilidade, e o treinamento daquele propósito de fazer o que é certo; e não o que nós queremos, ou o que dá prazer. O problema é que, se nós estivermos na imaturidade, na ignorância, na irresponsabilidade, talvez vivendo um momento difícil na relação ou passando pela síndrome da adolescência, aí de fato, é muito complicado, e o resultado poderá ser um desastre para ambos.

Outro dia eu ouvi da Lucila, minha esposa, que *"quando nós emolduramos os nossos medos, a coragem faz as malas e vaza, vai embora."* Logo em seguida eu recebi de uma pessoa que está com muito medo, de tudo o que passamos e estamos passando com relação às consequências que a pandemia deixou, o seguinte diálogo:

A Morte perguntou para Vida:
- *"Por que todo mundo te ama e me odeia?"*

A Vida respondeu:
- *"Porque eu sou uma linda mentira e você uma verdade dolorosa."*

Eu acredito que nós só entendemos a realidade da vida de verdade, quando de verdade, nós entendemos a realidade da morte. Eu entendo que a morte é a vida eterna! Mas, o objetivo aqui não é criar polêmica, a morte vai continuar sendo um dos maiores mistérios da vida. O que de fato nos interessa é outra coisa, a nossa palavra-chave é a VERDADE! E a verdade muitas vezes acaba sendo colocada em segundo plano. A mentira é um comportamento extremamente inconveniente, e a decisão de assumir a verdade na nossa casa, no nosso trabalho, dentro do tatame, com os nossos amigos e alunos, é nossa! E essa será sempre a melhor decisão, e com certeza o comportamento mais "CONVENIENTE", mesmo que as vezes tenha um gosto amargo de fel.

Nós sabemos que existem situações difíceis, complicadas, mas o que passou, passou. Nós não podemos ficar presos a tumba do faraó por uma linha fraquinha, toda puída né! Nós, que temos uma equipe, um time sob nossa responsabilidade, quem sabe alunos, ou talvez filhos; enfim, pessoas que nós amamos e estão ao nosso redor, precisamos com todas as forças trazer o exemplo de volta para sua posição de destaque. Este sempre foi e sempre será o melhor caminho! Todas estas pessoas são espertas demais e elas estão atentas às nossas atitudes, muito mais, mas muito mais, do que nas nossas belas e sábias palavras. Sabe aquela história? Palavras convencem pessoas, mas os exemplos arrastam multidões; portanto, a gente precisa dar o exemplo! Nada é tão contagioso como o exemplo!

E assim, chegamos juntos ao fim de uma jornada incrível. Durante este curso, aprendemos muito sobre inteligência emocional como autodefesa e segurança pessoal. Desenvolvemos habilidades essenciais para lidar com conflitos e problemas do dia a dia de maneira estratégica e elegante. Ao longo dessa caminhada, superamos obstáculos, vencemos desafios e aprendemos a importância de sempre buscar o conhecimento e o aprimoramento pessoal. Certamente, você enfrentou muitas adversidades ao longo da leitura deste livro, e superou os seus próprios limites para alcançar os objetivos que foram estabelecidos por você. Mas agora, chegou o momento de celebrar as conquistas que alcançamos juntos.

É com muito orgulho que nós, eu e o mestre Sylvio Behring, parabenizamos você pela determinação, pela coragem e pela dedicação que demonstrou ao longo dessa extensa leitura. Saiba que o aprendizado adquirido aqui, não acaba aqui. É o começo de uma nova jornada, onde colocaremos em prática tudo o que aprendemos juntos, para continuar crescendo e evoluindo. A boa notícia é que você aprendeu o segredo, a FÓRMULA, e estamos felizes em convidá-lo a continuar aprendendo juntos, em nossas redes sociais e eventos presenciais futuros, acessando nosso site **gpci. online, ou através da Sylvio Behring Association – sbajj.com – SBA.**

Obrigado por ter compartilhado esta jornada conosco. Desejamos a você sucesso e prosperidade na sua vida pessoal e profissional. Um forte abraço e parabéns novamente pela sua conquista! Que Deus o abençoe!
Osu.

Impressão e acabamento
Gráfica da Editora Ciência Moderna Ltda.
Tel: (21) 2201-6662